Wilhelm Friedrich von Bäumlein

Untersuchungen über griechische Partikeln

Wilhelm Friedrich von Bäumlein

Untersuchungen über griechische Partikeln

ISBN/EAN: 9783742892812

Hergestellt in Europa, USA, Kanada, Australien, Japan

Cover: Foto ©Thomas Meinert / pixelio.de

Manufactured and distributed by brebook publishing software (www.brebook.com)

Wilhelm Friedrich von Bäumlein

Untersuchungen über griechische Partikeln

Uebersicht des Inhalts.

	Seite
A. **Allgemeiner Theil.**	1
I. Die Lehre von den Modis	1
1. Prüfung abweichender Ansichten	1
a) der Voraussetzung, dass Conjunctiv, Optativ und Imperativ wesentlich abhängige Modi sind	1
Conjunctiv	1
Optativ	9
Imperativ	11
b) der Anwendung gegebener Kategorieen auf die Bestimmung der Modi	14
c) der Definitionen der einzelnen Modi	23
Indicativ	23
Conjunctiv	24
Optativ	27
Imperativ	32
2. Thetischer Theil	33
a) Begriff des Indicativs	33
b) „ „ Imperativs	35
c) „ „ Conjunctivs	35
Verwandtschaft des Conj. mit dem Futur, und Entwicklung des Futurs	36
d) „ „ Optativs	41
II. Die Lehre von der Partikel ἄν	43
1. Prüfung bisheriger Ansichten	43
des angeblichen Unterschiedes von κέν und ἄν	63
2. Begriff der Partikel ἄν	82
in Verbindung mit Indicativ, Conjunctiv, Optativ	85

Uebersicht des Inhalts.

	Seite
B. **Specieller Theil.**	86
I. Vom Indicativ	86
1. Vom Indicativ ohne ἄν	86
a) in unabhängigen Sätzen	86
b) in abhängigen Sätzen	87
α) Indicativ bei ὥστε	87
β) „ „ πρίν	89
γ) „ in Relativsätzen	91
δ) „ „ Bedingungssätzen	93
Unterschied zwischen Imperfect und Aorist	95
ε) „ „ Absichtssätzen	98
nach Verben der Besorgniss	101
ζ) „ „ Wunschsätzen	103
η) „ des Futurs mit dem Conjunctiv wechselnd	106
aa) im Verbote	106
bb) in der Forderung	107
cc) in Fragen der Unschlüssigkeit	108
dd) in Absichtssätzen	111
nach Verben der Aufforderung, Ueberlegung, Sorge, Verhütung u. dgl.	112
„ ὅρα μή oder ὅπως μή, μή	115
„ οὐ μή	117
2. Vom Indicativ mit ἄν	126
a) Indicativ der historischen Tempora mit ἄν	127
Grundbedeutung	128
Gebrauch, scheinbar zur Andeutung der Nichtwirklichkeit	128
in abhängigen Sätzen	133
namentlich bei εἰ	133
Weglassung des ἄν, wo vom Standpunkt der Wahrheit,	136
des deutschen Sprachgebrauchs (bei ἐχρῆν, ἔδει u. dgl.)	140
aus ἄν erwartet werden sollte.	
Unterschied von ἐβουλόμην und ἐβουλόμην ἄν	145
Gebrauch, scheinbar zur Andeutung einer Wiederholung	147
b) Indicativ der Haupttempora mit ἄν	154
α) Indicativ des Futurs mit ἄν?	154
β) „ „ Präsens mit ἄν?	162
γ) „ „ Perfects mit ἄν?	168

Uebersicht des Inhalts.

	Seite
II. Vom Imperativ	169
Unterschied des Präsens und des Aorists	169
Imperativ des Perfects	174
Imperativ mit ἄν?	175
III. Vom Conjunctiv	177
1. Vom Conjunctiv ohne ἄν	177
a) in unabhängigen Sätzen	177
α) Conjunctivus adhortativus	177
β) Conjunctiv des Befehls	179
γ) Conjunctivus deliberativus	180
δ) Futuralconjunctiv	186
b) in abhängigen Sätzen, — nämlich den Absichtssätzen	188
in Relativsätzen, die eine Absicht in sich zu schliessen scheinen	195
nach Verben des Befürchtens	195
2. Vom Conjunctiv mit ἄν	203
a) in unabhängigen Sätzen — im Sinn eines Futurs	203
b) in abhängigen Sätzen	206
α) in indirecten Fragen	206
β) in Relativsätzen	208
mit Futuralbedeutung	208
um eine Gattung von Fällen als eintretend zu setzen	211
scheinbar eine Absicht in sich schliessend	211
Unterschied zwischen dem blossen Conjunctiv und dem Conjunctiv mit ἄν im Relativsatz?	212
Erklärung des Conj. mit ἄν im Absichtssatze	217
γ) in Bedingungssätzen	218
Voraussetzung einzelner Fälle	219
einer Gattung von Fällen	221
ἐάν in indirecten Fragen	221
δ) in Zeitbestimmungssätzen	222
ὅτε κεν, ὅταν, ὁπότε κεν, ὁπόταν, ἐπεί κε, ἐπειδάν u. dgl.	223
πρὶν ἄν	225
ὄφρα κε, ὄφρ' ἄν, ἕως κε, ἕως ἄν u. dgl.	230
Unterschied zwischen dem blossen Conjunctiv und dem Conj. mit ἄν in Bedingungs- und Zeitbestimmungssätzen?	233
Numerisches Verhältniss der Stellen mit κέν oder ἄν und dem Conj. zu denen mit blossem Conj. in Relativ-, Bedingungs- und Zeitbestimmungssätzen	244

	Seite
IV. Vom Optativ	245
1. Vom Optativ ohne ἄν	246
a) in unabhängigen Sätzen	246
α) Optativ des Wunsches	246
Blosser Optativ	246
In der Form eines Bedingungssatzes	247
Unterschied beider Formen?	249
Uebergang des Wunsches in eine Concession	252
β) Optativ des rein Gedachten	254
γ) „ aus dem deliberativen Conjunctiv	255
b) in abhängigen Sätzen	259
α) in obliquer Rede	259
ohne den grammatischen Charakter der Abhängigkeit, (Optativ mit Nominativ)	259
mit ὅτι und ὡς	261
in Relativsätzen	262
in Zeitbestimmungssätzen	262
namentlich bei πρίν	263
in Bedingungssätzen	263
in indirecten Fragen	264
Die Modi der directen Rede statt der obliquen	265
Wechsel von Conjunctiv und Optativ	267
β) in Absichtssätzen	268
in der Erzählung	269
Conjunctiv statt des Optativs	270
ausser der Erzählung	271
γ) als Ausdruck des rein Gedachten	276
in Bedingungssätzen	276
in Relativsätzen	279
in Zeitbestimmungssätzen	280
als Nebenbestimmung eines subjectiven Wunsches und einer subjectiven Behauptung	281
in Relativsätzen, als Nebenbestimmung eines Abstractums	282
zum Ausdruck einer Gattung von Fällen in der Erzählung	284
2. Vom Optativ mit ἄν	288
a) in unabhängigen Sätzen	288
im Befehl und Wunsch	292
temporelle Bedeutung der Construction	294
Optativ des Futurs mit ἄν?	295
Beispiele des reinen Optativs, wo der Optativ mit αν erwartet würde	297

	Seite
b) in abhängigen Sätzen	314
α) in Objectivsätzen	315
β) in Relativsätzen	315
als Modification des Indicativs	315
im Sinn von Absichtssätzen	316
nach Verben des Befürchtens	317
als Modification des Conjunctivs mit ἄν, in obliquer Rede, um das Relativ zu verallgemeinern	317
in conditionalem Sinn	320
γ) in Zeitbestimmungssätzen	320
zur Aufnahme einer subjectiven Behauptung	320
als Modification des Conj. mit ἄν in obliquer Rede	321
um die Zeitbestimmung zu verallgemeinern	322
in andern Fällen für den blossen Optativ	322
δ) in Causalsätzen	324
ε) in Folgesätzen	324
ζ) in Bedingungssätzen	325
in obliquer Rede	325
ausser derselben, selbständiger Gebrauch der Construction	325
als Modification des Indicativs	325
in indirecten Fragen	326
zur Aufnahme einer subjectiven Behauptung	327
als Modification des Conjunctivs, zwischen ἐάν mit Conj. und εἰ mit Opt. in der Mitte stehend	332
V. Vom Infinitiv	338
1. Vom Infinitiv ohne ἄν	338
a) mit ὡς und ὥστε	338
b) mit πρίν	342
2. Vom Infinitiv mit ἄν (aus dem Indic. der hist. Tempp. oder dem Opt. mit ἄν)	347
nach Verben des subjectiven Dafürhaltens	348
ausserdem	350
nach ὥστε	351
Infinitiv Fut. mit ἄν?	351
VI. Vom Particip mit ἄν	354
aus dem Indic. eines hist. Tempus mit ἄν oder dem Opt. mit ἄν	354
aus dem Indic. oder Opt. mit εἰ?	356
Particip Fut. mit ἄν?	358

	Seite
VII. Stellung der Partikeln κέν und ἄν	360
im Allgemeinen	360
besondere Wortarten, an die sich κέν und ἄν anlehnen	361
VIII. Wiederholung der Partikeln κέν und ἄν	368
Verbindung von ἄν und κέ	368
Wiederholung von κέ	369
Wiederholung von ἄν	369
nicht in der Construction mit dem Conjunctiv	372
IX. Auslassung der Partikeln κέν und ἄν	374
beim Indicativ eines histor. Tempus	374
beim Optativ	377
X. Auslassung des Modus bei κέν und ἄν	380

A. Allgemeiner Theil.

I. Die Lehre von den Modis.

1) Prüfung abweichender Ansichten.

a) der Voraussetzung, dass Conjunctiv, Optativ und Imperativ wesentlich abhängige Modi sind.

Wenn ich mich bei dem Versuche, durch die folgenden Erörterungen eine neue Ansicht über die Modalitätsverhältnisse des griechischen Satzes zu begründen, überhaupt der Pflicht nicht entziehen darf, die bisher gangbaren Ansichten einer sorgfältigen Prüfung zu unterwerfen, um eben einer neuen Theorie das Recht zu sichern, an die Stelle des bisher Geltenden zu treten, so sind es vor Allem zwei Ansichten, welche, da sie in dem thetischen Theile nicht weiter berücksichtigt werden können, in dem antithetischen eine genauere Untersuchung erheischen, um dadurch ihre spätere Beseitigung als hinlänglich begründet darzustellen, es ist diess die Ansicht, dass Conjunctiv, Optativ, Imperativ ihrem Wesen nach abhängige Modi seien, und die Anwendung der Kantischen Kategorieen, überhaupt des von irgend welcher philosophischen Theorie dargebotenen Schematismus auf die Bestimmung der griechischen Modi.

Was die erstgenannte Ansicht betrifft, so ist bemerkenswerth, wie dieselbe, zuerst auf den Conjunctiv beschränkt, dann auch den Optativ ergriff, bis sie von Hartung auf die Spitze getrieben und auf den Imperativ ausgedehnt wurde. Der Conjunctiv ward schon von den griechischen Grammatikern durch seinen Namen ὑποτακτικὴ ἔγκλισις, den wir bereits bei Dionysios dem Thraker (Bekker Anecd. II. p. 638) finden, als wesentlich abhängiger Modus bezeichnet. Die Scholien zu Dionysios S. 884 sprechen den Grund dieses Namens deutlich aus: λέγεται ὑποτακτική, ὅτι ὑποτάσσεται μορίοις τῷ ἵνα καὶ τῷ ὄφρα καὶ τῷ ὅπως, und ähnlich äussert sich Apollonios de syntaxi I. III, c. 28: ὑγιῶς ἄρα ἀπὸ ἑνὸς τοῦ παρακολουθοῦντος τῇ προκειμένῃ ἐγκλίσει τοῦ μὴ συνίστασθαι αὐτὴν εἰ μὴ ὑποταγείη τοῖς προκειμένοις συνδέσμοις εἴρηται ὑποτακτική. Indessen zeigen doch auch die andern Namen, welche uns jenes Scholion vom Conjunctiv anzugeben weiss „διστακτική (modus dubitativus) οἷον· ἐὰν λέγω·" „αἰτιολογική· ἵνα ἀναγνῷ Τρύφων, ἐτιμήθη," „ἀποτελεστική· δὸς τὸ βιβλίον ἀναγνῶ" (vgl. auch Apollonios a. a. O.), dass man sich bei jenem Namen, indem man dessen Einseitigkeit fühlte, nicht beruhigte. — Bei jener Weise, den Conjunctiv als abhängig, den Optativ und Imperativ als unabhängig zu betrachten, war denn auch G. Hermann in seiner Schrift de emendanda ratione gramm. graecae p. 206 stehen geblieben, und mit dem Scharfsinn, der ihm, dem Ersten unsrer rationellen Grammatiker, für alles, was er zu beweisen unternimmt, zu Gebote steht, hatte er darzuthun gesucht: „Ex illo modi conjunctivi atque optativi discrimine (wonach ersterer die objective, letzterer die subjective Möglichkeit bezeichnet) intelligitur, quare conjunctivus non nisi ita, ut ex alio verbo pendeat, optativus autem etiam nudus et sine aliorum societate verborum adhibeatur. Nam si conjunctivi haec propria vis est, ut quae per ipsam rei naturam fieri possint, indicet, necessarium erit, ut, quare quid fieri possit, in unaquaque enuntiatione expressum sit. Hoc enim nisi fiat, non poterit dijudicari, utrum aliquid ipsa rei natura fieri possit, an cogitetur dumtaxat fieri posse. Itaque pleraeque loquutiones, in quibus abest verbum, e quo pendeat conjunctivus, merito videntur sic explicari a grammaticis, ut id ipsum verbum, quo regatur conjunctivus, figura illa, quae ellipsis vocatur, omissum dicant, veluti in hoc exemplo, ἴωμεν, quod plene si dicitur, est ἄγε ἵνα ἴωμεν. Atque consimili modo equidem omnes conjunctivi usus verbo, quo regantur, destitutos explicari debere contenderim. E quibus hic quidem facillimus est, τί φῶ; τί δρῶ; quod plene sic dicetur, σήμηνον, vel οὐκ οἶδα, τί φῶ, τί δρῶ, ut θέλεις μένωμεν;" Diese Ansicht über den Conjunctiv wird sowohl in den Anmerkungen zu Viger p. 741 der 4ten Ausg., als in der Abhandlung de part. ἄν p. 70. wiederholt. Ihr stimmte auch Reisig im Wesentlichen bei, nur dass er die Frage, warum das Griechische den Conjunctiv nicht im unabhängigen Satze dulde, in etwas verschiedener Weise zu lösen versucht. Er sagt S. 105 seiner Abhandlung de vi et usu ἄν particulae in der Ausgabe von Aristophanis Nubes 1820:

„Conjunctivus aliquid per rerum necessitudinem fieri posse ita significat, ut haec notio a loquentis opinione aut judicio penitus sit remota, et in medio relinquatur, quantum quisque velit in alterutram partem propensus esse, utrum faciliusne fieri an non fieri judicet: absolutam possibilitatem objectivam. Ita manet ab loquentis sensu intacta veritas, et sua cuique integra sententia, oratione in neutram partem deflectente. Atque id caussae est, cur nequeat conjunctivus in libera enuntiatione poni, qua videlicet semper aliquid de animo loquentis declaratur." Hartung scheint zwar Partikellehre II, 143 (vergl. das Register) den von Homer in modificirter Futuralbedeutung gebrauchten Conjunctiv als unabhängig anzuerkennen, und erklärt auch II, 146: „Ganz offenbar ist es, dass der adhortative und deliberative Gebrauch des Conjunctivs nebst demjenigen, in welchem er mit dem Futurum so eng zusammengränzt, der erste und ursprünglichste ist, schon darum, weil der Modus in diesen beiden Erscheinungen allein unabhängig gefunden wird." Aber es streitet damit seine Lehre von den Negationen, die ihn nöthigt, alle Sätze, die μή zu sich nehmen, als nicht selbständig zu betrachten; wie wir denn auch II. S. 148 ff. ausdrücklich angewiesen werden, den Conj. adhort. und delib. als abhängig von einem zu supplirenden Verbum zu betrachten. „Wunsch und Wille" sagt H. „werden vom Satze involvirt, d. h. mit andern Worten: vor jedem Satze, der einen Wunsch oder Willen ausdrückt, mag nun sein Verbum im Opt. oder Conj. oder Imperativ stehen, hat man ein Verbum (resp. einen Satz) wie βούλομαι, κελεύω, ὅρα u. s. w. zu suppliren, und jenen Satz in Wechselbezug mit diesem, blos in der Vorstellung schwebenden Satze zu denken." „Nichts ist," fährt H. dann fort, „gewöhnlicher als diese Ellipse, wie auch Hermann zum Vig. p. 782 (p. 870 der 4ten Ausgabe) und anderwärts bemerkt hat; und sie ist gar nicht zu läugnen, wenn man Sätze, wie Soph. Oed. T. 651 τί σοι θέλεις δῆτ' εἰκάθω; und die S. 133 genannten (βούλει σκοπῶμεν, Il. X, 450 δεῦτε, δύω μοι ἐπέσθον, ἴδωμ' ὅτιν' ἔργα τέτυκται u. a.) mit Redeweisen, wie die folgenden sind, zusammenhält: ἐγὼ σιωπῶ; Soph. Oed. C. 174 μὴ δῆτ' ἀδικηθῶ; Eur. Or. 764. μὴ λάβωσί σ' ἄσμενοι u. a." So erklärt auch Rost Gramm. 6te Aufl. §. 119. 2: „Wo der Conjunctiv freistehend in einem Satze erscheint, ist sein Gebrauch als elliptisch zu betrachten."

Es bedarf kaum einer Erinnerung, dass die Autorität der

alten Grammatiker, deren Blick vorzugsweise an der äusseren Erscheinung haftete, für die in das Wesen der grammatischen Formen eindringende Theorie nicht bindend sein kann. Wie einseitig ferner die grammatischen Kunstausdrücke, wie wenig sie aus dem Wesen der Formen selbst geschöpft sind, liegt am Tage, man vergleiche z. B. die Benennungen der Casus: πτῶσις γενική, δοτική, αἰτιατική oder den Namen εὐκτικὴ ἔγκλισις für den Optativ. — Wir gehen demnach zur Prüfung der Gründe über, die von G. Hermann und Hartung für die Abhängigkeit des Conjunctivs geltend gemacht worden sind, und wollen zuerst sehen, was von den Ellipsen zu halten ist, die zur Unterstützung der Annahme, dass der Conjunctiv ein abhängiger Modus sei, beigebracht werden. So wenig es nun Jemanden im Ernst beifallen kann, elliptische Redeweisen im Griechischen zu läugnen, so fest sollte doch der wissenschaftlichen Sprachforschung der Satz stehen, dass diese nur da statuirt werden dürfen, wo ihre Annahme unvermeidlich ist, und in der Form des Satzes selbst ihre Unterstützung findet. Will man überall, wo eine mehrfache Ausdrucksweise möglich ist, eine kürzere und eine ausführlichere, die kürzere als abgekürzte, die ausführlichere als die vollständige und ursprüngliche Redeform betrachten, so ist dem alten Unwesen in der Annahme von Ellipsen Thor und Thüre geöffnet. Dann möge man doch, um consequent zu sein, wenn in Fällen, in denen sonst zum Ausdruck eines gewissen Verhältnisses eine Präposition gebraucht wird, der einfache Casus steht, nirgends unterlassen, eine Ellipse anzunehmen! Man sage von dem Accusativ der näheren Bestimmung, es sei κατά zu suppliren, in πεδίοιο διώκετο Il. XXI, 602, sei διά, bei den Dativen zur Angabe von Ort und Zeit sei ἐν zu ergänzen u. s. w. Ja man hat in den letzteren Fällen unstreitig mehr Grund, eine Ellipse anzunehmen, sofern hier das Verhältniss, es stehe die Präposition oder nicht, wesentlich dasselbe bleibt, und die Präposition nur als genauerer Exponent des in dem Casus involvirten Verhältnisses dient; was auf die von Hermann und Hartung angenommenen Ellipsen nicht anwendbar ist. Die Unwahrscheinlichkeit, dass der Conj. adhortativus als elliptischer Absichtssatz von einem zu ergänzenden ἄγε abhängig sei, erhellt schon aus der Beobachtung, dass in elliptischen Sätzen solcher Art die griechische Sprache die Conjunction, welche die Abhängigkeit von einem fehlenden Verbum vermittelt, beizubehalten pflegte, und zwar nicht nur μή, 'sondern auch ὅπως μή, ὅπως, ὡς ἄν. Vgl. Eur. Bacch. 367. Πενθεύς δ' ὅπως μὴ πένθος εἰςοίσει δόμοις s. Elmsley z. d. St. Aesch. Prom. 68. ὅπως μὴ σαυτὸν οἰκτιεῖς ποτε. Plato Menex. p. 249, e. de rep. 1, p. 336, d. 337, b. Protag. p. 313, c. Meno p. 77, a. Hipp. maj. p. 286, b. Ἀλλ' ὅπως παρέσει καὶ αὐτὸς καὶ ἄλλους ἄξεις. Arist. Av. 131. ὅπως παρέσει μοι καὶ σὺ καὶ τὰ παιδία. Soph. Aj. 556 f. Philoct. 54. Eurip. Iph. T. 321. Cycl. 591. Xen. Anab. I, 7, 3. (ὡς ἄν) Soph. Antig. 215. Dazu kommt, dass wo ἄγε ὅπως sich findet, dieses mit dem Futur construirt zu werden pflegt. Arist. Nub. 485.

ἄγε νῦν, ὅπως, ὅταν τι προβάλωμαι σοφὸν
περὶ τῶν μετεώρων, εὐθέως ὑφαρπάσει.

Plato Jon. p. 530, b. ἄγε δὴ ὅπως καὶ τὰ Παναθήναια νικήσομεν. Xen. Conv. IV, 20. Wo dagegen neben ἄγε ein Conj. adhort. erscheint, finden wir ihn durch keine Absichtspartikel mit ἄγε verbunden: Od. XII, 344. XIII, 12. 179. 215. 296. 344. 397 u. a. Wir finden vielmehr in gleicher Weise den Imperativ neben ἄγε gestellt: Od. XII, 112. 184. 298. XIII, 386 u. a. Gleiches gilt von φέρε, neben welches ebenfalls ohne alle Vermittlung durch eine Conjunction ein Conj. adhort. tritt. Vgl. die Beispiele bei Matthiä §. 516. Wie völlig unwahrscheinlich ist nun die Annahme, dass gerade die Conjunction, die am wenigsten zu fehlen pflegt, bei jenem ἄγε mit Conjunctiv fehle, und wie nahe liegt im Gegentheil die Annahme, dass jener Conjunctiv, wie dieser Imperativ, als von ἄγε unabhängig anzusehen sei. Man versuche es endlich, in Stellen, wie Od. XIII, 296. 344. 397, den Conj. als von ἄγε abhängigen Absichtssatz zu fassen, und man wird das Unschickliche dieser Auffassung sogleich empfinden. Ἄγε ὅπως c. Fut. ist gleich *fac ut*, mache (lass dir's angelegen sein) dass du etc. Vgl. die eben angeführten Stellen Arist. Nub. 485. Plato Jon. p. 530. Xen. Conviv. IV, 20; wie wäre aber Od. XIII, 296 ein „mache, dass wir nicht mehr solches unter uns besprechen," oder XIII, 344 „mache (lass dir's angelegen sein) dass ich dir zeige," oder XIII, 397 „lass dir's angelegen sein, dass ich dich unkenntlich mache," irgend erträglich? Ich denke, es soll auch aus dem Sinn solcher Stellen, wo dem Conj. adhort. das angeblich zu supplirende ἄγε wirklich beigegeben ist, Jedem erhellen, dass dieser Conj. nicht von ἄγε abhängig sein kann, und dass überhaupt diese Erklärungsweise des Conj. adhort. sich sprachlich in keiner Hinsicht rechtfertigt.

Etwas abweichend ist der in der Abhandlung über die Partikel ἄν S. 89 von Hermann eingeschlagene Weg, den Conj. adhort. als abhängigen Satz zu erklären. Nachdem im Vorhergehenden die Erscheinung, dass der Conj. adhort. nur in der ersten Person gebraucht werde, daraus erklärt ward, dass nur wo die überlegende und handelnde Person dieselbe ist, die Ueberlegung, ob man etwas thun solle, übergehe in die Form eines Vorhabens, führt er S. 89 fort: „Eaque re factum est, ut conjunctivus ille deliberativus, ubi primae personae est, ita usurpari possit, ut vim habere videatur exhortandi, quam revera non inesse in eo, sed proprie nihil nisi deliberationem contineri illud ostendit, quod saepe cohortandi verbum adjicitur: ut φέρ' ἴδω et alia hujusmodi plurima apud Aristophanem aliosque. Homerus:

ἀλλ' ἄγε δὴ τὰ χρήματ' ἀριθμήσω καὶ ἴδωμαι.

Id ergo omissum potius censendum est, ubi solus positus est conjunctivus, quam hic putandus revera exhortandi potestatem habere.". Hier lässt sich aber erstlich in keiner Weise begreifen, wie in der Beifügung eines auffordernden φέρε, ἄγε ein Beweis liegen kann, dass in dem Conj. selbst keine Aufforderung liege. Man müsste dann ebensowohl von dem deutschen: „Wohlan, lasst uns gehen!" behaupten, der letztere Satz enthalte keine Aufforderung, weil diese in „wohlan" enthalten sei, oder wenn im Hebräischen dem Cohortativ ein לְכָה, לְכוּ vorantritt, so liege die Aufforderung nur im letzteren Worte, nicht in dem sogenannten Futurum. Wenn aber hinwiederum der Conj. deliberativus S. 79; 88 durch eine Ellipse von ἀμφισβητῶ u. dgl. erklärt wird, so wäre ein φέρ' ἴδω! nach Hermanns Ansicht eigentlich? „Wohlan! ich bin ungewiss (unschlüssig), ob ich gehen soll," eine offenbar widersinnige Ausdrucksweise. Das Widersprechende liegt aber nicht in der zufälligen Uebertragung, vielmehr in der Verbindung des Ausdrucks der Aufforderung, der ja nach Hermann jedenfalls in ἄγε, φέρε läge, mit dem des Zweifels, der in ἀμφισβητῶ enthalten wäre. So lange das Subject noch unschlüssig ist, ob es handeln soll, oder wie, ist auch der rechte Moment zur Aufforderung noch nicht eingetreten. Ueberhaupt aber treten Conj. adh. und delib. als verschiedene Gedankenformen zu bestimmt auseinander, als dass die eine geradehin in die andere aufgelöst werden könnte. Hermann äussert sich aber über den Conj. delib. S. 79 in folgender Weise: „Conjunctivus eo differt ab indicativo futuri, quod non potest per se solus intelligi, sed ut ipsum nomen indicat, aliunde pendere debet. Id autem, unde pendet, quum plerumque additum inveniatur, tamen saepe etiam omittitur, quia saepe positum est in obscura cogitatione incertae alicujus caussae, ex qua quid proditurum sit." Isque est usus conjunctivi deliberativus, ut, quum quis dicit 'ἴω, quod est, si pleno dicere volenms, ἀμφισβητῶ, εἰ ἴω. Apte compărari potest duplex modus, quo id Germani dicimus, alter cum eadem ellipsi, qua Graeci, *gehe ich*, alter servata particula et verbo tantum omisso, „ob ich gehe," Vgl. auch S. 88. — Hier verwandelt sich nun aber die deutsche Ausdrucksweise, die Hermann zur Unterstützung seiner Erklärung brauchte, in eine Waffe wider ihn. „*Gehe ich*" kündigt sich durch die Stellung des Verbums vor dem Subject entschieden als unabhängige Frage an; die abhängige Frage aber ist durch die Partikel „*ob*" eingeleitet, und verräth hiedurch ihre elliptische Natur. — Der Gedanke, es könnte der Conjunctiv der Unschlüssigkeit entstanden sein aus ἀμφισβητῶ εἰ ἴω oder aus σήμερον, οὐκ οἶδα, εἰ ἴω, als der vollständigeren Redeform, muss sich sofort als unhaltbar darstellen, wenn wir bedenken, dass, wäre diese Frage der Unschlüssigkeit ursprünglich als abhängig gefasst, in irgend einer Weise durch ein Zeichen der indirecten Frage ihre Abhängigkeit und damit ihre elliptische Natur angedeutet sein würde. Aber, während wir doch das εἰ in elliptischen Wunschsätzen finden, begegnet uns in denjenigen unschlüssigen Fragen, die man gemeinhin als directe Fragen auffasst, auch keine Spur, die auf eine indirecte Frage hinwiese, kein εἰ, kein ὅτι, ὅπως, ὅπῃ, u. dgl. Somit widersetzt sich die griechische Sprache selber entschieden dem Versuche, zwei an und für sich verschiedene Redeformen: „Soll ich gehen?" und „Ich weiss nicht, ob ich gehen soll" zusammenstellen zu lassen, oder vielmehr ihr die erste abzusprechen.

Von der irrigen Voraussetzung, dass der Conj. adhort. und delib. abhängiger Natur seien, ging auch Reisig aus, und suchte nur, was ihm als Thatsache feststand, aus dem Begriff des Conj. zu erklären. Indessen die Norm „Libera enuntiatione semper aliquid de animo loquentis declaratur" ist ohne Anstand auch auf den Conj. adhort. und delib. anwendbar, wenn man diess nur nicht auf die Behauptung beschränken will.

Was dann aber Hartung betrifft, der sich hier im Einklang mit der ehedem gewöhnlichen Ansicht, vgl. Steph. thes. s. v. βούλομαι und Lamb. Bos. Ellips. graece ed. Schaefer p. 764,

Ἵνα äussert, so müssen wir, obwohl derselbe glaubt, die Ellipse eines βούλομαι, κελεύω, λέγω u. dgl. bei dem Conj. delib. und adhort. lasse sich gar nicht läugnen, gleichwohl, mit Ausnahme der Fälle, in welchen durch ein ὅπως μή (oder μή) die Abhängigkeit von einem ὅρα, σκόπει u. dgl. angedeutet wird, diess entschieden läugnen. Die mit ὅπως eingeleiteten Sätze erklären wir ohne Bedenken durch eine Ellipse, denn wir nehmen an dem Satze das sprachliche Zeichen der Abhängigkeit, die Conjunction, wahr. Aber diesen Imperativ ὅρα selber wieder als elliptische Ausdrucksweise zu erklären, wie Hartung thut, können wir uns freilich nicht entschliessen. Dass Hartung aus Redeformen, wie τί σοι θέλεις δῆτ᾽ εἰκάθω beweisen will, es sei auch in andern Fällen: ἐγὼ σιωπῶ, μὴ δῆτ᾽ ἀδικηθῶ Soph. Oed. C. 174 ein Verbum wie ἐθέλω, βούλομαι, κελεύω zu ergänzen, muss in der That befremden. Abgesehen davon, dass uns auch hier der sprachliche Ausdruck keine Spur eines elliptischen Satzes darbietet, so müsste man bei consequenter Verfolgung dieses Grundsatzes nicht nur da, wo ein οἶμαι, μανθάνω paratactisch steht, den übrigen Satz von diesem οἶμαι, μανθάνω abhängig nehmen, sondern auch ein solches Verbum, wo es sich nicht findet, ergänzen, und von ihm dann den andern Satz abhängig nennen. Oder wir müssen in Sätzen, wie Plato Euthyphro p. 13, a. οἷον φαμέν, ἵππους οὐ πᾶς ἐπίσταται θεραπεύειν ein ὅτι suppliren, von welchem ἐπίσταται abhängig wäre. Jenes βούλει, βούλεσθε, θέλεις, auf das sich Hartung bezieht, steht auf die natürlichste Weise (willst du? soll ich?) neben dem Conj. delib., ohne dass dieser irgend von dem ersten Verbum abhängig sein müsste. Findet sich doch auch der Indicativ, besonders des Futurs in dieser Weise neben βούλει (vgl. die von Lobeck zu Phrynichus S. 734 und Steph. thes. l. graecae ed. Paris. s. v. βούλομαι gesammelten Stellen) und zwar, wie es scheint, nicht erst bei Späteren, da auch Plato Phaedo p. 99, d. Parmenid. p. 137, b. gute Hdss. das Futur bieten. Entscheidend spricht gegen die alte Annahme von einem zu supplirenden ἵνα in βούλει τράπωμαι und ähnlichen Formeln, sowie gegen die hieran sich anschliessende Voraussetzung Hartungs, dass bei dem Conj. delib. und adhort. dieses bestimmende βούλει zu suppliren sei, die Thatsache, dass βούλομαι, ἐθέλω, κελεύω u. dgl. Verba mit dem Infinitiv, nicht mit dem Conjunctiv sich construiren. Beispiele einer Verbindung durch ἵνα wären erst beizubringen, und zwar aus Schriftstellern, deren Sprache der classischen Regel folgt, nicht etwa aus einem späteren Sprachgebrauch, wo bekanntlich ἵνα auch anfieng, objective Sätze einzuleiten. Die Rection aber des einfachen Conj. durch βούλομαι etc. kann natürlich nicht durch die Fälle bewiesen werden, um deren Erklärung es sich gerade handelt. Nur dann könnte man diese Verbindung etwa statthaft nennen, wenn nicht blos neben der zweiten Person βούλει, βούλεσθε, sondern neben jeder Form dieses Verbums der Conjunctiv sich fände. Da dem aber nicht so ist, so fehlt uns durchaus aller Grund, den Conj. delib. als Object von βούλομαι zu nehmen, und den Ausdruck des Willens von diesem auf den Conj. übergegangen zu nennen. Wo sich dem Griechen das in βούλει mit Conj. delib. Ausgedrückte grammatisch vollständig zu Sätzen entwickelte, die in Wechselbeziehung mit einander stehen, entsteht ihm ein Bedingungssatz und Nachsatz. Plato de rep. II, p. 372, c. εἰ δ' αὖ βούλεσθε, καὶ φλεγμαίνουσαν πόλιν θεωρήσωμεν, οὐδὲν ἀποκωλύει, oder mit εἰ δ' ἄγε II. XXII, 381. So halten wir es denn für eben so irrig, wenn Hartung zwischen βούλει σκοπῶμεν ein *dass* zu vernehmen glaubt (II, 133), wie wenn man sonst diese Partikel als ausgelassen betrachtete, und wir können zwischen beiden Auffassungsweisen nur den Unterschied finden, dass die erstere unklarer, schwebender, die letztere bestimmter ist.

Wir gehen zum Optativ über. Von ihm hatte Hermann in der Schrift De emend. rat. gr. gr. p. 207 geäussert: „Contra optativus solus per se adhibetur, et recte quidem. Nam quum nihil aliud notet, quam cogitari aliquid sine repugnantia posse, non est alio verbo opus, quo indicetur, quare aliquid recte cogitari queat. Quippe ad hanc rem ipsa tantum cogitatione usus est." Anders in der Abhandlung de part. ἄν p. 76. 139. An der letzteren Stelle sagt Hermann: „Is modus quoniam solam cogitationem rei (p. 76 quae cogitabilia sunt) significat, proprius est orationis obliquae. Obliquam enim orationem vocamus eam, qua non quid sit, sed quid cogitet quis esse indicatur. Quod si verum fateri volumus, omnis omnino oratio, quae optativum habet, obliqua est. Sed usu factum est, ut illud genus, quo nostra ipsorum cogitata sic enunciamus, ut non diserto distinguamus cogitantem ab loquente, rectae orationis speciem habeat." Giengen wir von der Ansicht aus, die in beiden Schriften in gleicher Weise festgehalten ist, dass der Conjunctiv das objectiv Mögliche, der Optativ das subjectiv Mögliche, das Denkbare ausdrücke, so möchten wir doch

10 Allgemeiner Theil.

in Beziehung auf die weiteren Folgerungen, über die Abhängigkeit des Modus der früheren Ansicht, gegenüber der späteren Recht geben. Denn so wie die Denkbarkeit nicht durch ein Aeusseres bedingt ist, so wird auch ihr Ausdruck, der Optativ, wo das Subject sein eigenes Urtheil ausspricht, nicht durch ein Anderes, Hinzukommendes bedingt sein müssen. Nur wo als fremde Vorstellung etwas erwähnt werden sollte, wäre jedenfalls ein Zusatz nöthig, der uns angäbe, wem die Vorstellung beigelegt wird. Εἴη τοῦτο wäre nach Hermanns Theorie (de part. ἄν p. 160 „Sic potius existimandum est, nudo optativo opinionem sine conditione, optativo cum part. ἄν autem, suspensam ex conditione aliqua opinionem significari") eigentlich: es mag das sein, es lässt sich denken. Warum aber ein solcher Gedanke an sich abhängig sein müsste, ist nicht einzusehen. Und wenn auch von den Satzarten, die Hermann l. lll, c. 5 de optativo rectae orat. sine ἄν als solche, die scheinbar der directen Rede angehören, zusammenstellt, manche durch ihre Natur als oblique Sätze sich verrathen, so kann diess doch nicht von allen gelten. So in jenen Beispielen, in welchen der gewöhnliche Sprachgebrauch ἄν beigefügt haben würde. Eurip. Iph. A. 1209 f.

πιθοῦ· τὸ γάρ τοι τέκνα συσσώζειν καλόν,
Ἀγάμεμνον· οὐδεὶς πρὸς τάδ᾽ ἀντείποι βροτῶν.

Ich wüsste nicht, wie dieses οὐδεὶς ἀντείποι als abhängiger Satz genommen werden könnte; es ist mit dem Optativ hier ebensowohl ein unabhängiges Urtheil ausgesprochen, als stünde für denselben ἀντερεῖ Eben so Pind. IV, 118:

Αἴσονος γὰρ παῖς ἐπιχώριος, οὐ ξείναν ἱκοίμαν γαῖαν ἄλλων.
Theocr. XXII, 74: οὐκ ἄλλῳ γε μαχεσσαίμεσθ᾽ ἐπ᾽ ἀέθλῳ.
Theocr. XXVII, 60: φῄς μοι πάντα δόμεν· τάχα δ᾽ ὕστερον
  οὐδ᾽ ἄλα δοίης.

Was aber die häufigeren Beispiele des unabhängigen Opt., der als Ausdruck eines Wunsches steht, betrifft, so werden wir später uns überzeugen, dass derselbe nicht in eine Vorstellung aufgelöst werden kann; an dieser Stelle genügt es, darauf hinzuweisen, dass an und für sich kein Grund zu denken ist, wesshalb derselbe nicht in unabhängiger Redeform ausgesprochen werden könnte. Dass aber der Wunsch sonst auch mit Bedingungs- und Absichtspartikeln ausgedrückt wird, kann uns nicht berechtigen, auch diejenigen Sätze, in welchen der wünschende Optativ ohne solche Conjunctionen erscheint, als abhängig zu betrachten, so wenig als

Die Lehre von den Modis. 11

im Deutschen der Satz: „wäre ich doch glücklich!" darum abhängig genannt werden kann, weil man dafür auch sagen mag: „wenn ich doch glücklich wäre.!"
Hartung gegenüber kann es genügen, daran zu erinnern, dass jene Verba, welche er vor jedem Satze, der einen Wunsch oder Willen ausdrückt, suppliren, in welchen er den Ausdruck des Wunsches und Willens allein finden will, so wenig mit dem Optativ als mit dem Conj. sich construiren lassen.
Vom Imperativ hat meines Wissens erst Hartung es auszusprechen gewagt, dass derselbe eigentlich ein obliquer Modus sei. Wir wollen, wie Hartung sich über den Imperativ äussert, in der Kürze zusammenstellen. „Auf gleiche Weise", erinnert er II, 144 vgl. Grammatik §. 871 Anm., „scheint auch der Imperativ bisweilen die Stelle des Gerundiums zu vertreten, und nicht sowohl ein von einer Person ausgehendes Gebot, als das von der Sache Geheischte und, durch die Umstände nothwendig Gemachte, zu bezeichnen. S. Matthiä §. 511. a. h. S. 975. Doch geschieht diess nie, ausser in solchen Fällen, wo auch der subjective Wille geltend gemacht werden kann, z. B. in der bekannten Redensart οἶσθ' ὡς ποίησον, weisst du, was du (von mir aus) thun musst, was ich für nöthig erachte, und dir rathe zu thun. Οἶσθα νῦν ἅ μοι γενέσθω Eur. Iph. T. 1211." und S. 147: „So geht auch der Imperativ erst mit der Negation μή von der im Subject gesetzten oder von diesem ausgehenden Nothwendigkeit zum Befehl über." Die Ansicht ist im Grunde die von Matthiä, nur dass Hartung die von letzterem gewählte Erklärung des οἶσθ' ὡς. ποίησον aus ποίησον, οἶσθ' ὡς. verwirft, und den Imperativ geradehin als von οἶσθ' ὡς abhängig betrachtet. Was aber nun diese Ausdrucksweise anlangt, so hat sie Bernhardy wissensch. Syntax S. 392 sicher aus dem richtigen Gesichtspunkt betrachtet, wenn er sie als eine im gesellschaftlichen Leben der Attiker (diess zeigt ein Ueberblick der Stellen, wo sie sich findet, Soph. Oed. R. 543. Oed. C. 75 οἶσθ' ὡς νῦν μὴ σφάλῃς, Eur. Hec. 229. Heracl. 452. Iph. T. 1203 οἶσθα νῦν ἅ μοι γενέσθω, vgl. das Fut. Ind. Eur. Med. 605. Cycl. 131, das Präsens Ind. Arist. Ach. 1064) aufgekommene Formel ansieht, und wenn Hartung diesen Gebrauch des Imperativs II, 147 einen frühesten und unveränderten nennt, so lässt sich diess in keiner Weise rechtfertigen. Bernhardy erklärt die Voranstellung passend durch Hinweisung auf das ebenfalls vorangestellte ἄλλο τι in der bejahenden Frage,

und fasst die ganze Formel auf als zutrauliche Aufforderung = thue das, verstehst mich schon. Näher noch scheint mir unser „weisst du wie?" zu stehen, da es ebenfalls dient, wo man mit wahrer oder scheinbarer Vertraulichkeit dem Andern einen wohlgemeinten Rath ertheilt. Der Grundgedanke war: „*mach' es so!*" An die Stelle von *so* tritt nun aber: „weisst du wie?" oder die beiden Redeformen „mache es so" und: „weisst du, wie du es machen musst" verschmelzen sich durch eine im Griechischen häufig eintretende σύγχυσις in eine einzige. Ein ganz nahes Beispiel, das um so mehr hieher gezogen werden kann, als zur Vergleichung mit οἶσθ' ὡς überhaupt das εὖ ἴσθ' ὅτι, εὖ οἶδ' ὅτι nahe liegt, bietet uns Plato Apol. p. 37, b. ἀντὶ τούτου δὴ ἕλωμαι ὧν εὖ οἶδ' ὅτι κακῶν ὄντων (vermischt aus ἃ εὖ οἶδ' ὅτι κακά ἐστιν und ἕλωμαί τι τῶν εὖ οἶδ' ὅτι κακῶν ὄντων vgl. Stallbaum z. d. St.). So wenig es hier jemanden einfallen wird, das Particip von ὅτι regiert sein zu lassen, so wenig darf aus der Stellung des Imperativs nach ὡς geradehin gefolgert werden, dass derselbe von ὡς abhängig sei. Aehnliches gilt von Herod. I, 89 κάτισον τῶν δορυφόρων ἐπὶ πάσῃσι τῇσι πύλῃσι φυλάκους, οἳ λεγόντων πρὸς τοὺς ἐκφέροντας κ. τ. λ. Thuc. IV, 92 δεῖξαι ὅτι ὧν μὲν ἐφίενται πρὸς τοὺς μὴ ἀμυνομένους ἐπιόντες κτάσθωσαν. Plato de legg. p. 800, c. ἐπαερωτῶ πάλιν τῶν ἐκμαγείων ταῖς ᾠδαῖς εἰ πρῶτον ἕν τοῦθ' ἡμῖν ἀρέσκον κείσθω. Es folgt aus diesen Stellen eben so wenig eine Abhängigkeit des Imperativs von dem vorhergehenden Satz durch Vermittlung des Relativs oder der Partikeln εἰ, ὅτι, als man Plato Crito p. 50, c. in ἴσως ἂν εἴποιεν ὅτι ὦ Σώκρατες μὴ θαύμαζε τὰ λεγόμενα den Imperativ μὴ θαύμαζε wird als von ὅτι abhängig betrachten wollen. Vielmehr haben wir in allen diesen Fällen eine Vermischung der directen und obliquen Rede, die im Griechischen Niemanden befremden kann. In ähnlicher Weise findet sich der Acc. c. Inf. mit dem Relativum und mit Conjunctionen (Herod. VII, 150 ἐπεί. VI, 137 ἐπείτε und ὡς), ohne dass derselbe durch das Relat. von dem Vorausgehenden abhängig gemacht würde. Das Relativ verknüpft in solchen Fällen nur äusserlich [1]). Lässt es sich nun aber entschuldigen, wenn man diese, gegenüber dem

---

1) So mag es sich auch mit dem relativen jávat und seiner Verbindung mit dem Imperativ ânajatâm im Sanskrit verhalten, dessen „Geist" Hartung „herbeibeschworen" hat, etwa um die sanskritschenen Philologen fürchten zu machen?

herrschenden Gebrauche immerhin singulären Erscheinungen, die ihre natürliche Erklärung in dem nicht zu verkennenden eigenthümlichen Charakter der griechischen Sprache finden, verschiedene Redeformen, wenn nur jede an und für sich möglich ist, mit einander zu verknüpfen, zum Ausgangspunkt machen, und aus ihnen, sollte selbst die Abhängigkeit des Imperativs in diesen Fällen zugegeben werden, oder durch eine frischweg gesetzte Ellipse, die sprachlich nichts für sich hat, jeden Imperativ für abhängig erklären will? Muss sich denn nicht das Bedürfniss, die Forderung für sich, von weiterer Rede unabhängig auszudrücken, fühlbar machen, sobald sich der Mensch durch die Sprache in Verkehr mit Andern setzt? Und führt nicht selbst die leichte, kurze Form des Imperativs darauf, dass man ein solches Bedürfniss fühlte, und zu befriedigen suchte? — Um jedoch nichts zu übergehen, was Hartung zur Unterstützung seiner Ansicht beigebracht hat, müssen wir noch die Aeusserung in's Auge fassen, mit welcher derselbe die vorbereitende Erörterung der Modusbedeutungen II, 150 schliesst: „die Verschweigung des Verbums βούλομαι, κελεύω, λέγω u. s. w., die wir demnach beim Imperativ zu Grunde legen, ist eine so allgemeine Erscheinung, dass man sie fast ein Sprachgesetz nennen könnte. Sie ist es ja, die auch den Infinitiv so häufig für den Ausdruck des Befehls geeignet macht, und hier bleibt keine Ausflucht übrig, wenn man nicht etwa an dem kindischen Gerede von einer kindischen Sprechweise Vergnügen findet." Wir wollen nun zwar nicht läugnen, dass, wo der Infinitiv für die dritte Person des Imperativs zu stehen scheint, namentlich bei allgemeinen Vorschriften, Beschlüssen, Verträgen, und insbesondere, wo ein unbestimmtes Subject zu suppliren ist, die Ellipse eines βούλομαι, κελεύω nahe liegt, vgl. die Infinitive bei Hesiod opp. et dies 590 ff., mit welchen 600 f. κέλομαι (ποιεῖσϑαι, δίζεσϑαι) wechselt. Denn hier lässt die Construction des Acc. c. Inf. die Annahme einer Ellipse zu. Vgl. ferner Il. III, 285. VII, 179 f. Od. XVII, 354. Herod. IX, 48. Arist. Av. 448. Plato de legg. p. 755—56. 759. 760. So leicht sich indessen hier ein δεῖ, χρή oder auch ein κελεύω u. dgl. suppliren lässt, so würde sich doch immerhin fragen, ob eine solche Ergänzung im Sinn der griechischen Rede liegt, und ob nicht vielmehr die Handlung einfach genannt werden soll? Denn so erscheint der Inf., um die Handlung einfach zu nennen, als Object absolut hinzustellen, Aesch. Eum. 837. Xen. Cyr. II, 2, 3.

Wie dem aber auch sei, so ist es doch wieder eine ganz unstatthafte Folgerung, dass, weil dieser den Imperativ vertretende Infinitiv von einem zu ergänzenden Verbum abhängig erscheine, auch der Imperativ selbst abhängig sein müsse. Denn wenn der Inf. an und für sich keinen selbständigen Satz bildet, wenn ihm, worüber wohl alle einig sind, an und für sich der Begriff des Willens nicht inhäriren kann, was kann daraus für einen andern Modus, den Imperativ folgen, dem eben das allgemeine Sprachgefühl beides einräumt? Auch hier begegnen wir dem oben bemerkten Missgriff, alle Redeformen, die etwa sich gegenseitig vertreten können, als syntaktisch gleiche Formen zu betrachten. Am wenigsten aber lässt sich die vorgeschlagene Erklärungsweise da anwenden, wo der Infinitiv für die zweite Person steht. Da hier, was Hartung übersehen hat, das Subject im Nominativ zu dem Infin. tritt (Od. XII, 47 f. 164. XIII, 307 ff. 404. XV, 38. XVI, 132. 150 ff. 277. 283 ff. XVII, 83. Herod. VII, 141. Thuc. V, 9. Soph. Phil. 1060), so bleibt in der That keine Ausflucht übrig, es sei der Inf. von *βούλομαι* u. dgl. regiert.

Mit dieser in's Einzelne gehenden Prüfung der Gründe, welche für die Abhängigkeit des Conj., Opt. und Imperat. geltend gemacht worden sind, ist auch Buttmanns §. 88. 2 der ausführlichen griechischen Sprachlehre kurz hingestellte Behauptung „die vier Modos ausser dem Indicativ nennen wir die abhängigen Modos, weil sie immer, wenn auch nicht von der übrigen Rede, doch von einem sich äussernden Wunsch oder Verlangen des Redenden abhängig sind" als erledigt zu betrachten.

b) Ueber die Anwendung der Kategorieen auf die Bestimmung der Modi.

Eine zweite Ansicht, welche auf die Feststellung der Bedeutung der Modi einen nachtheiligen Einfluss geübt hat, ist die Voraussetzung, dass in ihrer Gliederung sich die logischen Kategorieen der Modalität, oder überhaupt die natürliche Gliederung der geistigen Thätigkeit des Menschen wieder spiegeln müsse. G. Hermann, indem er überhaupt eine rationelle Behandlung der philologischen Wissenschaft durch Anwendung Kantischer Sätze erstrebte, glaubte in den vier Moden der griechischen Sprache die von Kant gefundenen drei Kategorieen der Modalität zu entdecken, in der Art, dass der Indicativ der Kategorie der Wirklichkeit, der Conjunctiv und der Optativ der Möglichkeit, die Hermann in objective und subjective schied, der Imperativ der Nothwendigkeit entsprechen soll. Im Einklang mit dem, was derselbe bereits in seiner Schrift de emend. rat. gr. graecae p. 204 ff. vorgetragen hatte, spricht er sich in der Abhandlung de part. ἄν p. 76 also aus: „Ut indicativus veritatem facti, ita conjunctivus atque optativus ea, quae possunt fieri, significant: ita tamen, ut conjunctivus illa indicet, quae propter aliquam ipsarum rerum, de quibus sermo est, conditionem eveniant: unde totus ad experientiam refertur ex eaque pendet, optativus autem, quae cogitabilia sunt, significet: quo fit, ut etiam ea comprehendat, quae fieri nequeunt." Dieser Theorie schlossen sich unter mancherlei Modificationen Thiersch, Reisig, Bernhardy, Rost, Hartung an. Bernhardy wissenschaftl. Syntax S. 384 modificirt Hermanns Definitionen in folgender Weise: „die Modalität des Verbum stellt die Thatsachen unter der Form entweder von Wirklichkeit, oder von Möglichkeit dar; und zwar das Wirkliche oder Mögliche entweder an sich betrachtet, woraus sich eine doppelte Auffassung, der absoluten Wirklichkeit (Indicativus) und der absoluten Möglichkeit (Optativus) ergibt, oder in der Abhängigkeit von einer Bedingung, wofür ein doppelter Ausdruck besteht, der bedingten Wirklichkeit (Indic. mit ἄν) und der bedingten Möglichkeit (Conjunctivus); denn der Imperativus ist nichts als eine subjective Modification des Indicativus." Rost war noch in der fünften Auflage seiner Grammatik wesentlich von demselben Schematismus ausgegangen, obwohl er schon hier die Ansicht Matthiä's mitaufnahm, ist aber neuerdings in der sechsten Auflage den unten zu besprechenden Ansichten Kühner's beigetreten.

Ein anderer Weg nämlich, die griechischen Modi a priori zu deduciren, wurde von Matthiä eingeschlagen. Theilweise ebenfalls an Hermann anschliessend sagt derselbe §. 512: „der Optativ und Conj. stellen eine Handlung nicht als etwas Wirkliches, sondern vielmehr als etwas blos Gedachtes vor. Das Gedachte aber ist entweder etwas blos Mögliches, Wahrscheinliches, Wünschenswerthes, also ungewiss; oder etwas, das sich als von äussern Umständen abhängig mit einiger Bestimmtheit erwarten lässt. Das erstere wird durch den Optativ, das zweite durch den Conj. bezeichnet." Am weitesten entfernen sich von der Theorie G. Hermanns Hartung und Kühner. Der Erstere äussert sich Bd. I. S. 14 f. der Partikellehre über die Modalverhältnisse folgendermassen: „Im Prädicate wird durch freie Thätigkeit des Geistes (welche Urtheilen genannt wird) eine Erscheinung auf einen

Gegenstand bezogen. Diese Beziehung ist in vielen Fällen ein Act des **Erkennens**, und dann wird die Sache als wirklich und gewiss ausgesprochen, im Indicativ." „In anderen Fällen wieder ist jene Beziehung ein Act des **Begehrens**: also nicht wirklich, sondern blos in der Vorstellung gesetzt, wo statt der Wirklichkeit und Gewissheit die **Möglichkeit** und **Nothwendigkeit** eintreten." „Das **Begehren** ist, weil ihm das Handeln zur Seite geht, eine Thätigkeit, und bewegt sich also innerhalb der Richtungen Woher und Wohin. Das Wohin (die Zukunft) ist leicht in der Absicht (als Möglichkeit) und in dem Befehle (als Nothwendigkeit) zu erkennen, d. h. in dem **Conjunctiv** und dem **Imperativ**." „Das Fingiren, ohne dass auf Entscheidung geharrt oder Rücksicht genommen wird, d. h. die Voraussetzung, fällt, weil es weder die Zukunft, noch die Gegenwart betreffen kann, wie schon der Name aussagt, in die Vergangenheit; und das Fingiren dessen, über welches schon entschieden ist, oder die **Unabänderlichkeit**, nicht minder, diess sind der **Optativus** und der **Conditionalis**, die sich abermals zu einander verhalten, wie Möglichkeit und Nothwendigkeit. Der Conditionalis wird in allen Sprachen von einem Präteritum entlehnt oder gebildet; der Optativ beweist sowohl durch seine mit den historischen Temporibus übereinstimmende Flexion, als auch durch seine Bestimmung, dieselbe zu begleiten, seine dem Präteritum gleiche Natur."

Kühner endlich vereinigt §. 449 der ausführlichen Grammatik Conjunctiv und Optativ unter dem gemeinsamen Namen des Conjunctivs, den er als Ausdruck der Vorstellung betrachtet. Seine Deduction ist diese: „Unsere sinnliche und geistige Thätigkeit stellt sich entweder dar als ein Act des **Erkennens** oder als ein Act des **Begehrens**, und zum Ausdruck dieser beiden Acte würde die Sprache nur zwei Formen nöthig haben, einen Modus zur Bezeichnung der Erkenntniss und einen andern zur Bezeichnung einer Begehrung. Aber der Mensch begnügt sich nicht mit diesen beiden Formen; er unterscheidet in dem Acte des Erkennens die **unmittelbare** und die **mittelbare** Erkenntniss — die **Wahrnehmung** und **Vorstellung**, die Wahrnehmung drückt er durch die **Indicativform**, und die Vorstellung durch die **Conjunctivform** aus; den Act des Vorstellens knüpft er zugleich an die Gegenwart, in der er lebt, an das Element der Zeit, in welche dieser Act fällt, und so tritt der Conjunctiv in zwei Formen aus einander, von denen die eine (der eigentlich sogenannte Conjunctiv) den Act des Vorstellens als einen gegenwärtigen, die andere (der Optativ) den Act des Vorstellens als einen vergangenen darstellt. Der Act des Begehrens ist zwiefacher Art: die Begehrung wird entweder von dem Sprechenden unmittelbar ausgesprochen und als ein Befehl an eine gegenwärtige oder doch gegenwärtig gedachte Person gerichtet; und dann drückt die Sprache die Begehrung durch eine besondre Modusform — durch die Imperativform — aus; oder als ein blos Vorgestelltes aufgefasst, und daher durch den Modus der Vorstellung — Conjunctiv und Optativ — bezeichnet."

Diese verschiedenen Versuche die Grundbedeutung der griechischen Modi festzustellen, kommen doch, indem sie bald von logischen, bald von psychologischen Sätzen ausgehen, alle darin überein, dass sie die Gliederung der Modalverhältnisse im Griechischen und die Bedeutung der Modi a priori zu deduciren suchen. Wie dieser Versuch im Einzelnen gelungen ist, werden wir nachher zu untersuchen haben, hier sei es erlaubt, vorerst den Grundsatz selbst zu prüfen. Mir scheint nämlich dieses apriorische Verfahren, das von gewissen logischen oder psychologischen Ergebnissen aus die Gliederung einer Sprache gewinnen will, an und für sich ein unrichtiges. Wohl berufen sich die Vertheidiger eines solchen Verfahrens auf die sich gleich bleibende Thätigkeit des menschlichen Geistes, sie glauben, die Formen geistiger Thätigkeit, die sich der Wissenschaft nun als die wesentlichen, nothwendigen darstellen, müssen auch in jeder Sprache ihren Ausdruck gefunden haben. Aber zu welchem dürftigen Rationalismus in der Sprachwissenschaft müsste ein solcher Grundsatz, consequent verfolgt, nothwendig führen! Was von den genannten Männern für unsere Wissenschaft von der griechischen Sprache Gutes, Bleibendes geleistet worden ist, es ward geleistet durch unbewusstes Aufgeben des bezeichneten Weges; die allgemeinen, aus Logik und Psychologie hergeholten Deductionen wird die Zeit der Vergessenheit, oder etwa der Geschichte der Grammatik zur Aufbewahrung übergeben; die Gesetze, welche jene Männer, den Standpunkt moderner Wissenschaft vergessend, mit Liebe eindringend in die positiven Erscheinungen, lauschend auf den in jeder Sprache eigenthümlich waltenden und bildenden Geist, allerdings aber auch über das Gegebene reflectirend entdeckt haben, sie werden als Gewinn der Sprachwissenschaft bleiben. So wenig es sich überhaupt ziemt, das Positive, an dem Jahrhunderte gebaut, geordnet haben, überall nach dem subjectiven Maass des gegenwärtigen Verstandes zu messen, und in die Formen aufzulösen, in denen nun gerade unser Verstand sich bewegt, so wie es überhaupt gilt, das Positive dadurch zu begreifen, dass man in dessen eigenes Wesen einzudringen, nicht mit fremden Begriffen es zu bemeistern sucht, so ziemt es sich auch an die Erforschung jeder einzelnen Sprache mit der Achtung zu gehen, welche dem in der Sprache unbewusst herrlich und zweckmässig schaffenden Menschengeist gebührt, und mit der Liebe, die das eigene Wesen jeder Sprache zu ergründen sucht, nicht aber fertige Gesetze, gleichsam Fesseln, mitbringt, mit welchen sie der fremden Sprache sich zu bemächtigen sucht. — Freilich bleibt sich die Thätigkeit des menschlichen Geistes in gewisser Weise zu allen Zeiten und an allen Orten gleich. Wie weit aber diese Gleichheit gehe, und für welche der einzelnen, an sich gleichen Begriffe und Formen jede Sprache ein besonderes Wort, eine besondere Form ausgeprägt, welche sie zusammengefasst habe, diess zu bestimmen, ist nicht Sache apriorischer Voraussetzung, sondern historischer Forschung. Und was die Wissenschaften betrifft, um die es sich hier vornehmlich handelt, Logik und Psychologie, sind sie seit Aristoteles bis auf den heutigen Tag sich gleich geblieben? War, oder ist man über die Categorieen einig? Wenn nun aber bei den wissenschaftlichen Forschern keine Uebereinstimmung hierin nachzuweisen ist, wie lässt sich erwarten, dass in den verschiedenen Sprachen, als dem Ausdruck des verschiedenen Nationalgeistes diese Gleichheit in Hervorhebung und Bezeichnung der wesentlicheren Denkformen sich finde? Man vergleiche die Begriffe der einen Sprache mit denen einer andern. Wie viele sind es wohl, die sich an Umfang ganz gleich sind und sich gegenseitig decken? Selbst von denjenigen Begriffen, die einander grossentheils entsprechen, übernehmen doch die meisten in der einen Sprache diese, in der andern jene Nebenbedeutungen, oder sie machen in manchen Beziehungen ihres Gebrauchs ihren verschiedenen Ursprung fühlbar. — Eine solche Verschiedenheit zeigt sich insbesondere in den Verhältnissbestimmungen. Von den Casus bleibt sich im Griechischen, Lateinischen, Deutschen ausser dem Nominativ und Vocativ vornehmlich der Accusativ gleich, obwohl auch hier die eine Sprache dieses, die andere jenes dem allgemeinen Begriff des Accusativs unterordnet; Genitiv und Dativ fallen zwar in diesen Sprachen zu einem guten Theil zusammen, aber in einem nicht unbeträchtlichen weichen sie von einander ab; ihr Gebiet ist verschieden. Für Verhältnisse endlich, welche das formenreiche Sanskrit, theilweise das Lateinische, Althochdeutsche mit dem Ablativ, dem Instrumentalis, dem Locativ ausdrückt, muss das Griechische den Genitiv und Dativ zu Hülfe nehmen. Aehnlich ist es bei den Präpositionen, den Conjunctionen. Können da wohl die Categorieen, welche sich in diesen verschiedenen Sprachen geoffenbart haben, die gleichen sein? — Welche confuse Theorie hatte man früher über das sogenannte Präteritum und Futurum im Hebräischen aufgestellt, aus dem einfachen Grunde, weil man die, wie man meinte, in Bezug auf Zeitanschauung nothwendigen Categorieen der Gegenwart, Vergangenheit, Zukunft, wie man sie in andern Sprachen fand, so auch im Hebräischen in besonders dafür ausgeprägten Redeformen finden zu müssen glaubte? Hat doch unsere Grammatik nicht einmal einen gemeinsamen Namen für diese, von Ewald richtig, wenn auch in anderem als gewöhnlichem Sinn Perfectum und Imperfectum (Ausdruck der vollendeten und der unvollendeten, werdenden Handlung) genannten Verbalformen; und doch ist die Sprache hier nach einem richtigen Eintheilungsprincip verfahren. Wahrnehmungen dieser Art sollten daran erinnern, wie leicht die Versuche missglücken können, die Categorieen, die uns vertraut sind, die uns als wesentlich erscheinen mögen, in fremden Sprachen wieder zu finden. Freilich wäre es für Studium und Praxis in gewisser Weise bequem, wenn die verschiedenen Sprachorganismen sich also entwickelt hätten, dass wenn auch nicht jedes Glied des einen sein correspondirendes Glied in dem andern Organismus hätte, doch je zwei oder mehrere Glieder des reicher entwickelten mit einem Gliede des auf niedrigerer Stufe stehenden Organismus zusammenfielen, dass man in einem logischen Schematismus die Erscheinungen verschiedener Sprachen parallel unterbringen könnte. So bequem hat es nun aber der grosse in verschiedenen Nationalitäten und verschiedenartigen Sprachen sich entfaltende Menschengeist sich und dem forschenden oder lernenden Individuum nicht gemacht; vielseitig sich entwickelnd drängt er auch uns, wenn wir seinen Offenbarungen forschend nachgehen, zu vielseitigerer Entwicklung. Denn eben indem wir aus unserer Sprache, der Verkörperung des Geistes unserer Nation hinübertreten in ein fremdes Sprachgebiet, uns in eine andre nationale Form des Menschengeistes versenken, sie uns aneignen, werden wir unwillkührlich aus der einseitigen Form unsres Nationalgeistes befreit. Was nun aber namentlich die von Kant aufgestellten Categorieen der Modalität betrifft, so besorge ich, sie möchten so wenig auf die Modalitätsverhältnisse irgend welcher Sprache als auf die der griechischen Anwendung finden, und ich wäre begierig zu erfahren, welche Sprache für die Categorieen der Wirklichkeit, der Möglichkeit, der Nothwendigkeit besondere Moden ausgeprägt hat. Von der griechischen Sprache lässt sich diess nun einmal nicht behaupten. Sie hat, wie auch andre Sprachen für die Categorie der Möglichkeit (die wir in dieser Zusammenstellung mit Wirklichkeit und Nothwendigkeit nur in objectivem Sinn nehmen, nicht in das Denken des Subjects verlegen können) wie für die der Nothwendigkeit besondere Verba: δύναμαι, auf äusseren Verhältnissen, οἷός τ' εἰμί, auf innerem Vermögen beruhende Möglichkeit, ἀνάγκη physische, δεῖ, χρή moralische Nothwendigkeit; die Wirklichkeit drückt sie einfach mit den Formen der Behauptung aus. Mit einem Worte, der ganze, hinsichtlich des Urtheils aufgestellte Unterschied ist in der Gliederung der griechischen Modi unbeachtet, unausgedrückt geblieben. Diese dienen vielmehr recht eigentlich, das Verhältniss des Subjects zu dem Objecte auszudrücken, wobei die von Hermann angewendeten Categorieen als untergeordnete Momente erscheinen, wie denn die verschiedenen Formen der Behauptung, die objective (das categorische Urtheil, der reine Indicativ) und die subjective (Indic. der hist. Zeiten mit ἄν oder Opt. mit ἄν) bei den Categorieen der Möglichkeit und Nothwendigkeit ebensowohl anwendbar sind, als bei der Categorie der Wirklichkeit.

Auch der von Hartung und Kühner gemachte Versuch, durch Zugrundlegung einer Trichotomie oder Dichotomie der geistigen Thätigkeit die Gliederung der griechischen Modi als in der Natur unsres Geistes begründet zu begreifen, befriedigt nicht. — Hartung meint, wenn die Beziehung der Erscheinung auf einen Gegenstand Act des Erkennens sei, werde die Sache als wirklich und gewiss im Indicativ ausgesprochen, als ob es nicht mannichfaltige Grade in der Sicherheit des Erkennens gäbe, für deren Ausdruck die griechische Sprache eben zwei Hauptformen, der objectiven und der subjectiven Behauptung besitzt, so dass dann die vielen möglichen Modificationen der beiden Hauptformen durch Beihülfe anderer Wörter, versichernder oder limitirender Partikeln u. s. w. ausgedrückt werden müssen. Eben so wenig lässt es sich rechtfertigen, wenn dem Begehren, sofern bei demselben die Beziehung einer Erscheinung auf einen Gegenstand blos in der Vorstellung gesetzt werde, Möglichkeit und Nothwendigkeit untergeordnet erscheinen, und für die erste Beziehung der Conj., für die zweite der Imperativ als Ausdruck angenommen wird. Dem Begehren an und für sich sind die Beziehungen der Möglichkeit und der Nothwendigkeit fremd, es nimmt sie nicht in sich selber auf; wie es denn auch eine ganz schiefe und irrige Vorstellung gibt, dass der Conj. das Begehren mit dem Begriff der Möglichkeit, der Imperativ es mit dem Begriff der Nothwendigkeit ausdrücke. Und wie konnte nur schlechthin behauptet werden, dem Begehren gehe das Handeln zur Seite? Sollen wir etwa den Wunsch nicht unter dem Begehren mitbegreifen, und erscheint der Wunsch, oder dessen Ausdruck im Griechischen, der Optativ oder der Indicativ der hist. Zeiten von einem Handeln begleitet? — So wenig endlich die Voraussetzung an sich und überhaupt ein Fingiren ohne Rücksicht und Warten auf Entscheidung ist, so wenig fällt das Eine oder Andre seinem Begriff nach oder in dem Gebrauch der griechischen Sprache überhaupt in das Gebiet der Vergangenheit. Ἐὰν εἴπω ist so gut Voraussetzung als εἰ εἴποιμι. Letzteres ist zwar freie Fiction ohne Rücksicht auf Entscheidung, aber im Begriff einer solchen Fiction kann es nicht liegen, dass sie der Vergangenheit angehöre. Denn eben indem die reine Fiction alle Rücksicht auf die Wirklichkeit ausschliesst, kann sie auch keiner bestimmten Zeit zugehören. Nur da wo angedeutet werden soll, dass über den angenommenen Fall bereits entschieden sei, erscheint die Voraussetzung im Griech., da sie durch den Indicativ eines historischen Tempus ausgedrückt wird, als rein in die Vergangenheit verlegt. Man müsste also erweisen können, dass die Form des Optativs nothwendig der Vergangenheit angehöre, um in Ermanglung eines aus dem Begriff der Fiction hergenommenen Grundes in den gegebenen sprachlichen Erscheinungen einen Grund für die Annahme zu finden, dass das Griechische die Fiction überhaupt in die Vergangenheit verlegt habe. Dass aber auch in den verschiedenen Gebrauchsweisen des Optativs ein solcher Grund nicht liege, werden wir unten sehen.

Wenn die Kühner'sche Theilung logisch betrachtet vielleicht

minderen Anstoss erregt als die Theorie Hartungs, so ist sie doch eben so weit entfernt, die den griechischen Modalverhältnissen zu Grunde liegende Gliederung in ihrem Wesen aufzufassen und wieder zu geben. Schon ein flüchtiger Blick auf den griechischen Sprachgebrauch muss uns zeigen, dass die Scheidung des Erkennens in ein unmittelbares und ein mittelbares nicht im Geiste der griechischen Sprache selbst gemacht ist. Sollte wirklich der Indicativ immer nur das unmittelbar, nie das mittelbar Erkannte, nie das nur Vorgestellte ausdrücken? Wenn es z. B. Xen. Cyr. VI, 3, 5 heisst: ἐκ τούτων πάντων σχεδὸν ἐγίγνωσκον, ὅτι εἴη που πλησίον τὸ στράτευμα τῶν πολεμίων, würde es ausser der Erzählung nicht heissen: ἐκ τούτων γιγνώσκομεν ὅτι ἐστί? Oder würde nach dem von Kühner aufgestellten Begriff dieses Modus der Indicativ in irgend einem Satze stehen können, der eine Folgerung aus einem Andern enthält? So könnte Plato Euthyphro p. 2, a. γραφήν σέ τις, ὡς ἔοικε, γέγραπται oder p. 8, a. ταὐτὰ ἄρα, ὡς ἔοικε, μισεῖταί τε ὑπὸ τῶν θεῶν καὶ φιλεῖται oder p. 7, c. Οὐκοῦν ἅπερ καλὰ ἡγοῦνται ἕκαστοι καὶ ἀγαθὰ καὶ δίκαια, ταῦτα καὶ φιλοῦσι, τὰ δὲ ἐναντία τούτων μισοῦσιν; p. 8, c. Οὐκ ἄρα πᾶν γε ποιοῦσι καὶ λέγουσι, d. οὐκ ἄρα ἐκεῖνό γε ἀμφισβητοῦμεν, Phaedo p. 74, a. Ἆρ' οὖν οὐ κατὰ πάντα ταῦτα συμβαίνει κ. τ. λ. p. 75, b. c. u. a. m. der Indicativ nicht gebraucht werden, denn die Erkenntniss ist hier überall eine mittelbare. Hinwiederum finden wir auch den Opt. mit ἄν in vielen Fällen, wo die Erkenntniss als eine unmittelbare erscheint; man prüfe nur die unten anzuführenden Beispiele dieser Construction, oder irgend welche, wie sie sich eben darbieten. Mit allen diesen apriorischen Deductionen wird das Verständniss der griech. Modi nicht nur nicht gefördert, sondern in dem Grade erschwert und gestört, als diese apriorischen Sätze auf die Fassung der empirischen Erscheinung Einfluss gewinnen. Glücklicherweise vermindert sich dieser Einfluss je mehr in die einzelnen Spracherscheinungen eingegangen wird, und in manchen Sprachlehren hat denn auch die apriorische Deduction nur eine nominelle Herrschaft; wie ein unbrauchbares Schaustück steht sie an der Spitze, in losem Zusammenhang mit der Entwicklung des positiven Sprachgebrauchs, und diese ihrerseits ignorirt die apriorischen Begriffe, die, wenn sie richtig wären, in den einzelnen Gestaltungen sich wieder abspiegeln müssten.

c) **Definitionen der einzelnen Modi.** Indicativ.

Nach dieser Erörterung zweier Voraussetzungen von allgemeinerer Art, die auf die Erfassung und Behandlung des Einzelnen grösseren oder geringeren Einfluss üben, können wir zu der Kritik der verschiedenen über jeden einzelnen Modus aufgestellten Begriffe übergehen.

Die Missgriffe, welche in Feststellung der Natur des Indicativs gemacht wurden, sind theilweise in dem Voranstehenden mit berührt worden. Es muss aber noch weiter auf Folgendes aufmerksam gemacht werden. Schon bei der von G. Hermann gegebenen Definition dieses Modus ist, abgesehen von der falschen Stellung, welche ihm im Gegensatz zu Möglichkeit und Nothwendigkeit gegeben wird, ein Missverständniss möglich. Es kann nämlich scheinen, als sei die Wahl des Modus durch die äusseren Thatsachen bedingt, und wie sich diese im menschlichen Geist abspiegeln, so drücke denn auch die Sprache sie aus. Richtiger sagt derselbe in der Recension der Kühner'schen Grammatik (Zeitschrift f. d. Alterthumswiss. 1836, S. 902): „Alle Sprache ist nur der Ausdruck von Vorstellungen; die Modi aber bezeichnen das Verhältniss des Vorgestellten zu der Vorstellung, und zwar entweder als von der Vorstellung unabhängig, d. i. als wirklich, was der Indicativ thut." In dieser Fassung ist dem Sprechenden die Freiheit der Darstellung gewahrt. Einem entschiedenen Missverständniss ist auch die Erklärung Kühners ausgesetzt „der Indicativ ist der Modus der unmittelbaren Erkenntniss oder der Wahrnehmung, und stellt das Prädicat dar als ein unmittelbar Erkanntes und Wahrgenommenes, als ein der sinnlichen oder geistigen Anschauung des Sprechenden Vorliegendes und Gegenwärtiges, und somit als ein Wirkliches, Gewisses und Factisches." Oder, wie Hartung in seiner Schulgrammatik §. 866 bis 872 sich ausdrückt: „die objective Wahrnehmung bezeichnet der Indicativ", „das Wahrgenommene ist wirklich", „der Indicativ bezeichnet das Wirkliche". Nach diesen Definitionen erscheint die Wahl des Modus von der Wahrnehmung, der unmittelbaren Erkenntniss, also gewissermaassen von der objectiven Wahrheit abhängig. Damit würden wir aber eine Reihe von Erscheinungen entweder nicht begreifen, oder nur künstlich erklären können. Es sollte nämlich, um ein Missverständniss zu beseitigen, jedenfalls in die Definition dieses Modus die Bestimmung aufgenommen sein, dass der Sprechende von **objectiver Wahrheit und** ihrer Erkenntniss unabhängig mit dem Indicativ etwas darstelle, als wahrgenommen. Doch hievon abgesehen, wie ich denn nicht zweifle, dass die beiden Gelehrten, deren Definitionen des Indicativs eben erwähnt wurden, nur in dem eben geforderten Sinn sie verstanden wissen wollten, so erscheint das Futur des Indic. von diesen Bestimmungen ausgeschlossen, da das Künftige doch nicht Gegenstand einer sichern und unmittelbaren Wahrnehmung sein kann, und endlich finden wir den Indicativ in einer Menge von Fällen angewendet, wo von einer Wahrnehmung, von äusseren oder inneren Thatsachen, die sich in ihm darstellten, kaum die Rede sein kann. So bei allem, was von dem Subjecte und dessen Willen ausgeht, bei $\varphi\eta\mu\iota$, $\varkappa\varepsilon\lambda\varepsilon\acute{v}\omega$, $\pi\varrho o\varsigma\tau\acute{\alpha}\tau\tau\omega$ und ähnlichen Verben. Es wäre sonderbar, diese als einen Ausdruck innerer Wahrnehmung bezeichnen zu wollen. Mit einem Worte, der Indicativ setzt nicht allenthalben eine objective Wahrheit oder eine Wahrnehmung voraus.

Conjunctiv.

Diese unrichtige Auffassung des Indicativs erscheint indessen verhältnissmässig unbedeutender, wenn wir sie mit den über den Conj. und Opt. gegebenen Bestimmungen vergleichen. Den Conjunctiv sehen wir einerseits, von Hermann, Thiersch, Bernhardy, Hartung, als Modus der objectiven Möglichkeit, andrerseits, von Matthiä, Hartung, Kühner, Rost, als Modus des Gedachten, der Vorstellung aufgefasst. Unter objectiver Möglichkeit aber sollen und können wir nach den deutlichen Erklärungen jener Gelehrten (vgl. S. 14) nichts Anderes verstehen, als dass unter gewissen Umständen etwas geschehen, dass aus einer gewissen Lage sich eine gewisse Folge entwickeln kann. Sollte man demnach nicht erwarten, dass in Sätzen, wie folgende sind: wenn mein Freund mir das Buch zurückgibt, so kann ich dir es leihen, oder: wenn du mich aufbringst, so bin ich zu allem fähig, jenes: „ich kann, ich bin fähig" mit dem Conjunctiv ausgedrückt würde? Haben wir doch in beiden Fällen unläugbar den Ausdruck einer objectiven Möglichkeit; und mit allem Recht lässt sich, was Hermann sagt, hieher anwenden: „evenit aliquid propter aliquam ipsarum rerum, de quibus sermo est, conditionem." Ueberhaupt jede Behauptung, dass etwas eintreten könne oder eintrete unter gewissen Bedingungen, dass es objectiv möglich sei, würde man erwarten durch den Conjunctiv ausgedrückt zu sehen. — Hinwiederum leidet die aufgestellte Definition keine Anwendung auf die Fälle, in welchen die griechische Sprache den Conjunctiv gebraucht; diese werden dadurch in ihrem Wesen weder erfasst, noch erklärt. Betrachten wir die Fälle, in welchen der Conjunctiv allein steht, ohne Verbindung mit ἄν, den Conjunctiv adhort. delib. und in Absichtssätzen, ist es wohl das, was der Sprechende mit dem Conjunctiv ausdrücken will: die Handlung sei objectiv möglich? Oder ist hiemit für das Bewusstsein genau ausgesprochen, wie der Hörende, wenn er einigermassen das Griechische versteht, unmittelbar den Ausdruck nimmt? Wenn jemand sagt: ἴωμεν! heisst diess etwa, wenn wir der von Hermann aufgestellten Formel die günstigste Anwendung geben: ire licet propter rerum, quae nunc sunt, conditionem! Liegt in solcher Fassung das, was das allgemeine Gefühl in diesem Conj. fand, wenn es ihn Conj. adhort. nannte? Jenes bleibt, auch mit der grössten Emphase ausgesprochen, eben nur ein Urtheil, dass etwas sein könne; es ist keine Aufforderung, es liegt nicht darin, dass etwas geschehen soll, was doch das allgemeine Gefühl darin findet. Die Frage: ἴωμεν; fragt sie nur, ob das Gehen objectiv, unter gegebenen Umständen möglich sei, und nicht vielmehr, ob es geschehen solle? Wird endlich in den Absichtssätzen nichts weiter ausgesprochen, als dass die Handlung möglich werde, ist nicht vielmehr die Wirklichkeit ihr Ziel?

Wenn uns demnach jede genauere Prüfung überzeugen muss, dass durch diese Definition für die eigentliche Einsicht in das Wesen des Conj. nichts gewonnen ist, so kann uns doch der von Matthiä, Hartung, Rost, Kühner gemachte Versuch, Conj. und Optativ als Ausdruck des blos Gedachten, der mittelbaren Erkenntniss, der Vorstellung zu nehmen, eben so wenig befriedigen. — Es ist ein entschiedener Missgriff, wenn Kühner, leider nun auch unter Beistimmung von Rost in der 6ten Auflage seiner Grammatik, und in seiner neuesten Schulgrammatik Conjunctiv und Optativ als einander parallel gehende Modi sogar unter Einem Namen zusammenfasst, und sie nur in sofern unterscheidet, als durch den eigentlich sogenannten Conjunctiv der Act des Vorstellens als ein gegenwärtiger oder zukünftiger, durch den Optativ als ein vergangener bezeichnet würde. Wenn diese Auffassungsweise, wie es scheint, durch die Beobachtung veranlasst ward, dass in Fällen, wo vom Standpunkt der Gegenwart aus der Conjunctiv steht, vom Standpunkt der vergangenen Zeit aus der

Optativ gebraucht wird, wie οὐκ ἔχω, ὅποι τράπωμαι in οὐκ εἶχον, ὅποι τραποίμην übergeht, so sollte doch, abgesehen davon, dass selbst in diesen Beispielen ein viel tiefer greifender, innerlicherer Unterschied beider Modi vorliegt, als Kühner voraussetzt, dass auch hier der Optativ keineswegs dasselbe für die Vergangenheit ist, was der Conj. für die Gegenwart, nicht übersehen sein, wie der Optativ auch zu dem Indicativ in einem ähnlichen Verhältnisse steht, wie zu dem Conj., indem auch dieser in der obliquen Rede in den Optativ übergehen kann. Wenn aber nach der Voraussetzung Kühners der Conjunctiv für die Gegenwart ist, was der Optativ für die Vergangenheit, wenn jener angewendet werden soll, wo der Act des Vorstellens ein gegenwärtiger oder zukünftiger, dieser da, wo der Act des Vorstellens ein vergangener ist, sollte man nicht etwa erwarten, dass der Optativ mit ἄν da in Anwendung komme, wo wir nun den Indicativ der historischen Zeiten mit ἄν, und hinwiederum ein Conjunctiv mit ἄν, wo wir nun den Optativ mit ἄν finden? Denn wenn irgendwo die Vorstellung als in die Vergangenheit verlegt erscheinen kann, so wäre es am ersten in den Fällen, wo der Indicativ mit ἄν gebraucht wird (obwohl in der That auch hier die Vorstellung selbst der Gegenwart angehört), und auf die Fälle, in welchen der Opt. mit ἄν steht, liesse sich vollkommen anwenden, was Kühner über die Bedeutung des Conjunctivs sagt. Wenn es z. B. Plato Phaedr. p. 227, c. heisst: Λέγοις ἄν, so kann der Act des Vorstellens doch wohl nur in die Gegenwart fallen, das Vorgestellte ferner liegt der Wirklichkeit nahe und der Sprechende kann es als ein im lebendigen Zusammenhange mit der Gegenwart und den in derselben obwaltenden Verhältnissen und Umständen Stehendes anschauen. Indessen auch diese weiteren Bestimmungen selbst müssen Bedenken erregen. Denn warum sollte die in die Gegenwart verlegte Vorstellung nicht auch von allem Zusammenhange mit den obwaltenden Verhältnissen absehen können? Ferner, wenn Kühner §. 449, 2. b. durch folgende Mittelglieder von seiner schwanken Theorie aus den sichern Boden des empirisch Gegebenen zu gewinnen sucht „der Conjunctiv ist der Modus der mittelbaren Erkenntniss oder der Vorstellung, und stellt das Prädicat dar als ein blos Vorgestelltes, als ein in der Vorstellung des Sprechenden Gesetztes, als ein Begehrtes, Beabsichtigtes, Gewünschtes, also als ein nicht Gegenwärtiges, sondern entweder in der Zukunft oder in der

Vergangenheit Liegendes, und somit als ein Mögliches und Ungewisses" so ist nicht klar, warum das in der Vorstellung des Sprechenden Gesetzte — wobei man etwa an Beispiele, wie Od. XIV. 193 ff. oder an εἰ mit Optativ denken kann — gerade ein Begehrtes u. s. w. sein müsste, also auch nicht klar, warum das Vorgestellte nicht auch in der Gegenwart liegen kann? Es finden also hier Voraussetzungen statt, die bei näherer Prüfung als grundlos erscheinen. So hat auch schon Hermann in der bereits erwähnten Recension der Kühner'schen Grammatik auf die Inconsequenz aufmerksam gemacht, dass, nachdem zuerst vorausgesetzt wird, der eigentlich sogenannte Conjunctiv stelle den Act des Vorstellens als einen gegenwärtigen dar, hinterher derselbe beschrieben wird „als ein gegenwärtiger oder zukünftiger." — Endlich aber ist überhaupt zu bemerken, dass der Name **Vorstellung** das Wesen des Conj. gar nicht berührt, das des Opt. nur von einer Seite trifft, und es gilt auch von dieser Definition, dass, was das Gefühl in diesem Modus vernimmt, seinen klaren, bewussten Ausdruck in derselben nicht erhalten hat. Denn in ἴωμεν! τί ποιῶμεν; will der Sprechende sicherlich mehr sagen, und muss der Hörende mehr hören, als nur eine Vorstellung, selbst wenn wir die mit jener Grundbestimmung in zufälliger Verknüpfung stehende Nebenbestimmung hinzunehmen, „dass der Sprechende von der Gegenwart aus die Vorstellung als ein im lebendigen Zusammenhange mit der Gegenwart und den in derselben obwaltenden Verhältnissen Stehendes anschaue, denn wir haben auch dann noch nicht das gewonnen, was für die unmittelbare Auffassung in dem Conj. adhort. oder delib. liegt. Man vergl. z. B. Plato Protag. p. 311, a, wo Hippokrates zu Sokrates sagt: τί οὐ βαδίζομεν παρ' αὐτόν, ἵνα ἔνδον καταλάβωμεν; καταλύει δ' ὡς ἐγὼ ἤκουσα, παρὰ Καλλίᾳ τῷ Ἱππονίκου. ἀλλὰ ἴωμεν. Καὶ ἐγὼ εἶπον· Μήπω, ὦ 'γαθέ, ἐκεῖσε ἴωμεν, πρῲ γάρ ἐστιν, ἀλλὰ δεῦρο ἐξαναστῶμεν εἰς τὴν αὐλήν, καὶ περιιόντες αὐτοῦ διατρίψωμεν, ἕως ἂν φῶς γένηται, εἶτα ἴωμεν, so fühlt doch wohl jeder, dass mit diesen Conjunctiven die beiden Sprechenden **nicht Vorstellungen** ausdrücken, die sie im Zusammenhange mit der Gegenwart und den in derselben obwaltenden Verhältnissen anschauen, sondern dass sie etwas erstreben, etwas erreichen wollen.

Optativ.

Auffallen kann es beim Optativ, dass während die älteren

Grammatiker, wie diess die Namen ἡ εὐκτικὴ ἔγκλισις, Optativus zeigen, einseitig seine Bestimmung nur darin fanden, den Wunsch auszudrücken, wofür er doch nicht einmal ausschliesslich steht, in neuester Zeit dagegen grossentheils nur die andere Seite hervorgehoben ward, wonach er eigentlich Ausdruck des rein Gedachten, Fingirten, der Wunsch aber nur durch die Vorstellung vermittelt wäre. „Quum nihil optemus" sagt G. Hermann de emend. rat. gr. gr. p. 208, „nisi quod aliquo modo fieri posse videatur, quia hoc ipsum, optare, velle est ut aliquid sit, quod esse si non posset, optari non posset: tamen, qui aliquid optant, non quaerunt, utrum aliquid re vera fieri possit, sed utrum fieri illud cogitari queat: propterea, quia saepe fit, ut optemus ea, quae re vera fieri nequeunt." Vgl. zu Viger p. 756, de part. ἄν l. III. c. 5, p. 154: „Optativus natura sua nihil est, nisi cogitatio rei, quam quum non sit, esse cupimus." In gleichem Sinn äussert sich Reisig comment. de vi et usu ἄν part. p. 98: „Quatenus quisque optat quidque, fieri quidem aliquid posse cogitat, sed quomodo possit, ignorat; certe videtur ita, quoad eloquitur istud" und Klotz in seinen Adnotationes ad Devarii l. de graecae l. particulis p. 104. „Optativus modus per se non tam optationis vim in se continet, quam cogitationis omnino, unde proficiscitur etiam omnis optatio. Si igitur dixit v. c. Theognis V. 1151 sqq.

Ἀλλά μοι εἴη
ζῆν ἀπὸ τῶν ὀλίγων, μηδὲν ἔχοντι κακόν.

hoc, si primam locutionis originem spectamus, nihil est, nisi: Sed cogito mihi vivere de parvis quom nihil mali habeam. Si enim dicis: Sed mihi concessum sit vivere etc. hoc dicis: Mihi ita animo rem conformo, ut me sic vivere cogitem etc. Hinc etiam optationis ratio profecta est. Nam quod optamus, debebimus cogitatione ante concepisse" diess liesse sich psychologisch nur dann rechtfertigen, wenn überhaupt alles Begehren sich in ein Vorstellen auflösen liesse. Da aber die Vorstellung ein Begehren zwar hervorrufen kann, in ihr selber aber an und für sich nicht das Interesse, die Neigung des Subjectes für das Vorgestellte, d. i. eben nicht das liegt, was den Wunsch zum Wunsch macht, so lässt sich dieser auch nicht als blosse Modification einer Vorstellung auffassen.

Wir können aber, auch wenn wir von dieser Sphäre des Opt. absehen, den von Hermann p. 76 gebrauchten Ausdruck „Optativus, quae *cogitabilia* sunt, significat", mit welchem auch Bernhardy's

Angabe, der Optativ drücke die reine oder absolute Möglichkeit aus, übereinstimmt, eine Bezeichnung, die ihren Grund in der Anwendung der Kantischen Categorieen hat, nicht ganz angemessen finden; denn genau genommen liegt in diesem Modus keine Andeutung, dass ein Prädicat rein oder absolut, d. h. abgesehen von wirklichen Verhältnissen und Bedingungen möglich, dass es denkbar, sondern nur dass es rein, von aller Wirklichkeit abgesehen, vorgestellt, fingirt sei. So ist Isocr. Phil. §. 59. καϑ' ἕκαστον μὲν οὖν τῶν τότε γενομένων εἴ τις λέγειν ἐπιχειρήσειεν, οὔτ' ἂν διελθεῖν ἀκριβῶς δύναιτο nichts weiter als: „wenn Jemand daran gehen wollte", oder §. 61. εἴ τις φαίη τότε τὴν ἀρχὴν αὐτοῖς γενέσθαι τῶν παρόντων κακῶν, ὅτε τὴν ἀρχὴν τῆς θαλάττης ἐλάμβανον, οὐκ ἂν ἐξελεγχθείη ψευδόμενος „wenn einer behaupten wollte." Beide Annahmen sind rein vorgestellt, fingirt, eine Andeutung der Denkbarkeit des ἐπιχειρεῖν, des φάναι ist nicht darin zu erkennen. Noch ist aber die in die Grammatiken von Kühner und Rost aufgenommene Ansicht, dass der Optativ für das Gebiet der Vergangenheit das sei, was der Conjunctiv für das der Gegenwart, einer genaueren Prüfung zu unterwerfen. Im Grunde hat dieses Missverständniss — wohl eines der bedeutendsten und einflussreichsten, die in der griechischen Syntax möglich sind — ohne Zweifel Buttmann verschuldet, indem er §. 139 seiner Grammatik, verführt von der zu den historischen Zeiten stimmenden Form des Optativs, behauptet, derselbe sei ungefähr eben das, was im Deutschen und Lateinischen der Conjunctiv des Imperfects und Plusquamperfects. „Wir sagen nämlich im Ausdruck des Wunsches: Hätte ich doch! obgleich die wahre Zeit ein Präsens ist; und in der Erzählung: er erkundigte sich nach allem, damit er wüsste, und in denselbigen und ähnlichen Fällen steht im Griechischen der Optativ; der Conjunctiv hingegen da, wo auch wir meistens sagen: ich sei, er habe u. dgl." Solche Sätze nun, deren Schiefheit und Unbrauchbarkeit bei einiger Erwägung sogleich sich ergeben sollte, scheinen den erstgenannten Grammatiker verführt zu haben, da wo Buttmann noch von einer ungefähren Aehnlichkeit gesprochen hatte, eine wirkliche Gleichheit vorauszusetzen. Vergleichen wir nun in Kürze die verschiedenen Gebrauchsweisen des griechischen Optativs mit dem lateinischen Conjunctiv des Imperfects und Plusquamperfects, dem sie angeblich gleich sein sollen, so zeigt sich schon bei dem einfachsten und in seiner Bedeutung hinlänglich gesicherten

Gebrauch des Optativs im Wunsche und sodann in der Einräumung eine Grundverschiedenheit vom lateinischen Imperfect und Plusquamperfect. Εἴη, ποιοίη ist *sit, faciat;* dagegen ein *utinam esset* wäre im Griechischen bekanntlich εἰ γὰρ (εἴθε) ἦν. Ebenso wird, wer den Sinn eines εἰ εἴη versteht, es nicht mit *si esset* übersetzen wollen, sondern mit *si sit;* hinwiederum wer den Sinn von *si esset, si fuisset* bedenkt, wird finden, dass im Griechischen diesem nie ein εἰ εἴη entspricht, sondern εἰ ἦν, εἰ ἐγένετο. Ferner auch εἴη ἄν, ποιοίη ἄν könnte im Lateinischen nur mit *sit, faciat* gegeben werden, ein *esset, faceret, fecisset* in der Apodosis wäre ἦν ἄν, ἐποίει ἄν, ἐποίησεν ἄν. Die deutsche Sprache dagegen gestattet nur soferne eine Zusammenstellung des Imperfects und Plusquamperfects im Conjunctiv mit dem griechischen Optativ, als sie für den blos subjectiven Wunsch, die rein subjective Annahme, und für die Annahme, den Wunsch mit Andeutung der Nichtwirklichkeit dieselbe Form in Anwendung bringt, und „wenn ich hätte" „hätte ich doch" im Sinne bald von εἰ ἔχοιμι, εἴθε ἔχοιμι, bald von εἰ εἶχον, εἴθε εἶχον versteht. Uebrigens vergleiche man über die ursprüngliche Verwandtschaft des deutschen Conj. Praes. mit dem griechischen Optativ Grimms Grammatik IV, 74 ff., namentlich S. 77. Die irrige Ansicht indessen, welche Kühner vom Optativ hat, lässt ihn §. 89. A. 2 und §. 124. S. 113 zur Erklärung des Opt. Futuri eine Form εγραψον, ἐβούλευσον voraussetzen, die jedoch in keinem andern Sinn gebraucht sein könnte, als in dem von ἔμελλον βουλεύσειν, *consulturus eram,* so dass dem Optativ βουλεύσοιμι auch nur die Bedeutung einer von der Vergangenheit aus beabsichtigten Handlung zukommen könnte, womit wieder der Gebrauch dieser Form nicht erschöpft wäre; denn dass der Optativ nur vom Standpunkt der Vergangenheit aus gesprochen, eine in die Vergangenheit verlegte Vorstellung sei, wäre auch hier eine durch nichts begründete, dem Sprachgebrauch widerstreitende Annahme. Man vergleiche den Opt. Fut. mit κέν oder ἄν. Od. XVII, 547:

— — οὐδέ κέ τις θάνατον καὶ Κῆρας ἀλύξοι.

Lycurg. in Leocr. §. 15. So scheint denn mit solcher paralleler Behandlung der Sprachen für die Wissenschaft nichts gewonnen, insoferne die sprachlichen Erscheinungen dadurch nicht tiefer in ihrem Wesen begriffen werden; für die Praxis aber, die man wohl dabei zumeist im Auge hatte, wird unsäglich geschadet, indem eine Menge von schiefen Begriffen erzeugt wird. Ohnehin geht man an das Griechische so gern mit der Voraussetzung, man dürfe insgemein die Regeln der lateinischen Syntax auch auf das Griechische übertragen. Dahin gehört namentlich der unglaubliche Irrthum der Kühner'schen Schulgrammatik in Aufstellung der Regel §. 327 der 2ten Aufl.: „Die Zeitformen des Nebensatzes müssen den Zeitformen des Hauptsatzes entsprechen, also: a) auf ein Haupttempus, Präsens, Futurum und Futurum exactum, im Hauptsatze folgt im Nebensatze wieder ein Haupttempus im Indicativ oder Conjunctiv" u. s. w. Das heisst das Wesen der griechischen Sprache völlig verkennen, und indem man sich genöthigt sieht, sofort in den Anmerkungen die ohne genauere Ueberlegung aufgestellte Regel wieder aufzuheben, eine recht gründliche Verwirrung der Begriffe beim Unterricht veranlassen. Es ist das die Frucht unzeitigen Parallelisirens, das den verschiedenen Charakter der verglichenen Sprachen nicht beachtet. — Der Conjunctiv ist im lateinischen Nebenbestimmungssatz wahrer Conjunctiv oder Subjunctiv, d. h. er bezeichnet eine innerliche, wesentliche Verbindung der Nebenbestimmung mit dem regierenden Satz; daher z. B. der Conjunctiv im Relativsatz, wo derselbe als wesentliche Nebenbestimmung dem regierenden Satze inhäriren soll, daher der Conjunctiv im innerlich verknüpfenden Causalsatz, bei *quum*, wo eine Verknüpfung, nicht blos zeitliches Nebeneinanderbestehen der Handlungen, vorausgesetzt wird, ferner im Folge- (wie im Absichts-) Satz. Dieser Conjunctiv geht der griechischen Sprache völlig ab, wie eben eine Vergleichung der Form, welche die erwähnten Satzarten im Griechischen, mit der, welche sie im Lateinischen annehmen, beweisen kann. Im Griechischen haben jene Sätze weder den Optativ, ausser wo dieser mit Bezug auf einen abstracten, rein vorgestellten Begriff steht, noch den Conjunctiv, vielmehr gewöhnlich den Indicativ oder eine andere Form des Behauptungssatzes (im Folgesatz auch den Infinitiv), weil nämlich der griechische Nebensatz selbständiger von dem regierenden Satze sich ablöst. Ueberhaupt knüpft das Griechische nicht in solcher Abhängigkeit und Bedingtheit den untergeordneten Satz an den regierenden. Es herrscht vielmehr in dem Bau der griechischen Periode weit mehr individuelle Freiheit, als in der römischen; die einzelnen Sätze nehmen zwar allerdings auch dieselbe Modalität an, welche dem regierenden Satze zukommt, **sofern** sie nämlich derselben Sphäre der Gedankenbildung angehören, wie z. B. die mit einer fingirten

Annahme verknüpfte Absicht ebenfalls mit dem Optativ ausgedrückt wird, weil auch sie blos subjective Existenz hat; im Ganzen aber ist ihre Form nur durch den in ihnen selber auszudrückenden Gedanken bedingt, und sie wählen sich diejenige Form, welche am anschaulichsten jenen Gedanken darzustellen vermag, ohne dass man nöthig hätte, auf die Form des regierenden Satzes Rücksicht zu nehmen. Hiedurch gerade stellt sich die griechische Sprache als ein eben so ungekünstelter, wie zart und fein gebildeter, erregbarer Organismus dar, in welchem alle geistigen Bewegungen sich abspiegeln; hiedurch erhält sie den eigenthümlichen Zauber, der in der Verbindung tiefer, vielseitiger, beweglicher Geistigkeit mit der einfachsten Natürlichkeit liegt.

Imperativ.

Auf den Imperativ hatte Hermann, De emend. rat. gr. gr. p. 214 seq., die Categorie der Nothwendigkeit übergetragen: „Quemadmodum is modus quo possibilitas indicari debet, duplex est, alter objectivam, alter subjectivam possibilitatem significans, ita simile quid in imperativo licet animadvertere. Etenim etiam necessitas duplex est, altera objectiva, quae ex rei cujusque natura argumentis colligitur, ut, qui sapiens est, mortem contemnat necesse est; altera autem subjectiva, quae non ex rerum, de quibus loquimur, natura, sed ex nostro arbitrio, nostraque voluntate oritur, ut morere. Utrique necessitati suae quaedam verborum formae destinatae sunt; objectivae necessitati adjectiva verbalia — Subjectivae necessitati autem imperativus, qui proprie dicitur, assignatus est." Das Wesentliche dieser Ansicht, die Uebertragung der Categorie der Nothwendigkeit, sowie die Zusammenstellung des Imperativs mit den Verbaladjectiven und die Bezeichnung des ersten als Ausdrucks der subjectiven, der letzten als Ausdrucks der objectiven Nothwendigkeit hat Hartung, Partikellehre I, 14, II, 142, in seine Theorie aufgenommen. — Aber die Forderung, deren unmittelbarer Ausdruck der Imperativ ist, auch nur als eine von dem Sprechenden ausgehende, durch seinen Willen bedingte Nothwendigkeit zu fassen, erscheint immerhin als ein logischer Fehler. Gehört doch zur Nothwendigkeit nicht blos ein Bestimmen, sondern auch ein Bestimmtwerden, nicht blos die Willensthätigkeit des Einen, sondern auch das Aufhören der Willensthätigkeit bei dem Andern, und das Letztere ist mit dem Ersten keineswegs gegeben. Doppelt fühlbar aber wird das

Unangemessene dieses Ausdrucks da, wo die Forderung zur Bitte wird, oder wo der Redende eine Erfüllung seiner Forderung nicht einmal hoffen darf. Denn hier ist sogar dem Fordernden jeder Gedanke einer Nothwendigkeit fremd.

2) Thetischer Theil.

Die voranstehende Untersuchung hat, wie mir dünkt, auf genügende Weise die bald mehr formellen, bald mehr materiellen Fehler aufgedeckt, welche sich in den üblichen Bestimmungen über die griechischen Modi finden. Es gilt nun, an die Stelle des als unrichtig oder mangelhaft Erfundenen ein Richtigeres zu setzen; solche Begriffe von den einzelnen Moden aufzustellen, welche nicht a priori gefunden, vielmehr aus den gegebenen Erscheinungen selber geschöpft und abstrahirt sind, Begriffe, die sich in allen einzelnen Erscheinungen klar reflectiren, in welchen die einzelnen Erscheinungen ihre letzte Erklärung finden.

a) Indicativ.

Der Indicativ ist der Modus, welcher das Prädicat als wirklich hinstellt. Diese Definition dürfte ebensowohl das Missverständniss beseitigen, welches bei den oben besprochenen Bestimmungen dieses Modus nahe liegt, als die einzelnen Gebrauchsweisen desselben in Einen Begriff bequem zusammenfassen. Es liegt in derselben, dass die Art der Aussage (der Modus) von dem Redenden ausgeht, dass sie nicht unmittelbar mit den Dingen gegeben, dass sie durch den Willen des Redenden, nicht durch sein Erkennen bedingt ist. Indem ferner nicht Alles auf eine vorausgegangene Wahrnehmung zurückgeführt wird, finden Aussagen, wie λέγω, κελεύω u. dgl. ihre natürliche Erklärung. — Erscheint der Indicativ an und für sich, ohne dass durch den Zutritt von Partikeln, die auf seine Bedeutung Einfluss üben, oder durch den Zusammenhang der Rede eine Modification seines Sinnes einträte, so ist er Ausdruck der objectiven Behauptung, derjenigen nämlich, in welche der Unterschied von Wissen und Sein nicht aufgenommen ist, die von diesem Unterschiede völlig absieht. So steht der reine Indicativ in unabhängigen Satze, so in den abhängigen Objectivsätzen mit ὅτι und ὡς, in den Folgesätzen mit ὥστε, in den Causal-, den Zeitbestimmungs-, den

Relativsätzen; alle diese Satzarten nämlich können eine objective Behauptung in sich aufnehmen, und haben, wo sie diess sollen, den reinen Indicativ. Bemerkenswerth aber ist es, dass die griechische Sprache einerseits diesen Character des Indicativs streng festhält, wo die deutsche Sprache denselben aufgibt, dass z. B. ὥστε, οἷος, πρίν den Indicativ nur dann bei sich haben, wann der Redende etwas zum Gegenstande einer objectiven Behauptung macht, sonst aber für den deutschen Indicativ andre Modi eintreten, andrerseits der Indicativ sich in Relativsätzen häufig da angewendet findet, wo die lateinische Sprache den Conjunctiv gebraucht, um den untergeordneten Satz als immanente Bestimmung des regierenden zu bezeichnen, und ihm jede selbständige Bedeutung deutlich zu entziehen.

Während nun der Indicativ in solchen Sätzen, in welchen er die Bedeutung einer objectiven Behauptung annehmen kann, auch für eine solche gebraucht werden darf, widerstreitet die Natur eines Bedingungssatzes, die bekanntlich auch von einem Relativ- und Zeitbestimmungssatz angenommen werden kann, an und für sich der objectiven Behauptung, und es stellt daher der Indicativ mit εἰ oder den Relativen und Zeitpartikeln, wo diese die Function einer Bedingungspartikel mit übernehmen, zwar auch das Prädicat als wirklich, objectiv hin, aber nicht in der Form einer Behauptung, sondern in der einer Voraussetzung; mit andern Worten: εἰ mit dem Indicativ ist die Voraussetzung eines objectiv Gegebenen.

Hält man daran fest, dass der Indicativ überhaupt das Prädicat als wirklich hinstellt, und an und für sich Form der objectiven Behauptung ist, so begreifen wir auch, wie fast in allen Constructionen, in welchen der Indicativ statthaft ist, als dessen Modification auch andre Formen der Behauptung eintreten können. Befremden könnte nun aber, dass der Indicativ der historischen Zeiten in Verbindung mit ἄν, mit den Bedingungs-, den Absichts-, den Wunsch-Partikeln Ausdruck der Nichtwirklichkeit zu werden scheint. Die genauere Erklärung dieses Sprachgebrauchs kann sich uns zwar erst bei der Erörterung der einzelnen Satzarten ergeben, doch möge hier vorläufig darauf hingewiesen werden, dass dieser Schein der Negation nur eben aus der Verbindung des Indicativs mit Partikeln sich ergibt, mit welcher sich positive Wirklichkeit nicht verträgt.

b) Imperativ.

Der Imperativ ist unmittelbarer Ausdruck der Forderung nach ihren verschiedenen stärkeren oder milderen Graden.

c) Conjunctiv.

Die Grundbedeutung des Conjunctivs ist, wenn wir anders unsern Blick auf seine Erscheinung im Griechischen beschränken, durchaus nicht so schwer zu erfassen, als es den Anschein haben könnte. Zu irrigen Ansichten hat wohl theils der Name, theils die Vergleichung mit dem Lateinischen verführt. Dass aber der lateinische Conjunctiv von dem griechischen in einem bedeutenden Gebiete seines Gebrauchs verschieden sei, ist bereits berührt worden, und es erscheint darum der Name durch die Natur des Modus keineswegs gerechtfertigt. Um aber diese gehörig zu begreifen, werden wir am besten von denjenigen Gebrauchsweisen ausgehen, in denen der Conj. rein vorliegt, durch keine Partikeln modificirt. Das geschieht in der Aufforderung und in der Frage der Unschlüssigkeit. So wie sich nun hier in dem Modus das Streben, die Tendenz zur Wirklichkeit, die Bewegung und Entwicklung der Handlung zu ihrer Realität nicht verkennen lässt, so werden wir in allen Fällen, wo die griechische Sprache den Conj. anwendet, finden, dass es sich dann um eine Verwirklichung handelt. In ἴωμεν! ist offenbar das Streben nach einer Wirklichkeit hin enthalten, wie auch die Analogie des im Hebräischen suffigirten ה ָ bestätigt, das als ה locale und als Form des Fut. parag. in gleicher Weise eine Richtung, ein Streben nach einer Handlung ausdrückt. Gesenius Gramm. §. 93. Ewald Gramm. §. 293. Die Frage ἴωμεν; unterscheidet sich hievon eben sofern sie Frage ist. Die Tendenz zur Verwirklichung, in ἴωμεν! unmittelbar ausgesprochen, wird durch die Frage von der Entscheidung Anderer abhängig gemacht. — Auch in den Absichtssätzen liegt diese Bedeutung des Conjunctivs klar zu Tage; er steht auch hier, wo vom Standpunkte des Sprechenden aus eine Tendenz zur Verwirklichung vorhanden ist, während die Absicht an und für sich, ohne Tendenz zur Verwirklichung, ohne Rücksicht auf Wirklichkeit mit dem Optativ ausgedrückt wird. Dass dem Conj. diese Bedeutung in der Verbindung mit Relativ-, Zeitbestimmungs-, Bedingungssätzen zukomme, sei es nun, dass ihm ἄν beigegeben wird, oder nicht, wird sich uns später ergeben, wenn wir nach Feststellung der Bedeutung, welche der Partikel ἄν zukommt, in die Natur der Satzarten, welche ἄν mit Conj. haben, näher eingehen müssen. Aber wir können diese allgemeine Erörterung über das Wesen des Conj. nicht schliessen, ohne auf die Verwandtschaft des eigenthümlichen Homerischen Futuralconjunctivs mit dem oben aufgestellten Begriff hinzuweisen, wenn wir auch nicht für nöthig hielten, diesen besondern Gebrauch in den allgemeinen Begriff des Modus aufzunehmen, sofern er nämlich, wie manche andere in der Homerischen Sprache versuchte Form der Rede von dem späteren klassischen Sprachgebrauch nicht beibehalten ward, andererseits auch nicht als das Ursprüngliche anzusehen ist, von dem aus die übrigen Gebrauchsweisen sich ableiten liessen. Vielmehr geht diese besondere Anwendung des Conjunctivs in einer dem Futur verwandten Bedeutung selber aus dem Grundbegriff, der Tendenz zur Verwirklichung hervor, und deutet auf eine Periode der Sprache, wo das Futur noch nicht in sicherem Gebrauch war, sondern erst aus dem Conj. sich zu entwickeln begann. Mit Recht nimmt nämlich Hermann de part. αν p. 79 f. an, dass das Futur sich aus dem Conj. gebildet habe.

Manche Spuren führen uns ohne Zweifel zu der Annahme, dass die griechische Sprache in vorgeschichtlicher Zeit einer besondern Form zum Ausdruck des Künftigen entbehrt, dagegen die Präsensform zugleich im Sinn des Futurs gebraucht habe. Am bekanntesten ist die Futuralbedeutung der präsentischen Form εἶμι. So findet sich der Indic. dieses Verbums im Sinn eines Futurs gebraucht Il. I, 420. 426. XIII, 752. XVIII, 280. XX, 362. 371. XXIV, 92. 224. Od. III, 361. 367. VI, 255. Aesch. Prom. 325. Plato Phaedo p. 68, b. Phaedrus p. 242, a. Thuc. I, 82. Xen. Cyrop. IV, 1, 16. 18, δίειμι Plato Phaedr. p. 228, d. 271, b. Dass es aber nicht durchaus in Futuralbedeutung stehe, zeigen Stellen wie folgende:

Il. II, 87. ἠΰτε ἔθνεα εἶσι μελισσάων.

Il. XI, 415. — ὁ δέ τ' εἶσι βαθείης ἐκ ξυλόχοιο

Il. XXI, 573. XXII, 27. 309. 317. Od. IV, 400 f. VI, 131.

Thuc. IV, 61. Οὐ γὰρ τοῖς ἔθνεσιν, ὅτι δίχα πέφυκε τοῦ ἑτέρου, ἔχθει ἐπίασιν. Arist. Eccl. 477. ἀλλ' εἶμι, σὺ δ' ὑγίαινε. Unmittelbar mit diesem Abschied entfernt sich Chremes. Plato. Phaedo p. 100, b ἔρχομαι γὰρ δὴ ἐπιχειρῶν σοι ἐπιδείξασθαι τῆς αἰτίας· τὸ εἶδος ὃ πεπραγμάτευμαι, καὶ εἶμι πάλιν ἐπ'

ἐκεῖνα τὰ πολυθρύλητα καὶ ἄρχομαι ἀπ' ἐκείνων. Zwischen ἔρχομαι und ἄρχομαι kann auch εἶμι nur als Präsens gebraucht sein, worauf auch unmittelbar der Sinn führt. Namentlich finden wir den Inf. und das Particip in einer ziemlichen Anzahl von Stellen im Sinn eines Präsens gebraucht, und zwar nicht blos bei Homer: βῆ δ' ἰέναι Il. IV, 199. XXIV, 95, ferner XXIV, 2. 218, sondern auch bei Attikern: Thuc. I, 26. 71. 91. 118. III, 55. 91. VI, 80. VII, 21. Xen. Cyrop. III, 3, 14. Das Particip steht im Sinn eines Präsens und Imperfects Od. XV, 89. οὐ γὰρ ὄπισθεν οὖρον ἰὼν κατέλειπον, ferner 348.
XVI, 46. Thuc. I, 78. ἰόντες οἱ ἄνθρωποι ἐς τοὺς πολέμους τῶν ἔργων πρότερον ἔχονται. 121. V, 30. Soph. Oed. R. 772 f. Antig. 743. Xen. Cyrop. II, 4, 12. Ebd. §. 22. hist. gr. IV, 1, 16 und cap. 8, 5. V, 4, 29.

Präsensformen mit Futurbedeutung sind ausserdem: Βέομαι Il. XV, 194. τῷ ῥα καὶ οὔτι Διὸς βέομαι φρεσίν
XVI, 852. οὐ θην οὐδ' αὐτὸς δηρὸν βέῃ, ἀλλά τοι ἤδη
ἄγχι παρέστηκεν θάνατος καὶ Μοῖρα κραταιή,
XXII, 431. XXIV, 131.

Νέομαι, der Indicativ ist als Futur gebraucht Il. XVIII, 101.
νῦν δ' ἐπεὶ οὐ νέομαί γε φίλην ἐς πατρίδα γαῖαν
ebd. 136. ἠῶθεν γὰρ νεῦμαι XXIII, 150. Od. XI, 114. XII, 141. XIV, 152. So auch der Infin. Il. II, 113. ὑπέσχετο — ἀπονέεσθαι ähnlich 288 und Od. XVIII, 260. Dagegen steht der Indicativ als Präsens: Od. XII, 188. Der parallele Aorist V. 186 gestattet keine andere Auffassung des νεῖται; namentlich kommt der Inf. häufig als Präsens vor: Il. II, 290 f. 298. XII, 32. XXI, 598. XXII, 109. XXIII, 51. 229. Od. I, 17. XV, 3. ὀτρυνέουσα νέεσθαι, 72, nach ἐθέλοντα, 88, nach βούλομαι, 308, nach λιλαίομαι, 457. — Der Conj. steht wie ein gewöhnlicher Conj. Praes. Il. II, 235. XXII, 392. VII, 335. Od. I, 87.

Δήω mit Bezug auf die Zukunft: Il. IX, 418. 685. XIII, 260. Od. IV, 544. VI, 291. XI, 115. XIII, 408. XVI, 44.

Κείω als Futurum oder Desiderativum von κεῖμαι, sich legen wollen. κακκείοντες ἔβαν Il. I, 606. XXIII, 58. Od. I, 424. VII, 229. Il. XIV, 340 ἔνθ' ἴομεν κείοντες. Od. VIII, 315
οὐ μέν σφεας ἔτ' ἔολπα μίνυνθά γε κειέμεν οὕτω.
XIV, 532 βῆ δ' ἴμεναι κείων XVIII, 428. XIX, 48. Von der Präsensbedeutung gehen aus die Conjunctive κατακείομεν Il. VII, 333. Od. XVIII, 419 und die Imperative κατακείετε Od. VII, 188 und XVIII, 408.

Es gehören ferner hieher die Future ἔδομαι Il. IV, 237. XVI, 836. XVIII, 283. XXII, 509. XXIV, 129, und πίομαι Il. XIII, 493. Od. X, 160. Pind. Ol. VI, 146. Theogn. 962. Aesch. Choëph. 578. Arist. Equitt. 1289. 1401. Ἐρῶ wird nach L. Dindorf in der Par. Ausg. von Steph. Thesaurus p. 283 von Späteren als Präsens gebraucht. Statt des häufigeren ἐρῶ von der unmittelbar folgenden Rede findet sich auch λέγω Plato Phaedo p. 86, e. Auch sonst werden hin und wieder gewöhnliche Präsentia als Futura gebraucht, vgl. Buttmann ausf. Gramm. §. 95. A. 16. Schon bei Homer können ἀντιόω Il. XIII, 752, ἐξανύω Il. XI, 365, ἐρύουσι Il. XI, 454, κλείω Od. XVII, 418 als Präsensformen mit Futurbedeutung betrachtet werden; bei Thuc. III, 58 ist ἐρημοῦτε nicht sowohl für eine Contraction aus ἐρημώσετε als vielmehr für ein als Futur gebrauchtes Präsens anzusehen, und ähnlich sind Aesch. Pers. 799 περᾷ, Eur. Or. 1127 δηλοῖ, Arist. Pax 169 ἐπιχεῖς zu betrachten. Es verdient aber in dieser Hinsicht weiter erwogen zu werden, in wie vielen Fällen formell gar kein Unterschied zwischen dem Fut. (II. und att. Futur) und dem Präsens stattfindet, und wie hinwiederum das Futur gebraucht wird, wo man das Präsens erwarten sollte Eur. Hec. 511. οἴμοι, τί λέξεις; Vergeblich erinnert Hermann zu Viger p. 747 „quo proprie indicari videtur, quo tandem progrediere, hoc facto initio?" und Pflugk z. d. St. „falluntur qui futurum pro praesente positum putant. Loquitur Hecuba sic, ut quae alia iis, quae jam dicta sunt, graviora metuat" denn es ist unnatürlich, während οἴμοι und οὐκ ἄρ' ὡς θανουμένους μετῆλθες ἡμᾶς zeigt, dass Empfindung und Betrachtung der Hekuba bei den vorangegangenen Worten des Talthybios verweilt, τί λέξεις nicht auf das Gesagte zu beziehen, sondern als Ausdruck der Erwartung zu nehmen. Τί λέξεις, was sagst du? setzt vielmehr eine geistige Verfassung voraus, da der Redende in das Gesagte sich nicht sogleich finden kann, und seinem Ohre gleichsam misstrauend eine Bestätigung des Gesagten erwartet; hiezu eben stimmt in der angeführten Stelle die Frage: οὐκ ἄρα μετῆλθες. Dasselbe gilt von 712 und 1124. Med. 1310. Hel. 779. Hipp. 353. Phoen. 1289. Jon. 1132. In allen diesen Stellen kann τί λέξεις, wie das Folgende klar zeigt, und wie es auch die Scholien richtig nehmen, nur die Verwunderung über das Gehörte enthalten. Man darf sich aber diesen Gebrauch vielleicht gerade daraus erklären, dass ἐρῶ so häufig von der unmittelbar folgenden Rede gebraucht ward, mithin ebensowohl als Präsens, wie als Futur genommen werden konnte, so dass hier der Unterschied beider Tempora aufgehoben schien. So scheint selbst τί δράσεις Andr. 1077, τί ῥέξεις Alc. 263 mehr von dem was gerade geschehen ist, und noch geschieht, gebraucht zu sein, als von Bevorstehendem. Aehnlich αἰτήσομαι Alc. 164, vgl. Matthiä §. 506. VI. Diese Beispiele sollen uns aber den Satz belegen, dass noch in späterem Sprachgebrauch Präsens und Futur in ihrer Bedeutung sich so nahe standen, dass sie sich gegenseitig vertreten konnten. Zu dieser nahen Verwandtschaft des Präsens als Ausdrucks der noch unvollendeten Handlung mit dem Futur stimmt aber endlich auch die Erscheinung, dass die griechische Sprache den Opt. Präs. und Aor. mit ἄν sowohl im Sinn des Futurs als des Präsens gebraucht, also hier den Unterschied beider Formen ignorirt.

Wir haben demnach allen Grund, aus diesen noch in der geschichtlichen Zeit vorhandenen Spuren den Schluss zu ziehen, dass in einer vorgeschichtlichen Zeit die griechische Sprache für die unvollendete, im Werden begriffene Handlung nur Einen Ausdruck kannte, in welchem Futur wie Präsens begriffen war. Als man nun aber das Bedürfniss fühlte, das früher Ungeschiedene zu scheiden, und sich der Futuralbegriff aus dem der unvollendeten Handlung bestimmt abzulösen begann, musste man unter den vorhandenen Formen die geeignetste für das Futur auswählen Sofern man nun im Gegensatze zu der bereits bestehenden und wirklichen, wenn auch noch immer werdenden Handlung die künftige als eine zum Werden und zur Wirklichkeit erst hinstrebende erfassen musste, konnte keine Form geeigneter scheinen, diesen vom Präsens unterschiedenen Futuralbegriff auszudrücken, als der Conjunctiv, so dass dann ἴδωμαι (Il. 1, 262) zunächst in dem Sinn von μέλλω ἰδέσθαι für das Futur gebraucht ward. Da aber dennoch ein Unterschied fühlbar sein musste, der zwischen diesem und dem sonstigen Gebrauche des Conj. übrig blieb, oder vielmehr, da sich das Bedürfniss geltend machte, ein eigentliches Fut. Indic. als Ausdruck einer bestimmten, objectiven Behauptung über Künftiges zu erhalten, so ward im Activ und Medium durch die unbedeutende Veränderung des langen Modusvocals in den kurzen, eine Veränderung, auf welche man um so leichter geführt ward, als die Conjunctivformen ohnehin die Länge nicht immer festhielten, aus dem Aor. I. Conj. die neue Form des Indic. Fut. I. Act.

und Med. So wie nämlich der Zusammenhang der Conjunctivformen des Aor. I. Act. und Med. mit den Indicativformen des Fut. I. Act. und Med. unläugbar ist, so können wir auch wohl nicht irren, wenn wir auf die vorgenannten Data gestützt die Entstehung der letzteren Formen aus den ersteren annehmen. Wie sich die Fut. II. Act. und Med. entwickelten, ob diese nicht etwa als Nebenformen aus dem Ind. Präs. hervorgingen, was sich aus der ursprünglichen Indifferenz von Praes. und Fut. erklären würde, darüber getraue ich mir nichts Bestimmtes zu behaupten. Das Fut. Pass. ist jedenfalls nach Analogie des Fut. Med. aus dem Aor. Pass. gebildet.

Die hier combinirte Geschichte von der Entwicklung des griechischen Futurs findet in den wesentlichsten Punkten ihre Bestätigung durch die analoge Geschichte des deutschen Futurs. Von der ältesten Zeit bis herab in die neueste hat uns, wie Grimm deutsche Grammatik IV. S. 176 ff. richtig erinnert, das Präsens zugleich als Futur gedient. Das Gothische und die ältesten hochdeutschen Quellen ersetzen das griechische und lateinische Futur, ohne sich einer Umschreibung zu bedienen, durch das einfache Präsens. Zugleich dient im Gothischen zuweilen auch der Conj. für das Futur, nicht blos in Stellen, wo etwa auch der Conj. in seiner gewöhnlichen Bedeutung genommen werden könnte, sondern auch da, wo diese minder angemessen wäre, z. B. Joh. VII, 35. Tharuh quethun thai Judaieis du sis misso: huadre sa skuli gaggan thei veis ni bigitaima (Präs. Conj. für $εὑρήσομεν$) ïna. Joh. XVI, 26 in jainamma daga in namin meinamma bidjith (Präs. Ind. oder Imperat. für $αἰτήσεσθε$) jah ni quitha izvis thei ik bidjau (Präs. Conj. für $ἐρωτήσω$) attan bi izvis. Rom. XI, 35. fragildaidau Conj. Präs. Pass. für $ἀνταποδοθήσεται$. Marc. XVI, 3. afvalvjai $ἀποκυλίσει$.

Dahin gehört auch der Conj. Präs. von skulan, dessen Indic. im Gothischen noch nicht zur Umschreibung des Futurs dient. Vgl. oben Joh. VII, 35 f. skuli gaggan für $μέλλει \ πορεύεσθαι$, welchem $μέλλειν$ im Goth. sonst munan entspricht und Luc. I, 66 quithandans hva skuli thata barn vairthan? In diesen Stellen kann indessen der Conj. durch die Frage veranlasst sein, die im Griech. zwar direct ist, im Goth. dagegen indirect genommen wäre, wie denn Joh. VII, 36 fortgefahren wird: hva sijai thata vaurd? $τίς \ ἐστιν \ οὗτος \ ὁ \ λόγος$; der goth. Conj. stimmt aber mit dem griech. sofern überein, als er nicht nur imperativisch steht, sondern auch in der unschlüssigen Frage gebraucht wird, Matth. VIII, 20. Luc. III, 10. XIX, 48, in der Aufforderung aber mit der dem Gothischen eigenen imperativen Form wechselt. Vgl. Grimm Gramm. IV, S. 82. 84 f. In der weiteren Entwicklung der deutschen Sprache, als jene Lebenskraft, welche neue Formen erzeugt, bereits in ihr erloschen war, suchte man den Futurbegriff durch Umschreibungen mit *wollen*, *sollen* und im Neuhochdeutschen mit *werden* zu erreichen. Entsprechen die beiden ersten vornehmlich dem griech. $\mu\acute{\epsilon}\lambda\lambda\omega$, womit wohl der Futur-Conjunctiv Homers in seinem Unterschiede von dem objectiven Indic. Fut. am besten umschrieben würde, indem sie ausdrücken, dass eine Handlung, es sei nach dem eigenen Willen, oder nach fremder Bestimmung, bevorstehe, so ist dagegen das Hilfszeitwort *werden* offenbar nur darum zur Umschreibung des Futurs gewählt, um die Handlung als im Uebergang zur Wirklichkeit begriffen darzustellen. So dürften wir denn hierin eben sowohl eine Bestätigung der Verwandtschaft des Futurbegriffs mit dem Conj., als des oben aufgestellten Begriffs von dem griech. Conj. erhalten. — Zur Vervollständigung der Analogie, die hierin zwischen der deutschen und der griechischen Sprache stattfindet, sei schliesslich darauf hingewiesen, dass wir noch jetzt in unzähligen Fällen, den ursprünglichen Sprachgebrauch bewahrend, das Präsens statt des Futurs gebrauchen, insbesondere, wo ein beigegebenes Adverb der Zeit schon hinlänglich die Zukunft andeutet. Man sagt: ich gehe — er kommt — morgen; ich mache im nächsten Jahre eine Reise nach u. s. w., und nur wer die Geschichte der deutschen Sprache ignorirt, könnte an dieser Ausdrucksweise Anstoss nehmen. So wird man auch namentlich das griech. $\delta\acute{\eta}\epsilon\iota\varsigma$, $\delta\acute{\eta}\epsilon\tau\epsilon$ überall mit: du findest u. s. w. ersetzen können.

d) Optativ.

Der Optativ ist Ausdruck der reinen Subjectivität. Er wird überall gebraucht, wo eine Handlung blos als geistige, im Innern des Subjects bewegte, aus diesem nicht heraustretende, auf die Wirklichkeit sich nicht beziehende Thätigkeit erscheinen soll. Mit dieser Beschreibung seines Gebietes sind alle Seiten desselben umfasst. Wie aber die vulgäre Psychologie des Alterthums nur eine zwiefache Thätigkeit des Geistes anerkennt, ein Erkennen und ein Begehren, so lässt sich der Optativ unter einem doppelten Gesichtspunkt betrachten, als Ausdruck des rein

(d. i. ohne alle Rücksicht auf Wirklichkeit) Gedachten, und als Ausdruck des rein Gewünschten. Denn das Begehren, so lange es als ein in dem Subject beschlossenes, nicht mit der Verwirklichung umgehendes erscheint, nennen wir Wunsch. Sollte man übrigens meinen, dass der oben aufgestellte Begriff zu abstract sei, als dass er ursprünglich schon dieser Form zu Grunde gelegen haben könne, so möchten wir von den beiden Seiten seines Gebrauchs lieber die des Wunsches, als die Seite des Erkennens für die ursprünglichere halten, indem natürlicher das rein Gewünschte in ein rein Gedachtes überzugehen scheint, als umgekehrt. Wir erkennen diess an dem concessiven: εἶεν es sei, das unstreitig früher Ausdruck eines Begehrens war, ehe es von da aus seine concessive Bedeutung erhielt, und dann Ausdruck des rein, nur in der Vorstellung (willkührlich) Gesetzten ward. Einen ähnlichen Uebergang aus dem Gebiete des Begehrens in das der Vorstellung können wir bei der Partikel μή wahrnehmen, deren ursprünglicher Sinn ohne Zweifel prohibitiv war. Indessen wir können die Frage nach der ursprünglichen Bedeutung des Optativs auf sich beruhen lassen, da sein Gebiet schon in den ältesten vorliegenden Quellen jedenfalls die beiden Seiten des reinen Begehrens und des reinen Erkennens umfasst und mit dem oben angegebenen Begriff, wie die folgenden Untersuchungen im Einzelnen ausweisen werden, nach allen Seiten erschöpft wird.

Selbständig erscheint indessen dieser Modus im unabhängigen Satze insgemein nur als Ausdruck des reinen Wunsches. Dagegen sind die Beispiele des blossen Optativs als Ausdrucks des rein Vorgestellten im unabhängigen Satze überhaupt selten, und wie es scheint, durch Vermittlung der concessiven Bedeutung, zuletzt aus der Bedeutung des Wunsches abzuleiten. Um so weiter greift der Gebrauch des Opt. zum Ausdruck des rein Vorgestellten und Fingirten in der abhängigen Rede. Hier ist bei weitem in den meisten Fällen, im Bedingungs-, Zeitbestimmungs-, Relativsatze, in der obliquen Rede der Optativ Ausdruck dessen, das man als reine Vorstellung, von aller Wirklichkeit abgesehen, hinstellt oder anführt, und die einzige sichere Norm, die sich über dessen Gebrauch angeben lässt, ist nicht aus empirischer Beachtung des regierenden Satzes, ob dieser Haupt- oder Nebentempora enthalte, sondern durchaus nur aus seinem Begriffe zu schöpfen. Denn dass der Opt. nicht etwa missbräuchlich, sondern eben so regelmässig, wie nach historischen Zeiten, auch nach Haupttemporibus stehe, lässt sich gar nicht bestreiten, und ist am klarsten an εἰ mit Opt. nachzuweisen. Die Bedingung seines Eintretens nach Haupttemporibus ist aber eben, dass das Ausgesagte als blos Subjectives, rein Vorgestelltes erscheine, und von aller Wirklichkeit oder Verwirklichung abgesehen werde.

Ueberschauen wir nun die vier Modi des Griechischen in ihrem gegenseitigen Verhältnisse, und wie sie sich zu einem Ganzen zusammenordnen, so haben wir einen rein objectiven Modus, den Indicativ, und einen rein subjectiven, den Optativ. Zwischen beiden in der Mitte liegen mit subjectivem Ausgangs- und objectivem Zielpunkt: Imperativ und Conjunctiv. Während in die beiden äussersten Formen der Modalität, den Indicativ und den Optativ, ein Verhältniss oder eine Beziehung zwischen Objectivität und Subjectivität nicht aufgenommen ist, indem der Indicativ für sich die Subjectivität, der Optativ für sich die Objectivität ignorirt, liegt in dem Imperativ wie in dem Conjunctiv eine Beziehung des Subjects auf das Object, eine Bewegung, ein Ausgehen vom Subjectiven zum Objectiven; in dem Imperativ, sofern vom Subjecte ein bestimmter Impuls zum Handeln herrührt, in dem Conjunctiv, sofern in ihm überhaupt eine (subjective) Tendenz, etwas zu verwirklichen, oder (bei hinzutretendem ἄν) die Voraussetzung eines wirklich Werdens liegt.

II. Die Lehre von der Partikel ἄν.

1) Prüfung bisheriger Ansichten.

Wenn es in der griechischen Syntax kaum einen wichtigeren, zugleich aber auch schwierigeren Punkt gibt, als die Frage über die wesentliche Bedeutung der Partikel ἄν, so sollten uns, wie es scheint, vor Allem die Theoreme der einheimischen griechischen Grammatiker wichtig und willkommen sein. Unter diesen war nun recipirte Theorie, ἄν sei σύνδεσμος παραπληρωματικός und δυνητικός. Zu den ersteren zählt die Partikel Dionysios Thrax, Bekker Anecd. II. p. 643, das Etym. M. p. 307, 24, und der Verfasser eines griechischen Wörterbuchs Hermann. de emend. rat. gr. gr. p. 335. Als σύνδεσμος δυνητικός bezeichnen sie Apollonios de syntaxi c. VI. mit der Bemerkung: τὰ γεγονότα τῶν πραγμάτων ὁ σύνδεσμος ἀναιρεῖν θέλει περιστάνων αὐτὰ εἰς τὸ δύνασθαι, ἔνθεν καὶ δυνητικὸς εἴρηται, und der Verfasser der Schrift περὶ συντάξεως Bekk. Anecd. I. p. 126: „Τοῦτον τὸν σύνδεσμον οἱ τεχνικοὶ δυνητικὸν προςαγορεύουσι· σημαίνει γὰρ πρᾶγμα μὴ γενόμενον, δυνηθὲν δὲ γενέσθαι, εἰ μή τι συμβὰν ἐκώλυεν, οἷον· εἰ μὴ τὴν Ἑλένην Ἀλέξανδρος ἥρπασεν, οὐκ ἂν Τροία ἀπώλετο· ἠδύνατό φησι μὴ ἀπολέσθαι Τροία, εἰ μὴ τῆς ἀπωλείας τὴν αἰτίαν παρέσχε τὴν Ἑλένην ἁρπάξας Ἀλέξανδρος. Die Benennung σύνδεσμος δυνητικός ist indessen, wie die in den angeführten Stellen beigegebenen Gründe verrathen, aus einer einseitigen Beobachtung des Sprachgebrauchs entsprungen. Man erkannte, dass die Partikel die reine Objectivität des Indicativs aufhebe, und da man diess mit Recht nicht in dem Sinn nahm, als habe ἄν eigentlich negative Kraft, obwohl die Worte des Apollonios τὰ γεγονότα τῶν πραγμάτων ἀναιρεῖν θέλει diess zu besagen scheinen, so dachte man, die Partikel rücke die Aussage aus dem Gebiete der Wirklichkeit in das der Möglichkeit (περιστάναι τὰ πράγματα εἰς τὸ δύνασθαι) und gab ihr daher den Namen σύνδεσμος δυνητικός. Möglich, dass man auch die Verbindung mit dem Opt. hiebei berücksichtigte, und meinte, mit der Partikel ἄν werde der an und für sich blos subjective Opt. zum Ausdruck der Möglichkeit erhoben, d. h. wie die Partikel dem Indicativ etwas nehme, so gebe sie etwas dem Opt.; zur Möglichkeit den einen Modus herab, den andern hinauf stimmend. — Obwohl man nun diese Bezeichnung als σ. δυνητικός oder als particula potentialis auch nach wieder erwachtem Studium der griechischen Sprache und bis in die neuesten Zeiten herab (man vgl. Devarii l. de gr. l. particulis p. 26 ff. ed. Klotz — Vigeri de gr. dict. idiotismis l. ed. 4ta p. 478 ff. — Poppo de usu part. ἄν in den Miscell. max. part. critica edd. Friedemann et Seebode Vol. I, p. 1. — Krüger, griechische Sprachlehre für Schulen 1843, 2tes Heft, S. 310 —) noch festzuhalten, und aus derselben ihren wichtigsten Gebrauch zu erläutern suchte, so kann man doch höchstens den objectiven Wiederschein ihrer auf subjectivem Gebiete liegenden Bedeutung in einer solchen Bezeichnung erkennen, das Wesen der Partikel trifft diese Benennung jedenfalls nicht. Sie ist in keiner Weise bestimmt, eine objective Möglichkeit, ein δύνασθαι, im Stande sein auszudrücken. Jeder Versuch, das Eine mit dem Andern zu vertauschen, müsste von der Unschicklichkeit überzeugen. Man vergleiche z. B. Xen. Cyrop. I, 1, 1. *Πολλοὺς ἐδοκοῦμεν κατα-μεμαθηκέναι — οὐδὲ τοῖς ὀλίγοις τούτοις πάνυ τι δυναμένους χρῆσθαι*, I, 1, 5 *ἠδυνήθη ἐφικέσθαι — ἐπιθυμίαν ἐμβαλεῖν* und dagegen I, 1, 3. *εὖ εἰδότας, ὅτι οὐδ᾽ ἂν ἴδοιεν* oder: I, 1, 4. *ὁ μὲν Σκύθης ἄλλου μὲν οὐδενὸς δύναιτ᾽ ἂν ἔθνοις ἐπάρξαι, ἀγαπῴη δ᾽ ἄν, εἰ τοῦ ἑαυτοῦ ἔθνοις ἄρχων διαγένοιτο*, wo hinlänglich erhellt, wie die dem Opt. beigegebene Partikel den Begriff des *δύνασθαι* eben so modificirt, wie den von *ἀγαπᾶν*, also nicht selber den Begriff eines *δύνασθαι* enthalten kann. Treffend erinnert darum Reisig de vi et usu *ἄν* part. p. 139 sqq. gegen Hermann, der *πίπτειν ἄν, πεσεῖν ἄν* in gleichem Sinn nehmen wollte, wie *δύναται πίπτειν, πεσεῖν*, „Quid ergo, si dicam *νόμιζέ με ἐλθεῖν ἄν, ἣν δύναμαι*? Nam *πολλὰ δυνάμενα γενέσθαι οὐκ ἂν γένοιτο* recte dixerim: at *πολλὰ γενέσθαι δυνάμενα οὐ δύναται γενέσθαι* Hermannus fugiet et sanus quisque mecum." — Am wenigsten aber kann in dem Umstand, dass im Deutschen zuweilen der Indic. eines hist. Tempus, oder der Opt. mit *ἄν* durch „können" wieder gegeben wird, ein Beweis liegen, dass die Partikel diese Kraft habe. Ein Anderes wäre es etwa, wenn diese Uebertragung in allen verschiedenen Gebrauchsweisen der Partikel möglich wäre. Das ist aber nicht einmal allenthalben in der Verbindung mit dem Ind. und Opt. der Fall, geschweige denn, wo *ἄν* zu dem Conjunctiv tritt. In neuerer Zeit haben Reisig, G. Hermann, welchem sich Klotz anschloss, und Hartung, unsre Partikel zum Gegenstand ausführlicherer Untersuchungen gemacht, und wie von der Lehre der griechischen Grammatiker, so untereinander abweichend, jeder eine eigene Theorie zu begründen versucht. Reisig's Ansicht mag hier darum voranstehen, weil sie der eben besprochenen Lehre der griechischen Grammatiker am nächsten verwandt scheint, und, ohne bedeutende Zustimmung erlangt zu haben (vgl. jedoch die an Reisig erinnernde Erklärung Krügers griechischer Sprachlehre 2tes Heft, S. 310: „*Ἄν* etwa bezeichnet eine durch Umstände bedingte Möglichkeit") von der hauptsächlich durch Hermann vertretenen herrschenden Ansicht verdrängt ist. Zwar — um vor Allem den Todten Gerechtigkeit widerfahren zu lassen — sie scheint ein solches Schicksal nicht vorzugsweise verdient zu haben. Sich stützend auf ein richtigeres und unbefangeneres Gefühl für die gegebenen Erscheinungen, durchgeführt mit dem feinen Scharfsinn, durch welchen sich Reisig auszeichnete, verdient seine Theorie immerhin die gleiche Berücksichtigung, wie die von Thiersch und G. Hermann, und bleibt, auch wenn man dem Grundgedanken seine Beistimmung versagt, in manchen einzelnen Theilen beachtenswerth. Reisig liess sich von dem richtigen, jedem Unbefangenen sich aufdrängenden Gefühle leiten, p. 99: „notio ejus (particulae) optativo addita rem quamque, quae fieri posse simpliciter per optativum dicitur, confirmat: contra eadem indicativo participioque et infinitivo eorum temporum adjuncta quibus non, posse fieri aliquid, sed ipsa veritas rei (existentiam vocant philosophi) exprimitur, reddit dubiam magis sententiam." Und mit Recht erinnert er p. 98: „Illi ipsi suis se laqueis irretiunt, quum ἄν particula optativo addita rem per se incertam fieri incertiorem ajunt. Quid enim tandem potest incertius cogitari, quam ipsum illud, quod optatur, εἴην θεός? ἄν apponas: εἴην ἄν θεός habebis multo profecto certius et exploratius." Keine Theorie wird gegen diese dem unbefangenen Gefühl sich aufdrängende Wahrnehmung verstossen dürfen, wenn sie nicht sofort sich als unhaltbar darstellen soll. — Was nun aber den Begriff der Partikel selbst anlangt, so bestimmt ihn Reisig p. 99 dahin: „ἄν particula aliquid fieri per caussarum quandam cohaerentiam posse indicat." So entschieden nun aber Reisig p. 99, 139 sq. jede Verwechslung der Partikel mit dem Begriff von δύνασθαι, posse, ablehnt, so scheinen wir doch auch diesen von ihm aufgestellten Begriff kaum anders verstehen zu können. Wofür sonst sollen wir die auf dem Zusammenhang der Ursachen beruhende Möglichkeit nehmen, als für die objective Möglichkeit, deren Ausdruck gerade δύνασθαι ist? Dass wir uns aber in dieser Fassung nicht täuschen, bestätigt sich aus dem, was Reisig p. 102 sq. über die Verbindung des Conj. mit ἄν sagt: „Quoniam conjunctivus potestatem alicujus rei objectivam declarat, quae sine caussarum conjunctione ne cogitari quidem possit, ideo conveniens est visum loquentibus, aequalem particulam aequali conjunctivo modo admiscere, quia paria paribus facillime sociantur: nec tamen nunquam omittere, quia conjunctivus satis sua vi aliquid fieri posse ex rei natura ductum demonstrat" vgl. ferner S. 116, wo der Partikel die possibilitas beigelegt wird, und S. 121: „quum ἄν ad copiam efficiendae rei spectet." Diesen Bestimmungen zufolge wüsste ich nicht, wie Reisig's Begriff der Partikel gegen die Einwendungen vertheidigt werden könnte, die er selber mit

aller Schärfe wider die Auffassung derselben in dem Sinn von
δύνασθαι geltend gemacht hat. Uebrigens erhebt sich eine weitere Einwendung aus dem hienach sich ergebenden Zusammenfallen der Bedeutung des Conj. mit der unsrer Partikel. Je natürlicher nämlich, wie Reisig hervorhebt, ihre Verbindung mit dem Conj. erscheint, um so befremdender ist es einerseits, dass dieselbe nicht überall in Begleitung des Conj. vorkommt, dass auch ihre Beifügung oder Weglassung nicht etwa der Willkühr anheimgegeben, sondern einer bestimmten Regel unterworfen ist, also, dass in gewissen Fällen der Conj. die Partikel durchaus oder regelmässig nicht zulässt, in andern Fällen sie regelmässig annimmt — andrerseits, dass die Partikel zu andern Moden hinzutritt, wo denn, da ἄν nicht vom Conj. verschieden erscheint, in Einer Aussage die gleiche Modalität doppelt ausgedrückt wäre. — Nach Reisig müsste man annehmen, dass wenn einmal der Conjunctiv stand, ἄν eine überflüssige Zugabe war „quia conjunctivus satis sua vi aliquid fieri posse ex rei natura ductum demonstrat", dass dagegen dem Grundsatze gemäss, welcher nach den mit conditionalen Partikeln verschmolzenen ἄν den Conj. nothwendig macht, sententiae exitum principio accomodandum esse" auf ἄν immerhin nur der Conj. folgen könne. Andre Stellen der Reisig'schen Abhandlung p. 106, wo von der Verbindung von εἰ mit Opt. und ἄν die Rede ist, dürften indess auf eine etwas verschiedene Auffassung führen: „εἰ ἄν ἔχοις cum judicio conjunctum, ἔχοις ἄν, si habeas, et est, cur habere te statuam — Denique ἐὰν ἔχοις ita profertur, ut quis dicere videatur: ἔχοις habeas, ita enim mente concipiam tantisper sed caussae cogitatio non mea est, sed alius" p. 140: „Optativus in libera enuntiatione pro sua vi atque natura: 1) vel votum ejus personae, quae loquitur, notat, 2) vel hypotheticum aliquid esse non certa ratione, sed quodam arbitrio cogitandi sumptum indicat, 3) vel ad alius personae cogitationem spectat. Nam quum omnis cogitatio vel praesentis subjecti sit, vel alius, et rursus omnis cogitatio vel caussae notionem adjunctam habeat, vel in quadam opinione versetur, non potest optativus in libera enuntiatione de praesentis subjecti cogitatis sine caussarum cogitatione conceptis, et ab rei (objecti) consideratione alienis, nisi prioribus modis duobus intelligi" vgl. mit p. 123, wo es von dem reinen Opt. heisst: „reperimus in hoc genere praeter optatum duas adhuc cogitandi species natura consimili, quum vel alius personae cogitatio intelligitur, vel

aliquid hypotheticum ita ponitur, ut ab ipso, qui loquitur, non certa ratione, sed quodam cogitandi arbitrio sit sumptum." Hienach würde in ἄν vielmehr die Andeutung liegen, dass der Redende in den wirklichen Verhältnissen und durch deren Beachtung Grund finde, etwas anzunehmen. Dass aber zwischen beiden Erklärungsweisen ein wesentlicher Unterschied sei, ist klar. Während wir nach den ersten Stellen den Zusammenhang der Ursachen rein objectiv zu nehmen veranlasst waren, so dass zu demselben eine einzelne Handlung als passend, in ihm als möglich erschien, würden wir nach den andern Angaben in ἄν vielmehr die Andeutung einer ratio, des Grundes enthalten, der den Redenden zu der Annahme dass etwas wirklich sei, bestimmt. Dort hätten wir eine Verknüpfung von Ursache und Folge, hier von Grund und Urtheil; dort beträfe das Urtheil eine Möglichkeit, hier eine Wirklichkeit. Nach der ersten Auffassungsweise hiesse εἶπεν ἄν: im Zusammenhange der Ursachen war sein Sprechen als möglich gegeben, nach der zweiten: ich habe Grund anzunehmen, dass er sprach; in beiden Fällen wäre das Urtheil nicht hypothetisch gestellt, sondern bestimmt, dagegen geht in der Fassung, welche Reisig p. 115 dieser Formel gibt, das Urtheil in ein hypothetisches über, und der Unterschied, der ausserdem zwischen der Theorie Reisigs und Hermanns statt findet, hört auf. „Quae res" sagt R. a. a. O. „simplici praeterito tempore uno ac definito gesta dicitur, eam particula ista a temporis stabilitate ad caussarum vicissitudinem traducit: non, ut uno et eodem tempore facta, sed quotiescunque eaedem caussae recurrerent, iterata cogitetur." Demnach wäre εἶπεν ἄν, er sprach, so oft (wann immer) in den Verhältnissen Grund war, und während in dem Ausdruck „aliquid fieri per caussarum quandam cohaerentiam posse" die Ursache als gegeben und wirklich vorhanden genommen wird, erscheint sie in dieser Formel nur hypothetisch. Somit hat zwar Reisig die der Partikel gegebene Grundbedeutung so modificirt, dass sie in dieser Formel dem Sprachgefühle nicht widerspricht, welchem R. folgte, indem er den Satz aussprach: „Etenim sic quoque retinet potestatem suam, ut quum incerta ad probabilitatem astringat, certa in ambiguitatem relaxet", aber diese Modification ergibt sich keineswegs aus der Grundbedeutung, die uns vielmehr nur dahin führt, etwas für möglich zu halten, da, nicht wenn die Ursachen vorhanden waren. Und wollte man mit Beseitigung der besondern Fassung, welche Reisig hier der Partikel gegeben hat, die ihr beigelegte Grundbedeutung auch in diesem Falle festhalten, so müsste, wofern dieselbe von objectiver Möglichkeit verstanden würde, mit Reisig erinnert werden, dass man wohl sagen kann: οὐκ ἂν εἶπεν, ὁπότε δύναιτο, aber nicht οὐκ ἐδύνατο εἰπεῖν, ὁπότε δύναιτο, und wofern man in ἄν den aus der Lage der Dinge genommenen Grund, der den Sprechenden zu einer Annahme bestimmt, angegeben fände, darauf hinweisen, wie dann εἶπεν ἄν nicht zweifelhafter und unbestimmter, sondern wohl entschiedener gesprochen wäre, als das einfache εἶπεν.

Dürfte aus dem Gesagten erhellen, wie in diesen Untersuchungen, so sehr sie auch feine Kenntniss des Griechischen und Scharfsinn verrathen, unsre Partikel ihre räthselhafte Proteus-Natur dennoch nicht abgelegt, in ihrem wahren Wesen sich noch nicht enthüllt hat, sofern sich zu dem für das verschiedene Bedürfniss anbequemten und modificirten Begriff die sprachlichen Erscheinungen nicht recht fügen wollen, so möchte eine weiter in das Einzelne eingehende Prüfung um so mehr überflüssig erscheinen, als dieselbe, so viel mir bekannt, gegenwärtig keine Vertheidiger hat.

Von grösserer Wichtigkeit, sofern sie sich grössere Geltung zu verschaffen wusste, ist die von Fr. Thiersch den Partikeln κέν und ἄν beigelegte conditionale Bedeutung. Nach §. 299. 2 der griechischen Grammatik „deuten diese Partikeln an, dass neben der Sache noch irgend ein bestimmender Umstand die Vorstellung beschäftige, und der Gedanke durch diesen beschränkt oder bedingt sei. Sie umfassen demnach das ganze Gebiet gedachter Fälle, der Wahrscheinlichkeiten, der Schwierigkeiten, mit einem Worte der Bedingtheit dessen, was als seiend oder geschehend gedacht wird, und treten desshalb in zahllosen Fügungen in immer neuen Gestalten auf." Indem dann diese Fügungen in zwei Massen geschieden werden, sofern nämlich die Partikel mit ihrem Verbum entweder frei stehe, oder mit einem andern Satz verflochten, wird für den ersten Fall auf Il. I, 175 παρ' ἔμοιγε καὶ ἄλλοι, οἵ κέ με τιμήσουσι verwiesen; es sei dieses „nicht einfach ehren werden, sondern im Fall des Bedürfnisses mir Ehre erweisen werden." Für den zweiten Fall erinnert Thiersch namentlich, „dass hier das Bedingende in den Partikeln besonders hervortritt, indem sie beide, ἄν und κέν, dienen, die Bedingung auszudrücken, sei es nun, dass der Gedanke selbst bedingend *(conditionalis)* oder durch einen andern bedingt *(conditionata)* ist. Bedingend: σοὶ δ' αὐτῷ πυκινῶς ὑποθήσομαι, αἴ κε πίθηαι, Od. I, 279, wenn du gehorchst, macht die Bedingung, unter der er rathen will. Bedingt: *Ταῦτά κέ οἱ τελέσαιμι μεταλλάξαντι χόλοιο*, das Gewähren tritt noch nicht ein, sondern nur unter gewisser Bedingung." Ohne nun hier Nachdruck darauf zu legen, dass diese letztere Darstellung mit dem vorangestellten allgemeinen Begriff, wonach die Partikeln überall den Gedanken als bedingt, nicht aber als bedingend darstellen sollen, nicht im Einklang steht, will ich nur darauf hinweisen, dass wenn wir den Begriff der Partikeln nach den zuletzt gegebenen Bestimmungen dahin erweitern, dass sie ebensowohl als Ausdruck der Bedingung wie der Bedingtheit gelten, wir uns doch nicht zu erklären wüssten, wie nun ἄν sich von εἰ unterscheiden soll, oder warum nicht in allen Bedingungssätzen ebensowohl ἄν wie εἰ gebraucht wird. Da nun a. a. O. kein Versuch gemacht ist, auf diese nahe liegenden und unausweichlich sich aufdrängenden Fragen zu antworten, da wir auch, sobald man ohne nähere Bestimmung κέν und ἄν als Zeichen der Bedingung betrachtet, in der That nicht wüssten, wie dieselben genügend beantwortet werden könnten, so halten wir uns für hinlänglich berechtigt, diese Ansicht, wonach κέν und ἄν den Gedanken auch als bedingend darstellen, weiterhin unberücksichtigt zu lassen.

Die andre Seite dieser Ansicht, dass nämlich ἄν Ausdruck der Bedingtheit sei, ist am ausführlichsten von Hermann in seiner Abhandlung: de particula ἄν libri IV. Lips. 1831, entwickelt worden.

Wir lesen p. 6: quum particulae ἄν ea ubique vis sit, ut ad aliquam conditionem referatur, quae conditio saepe adjungitur, ubi autem non est addita, tamen cogitari debet," p. 10: „Fortuita notantur particulis ἄν vel κέν, quae Latine plerumque non possunt exprimi, sed si quae Latina particula ad propriam earum vim quodammodo accedit, est ea *forte*, Germani aptiorem habemus particulam *etwa*, sed non tamen ubique satis accommodatam. Est autem ἄν et κέν sumentis aliquid, sed non contendentis: qui ubi jam non sumit, sed contendit, contrario utitur vocabulo πάντως," und indem er als Beispiel den zu diesem Zweck geänderten Homerischen Vers:

σύν τε δύ' ἐρχομένω καί κεν πρὸ ὃ τοῦ ἐνόησεν

gebraucht, übersetzt er denselben: „*alter forte altero plus videt:*

Zwei beisammen sieht etwa einer weiter als der andre. Quod qui dicit, ex fortuita aliqua conditione pendere significat, ut ita eveniat. Quod si tollit conditionem, πάντως πρὸ ὁ τοῦ ἐνόησεν dicat necesse est;" p. 13: „particulae ἂν et κὲν, quoniam conditionis significationem continent, verbo quidem carere non possunt" etc.; p. 17: „ἔλεγον ἂν refertur ad conditionem aliquam, e cujus eventu pendeat effectio;" p. 19: „ἔλεγον ἂν ὁπότε τις ἐρωτῴη, nihil est aliud, quam ὁπότε τις ἐρωτῴη ἔλεγον, εἰ ἔλεγον, vel ἔλεγον, ὁσάκις ἔλεγον," vgl. p. 20. p. 84: „Conjunctivus usurpatur, ubi experientiae comprobatio respicitur, in quo genere potest addi ἂν vel κὲν, si vocabulum, cui adjicitur, conditionem aliquam rei fortuitae admittit;" p. 159. 160. 164, De optativo rectae orationis cum ἂν: „Satis planum esse putamus, propriam hujus constructionis vim esse eam, ut opinio cum conditione conjuncta significetur."

Zu dieser Ansicht nun, dass ἂν die Bedingtheit der Aussage bezeichne, bekennen sich ausserdem Matthiä ausführlicho Grammatik §. 598. Poppo de usu part. ἂν Misc. cur. Friedemann et Seebode I, 1, p. 29 ff., p. 49. Bernhardy wissenschaftliche Syntax S. 390. Geffers de αν particula dissertatio Gott. 1832. p. 12 seq. Sommer Recension von Hermanns Abhandlung, Allg. Schulzeitung 1831, Abth. II, Nro. 121 ff. Hartung Partikellehre II, 222, Kühner ausführliche Grammatik §. 453. Klotz adnott. zu Devarii l. de graecae l. particulis. Krüger griechische Sprachlehre 2tes Heft S. 310, und viele Andere. Scheint nun eine solche Uebereinstimmung an sich für die Richtigkeit der Ansicht zu sprechen, die in ἂν ein Zeichen der Bedingtheit der Aussage erkennt, so ist es wohl natürlich, dass eine hievon abweichende Ansicht nicht blos in Andern, sondern selbst in dem, der sich dieselbe bildet, mit mancherlei Bedenklichkeiten verknüpft ist, und wenn auch lange und wiederholte Prüfung von der Unhaltbarkeit der herrschenden Ansicht mehr und mehr überzeugt hat, so kann es doch immer noch gewagt scheinen, bestreiten zu wollen, wofür die bedeutendsten Autoritäten und die herrschende Ansicht sich entschieden haben. Ich halte es darum doppelt für Pflicht, die Ansicht, die hier bekämpft werden soll, von ihren verschiedenen Seiten gründlich zu beleuchten.

Das Erste, was sich uns bei dieser Ansicht aufdrängt, ist, dass in einer ausserordentlichen Menge von Stellen, welchen der Bedingungssatz fehlt, ein solcher in Gedanken ergänzt werden müsste. Die Vertreter jener Ansicht finden auch in dieser Annahme durchaus keine Schwierigkeit. Hermann nimmt keinen Anstand, p. 19 ἔλεγον ἄν durch ἔλεγον εἰ ἔλεγον zu erklären. Hartung bemerkt II, S. 224: „In dieser Annahme (dass ἄν den hypothetischen Gesätzen eigenthümlich angehöre) kann uns das nicht stören, dass die Partikel oft auch in einzeln stehenden Sätzen auftritt: denn wir wissen, dass allen responsiven Partikeln ein ausgebreiteter elliptischer Gebrauch zusteht, und es ist nicht schwer zu erkennen, dass zu Sätzen, wie οὐκ ἄν διδοίην und anderen, ein Vordersatz, etwa εἰ ἔχοιμι u. s. w. in Gedanken supplirt wird. Nicht einmal das kann uns irre machen, dass ἄν sogar hypothetischen Vordersätzen einverleibt und mit εἰ unmittelbar verbunden zu werden pflegt; denn da das Bedingende selbst wieder durch etwas Anderes bedingt sein kann, so ist auch diese Erscheinung kein Hinderniss für jene Annahme, im Fall dieselbe durch Analysirung der Verhältnisse und durch Etymologie bestätigt wird." Freilich ist, besonders wenn man es in der Wahl nicht sehr genau nimmt, nichts leichter, als jeden Gedanken in irgend welcher Weise durch Zusätze zu erweitern; aber nicht darum handelt es sich bei der Annahme einer elliptischen, d. h. hinsichtlich ihres grammatischen Baues unvollständigen Periode, ob eine solche Ergänzung etwa möglich, sondern, ob sie nothwendig ist; ihre Nothwendigkeit aber gründet sich auf die Unentbehrlichkeit des zu ergänzenden Satzes für die grammatische Construction, sie ergibt sich demnach mit völliger Sicherheit nur da, wo der regierende Satz zu ergänzen ist, der regierte aber durch seine Construction sich als abhängig und unvollständig darstellt. Zweifelhaft erscheint sie dagegen, wo der unabhängige Satz ausgedrückt ist, und der regierte supplirt werden müsste. Man nimmt eine solche Ellipse an, wo der sonst vollständige Satz als die Apodosis einer verschwiegenen Bedingung angesehen werden kann, und glaubt sich hiezu etwa insoferne berechtigt, als der einzelne Satz zur Vollständigkeit des Sinnes die Ergänzung eines Bedingungssatzes erfordere. Indessen auch Sätze, die grammatisch betrachtet unzweifelhaft vollständig sind, können vielfach nur aus dem Zusammenhang der Rede gehörig verstanden werden. In allen solchen Fällen Ellipsen, d. h. die Unterdrückung gewisser Nebenbestimmungen und Voraussetzungen, durch welche der Sinn des Satzes sich vervollständigen würde, anzunehmen, wäre ganz unthunlich. Jene allgemein andeutenden Pronomina und pronomi-

nalen Adverbien, wenn sie auch für sich einen unvollständigen
Sinn geben, berechtigen doch in keiner Weise, den Satz als
eigentlich unvollständigen zu betrachten, und anzunehmen, dass
ein Glied der Rede fehle, weil in dem andern Gliede noch die
Partikel vorhanden sei, die auf eine Incinanderfügung zweier
Glieder hinweise. Da müsste man überall, wo ein ἔνθα, ἐνταῦθα
u. dgl. den Satz beginnt, von der Auslassung eines Zeitbestimmungssatzes u. s. w. sprechen. Vielmehr bringt es die mensch-
liche Rede mit sich, dass vielmals ein Einzelnes, obwohl es für
sich ein Ganzes ist, doch nur im Zusammenhange eines grösseren
Ganzen seinen vollständigen Sinn erhält. So wenig nun bei solchen demonstrativen Adverbien, wenn es auch nicht schwer ist,
auch sie überall durch beigegebene Relativsätze zu erweitern und
angeblich zu vervollständigen, von einer Ellipse die Rede sein
kann, wo sie für sich zu allgemein und unbestimmt sind, so wenig
bei der Partikel ἄν; in dem einen wie in dem andern Falle gebührt der Partikel eine selbständige Bedeutung. Das ist es, worauf
wir bei der Partikel ἄν dringen zu müssen glauben, dass sie eine
selbständige Bedeutung habe, nicht blos die Bestimmung, auf ein
correspondirendes zweites Glied hinzuweisen, dass der Satz, dem
sie angehört, nicht nothwendig ein fragmentarischer sei, dass er
in sich vollständig, ein Ganzes sein könne. Auch das von Hartung beispielsweise angeführte οὐκ ἂν διδοίην kann rein und
absolut, ohne allen Nebengedanken, ohne alle Beziehung auf eine
zu ergänzende Bedingung ausgesprochen werden. Man vergleiche
etwa Isocr. Bus. §. 2: ἃ δ' ἐν τῷ παρόντι δυναίμην ἂν εὐεργε-
τῆσαί σε. §. 5: τηλικαύτην αὐτῷ τὸ μέγεθος παρανομίαν προς-
ῆψας, ἧς οὐκ ἔσθ' ὅπως ἄν τις δεινοτέραν ἐξευρεῖν δυνηθείη
und ὃν (Ἀλκιβιάδην) ὑπ' ἐκείνου (Σωκράτους) μὲν οὐδεὶς
ἤσθετο παιδευόμενον, ὅτι δὲ πολὺ διήνεγκε τῶν ἄλλων ἅπαντες
ἂν ὁμολογήσειαν. Hier ist die Hinzufügung irgend welcher Bedingung wohl nicht geradehin unmöglich, aber überflüssig und
lästig; denn es lässt sich der Optativ mit ἄν schlechthin nur als
bescheidene Behauptung nehmen. Es fehlen also hier alle Bedingungen, unter welchen die Annahme einer Ellipse begründet
genannt werden kann. Da indessen wirklich Fälle vorkommen,
wo der Optativ mit ἄν einen Bedingungssatz der Art zu sich
nimmt, wie ihn Hermann suppliren will (Aesch. Ag. 1057 und
1316), so fragt sich, ob πείθοι' ἄν, εἰ πείθοιο, χαίροιτ' ἄν,
εἰ χαίροιτ' nur als vollständigere Ausdrucksweisen zu betrachten

sind, die sich von den einfacheren mit Weglassung des Bedingungssatzes in nichts unterscheiden. Aber in den angeführten Stellen muss es wohl Jedem klar sein, dass die Beifügung von εἰ πείθοιο, εἰ χαίροιτε den vorhergehenden Satz wesentlich ändert, nämlich einen Zweifel an dem vorhergegangenen Urtheil ausdrückt. Da also hier klar ist, welchen Unterschied es macht, ob einfach gesagt ist: πείθοι᾽ ἄν oder πείθοι᾽ ἄν, εἰ πείθοιο, so kann auch jener Satz nicht blos als aus letzterem entstandener elliptischer Ausdruck erklärt werden.

Wir wollen indessen prüfen, ob von anderer Seite die Voraussetzung, dass ἄν die Bedingtheit der Aussage bezeichne, nothwendig oder wahrscheinlich werde. Es fragt sich da erstlich, ob in dieser Fassung das zum Bewusstsein gebracht ist, was das Gefühl unmittelbar in den Sätzen, welche ἄν bei sich haben, findet. Nun ist wohl klar, dass wenn zu irgend einem Modus der Ausdruck der Bedingtheit hinzutritt, derselbe nur den Einfluss auf die Aussage üben kann, dass diese immer weiter vom Gebiet objectiver Wirklichkeit weggerückt und dem Gebiet des Subjectiven genähert wird. Das erkennt Hermann auch an, indem er S. 6 bemerkt: „Apparet, particulam ἄν conditione addenda id quod aliter certum definitumque esset, incertum et infinitum reddere." Dann S. 9 von ἄν, κέν, wie von ἴσως, πού, τέ: „Commune omnium hoc est, quod sententiam quodammodo debilitant, eique aliquid ambiguitatis addunt;" und S. 164 zu Aesch. Ag. 1057: „Dubitanter enim dictum πείθοι᾽ ἄν, quia ex eo pendet, ut placeat Cassandrae obedire; sine conditione autem ἀπειθοίης, quod id putat futurum esse chorus." So treten indessen der Optativ mit ἄν und der reine Optativ in ein Verhältniss zu einander, das dem unmittelbaren Eindruck, welchen die eine und die andre Ausdrucksweise auf uns macht, völlig widerspricht. Εἶεν, *es sei*, bietet sich unsrem Gefühl dar als von der objectiven Wahrheit weit ferner stehend, denn εἴη ἄν, *es ist wohl*. Einen gleichen Unterschied fühlen wir zwischen δοίης und δοίης ἄν, θεὸς εἴην und θεὸς ἄν εἴην. Anders aber müssten wir urtheilen, sobald wir ἄν als Zeichen der Bedingtheit nehmen; dann kommt, nach Hermann, zu der subjectiven Möglichkeit oder Denkbarkeit noch die Bedingtheit, d. h. die Andeutung, dass etwas nur unter gewissen Bedingungen denkbar sei, wodurch die Aussage völlig unbestimmt und schwebend wird. Von dieser Seite aus befriedigt demnach jene Theorie keineswegs. — Wir fragen ferner, ob aus der angegebenen Bestimmung der Partikel ihr Gebrauch in den einen, ihr Fehlen in den andern Redeformen sich erkläre. Wir finden erstlich (die höchst seltenen, scheinbaren Ausnahmen werden wir in der Folge berücksichtigen) die Partikel nicht mit dem Imperativ construirt. Davon giebt Hermann freilich p. 176 seiner Abhandlung als Grund an: „Repugnat sane, cum imperativo, qui modus verbi ita definitus est, ut non videatur conditionem posse adsignificare, particulam conditionalem ἄν construi." Ihm pflichtet Klotz bei in den Anmerkungen zu Devarius p. 100: „Natura modi imperativi ipsa videtur non ferre particulam ἄν. Etenim si quid praecipimus isto modo, non poterit id ipsum, quod imperamus, ab ulla alia conditione suspensum esse. Neque enim, si hoc esset, isto modo uti possemus, qui natura sua certissimus modus est, et vim ac potestatem suam prorsus amitteret, si per istam particulam ea, quae imperatur, actio non videretur imperari per sese, sed aliqua condicione demum fore significaretur." Es ist befremdend, dass eine Behauptung wiederholt wird, deren völligen Ungrund leichte Beobachtung zeigen könnte. Wie oft geschieht es und muss es geschehen, dass ein Befehl nur für einen eintretenden Fall ertheilt, eine Forderung und Bitte nur unter gewissen Bedingungen gestellt wird! Hier wäre denn der Imperativ unanwendbar? Man vergleiche, wenn es anders für eine an sich klare Sache noch der Belege bedarf, aus Isocr. ad Dem. folgende Stellen, wobei ich diejenigen übergieng, in denen die Bedingung in Zeitbestimmungen, relativen Wörtern, Participien involvirt war. §. 17: Εὐλαβοῦ τὰς διαβολὰς κἂν ψευδεῖς ὦσιν. §. 22: Περὶ τῶν ἀπορρήτων μηδενὶ λέγε, πλὴν ἐὰν ὁμοίως συμφέρῃ τὰς πράξεις σιωπᾶσθαι σοί τε τῷ λέγοντι κἀκείνοις τοῖς ἀκούουσιν. §. 32: ἐὰν δέ ποτέ σοι συμπέσῃ καιρός, ἐξανίστασο πρὸ μέθης. §. 43: ἐὰν δέ ποτέ σοι συμβῇ κινδυνεύειν, ζήτει τὴν ἐκ τοῦ πολέμου σωτηρίαν κ. τ. λ. Ferner: Iliad. VII, 77. 204 f. IX, 135 ff. XV, 53 f., 213 ff., 372 ff. Od. XVII, 240 ff., 277 (bei εἰ δ' ἄγε ll. VIII, 18. XI, 794 ff. Od. XXII, 391. XXIII, 35). Aesch. Prom. 196. 608. 762. 764. Eum. 31 f. Soph. Phil. 730. 748. 1408. Antig. 524. Eur. Med. 742. Theocr. VIII, 37 f. Plato Phaedo p. 70, d. Xen. Cyrop. I, 4, 9. 14. 26. III, 1, 30. Dem. Phil. I, 14. 20. Da nun also der Imperativ allerdings eine Bedingung zulässt, warum lässt er denn doch die Partikeln κέν und ἄν nicht zu? warum selbst dann nie, wenn dem Imperativ ausdrücklich eine Bedingung beigegeben ist? Die

gleiche Frage erhebt sich uns in Betreff des im Verbot gebrauchten Conjunctivs. Auch dieser kann nirgends, selbst wenn eine Bedingung hinzugefügt ist, ἄν zu sich nehmen. Vgl. Isocr. ad Dem. §. 44: μὴ θαυμάσῃς εἰ πολλὰ τῶν εἰρημένων οὐ πρέπει σοι πρὸς τὴν νῦν παροῦσαν ἡλικίαν. Isocr. Busir. §. 50. Gleiches gilt von dem Conjunctiv in der Aufforderung und in der unschlüssigen Frage, sowie von dem Optativ in Wunschsätzen. Der Natur der Sache nach können alle diese Satzarten durch eine Bedingung näher bestimmt und eingeschränkt sein, und sollte der Partikel ἄν wirklich die Bestimmung zukommen, die Bedingung anzudeuten, von welcher die Aussage abhängig ist, so dürfte man erwarten, dass sie in einem Theil der Stellen, und zum wenigsten da beigegeben wäre, wo eine Bedingung wirklich ausgedrückt ist. Dass dem aber nicht so sei, zeigen Stellen, wie folgende:
1) Vom Conjunctiv der Aufforderung, Od. XX, 381 ff.:
ἀλλ᾽ εἴ μοί τι πίθοιο, τό κεν πολὺ κέρδιον εἴη,
τοὺς ξείνους ἐν νηῒ πολυκληῗδι βαλόντες
ἐς Σικελοὺς πέμψωμεν.
Il. VII, 28 f. Soph. Phil. 526: ἀλλ᾽ εἰ δοκεῖ πλέωμεν. Ebend. 645. 1402. Plato Phaedo p. 78, b.: ὅθεν ἀπελίπομεν, ἐπανέλθωμεν, εἴ σοι ἡδομένῳ ἐστίν. p. 79, a.: θῶμεν οὖν, εἰ βούλει, δύο εἴδη τῶν ὄντων. Cratyl. p. 401, a. 416, a. Phil. 131, b. Ἀλλ᾽ εἰ ταύτῃ χρὴ πορεύεσθαι, ταύτῃ πορευώμεθα.
2) Vom Conjunctiv der unschlüssigen Frage:
Plato Phaedo p. 104, c.: βούλει οὖν, ἦ δ᾽ ὅς, ἐὰν οἱοί τ᾽ ὦμεν, ὁρισώμεθα ὁποῖα ταῦτ᾽ ἐστίν; Euthyd. p. 292, d. Dem. ad Apat. §. 37.
3) Von dem Optativ in Wunschsätzen, Od. XVII, 475 ff.:
ἀλλ᾽ εἴ που πτωχῶν γε θεοὶ καὶ Ἐριννύες εἰσίν,
Ἀντίνοον πρὸ γάμοιο τέλος θανάτοιο κιχείη.
Aesch. Ag. 944: ἀλλ᾽ εἰ δοκεῖ σοι ταῦθ᾽, ὑπαί τις ἀρβύλας
λύοι τάχος πρόδουλον ἔμβασιν ποδός.
Soph. Phil. 961: ὄλοιο μή πω πρὶν μάθοιμ᾽, εἰ καὶ πάλιν
γνώμην μετοίσεις· εἰ δὲ μή, θάνοις κακῶς.
Theocr. VIII, 33 ff.

Ueberhaupt ist, wenn anders die Bestimmung unsrer Partikel darin erschöpft sein soll, dass sie Ausdruck des hypothetischen Verhältnisses ist, oder wenn sie nach Hartung zu den responsiven Partikeln zu rechnen wäre, eine unabweisliche Forderung die, dass dem Bedingungssatz immer eine Apodosis mit ἄν entspreche.

Wenn nun aber die Apodosis, wofern sie mit dem Präsens, dem Perfect, (dem Futur) des Indicativs oder mit dem Imperativ und Conjunctiv ausgedrückt wird, ἄν entbehrt, so erscheint die der Partikel beigelegte Bestimmung, die Bedingtheit der Aussage anzudeuten, lediglich von einer einseitigen Beobachtung abstrahirt, und eben so wenig geeignet, ihren Gebrauch in der hypothetischen Periode zu erklären, als uns irgend wahren Aufschluss zu geben, warum sie in einer Reihe von Redeformen gewöhnlich fehlt, in andern gewöhnlich steht, während doch bei den einen wie bei den andern eine Bedingung hinzutreten kann; und ob wir endlich gleich zugeben, dass auch ein bedingender Satz wieder bedingt sein kann, so heisst es doch in der That einen Köhlerglauben zumuthen, wenn man fordert, man solle überall in den Formeln ἐάν, ὅταν, ἐπειδάν, πρὶν ἄν u. s. w. mit Conj. ἄν als Ausdruck einer latenten Bedingung, diese Satzform also immerhin für bedingt nehmen, sich aber dabei nicht stören lassen, dass der wirklich bedingte Satz die angebliche Partikel der Bedingtheit nicht hat. Warum, so fragen wir, sollen denn gerade diejenigen Relativ-, Bedingungs-, Zeitbestimmungssätze, welche den Conjunctiv erfordern, weil es sich um die Verwirklichung, um das Eintreten einer Erscheinung handelt, indem sie die Bedingung für die Aussage des regierenden Satzes angeben, regelmässig (denn dass die Auslassung der Partikel vorzugsweise dem dichterischen Sprachgebrauch angehört, werden wir später sehen) selber hinwiederum von einer latenten Bedingung abhängig sein, während doch ebensowohl auch εἰ mit Indicativ oder Optativ als abhängig von einer Bedingung gedacht werden kann? Die Formel εἰ mit Indicativ steht bekanntlich in der Bedeutung: „wenn das ist, so ist das (so soll das sein)." Da nun aber Sätze, wie: „wenn unter gewissen Umständen das ist, so ist auch diess" wohl möglich sind, wie kommt es, dass wir nicht εἰ mit ἄν und dem Indicativ der Haupttempora finden? Nicht minder lässt sich die rein gedachte Annahme von mancherlei Bedingungen abhängig denken; aber, obwohl der griechischen Sprache die Construction von ἐάν oder εἰ κε, εἰ ἄν mit Optativ nicht fremd ist, so müssen wir uns doch auch hier durch die Vergleichung von Stellen, wie Od. I, 255. Herod. III, 35. Xen. Cyr. III, 3, 49. Plato Phaedo p. 67, e, wo εἰ mit Optativ durch beigegebene Participien bedingt erscheint, ohne dass ἄν hinzugefügt wäre, überzeugen, dass diese Partikel in der Construction des Optativs mit εἰ nicht die Function haben kann, die Bedingtheit auszudrücken. Hartungs Ansicht geht wesentlich von der Voraussetzung aus, deren Ungrund im Bisherigen dargelegt ward, und löst sich, so sehr derselbe seine Theorie als eigenthümlich, von allen Vorarbeiten unabhängig seinen Vorgängern entgegenzustellen sucht, in den bei weitem meisten Fällen in die eben besprochene, vornehmlich von Hermann durchgeführte Theorie auf. Nachdem er in dem Abschnitt über die dubitativen Partikeln II, S. 190 die Identität der griechischen Partikel ἄν mit dem lateinischen an, wie mit dem αν in ἄνευ und der untrennbaren Negation αν ausgesprochen hat, bemerkt er in Betreff des ausschliessenden Gebrauchs von an in der disjunctiven Frage: „Sie beweist, dass die Partikel, sei es von Natur oder durch Gewohnheit, einen Hang habe, überall da zu dienen, wo ein Hin- und Herschwanken zwischen zwei Möglichkeiten auszudrücken ist — und hierin offenbart sich sogleich ihr Zusammenhang mit dem bekannten griechischen ἄν, dem Begleiter des Conditionalis u. s. w. Denn das *Oder* der Frage ist nicht wie ein anderes *Oder*, denn es bringt zu der gegenseitigen Ausschliessung auch noch die Ungewissheit und das Schwanken hinzu." S. 224 aber wird die Grundbedeutung der Partikel also fixirt: „Das Geschäft, welches die Partikel in solchen hypothetischen Nachsätzen" (dafür nimmt denn Hartung alle Sätze mit ἄν) „zu verrichten hat, ist anzudeuten, dass die Alternative, die der Vordersatz ausspricht, nicht gelöst, der Streit nicht geschlichtet, das Schwanken und der Zweifel nicht gehoben sei, dass also dem Statthaben der Sache ein Hinderniss hemmend und störend in den Weg trete, von welchem sie sich losringen, frei und ledig machen müsse. Ἄν trägt den Zwiespalt des Vordersatzes auf den Nachsatz über und macht diesen zur elliptischen Alternative, gleichwie jener es ist. Es kann durch *sonst* gedeutet werden, im Fall die Sache gänzlich unterblieben, ist sie aber blos gehindert und schwankend gemacht, so passen Umschreibungen, wie *im andern Fall, nach eingetretener Entscheidung*" u. s. w. Da es nicht möglich ist, der ganzen, auch auf Vergleichung mit der gothischen Partikel *thauh* (s. Grimms Grammatik III, S. 176 f.) sich stützenden Untersuchung Punkt für Punkt zu folgen, so müssen wir uns hier beschränken, die Anwendbarkeit des aufgestellten Begriffs, sofern derselbe auf Eigenthümlichkeit Anspruch macht, an den verschiedenen Fällen des Gebrauchs der

Partikel zu prüfen. Hier zeigt sich nun aber gleich, dass dabei einseitig von ihrem Vorkommen in der mit dem Indicativ der historischen Zeiten ausgedrückten hypothetischen Periode ausgegangen ist. Diese Sphäre des Gebrauchs wird darum auch vorangestellt. „Fragt man," heisst es II, S. 232, „welche Tempora und Modi mit der Partikel verbunden werden können, so lautet die Antwort: im Allgemeinen alle diejenigen, welche eine Sache als nicht verwirklicht und ausgeführt betrachten lassen, und demnach einem Hindernisse Raum geben. Von dieser Art sind vor Allem unter den Temporibus die Präterita, welche eine Handlung als blossen Conatus bezeichnen, und zweitens der Optativus unter den Modis, weil er jenen Temporibus analog ist. Weil ferner auch das Zukünftige der Störung ausgesetzt ist, so kann ἄν auch mit den Futuris verbunden werden, und in Folge dessen mit dem Conjunctiv, der sich zu jenen eben so verhält, wie der Optativ zu den Präteritis. Was noch ausserdem hie und da gefunden wird, ist, wenn es nicht von Verderbung der Codices herrührt, als Anomalie und Mischung zu deuten."

Wir können, ehe wir weiter gehen, einige Bemerkungen über diese Begränzung des Gebietes von ἄν nicht unterdrücken. Es wird misslich sein, den Gebrauch der Partikel bei Präteritis der historischen Zeiten auf die Verbindung mit denjenigen zu beschränken, welche eine Handlung als blossen Conatus bezeichnen. Nimmt man auch, wie ein Imperf., so einen Aor. conatus an, obwohl der von Hermann aufgestellte Unterschied, dass ein solcher Aorist stehe, wo die Handlung vollbracht ward, aber ohne Erfolg, durch den regelmässigen Sprachgebrauch sich nicht rechtfertigen dürfte, vgl. Herod. VI, 108, wo mit Sorgfalt ἔδοσαν und ἐδίδοσαν unterschieden, jenes von der wirklich zu Stande gekommenen Uebergabe der Plataer an Athen, dieses von dem Versuch, sich den Lakedämoniern zu übergeben gebraucht wird, so dass bei dem Anbieten der Unterwerfung unter Lakedämon von Seiten der Plataer die Uebergabe eben so vollbracht ward, wie Eur. Jon. 1291. 1500 das Tödten, und die dem Imperf. vorzugsweise anhaftende Bedeutung eines Conatus einfach daraus sich erklärt, dass der Grieche wie der Römer das Wesen der Handlung nicht in die thätliche Ausführung setzt, sondern auch die Vorbereitung zu derselben und das Vorhaben wesentlich zur Handlung rechnet, und darum die Handlung als im Werden betrachtet, sobald auch nur der Entschluss zu derselben in Wirklichkeit besteht (vgl. auch

Isocr. Paneg. §. 94 ἐδίδου), — sieht man sich also auch durch scheinbare Beispiele bewogen, einen Aor. conatus anzunehmen, wiewohl sich conatus und Vollendung der Handlung widersprechen, so ist doch die Annahme eines Plusquamperf. conatus unerhört. Dennoch ist die Verbindung des Plusquamperf. mit ἄν ausser Zweifel, vgl. Matthiä §. 509. b. Somit würde diese Construction mit der von Hartung versuchten Erklärung sich nicht vertragen. Aber es entsteht uns noch weiter die Frage, warum denn, da auch das Präsens ohne allen Zweifel die Handlung als nicht verwirklicht und nicht ausgeführt betrachten lässt, da auch hier dem Statthaben der Sache, der Vollendung der Handlung Hindernisse hemmend und störend entgegentreten, wie denn auch die im Präsens ausgedrückte Handlung von einer Bedingung abhängig sein kann (Dem. Phil. I. §. 2. 4. 16. 18. 29 u. s. w.), dennoch die Verbindung der Partikel ἄν mit dem Präsens verworfen wird? Auch die Verbindung der Partikel mit dem Futur tritt nicht da ein, wo sie nach Hartungs Theorie erwartet werden sollte. Dem. Phil. I. §. 6—7. 11. 19. 29 u. s. w. — Ueberhaupt drängen sich uns hier dieselben Fragen wieder auf, die wir oben der Ansicht, dass ἄν die Bedingtheit bezeichne, entgegenstellen mussten: warum sehen wir den Imperativ, den Conj. der Aufforderung, der Unschlüssigkeit, den Optativ als Ausdruck eines Wunsches keine Verbindung mit ἄν eingehen, da doch der Wunsch, die Forderung, Aufforderung so gut als das Urtheil mit dem Gedanken sich verträgt, dass dem Statthaben der Sache Hindernisse entgegentreten, von welchen sie sich losringen muss? Zwar hat Hartung die Construction der Partikel mit dem Imperativ, mit dem Opt. des Wunsches, dem Conj. der Unschlüssigkeit der griechischen Rede zu vindiciren gesucht, aber, wie theilweise schon Klotz in den Anmerkungen zu Devarius überzeugend dargethan hat, ohne genügenden Grund. Da wir uns die Erörterung der einzelnen Stellen für den speciellen Theil unserer Untersuchungen vorbehalten müssen, so wollen wir in Betreff der ausführlicheren Begründung unserer obigen Behauptung auf diese speciellen Theile verweisen, glauben aber vorläufig wenigstens soviel geltend machen zu dürfen, dass neben einer Masse von Beispielen für das Fehlen der Partikel bei der Forderung, der Aufforderung, dem Wunsche die einzelnen, theilweise kritisch verdächtigen Belege des Gegentheils gar nicht in die Wagschaale gelegt werden können. Unerklärlich bleibt insbesondere bei dem vorausgesetzten Begriff der Mangel der Partikel bei dem Wunsche eines Unerfüllbaren. Wenn irgend, so liegt diesen Sätzen der Gedanke zu Grunde, „dass dem Statthaben der Sache ein Hinderniss hemmend und störend in den Weg trete" und da denselben keine Apodosis zugegeben zu werden pflegt, welche eine solche Andeutung vermittelst der Partikel $ἄν$ enthielte, so sollte man sicherlich erwarten, diese in den Bedingungssatz aufgenommen zu sehen, da ja Hartung S. 239 erinnert, die Partikel werde zwar mit Recht dem Hauptsatz einverleibt, „gehöre aber ihrer Wirkung nach auch dem Nebensatze an" und „da der Antheil, welchen der Nebensatz an der Partikel habe, so bedeutend sei, dass die Sprachen, welche das Verhältniss durch den Modus ausdrücken, auch in diesem den Conditionalis auftreten lassen, so dürfe es nicht befremden, wenn man bei epischen Dichtern und Aeoliern oder Doriern bisweilen beide Glieder mit $ἄν$ oder $κέν$ ausgestattet finde" oder S. 259: „Bisweilen wird die Einschaltung der Partikel im Vordersatze darum für nöthig erachtet, weil dieselbe im Nachsatze ausgelassen ist." Wohl bemerkt Hartung S. 272: „der Wunsch ist ideal und kümmert sich um keine Bedingung, welche die Wirklichkeit entgegenstellen kann"; aber wenn diess für den Wunsch überhaupt gelten sollte, so würde aller Unterschied der Wunschsätze wegfallen, und wir im Griechischen nur Eine Form für den Wunsch haben. Es können nicht beide Formen das Gleiche ausdrücken, und wie der Opt. als Ausdruck des reinen, von der Wirklichkeit absehenden Wunsches dient, so drängt sich uns als die Bedeutung des mit dem Indic. der historischen Zeiten ausgedrückten Wunsches unabweislich die Unerfüllbarkeit auf, d. h. dass sich die Handlung an Hindernisse stosse. Hartung meint nun zwar S. 272, „es gelte hier dasselbe Verhältniss, welches bei den Ausdrücken $ἐχρῆν$, $ἐβουλόμην$ u. s. w. stattfinde," d. h. (vgl. S. 240) „dass die Sache sodann blos historisch und ohne alle Rücksicht darauf, dass sie nicht zur Ausführung gekommen, betrachtet werde; indessen das Verhältniss ist ein wesentlich verschiedenes. Bei den Ausdrücken $ἐχρῆν$, $ἔδει$ u. dgl. muss die Partikel, wie Hermann de part. $ἄν$ l. I. cap. 12 treffend ausgeführt hat (vgl. auch die unten folgenden speciellen Erörterungen) unter gewissen Voraussetzungen fehlen, unter andern stehen. An ein Belieben, die Sache so oder so auszudrücken, ist da nicht zu denken; vielmehr wird der Gedanke wesentlich geändert, ob $ἄν$ beigegeben ist, oder nicht. Hartung hat freilich den Unterschied, wie er selbst S. 243

gesteht, gar nicht gefühlt, oder den Punkt, auf welchen es ankommt, nicht erwogen, und während er selber, als ob vor ihm zur Erklärung des Mangels der Partikel in diesen Fällen nichts geschehen sei, klagt, dass man diese Erscheinung so lange missverstanden habe, hat er offenbar von dem durch Hermann eröffneten Verständniss einen Rückschritt gethan zu der früheren Unklarheit, da er von der deutschen Ausdrucksweise ausgehend den wesentlichen Unterschied, welcher zwischen ἔδει und ἔδει ἄν stattfindet, verkennt. Während nun das ἔδει, ἐχρῆν, εἰκὸς ἦν ohne ἄν objectiv behauptet, und jeder beschränkende Zusatz der Absicht des Redenden entgegen sein würde; lässt sich dagegen nicht verkennen, dass in den mit dem Indic. der historischen Zeiten ausgedrückten Wunschsätzen dem Sprechenden wie dem Hörenden der Gedanke an die Unerfüllbarkeit, an die entgegenstehenden Hindernisse nahe liegt; es lässt sich nicht verkennen, dass diese Sätze nicht den Sätzen mit χρῆν u. s. w., wohl aber den Vordersätzen der hypothetischen Periode parallel sind, und wenn in diesen die Partikel stehen kann, so wäre nach den eigenen Voraussetzungen Hartungs bei jenen noch dringendere Veranlassung, die Partikel zu gebrauchen.

Wenn wir ferner auch die Anwendbarkeit des aufgestellten Begriffs bei dem Nachsatz der Annahme eines Nichtwirklichen zugestehen, so ist doch schon bei demjenigen Gebrauche der historischen Tempora mit ἄν, welchen man gewöhnlich als Ausdruck der öfteren, unbestimmten Wiederholung nimmt, die Anwendung misslich. Es ist bemerkenswerth, welchen Weg Hartung einschlägt, um von seiner Grundbedeutung aus zu diesem Gebiete der Partikel zu gelangen. Nachdem er von deren Gebrauch in den Fällen, die dem lat. *diceres, crederes* u. s. w. parallel sind, gesprochen hat, führt er S. 248 fort: „Dieser beliebte Gebrauch hat in weiterer Fortbildung zu einem neuen geführt, welcher insofern von dem bisherigen abweicht, dass nicht völliges Unterbleiben der Sache, sondern nur Gehindertsein, oder vielmehr Abhängigkeit derselben von Zeit und Umständen ausgedrückt wird. Hier kommt also diejenige Bedeutung der Partikel zum Vorschein, welche beim Opt. stattfindet, das Prät. aber zeigt, wie immer, an, dass man in der Verfassung gewesen sei, die Handlung zu thun. Aus dieser Verbindung entsteht demnach eine frequentative Bedeutung, zu der die Partikel, wie sich noch anderwärts zeigen wird, sehr geneigt ist." Hartung hat wohl selbst gefühlt, wie von einem Gehindertsein in solchen Fällen nicht die Rede sein kann, indem er diesen Ausdruck dahin berichtigt, dass hier eine Abhängigkeit von Zeit und Umständen stattfinde. Denn in der That, von Hindernissen, die der Sache entgegentreten, von einer ungelösten Alternative ist hier (man vgl. die von H. angeführten Stellen: Soph. Phil. 289—295. 443. Xen. Cyr. VII, 1, 10. Anab. I, 1, 19. Plato Phaedr. p. 256, c) keine Spur, und so wenig als *sonst* lassen sich die andern von Hartung vorgeschlagenen Wendungen: *im andern Fall, nach eingetretener Entscheidung* in der Uebersetzung gebrauchen. Es ist vielmehr einfach der Begriff der Bedingtheit, auf welchen, so ungenügend er ihn gefunden hat, auch Hartung zurückkommt, wenn er in diesen Fällen eine Abhängigkeit von Zeit und Umständen ausgedrückt finden will.

Das Gleiche findet statt bei der Verbindung der Partikel mit dem Optativ. „Wir haben gesagt," äussert sich Hartung S. 255 f., „dass es zum eigentlichen Wesen des Opt. gehöre, sich um keine Bedingung oder Beschränkung der Wirklichkeit zu kümmern. Wenn aber diese Rücksicht wirklich genommen, oder wenn das Vorhandensein und die mögliche Dazwischenkunft hemmender und hindernder Umstände, um die wirkliche Lage der Dinge nicht zu ignoriren, oder zu übersehen, wenigstens angedeutet werden soll, so dient zum Ausdruck dieses Verhältnisses das überall sich gleich bleibende Wörtchen ἄν." Indessen diese in der Wirklichkeit zu erwartenden Hindernisse müssten doch wohl in dem Bedingungssatze enthalten sein, im Fall ein solcher dem Opt. mit ἄν beigegeben wäre, aber gerade die am häufigsten beigegebene, durch εἰ (ὅτε, ὅςτις u. s. w.) mit Opt. ausgedrückte Bedingung schliesst entschieden jede Rücksicht auf die Wirklichkeit aus.

Der angebliche Unterschied zwischen κέν und ἄν.

War bei den bisher besprochenen Ansichten die wesentlich gleiche Bedeutung von κέν und ἄν vorausgesetzt worden, so hat dagegen Sommer in seiner Recension von Hermanns Schrift über die Partikel ἄν in der Allg. Schulzeitung 1831. Abth. II. Nro. 121 ff. nachzuweisen versucht, dass beide Partikeln wie verschiedenen Ursprung, so verschiedene Bedeutung haben, und wie man nur zu gerne geneigt ist, angeblich aufgefundene feinere Unterschiede im Sprachgebrauch als einen Fortschritt der Erkenntniss anzunehmen, so ist diese Theorie auch bereits in andere wissenschaftliche Werke übergegangen.

Sommer geht in der Entwicklung des Unterschiedes beider Partikeln von derselben Etymologie aus, welche Hermann vorgetragen hatte, dass nämlich ἄν aus ἀνά, κέ aus καί hervorgegangen sei, und stellt sodann das Verhältniss der beiden letzten Partikeln also fest: „κέ und καί haben gleiche Bedeutung; aber κέ nicht die volle und schwere Bedeutung der Copula *und*, *auch*, denn in diesem Falle fordert das auf der Partikel ruhende Gewicht καί, sondern es dient zur Andeutung, Hinweisung oder Bekräftigung eines erwarteten oder vorausbezeichneten Erfolgs und schliesst sich daher nicht an einzelne Wörter, sondern an den Inhalt ganzer Sätze an. Dieselbe Bedeutung hat καί bei den Schriftstellern aller Gattungen, die das epische κέ nicht gebrauchen, und bei den Epikern selbst, wenn der Erfolg als ein wirkliches Factum durch den Indic. bezeichnet, und durch den Nachdruck der vollere Ton gefordert wird, und kann dann durch: *auch*, *aber*, *ja*, *schon* übersetzt werden. — Ist hingegen der Erfolg nicht ein selbständiger und unabhängiger, sondern an etwas Anderes geknüpft und gebunden, so bezeichnen die Epiker das leichte und glatte oder sichere Hervorgehen der Folge aus der Bedingung, der Wirkung aus der Ursache, verbunden mit der Treuherzigkeit in der Zusage, dem Trotze in der Androhung, durch κέ, welches dann nicht den Nachdruck des vollen καί hat, sondern dem deutschen schwächeren *auch* entspricht, das gleichbedeutend ist mit *da*, *dann*, z. B. wenn du dieses thust, so will ich dir auch geben Il. XIV, 267. Od. III, 80: ich will dir es *eben auch* erzählen, *weil* du es so haben willst. Wie nun dieses deutsche *auch* nie in selbständigen und einzeln für sich stehenden Sätzen gebraucht wird, sondern immer in solchen, die sich auf einen andern, nämlich eine Bedingung oder einen Grund beziehen: so steht auch κέ nie in einzelnen Sätzen, sondern immer im Zusammenhang der Rede. — Es ergibt sich auch hieraus die Verwandtschaft zwischen κέν und ἄν, und der Unterschied zwischen beiden. „Nämlich ἄν knüpft" (weil nämlich ἄν von ἀνά vgl. ἀνάπτω, ἀναρτάω abgeleitet ward) „eine Erscheinung an eine andere als Bedingung, und hält beide in diesem Knoten fest, κέν aber löst den Erfolg von der Bedingung oder Ursache ab, und lässt jenen aus dieser sich entwickeln. Beiden ist also die Bezeichnung zweier als Bedingung und Folge verbundener Sätze gemein, daher kommen beide Partikeln vorzüglich in hypothetischen Sätzen vor, verschieden aber sind sie darin, dass ἄν das Bedingtsein des Erfolgs festhält als Möglichkeit (etwa, vielleicht), κέν aber die Bedingung mehr als Grund betrachten lässt, und demnach den Erfolg bestärkt und vergewissert, nicht: wenn die Umstände so sind, sondern weil sie so sind, so u. s. w. Od. III, 80 εἴρεαι, ὁππόθεν εἰμέν· ἐγὼ δέ κέ τοι καταλέξω = ἐπεὶ σύ με εἴρεαι, ἐγὼ καὶ καταλέξω. Daher ist κέ nahe verwandt mit ἔπειτα und ἄρα, daher auch seine vielfache Verbindung mit Partikeln, welche ebenfalls den engen Zusammenhang eines Erfolgs mit einer Ursache bezeichnen, als τῷ, αἶψα, ἔπειτα, τάχα, καί, νύ, besonders im Folgesatze hypothetischer Sätze, häufig mit dem Ind. Fut."

Ohne uns nun in die Untersuchung einzulassen, was die beiden Partikeln ἄν und κέ vor ihrer geschichtlichen Erscheinung gewesen sein mögen, ob sie aus gleichem oder verschiedenem Stamme hervorgingen, in ihrem Ursprunge gleiche oder verschiedene Bedeutung hatten, ein Gebiet, auf welchem sich die Phantasie in freiester Laune ergehen könnte und ergangen hat, beschränken wir uns hier auf den geschichtlichen Standpunkt und fassen, von diesem ausgehend, die Einwürfe in's Auge, welche Sommer gegen eine Gleichheit der Bedeutung beider Partikeln erhoben hat. „Es wäre, sagt derselbe, sehr auffallend, dass es für eine und dieselbe Bedeutung zwei ihrem Ursprunge nach ganz verschiedene Partikeln gegeben und dass beide nicht nur abwechselnd, sondern auch zugleich in einem und demselben Satz gebraucht worden wären, eine Erscheinung, die schon darum auf keine Weise mit der Wiederholung von κέν und ἄν in einem Satze verglichen werden darf, weil in jenem Falle die beiden κέν und ἄν durch andere Wörter getrennt, κέν ἄν aber unmittelbar verbunden werden." Der letzte Einwurf, den wir zuerst beachten wollen, würde dann von Bedeutung sein, wenn es die griechische Sprache sonst vermiede, Partikeln von ähnlicher Bedeutung, aber verschiedenem Laute zusammenzustellen. Nun sehen wir aber ἢ μήν, μέν τοι, γὰρ δή so neben einander gestellt, dass beide verbunden nur den schon in der einen Partikel liegenden Sinn verstärken, ohne dass an eine verschiedene Bedeutung derselben, welche bei ἢ μήν an sich schwer werden würde anzugeben, in den betreffenden Stellen zu denken wäre; wir sehen synonyme adverbiale Ausdrücke ἐκ παραλλήλου gesetzt, nur um den Begriff deutlicher hervorzuheben, z. B. αὖθις πάλιν Soph. Phil. 342. 1232. Oed. Col. 364. Eur. Heracl. 488. 708, ja selbst αὖθις αὖ Eur. Hel. 932. Heracl.

796. Or. 279. Phoen. 490, und αὖϑις αὖ πάλιν Soph. Phil. 952. μῶν μή Plato Phaedo p. 84, c. de rep. p. 505, c. Lys. p. 208, c. e. μῶν οὖν Aesch. Choëph. 175. Eur. Andr. 82. πάντῃ πάντως Plato Phaedr. p. 246, a. ἄν δ᾽ Ὀδυσεὺς ἀνίστατο II. XXIII, 709; wir finden κέν und ἄν in demselben Satze wiederholt, nur dass freilich die Rücksicht der Euphonie die Stellung ἄν ἄν oder κὲ κέ nicht wohl zuliess; wie sollte man da sich wundern, wenn die Partikeln κέν und ἄν in gleicher Bedeutung neben einander erscheinen, da, sobald im Laute einige Verschiedenheit gegeben war, jeder Grund wegfiel, der ihre Nebeneinanderstellung widerrathen konnte? Gewinnt doch selbst Sommer durch jenen Einwurf nichts, sofern auch καί und κέ neben einander sich finden, während nach Sommer καί nur durch den grösseren Nachdruck, wodurch der Erfolg mehr als selbständig von dem Uebrigen abgelöst würde, von κέν unterschieden wäre, und es in manchen Stellen von S. Standpunkt aus schwer fallen würde, beide Partikeln in ihrer Bedeutung aus einander zu halten, z. B. Od. XVII, 545 f.

οὐχ ὁράᾳς, ὅ μοι υἱὸς ἐπέπταρε πᾶσιν ἔπεσσιν;
τῷ κε καὶ οὐκ ἀτελὴς θάνατος μνηστῆρσι γένοιτο.

wo jedenfalls καί an τῷ sich anlehnend die Angemessenheit der folgenden Aussage zur vorhergehenden bezeichnet, und von ihm ganz dasselbe gesagt werden konnte, wie von κέ, dass der Erfolg nicht ein selbständiger und unabhängiger, sondern (vgl. τῷ) an etwas Anderes geknüpft und gebunden sei, dass καί hier das leichte, sichere Hervorgehen der Folge aus der Bedingung andeute, dass es unserem schwächeren *auch* entspreche u. s. w. Aehnliches gilt von der Stelle II. XIV, 482—485 (wofern κέ beim Praes. Ind. als ächt betrachtet wird):

φράζεσθ᾽, ὡς ὑμῖν Πρόμαχος δεδμημένος εὕδει
ἔγχει ἐμῷ· ἵνα μήτι κασιγνήτοιό γε ποινὴ
δηρὸν ἄτιτος ἔῃ· τῷ καί κέ τις εὔχεται ἀνὴρ
γνωτὸν ἐνὶ μεγάροισιν ἀρῆς ἀλκτῆρα λιπέσθαι.

Sommer wird dem καί hier keine andere Bedeutung beilegen können, als welche nach ihm der Partikel κέ zukommt, so dass auch von seinem Standpunkt aus entweder die eine der beiden Partikeln als überflüssig, oder als Verstärkung der andern erscheinen muss.

Was aber den andern Einwurf betrifft, dass es auffallend wäre, wenn es für dieselbe Bedeutung zwei Partikeln von verschiedenem Ursprung gäbe, so ist klar, dass abgesehen davon, dass wir, wenn wir offen sein wollen, gestehen müssen, über den Ursprung dieser Partikeln nichts zu wissen, alles Gewicht, das derselbe haben könnte, nur unter der Voraussetzung bestünde, dass κέν und ἄν demselben Dialekte angehören. Da aber die allgemeine Annahme, der man sich auch bei der Voraussetzung einer verschiedenen Bedeutung dieser beiden Partikeln nicht wohl entziehen kann, dahin geht, dass κέν eigentlich dem dorischen und äolischen Stamm angehörte, da sich der Gebrauch beider Partikeln neben einander bei Homer auf natürliche Weise aus der Vereinigung äolischer Elemente mit dem Jonismus, bei andern aus der Nachahmung der Homerischen Sprache erklärt, aber weder in dem rein jonischen Dialekt Herodots, noch in dem attischen κέν im Gebrauch ist, so muss sich uns vielmehr die Frage aufdrängen: warum, wenn beide Partikeln verschiedene Bedeutung haben, werden nicht in der griechischen Literatur überhaupt beide neben einander gebraucht? warum finden wir κέ, κέν auch noch in später Zeit im dorischen und äolischen Dialekt, wie in dem sogenannten epischen, aber nirgends im attischen? Was wir aus S. Recension als Antwort auf diese, unstreitig für ihn höchst missliche Frage entnehmen können, ist Folgendes: „die angegebene Bedeutung von κέ macht diese Partikel auch in affectvoller Rede zulässig, und gerade, weil das Vorherrschen der Empfindung und des Affects das Characteristische der epischen Sprache ist, so ist sie in dieser herrschend und in der Lyrik beibehalten worden"; ferner — und diess bildet bei Sommer den zweiten Haupteinwurf gegen die gleiche Bedeutung der beiden Partikeln — „die Erklärung von κέ = ἄν gibt den meisten Stellen eine Form der Gedanken, die mit der Einfachheit, Freiheit und Lebendigkeit der epischen, sinnlich kräftigen, leidenschaftlichen, zuversichtlich-trotzigen und treuherzig-gutmüthigen und gleichsam beständig gesticulirenden Sprache sich nicht verträgt, und diese überall zu abstract macht. Eine solche durchgängig im Bedingten sich äussernde Rede ist mehr der rücksichtsvollen Convenienz einer civilisirten, behutsamen und auf eine vorsichtige Verklausulirung der Sprache hingewiesenen Welt angemessen, alles Eigenschaften, die verbunden mit der durch Uebung der Abstraction gewonnenen Schärfe des Denkens dem nachherigen wissenschaftlich und gesellschaftlich ausgebildeten Zeitalter der Gräcität angehören, wesshalb auch in jenem der durch ἄν bedingte Ausdruck so häufig, als im epischen Zeitalter verhältnissmässig selten ist."

Obwohl ich nun glaube, dass S. die Schwäche eines solchen Erklärungsversuchs der für seinen Standpunkt allerdings räthselhaften Erscheinung, dass κέ bei den Attikern verschwunden ist, selber schon gefühlt haben wird, so kann ich doch meinerseits es nicht unterlassen, das Unhaltbare in jenen Behauptungen hervorzuheben, um die Theorie selbst, die sich darauf stützt, in ihrer Grundlosigkeit darzustellen. — Erklärt sich der herrschende Gebrauch von κέν in der epischen Sprache und in der Lyrik nur aus dem Vorherrschen der Empfindung und des Affects — obwohl dieses gerade dem Epos zuzuschreiben ein Paradoxon ist — so kann der Mangel der Partikel bei attischen Schriftstellern seine Erklärung nur so finden, dass man diesen überhaupt Empfindung und Affect abspricht. Und so wird uns wirklich jene attische Sprache, als deren unbestrittenen Schmuck neben aller zarten Bildsamkeit und Durchsichtigkeit zur Wiederspiegelung der feinsten Schattirungen des Gedankens wir eben auch eine schöne einfache Natürlichkeit zu betrachten gewohnt sind, in einer Weise geschildert, dass wir uns in die Sphäre einer abgemessenen höfischen Civilisation versetzt glauben, und die Partikel ἄν wird recht eigentlich zu einem diplomatischen Worte gemacht. — Doch wenn wir auch diese seltsamen Ansichten von dem Charakter des Epos und hinwiederum von dem der attischen Sprache nicht weiter urgiren und kein Gewicht darauf legen wollen, dass demgemäss dem Drama wie der Beredtsamkeit der Attiker Empfindung, Affect, Leidenschaft, Einfachheit, Freiheit, Lebendigkeit der Sprache abgesprochen werden müsste, wenn wir uns nur auf den oben angeführten Begriff der Partikel κέν in ihrem Unterschiede von ἄν zurückziehen, so müssen wir, sobald ihr Gebrauch neben einander nicht aus dem verschiedenen Dialekt, sondern aus der verschiedenen Bedeutung beider zu erklären ist, nothwendig annehmen, dass jene Art der Gedankenverknüpfung, für welche κέ diente, der spätern Sprache, oder vielmehr, da ja auch noch bei Späteren im epischen, äolischen und dorischen Dialekte κέ gebraucht wird, dem Atticismus völlig abgieng. Wie denn aber zum Voraus Niemand vermuthen wird, dass den Attikern jene Gedankenverknüpfung, wonach die Folge aus der Bedingung, die Wirkung aus der Ursache als leicht und sicher hervorgehend aufgefasst, oder die Bedingung zugleich als Grund betrachtet, und so der Erfolg bestärkt und vergewissert wird, gemangelt habe, so ist auch gar nicht in Abrede zu ziehen, dass die Attiker diese

Verknüpfungsweise wirklich besassen. Diess ist z. B. der Fall bei ὥστε und ὡς, wo diese Partikeln einen Folgesatz einleiten. Hier kann meistens auf ganz ungezwungene Weise das Verhältniss angenommen werden, als dessen Ausdruck S. κέ betrachtet. Und wenn S. aus der angenommenen Bedeutung von κέ die vielfache Verbindung mit solchen Partikeln, welche ebenfalls den engen Zusammenhang eines Erfolgs mit einer Ursache bezeichnen, als τῷ, αἶψα, ἔπειτα, τάχα, καί, νύ zu erklären sucht, so sollte man ja, da der attischen Sprache ähnliche Ausdrücke nicht fremd sind, erwarten, in ihrer Begleitung wenigstens auch bei den Attikern κέ zu finden. Auch in Absichtssätzen könnte man zuweilen κέν erwarten, wo die bezweckte Sache aus der vorausgesetzten Handlung sich leicht und sicher ergibt = damit dann auch. Und wenn sich nicht läugnen lässt, dass καί mit solcher Wirkung gebraucht wird (ὥστε καί, ἵνα καί) und S. das Befremdende des Umstands, dass wir bei Herodot und den Attikern κέ nicht finden, dadurch beseitigen wollte, dass er erinnerte, hier sei eben καί an die Stelle des (aus καί abgeschwächten) κέ getreten, so müsste es, abgesehen, dass wir κέν und καί, wie nachher gezeigt werden soll, gar nicht in das Verhältniss zu einander stellen können, das Sommer annimmt, doch befremden, die abgeschwächte Form der Partikel innerhalb eines bestimmten Dialekts nur in früherer, in späterer Zeit dagegen nur die vollere Form derselben wahrzunehmen. Man wolle auch nicht übersehen, dass bei Homer so wenig als bei den Attikern in den Fällen, wo jene Gedankenverknüpfung stattfindet, und eben schon um dieses engen Zusammenhangs willen, in welchem der Erfolg mit der Ursache steht, sich κέ findet. So sucht man nach ἐπεί, ἐπειδή Il. VII, 288 ff. XV, 395 ff. XIX, 137 f., obwohl Sommer Od. III, 80 durch ἐπεὶ σύ με εἴρεαι, ἐγὼ καὶ καταλέξω erklärt, diese Partikel vergeblich. Ja auch, wo ἐπεί, ἐπειδή mehr in temporellem Sinn stehen, könnte man nach dem von S. aufgestellten Begriff in dem Folgesatz κέν erwarten. Il. I, 484 f. IV, 124 f. VI, 178 f. 383 f. Od. VIII, 143. Auch nehmen die Partikeln τῷ, αἶψα, ἔπειτα, τάχα keineswegs an und für sich oder darum eben die Partikel zu sich, weil sie den engen Zusammenhang eines Erfolges mit einer Ursache bezeichnen. Wäre dem so, so müsste man auch in folgenden Stellen ein κέν erwarten: nach τῷ Il. XII, 315. XIII, 514. 669. XIV, 35. 37. XVII, 227 (Imp.). 340 (Conj. adhort.), nach αἶψα Il. XI, 346. 464. XII, 342. XVI, 123. XIX, 341, bei ἔπειτα Il. XVIII, 37. XX, 342. XXIV, 340, nach τάχα Il. XVII, 99. Vielmehr finden wir bei diesen eine unmittelbare Folge andeutenden Wörtern dann eben κέ nicht, wo sie einen rein objectiven Satz einführen; wo sich dagegen κέ bei ihnen findet, hat der Satz diesen rein objectiven Charakter nicht mehr, und liesse sich statt κέν auch ἄν setzen. Jener Behauptung aber, dass die Erklärung von κέ = ἄν den meisten Stellen eine Form der Gedanken gebe, die mit der Einfachheit, Freiheit und Lebendigkeit der epischen Sprache sich nicht vertrage, und diese überall zu abstract mache, können wir die von Sommer nicht bestrittene Thatsache entgegenstellen, „dass κέ bei den Epikern" (und, fügen wir hinzu, bei allen Schriftstellern, die es überhaupt gebrauchen, obwohl wir damit Verschiedenheiten des Sprachgebrauchs nicht läugnen wollen) „sogar gewöhnlich in solchen Sätzen steht, wo der Atticismus in der Regel ἄν verlangt." Freilich sucht S. die Beweiskraft dieser Thatsache zu entkräften, indem er erwiedert „erstlich, dass es eine Eigenthümlichkeit der einfachen epischen Sprache ist, die blossen Modos des Verbi in demselben Sinn gebrauchen zu können, den die Sprache der Attiker in den meisten Fällen durch ἄν näher bestimmen muss, und zweitens, dass zum Theil eben dadurch jene den ihr eigenen, schon oben bezeichneten Charakter der Bestimmtheit, Leidenschaftlichkeit, des Zuversichtlichen, Trotzigen, durch schnelle Wendungen und Uebergänge in der Erzählung Ueberraschenden erhält, den andere Erscheinungen vervollständigen helfen. Daher ist nun κέ bei den Epikern so häufig, ἄν aber so selten. Und wenn κέ in Sätzen steht, wo auch ἄν gefunden wird, so darf daraus nicht geschlossen werden, dass es mit ἄν ganz gleichbedeutend sei, weil jenes auf der andern Seite auch oft genug in Sätzen vorkommt, wo dieses regelmässig wegbleibt." Welchen Grund diese Behauptungen haben, wird man erkennen, wenn man sich die Frage vorlegt, woher es denn, wenn dieser sich correspondirende Gebrauch der beiden Partikeln in den gleichen Satzarten mehr Sache des Zufalls ist, als dass ihnen die gleiche Function zukäme, kommen mag, dass in den Fällen, wo die jonische und attische Sprache ἄν mit dem Indic. der hist. Zeiten, oder mit dem Opt. construirt, die Homerische Sprache so ganz ausnahmsweise (denn in dieser Beschränkung geben wir den Satz gerne zu) den blossen Modus, und ebenso nur in ganz wenigen Fällen beide Partikeln zusammen, in der Regel aber entweder die eine oder die andere Partikel hat? Denn würden wir mit S. annehmen, dass κέ mit der Modalität des Satzes nichts zu thun habe, und dass in allen den Fällen, wo κέ zu dem Ind. der hist. Tempp. und dem Opt. (nach ihm nur scheinbar) mit derselben Wirkung wie ἄν hinzutritt, in der epischen Sprache der Modus für sich schon das Verhältniss ausdrücke, wozu in der attischen Sprache noch ἄν verwendet wird, so sollte man erwarten, eine ziemliche Anzahl von Stellen zu finden, in welchen dem attischen Opt. mit ἄν oder dem Indic. der hist. Tempp. mit ἄν bei Homer der blosse Opt. oder Indic. ohne Beifügung von κέν entspräche, und dass nicht mit ganz unbedeutenden Ausnahmen überall, im Fall ἄν fehlt, κέ gefunden wird. Nun treffen wir aber in den drei ersten Gesängen der Iliade den Opt. mit κέ zwanzigmal: I, 100. 255. 256. 293. 547 ff. II, 12. 29. 66. 81. 128. 160. 176. 373. III, 41. 52. 220. 235. 255. 392. 410. ἄν mit dem Opt. achtmal: I, 232. 271 f. 301. II, 242. 250. III, 52. 66. 223; eine Stelle dagegen, wo der Optativ allein die subjective Behauptung ausdrückt, findet sich nicht; denn dass III, 257 die Partikel fehlt, ist ganz dem gewöhnlichen Gebrauch entsprechend, nach welchem von zwei parallelen Gliedern nur dem ersten die Partikel beigegeben werden muss, II, 340 aber drückt der Opt. mit Ironie den Wunsch aus: so mögen denn in Rauch aufgehen! Im vierten Gesang dagegen findet sich neben eilf Beispielen vom Opt. mit κέν V. 36. 94. 95. 171. 173. 290. 318. 347. 429. 539 oder mit ἄν 223 für die subjective Behauptung ein einziges mit dem blossen Opt. 93. ἦ ῥά νύ μοί τι πίθοιο; Und damit uns kein Zweifel übrig bleibe, als könnte jenes Zusammentreffen von κέ mit dem Opt. in der subjectiven Behauptung zufällig sein, und auf andern Gründen beruhen, so sehen wir den Opt. des reinen Wunsches regelmässig ohne κέν oder ἄν: Il. I, 18. 42. II, 371. III, 74. 102. 160. 300. 301. 407. IV, 17. 18. 178. 198. 288 f. 313. 314, auch wo die Form des Gedankens ein κέν in der von S. angenommenen Bedeutung wohl erwarten liesse, III, 73. 102. IV, 17. 18. — Mit dem Indic. der hist. Zeiten erscheint κέν Il. II, 155. III, 41. 56. 173. IV, 421 in derselben Bedeutung, wie sonst ἄν mit dem Indic. der hist. Tempp., nirgends in diesen Gesängen der blosse Indic. Wenn sich aber S. zum Erweis der Behauptung, dass in solchen Fällen κέ nicht zum Modus gehöre, und dass der Ausdruck des Factischen entweder durch den Zusammenhang mit dem

Vorhergehenden oder durch ein folgendes εἰ, ἀλλά aufgehoben werde, auf folgende Stellen stützt: Il. VI, 348. Od. IV, 180. Il. V, 22 f. (hier hat der folgende, die Wirklichkeit andeutende Satz: ἀλλά) XXII, 202 (auf πῶς κεν ὑπεξέφυγεν folgt εἰ μή), so ist anzuerkennen, dass in gewissen Fällen die Partikel, die sonst um die Nichtwirklichkeit anzudeuten, dem Indic. der hist. Tempp. beigegeben wird, fehlen kann, und fehlen muss, und es ist diess von Hermann de part. ἄν l. I, c. 12—14 auf's Gründlichste behandelt worden. Obwohl nämlich zuweilen der eigentliche Sachverhalt die Beifügung der Partikel erfordern würde, so kann doch der Sprechende die Absicht haben, die Nichtwirklichkeit nicht anzudeuten, sondern den Fall als wirklich zu behandeln. So ist Il. VI, 348 in dem Ausdruck: ἔνθα με κῦμ' ἀπόερσε die Andeutung der Nichtwirklichkeit aufgegeben. Nachdem Helena V. 345 den Wunsch: ὥς μ' ὄφελ' — οἴχεσθαι προφέρουσα κακὴ ἀνέμοιο θύελλα εἰς κῦμα πολυφλοίσβοιο θαλάσσης ausgesprochen hat, behandelt sie, mit lebhafter Vorstellung sich in jenen Fall versetzend, das weiter damit Verbundene als ein Wirkliches. In ähnlicher Weise wird Il. XVI, 299 mit ἔκ τ' ἔφανεν πᾶσαι σκοπιαί fortgefahren, nachdem 297 f. vorangieng ὥς δ' ὅτε — κινήσῃ. So wird Il. V, 87 ff. 136 ff. ein Bild zuerst nur zur Veranschaulichung eines andern Gedankens eingeführt, dann als selbständig und factisch behandelt. Die zweite Stelle Od. IV, 180 ist nicht vollkommen analog; denn πρίν γ' ὅτε δὴ θανάτοιο μέλαν νέφος ἀμφεκάλυψεν ist kein selbständiger Satz, sondern dem vorangegangenen: οὐδέ κεν ἡμέας ἄλλο διέκρινεν φιλέοντε τε τερπομένω τε untergeordnet, und der Gebrauch des Ind. Aor. mag sich auf ähnliche Weise erklären, wie der Indic. in dem einer Nichtwirklichkeit untergeordneten Absichtssatz. Lässt sich nun wohl aus diesen Stellen der Schluss ziehen, den S. zieht? Nicht nur erscheinen diese Stellen als isolirte, die Verbindung mit κέν oder ἄν mit dem Indic. zur Andeutung der Nichtwirklichkeit als das Gewöhnliche (vgl. die oben gegebenen Belege, und zu Od. IV, 180 in derselben Rhapsodie V. 174—178. 363. 502. 733 ff.), so dass sie in keinem Fall geeignet wären, als Norm zu dienen, sondern der Gebrauch des Indic. ohne κέν in diesen Stellen findet seine genügende Erklärung, und hat endlich eine ähnliche Auslassung der Partikel ἄν als Parallele neben sich. Man vgl. Soph. El. 1021 f.

εἴθ' ὤφελες τοιάδε τὴν γνώμην πατρὸς
θνῄσκοντος εἶναι· πάντα γὰρ κατειργάσω.

und Andocid. de myst. §. 58. — Aus diesen Zusammenstellungen dürfte wohl deutlich hervorgehen, dass die Annahme, κέν habe, von ἄν verschieden, mit der Modalität des Satzes nichts zu thun, einer genügenden Begründung entbehrt. Die andere Angabe, dass κέν oft in Stellen vorkomme, wo ἄν regelmässig wegbliebe, werden wir sofort, da S. daraus einen dritten Haupteinwurf bildet, zu prüfen haben; zuvor sei auf einige Stellen verwiesen, die uns in den Stand setzen können, über die Behauptung, dass κέν eine von ἄν verschiedene Gedankenform ausdrücke und einen verschiedenen Eindruck mache, zu urtheilen. Wir finden nämlich mehrere Stellen, in welchen κέν und ἄν unter einander wechseln, und wa es in der That das natürliche Gefühl verläugnen hiesse, wollto, man eine verschiedene Form des Gedankens annehmen. Man vergleiche Il. III, 52 f., ferner ebd. 216—223 ἀλλ' ὅτε δὴ πολύμητις ἀναΐξειεν Ὀδυσσεύς — φαίης κε ζάκοτόν τέ τιν' ἔμμεναι, ἄφρονά τ' αὔτως· ἀλλ' ὅτε δὴ ὄ' ὄπα τε μεγάλην ἐκ στήθεος ἵει — οὐκ ἂν ἔπειτ' Ὀδυσῆϊ γ' ἐρίσσειε βροτὸς ἄλλος. Il. IX, 416 f. XIII, 287 ff.

οὐδέ κεν ἔνθα τεόν γε μένος καὶ χεῖρας ὄνοιτο.
εἴπερ γάρ κε βλεῖο πονεύμενος, ἠὲ τυπείης
οὐκ ἂν ἐν αὐχέν' ὄπισθε πέσοι βέλος, οὐδ' ἐνὶ νώτῳ
ἀλλά κεν ἢ στέρνων ἢ νηδύος ἀντιάσειεν κ. τ. λ.

Ferner: Il. VIII, 20 vgl. mit 24. Il. XIII, 321 und 324. XIV, 244 ff. XVII, 488 f. XIX, 271 ff. XXIV, 437. 565 ff. Od. II, 74 ff. XVIII, 27 ff. 379 f. — So sind auch z. B. Il. III, 281—288 εἰ μέν κεν, εἰ δέ κ' und εἰ δ' ἄν mit Conj. IV, 353 ἢν ἐθέλῃσθα καὶ αἴ κέν τοι τὰ μεμήλῃ, Il. XXI, 553—556 εἰ μέν κεν φεύγω und εἰ δ' ἂν ἐάσω, IV, 40 ὁππότε κεν und 53 ὅτ' ἄν mit Conj. Il. VIII, 478 und 482 οὐδ' εἴ κε — ἵκηαι und οὐδ' ἢν ἀφίκηαι, ferner Il. IX, 359 ἢν und αἴ κεν mit Conj. XIX, 228 ὅς κε θάνῃσιν und 230 ὅσσοι δ' ἂν λίπωνται. Od. VIII, 553 ἐπὴν — γένηται und 554 ἐπεί κε τέκωσι einander parallel. Man bemerke ferner, wie der Vers Od. XI, 111 καί κεν ἔτ' εἰς Ἰθάκην κακά περ πάσχοντες ἵκοισθε XII, 138 wechselt mit: ἤ τ' ἂν ἔτ' εἰς Ἰθάκην κακά περ πάσχοντες ἵκοισθε. Wir gehen zu einem dritten Einwurf Sommers über, dass nämlich unter Voraussetzung der Gleichheit beider Partikeln zu erwarten wäre, dass wie κέν überall, wo ἄν, so auch ἄν in allen Constructionen, wo κέ, stehen könne. Hierauf ist im Allgemeinen zu erwidern, dass die Sprache des Epos überhaupt nicht so fixirt erscheint, wie die des klassischen Atticismus, dass jene manche Wort- und Satzformen zulässt, die später als überflüssig aufgegeben, oder als incorrect betrachtet wurden. Was zunächst die Verbindung des Präs. Indic. mit κέ betrifft, so ist dieselbe jedenfalls nur in wenigen Stellen anzuerkennen, so dass man sich nicht wundern dürfte, wenn sich entsprechende Beispiele einer Construction von ἄν mit dem Präs. Indic. nicht fänden. So findet sich Od. II, 86 neben ἐθέλεις auch ἐθέλοις, XIV, 163 ist vielleicht statt ὅς κεν die Lesart ὅςτις vorzuziehen, XXIV, 89 ist ζώννυνται Conj. und ἐπενίνωνται zu lesen. Il. XIV, 484 haben statt καί κε andere Hdss. καί τε, oder sie lassen κέ weg. In den Stellen Il. II, 238 und Od. III, 355 ist ohne Zweifel eine Elision von καί anzuerkennen (vgl. unten die spezielle Erörterung dieser Construction). Obwohl es nun nichts Befremdendes haben kann, wenn den wenigen Fällen der Verbindung von κέ mit dem Präs. Indic. kein ἄν mit dem gleichen Tempus entspricht, so sehen wir doch wenigstens Il. XXII, 66 f. eine Präsensform (ἐρύουσιν, wenn auch mit Futurbedeutung) mit ἄν verbunden. — Wenn ferner die Beispiele von κέ mit dem Futur Indic. allerdings die häufigeren sind, so findet sich doch auch ἄν mit diesem Tempus Il. IX, 167. XXII, 49 f. Od. VI, 221, und wir werden uns später überzeugen, dass selbst attischen Schriftstellern diese Construction nicht wohl abgesprochen werden kann. Auch die Verbindung von κέ mit dem Indic. Praet. ausser den Fällen, in welchen eine Nichtwirklichkeit angedeutet scheint, Od. IV, 546 f. — ἤ κεν Ὀρέστης κτεῖνεν ὑποφθάμενος Od. XXIV, 61 entbehrt der parallelen Fälle mit ἄν nicht. Man vgl. Il. V, 201. XXII, 103. Od. IX, 228. ἤ τ' ἄν πολὺ κέρδιον ἦεν. Il. XIII, 676 f. τάχα δ' ἄν καὶ κῦδος Ἀχαιῶν ἔπλετο. Il. XVI, 638 f. οὐδ' ἄν ἔτι φράδμων περ ἀνὴρ Σαρπηδόνα δῖον ἔγνω, Od. IX, 211. Dass namentlich der attische Sprachgebrauch Fälle genug darbietet, welche jenem ἤ κεν Ὀρέστης κτεῖνεν ganz analog sind, wird sich uns in der Folge ergeben. — Wenn sich bei αἰ nur κέ, nicht ἄν findet, so erklärt sich diess aus der dialektischen Verwandtschaft jener beiden Partikeln. — In Finalsätzen ferner findet sich allerdings auch ὡς ἄν mit Conj., wie folgende Stellen beweisen mögen: Il. XVI, 84. 271. Od. IV, 672. 749. XVI, 84. 169. XXIV, 360, ὄφρ' ἄν mit Conj. Od. XVIII, 364, und da die Verbindung des Conj. mit ἄν in unabhängigen Sätzen, worauf doch die Construction mit Relativen in scheinbaren Absichtssätzen zurückgeführt werden muss, dem

Homer nicht fremd ist, Il. I, 205. II, 488. III, 54. XI, 387, so ist auf den Umstand, dass in Absichtssätzen häufiger κέ mit dem Conj. vorkommt, in keiner Weise Gewicht zu legen. Was dann ἵνα κε mit Conj. betrifft, so findet sich dasselbe Od. XII, 156, aus welcher Stelle um so weniger ein Sprachgebrauch entnommen werden kann, als sich κέν hier unmittelbar an ᾗ anschliesst, und Homer anderwärts mit ἵνα den reinen Conj. verbindet. Uebrigens fehlt es auch im Attischen (vgl. die folgenden speziellen Erörterungen) nicht an einzelnen, freilich zweifelhaften Beispielen von ἵνα ἄν. — Auch die Relative finden sich bei Homer mit ἄν und dem Conj. construirt, Il. XV, 348. Od. XVIII, 27. XIX, 332. XXI, 294. — Von keinem Belang ist es, dass beim Opt. des Wunsches Il. VI, 281 und der Wiederholung in der Vergangenheit Il. IX, 525 κέ gebraucht wird, die attische Sprache hier ἄν regelmässig nicht duldet. Denn theils sind diese Fälle zu isolirt, als dass sie, da nun einmal nicht zu läugnen ist, dass die Homerische Sprache weder in formeller, noch in syntaktischer Hinsicht so abgeschlossen und geregelt erscheint, wie die attische, und da bei Homer in beiden Fällen der blosse Optativ die weit überwiegende Regel ist, irgend in Betracht kommen könnten, theils ist, was namentlich den zweiten Fall betrifft, weder Homer noch attischen Schriftstellern das ἄν hier völlig fremd. Man vgl. Od. II, 105. XIX, 150. νύκτας δ᾽ ἀλλύεσκεν, ἐπὴν δαΐδας παραθεῖτο Od. IV, 222. Xen. Cyrop. VIII, 1, 44, wo ὁπόταν die Lesart aller Hdss., mit Ausnahme der Altd. ist. — Nach Sommer würde auch εἰ mit Opt. und Indic. Prät., ὅτε und ἐπεὶ mit Opt. zwar κέν, aber nicht ἄν bei sich haben. Man vgl. dagegen Il. II, 597. Od. XIII, 415. Dass im Attischen auch ausser der obliquen Rede εἰ — ἄν mit Opt. gar nicht selten vorkommt, werden die unten beizubringenden reichlichen Belege darthun. — Wie sich ferner Beispiele von εἴ κεν mit dem Indic. der hist. Tempp. finden, so in der attischen Sprache in solcher Verbindung Beispiele von εἰ ἄν. Xen. Cyrop. IV, 3, 3. Dinarch. c. Dem. §. 53. Aesch. c. Timarch. §. 85. Dass es auch nicht an Beispielen von ἐπεί, ὅτε mit ἄν und dem Opt. fehlt, haben wir eben gesehen. Entschieden müssen wir ferner das Argument zurückweisen, welches S. aus der angeblichen Wahrnehmung, dass „κέ nie in einem ganz neu anhebenden Satze stehe, noch allein mit dem Verbum, wie ἄν, einen Satz ausmache," gegen die gleiche Function der beiden Partikeln ziehen will. Man wird

allerdings nicht gar viele Fälle nachweisen können, wo gleich der
erste Satz einer beginnenden Rede κέν enthielte, wie man denn
auch ἄν hier nicht sehr häufig finden wird; im Zusammenhang
der epischen Erzählung aber dürfte es freilich, selbst wo die
Rede neu anhebt, nicht geradehin unmöglich sein, je mehr die
dem κέ beigelegte Bedeutung einer aus dem Vorangegangenen
hervorgehenden Folge verallgemeinert wird, immer noch aus solcher Bedeutung das κέ zu rechtfertigen. Dennoch wird uns eine
Reihe Homerischer Stellen, wenn wir sie unbefangen und sorgfältig prüfen, überzeugen können, dass κέν allerdings in selbständigen, neu anhebenden Sätzen und da stehe, wo ein leichtes,
sicheres Hervorgehen der Folge aus der Bedingung, der Wirkung
aus der Ursache nicht bezeichnet sein kann. Die Stelle Il. IX, 363
ἤματί κε τριτάτῳ Φθίην ἐρίβωλον ἱκοίμην hat jedenfalls Plato
Crito p. 44, b. nicht also verstanden, als bezeichnete κέ das leichte
und sichere Hervorgehen der Folge aus der Ursache; denn dort
besteht die Rede, mit welcher die Traumerscheinung sich an Sokrates wendet, eben nur aus den Worten: ὦ Σώκρατες, ἤματί
κεν τριτάτῳ Φθίην ἐρίβωλον ἵκοιο, also haben wir doch wohl
hier κέν in einem ganz neuanhebenden, selbständigen Satz. Il.
XIX, 415. νῶϊ δὲ καί κεν ἅμα πνοιῇ Ζεφύροιο θέοιμεν kann
nicht wohl als Folge aus dem Voranstehenden hervorgehen; schon
die Stellung von κέν nach καί, welches als Steigerung zu ἅμα
πνοιῇ Ζεφύροιο gehört, hindert, in κέν eine Beziehung des ganzen Gedankens zu dem Vorhergehenden anzuerkennen; vielmehr
gehört es recht eigentlich zur Modalität des Satzes. Il. XXII, 253
ἕλοιμί κεν, ἤ κεν ἁλοίην macht κέν allein mit dem Verbum einen
Satz aus. Il. XXIV, 370 ἀλλ' ἐγὼ οὐδέν σε ῥέξω κακά, καὶ δέ
κεν ἄλλον σεῦ ἀπαλεξήσαιμι kann die zweite, mit κέν und dem
Opt. ausgedrückte Behauptung weder aus der ersten οὐδέν σε
ῥέξω κακά, noch aus dem Vorhergehenden sich als Folge ergeben. So ist auch Il. XXIV, 437 σοὶ δ' ἄν ἐγὼ πομπὸς καί
κε κλυτὸν Ἄργος ἱκοίμην — κέν in keinem Fall Andeutung einer
Folge oder Wirkung aus dem Vorhergehenden, weder aus σοὶ δ'
ἄν ἐγὼ πομπὸς ἱκοίμην, noch aus dem weiter Vorangegangenen;
es wäre auch sonderbar, wo der adversative Satz aus zwei Gliedern, deren zweites eine Steigerung enthält, besteht, das zweite
Glied, nicht aber das erste aus dem Vorangegangenen abzuleiten,
wofern überhaupt der adversative Satz als Folge des Vorgehen-
den erscheinen sollte. Od. I, 390 καί κεν τοῦτ' ἐθέλοιμι Διός

γε διδόντος ἀρέσθαι. Hier kann Telemachs Wunsch weder aus der voranstehenden Rede des Antinoos als Folge hervorgehen, noch auch aus der nachstehenden Bedingung Διός γε διδόντος. Denn diese Bedingung erscheint als nachträglich beigegebene, und καί κεν τοῦτ' ἐθέλοιμι ist zunächst ohne Rücksicht auf letztere Restriction ausgesprochen. Wir haben offenbar hier einen selbständigen, neu anhebenden Satz. Od. IV, 644 kann der Ausruf des Antinoos: δύναιτό κε καὶ τὸ τελέσσαι! durchaus nicht als Folge aus seiner Frage: τίνες αὐτῷ κοῦροι ἔποντ'; Ἰθάκης ἐξαίρετοι, ἢ ἑοὶ αὐτοῦ θῆτές τε δμῶές τε; abgeleitet werden; vielmehr stehen diese Sätze ohne logische Verknüpfung neben einander. Zugleich ist auch diese Stelle ein Beleg, dass κέ mit dem Verbum für sich einen selbständigen, in sich abgeschlossenen Satz ausmachen kann. Ebd. 692 ist ἄλλον κ' ἐχθαίρῃσι βροτῶν, ἄλλον κε φιλοίη wohl Ausführung von 691 ἥτ' ἐστὶ δίκη θείων βασιλήων, aber als Folge dieses Satzes kann es nicht aufgefasst werden. So ist auch Od. V, 33 f. ἤματί κ' εἰκοστῷ Σχερίην ἐρίβωλον ἵκοιτο nicht aus dem Vorhergehenden abzuleiten. Dieser Satz soll nicht aussagen, dass, sondern wie und wann Odysseus zurückkehren wird. Daher bildet er den Gegensatz zu οὔτε θεῶν πομπῇ, οὔτε θνητῶν ἀνθρώπων. Was denn also hier Gegenstand der Aussage ist, kann weder aus der Ankündigung der Rückkehr ὥς κε νέηται noch aus der Negation οὔτε θεῶν πομπῇ u. s. w. als Folge hervorgehen. — Die Erwägung des Odysseus Od. V, 361 ὄφρ' ἂν μέν κεν δούρατ' ἐν ἁρμονίῃσιν ἀρήρῃ, τόφρ' αὐτοῦ μενέω ist neu anhebende Rede, an nichts Vorhergehendes anknüpfend, aus nichts als Folge hervorgehend. Die Rede der Athene Od. VIII, 195 καί κ' ἀλαός τοι, ξεῖνε, διακρίνειε τὸ σῆμα ἀμφαφόων ist ein ganz selbständig stehender, geschlossener Satz, zu welchem zwar 196 die Begründung nachträglich hinzutritt, aber ohne dass es uns einfallen könnte, die Rede fehlerhaft zu nennen, im Fall diese Begründung mangelte. In der Stelle Od. X, 268 f. ἀλλὰ ξὺν τοῖσδεσι θᾶσσον φεύγωμεν· ἔτι γάρ κεν ἀλύξαιμεν κακὸν ἦμαρ kann κέ nicht die Folge oder die Wirkung aus dem Vorhergehenden bezeichnen, denn der Satz begründet, wie γάρ zeigt, die Aufforderung: φεύγωμεν. Ebenso wenig lässt sich Il. XXIV, 565. οὐ γάρ κε τλαίη βροτὸς ἐλθέμεν, indem es den Grund angibt, wesshalb Achill vermuthet, dass Priamos von einem Gott in das griechische Lager geführt worden sei, zugleich als Folge aus dem

Vorhergehenden auffassen. — Es lässt sich aber κέν auch im eigentlichsten Sinn zu Anfang der Rede nachweisen, z. B. Pind. Pyth. III. Ἤϑελον Χείρωνά κε Φιλυρίδαν, εἰ χρεὼν τοῦϑ᾽ ἁμετέρας ἀπὸ γλώσσας κοινὸν εὔξασϑαι ἔπος, ζώειν τὸν ἀποιχόμενον, denn den Versuch, im Fall der Folgesatz der Hypothesis vorausgehe, κέν auf diese nachfolgende Bedingung zu beziehen, hat S. selbst verworfen, indem er annimmt, dass wenn der Folgesatz der Hypothesis vorausgeht, durch κέν das Hervorgehen der erst durch den folgenden Satz an eine Bedingung geknüpften Sache aus dem Vorhererwähnten bezeichnet wird. Ein anderes Beispiel eines gleich im Beginn der Rede stehenden, auf nichts Vorausgehendes bezüglichen κέ gibt das Bündniss zwischen den Eleern und Heräern bei Böckh corpus inscript. XI, Ahrens de dial. gr. I, p. 280. Συνμαχία κ᾽ ἔα (= εἴη) ἕκατον Fέτεα· ἄρχοι δέ κα τοῖ (= τῷ) κ. τ. λ.

Sommer beruft sich ferner, um seine Behauptung zu unterstützen, dass κέ nicht gleiche Function, wie ἄν haben könne, auf einige Stellen, in welchen man, weil die für κέ vorausgesetzte Bedeutung nicht angemessen schien, κέν in καί oder in eine andere Partikel zu verwandeln, oder auch κέν als καί zu erklären versucht habe, wie Thiersch Gramm. §. 330. 5. b. Wir treten aber keineswegs der dort ausgesprochenen Ansicht bei, sondern glauben, wie diess schon in dem Programm des Heilbronner Gymnasiums vom Jahre 1835 geschehen ist, und in den nachfolgenden Erörterungen weiter entwickelt werden soll, das epische εἴ κεν, wie das attische εἰ-ἄν mit Opt. auf natürliche Weise erklären zu können. In den Stellen Il. XXI, 587 f. und XX, 243 dürfte S. vergeblich eine Stütze für seine Ansicht suchen. In der ersten hat οἵ καὶ-εἰρυόμεσϑα die Autorität Aristarchs für sich, und ist darum von Spitzner aufgenommen. In der letzteren Stelle findet sich kein Grund, die Lesart der einen Ven. Hds. ὁ γάρ κ᾽ ὄχ᾽ ἄριστος ἁπάντων aufzunehmen. Vgl. Spitzner z. d. St. Ueberdiess wüssten wir nicht, wie Sommer hier κέν als Ausdruck einer Folge fassen könnte, da der Satz ὁ γάρ κ᾽ ὄχ᾽ ἄριστος ἁπάντων doch nur als Grund des Vorhergehenden erscheinen würde. Ferner glaubt S. „es stehe κέ meistentheils in denselben Sätzen, in welchen bei den Attikern, und bei grösserem Nachdruck auch bei den Epikern sonst καί vorkommt." Man würde sich indessen einer reinen Illusion hingeben, wenn man aus dem Umstand, dass κέν und καί zuweilen

Die Lehre von der Partikel ἄν. 79

in ähnlicher Verbindung sich finden, auf eine ähnliche Bedeutung beider Partikeln schliessen wollte; die Behauptung aber, dass überall das Eine für das Andere stehen könne, nur mit dem Unterschied, dass καί den Begriff von κέ mit grösserem Nachdruck gebe, würde sich unmöglich durchführen lassen. Man versuche nämlich, κέν überall durch καί zu ersetzen, und man wird finden, dass nicht etwa hiedurch die Bedeutung der Partikel gesteigert oder nachdrücklicher hervorgehoben, sondern in der That verändert wird. Es dürfte z. B. Niemanden einfallen, in folgenden Stellen: Il. II, 81. 128. IV, 347. VII, 130. XVI, 848. XVII, 103. XXIV, 661—666. Od. I, 164. 266. IV, 651 καί an die Stelle von κέ setzen zu wollen, denn möchten wir auch den Begriff von καί noch so sehr schwächen, dennoch würden wir die Unangemessenheit desselben fühlen. S. beruft sich unter Anderem auf ὅττι κεν εἴπω, welches er durch: *was ich eben sagen will* übersetzt. Es wird also ὅττι κεν in dem Sinne von *was eben* d. h. *was denn auch* genommen, in welchem ὁ καί vorkommt, so dass in κέ = καί = *auch* die Andeutung eines Entsprechens läge. Passt nun wohl diese Bedeutung Od. 1, 158: Ξεῖνε φίλ᾽, ἦ καί μοι νεμεσήσεαι, ὅττι κεν εἴπω; ist hier etwa vorher ein Gedanke angegeben, der nun *auch* ausgesprochen werden sollte, so dass sich ein: *was ich aber auch sagen will*, passend anschlösse? Oder kann Od. II, 25. 161. 229. κέκλυτε δὴ νῦν μευ, Ἰθακήσιοι, ὅττι κεν εἴπω letzteres mit ὁ καὶ ἐρῶ vertauscht werden, als bezöge sich diess auf etwas bereits Angegebenes, und das εἰπεῖν würde als dem entsprechend bezeichnet? Und so wird man in keiner Stelle, wo sich ὅττι κεν εἴπω findet: Od. I, 389. XIX, 378. 406. XX, 115. XXIV, 454. Il. II, 361. V, 421. die Auffassung = ὁ καὶ ἐρῶ schicklich finden. Vielmehr hat ὅττι κεν εἴπω seine deutliche Parallele in ὥς ἂν ἐγὼν εἴπω Il. II, 139. IX, 26. 704. XII, 75. Od. XII, 213. XIII, 179. Beides ist: was ich (wie ich's) sagen will, von der einzelnen, bestimmten Rede, zu der man gerade sich anschickt, d. h. κέν erweist sich auch hier nicht dem καί, sondern dem ἄν parallel, indem κέ wie ἄν mit dem Conjunctiv construirt eine dem Futur nahe kommende Bedeutung hervorbringt. Ebenso ist Il. VI, 227 ff. πολλοὶ μὲν γὰρ ἐμοὶ Τρῶες, κλειτοί τ᾽ ἐπίκουροι κτείνειν, ὅν κε θεός γε πόρῃ καὶ ποσσὶ κιχείω· πολλοὶ δ᾽ αὖ σοὶ Ἀχαιοὶ ἐναιρέμεν, ὅν κε δύνηαι — klar, wie wenig κέν irgend mit καί ersetzt, oder ὅν κε in dem Sinn von: *welchen (denn) auch* genommen werden könnte. Vergleicht man ferner die von S. selbst angezogenen Stellen, die καί nach dem Relativ haben, so rechtfertigt sich auch aus ihnen vollkommen die dem Relativ mit καί oben beigelegte Bedeutung. Il. I, 247 ff. τοῖσι δὲ Νέστωρ ἡδυεπὴς ἀνόρουσε, λιγὺς Πυλίων ἀγορητής, τοῦ καὶ ἀπὸ γλώσσης μέλιτος γλυκίων ῥέεν αὐδή. Hier ist τοῦ καὶ von dessen Lippen denn auch dem vorhergehenden λιγὺς ἀγορητής entsprechend. Il. II, 827 ist ᾧ καὶ welchem auch, ebenso V, 62 ὃς καὶ Ἀλεξάνδρῳ τεκτήνατο νῆας ἐΐσας entsprechend dem: ὃς χερσὶν ἐπίστατο δαίδαλα πάντα τεύχειν. Auch die oben für einen Wechsel von κέν und ἄν angeführten Stellen können den Beweis liefern, wie sich κέ nur auf sehr gezwungene Weise durch καί ersetzen, und in dem Sinn von eben, denn auch auffassen liesse. Was mag denn also für die Verwandtschaft von κέν und καὶ dadurch gewonnen werden, dass in manchen Stellen, welche κέν haben, der Gedanke auch ein καί erträgt? S. hat aber mit seiner Behauptung einen um so schlimmern Standpunkt der herrschenden Ansicht gegenüber, als seine Belege für eine angeblich ähnliche Bedeutung von κέν und καί immer eben solche Fälle sind, in denen sonst regelmässig ἄν gebraucht wird.

Auch auf die Stellung der Partikel κέ macht S. aufmerksam, um ihre Verschiedenheit von ἄν zu erweisen. Er behauptet, κέ stehe immer zu Anfang eines Satzes, d. h. nach den Partikeln, die einen natürlichen Vorrang behaupten, und trete daher nie, wie ἄν, vor das Verbum, oder nach demselben, sobald dieses weiter vom Anfang entfernt sei. Diess sei aber ein Beweis, dass κέ nicht unmittelbar zum Modus gehöre, sondern für sich allein dem ganzen Gedanken die ihm zugehörige Beziehung gebe. Stellen, wo κέν unmittelbar vor dem Modus steht, sind: Il. I, 256. II, 12. 81. III, 392. 410. IV, 347 an das betonte φίλως angehängt; ähnlich 429. Od. IX, 498. XII, 107. 114. Indessen kann hier freilich aus der Stellung an sich nicht gefolgert werden, dass κέ zu dem folgenden Modus gehöre, da es seiner Natur nach an das vorangehende Wort sich anlehnt. Dagegen schliesst sich die Partikel unter andern in folgenden Stellen an den Modus an: Il. III, 220. IV, 94. V, 273. VI, 285. VIII, 196. XXIV, 56. 418. Pind. Nem. VII, 128 f. Pyth. IV, 469 und das oben angeführte Bündniss der Eleer und Heräer. Steht nun gleich in diesen Stellen die Partikel sammt dem Verbum zu Anfang des Satzes, oder nicht weit von demselben, so kann diess doch um so weniger als Beweis gebraucht werden, dass κέ nicht zum Modus gehöre, oder einen Unterschied von ἄν begründen, als auch ἄν, von welchem S. einräumt, dass es sich auf die Modalität des Satzes beziehe, gewöhnlich zu Anfang des Satzes steht, und sogar, wo ἄν und κέν zusammenkommen, dem letzteren vorantritt Il. XI, 187. 202. XIII, 127. Od. V, 361. VI, 259. IX, 334. In einzelnen Fällen steht indessen κέν auch ziemlich weit vom Anfang des Satzes entfernt, z. B. Il. XIX, 81: ἀνδρῶν δ᾽ ἐν πολλῷ ὁμάδῳ πῶς κέν τις ἀκούσαι; Od. V, 33 f. ἀλλ᾽ ὅγ᾽ ἐπὶ σχεδίης πολυδέσμου πήματα πάσχων ἤματί κ᾽ εἰκοστῷ Σχερίην ἐρίβωλον ἵκοιτο. Pind. Pyth. IV, 468 εἰ γάρ τις ὄζους ὀξυτόμῳ πελέκει ἐξερείψαι κεν μεγάλας δρυός Theogn. 645. Παύρους κηδεμόνας πιστοὺς εὕροις κεν ἑταίρους. Theocr. XXVIII, 15. XXIX, 39 f. Wie könnte man sich da überreden, dass κέ nothwendig an den Anfang des Satzes gehöre, wo gar kein Hinderniss obwaltete, dasselbe, wofern ihm die von S. angenommene Bedeutung zukäme, wirklich in den Anfang des Satzes zu bringen? Betrachten wir aber die Stelle genauer, die κέν im Satze einnimmt, so werden wir finden, und die den nachfolgenden speziellen Untersuchungen vorbehaltene genauere Erörterung wird diess genügend darthun, dass, die enklitische Natur von κέν abgerechnet, welche freilich einigen Unterschied veranlassen muss, in der That eine durchgreifende Analogie zwischen κέν und ἄν besteht.

Was weiter von der mit Beziehung auf Od. III, 258 ff. (wozu man Od. V, 426 fügen kann) gemachten Behauptung zu halten ist, dass wenn zwei mit dem Indicativ der hist. Tempp. ausgedrückte Folgesätze mit einander verbunden sind, und im ersten κέ steht, dieses gewöhnlich im zweiten weggelassen, bei den Attikern dagegen ἄν in der Regel auch im zweiten wiederholt werde, zeigt die Vergleichung folgender Stellen: Il. V, 885—887. XVII, 319—321. XXI, 280. Od. IV, 174—179. 733—735. XX, 306 f. XXIV, 32 f., wo jeder der parallelen Sätze κέν hat.

Wenn sich endlich Sommer darauf beruft, dass zwar ἄν mit dem Infinitiv verbunden vorkomme, aber nicht κέ, so stellt sich vielmehr, wenn ich nicht etwa ganz unabsichtlich eine Homerische Stelle übersehen habe, die Sache so, dass sich in der Iliade und der Odyssee ein einziges Beispiel für die Verbindung des Infinitivs mit ἄν Il. IX, 684, und eben so ein einziges für die Verbindung mit κέ Il. XXII, 110 findet; ausserdem lesen wir κέ mit Inf. Pind. Ol. I, 175; dass aber eine solche Construction nicht öfter vorkommt, hat seinen Grund vornehmlich darin, dass diejenigen Verba, welche besonders gern dieselbe annehmen, ὅτω, ἐλπίζω und ähnliche, bei Homer gewöhnlich den Inf. Fut. zu sich nehmen. Wir haben in dem Bisherigen, indem wir den Gründen Sommer's eine sorgfältige Erwägung widmeten, vielfache Gelegenheit gehabt, nicht blos die Unstatthaftigkeit jener Gründe nachzuweisen, sondern auch auf die Punkte aufmerksam zu machen, die entschieden gegen seine Ansicht sprechen; es wird sich auch, wie ich hoffe, aus den folgenden speziellen Untersuchungen unwidersprechlich ergeben, dass jeder einzelnen Gebrauchsweise der Partikel κέν ein entsprechender Gebrauch der Partikel ἄν zur Seite geht und umgekehrt; dennoch muss ich zum Schluss noch zwei Bedenken erwähnen, die sich, wenn wir der Partikel κέ die von S. angenommene Bedeutung beilegen, nothwendig aufdrängen. Wie kommt es, dass wir κέ nirgends bei der objectiven Behauptung, nirgends bei dem Indicativ finden, wo derselbe ganz rein und unbeschränkt zu nehmen ist? Ferner: warum finden wir κέ nicht beim Imperativ, beim Conjunctiv der Aufforderung, beim Wunsche, da doch auch die Forderung und der Wunsch als Folge aus einem Früheren sich ergeben kann? So könnte man Il. III, 71 ff. ὁππότερος δέ κε νικήσῃ κρείσσων τε γένηται, κτήμαθ' ἑλὼν εὖ πάντα γυναῖκά τε οἴκαδ' ἀγέσθω, οἱ δ' ἄλλοι — ναίοιτε Τροίην ἐριβώλακα, τοὶ δὲ νεέσθων Ἄργος ἐς ἱππόβοτον bei dem Imperativ und Optativ κέν erwarten, da in beiden Sätzen die Folge ausgedrückt ist, die aus dem Sieg des einen oder andern leicht und sicher sich ergibt. Il. I, 39 ff. εἴ ποτέ τοι χαρίεντ' ἐπὶ νηὸν ἔρεψα, ἢ εἰ δή ποτέ τοι κατὰ πίονα μηρί' ἔκηα ταύρων ἠδ' αἰγῶν, τόδε μοι κρήηνον ἐέλδωρ gründet sich der Wunsch des Kalchas auf eine Voraussetzung und Bedingung, die er als erfüllt betrachtet, so dass *wenn je* in seinem Sinn gleich *weil* ist. Aehnlich die Bitte der Thetis Il. I, 503 ff., das Gebet des Nestor Il. XV, 372—375, und des Eumäos zu den Nymphen Ol. XVII, 240 ff.

2) Begriff der Partikel ἄν.

Wir glauben durch die vorangegangene Prüfung der Sommer'schen Ansicht das Recht begründet zu haben, die Partikeln κέν und ἄν fernerhin, wie man auch sonst gewohnt war, hinsichtlich ihrer Function und ihrer geschichtlich vorliegenden Bedeutung als wesentlich gleich zu behandeln, und stellen nun diese Bedeutung dahin fest, dass κέν und ἄν die Handlung als wirklich setzen. Was erstlich den Begriff der Setzung anlangt, so ist derselbe im Hauptsatze das, was die Voraussetzung im Nebensatze, und sofern ist allerdings eine natürliche Correlation zwischen ἄν und der Bedingung. Indessen ἄν ist nicht Setzung überhaupt, sondern Setzung der Handlung als einer wirklichen (wirklich gewordenen oder wirklich werdenden). Zum Beweis, dass wir nicht mit Unrecht unserer Partikel diese Bedeutung der Setzung (Sumtion) einer Handlung als einer wirklichen beilegen, können wir uns zunächst auf eine Stelle Dinarchs in der Rede gegen Demosthenes §. 68 beziehen: Τί δὲ ἄν (τιθῶμεν γὰρ ταῦτα) ἐὰν κατὰ τὸ ψήφισμα τὸ Δημοσθένους ἀπαιτῇ πέμψας ἡμᾶς Ἀλέξανδρος τὸ χρυσίον — τί ἐροῦμεν; Hier veranlasst also unmittelbar der Gebrauch der Partikel ἄν die Parenthese: τιθῶμεν γὰρ ταῦτα.

— Es erhält aber dieser Begriff seine Rechtfertigung namentlich in zwei Erscheinungen, welche bei den oben besprochenen Theorieen über die Partikel ἄν unerklärt bleiben mussten. Die erste ist die Wahrnehmung, dass von dem Standpunkt der Wirklichkeit aus beurtheilt die Partikel der Objectivität des Indic. etwas nimmt, der Subjectivität des Optativs etwas gibt, indem sie den ersteren Modus dem Gebiete der Subjectivität, den letzteren dem der Objectivität näher rückt, so dass beide Modi in der Verbindung mit ἄν eine eigenthümliche Stellung zwischen reiner Objectivität und reiner Subjectivität einnehmen. Diess erklärt sich nun vollkommen aus dem eben aufgestellten Begriff. Indem die Setzung eines Wirklichen ein subjectives, aber auch ein objectives Element in sich schliesst, wird durch deren Beigabe die reine Objectivität des Indicativs und die reine Subjectivität des Opt. so geändert, dass ersterer mit einem subjectiven, letzterer mit einem objectiven Element versetzt erscheint. — Die andere Wahrnehmung, welche in dem angegebenen Begriff ihre Erklärung findet, ist, dass die Partikel ἄν oder κέ mit dem Imperativ, dem Conjunctiv der Aufforderung, der unschlüssigen Frage, dem Opt. des Wunsches nicht construirt erscheint. Auch diess erklärt sich unter Voraussetzung jenes Begriffs ganz einfach und natürlich. Die Forderung, der Wunsch, die Aufforderung, die Frage der Unentschlossenheit schliessen an und für sich die Setzung eines Wirklichen aus; wo eine solche zu dem Optativ hinzuträte, könnte dieser nicht mehr rein subjectiver, von aller Wirklichkeit absehender Wunsch sein;

6 *

die Forderung und Aufforderung würden aufhören, directe Forderung und Aufforderung zu sein, wenn ihnen die Setzung einer Wirklichkeit beigegeben würde. Denn um das anzudeuten, was etwa in einer solchen Construction gesucht werden könnte, nämlich die Erwartung, dass etwas geschehen werde, bedient sich die Sprache, wie denn dieses in Wahrheit Behauptung ist, der verschiedenen Formen der Behauptungssätze; mit der eigentlichen Forderung und Aufforderung aber die Setzung einer Wirklichkeit verbinden, hiesse den Begriff der Forderung und Aufforderung aufheben.

Wenn man aber gegen den aufgestellten Begriff einwenden wollte, dass sich bei demselben nicht erkläre, wesshalb der classische Sprachgebrauch der Attiker die Verbindung der Partikel mit dem Indic. der Haupttempora verschmähe, da doch mit diesen Verbalformen die Setzung eines Wirklichen eben so vereinbar sei, wie mit andern, die sie gestalten, so müssen wir zwar die genauere Erörterung dieser Erscheinung den nachfolgenden speziellen Untersuchungen vorbehalten, dürfen jedoch hier wohl ihre Resultate anticipirend erinnern, dass nicht nur für Homer die Construction von $\varkappa\acute{\varepsilon}\nu$ und $\mathring{\alpha}\nu$ mit dem Fut. Indic. unbestritten feststeht, sondern dass auch den Attikern dieselbe wohl kaum abgesprochen werden kann, wofern man nicht anders grammatische Vorurtheile über die Textesgestaltung der Schriftsteller entscheiden lassen will, erinnern, dass Homer in einigen Stellen auch mit dem Präs. Indic. $\varkappa\acute{\varepsilon}$ verbindet, und dass die Beispiele für die Construction mit dem Futur und dem Präs. Indic. auf keinen Fall in gleiche Linie zu stellen sind mit den etwa angeführten Belegen für die Verbindung mit dem Imperativ, welche offenbar corrupt sind, oder mit dem Opt. des Wunsches, da neben einem sichern, in einer Menge von Beispielen sich gleich bleibenden Sprachgebrauch ein einzelnes Beispiel nicht in Betracht kommen kann. Jene Construction der Partikel mit den Haupttemporibus erscheint also nach ursprünglichem Sprachgebrauch eben so wenig geradehin verworfen, als in sich widersprechend und verwerflich, vielmehr von Homer angewendet ward sie späterhin wohl nur darum aufgegeben, weil sie überflüssig war. Da man nämlich für die subjective Behauptung in Bezug auf Gegenwart und Zukunft — in welches Gebiet jedenfalls auch der Indic. des Präs. oder des Futurs mit $\mathring{\alpha}\nu$ gefallen wäre — den Optativ mit $\mathring{\alpha}\nu$ als regelmässigen, gewöhnlichen Ausdruck besass, und ein weiterer, durch die verschiedene Form der Modalität auszudrückender Unterschied innerhalb der subjectiven Behauptung selbst nicht zu machen war, so musste jene Construction als überflüssig erscheinen.

Fragen wir nun nach der Bedeutung, welche jeder Modus in Verbindung mit der Partikel κέν oder ἄν erhält, so ergibt sich, indem wir die in Obigem festgestellten Bedeutungen jedes einzelnen Modus mit der der Partikel ἄν verknüpfen, mit Nothwendigkeit Folgendes:

Ἄν in Verbindung mit dem Indicativ der historischen Zeiten bezeichnet die Setzung eines Factums,
 mit dem Conjunctiv bezeichnet die Setzung eines wirklich Werdenden,
 mit dem Optativ bezeichnet die Setzung, dass ein Subjectives wirklich sei.

Wir nehmen demgemäss für jede Modalform in der Verbindung mit ἄν wesentlich nur Eine Bedeutung an, und der folgende spezielle Theil wird nachweisen, wie diese Eine Bedeutung allen Arten des Gebrauchs zu Grunde liegt.

B. Spezieller Theil.

I. Vom Indicativ (ἔγκλισις ὁριστική, ἀποφαντική).

1) Vom Indicativ ohne ἄν.

a) Im unabhängigen Satze.

Wir haben oben S. 33 den Indicativ als denjenigen Modus bezeichnet, welcher **das Prädicat als wirklich hinstelle**. Wo nun der Indicativ für sich erscheint, wie in dem unabhängigen Satze, da geht diese Bedeutung, durch kein anderes Moment modificirt, unmittelbar über in die der Behauptung, wovon eben dieser Modus die Namen ἀποφαντική (ἔγκλισις) [1]) erhalten hat.

Demnach dient der Indicativ in dem unabhängigen Satze, diejenige Behauptung auszudrücken, welche von dem Unterschiede zwischen Denken und Sein, von der Möglichkeit, dass etwas anders sein könnte, als das Subject es sich vorstellt, völlig absieht, vielmehr die Handlung geradezu als wirklich hinstellt. Es gehören aber im Griechischen mehrere Fälle hieher, in welchen entweder vom Standpunkt der objectiven Wahrheit, oder von dem der deutschen Sprache aus die Beifügung von ἄν erwartet wird. Zu jenen Fällen gehört die von Hermann de part. ἄν I. I. c. 13. 14 sogenannte rhetorische und ironische, zu letzteren die nothwendige Auslassung der Partikel ἄν in den Ausdrücken: *ich hätte sollen, können* u. dgl. Beide Gattungen können wir erst dann erläutern, wenn zuvor die Verbindung des historischen Tempus mit ἄν behandelt sein wird.

---

1) Apollonius de constructione l. III. c. 19. p. 214 ed. Bekker. „ἡ καλουμένη ὁριστικὴ καλεῖται καὶ ἀποφαντική." Lersch, Sprachphilosophie der Alten II, S. 202. 204. 205.

b) Im abhängigen Satze.

Ganz dieselbe Bedeutung der objectiven Behauptung bewahrt der Indicativ auch in abhängigen Sätzen, wofern nämlich die den Satz einleitende Partikel kein modificirendes Moment beifügt. Es sind diess die Substantivsätze mit ὅτι und ὡς, die Relativsätze, der Folgesatz mit ὥστε, wofern das Eintreten oder Eingetretensein der Handlung Gegenstand einer objectiven Behauptung ist, die Causal- und Zeitbestimmungssätze, sofern sie die Behauptung concreter Facta enthalten, namentlich auch die Sätze mit πρίν, wo eine Handlung als eingetreten behauptet werden soll.

Nur der Indicativ nach ὥστε, nach πρίν und in gewissen Relativsätzen bedarf einer genaueren Erörterung.

α) *Indicativ bei ὥστε.*

Was zuerst den Indicativ im Folgesatz betrifft, so leiden die Bestimmungen, welche die Grammatiken von Rost und Kühner darüber enthalten, an Mängeln, sei es der Darstellung oder der Auffassung. Nach Rost §. 122. 9. b. steht der Indicativ bei ὥστε, „wenn die Folge als objectiv vorhandenes und sinnlich wahrgenommenes Ereigniss dargestellt werden soll," nach Kühner Schulgrammatik 2te Aufl. 341. 2 „wenn die Folge oder Wirkung als eine **Erscheinung**, als eine **äusserlich und in der Wirklichkeit gegebene** bezeichnet werden soll." Davon abgesehen, dass hienach das Futurum des Indicativs ausgeschlossen schiene, so kann auch die sinnliche Wahrnehmbarkeit kein Kriterium abgeben, ob der Indicativ oder der Infinitiv zu gebrauchen ist. So kann z. B. Aeschin. adv. Tim. §. 84. ἀλλ' οὕτως ἰσχυρόν ἐστιν ἡ ἀλήθεια, ὥστε πάντων ἐπικρατεῖ τῶν ἀνθρωπίνων λογισμῶν von einem sinnlich wahrgenommenen Ereigniss nicht die Rede sein. Auch liegt eine solche Bedeutung, wie wir oben sahen, nicht in dem Indicativ. Wenn ferner dem Infinitiv im Unterschiede vom Indicativ von Rost die Sphäre zugewiesen wird, „wo zwischen Ursache und Folge ein nothwendiger und unmittelbarer Zusammenhang stattfindet, so dass die Folge in der Vorstellung des Sprechenden als aus der Ursache hervorgehend angenommen wird, ohne darauf Rücksicht zu nehmen, ob sie in der Wirklichkeit besteht oder nicht," so ist nicht einzusehen, warum bei dem Indicativ der Zusammenhang zwischen Ursache und Folge nicht auch als ein nothwendiger sollte erscheinen können. Man vgl. die eben angeführte Stelle aus Aeschines, ferner Xen. Cyrop. I,

4, 5: *ταχὺ δὲ καὶ τὰ ἐν τῷ παραδείσῳ θηρία ἀνηλώκει — ὥστε ὁ Ἀστυάγης οὐκέτ᾽ εἶχεν αὐτῷ συλλέγειν θηρία* oder §. 3 *ὥστε ἐκ πάντων τούτων ἡ πολυλογία συνελέγετο αὐτῷ*. Hinwiederum ist der Inf. nicht immer von einem nothwendigen und unmittelbaren Zusammenhang zu verstehen. So zeigt Xen. Mem. III, 12, 6: *καὶ λήθη δὲ καὶ ἀθυμία καὶ δυσκολία καὶ μανία πολλάκις πολλοῖς διὰ τὴν τοῦ σώματος καχεξίαν εἰς τὴν διάνοιαν ἐμπίπτουσιν οὕτως, ὥστε καὶ τὰς ἐπιστήμας ἐκβάλλειν*, schon das steigernde *καί*, dass diese Folge nicht nothwendig und unmittelbar mit der *λήθη* u. s. w. verbunden sein soll. Eben so wenig ist Xen. Cyneg. I, 12: *Μενεσθεὺς δὲ ἐκ τῆς ἐπιμελείας τῆς ἐκ τῶν κυνηγεσίων τοσοῦτον ὑπερέβαλε φιλοπονίᾳ ὥστε ὁμολογεῖν τοὺς τῶν Ἑλλήνων πρώτους ὑστέρους εἶναι τὰ εἰς τὸν πόλεμον ἐκείνου πλὴν Νέστορος* gerade ein nothwendiger und unmittelbarer Zusammenhang zwischen Ursache und Folge anzunehmen. Diess wird sich indessen noch bestimmter unten ergeben, wo die Construction von *ὥστε* mit dem Infinitiv besonders zu besprechen sein wird. — Dass aber der Indicativ nach *ὥστε* lediglich Form der objectiven Behauptung ist, bestätigt sich uns zunächst aus der Beobachtung, dass auch die andern Formen des Behauptungssatzes eintreten, so der Ind. der hist. Tempp. mit *ἄν* Thuc. V, 6. Dem. pro cor. §. 30. Isocr. de permut. §. 19; der Opt. mit *ἄν* Plato Crat. p. 440, a. Lys. Epit. §. 27. Xen. Oecon. VIII, 14. Cyneg. I, 7. Isocr. de pace §. 45, und es lässt sich mit Rücksicht auf den wirklichen Gebrauch wie auf die Natur des Indicativs keine andere Regel aufstellen, als dass derselbe da stehe, wo es die Absicht des Schriftstellers ist, die Folge als eingetreten oder eintretend objectiv, schlechthin zu behaupten. Man vergl. die oben angeführten Beispiele und ferner Xen. Cyrop. I, 4. 15. Oec. VII, 38. Isocr. Evag. §. 27. 49. 54. 58. 60. 63. Dem. Phil. I, §. 41: *ταῦτα δ᾽ ἴσως πρότερον μὲν ἐνῆν· νῦν δὲ ἐπ᾽ αὐτὴν ἥκει τὴν ἀκμήν, ὥστ᾽ οὐκέτι ἐγχωρεῖ*. Es ist ausdrückliche Behauptung des Demosthenes: *οὐκέτι ἐγχωρεῖ*. §. 47.

Was die Partikeln *ὡς* und *ὥστε* betrifft, so stehen sie auch in dem Folgesatz ursprünglich als vergleichende Partikeln, um die Angemessenheit der Ursache zur Wirkung auszudrücken. Die griechische Sprache bediente sich nämlich, um das Causalverhältniss zwischen zweien Handlungen zu bezeichnen, vornehmlich solcher Ausdrucksweisen, welche ein Entsprechen, eine Angemessenheit des Einen zum Andern angeben. So drückt ἔοικε, das man irrig mit „es scheint" wiederzugeben pflegt, zunächst die Gleichheit und Angemessenheit aus, darum denn auch (= es erhellt, geht hervor) das Ergebniss, das zu dem Vorhergehenden passt. Auf diese Weise erklärt sich οἷον, οἷα, ὡς, ὥστε mit dem in einen Causalsatz aufzulösenden Particip. Die Grundbedeutung war, dass das Eine wie das Andere ist. Plato Phaed. p. 79, d. ὡς συγγενὴς οὖσα αὐτοῦ ἀεὶ μετ' ἐκείνου γίγνεται, wie (da) die Seele verwandt ist, so ist sie stets mit Jenem. Daher auch der causale Gebrauch von ὅτι und ἅτε, beides Accusativen der Beziehung, welche dann die Gemässheit, Angemessenheit bezeichnen, eine Bedeutung, welche in ὅτι sich verdunkelt hat, in ἅτε (sofern) noch deutlich vorliegt. Auch ein vielfacher Gebrauch von οἷος bei Homer Il. VI, 166. XVIII, 95. Od. IV, 611. XVII, 160. 479. XVIII, 72. XX, 377. Eur. Med. 23. Herod. I, 31 αἱ δὲ Ἀργεῖαι (ἐμακάριζον) τὴν μητέρα αὐτῶν, οἵων τέκνων ἐκύρησε Plato Phaedo p. 117, c. Xen. Cyr. VII, 3, 13, wo der vorhergehende Satz in dem folgenden sein Entsprechendes, seine Begründung erhält, erklärt sich hieraus. Demgemäss müssen wir bei ὥστε (τέ nach ältestem Gebrauch dem Relativum beigegeben, um seine relative, correspondirende Kraft zu verstärken) und ὡς im Folgesatze von der Bedeutung *wie* ausgehen, wodurch Ursache und Folge in ein gleiches, sich gegenseitig entsprechendes Verhältniss treten. Wie es aber häufig geht, dass die Sprechenden im Gebrauche mancher Ausdrucksweisen ihrer ursprünglichen Bedeutung sich nicht mehr bewusst sind, vielmehr aus deren gewöhnlichstem und herrschendem Gebrauch ihre Bedeutung ihnen neu abgränzen, so lässt sich auch bei ὥστε, welches nach und nach vorzugsweise dem Folgesatz verblieb, wie dagegen ὡς mehr dem Causal- und Absichtssatz zugeschieden ward, während noch Herodot ohne Unterschied ὡς und ὥστε im Causalsatz, wie im Folgesatz braucht, nicht verkennen, dass man in demselben, wozu namentlich die häufige Verbindung τοσοῦτον ὥστε, als Ausdruck des Grades Anleitung geben musste, die Bedeutung fand *bis zu, zu hin*. Denn hierauf führt auch der verwandte präpositionale Gebrauch der Partikel.

β) Indicativ bei πρίν.

Was wir überhaupt, und namentlich auch im Folgesatz als Bestimmung des reinen Indicativs gefunden haben, das gilt auch durchaus von dem Indicativ bei πρίν; er steht da, wo der Sprechende das factische (denn es findet sich der Natur der Sache gemäss nur der Indic. der histor. Zeiten) Eintreten einer Handlung ausdrücklich behaupten will, so dass diese Sätze in logischer Hinsicht beinahe Hauptsätzen gleichkommen. Wir finden aber den Indic. sowohl nach affirmativen als nach negativen Sätzen. Aesch. Prom. 478 ff.

οὐκ ἦν ἀλέξημ᾽· οὐδέν, οὔτε βρώσιμον,
οὐ χριστόν, οὔτε πιστόν, ἀλλὰ φαρμάκων
χρείᾳ κατεσκέλλοντο, πρίν γ᾽ ἐγὼ σφίσιν
ἔδειξα κράσεις ἠπίων ἀκεσμάτων.

Des Prometheus Absicht ist es, ausdrücklich zu behaupten: ἔδειξα, da zeigt' ich ihnen. Affirmative Sätze gehen ferner voraus:
Soph. Oed. T. 775 f.
ἡγόμην δ᾽ ἀνὴρ
ἀστῶν μέγιστος τῶν ἐκεῖ, πρίν μοι τύχη
τοιάδ᾽ ἐπέστη.

Eur. Med. 1173 ἀνωλόλυξε, πρίν γ᾽ ὁρᾷ κατὰ στόμα
χωροῦντα λευκὸν ἀφρόν.

Hec. 132 ff. σπουδαὶ δὲ λόγων κατατεινομένων
ἦσαν ἴσαι πως, πρὶν ὁ ποικιλόφρων
κόπις, ἡδυλόγος, δημοχαριστὴς
Λαερτιάδης πείθει στρατιάν

Andr. 1146 ff. ἐν εὐδίᾳ δέ πως
ἔστη φαεννοῖς δεσπότης στίλβων ὅπλοις,
πρὶν δή τις ἀδύτων ἐκ μέσων ἐφθέγξατο
δεινόν τι καὶ φρικῶδες, ὦρσε δὲ στρατὸν
στρέψας πρὸς ἀλκήν.

In allen diesen Stellen tritt der durch πρίν mit Indic. ausgedrückte Satz als besonders beabsichtigte Behauptung hervor, und konnte darum etwa auch als Hauptsatz mit: *da aber* eingeleitet werden.

Negative Sätze gehen voraus: Herod. VI, 45. οὐ πρότερον ἀπανέστη ἐκ τῶν χωρίων τούτέων Μαρδόνιος πρὶν ἢ σφέας ὑποχειρίους ἐποιήσατο. Herodot will ausdrücklich erzählen: Mardonios machte sich diese unterwürfig. Thuc. I, 132. ἀλλ᾽ οὐδ᾽ ὡς — ἠξίωσαν νεώτερόν τι ποιεῖν ἐς αὐτόν — πρίν γε δὴ αὐτοῖς — μηνυτὴς γίγνεται. Besondere Behauptung: da machte ein Argilier die Anzeige; und so bildet auch in den übrigen Stellen πρίν mit Indic. nach der Absicht des Schriftstellers eine besondere Behauptung: Xen. Cyrop. I, 4, 23. καὶ οὐ πρόσθεν ἔστησαν, πρὶν ἢ πρὸς τοῖς πεζοῖς τῶν Ἀσσυρίων ἐγένοντο. IV, 5, 13. VI, 4, 11. hist. gr. IV, 3, 8. V, 4, 45. 58. VII, 4, 18. Isocr. Paneg. §. 89. 181. Panath. §. 83. 91. 158. 231. 256. Πρὶν ἢ findet sich bei Herod. VI, 45. VIII, 8 (beidemale nach vorausgehendem negativem Satze mit πρότερον), ausserdem Thuc. I, 61. Xen. Cyr. I, 4, 23. Sonst wird regelmässig das einfache πρίν gebraucht. Vgl. W. Dindorfs Vorrede zu Isocratis orationes 1825. p. V. Gerne wird der Negation im regierenden Satz des Nachdrucks wegen noch πρότερον, πρόσθεν beigegeben. Zu bemerken ist ausserdem, dass bei Herodot auch πρότερον ἢ vorkommt VII, 175.

γ) *Indicativ in Relativsätzen.*

Noch verdient hier der Indicativ in denjenigen Relativsätzen, welche im Lateinischen den Conjunctiv haben, eine besondere Erörterung. Wir finden nämlich sowohl da, wo der Relativsatz die Bedeutung eines Causalsatzes, als wo er die eines Absichtssatzes annimmt, oder endlich, wo er überhaupt dazu dient, einen zuvor erwähnten abstracten Begriff näher zu bestimmen, im Griech. den Indic. gebraucht.

Od. XIV, 332 f. ἐπαρτέας ἔμμεν᾽ ἑταίρους
οἳ δή μιν πέμψουσι φίλην ἐς πατρίδα γαῖαν
Soph. Phil. 303 οὐ γάρ τις ὅρμος ἐστίν, οὐδ᾽ ὅποι πλέων
ἐξεμπολήσει κέρδος, ἢ ξενώσεται
Herod. VII, 46 ἐν γὰρ οὕτω βραχέϊ βίῳ οὐδεὶς οὕτω ἄνθρωπος ἐὼν εὐδαίμων πέφυκε — τῷ οὐ παραστήσεται πολλάκις καὶ οὐκὶ ἅπαξ τεθνάναι βούλεσθαι μᾶλλον ἢ ζώειν. Ebd. c. 54. 102. Xen. Cyrop. III, 3, 50. hist. gr. II, 3, 2. Plato Phaedo p. 88, d. δέομαι — ἄλλου τινὸς λόγου, ὅς με πείσει Gorg. p. 480, a. Lys. de caede Erat. §. 48. Dem. Phil. I, 19. Ol. II, 11. Alle diese Stellen haben im Relativsatze das Futur, theils nach negativem, theils nach affirmativem Satze. Das Präsens finden wir Lys. de caede Erat. §. 3 νομίζω — οὐδένα οὕτως ὀλιγώρως διακεῖσθαι, ὅστις οἴεται adv. Sim. §. 41 τίς γὰρ οὕτως ἐστὶν εὐήθης, ὅστις ἐκ πολλοῦ προνοεῖται. Dem. Ol. I, §. 15. Xen. Ages. VII, 1. Ein Präteritum Eur. Iph. Taur. 347 ff. ed. Herm.

ἀλλ᾽ οὔτε πνεῦμα Διόθεν ἦλθε πώποτε
οὐ πορθμίς, ἥτις διὰ πέτρας Συμπληγάδας
Ἑλένην ἀπήγαγ᾽ ἐνθάδ᾽.

Fälle, in welchen der Relativsatz negativ ausgedrückt wird, wo denn als Negation gewöhnlich μή steht, sind folgende: Soph. Phil. 408 f. πανουργίας, ἀφ᾽ ἧς μηδὲν δίκαιον ἐς τέλος μέλλει ποιεῖν. ebd. 714 f. ὦ μελέα ψυχά, ὃς μηδ᾽ οἰνοχύτου πώματος ἤσθη δεκέτει χρόνῳ El. 380. 436. Plato Apol. p. 36, c. ἐνταῦθα μὲν οὐκ ᾖα, οἷ ἐλθὼν μήτε ὑμῖν, μήτε ἐμαυτῷ ἔμελλον μηδὲν ὄφελος εἶναι. Lysis p. 207, b. ᾗ μὴ ᾤετο. Isocr. Nic. §. 16. Paneg. §. 89. Bus. §. 49 (dafür der Opt. mit ἄν Plato Symp. 218, e.).
Dass die griech. Sprache in solchen Fällen gewöhnlich [1]) die Form der Behauptung wählt, durch welche der relative Satz mehr für sich bestehend erscheint, während er im Lat. regelmässig enger mit dem regierenden Satz verknüpft und als integrirende Nebenbestimmung desselben behandelt wird, diess steht im Zusammenhang mit dem ganzen Charakter und dem Periodenbau der griechischen Sprache. In der Mitte stehend zwischen der noch mehr äusserlichen Verknüpfung und losen Aneinanderreihung bei logisch untergeordneten Gedanken, wie dieselbe in dem Hebräischen, als einer für die Periode noch gar nicht ausgebildeten Sprache stattfindet, und dem Lateinischen, in welcher Sprache durch präcisere Nachbildung der logischen Verhältnisse der Gedanken die Periode vollkommener gegliedert erscheint, und darum diejenigen Sätze, welche logisch betrachtet nicht selbständig genommen werden sollen, auch vermittelst des Conj. in strenge Beziehung zu dem regierenden Satz gesetzt sind, als solche, die für sich keine Geltung ansprechen können, sondern nur als Momente des Ganzen ihre Bedeutung haben, lässt die griechische Rede vielfach die einzelnen Theile mehr als im Lateinischen, weniger als im Hebräischen in ihrer individuellen Freiheit und Unabhängigkeit, in sinnlicher, anschaulicher Natürlichkeit bestehen. Indessen wurde doch auch hier, wo der relative Satz negativer Art war, durch die Wahl der Negation μή der Satz zugleich als nur Vorgestelltes, oder als Nebenbestimmung eines Abstractums bezeichnet, wovon nur die bekannten Verbindungen οὐδεὶς ὅστις οὐ, οὐκ ἔστιν ὅπως οὐ eine Ausnahme machen.

---

1) Wir werden später sehen, dass im Relativsatz zu innerer Bestimmung eines abstracten Begriffs auch der Optativ gebraucht wird.

δ) Indicativ im Bedingungssatze.

Wir kommen auf eine zweite Gebrauchsweise des Indicativs, wo nämlich seine eigentliche Bedeutung, das Prädicat als wirklich hinzustellen, durch den Einfluss anderer Momente gehindert wird, in die einer objectiven Behauptung überzugehen. Es ist hier zuerst der Indicativ im Bedingungssatze zu besprechen. Mit εἰ verbunden stellt der Indicativ das Prädicat zwar ebenfalls objectiv hin, aber nicht in der Form einer Behauptung, sondern in der einer Annahme, mit andern Worten: εἰ mit dem Indicativ ist die Annahme eines objectiv Gegebenen. Es findet diese Construction aber vornehmlich da statt, wo schlechthin, ohne alles Interesse, ohne alle Erwartung des Sprechenden die Bedingung genannt wird, unter der etwas stattfindet. Der Nachsatz hat dann, wofern er ebenso objectiv ausgesprochen werden soll, gleichfalls den Indicativ. Die allgemeine Formel für diese Gattung der hypothetischen Periode wäre: wenn jenes ist, so ist dieses. Es versteht sich aber, dass der Indicativ im Vordersatz, wie im Nachsatz die Modificationen zulässt, die überhaupt bei der Form der Behauptung eintreten können, also den Indicativ der historischen Zeiten mit ἄν, und den Optativ mit ἄν. Man vgl. z. B. Herod. VII, 104. Σοὶ δὲ εἰ φαίνομαι ταῦτα λέγων φλυηρέειν, τἆλλα σιγᾶν ἐθέλω τὸ λοιπόν. Lys. epit. §. 32 εἰδότες Ἀθηναῖοι ὅτι, εἰ μὲν κατὰ γῆν τοῖς βαρβάροις ἀπαντήσονται, ἐπιπλεύσαντες χιλίαις ναυσὶν ἐρήμην τὴν πόλιν λήψονται, εἰ δὲ εἰς τὰς τριήρεις ἐμβήσονται, ὑπὸ τῆς πεζῆς στρατιᾶς ἁλώσονται, ἀμφότερα δ' οὐ δυνήσονται — ἐξέλιπον ὑπὲρ τῆς Ἑλλάδος τὴν πόλιν. Lys. adv. Sim. §. 42. 43. Plato Phaedr. p. 242, c. εἰ δ' ἔστιν, ὥσπερ οὖν ἔστι, θεὸς ἤ τι θεῖον ὁ Ἔρως, οὐδὲν ἂν κακὸν εἴη. Phaedo. p. 106, c. c. Crat. 384, a. 390, d. 433, b. Xen. hist. gr. II, 2, 13. ἐκέλευον ἀπιέναι καὶ εἴ τι δέονται εἰρήνης κάλλιον ἥκειν βουλευσαμένους. Dem. Phil. I, §. 38. Ol. I, §. 19. Diese Stellen zeigen klar, dass der Indicativ im Bedingungssatze das Vorausgesetzte als objectiv hinstellt, freilich aber nicht als wirklich behauptet, was der Natur der Hypothesis entgegen wäre; wesshalb denn auch Plato Phaedr. p. 242 zu εἰ ἔστιν noch hinzutritt ὥσπερ οὖν ἔστι, um wirklich zu behaupten. Zugleich mögen die angeführten Beispiele den Beleg dafür geben, dass der Sprechende durch diese Form ganz objectiv, ohne alles subjective Interesse die Bedingung nennen will, unter welcher irgend etwas

Anderes ist, oder sein soll. So wird Xen. h. gr. II, 2, 13 durch εἴ τι δέονται trefflich die Gleichgiltigkeit ausgedrückt, womit die Spartaner die Voraussetzung behandeln, unter welcher die Athener mit besseren Anerbietungen kommen sollen. Ebenso tritt Herod. VII, 104 in dem objectiv hingestellten εἰ φαίνομαι φλυηρέειν, σιγᾶν ἐθέλω deutlich hervor, wie Demarat bei dem, was er sagt, völlig uninteressirt, wie es ihm ganz gleichgiltig ist, ob Xerxes ihn hören will, oder nicht.

Beispiele, dass auch in dem Bedingungssatze selbst der reine Indicativ wechseln kann mit dem Indicativ oder Optativ mit ἄν werden wir unten anzuführen haben. Der Nachsatz aber ist nicht auf die Behauptung allein beschränkt; es kann vielmehr in demselben jede Form des unabhängigen Satzes erscheinen. Beispiele des Imperativs sind: Il. VI, 142. VII, 205. Xen. Anab. V, 4, 7. Plato Crat. p. 427, e. 428, b. Dem. Ol. I, 12. 14., des Conjunctivs der Aufforderung: Soph. Phil. 526. 645. Plato Phaedo p. 78, b. 79, a., des Optativs: Od. XVII, 475 f. Aesch. Ag. 944. Theocr. VIII, 33—35.

Von diesem Indicativ in dem Bedingungssatz kann sich der Indicativ der hist. Zeiten nur eben durch die Bedeutung unterscheiden, welche dem Tempus zukommt, z. B. Thuc. III, 54 εἴ τέ τι ἄλλο κατ᾽ ἐκεῖνον τὸν χρόνον ἐγένετο ἐπικίνδυνον τοῖς Ἕλλησι, πάντων παρὰ δύναμιν μετέσχομεν, 55. εἰ δ᾽ ἀποστῆναι Ἀθηναίων οὐκ ἠθελήσαμεν, οὐκ ἠδικοῦμεν u. ebd. c. 65 εἰ μὲν γὰρ ἡμεῖς αὐτοὶ πρός τε τὴν πόλιν ἐλθόντες ἐμαχόμεθα καὶ τὴν γῆν ἐδῃοῦμεν ὡς πολέμιοι, ἀδικοῦμεν· εἰ δὲ ἄνδρες ὑμῶν οἱ πρῶτοι καὶ χρήμασι καὶ γένει — ἐπεκαλέσαντο ἑκόντες, τί ἀδικοῦμεν; vgl. ferner Xen. Ages. XI, §. 3. Antiphon. de caede Herod. §. 13. Auch diesen Beispielen liegt die einfache Formel zu Grunde: wenn jenes — so dieses. Trat indess zu dem Indicativ der Apodosis die Partikel ἄν hinzu, so schien, wie wir unten ausführlich zu erörtern haben, die Modification, welche hiedurch der Nachsatz erhielt, auch eine Rückwirkung auf den Vordersatz zu äussern.

Dass man indessen die erzählende Formel: „*wenn jenes war, so war, setz' ich, dieses*" wählte, um die Nichtwirklichkeit anzudeuten, kann nicht als unpassend betrachtet werden. Auch im Lateinischen und Deutschen bedient man sich hiefür der historischen Zeiten, nur dass durch die Form des Conjunctivs die Objectivität deutlicher beseitigt wird. Man konnte aber im Griechischen die Handlung, deren Nichtwirklichkeit man andeuten wollte, nicht wohl als noch in der Gegenwart werdend, d. i. mit dem Präs. Ind. ausdrücken; die Formel: *wenn jenes ist, so ist, setz' ich, dieses,* konnte die Wirklichkeit nicht ausschliessen, sondern drückte die Erwartung aus, dass es noch eintrete. Nur die in die Vergangenheit zurückgerückte Hypothesis: *wenn jenes war, so war wohl dieses* konnte, da ja über Wirklichkeit und Unwirklichkeit schon entschieden sein musste, im Fall der Wirklichkeit aber nicht der hypothetische Ausdruck gewählt worden wäre, den Schein der Nichtwirklichkeit annehmen. So wurde denn mit dem Aorist, seltener dem Plusquamperfectum die in der Vergangenheit abgeschlossene, vollendete Handlung bezeichnet, mit dem Imperfectum die als werdend, dauernd gedachte. Plato Apol. p. 17, d. ὥσπερ οὖν ἂν, εἰ τῷ ὄντι ξένος ἐτύγχανον ὤν, ξυνεγιγνώσκετε δήπου ἄν μοι heisst eigentlich: „wie ihr nun, wenn ich ein Fremder war, mir, nehm' ich an, doch wohl verziehet." Das Nichtwirkliche wird wie ein dauernder Fall der Vergangenheit behandelt; es wird nicht eigentlich und unmittelbar das wirkliche Bestehen negirt, sondern nur dadurch, dass die Handlung als Hypothesis in die Vergangenheit gerückt wird, ihr gegenwärtiges Bestehen mittelbar verneint. Ebd. p. 20, a. εἰ μέν σου τὼ υἱέε πώλω ἢ μόσχω ἐγενέσθην, εἴχομεν ἂν αὐτοῖν ἐπιστάτην λαβεῖν eigentlich: „wenn deine beiden Söhne Füllen oder Kälber wurden, so wussten wir wohl einen Aufseher über sie zu bekommen"; der Fall ist in die Vergangenheit verlegt: „wenn das war, so war, nehm' ich an, auch das"; nur mittelbar resultirt aus demselben die Nichtwirklichkeit.

Der Unterschied zwischen Imperfectum und Aorist ist aber wesentlich der einer in der Vergangenheit werdenden und einer in der Vergangenheit geschlossenen Handlung; wie denn auch das Präsens als die in der Gegenwart werdende Handlung in seinen verschiedenen Moden den Moden des Aorists gegenübersteht. Jede andere Auffassung der eigentlichen und ursprünglichen Bedeutung dieser Tempora widerstrebt, aus moderner Anschauung abstrahirt, dem ursprünglichen Sinn derselben. Stellt man die Bedeutung des griechischen (auch des lat.) Imperfects also fest, und erinnert sich, dass in griechischer und lateinischer Anschauungsweise auch die Absicht, der Plan zur Handlung gehörte, und dass diese begonnen, im Werden war, sobald die Absicht zu derselben vorhanden war, so hat man nicht nöthig, als besonderen Gebrauch des Imperfects das sogenannte Imperf. conatus hervorzuheben. Es heisst Herod. V, 94. VI, 108. IX, 109. Isocr. Paneg. §. 94 ἐδίδου, ἐδίδοσαν, nicht als wäre die Handlung subjectiv vollbracht, denn in dem Imperf., sofern es sich vom Aorist unterschied, kann keine Vollendung der Handlung liegen, sondern weil das Geben begonnen, im Werden war durch das Anerbieten, worauf sich hier ἐδίδου, ἐδίδοσαν reducirt; vollbracht wäre das Geben, wenn der Andre das Anerbieten angenommen hätte, wo denn der Aorist, beziehungsweise Perfect und Plusquamperf. stünde, wie sich denn bei Herodot VI, 108 ἔδοσαν genau von ἐδίδοσαν unterscheidet. So steht Andoc. de myst. §. 41. 42. 58. 60. (vgl. §. 68) 114 ἀπώλλυε, ἀπώλλυον u. s. w. Dass auch das Präsens, sofern es eine in der Gegenwart werdende Handlung bezeichnet, in derselben Bedeutung nicht sowohl der versuchten, als vielmehr der begonnenen und nicht vollendeten Handlung stehen kann (vgl. ἀπόλλυμαι Soph. Phil. 311. κτείνω Od. XVI, 432. Eur. Phoen. 1601) ist natürlich. — Wiefern der Aorist in solchem Sinn stehen könne, sehen wir am besten aus dem instructiven Beispiele Soph. Aj. 1126 ff. δίκαια γὰρ, sagt Menelaos, τόνδ' εὐτυχεῖν κτείναντά με; dass aber dieser Ausdruck übertreibt, wie Wunder mit Recht erinnert, und zunächst nicht von der blos begonnenen oder versuchten Handlung gebraucht werde, zeigt des Teukros verwundernde Frage: κτείναντα; δεινόν γ' εἶπας, εἰ καὶ ζῇς θανών, worauf Menelaos seinen Ausdruck näher erklärt: θεὸς γὰρ ἐκσώζει με, τῷδε δ' οἴχομαι, so dass mithin der Aorist immerhin mit kühnerem Ausdruck für die, so weit es von dem Willen des Subjects abhieng, so gut wie vollbrachte Handlung stünde. Dieser exaggerirte Ausdruck ist auch Eurip. Jon. 1291. ἔκτεινα σ' ὄντα πολέμιον δόμοις ἐμοῖς und 1500, ἔκτεινα σ' ἄκουσα gesucht. Zu διῆκε λόγχην Eur. Phoen. 1398. erinnert Klotz richtig: „Hujus loci sententiam non satis recte isti perspexerunt, qui haec ita vertenda putaverunt: *transegit hastam per pectus Polynicis.* Hoc enim Graece potius dicendum erat: στέρνων διῆκε λόγχην. Nunc quum στέρνα διῆκε λόγχην dixit, nihil aliud dixit, nisi hoc: in pectus Polynicis hastam transmisit." Wir können demnach unmöglich dem Aorist, was seiner besondern Function ganz widerspräche, die Bedeutung einer begonnenen, im Werden begriffenen, unvollendeten Handlung beilegen, und halten den von Schäfer zu Eur. Phoen. 81 angegebenen Unterschied für ganz richtig: „Jocasta colloquium parans filiorum ἔλυε τὴν ἔριν, componendi belli initium faciebat: non item ἔλυσε, quod illi matrem non audirent. Falluntur, qui talia de sola voluntate agendi intelligunt: vere enim incipit actus, sed ob impedimenta caret eventu. Atque haec causa est, cur omnium harum locutionum proprium sit tempus aut praesens aut imperfectum." Demgemäss haben wir denn auch in diesen Bedingungssätzen das Imperfect als Ausdruck der werdenden, dauernden, den Aorist als Ausdruck der geschlossenen, momentanen Handlung zu erkennen, wie es sich in folgenden Stellen bestätigt: Plato Apol. p. 17, d. 20, a. c. 31, b. d. 32, d. e. (in welcher Stelle ἔπραττον, ἐβοήθουν, ἐποιούμην wohl schwerlich darum steht, weil es von der Gegenwart des Sprechenden zu verstehen wäre, sondern es ist, wie aus οὐδενὶ ξυγχωρήσας οὐδέν wahrscheinlich wird, auf die Vergangenheit zu beziehen, p. 36, a. 37, a. 38, a. d. 40, c. Gorg. p. 447, d. kann ἐτύγχανεν ὤν nur die Dauer in der Vergangenheit, ἀπεκρίνατο ἄν nur das Abgeschlossene und Momentane der Handlung bezeichnen, in keiner Weise aber ἐτύγχανεν auf die Gegenwart, ἀπεκρίνατο auf die Vergangenheit bezogen werden, da Letzteres nicht dem Ersteren vorausgehen kann. Ebenso kann Gorg. p. 453, d. ἔγραφε, ἀπεκέκριτο ἄν nur in dieselbe Zeit fallen, und sich wie dauernde und momentane Handlung unterscheiden. Gleiches gilt p. 506, c. von ἀπέδωκα im Verhältniss zu διελεγόμην ἄν, p. 514, c. d. von παρεκαλοῦμεν und ἐπεσκεψάμεθα, Symp. p. 199, d. 215, d. 217, c. ἠκούσατε (von der Gegenwart des Sprechenden, momentane Handlung im Verhältniss zu ἦν) und den von Stallbaum zu Euthyphro p. 12, d. gesammelten Stellen. Wenn aber Stallbaum in der früheren Ausg. dieses Dialogs Lips. 1823, p. 81 bemerkte: „Aoristus in talibus recte sequitur imperfectum, ut indicetur actionem aliquam si aliud quid nunc fieret, statim et uno veluti ictu atque momento fore absolutam" oder zu Meno p. 72, b. (Platonis opp. VI, sect. 2) „videtur aoristus in ejusmodi verbis locum habere, quae actionem significant semel aut uno veluti temporis ictu absolutam" so sieht man nicht ein, warum nicht auch die Beziehung des Imperfects auf die Gegenwart geradehin aufgegeben, und anerkannt wird, dass Imperf. und Aorist ohne Rücksicht, ob die Handlung in oder vor die Gegenwart falle, jenes für die dauernde, im Werden erscheinende, dieser für die geschlossene, in einem Moment abgethane Handlung stehe. Ferner Gorg. p. 471, a. kann εἰ ἐβούλετο — ἐδούλευεν ἄν nicht auf die Gegenwart des Sprechenden bezogen werden, vielmehr steht beide Male das Imperf. für die in der Vergangenheit dauernde Handlung. Man vgl. p. 481, c. 514, a. h. 516, a. e. 517, a. Symp. p. 175, d. 180, c. d. 193, e. 195, c. 196, a. 206, b. 211, d. 219, c. 222, c. Cratyl. p. 423, a. 436, a. εἰ — ἐβιάζετο καὶ — ἠνάγκαζεν steht von vergangenen, sich wiederholenden Handlungen, desgl. p. 438, c. Lys. de caede Erat. §. 27. 31. εἰ εἶχε so gut von der Vergangenheit, wie ἐποίησεν ἄν, jenes aber dauernde, dieses momentane Handlung; desgl. §. 38. εἰ ἐκέλευον von einer vergangenen Handlung §. 40. εἰ ἐπεβούλευον dauernd, ἐτόλμησεν momentan. §. 45. adv. Sim. §. 1. 21. 22. 31. 38. τί δ' ἂν ποτε ἔπαθον εἰ τἀναντία τῶν νῦν γεγενημένων ἦν, εἰ πολλοὺς ἔχων τῶν ἐπιτηδείων ἐγὼ ἀπαντήσας Σίμωνι ἐμαχόμην αὐτῷ καὶ ἔτυπτον αὐτὸν καὶ ἐδίωκον, καὶ καταλαβὼν ἄγειν βίᾳ ἐζήτουν; Alle diese Imperfecte beziehen sich deutlich auf die Vergangenheit. §. 44. de vuln. §. 6. 7. 10.

Erhellt so aus einer consequenten Beobachtung, dass es irrig ist, wenn man in der hypothetischen Periode den Unterschied des Imperf. und Aorists dahin bestimmen wollte, dass Ersteres von dem gebraucht würde, was dem Sprechenden gegenwärtig, der Aorist von dem, was für seinen Standpunkt vergangen ist, so darf doch nicht verschwiegen werden, dass in manchen Stellen das Imperfect aoristisch, in einzelnen der Aorist statt des Imperfects gebraucht scheint. So haben wir z. B. Gorg. p. 474, c. ἠρώτων p. 518, b. c. ἔλεγες, ἔλεγον, Lys. cacd. Erat. §. 38. ἐκέλευον, wo man die Handlung doch wohl als abgeschlossene und momentane betrachten muss, Apol. p. 18, c. ἐπιστεύσατε, etwa auch p. 38, c. περιεμείνατε, wo man das Imperfect erwarten würde. Es steht diess aber im Zusammenhang mit der unläugbaren Erscheinung, dass selbst im Attischen der Unterschied zwischen Imperf. und Aorist, wie hinwiederum (im Imperativ, Conj., Opt., Inf. und selbst im Particip) zwischen dem Präsens und Aorist, obwohl derselbe als das Regelmässige festgehalten werden muss, nicht streng durchgeführt ist, was sich namentlich ziemlich häufig an Verben wie λέγειν, ἐρωτᾶν, ἀποκρίνεσθαι, αἰτεῖν, κελεύειν und ähnlichen bestätigt.

d) Indicativ im Absichtssatze.

Dem bisher erörterten Gebrauch des Indicativs historischer Zeiten zu Andeutung der Nichtwirklichkeit in der hypothetischen Periode steht der ähnliche Gebrauch im Absichtssatze, wofern die Absicht als unerfüllt dargestellt wird, zur Seite.

Auch hier liegt die Nichtwirklichkeit nicht unmittelbar in dem mit einer Absichtspartikel construirten historischen Tempus, sondern sie resultirt erst aus dem Zusammenhang. Es finden sich nämlich solche Absichtssätze in Abhängigkeit

a) von negativen Sätzen.

Aesch. Prom. 746 ff. Τί δῆτ' ἐμοὶ ζῆν κέρδος, ἀλλ' οὐκ ἐν τάχει ἔῤῥιψ' ἐμαυτὴν τῆςδ' ἀπὸ στυφλοῦ πέτρας, ὅπως πέδῳ σκήψασα τῶν πάντων πόνων ἀπηλλάγην;

Soph. Ocd. R. 1392 τί μ' οὐ λαβὼν ἔκτεινας εὐθύς, ὡς ἔδειξα μήποτε ἐμαυτὸν ἀνθρώποισιν ἔνθεν ἦν γεγώς;

Eur. Iph. Taur. 347 ff. ed. Herm.

b) Nach histor. Temporibus mit ἄν.

Soph. Oed. R. 1387 οὐκ ἂν ἐσχόμην τὸ μὴ ἀποκλεῖσαι τοὐμὸν ἄθλιον δέμας ἵν' ἦν τυφλός τε καὶ κλύων μηδέν.

d. h. ich würde verschliessen u. s. w.

Arist. Eccl. 151 ἐβουλόμην μὲν ἕτερον ἄν τῶν ἠθάδων λέγειν τὰ βέλτισθ', ἵν' ἐκαθήμην ἥσυχος·

Vesp. 961. Plato Meno p. 89, b. Lys. adv. Sim. §. 21. ἐβουλόμην δ' ἂν Σίμωνα τὴν αὐτὴν γνώμην ἐμοὶ ἔχειν, ἵν' ἀμφοτέρων ἡμῶν ἀκούσαντες τἀληθῆ ῥᾳδίως ἔγνωτε τὰ δίκαια. de vuln. §. 3. Isocr. adv. Callim. §. 51. Dem. ad Aph. de falsa test. §. 17.

c) Nach ἐχρῆν u. dgl. Ausdrücken.

Eurip. Hipp. 641 ff. χρῆν δ' εἰς γυναῖκα πρόςπολον μὲν οὐ περᾶν ed. Monk. ἄφθογγα δ' αὐταῖς ξυγκατοικίζειν δάκη θηρῶν, ἵν' εἶχον μήτε προςφωνεῖν τινα μήτ' ἐξ ἐκείνων φθέγμα δέξασθαι πάλιν.

Ebd. 929 ff.

Arist. Pax 135 f. οὐκοῦν ἐχρῆν σε Πηγάσου ζεῦξαι πτερὸν ὅπως ἐφαίνου τοῖς θεοῖς τραγικώτερος.

Plato Protag. p. 335, c. Euthyd. p. 304, d — c. καὶ μήν, ἔφη, ἄξιόν γ' ἦν ἀκοῦσαι. τί δέ; ἦν δ' ἐγώ. Ἵνα ἤκουσας ἀνδρῶν διαλεγομένων κ. τ. λ. Dem. Phil. I, §. 27. οὐ γὰρ ἐχρῆν — ταξιάρχους παρ' ὑμῶν, ἱππάρχους παρ' ὑμῶν ἄρχοντας οἰκείους εἶναι, ἵν' ἦν ὡς ἀληθῶς τῆς πόλεως ἡ δύναμις; in Steph. I, §. 17. in Aph. II, §. 5.

d) Nach dem unerfüllbaren Wunsch.

Aesch. Prom. 152 εἰ γάρ μ' ὑπὸ γῆν, νέρθεν θ' Ἅιδου
τοῦ νεκροδέγμονος, εἰς ἀπέραντον
τάρταρον ἧκεν, δεσμοῖς ἀλύτοις
ἀγρίοις πελάσας, ὡς μήτε θεὸς
μήτε τις ἄλλος τοῖσδ' ἐγεγήθει.
Choëph. 195 f. Soph. El. 1131 ff. Eur. Hipp. 1081 f. Plato Crito p. 44, d. εἰ γὰρ ὤφελον οἱοί τε εἶναι οἱ πολλοὶ τὰ μέγιστα κακὰ ἐξεργάζεσθαι, ἵνα οἱοί τε ἦσαν αὖ καὶ ἀγαθὰ τὰ μέγιστα, καὶ καλῶς ἂν εἶρε.
Dass diese Absichtssätze nicht etwa so angesehen wurden, wie II. VI, 348 der auf einen unerfüllbaren Wunsch folgende Satz: ἔνθα με κῦμ' ἀπόερσε, d. h. dass man sie nicht als aus dem Zusammenhang mit der Andeutung einer Nichtwirklichkeit heraustretende, eine Folge ausdrückende Relativsätze (nämlich ὅπως ἀπηλλάγην = wie ich dann befreit ward) betrachtete, geht theils aus dem Umstand hervor, dass in solchen Constructionen μή gebraucht ward, während ein aus der Abhängigkeit von der angedeuteten Nichtwirklichkeit rein heraustretender relativer Folgesatz οὐ erforderte, theils aus dem vorherrschenden Gebrauch von ἵνα, das jedenfalls bei Prosaikern hier allein gebraucht erscheint. Bei dieser letzteren Partikel aber war in der Periode des classischen Sprachgebrauchs der Zusammenhang ihrer Bedeutung als Absichtspartikel mit dem relativen *wo* nicht mehr fühlbar, wie sich deutlich darin zu erkennen gibt, dass ἵνα als Absichtspartikel nicht dieselben Constructionen wie ὅπως und ὡς zulässt. Man hat also ohne Zweifel diese Sätze als eigentliche Absichtssätze gefühlt und ausgesprochen. Befremden kann aber die Verbindung der Absicht mit dem Ausdruck des Factischen nicht, wenn man erwägt, wie leicht und frei die griech. Sprache Verschiedenartiges, das in andern Sprachen sich gegenseitig ausschliesst, wofern es nur logisch nicht unvereinbar war, zu verknüpfen vermag, um durch solche Mischung verschiedener Elemente die mannichfachsten Schattirungen des Ausdrucks zu erzielen. So erscheint denn hier die Absicht mit der factischen Folge vermischt. Es ist übrigens natürlich, dass wenn die Absicht auf ein Vergangenes, zugleich aber, wie es in dem Wesen der Absicht und des Wunsches liegt, auf

das sich richtet, was noch nicht ist, darum, weil das Geschehene nicht mehr geändert werden kann, eine Andeutung der Nichtwirklichkeit und Unerfüllbarkeit sich einmischt.

Aehnlich scheint es sich mit dem Indicativ nach Verben der Besorgniss zu verhalten. Wo sich nämlich die Besorgniss auf Factisches bezieht, und über den Gegenstand der Besorgniss die Erfahrung bereits entschieden hat, findet sich $μή$ mit dem Indic. des Aorists und Perfects construirt. Od. V, 300.
δείδω μὴ δὴ πάντα θεὰ νημερτέα εἶπεν.
Thuc. III, 53 φοβούμεθα, μὴ ἀμφοτέρων ἅμα ἡμαρτήκαμεν. Plato Lys. p. 218, d. φοβοῦμαι, μὴ ὥσπερ ἀνθρώποις ἀλαζόσι λόγοις τισὶ τοιούτοις ψευδέσιν ἐντετυχήκαμεν περὶ τοῦ φίλου. Isocr. Phil. §. 18 οὕτως ἐξεπλάγησαν μὴ διὰ τὸ γῆρας ἐξέστηκα τοῦ φρονεῖν hat Bekker aus der Urb.Hds. ἐξεστηκὼς ὦ gegeben. Dem. de falsa leg. §. 96 ἢν (εἰρήνην) δέδοικα — μὴ λελήθαμεν ὥσπερ οἱ δανειζόμενοι ἐπὶ πολλῷ ἄγοντες. Wenn ich nun auch zugebe, dass von Ausdrücken der Besorgniss eine Frage abhängig sein kann, wie Eur. Or. 1329 f. Plato Hipp. maj. p. 296, a. und am wenigsten bestreiten will, dass von den Verben zusehen, erwägen, oder wo dergleichen Begriffe zu suppliren sind, eine indirecte Frage abhängen kann, so halte ich doch dafür, dass dieser Gebrauch von $μή$ als Fragpartikel aus der prohibitiven Bedeutung der Partikel sich ableite, und dass auch in der Construction mit Verben der Besorgniss, des Bedenkens u. dgl. diese prohibitive, negative Kraft nicht erloschen ist. Denn wie es wohl keinem Zweifel unterliegen kann, dass die ursprüngliche Bedeutung von $μή$ die prohibitive ist, so ist die Construction von δέδοικα μή ursprünglich ohne Zweifel parataktisch gewesen, und aus dieser erst mit Unterordnung von $μή$ unter das Verbum der Besorgniss in eine hypotaktische übergegangen. Wenn aber $μή$ auch in der unabhängigen Frage unläugbar negative Kraft hat, indem man sich ihrer da bedient, wo man einen Gedanken von sich fern halten, nicht in sich aufkommen lassen will (= ich will nicht denken, hoffen, dass u. s. w. also = doch wohl nicht), so liesse sich nicht annehmen, dass $μή$ in indirecter Frage blos als äussere Bezeichnung der Frage fungiren, und in der Bedeutung ob (Matthiä §. 519. 7. S. 998) oder dass es in dem Sinn von annon (Wunder zu Soph. Ant. 568), ob nicht (Rost §. 122. A. 5. S. 650) affirmirend gebraucht werde, da dieser affirmative Sinn dem sonstigen Gebrauch der Partikel entschieden fremd wäre.

Vielmehr liegt in μή, auch wo es für die indirecte Frage gebraucht wird, eine Neigung des Subjects, zu negiren, z. B. Plato Lach. p. 196, c. ὁρῶμεν μὴ Νικίας οἴεται τὶ λέγειν καὶ οὐ λόγου ἕνεκα ταῦτα λέγει (aus der directen Frage: „Nikias glaubt doch nicht etwa" hervorgegangen) wir sollen sehen, ob N. nicht etwa gar meint u. s. w. Plato Lys. p. 216, c. σκεψώμεθα, μὴ ἔτι μᾶλλον ἡμᾶς λανθάνει τὸ φίλον ὡς ἀληθῶς οὐδὲν τούτων ὂν (λανθάνει nach den besten Hdss.) Soph. Ant. 1253.

ἀλλ' εἰσόμεσθα, μή τι καὶ κατάσχετον
κρυφῇ καλύπτει καρδίᾳ θυμουμένη

aus der directen Frage: sie verbirgt doch wohl nicht? Eur. Iph. A. 1535 φόβῳ — μὴ ἥκεις, wofern nicht mit Hermann der Conjunctiv, obgleich nur Conjectur, vorzuziehen ist. Plato Charm. p. 163, a. τί γὰρ κωλύει; ἔφη. Οὐδὲν ἐμέ γε, ἦν δ' ἐγώ· ἀλλ' ὅρα, μὴ ἐκεῖνον κωλύει (nach den besten Hdss.) dieselbe Artigkeit und Ironie, welche die Besorgniss, die man für den andern und dessen Meinungen hat, oder zu haben vorgibt, zum Ausdruck milderer Behauptung anwenden hiess, lässt hier den Sokrates im Interesse des Kritias eine Verneinung wünschen. Das Gleiche findet statt Alc. II, p. 139, d. ἀλλ' ὅρα, ὦ μακάριε, μὴ οὐχ οὕτω ταῦτ' ἔχει, wo cod. Coisl. corr. und flor. d. ἔχῃ haben mit demselben Sinn. Aristoph. Nub. 489, wo Hermann nach Ernesti und Brunck

δέδοικα σ' ὦ πρεσβῦτα μὴ πληγῶν δέει

hat, aus dem cod. Rav. R. und A. C. bei Brunck. Soph. El. 580 f. ὅρα — μὴ πῆμα σαυτῇ καὶ μετάγνοιαν τίθης und 584. ἀλλ' εἰσόρα, μὴ σκῆψιν οὐκ οὖσαν τίθης, wenn man nicht aus dem Par. Cod. D τιθῇς und der Spur des Flor. cod. La τίθῃς bei 581 den Conj. herstellen will.

Wenn aber diess jedenfalls fest steht, dass μή in der Frage seinen negativen Sinn bewahrt, so liesse sich nur streiten, ob es der Natur der Sache und dem gegebenen Sprachgebrauch angemessener erscheine, bei dieser Partikel überhaupt die prohibitive Bedeutung oder die einer Fragpartikel als ursprüngliche Bedeutung zu Grunde zu legen. In dieser Wahl können wir aber um so weniger zweifelhaft sein, als sich wohl, wie oben angedeutet ward, der Gebrauch von μή in der Frage mit negativem Sinn aus einer ursprünglich prohibitiven Bedeutung, nicht aber eben so der Gebrauch des verbietenden μή aus einer ursprünglichen Fragpartikel erklären liesse, wie denn schon die Parallele mit οὐ, welcher objectiven Negation μή als subjective entgegentritt, und die Analogie des aus nē entstandenen nĕ abhalten muss, den Gebrauch in der Frage als den ursprünglichen für μή aufzustellen. Ein anderes Hinderniss, das nach Verben des Befürchtens mit dem Indicativ eines Präteritums construirte μή als Fragpartikel aufzufassen, liegt in der natürlichen Voraussetzung, dass diese Partikel mit dem Indic. des Prät. nicht wohl in anderem Sinn genommen sei, als in der Construction mit dem Conj. Dass aber bei der Annahme, auch in dieser Construction stehe μή als Fragpartikel, der Conjunctiv unerklärlich bliebe, davon werden wir uns unten überzeugen, wo von dieser Construction zu sprechen ist.

ε) *Indicativ im Wunschsatze.*

Der Gebrauch des Indicativs der historischen Tempora im Wunschsatze ist auf den Bedingungs- und Absichtssatz zurückzuführen. Als Bedingungssatz erscheint derselbe in Verbindung mit den Partikeln αἴθε, εἴθε, εἰ γάρ.

Dass gerade die Partikeln θέ und γάρ zu αἰ, εἰ hinzutreten, erklärt sich aus ihrer Bedeutung als Partikeln objectiver Gewissheit. Γάρ, aus γέ (jedenfalls) und ἄρα (nun eben, nun einmal [1]) entstanden, drückt aus, dass das Vorliegende nun einmal jedenfalls so sei, und wird darum ebensowohl in bejahenden Antworten und affirmirenden Sätzen überhaupt als insbesondere zu Angabe eines Grundes gebraucht, sofern das, was als Grund für ein Anderes dienen soll, als jedenfalls gegeben feststehen muss, die Partikel θέ aber ist aus δή entstanden. Dieses, als der Stamm von δῆλος heisst eigentlich *klar, offenbar am Tage;* denn es gehört zu der grossen Familie, die im Sanskrit in den Themen *diw, diwa* Himmel, *dju* Himmel, Tag, *diwan, diwas* Tag, *dēwa* Gott, *daiwa* göttlich, in dem lat. *dium, Dia, dies, Diespiter, deus, divus,* in dem griech. διι (πετής), Διός, δῖος sich ausbreitet, und ist durch Abfall des Digamma und dann Gunirung des ι (wie wahrscheinlich auch in dem Namen Δηώ, Δημήτηρ) entstanden. Indem nun aber der in der Wurzel liegende helle Vocal auf den vorangehenden Zungenlaut (vgl. βράσσων aus βραδίων, κρείσσων aus κρατίων) den Einfluss übte, dass derselbe mit Verkürzung des Vocals (so aus der gleichen Wurzel auch θεός) in eine

---

[1] Vgl. die gründlichen Untersuchungen von Nägelsbach, Anmerkungen zur Ilias. Nürnberg 1834. Excurs III.

Sibilans übergieng, welches bekanntlich die wahre Aussprache des ϑ ist, bildete sich aus δή das enklitische ϑέ. Die Identität von beiden wird übrigens auch durch das dem δή offenbar verwandte und gleichbedeutende ϑήν bestätigt. — Wenn nun die in dem Bedingungssatz genannte Handlung noch den Ausdruck objectiver, offenbarer Gewissheit beigegeben erhielt (wie das deutsche: *wenn doch* eine Gewissheit trotz etwaiger Hindernisse andeutet) und die Apodosis mangelte, so musste der Satz aufgefasst werden als Ausdruck eines Interesses des Sprechenden für die entschiedene Gewissheit der in dem Bedingungssatz genannten Handlung. Daraus aber, dass in solchen Sätzen ein stärkerer Ton auf die Bedingungspartikel fällt, begreift sich die Betonung αἴ, der freilich dann auch ein εἴ entsprechen sollte. Das Imperf. wird man von der noch im Werden begriffenen, dauernden, den Aorist von der geschlossenen, momentanen Handlung gebraucht finden. — Die gewöhnlich unterdrückte Apodosis könnte sein: καὶ καλῶς ἂν εἶχε, welcher Nachsatz auch wohl ausdrücklich beigegeben ist. Plato Crito p. 44, d. Beispiele von αἴϑε sind:

Theocr. IV, 49   αἴϑ᾽ ἧς μοι ῥοικὸν τὸ λαγωβόλον, ὥς τυ
                                                    πατάξω
XXVII, 61 αἴϑ᾽ αὐτὰν δυνάμαν καὶ τὰν ψυχὰν ἐπιβάλλειν
von εἴϑε und zwar mit dem Imperf.

Eur. El. 1068   εἴϑ᾽ εἶχες, ὦ τεκοῦσα, βελτίους φρένας!
Heracl. 731. Iph. A. 666. Hippol. 1081.

mit dem Aorist zum Ausdruck einer abgeschlossenen, momentanen Handlung:

Eur. Andr. 294   εἴϑε δ᾽ ὑπὲρ κεφαλὰν ἔβαλεν κακόν
                    ἅτις τέκεν ποτὲ Πάριν.
Ebd. 1183. Suppl. 831.

Xen. Mem. I, 2, 46 Εἴϑε σοι ὦ Περίκλεις τότε συνεγενόμην, ὅτε δεινότατος σαυτοῦ ταῦτα ἦσϑα.

Beispiele von εἰ γάρ und zwar mit dem Imperf. sind:

Eur. Alc. 1072   εἰ γὰρ τοσαύτην δύναμιν εἶχον, ὥστε σὴν
                    ἐς φῶς πορεῦσαι νερτέρων ἐκ δωμάτων
                    γυναῖκα. Or. 1614 εἰ γὰρ τόδ᾽ ἦν!

mit dem Aorist Aesch. Prom. 152 ff. (s. S. 100) Eur. Or. 1580.

Bei Homer, wie auch bei Späteren findet sich das umschreibende ὤφελον mit dem Inf. Präs., wo von einer dauernden, mit dem Inf. Aor., wo von einer momentanen Handlung die Rede ist, und zwar mit αἴϑε:

Il. III, 40   αἴθ᾽ ὄφελες ἄγονός τ᾽ ἔμεναι, ἄγαμός τ᾽ ἀπολέσθαι!
XVIII, 86 f. αἴθ᾽ ὄφελες σὺ μὲν αὖθι μετ᾽ ἀθανάτῃς ἀλίῃσιν
       ναίειν, Πηλεὺς δὲ θνητὴν ἀγαγέσθαι ἄκοιτιν.
mit dem Präsens insbesondere: Il. XIV, 84 f.
Εἴθε ὤφελον mit dem Inf. Präs. findet sich Soph. El. 1021.
       εἴθ᾽ ὤφελες τοιάδε τὴν γνώμην πατρός
       θνῄσκοντος εἶναι — Arist. Vesp. 731. Pax 1068.
            Der Inf. Aor. insbesondere findet sich
Il. III, 173. Od. XVIII, 401. Eur. Med. 1. Arist. Nub. 41.
Theils an das Präsens, theils an den Aorist schliesst das Perfect an.
Il. I, 415 f.   αἴθ᾽ ὄφελες παρὰ νηυσὶν ἀδάκρυτος καὶ ἀπήμων
       ἧσθαι.
Il. XXIV, 253 f.   αἴθ᾽ ἅμα πάντες
       Ἕκτορος ὠφέλετ᾽ ἀντὶ θοῆς ἐπὶ νηυσὶ πεφάσθαι!
Bei εἰ γάρ steht ὤφελον Plato Crito p. 44, d. (s. S. 100)
— de rep. p. 432, c.
   Auch ὡς ὤφελον findet sich mit dem Präsens:
Il. IV, 315 f. ἀλλά σε γῆρας τείρει ὁμοίιον· ὡς ὄφελέν τις
       ἀνδρῶν ἄλλος ἔχειν, σὺ δὲ κουροτέροισι μετεῖναι!
VI, 345 f. — Ferner mit dem Aorist:
Il. III, 173. ὡς ὄφελεν θάνατός μοι ἁδεῖν κακός, ὁππότε δεῦρο
       υἱέι σῷ ἑπόμην —
Ebd. 428. VII, 390. XXI, 279. XXII, 426. 481. XXIV, 764. Od.
XIV, 274. Arist. Ran. 955. Eur. Iph. A. 70.
       ἡ δ᾽ εἴλεθ᾽, ὥς γε μήποτ᾽ ὤφελεν λαβεῖν,
       Μενέλαον.
Xen. Cyrop. IV, 6, 3. ὡς μή.
   Die Partikel δή tritt zu ὡς, mit Präsens: Od. I, 217. XI, 548
(ὡς δὴ μή), mit Aorist: Od. V, 308.
   In den Fällen, welche μή allein vor ὤφελον haben:
Il. IX, 698   μὴ ὄφελες λίσσεσθαι ἀμύμονα Πηλείωνα
Soph. Phil. 969   μήποτ᾽ ὄφελον λιπεῖν
       τὴν Σκῦρον — Eur. Iph. A. 1303.
kann gezweifelt werden, ob nicht ὤφελον reiner Behauptungssatz
ist, und μή zu dem von ὤφελον abhängigen Inf. gehört. Während nämlich die nachdrückliche Voranstellung des μή vor ὤφελον, sowie der Zusammenhang mit ὡς μή für die Auffassung als Wunschsatz sprechen, lassen sich andere Stellen Il. XVII, 686.
XVIII, 19 ἢ μὴ ὤφελλε γενέσθαι, Od. VIII, 312 τὼ μὴ γείνασθαι ὄφελλον doch nur als Behauptungssätze auffassen.

Dass der von solchen Wunschsätzen abhängige Relativ- oder Absichtssatz mit dem Indic. ausgedrückt wird, zeigen Aesch. Prom. 152 ff. Arist. Vesp. 731. Plato Crito p. 44, d (s. S. 100). Uebrigens begreift es sich, warum der blosse Indicativ ohne Beigabe einer Bedingungs- oder Absichtspartikel im Wunschsatze nicht stehen kann; man würde ihn nämlich ohne eine solche nicht als Ausdruck eines unerfüllbaren Wunsches erkennen.

ζ) *Indicativ des Futurs mit dem Conjunctiv wechselnd.*

Eine besondere Betrachtung verdient der Indic. Fut. in seinem Wechsel mit dem Conj. In einer Reihe von Erscheinungen nämlich zeigt es sich, wie nahe selbst noch in der classischen Sprache der Attiker der Ind. Fut. den Conj. berührte, und seinen Ursprung aus diesem Modus nicht verläugnen konnte.

aa) Im Verbote.

Für's Erste finden wir das Futur mit μή zum Ausdruck eines Verbotes und einer negativen Aufforderung. Man vgl. Pind. Ol. I, 11. μηδ' Ὀλυμπίας ἀγῶνα φέρτερον αὐδάσομεν. Dass das Futur hier in der gleichen Bedeutung stehe, die sonst dem Conj. zukommt (vgl. Od. XIII, 296. XVI, 355. 389), lässt sich um so weniger bezweifeln, als im Vorangehenden die an sich selbst gerichtete Forderung durch μή mit Imperativ ausgedrückt ist. Aesch. VII c. Th. 250.

Οὐ σῖγα; μηδὲν τῶνδ' ἐρεῖς κατὰ πτόλιν.

Soph. Aj. 571 f. καὶ τἀμὰ τεύχη μήτ' ἀγωνάρχαι τινὲς
θήσουσ' Ἀχαιοῖς, μήθ' ὁ λυμεὼν ἐμός.

Schwerlich dürfte es angehen, mit Wunder das V. 567 vorausgegangene ὅπως hieher zu ziehen. Wer sich unbefangen dem Eindruck hingibt, den die griech. Worte machen, muss erkennen, dass mit jenen Worten eine neue Construction begonnen wird. Denn sollte die mit V. 567 angefangene Construction fortgesetzt werden, so würde man nach dem Satze: „meldet das dem Teukros, dass er den Knaben in die Heimath bringe, und dem Telamon darstelle," etwa erwarten: „und dass er meine Waffen nicht als Kampfpreise aussetzen lasse." Auch würde ein Parallelismus der beiden Glieder wohl durch μέν und δέ angedeutet sein. Vielmehr ist von Ajax zuerst nur der Befehl wegen des Knaben gegeben; dann fährt er fort: „und was meine Waffen betrifft, so sollen diese" u. s. w. Endlich aber würde es sich eben so wenig rechtfertigen lassen, das vorangehende ὅπως nur äusserlich zu καὶ θήσουσι hinzu zu nehmen, ohne dass dieser Satz in der That Fortsetzung der mit ὅπως begonnenen Construction ist. Dem. in Aristocr. §. 117. *Ταύτην, ἂν ἐμοὶ χρῆσθε συμβούλῳ, φυλάξετε τὴν πίστιν πρὸς τοῦτον τὸν Θρᾷκα, καὶ μὴ βουλήσεσθε εἰδέναι τίνα ἂν, εἰ πάσης ἄρξειε τῆς Θρᾴκης, πρὸς ὑμᾶς σχοίη γνώμην.* Dass wir μὴ βουλήσεσθε nicht als Behauptung nehmen können, wie φυλάξετε, ist klar; es ist aber von diesem aus der Uebergang zu der Warnung, der negativen Forderung um so leichter, als schon ταύτην φυλάξετε seiner eigentlichen Bedeutung nach eine Warnung ist.

Lässt sich in diesen Stellen die prohibitive Bedeutung des Futurs mit μή nicht in Abrede ziehen, eben so wenig aber die von Hermann (zu Viger p. 808 der 4ten Ausg. unter Beziehung auf Elmsley's Anmerkung zu Eur. Medea 1120) angenommene Zurückführung auf die Frage hier in Anwendung bringen, so werden wir auch mehrere Stellen, die Elmsley und Hermann auf gezwungene Weise durch Voraussetzung einer Frage zu erklären suchten, einfach dadurch erklären können, dass wir das Fut. Indic. als Ausdruck nicht blos dessen, was geschehen wird, sondern auch dessen, was geschehen soll, nehmen, d. h. seine syntaktische Verwandtschaft mit dem Conjunctiv geltend machen. In die Erörterung über jene von Elmsley und Hermann aufgestellte Annahme können wir indessen erst da eingehen, wo von dem Gebrauch des Futurs in Absichtssätzen die Rede ist.

bb) In der Forderung.

Wir finden aber sogar auch in affirmativen Sätzen das Futur zuweilen so gebraucht, dass es nicht etwa nur die Erwartung ausdrückt, es werde etwas geschehen, und insofern eine Forderung vertritt, sondern dass es auch unmittelbar auszudrücken scheint, es solle etwas geschehen. Od. I, 275 ff.

μητέρα δ', εἴ οἱ θυμὸς ἐφορμᾶται γαμέεσθαι,
ἂψ ἴτω ἐς μέγαρον πατρὸς μέγα δυναμένοιο·
οἱ δὲ γάμον τεύξουσι καὶ ἀρτυνέουσιν ἔεδνα.

Das Futur mit dem Imperativ wechselnd kann nach dem Zusammenhang nur in dem Sinn einer Forderung stehen: sie sollen bereiten u. s. w. Desgl. Od. II, 195 ff. Plato Protag. p. 338, a. ὡς οὖν ποιήσετε καὶ πείθεσθέ μοι ῥαβδοῦχον καὶ ἐπιστάτην καὶ πρύτανιν ἑλέσθαι, wozu Stallbaum erinnert: „futurum ποιήσετε quum leniore quadam cohortandi vi praeditum sit, mirandum non est, quod statim subjungitur imperativus." De rep. l. IV. p. 432, c. ὅρα οὖν καὶ προθυμοῦ κατιδεῖν ἐάν πως πρότερος ἐμοῦ ἴδῃς, καί μοι φράσεις. — Aehnlich ist der thukydideische Gebrauch des Futurs nach ἐφ᾽ ᾧ (unter der Bedingung dass), um anzugeben, was geschehen soll. Thuc. I, 103. Οἱ δ᾽ ἐν Ἰθώμῃ δεκάτῳ ἔτει, ὡς οὐκέτι ἐδύναντο ἀντέχειν, ξυνέβησαν πρὸς τοὺς Λακεδαιμονίους, ἐφ᾽ ᾧ τε ἐξίασιν ἐκ Πελοποννήσου ὑπόσπονδοι καὶ μηδέποτε ἐπιβήσονται αὐτῆς. Hiezu die Bemerkung in den Scholien: ἀντὶ τοῦ ἐπὶ τῷ ἐξιέναι, ἰδίωμα δὲ τοῦ Θουκυδίδου. 113. καὶ τὴν Βοιωτίαν ἐξέλιπον Ἀθηναῖοι πᾶσαν, σπονδὰς ποιησάμενοι, ἐφ᾽ ᾧ τοὺς ἄνδρας κομιοῦνται. c. 126. ἐφ᾽ ᾧ μηδὲν κακὸν ποιήσουσιν, ἀπαγαγόντες ἀπέκτειναν. IV, 30. ἐφ᾽ ᾧ φυλακῇ τῇ μετρίᾳ τηρήσονται.

cc) In unschlüssigen Fragen.

Sodann finden wir das Futur zuweilen in Fragen der Unschlüssigkeit, d. h. wo gefragt wird, was geschehen soll.

Obwohl sich nämlich im Allgemeinen der Unterschied zwischen dem Indic. Fut. und dem Conj. so feststellen lässt, dass mit jenem vornehmlich gefragt wird, was geschehen wird, mit diesem, was geschehen soll, so ist doch nicht zu läugnen, dass auch das Futurum zuweilen in letzterer Bedeutung vorkommt.

Il. IV, 14 ἡμεῖς δὲ φραζώμεθ᾽, ὅπως ἔσται τάδε ἔργα,
ἤ ῥ᾽ αὖτις πόλεμόν τε κακὸν καὶ φύλοπιν αἰνὴν
ὄρσομεν, ἢ φιλότητα μετ᾽ ἀμφοτέροισι βάλωμεν.
Soph. Trach. 973. τί πάθω; (davon später) τί δὲ μήσομαι; οἴμοι. Dafür Aesch. VII c. Th. 1057.

τί πάθω; τί δὲ δρῶ; τί δὲ μήσωμαι;
so dass nach Bedarf des Metrums das Eine oder Andere vorgezogen erscheint. Eur. Jon. 771.
εἴπωμεν, ἢ σιγῶμεν, ἢ τί δράσομεν; wofür 769.
τί δρῶμεν. Eur. El. 967.
τί δῆτα δρῶμεν; μητέρ᾽ ἢ φονεύσομεν; Suppl. 257.
κἄπειτ᾽ ἐγώ σοι ξύμμαχος γενήσομαι; Arist. Eccl. 746.
ἐγὼ καταθήσω τἀμά; Plato Apol. p. 37, c. ἀλλὰ δὴ φυγῆς τιμήσομαι; soll ich mir die Strafe der Verbannung zuschätzen? wofür b steht: ἀντὶ τούτου δὴ ἕλωμαι ὧν εὖ οἶδ᾽ ὅτι κακῶν

ὄντων, τούτου τιμησάμενος; Hier, so wie Plato Gorg. p. 505, c. τί οὖν δὴ ποιήσομεν; bietet nach Ast's Angabe der cod. Bodl. den Conj. dar. Allerdings ist es beidemale eine unschlüssige Frage, mit welcher sich der Sprechende an Andere wendet, um von ihnen Rath zu erhalten, und in seinem Handeln bestimmt zu werden. Zweifelhaft aber dürfte es sein, ob wir hier dem Ansehen der Bodl. Hds. soviel einzuräumen haben, dass wir den einer Correctur ähnlichen Conjunctiv (da Andere auch ποιήσωμεν, ποιῶμεν, ποιοῦμεν haben, s. Ast's Commentar) aufnehmen, um so mehr als der Stellen nicht wenige sind, wo Plato in gleicher Weise das Fut. Indic. gebraucht. Protag. p. 333, c. πότερον οὖν πρὸς ἐκείνους τὸν λόγον ποιήσομαι, ἢ πρὸς σέ; Hier zeigt der Zusammenhang deutlich genug, dass Sokrates von Protagoras bestimmt werden will, an wen er seine Rede richten soll, und so antwortet denn auch Protagoras: εἰ βούλει, πρὸς τοῦτον πρῶτον τὸν λόγον διαλέχθητι τὸν τῶν πολλῶν. So würde man auch Crito p. 52, b. c. für τί ἐροῦμεν, Phaedr. p. 261, c. τί φήσομεν; obwohl die Frage: was werden wir sagen? nicht gerade unpassend ist, doch eher erwarten: was sollen wir sagen? Noch entschiedener ist de rep. IV, 434, d. τί γὰρ καὶ ἐροῦμεν; was sollen wir auch nur sagen? Symp. p. 216, c. οὐκ ἔχω ὅτι χρήσομαι τούτῳ τῷ ἀνθρώπῳ, was Bekker und Stallbaum gegen die Hdss. in χρήσωμαι änderten, weil allerdings der Gedanke ist: was ich anfangen soll. Gorg. p. 465, c. οὐκ ἔχουσιν ὅτι χρήσονται οὔτε αὐτοὶ ἑαυτοῖς, οὔτε οἱ ἄλλοι ἄνθρωποι τούτοις, wo Bekker und Stallbaum aus zwei, und ebd. e. wo sie aus mehreren Hdss. χρήσωμαι in den Text aufgenommen haben. Ebd. p. 521, b. Phaedr. p. 241, a. 245, e. Einen deutlichen Beleg aber, wie die Griechen in dieser Formel das Futur nicht streng vom Conj. schieden, haben wir Plato Euthyd. p. 287, b. c. τοῖς δ' ἐν τῷ παρόντι λεγομένοις οὐχ ἕξεις ὅτι χρῇ; Καὶ γὰρ, ἔφην ἐγώ, χαλεποί εἰσι πάνυ· εἰκότως. παρὰ σοφῶν γὰρ λέγονται. ἐπεὶ καὶ τούτῳ τῷ τελευταίῳ παγχάλεπον χρήσασθαί ἐστιν, ᾧ λέγεις. τὸ γὰρ οὐκ ἔχω ὅτι χρῶμαι ὅτι ποτὲ λέγεις, ὦ Διονυσόδωρε; ἢ δῆλον ὅτι, ὡς οὐκ ἔχω ἐξελέγξαι αὐτόν; ἐπεὶ εἰπέ, τί σοι ἄλλο ἐννοεῖ τοῦτο τὸ ῥῆμα, τὸ οὐκ ἔχω ὅτι χρήσομαι τοῖς λόγοις; wozu Stallbaum bemerkt: „Sic libri fere omnes, fortasse etiam Florentini, quanquam ex iis nihil enotatum est. Vulgo legebatur χρήσωμαι." Er glaubt aber dann das Futur dadurch rechtfertigen zu können, dass er erinnert:

„Neque enim nunc de una aliqua aut praesenti dubitatione sermo est, sed res in universum significatur, ideoque de futuri temporis perpetuitate cogitandum est." Abgesehen davon, dass für diesen Begriff der Conj. des Präsens am angemessensten wäre, da ja dieses Tempus keineswegs blos auf den gegenwärtigen Moment sich bezieht, sondern recht eigentlich da steht, wo die Handlung ohne Beschränkung auf einen einzelnen Moment überhaupt stattfindet, so kann τὸ οὐκ ἔχω ὅτι χρήσομαι unmöglich in anderem Sinn gesagt sein, als das vorhergehende οὐχ ἕξεις ὅτι χρῇ und τὸ γὰρ οὐκ ἔχω ὅ τι χρῶμαι, da es dieses lediglich wieder aufnimmt. Wenn ferner Stallbaum zu Gorg. p. 465, c. diesen Indicativ des Futurs so erklären zu können glaubte, dass er die sonst gewöhnlich für den Indicativ angesprochene Bedeutung „Quanquam etiam indicativus futuri temporis passim ponitur, quod fit aut in iis locis, ubi rem simpliciter tanquam futuram cogitare debemus" dadurch erweitert, dass er hinzufügt: „aut in simplici narratione, ubi animi dubitatio ac fluctuatio minus graviter describitur" (vgl. was derselbe zu p. 521, c. bemerkt), so finden darin die oben angeführten Stellen ihre Erklärung nicht, namentlich sieht sich Stallbaum demungeachtet Symp. p. 216, c. veranlasst, gegen die Hdss. zu ändern. Wir treten darum lieber Ast bei, der zu Gorg. p. 465, c. mit Bezug auf Stallbaum erklärt: „equidem nihil discriminis possum agnoscere, sed in hac formula, quae dubitationem indicat, οὐκ ἔχω, recte puto indicativum futuri poni, propterea quod dubitationis, deliberationis al. significatio in ipso jam futuro insit, quippe quod tempus sit et per se incertum et usu simillimum conjunctivo, quocirca etiam pro conjunctivo ponitur, ut post part. μή, ὅπως al. Quocirca in patrio sermone hujusmodi futura reddenda sunt verbo quod dicitur auxiliari sollen." Sicher steht auch das Futur Eur. Heracl. 440.

ὦ παῖδες, ὑμῖν δ' οὐκ ἔχω τί χρήσομαι.
ποῖ τρεψόμεσθα;

wo doch gewiss Rathlosigkeit, Unschlüssigkeit ausgedrückt werden soll. Man vgl. noch aus Herod. VI, 52. VII, 213. VIII, 135, wo zwar Bekker den Conj. hat, Bähr aber mit Recht ὅτι χρήσονται, ὅτι χρήσεται liest. Thuc. I, 68 ἠπόρησε μὲν ὁποτέρωσε διακινδυνεύσει χωρήσας. Xen. Cyr. VIII, 1, 5. — Man kann hinzufügen, dass auch der Mangel eines Conj. und eines Imperativs für das Futur nur daraus sich erklären lässt, dass letzterem schon an und für sich eine dem Conj. verwandte

Bedeutung zukam, welche die Bildung dieses Modus für das Futur überflüssig machte, so dass erst eine spätere, barbarische Zeit einen Conj. Fut. versuchte. Bernhardy wiss. Syntax S. 395.

dd) Im Absichtssatze.

Ein anderes Gebiet, auf welchem sich Conj. und Fut. Indic. nahe berühren, ist das der **Absichtssätze**. Das Futur steht hier, wie sonst der Conjunctiv, wo vom Standpunkt des Sprechenden aus die Absicht auf eine Verwirklichung gerichtet ist.

Il. VIII, 109 ff. τῶδε δὲ νῶϊ
Τρωσὶν ἐφ᾽ ἱπποδάμοις ἰθύνομαι, ὄφρα καὶ Ἕκτωρ
εἴσεται, ἢ καὶ ἐμὸν δόρυ μαίνεται ἐν παλάμῃσιν.

Il. XX, 300 f. ἀλλ᾽ ἄγεθ᾽, ἡμεῖς πέρ μιν ὑπὲκ θανάτου ἀγάγωμεν,
μήπως καὶ Κρονίδης κεχολώσεται,

Od. IV, 162 f. ἐέλδετο γάρ σε ἰδέσθαι,
ὄφρα οἱ ἤ τι ἔπος ὑποθήσεαι, ἠέ τι ἔργον.

XVII, 6 f. Ἄττ᾽, ἤτοι μὲν ἐγὼν εἶμ᾽ ἐς πόλιν, ὄφρα με μήτηρ ὄψεται.

Arist. Eccl. 487 ff. περισκοπουμένη — μὴ ξυμφορὰ γενήσεται τὸ πρᾶγμα. Der Sinn kann nicht sein: Schau dich um, ob nicht etwa die Sache unglücklich ausschlagen wird; sondern wie vorher 481 ff. schau dich um, damit nicht die Sache zum Unglück ausschlage. Aehnlich in der folgenden Stelle 493 ff.:

ὥστ᾽ εἰκὸς ἡμᾶς μὴ βραδύνειν ἔστ᾽ ἐπαναμενούσας
πώγωνας ἐξηρτημένας
μὴ καί τις ἡμᾶς ὄψεται χἠμῶν ἴσως κατείπῃ.

Wir dürfen nicht länger verziehen, damit Niemand uns sehe und uns verklage. Hier wechselt denn Futur und Conj. mit gleicher Bedeutung. Auch erhellt aus der letzteren Stelle, dass der von Matthiä aufgestellte Unterschied, das Futurum drücke etwas in der Zukunft Fortdauerndes, einen Zustand, oder etwas in einer unbestimmten zukünftigen Zeit einmal Eintretendes aus, wogegen der Conj. Aor. eine vorübergehende, in einzelnen Fällen eintretende und dann völlig geschlossene Handlung bezeichne, obwohl er in der Natur dieser Tempora begründet scheint, doch nicht überall festgehalten werden kann; denn jenes μὴ ὄψεται ist eben so momentan, wie κατείπῃ. Andererseits wäre nach jener Regel statt des Conj. Aor. zuweilen das Futur zu erwarten, wie Plato Gorg. p. 480, a. ὅπως μὴ ἀδικήσει, was Heindorf nach der

Dawesischen Regel und Bekker nach Vind. 6 vorziehen, während alle übrigen Hdss. ὅπως μὴ ἀδικήσῃ darbieten. — Hieher können denn auch die Relativsätze mit Futur gerechnet werden, die eine Absicht in sich zu schliessen scheinen, vgl. S. 91. Vorzugsweise wird mit dem Fut. Indic. ὅπως, ὅπως μή, auch μή allein gebraucht, und zwar, wie am gründlichsten Rost §. 122. 10 durchgeführt hat, nach den Verben, die den Begriff einer **Aufforderung** (ἄγε, παρακαλεῖν, παραγγέλλειν, προειπεῖν, αἰτεῖσθαι, ἀξιοῦν), einer **Ueberlegung, Sorge, Besorgniss, Verhütung**, eines **Bestrebens, Betreibens, Veranstaltens** (ἐπιμέλεσθαι, μέλει μοι, φροντίζειν, προςέχειν τὸν νοῦν, προνοεῖν, τηρεῖν, φυλάττειν, φυλάττεσθαι, δεδοικέναι, μελετᾶν, σοφίζεσθαι, σπουδάζειν, προθυμεῖσθαι, πάντα ποιεῖν, διαμάχεσθαι, πράττειν, ποιεῖν, μηχανᾶσθαι, παρασκευάζεσθαι) enthalten. Dass ὅπως in dieser Verbindung ursprünglich **relatives Adverbium** und in der Bedeutung **wie** gebraucht ist, lässt sich nicht bezweifeln. Nicht nur können die Fälle der letzteren Art nicht von denen getrennt werden, welche das Relativ mit dem Futur haben (s. S. 91), indem auch die dort erwähnten Relativsätze dahin neigen, eine Absicht in sich zu schliessen, sondern es stehen dem ὅπως mit Futur insbesondere zur Seite ὅτῳ τρόπῳ Thuc. I, 107. IV, 128. VI, 11, bald darauf in ähnlichem Sinn ὅπως mit Futur nach ὁ ἀγών ἐστι, ὅπῃ Thuc. I, 65. ἐξ οὗ τρόπου Isocr. de pace §. 131. ὁπόθεν Isocr. Areop. §. 83. So tritt auch die relative Bedeutung von ὅπως hervor Herod. VII, 18. ποίεε δὲ οὕτω ὅκως τοῦ θεοῦ παραδιδόντος τῶν σῶν ἐνδεήσει μηδέν vgl. Bähr z. d. St. Xen. Cyrop. I, 6, 7. Τὸ δὲ — οὕτως ἐπίστασθαι ἀνθρώπων ἄλλων προστατεύειν, ὅπως ἕξουσι πάντα τὰ ἐπιτήδεια ἔκπλεω, καὶ ὅπως ἔσονται πάντες, οἵους δεῖ, τοῦτο θαυμαστὸν δήπου ἐφαίνετο ἡμῖν εἶναι. II, 4, 31. Κῦρος κελεύει οὕτω ποιεῖν σε, ὅπως ὡς τάχιστα ἔχων ἀποίσεις καὶ τὸν δασμὸν καὶ τὸ στράτευμα. h. graeca II, 4, 17 οὕτω χρὴ ποιεῖν ὅπως ἕκαστός τις ἑαυτῷ ξυνείσεται τῆς νίκης αἰτιώτατος ὤν. Daher kann auch an die Stelle von ὅπως mit Indic. Fut. ὡς und der Opt. mit ἄν treten, vgl. unten die genauere Erörterung über diese Construction. Und so ist namentlich bei den Verben ἐπιμελεῖσθαι, μηχανᾶσθαι, σκοπεῖν u. a. oft noch jene ursprüngliche Bedeutung des ὅπως fühlbar. Xen. Oec. X, 5. ἐπιμελούμενος ὅπως ὑγιαινόν τε καὶ ἐῤῥωμένον ἔσται (τὸ σῶμα) eigentlich: Sorge tragend, wie der

Körper sein wird — oder ebd. XII, 8. πολλοὶ — εἰσίν, οἳ οὐκ ἐθέλουσιν ἐπιμελεῖσθαι ὅπως αὐτοῖς ἔσται ταῦτα ἃ βούλονται εἶναί σφισι τὰ ἀγαθά, die nicht sorgen wollen, wie sie zu den Gütern kommen werden, die sie haben wollen. Auch findet, wie wir unten sehen werden, die Construction mit ἄν und dem Conj. nur eben in der Annahme ihre Erklärung, dass diese Sätze mit ὅπως und ὡς ursprünglich Relativsätze waren.

Die Negation μή aber ward hier ursprünglich wohl aus demselben Grunde gebraucht, wie bei den Relativen (S. 91). Da nämlich diese relativen Sätze nähere Bestimmungen eines abstracten Begriffs sind, so ward das subjective μή als Zeichen einer negativen Vorstellung erfordert. So ist Xen. Cyr. I, 2, 3. Οἱ Περσικοὶ νόμοι ἐπιμέλονται, ὅπως τὴν ἀρχὴν μὴ τοιοῦτοι ἔσονται οἱ πολῖται eigentlich: die persischen Gesetze tragen in der Art Sorgfalt, in welcher die Bürger überhaupt nicht so sein werden.

Plato de rep. l. IV. p. 421, e. ἕτερα — τοῖς φύλαξιν εὑρήκαμεν, ἃ παντὶ τρόπῳ φυλακτέον, ὅπως μήποτε αὐτοὺς λήσει εἰς τὴν πόλιν παραδύντα, eigentlich: es ist solche Vorsorge zu treffen, wie Reichthum und Armuth niemals den Wächtern unbemerkt in die Stadt sich einschleichen können. — Wir dürfen darum diese Sätze auch nicht durchaus als indirecte Fragen betrachten, da sich unter einer solchen Voraussetzung die Negation μή nicht wohl erklären würde; vielmehr sofern ὅπως als Relativum μή zu sich nimmt, erscheint der relative Satz als Beschreibung eines abstracten Begriffs. Als indirecte Frage dagegen kann ὅπως μή mit Futur betrachtet werden nach Verben wie βουλεύεσθαι Xen. Oec. VII, 12. Isocr. Panath. 98 σκοπεῖν Xen. Cyrop. II, 4, 11. Dem. Ol. II, 12. Phil. III, 6. Plato Lach. p. 187, b. Charm. p. 163, a, wo nach überwiegenden handschriftlichen Zeugnissen ὅρα μὴ κωλύει zu lesen ist, vgl. Stallbaum z. d. St.

Indessen wenn wir einerseits annehmen, dass dieses ὅπως beim Futur ursprünglich als relatives Adverbium stand, und dass diese relative Bedeutung noch in vielen Fällen des classischen Sprachgebrauchs erkennbar ist, so können wir doch andererseits uns nicht dem Zugeständnisse entziehen, dass es in vielen Wendungen geradehin als Absichtspartikel, in der Bedeutung d a s s, d a m i t gebraucht ward. Dafür spricht eben der Umstand, dass statt des Indic. Fut. ohne bemerkbaren Unterschied der Bedeutung der Conj. eintritt. So Xen. Oec. VII, 36 προνοητέον καὶ φυλακτέον ὅπως μὴ ἡ εἰς τὸν ἐνιαυτὸν κειμένη δαπάνη εἰς τὸν μῆνα δαπανᾶται. καὶ ὅταν ἔρια εἰςενεχθῇ σοι, ἐπιμελητέον, ὅπως οἷς δεῖ ἱμάτια γίγνηται. καὶ ὅ γε ξηρὸς σῖτος ὅπως καλῶς ἐδώδιμος γίγνηται ἐπιμελητέον, desgl. ὅπως mit dem Conj. des Präsens §. 37. IX, 14. XI, 8. XV, 1. XX, 8. 10. Μέλει ὅπως mit dem Conj. des Präsens findet sich Oec. XI, 9, mit dem Conj. des Aor. I. Act. Xen. Mem. I, 2, 37. II, 10, 1. Aor. II. A. ebd. §. 2. Aor. I. Pass. ebd. Med. II, 1, 19. Ferner ἐπιμέλειαν ἔχειν, ἐπιμελεῖσθαι ὡς mit Conj. Präs. Xen. Oec. XX, 16. VII, 34. Der Conjunctiv ist hier unläugbar Ausdruck der auf eine Verwirklichung gerichteten Absicht. So wie nun der Gebrauch des Conj. uns nöthigt, diese Sätze den Absichtssätzen, nicht aber den Folgesätzen unterzuordnen, so vermögen wir einen wesentlichen Unterschied zwischen dem Futur und dem Conj. nicht anzuerkennen. Müsste ja doch, wenn in dem Indic., wie Rost annimmt, der Erfolg als sicher und nothwendig angegeben werden sollte, der negative Satz das behauptende οὐ haben. Wenigstens dürfte mit Sicherheit keine Stelle nachgewiesen werden können, wo nur eben der eine oder der andere bestimmte Modus stehen müsste, und nicht für das Futur der Conj. und umgekehrt gesetzt werden könnte. Man vgl. z. B. Plato Gorg. p. 480, e.—481, a. ἐὰν δὲ ἄλλον ἀδικῇ ὁ ἐχθρός, παντὶ τρόπῳ παρασκευαστέον καὶ πράττοντα καὶ λέγοντα, ὅπως μὴ δῷ δίκην μηδὲ ἔλθῃ παρὰ τὸν δικαστήν· ἐὰν δὲ ἔλθῃ, μηχανητέον, ὅπως ἂν διαφύγῃ καὶ μὴ δῷ δίκην ὁ ἐχθρός, ἀλλ' ἐάν τε χρυσίον ἡρπακὼς ᾖ πολύ, μὴ ἀποδιδῷ τοῦτο, ἀλλ' ἔχων ἀναλίσκηται καὶ εἰς ἑαυτὸν καὶ εἰς τοὺς ἑαυτοῦ ἀδίκως καὶ ἀθέως, ἐάν τε αὖ θανάτοι ἄξια ἠδικηκὼς ᾖ, ὅπως μὴ ἀποθανεῖται, μάλιστα μὲν μηδέποτε, ἀλλ' ἀθάνατος ἔσται πονηρὸς ὤν, εἰ δὲ μή, ὅπως ὡς πλεῖστον χρόνον βιώσεται τοιοῦτος ὤν. Hier stehen Conjunctiv, Conj. mit ἄν und Futurum einander völlig parallel, und mit demselben Recht, wie zuerst der Conj. des Aorists gebraucht ward, konnte es heissen: ἀποθάνῃ. An einen in der Zukunft fortdauernden Zustand dürfte bei dem Futur um so weniger zu denken sein, als nachher erst die Bestimmung hinzutritt „und zwar, wo möglich gar nie." Oder man vergleiche Dem. Ol. II, 12. σκοπεῖσθε μέντοι τοῦτο, ὅπως μὴ λόγους ἐροῦσι μόνον οἱ παρ' ἡμῶν πρέσβεις, ἀλλὰ καὶ ἔργον τι δεικνύειν ἕξουσιν ἐξεληλυθότων ἡμῶν ἀξίως τῆς πόλεως καὶ ὄντων ἐπὶ τοῖς πράγμασιν. Fordert Demosthenes die Athener hier wohl auf, die Art und Weise

zu erwägen, wie es nicht blos bei Reden stehen bleiben wird, oder ist die Wendung mit σκοπεῖσθε ὅπως μή etwas Anderes, als eine Mahnung, es nicht blos bei Reden, die die Gesandten halten, bewenden zu lassen? So ist auch Isocr. ad Nic. §. 11. χρὴ προςέχειν τὸν νοῦν, ὅπως ὅσονπερ ταῖς τιμαῖς τῶν ἄλλων προέχεις, τοσοῦτον καὶ ταῖς ἀρεταῖς αὐτῶν διοίσεις offenbar Ermahnung, Nikokles solle sich auszeichnen. Ebd. §. 16. 37. Ferner Plato de rep. p. 415, b. τοῖς — ἄρχουσι καὶ πρῶτον καὶ μάλιστα παραγγέλλει ὁ θεός, ὅπως μηδενὸς οὕτω φύλακες ἀγαθοὶ ἔσονται, μηδ᾽ οὕτω σφόδρα φυλάξουσι μηδὲν ὡς τοὺς ἐκγόνους. Gorg. p. 487, c—d. Arist. Equitt. 1011.
ἄγε νυν ὅπως αὐτοὺς ἀναγνώσεσθέ μοι
Ach. 253. Nub. 485 f.

Ueberhaupt liegt es, so wenig man verkennen darf, dass der relative Satz ursprünglich mehr in parataktischer Construction beigegeben, als eigentlich subordinirt ward, doch in dem Begriff der Verba, welche ὅπως mit Futur nach sich haben, da sie alle das Beabsichtigen, Erstreben, Betreiben einer Handlung bezeichnen, dass das davon abhängige Futur der Bedeutung des Conj. nahe liegen muss, und, wie auch die über das Futur in der unschlüssigen Frage und als Ausdruck eines Befehls gemachten Bemerkungen zeigen, nicht beschränkt werden kann auf die Angabe dessen, was geschehen wird, sondern zugleich auch das umfasst, was geschehen soll.

So ist auch ὅρα μή, σκόπει μή u. dgl. oder (mit Supplirung von ὅρα) μή und ὅπως μή mit Futur nicht zu unterscheiden von dem mit dem Conj. construirten. Beides enthält eine Warnung sich vorzusehen, dass nicht etwas eintrete; eine Formel, die bekanntlich oft zur Milderung einer Behauptung dient. So steht Xen. Cyrop. IV, 1, 15 ὁρᾶτε μὴ πάθωμεν parallel mit δυναίμεθ᾽ ἄν, in gleichem Sinn §. 16. ὅπως μὴ ἀναγκάσωμεν und §. 18. ὅρα μὴ πολλῶν ἑκάστῳ ἡμῶν χειρῶν δεήσει καὶ ὀφθαλμῶν. Der Unterschied, wofern ein solcher stattfindet, läge lediglich in dem Tempus, sofern der Aorist die abgeschlossene, in einem Moment abgemachte Handlung bezeichnet, das Futur eine Fortdauer der Handlung in sich schliessen kann. Und wenn, wie Matthiä §. 519. 7 annimmt, der von Hermann zu Soph. El. 1004 angegebene Unterschied ὅρα μὴ κτησώμεθα cave ne contrahamus, ὅρα μὴ κτησόμεθα cave ne contracturae simus, darauf zu reduciren wäre, so scheint dagegen an und für sich nichts erinnert werden zu können. Wenn wir aber auch einräumen wollten, dass überall Aor. Conj. und Fut. Indic. mit diesem Unterschied gebraucht seien, was doch sehr zweifelhaft ist, so wäre diess jedenfalls nur ein Unterschied des Tempus, nicht des Modus.

Ausser den bereits angeführten Stellen vergleiche man noch folgende, welche die vollständige Formel ὅρα μή haben, und zwar mit Futurum: Thuc. I, 82. ὁρᾶτε ὅπως μὴ αἴσχιον καὶ ἀπορώτερον τῇ Πελοποννήσῳ πράξομεν (nach Bekker, Poppo hat πράξωμεν) Xen. Ag. VII, 6. ὁρᾶν χρὴ μὴ οὐδ' ἕξομεν. Cyrop. III, 1, 27. Da die altd. Hds. δεήσει, νομιοῦσι, die Wolf. und Par. Hdss. νομίσουσι haben, so hat Bornemann hier durchaus die Futura hergestellt.

Mit dem Conj. Präs. oder Aor.: Soph. Phil. 30. 519. 521. El. 1003. Eur. Andr. 753 f. 756 f. Plato Phaedr. p. 260. a. Hipp. maj. p. 300. d. Isocr. de permut. §. 297.

Häufiger steht ὅπως μή, μή allein ohne vorhergegangenes ὅρα, σκόπει u. dgl. Mit dem Futur:
Aesch. Prom. 68. ὅπως μὴ σαυτὸν οἰκτιεῖς ποτέ. Plato Menex. p. 249, e. ἀλλ' ὅπως μου μὴ κατερεῖς, dass du mich nur nicht verräthst; de rep. l. I. p. 336, d. καὶ ὅπως μοι μὴ ἐρεῖς, ὅτι τὸ δέον ἐστί (τὸ δίκαιον), worauf nachher der Gegensatz folgt: ἀλλὰ σαφῶς μοι καὶ ἀκριβῶς λέγε ὅτι ἂν λέγῃς p. 337, b. VI, p. 506, d. Meno p. 77, a. Xen. Cyrop. IV, 2, 39.

Mit dem Conj. des Präsens: Plato Crat. p. 430, d. a. 432, a. b. 435, c. 436, b. 438, c. 440, c. Crito p. 48, c. Phaedo p. 69, a—c. Lysis p. 209, a.

Mit dem Conj. des Aorists: Il. I, 28. 566. II, 195. XVI, 128. Aesch. Prom. 388. Plato Protag. p. 313, c. Xen. Cyrop. I, 3, 18. Dem. Phil. I, §. 20. (Bekker hat gegen die Hdss. ποιήσετε).

An diesen Gebrauch von ὅπως μή oder μή mit oder ohne vorhergegangenes ὅρα u. dgl. zum Ausdruck einer Warnung schliesst sich ὅπως mit Futur als Ausdruck einer Ermahnung:
Arist. Plut. 326. ὅπως δέ μοι καὶ τἆλλα συμπαραστάται
    ἔσεσθε καὶ σωτῆρες ὄντως τοῦ θεοῦ.
Vesp. 1222. Pax 1017. Nub. 1178. νῦν οὖν ὅπως σώσεις μ'. Hermann mit Ernesti und Brunck aus R. und den Brunckischen A. C. Dagegen Rav. Ven. σώσῃς. Av. 131 ὅπως παρέσει μοι καὶ σὺ καὶ τὰ παιδία. Plato Hipp. maj. p. 286, b. ἀλλ' ὅπως παρέσει καὶ αὐτὸς καὶ ἄλλους ἄξεις. Symp. p. 174, d. ὅπως συνδειπνήσεις, wie Bekker und Stallbaum nach einigen

Hdss. schreiben, letzterer mit Berufung darauf, dass in Einladungsformeln das Futur gebraucht werde.

Besondere Beachtung verdient die Construction von οὐ μή mit dem Conjunctiv oder dem Futur des Indicativs.

Dass hier zu οὐ ein Verbum der Besorgniss zu suppliren ist, geht aus Stellen hervor, in welchen bei gleichem Sinn ein solches steht, wie in den folgenden Stellen: Herod. I, 84. Xen. Mem. II, 1, 25. Plato Gorg. p. 520, d. Arist. Eccl. 650. ὥστ' οὐχὶ δέος μή σε φιλήσῃ = οὐκ ἂν φιλήσαι σε. Plato Apol. p. 28, b. mit Ironie οὐδὲν δὲ δεινόν, μὴ ἐν ἐμοὶ στῇ es ist nicht zu besorgen, es möchte bei mir stehen bleiben = οὐκ ἂν ἐν ἐμοὶ σταίη. Phaedo p. 84, b. ἐκ δὴ τῆς τοιαύτης τροφῆς οὐδὲν δεινὸν μὴ φοβηθῇ (= οὐκ ἂν φοβηθείη sc. ἡ ψυχή) ταῦτά γε ἐπιτηδεύσασα — ὅπως μὴ διασπασθεῖσα ἐν τῇ ἀπαλλαγῇ τοῦ σώματος ὑπὸ τῶν ἀνέμων διαφυσηθεῖσα καὶ διαπτομένη οἴχηται καὶ οὐδὲν ἔτι οὐδαμοῦ ᾖ. De rep. V, p. 465, b.

Damit vergleiche man nun folgende Stellen, in welchen der Ausdruck der Besorgniss fehlt, und zwar erstlich mit dem Conj. des Aorists: Aesch. VII c. Theb. 38. καὶ τῶνδ' ἀκούσας οὔτι μὴ ληφθῶ δόλῳ. Ebd. 281. Soph. Aj. 560. οὔτοι σ' Ἀχαιῶν, οἶδα, μή τις ὑβρίσῃ. El. 1029. ἀλλ' οὔποτ' ἐξ ἐμοῦ γε μὴ πάθῃς τόδε. Phil. 103. οὐ μὴ πίθηται. Plato Phaedr. p. 260, e. τοῦ δὲ λέγειν ἔτυμος τέχνη ἄνευ τοῦ ἀληθείας ἧφθαι οὔτ' ἔστιν, οὔτε μήποθ' ὕστερον γένηται (einige Hdss. γενήσεται). de legg. p. 492, c. de rep. VI, p. 492, e. οὔτε γὰρ γίγνεται, οὔτε γέγονεν, οὐδὲ οὖν μὴ γένηται ἀλλοῖον ἦθος πρὸς ἀρετὴν παρὰ τὴν τούτων παιδείαν πεπαιδευμένον. de rep. V, p. 473, d. X, p. 597, c. p. 609, a—b. Phaedr. p. 227, e. p. 273, e ταῦτα δὲ οὐ μή ποτε κτήσηται ἄνευ πολλῆς πραγματείας, wo mehrere Hdss., denen Bekker und Ast folgten, κτήσεται haben. Xen. Cyrop. III, 2, 8 ὡς οἵ γε Ἀρμένιοι οὐ μὴ δέξωνται τοὺς πολεμίους (Par. B. δέξονται).

Den Conjunctiv des Präsens finden wir:
Soph. Oed. Col. 1024 ἄλλοι γὰρ οἱ σπεύδοντες, οὓς οὐ μή ποτε
χώρας φυγόντες τῆςδ' ἐπεύχωνται θεοῖς.
wie nach den Hdss. (La u. a. ἐπεύχονται) zu schreiben ist.
Xen. Anab. II, 2, 12. ἢν γὰρ ἅπαξ δυοῖν ἢ τριῶν ἡμερῶν ὁδὸν ἀπόσχωμεν οὐκ ἔτι μὴ δύνηται βασιλεὺς ἡμᾶς καταλαβεῖν.
Hiero XI, 15. ἐὰν γὰρ τοὺς φίλους κρατῇς εὖ ποιῶν οὐ μή σοι

δύνανται ἀντέχειν οἱ πολέμιοι. Plato de rep. I. p. 341, c.
Das Futur des Indic. findet sich:
Soph. Oed. C. 176. Οὔ τοι μήποτέ σ᾽ ἐκ τῶνδ᾽ ἑδράνων,
ὦ γέρον, ἄκοντά τις ἄξει.
ebd. 848. Οὔκουν πότ᾽ ἐκ τούτοιν γε μὴ σκήπτροιν ἔτι
ὁδοιπορήσεις·
El. 1052. ἀλλ᾽ εἴσιθ᾽· οὔ σοι μὴ μεθέψομαί ποτε.
Arist. Ran. 508 f.   μὰ τὸν Ἀπόλλω οὐ μή σ᾽ ἐγὼ
περιόψομἀπελθόντ᾽
Plato Crito p. 44, b. Xen. Cyr. VIII, 1, 5 nach cod. Guelf. und Vat. δυνήσεται.

Es kann nun für's Erste keinem Zweifel unterliegen, dass dieses οὐ μή mit Conj. oder mit Fut. aus jener ausführlicheren Ausdrucksweise οὐ δεινὸν μή u. dgl. hervorgegangen, oder zu οὐ ein Verbum der Besorgniss zu suppliren ist. Die Bedeutung beider Ausdrucksweisen ist ganz die gleiche. Wie das vollständigere οὐ δεινὸν μή in manchen Stellen (Herod. I, 84. Xen. Mem. II, 1, 25. Plato Gorg. p. 520, d. de rep. V, p. 465, b.), so lässt sich οὐ μή (Soph. Aj. 560. Oed. C. 176. Arist. Eccl. 650. Xen. Anab. II, 2, 12) einfach durch: *es ist nicht zu besorgen, dass* wiedergeben; wie jenes (Plato Apol. p. 28, b.) mit Ironie gebraucht wird, so das kürzere οὐ μή Soph. Oed. C. 848. El. 1029. 1052. Da endlich bei den Attikern der Ausdruck einer Besorgniss vermittelst einer Ironie zum Ausdruck einer gemilderten Behauptung wird (daher auch κινδυνεύει es scheint, eigentlich: es ist Gefahr, dass u. s. w.), so nimmt sowohl οὐ δέος μή u. s. w. als das kürzere οὐ μή den Charakter einer milderen Behauptung an in dem Sinn von: es wird wohl nicht geschehen u. s. w. vgl. Arist. Eccl. 650. Plato Phaedo p. 84, b. und andererseits Aesch. VII c. Theb. 281. Arist. Thesm. 1108. Plato de rep. VI, p. 492, e. X, 609, b. Crito 44, b. Xen. Cyrop. III, 2, 8. VIII, 1, 5. Dass wir aber in diesem οὐ μή mit Conj. oder Fut. nicht mit Stallbaum zunächst eine nachdrücklichere Verneinung finden können, sondern im Gegentheil eine mildere, rechtfertigt sich aus der eben gegebenen Entwicklung von selbst. Wenn allerdings in jener Ausdrucksweise öfter eine stärkere Negation liegt, so findet das doch nur in sofern statt, als überhaupt im Griech. wie in andern Sprachen die mildere Ausdrucksweise aus Ironie zur Schärfung der Rede dient. Zuzugeben ist indessen, dass, wie Stallbaum zu Plato de rep. I. VI,

p. 492 erinnert hat, den Griechen die Verbindung von οὐ μή so gewöhnlich ward, dass sie an eine Ellipse schwerlich immer dachten, wie denn in manchen Stellen (Plato Crito p. 44, b. Eur. Phoen. 1584) die Ergänzung sich nicht vollziehen lässt. — Ob nun aber zwischen dem Futur und dem Conj. ein wesentlicher Unterschied besteht, scheint mir nach den bisher angeführten Fällen eines parallelen Gebrauchs von Conj. und Fut., ohne dass ein Unterschied der Bedeutung bemerklich wäre, und nach den vorliegenden Beispielen unserer Construction zweifelhaft. Geht man, wie gewöhnlich geschieht, von der Voraussetzung aus, dass ein Verbum der Besorgniss zu suppliren ist, so lässt sich schwerlich ein modaler Unterschied der Art gewinnen, wie Stallbaum zu Plato de rep. p. 492, c. annimmt: „Quoniam vero futurum et durantis actionis significationem habet et rei eventurae certius facit indicium, quam conjunctivus; hoc tempus ibi potissimum putamus adhiberi, ubi aliquid non esse futurum cum quadam animi fiducia pronuntiatur" oder wie Rost S. 754 sich ausdrückt: „οὐ μή — hat — den Indic. des Fut., wodurch die Sache als unbezweifelte Erscheinung in der Zukunft ausgesprochen wird." Zu welchem Zwecke indessen dann μή beigegeben wäre, oder wie das von μή abhängige Futur im Sinn einer objectiven Behauptung genommen werden könnte, liesse sich nicht einsehen. — Eben so wenig dürfte sich ein Unterschied ergeben, wenn man, wie Stallbaum a. a. O. thut, μή in dieser Construction als Fragpartikel in der Bedeutung num auffasst. Denn um davon zu schweigen, dass es zu weit geht, wenn man den Ausdruck der Besorgniss ganz in den des Zweifelns, sich Bedenkens auflösen will, so ist auch hier nicht klar, wie in solchen indirecten Fragen eine Behauptung liegen kann. — Endlich müsste man dann auch dem Conj. dieselbe Bedeutung beilegen, wie dem Futur, indem, wie wir uns später überzeugen würden, ein Conj. delib. dem Sinn entschieden widerstreben würde, und es ergäbe sich auch in sofern kein Unterschied. Was endlich einen etwaigen temporellen Unterschied betrifft, so ist zu erinnern, dass auch der Conj. des Präsens und des Aorists sich auf die Zukunft bezieht, und dass das Futur hier so wenig wie anderwärts nothwendig Ausdruck der in der Zukunft dauernden Handlung ist, vgl. Soph. Oed. Col. 176. Arist. Ran. 508.

Die Formel, welche zunächst eine mildere negative Behauptung über Künftiges enthielt, konnte ferner auch in eine Frage aufgenommen werden, indem auch jede Behauptung im Ton der Frage so hingestellt werden kann, dass sie als eigene Ansicht und Vermuthung ausgesprochen, aber dabei geforscht wird, was der Andere dazu sage. So gestattet die Frage mit οὔ τι, οὔ τί που u. dgl. (Arist. Ran. 522. 526. Eur. Jon. 1132. Hel. 135. Iph. A. 676. Plato Lysis p. 208. Soph. Phil. 900), die in demselben Sinn steht, wie sonst μή, μῶν, *doch nicht etwa*, keine andere Auffassung, denn als ursprüngliche Aeusserung der eigenen Ansicht und Vermuthung, die aber dann fragweise ausgesprochen wird, um die Meinung des Andern auszuforschen.

Als Beispiele des fragenden οὐ μή können unter den von Elmsley zur Medea 1120 angeführten Stellen betrachtet werden: Eur. Hipp. 213. οὐ μὴ παρ' ὄχλῳ τάδε γηρύσει d. i. es wird nicht zu besorgen sein, du möchtest das vor dem Volke sprechen? Aehnlich Suppl. 1066. ὦ θύγατερ, οὐ μὴ μῦθον εἰς πολλοὺς ἐρεῖς; Andr. 758. οὐ μὴ γυναικῶν δειλὸν εἰςοίσεις λόγον; Ich werde doch nicht zu befürchten haben, du möchtest nach Weiber Art dich feige äussern? d. i. du wirst dich doch wohl nicht feige äussern? El. 982. οὐ μὴ κακισθεὶς εἰς ἀνανδρίαν πεσεῖ (oder πέσῃς). Arist. Ach. 166. οὐ μὴ πρόσει τούτοισιν ἐσκοροδισμένοις; Vesp. 397. ὦ μιαρώτατε, τί ποιεῖς; οὐ μὴ καταβήσει; Dass in allen diesen Stellen die Frage auf den mit οὐ μή ausgedrückten Behauptungssatz zurückzuführen ist, ist so unläugbar, dass in mehreren die Auffassung zwischen Behauptung und Frage schwankt, und überall wenigstens für den Sinn, wenn auch nicht für den Ton der Rede es gleichgiltig ist, ob man den Satz als Behauptung oder als Frage nimmt.

Von diesem sichern Standpunkt aus lässt sich nun auch über jene doppelgliedrigen Sätze urtheilen, von welchen der erste die mildere Negation mit οὐ μή hat, der zweite entweder die Negation mit καί und mit μηδέ fortsetzt, oder mit δέ, ἀλλά in die Affirmation übergeht. Wir müssen bei der Erklärung dieser Stellen nothwendig von der Voraussetzung ausgehen, dass οὐ μή ganz in derselben Weise hier aufzulösen und aufzufassen sei, wie in den zuvor erwähnten Stellen, d. h. indem ein Ausdruck der Besorgniss supplirt wird, und nur wenn jene mit Sicherheit festgestellte Auffassungsweise in diesen besondern Fällen dem Sinn der Rede widerspräche, und sich als unanwendbar zeigte, müssten wir entweder für diese doppelgliedrigen Sätze eine besondere Erklärung versuchen, oder aber das über die Construction von

οὐ μή mit Futur und Conj. gewonnene Resultat einer neuen Prüfung unterwerfen, um wo möglich für alle Fälle des Gebrauchs eine und dieselbe Erklärungsweise aufzufinden. Wir werden aber an und für sich diese doppelgliedrigen Sätze ebensowohl als Behauptung, wie als Frage nehmen dürfen, denn auch für die einfachen Sätze mit οὐ μή hat es sich uns als natürlich dargestellt, dass sie, zunächst gemilderte Behauptung, auch als Frage dienen. In Soph. Trach. 978 ff. Οὐ μὴ 'ξεγερεῖς τὸν ὕπνῳ κάτοχον
κἀκκινήσεις κἀναστήσεις
φοιτάδα δεινὴν
νόσον, ὦ τέκνον.
haben wir im Grunde nur Einen Satz mit doppeltem Prädicat, indem κἀκκινήσεις κἀναστήσεις mit ἐξεγερεῖς und als die mit Letzterem unmittelbar gegebene Folge von οὐ μή abhängig ist. Der Greis drückt zunächst die Erwartung aus, dass Hyllos den Herakles nicht aufwecken werde (wörtlich: „es ist nicht zu besorgen, du möchtest aufwecken" u. s. w.), spricht aber damit in milderem Tone die Forderung aus, es nicht zu thun. Eine Frage hier zu finden, sind wir durch den Ton der Rede nicht veranlasst. Mit μηδέ wird die Negation in folgenden Stellen fortgesetzt:
Eur. Hipp. 606. οὐ μὴ προςοίσεις χεῖρα, μηδ' ἅψει πέπλων.
Auch hier haben wir keine Frage, sondern einfach die Warnung: „ich will nicht hoffen, dass du mich anrührst;" steigernd fährt dann Hippolytos fort: „auch mein Gewand berühre nicht."
Arist. Nub. 296. οὐ μὴ σκώψῃς, μηδὲ ποιήσῃς, ἅπερ οἱ τρυγοδαίμονες οὗτοι.
Ven. und Mut. 1 haben οὐδέ statt μηδέ. Wäre οὐδέ als ächte Lesart vorauszusetzen, so gienge die Rede von dem milderen: „du wirst wohl nicht Spass treiben," fort zu dem einfach und ruhig ausgesprochenen: „du wirst auch nicht thun" u. s. w. Angemessener aber allerdings erscheint das zugleich gesteigerte und verwehrende μηδέ. Sokrates findet den Spass unzeitig, nachdrücklicher aber warnt er, dass es nicht zur That komme, weil Letzteres noch stärker dem nöthigen εὐφημεῖν widersprechen würde.
Arist. Ran. 298   οὐ μὴ καλεῖς μ'
ὦνθρωφ', ἱκετεύω, μηδὲ κατερεῖς τοὔνομα
„du wirst mich hoffentlich nicht anreden, noch meinen Namen nennen". Dass in diesen Stellen οὐ nicht mehr zu μηδέ gehört, ist daraus klar, weil es sonst heissen müsste οὐδὲ μή. Wir

haben also vielmehr das S. 106 besprochene μή mit Futur im Verbot anzuerkennen, und die Rede geht von der gemilderten Form der Warnung (die aber nach Umständen auch als eine durch Spott geschärfte erscheinen kann) in die einfach und gerade ausgesprochene über. Wie wir aber hier nur den S. 106 f. gefundenen Satz in Anwendung bringen, dass μή mit Futur im Verbot stehe, so haben wir für die übrigen von Elmsley beigebrachten Stellen, in denen das zweite Glied affirmativ ist, geltend zu machen, dass (s. S. 107) auch in affirmativen Sätzen zuweilen das Futur, indem es ausdrückt, es solle etwas geschehen, im Sinne eines Imperativs steht.

Eur. Med. 1151 ff. Οὐ μὴ δυσμενὴς ἔσει φίλοις,
παύσει δὲ θυμοῦ, καὶ πάλιν στρέψεις κάρα
φίλους νομίζουσ', οὕσπερ ἂν πόσις σέθεν,
δέξει δὲ δῶρα, καὶ παραιτήσει πατρὸς
φυγὰς ἀφεῖναι παισὶ τοῖσδ' ἐμὴν χάριν.

Ich will nicht gerade läugnen, dass diese Worte auch als Frage aufgefasst werden können, aber auch in solcher Auffassung müssten sie auf die Behauptung: „ich will nicht hoffen, dass du gegen Freunde feindselig gesinnt seiest," zurückgeführt werden. Uebrigens scheint es das Natürlichste, die Worte Jason's als Ausdruck der Erwartung, die er hinsichtlich des Benehmens der Glauke hegt, und somit als freundliche Mahnung aufzufassen. Auch παύσει, στρέψεις, δέξει, παραιτήσει drückt einfach die Erwartung aus, dass Glauke ihren Groll aufgeben werde u. s. w.

Eur. Bacch. 343. Οὐ μὴ προςοίσεις χεῖρα, βακχεύσεις δ' ἰών
μηδ' ἐξομόρξει μωρίαν τὴν σὴν ἐμοί.

Elmsley selbst hat in seiner Ausgabe der Bacchae diess richtig erklärt: „sensus hujus versus est: μὴ πρόςφερε χεῖρα, ἀλλὰ βάκχευε ἰών." Von der in milderer Form ausgesprochenen Erwartung, dass etwas nicht geschehen werde, geht die Rede über in den Ausdruck einer affirmativen Erwartung, die aber in diesem Zusammenhang den Charakter einer Forderung annimmt, von da dann in den des Verbots.

Eur. El. 383. Οὐ μὴ φρονήσεθ', οἳ κενῶν δοξασμάτων
πλήρεις πλανᾶσθε, τῇδ' ὁμιλίᾳ βροτοὺς
κρινεῖτε καὶ τοῖς ἤθεσιν τοὺς εὐγενεῖς.

Wenn φρονεῖν hier, wie Herc. Fur. 775 gleich μέγα φρονεῖν zu nehmen ist (vgl. Schäfer zu Bos ell. gr. p. 267 f.), so ergibt sich folgender Sinn der Stelle: „ich hoffe nicht, dass ihr euch gross dünkt, die ihr voll leerer Einbildungen in der Irre geht, vielmehr nach ihrer Lebensweise werdet ihr die Menschen beurtheilen, und nach ihrem Charakter die Edeln;" d. h. dünkt euch nicht gross, beurtheilt vielmehr die Menschen nach Charakter und Lebensweise. Was von den Sätzen mit δέ, gilt auch von denen mit ἀλλά, nur dass letztere Partikel an und für sich den Gegensatz stärker bezeichnet.

Eur. Bacch. 791. Οὐ μή φρενώσεις μ', ἀλλὰ δέσμιος φυγὼν
σώσει τόδ' · ἢ σοι πάλιν ἀναστρέψω δίκην.

Ich übersetze nach Musgrave: „du wirst mich nicht belehren, sondern aus den Banden entronnen das (die Freiheit aus den Banden) dir sichern, oder ich werde die Strafe erneuern." Wir haben keinen Grund, diess als Frage zu nehmen, ja es scheint natürlicher, σώσει (und wenn dieses, so dann auch φρενώσεις) und ἀναστρέψω, da sie durch ἢ in Beziehung zu einander gesetzt sind, gleich zu behandeln. Auch in

Arist. Nub. 505. Οὐ μὴ λαλήσεις, ἀλλ' ἀκολουθήσεις ἐμοὶ
ἀνύσας τι δευρὶ θᾶττον ·

finden wir zunächst nur den Ausdruck der Erwartung, der aber freilich im gewöhnlichen Gebrauche die Bedeutung eines Imperativs angenommen hatte. So auch

Arist. Ran. 462. Οὐ μὴ διατρίψεις, ἀλλὰ γεύσει τῆς θύρας,
dagegen ist Ran. 524 οὐ μὴ φλυαρήσεις ἔχων, ὦ Ξανθία,
ἀλλ' ἀράμενος οἴσεις πάλιν τὰ στρώματα;
als Frage anzuerkennen : „du wirst doch keine Possen machen, sondern die Decken wieder aufnehmen und tragen?"

Wir haben somit in keiner dieser Stellen Grund gefunden, auf den Gebrauch der Negation οὐ in bejahenden Fragen zurückzugehen, um den imperativischen Sinn zu finden, zu welchem dem Zusammenhange nach diese Stellen hinneigen. Damit vermeiden wir aber auch einige schwer zu rechtfertigenden Missgriffe in der (von Hermann gebilligten) Erklärungsweise Elmsley's. Er gibt diese in folgenden Worten: „Nemo nescit, οὐ μενεῖς cum interrogatione idem significare quod μένε vel μεῖνον. Nostra etiam lingua consensu dicitur, Will you not stay? Graece vero non solum οὐ μενεῖς dicitur, sed etiam οὐ μὴ μενεῖς contrario sensu. Hoc enim μὴ μένε vel μὴ μείνῃς significat. Hunc quidem futuri usum nostra lingua nescit. Non enim dicere licet, Will you not not stay? Hoc exemplo tamen facile intelligitur, qua ratione Graeci, qui particulas οὐ et μὴ saepe ita conjungunt, ut altera alterius vim non tollat, *οὐ μὴ μενεῖς* eodem sensu dixerint, quo *οὐκ ἄπει*, non abibis? *Μὴ μένειν* enim valet *ἀπιέναι.*" So unbestritten es indessen ist, dass dem Inf., sofern er den reinen Begriff der Handlung gibt und blosses Abstractum, also etwas rein Subjectives ist, *μή* beigegeben werden muss, so unbestritten ist es andererseits, dass da, wo ein Begriff in sein Gegentheil verwandelt werden soll, nicht *μή*, sondern *οὐ* gebraucht wird. Wählte doch der Grieche letztere Negation sogar in Constructionen, die an und für sich und regelmässig *μή* zu sich nehmen, sobald die Negation lediglich zu dem einzelnen Worte gehörte, und dieses in den entgegengesetzten Begriff umwandelte, z. B. Thuc. I, 121. *εἰ — οὐκ ἀπεροῦσιν = καρτερήσουσιν* Plato Apol. p. 25, b. *ἐὰν — οὐ φῆτε* And. de myst. §. 33. Es ist diess auch natürlich, denn dadurch eben unterscheiden sich *οὐ* und *μή*, dass jenes gebraucht wird, wo das Object selber ein negatives, wo die Negation mit dem Objecte gegeben ist, *μή* dagegen, wo die Negation vom Subjecte ausgeht. Wie wäre nun denkbar, dass die Griechen dem Futur des Indic. *μή* sollten beigegeben haben, um dieses in den entgegengesetzten Begriff zu verwandeln, wo der Satz eigentlich die Form der objectiven Behauptung hatte. Denn diese kommt ja doch dem *οὐκ ἄπει non abibis* zu, indem der objectiv hingestellte Satz durch den Ton der Frage bezweifelt wird. Woher käme nun in einem solchen Satze *μή*, wenn selbst im Bedingungssatze, um ein einzelnes Wort in sein Gegentheil zu verwandeln, *οὐ* steht? Wenn dann Elmsley in Beziehung auf Med. 1120 (1151) sagt: „Simili ratione Jasonis verba *οὐ μὴ δυσμενὴς ἔσει φίλοις* accipienda sunt, quasi dixerit: *οὐκ εὐμενὴς ἔσει φίλοις*. A particula negativa *μή* non pendent nisi tria verba *δυσμενὴς ἔσει φίλοις·* ab *οὐ* vero tota sententia. Hinc est quod quae sequuntur futura, *παύσει, στρέψεις, δέξει, παραιτήσει* omnia jubendi sensum habent," so lässt sich zwar eine solche Formation des Satzes denken, da ein vorangehendes *οὐ* auf zwei ihm untergeordnete, mit *μέν* und *δέ* bezeichnete Glieder sich bezieht; dass aber diess hier nicht anwendbar ist, zeigt am deutlichsten das für *δέ* eintretende stärkere *ἀλλά*, von dem sich nicht begreifen liesse, wie zu ihm das vorhergegangene *οὐ* gezogen werden kann, da es sich diesem vielmehr entgegenstellt. Man würde auch Med. 1152 vielmehr *οὐδὲ παύσει* statt *παύσει δέ* erwarten, wenn wirklich *οὐ* zu den folgenden Verben bezogen werden sollte. Endlich dürfte selbst der strengere Befehl, welcher in dem

οὐκ εὐμενὴς ἔσει φίλοις; liegt, dem Sinn der Stelle entschieden minder angemessen sein, als das mildere οὐ δεινὸν μὴ δυσμενὴς ἔσει = οὐκ ἂν δυσμενὴς εἴης. Darin aber liegt der Grundirrthum Elmsley's, dass er nicht erkannte, wie οὐ und μή nicht ursprünglich zu einem und demselben Satze gehörten, sondern οὐ einen eigenen Satz repräsentirte. Zum Schluss der Erörterung müssen wir noch eine andere Art, das Futur mit einer Negation in imperativischem Sinn zu gebrauchen, um so mehr berühren, als man bei der eben widerlegten Erklärung von οὐ μή mit Futur von derselben ausgieng. Es finden sich nämlich zuweilen zwei Sätze so zusammengestellt, dass der erste mit οὐ und Futur in bejahendem Sinn, also als Frage, der zweite mit μηδέ und Futur als Verbot aufzufassen ist. Soph. Oed. R. 637. οὐκ εἶ σύ τ' οἴκους, σύ τε, Κρέων, κατὰ στέγας, καὶ μὴ τὸ μηδὲν ἄλγος εἰς μέγ' οἴσετε;
Aj. 75. Οὐ σῖγ' ἀνέξει, μηδὲ δειλίαν ἀρεῖς;
Trach. 1183. Οὐ θᾶσσον οἴσεις, μηδ' ἀπιστήσεις ἐμοί;
Eur. Hipp. 498 f. ὦ δεινὰ λέξασ', οὐχὶ συγκλείσεις στόμα, καὶ μὴ μεθήσεις αὖθις αἰσχίστους λόγους;
Hel. 437. οὐκ ἀπαλλάξει δόμων καὶ μὴ πρὸς αὐλείοισιν ἑστηκὼς πύλαις ὄχλον παρέξεις δεσπόταις;
Plato Symp. p. 175, a. οὔκουν καλεῖς αὐτὸν καὶ μὴ ἀφήσεις; Es ist in diesen Stellen die Interpunction beibehalten, die in den Ausgaben gewöhnlich befolgt wird, und da wir das erste Glied als Frage nehmen müssen, so scheint es allerdings das Natürlichste zu sein, das zweite Glied als Fortsetzung der Frage zu betrachten. Dennoch erheben sich wenigstens gegen die gewöhnliche Erklärungsweise nicht unbedeutende Bedenken. Hermann sagt in den Anmerkungen zu Elmsley's Medea V. 1120 nach Anführung von Arist. Nub. 505 und Eur. Hipp. 498: „In cujusmodi exemplis quia οὐ sine μή aperte interrogativum est, necesse est etiam μή, quod pendet ex isto οὐ, interrogativum esse." Wir müssen aber auch hier den Zweifel ausdrücken, ob im zweiten Gliede μή stehen konnte, wenn doch die Negation als dem Satze anhaftend, mit dem Satz gegeben betrachtet wird, also rein objectiv und in seiner Bedeutung dem οὐ des ersten Gliedes völlig gleich ist, so dass z. B. Soph. Aj. 75. οὐ σῖγ' ἀνέξει, μηδὲ δειλίαν ἀρεῖς; hiesse: wirst du nicht — nicht Feigheit in dir aufkommen lassen? Eher verdiente Hartung's Erklärungsweise (Partikellehre

II, 163) vorgezogen zu werden, wenn dieser ὄψει vor μή supplirt. Da indessen wohl die Ellipse eines ὅρα, σκόπει oder eines andern Imperativs gewöhnlich ist, die des Futurs aber noch zu erweisen wäre, so scheint es gerathener, dem μή und μηδέ eine selbständige Bedeutung beizulegen, entweder so dass es als Frage, oder so dass es als Verbot genommen würde. Als Fragpartikel stünde es in seiner gewöhnlichen Bedeutung *doch nicht· etwa;* mithin hiesse Soph. Oed. R. 637 eigentlich: „Wollt ihr nicht jeder in sein Haus gehen, und das unbedeutende Leid werdet ihr doch nicht zum grossen machen?" Plato Symp. p. 175. a. Wirst du ihn nicht rufen — und du wirst ihn doch nicht etwa loslassen? Man würde dann einfach sagen, jede der beiden Fragen habe die ihr auch sonst zukommende Fragpartikel, οὐ mit bejahender, μή mit verneinender Wirkung. Oder man behandelt nur den ersten Satz mit οὐ als Frage, den zweiten als Verbot (s. S. 106), so dass man dann interpungiren müsste: Soph. Trach. 1183.

Οὐ θᾶσσον οἴσεις; μηδ' ἀπιστήσεις ἐμοί!

In keinem Falle aber wird man zu der Voraussetzung zurückkehren dürfen, als stünden beide Negationen in gleichem, objectivem Sinn, nur um durch gegenseitige Aufhebung eine stärkere Affirmation hervorzubringen; vielmehr steht auch hier, wie sonst, μή entschieden von dem, was vom Subject aus negirt wird.

2) Vom Indicativ mit ἄν.

Ueber die Verbindung von ἄν mit dem Indic. drückt sich der Verf. der Schrift περὶ συντάξεως Anecd. gr. ed. Imm. Bekker I. p. 126 also aus: Ἐξ οὖν ὑπαρχόντων χρόνων, ἐνεστῶτος, παρατατικοῦ, παρακειμένου καὶ ὑπερσυντελικοῦ, ἀορίστου, μέλλοντος, ἐνεστῶτι καὶ παρακειμένῳ καὶ μέλλοντι οὐ συντάσσεται, τοῖς μέντοι τρισὶ τοῖς λοιποῖς παρὰ πᾶσι τοῖς σοφοῖς εὑρίσκεται, worauf Beispiele der Verbindung von ἄν mit Imperf. (παρατατικὸς χρ.), Plusquamperf. (ὑπερσυντελικὸς) und Aorist folgen. Der Name δυνητικὸς σύνδεσμος wird zuvor, eben in besonderer Rücksicht auf die Verbindung mit hist. Tempp. durch die Worte gerechtfertigt: σημαίνει γὰρ πρᾶγμα μὴ γενόμενον, δυνηθὲν δὲ γενέσθαι, εἰ μήτι συμβὰν ἐκώλυεν, οἷον „εἰ μὴ τὴν Ἑλένην Ἀλέξανδρος ἥρπασεν, οὐκ ἂν Τροία ἀπώλετο" ἠδύνατό φησι μὴ ἀπολέσθαι Τροία, εἰ μὴ τῆς ἀπωλείας τὴν αἰτίαν παρέσχε τὴν Ἑλένην ἁρπάξας Ἀλέξανδρος. Tiefer sucht Apollonius de constr. orat. ex rec. Bekkeri 1817. l. III. c. 6. p. 204 in den Grund der Erscheinung einzugehen, dass ἄν mit dem Indic. der Nebentempp., aber nicht mit dem der Hauptlempp. construirt werde. Er sagt: Ὁ δὴ ἄν σύνδεσμος αὐτὸ μόνον ἐκ τηρήσεως εἴρηται, ὡς παρῳχημένοις συντάσσεται, ἐξηρημένου πάλιν τοῦ παρακειμένου. ἐφ᾽ ἧς συντάξεως εἰ ἔροιτό τις, ἐν τῷ γράψω ἄν παρὰ τί τὸ ἀκατάλληλον ἐγένετο, οὐκ ἔστι φάναι ἢ μόνον ἐκ τῆς ἀντιλήψεως ὃ ἀκατάλληλόν ἐστιν· οὔτε γὰρ ἀριθμοῦ ἀνθυπαλλαγὴ οὔτε ἄλλου του, ὃ δύναται διελέγξαι τὸ ῥῆμα μὴ συμπληθυνόμενον ἢ συγχρονούμενον ἢ συνδιατιθέμενον. ἢν δὲ τὸ αἴτιον τοῦτο. τὰ γεγονότα τῶν πραγμάτων ὁ σύνδεσμος ἀναιρεῖν θέλει, περιιστάνων αὐτὰ εἰς τὸ δύνασθαι, ἔνθεν καὶ δυνητικὸς εἴρηται. τὸ μὲν γὰρ ἔγραψα ἢ τὸ ἔγραφον ἢ τὸ ἐγεγράφειν ἢ ἀπὸ μέρους γεγονότα ἐστὶν ἢ καὶ ἔκπαλαι γεγονότα· ἔνθεν προσέρχεται τοῖς δυναμένοις τὴν ὕλην αὐτοῦ παραδέξασθαι, ἔγραφον ἄν, ἔγραψα ἄν, ἐγεγράφειν ἄν, οὐ μὴν τῷ γράψω ἢ γράψω· οὐ γὰρ παρῴχηται, ἵν᾽ ἐγχωρήσῃ καὶ ἡ ἐκ τοῦ συνδέσμου ἀναίρεσις μὲν τοῦ γεγονότος, ἐπαγγελία δὲ τοῦ ἐσομένου. καὶ ἐντεῦθεν δὲ πειθόμεθα, ὅτι οὐ παρῳχημένου συντέλειαν σημαίνει ὁ παρακείμενος, τήν γε μὴν ἐνεστῶσαν, ὅθεν οὐδὲν δυνησόμενον γενέσθαι παρεδέξατο καὶ διὰ τοῦτο ἀπροςδεὴς τοῦ ἄν συνδέσμου ἐγεγόνει. Diesen Bemerkungen liegt zwar das richtige Gefühl zu Grunde, dass die Partikel ἄν in Verbindung mit hist. Tempp. die eigentliche Wirklichkeit aufhebe, aber offenbare Einseitigkeit ist es, wenn nun der Begriff der Partikel überhaupt, und ohne Rücksicht auf die Constr. mit dem Conj. und dem Opt. so fixirt wird: τὰ γεγονότα τῶν πραγμάτων ὁ σύνδεσμος ἀναιρεῖν θέλει, περιιστάνων αὐτὰ εἰς τὸ δύνασθαι, und wenn von diesem Begriff aus in der angegebenen Weise die Unmöglichkeit der Verbindung mit Präsens, Futur und Perfect darzuthun versucht wird. Vielmehr müsste man von jenem Begriff ausgehend, nach dem Satze: „factum infectum fieri nequit" gerade bei dem Vergangenen und Vollendeten, also bei dem Aorist und Plusquamperfect eine Partikel der Möglichkeit am wenigsten für statthaft halten, wohl aber bei dem, was in Gegenwart oder Zukunft sich noch verwirklicht.

a. Indicativ der historischen Zeiten mit αν.

Wir haben oben S. 85 die Bedeutung, die dem hist. Tempus, und die der Partikel ἄν inwohnt, mit einander verknüpfend als Grundbedeutung der Verbindung von ἄν mit den hist. Tempp. festgestellt Setzung eines Factums. In der Verbindung mit dem Imperf. wird das Factum als werdend, sich entwickelnd, daher dauernd und sich wiederholend, mit dem Aorist als geschlossen, daher momentan und einzeln, ebenso mit dem Plusquamperfect als geschlossen gesetzt. So ist demnach: εἶδεν ἄν τις eigentlich: „es sah, setz' ich (nehm' ich an, lässt sich annehmen) jemand."

Wir gehen also erstens von der Voraussetzung aus, dass der Verbindung der Partikel mit den histor. Tempp. wesentlich nur Eine Bedeutung zu Grunde liege, einer Voraussetzung, die so natürlich ist, dass die entgegengesetzte Annahme ursprünglich differenter Bedeutungen a priori wenigstens als unwahrscheinlich bezeichnet werden muss. Wir wollen nun versuchen, die einzelnen Gebrauchsweisen aus dem oben angegebenen Begriff zu erklären. Was zuerst diejenigen Fälle betrifft, in welchen das ἄν oder κέ bei dem Indic. eines hist. Tempus scheinbar die Kraft hat, die Nichtwirklichkeit der Handlung anzudeuten, so ist es klar, dass diese Bedeutung eben nur eine scheinbare, mehr aus dem Zusammenhange der Rede, als aus jener Construction selbst resultirende ist. Denn wie könnten wir, wenn wir auf den Gebrauch von ἄν beim Opt. oder auch selbst auf andere Fälle des ἄν mit dem Indic. der histor. Zeiten Rücksicht nehmen, im Ernst voraussetzen, es liege in ἄν eine negative Kraft? Auch ist ἐδίδουν ἄν an und für sich eben so wenig verneinend, als: „ich würde geben." Nehmen wir aber ferner nach der herrschenden Ansicht an, dass ἄν nur die Bedingtheit des Satzes ausspreche, so würde ἄν als eine dem εἰ correspondirende Partikel nur dazu dienen, das Verhältniss der Bedingtheit, auch wenn es durch den beigegebenen Bedingungssatz hinlänglich bezeichnet ist, dennoch auch in dem Hauptsatze noch auszudrücken. Es wäre mithin ἄν nicht nothwendig, sondern diente höchstens zu deutlicherer Exposition des logischen Verhältnisses. Demnach müsste man erwarten, dass die Partikel auch wohl wegfallen könne, ohne dass irgend eine Verschiedenheit des Sinnes entstünde. Damit sind nun aber die sprachlichen Erscheinungen selbst keineswegs im Einklang. Denn der mit dem Indic. eines hist. Tempus ausgedrückte Nachsatz eines Bedingungssatzes hat eine andere Bedeutung, wenn ihm ἄν beigegeben ist, eine andere, wenn diese Partikel fehlt. Man vergleiche Thuc. III, 54. εἴ τέ τι ἄλλο (κατ' ἐκεῖνον τὸν χρόνον) ἐγένετο ἐπικίνδυνον τοῖς Ἕλλησι, πάντων παρὰ δύναμιν μετέσχομεν. 55. εἰ δ' ἀποστῆναι Ἀθηναίων οὐκ ἠθελήσαμεν ὑμῶν κελευσάντων, οὐκ ἠδικοῦμεν. Antiphon τετραλ. Γ β §. 2. Τὸν γὰρ ἄρξαντα τῆς πληγῆς εἰ μὲν σιδήρῳ ἢ λίθῳ ἢ ξύλῳ ἠμυνάμην αὐτόν, ἠδίκουν μὲν οὐδ' οὕτως mit den Sätzen, in welchen dem Nachsatze ἄν beigegeben ist, z. B. Antiph. ebd. §. 3. εἰ μὲν γὰρ ὑπὸ τῶν πληγῶν ὁ ἀνὴρ παραχρῆμα ἀπέθανεν, ὑπ' ἐμοῦ μὲν δικαίως δ' ἂν ἐτεθνήκει, und man wird den Unterschied des Sinnes nicht verkennen. Dort haben wir einfach die Formel: „wenn das Eine, so das Andere;" hier sollen sich die Zuhörer den Gedanken ableiten: νῦν δ', ἐπειδὴ οὐ παραχρῆμα ἀπέθανεν, οὐχ ὑπ' ἐμοῦ δὴ ἀπέθανε, was auch der folgende Satz in affirmativer Weise ausdrückt: νῦν δὲ πολλαῖς ἡμέραις ὕστερον πονηρῷ ἰατρῷ ἐπιτρεφθεὶς διὰ τὴν τοῦ ἰατροῦ μοχθηρίαν καὶ οὐ διὰ τὰς πληγὰς ἀπέθανε. Und so wird ja auch von Hermann selbst dem ἔδει ἄν, ἐχρῆν ἄν u. s. w. ein anderer Sinn beigelegt, als dem einfachen ἔδει, ἐχρῆν, obwohl auch dieses im Nachsatz einer hypothetischen Periode erscheinen kann. Demnach erweist sich auch in diesem besonderen Gebiet der gewöhnlich der Partikel beigelegte Begriff einer Abhängigkeit von einer Bedingung als ungenügend, und wir sehen uns auch schon durch diese Fälle genöthigt, die Partikel für etwas mehr anzusehen, als für einen blossen Ausdruck der Bedingtheit, wir müssen ihr eine eigenthümliche, die Aussage modificirende Kraft beilegen, durch welche namentlich jener Schein einer Andeutung der Nichtwirklichkeit entsteht. Ein solcher geht aber natürlich aus dem oben festgesetzten Begriff der Partikel hervor. Denn indem sie dem Begriff des Factums noch den der Setzung beigibt, die Handlung nicht als objectiv behauptet, sondern nur (subjectiv) als wirklich setzt, so wird allerdings das rein Factische und Objective der Handlung aufgehoben; die subjective Setzung kann mittelbar eine Läugnung der Objectivität involviren. Also die obige Stelle aus Ant. τετρ. Γ β, §. 3 ist genau so aufzufassen: „wenn nämlich der Mann an seinen Wunden auf der Stelle starb, so war er, ist anzunehmen, durch mich zwar, doch mit Recht, gestorben." Würde im Nachsatz ἄν fehlen, so wäre einfach und historisch an die Objectivität einer Voraussetzung die Objectivität einer gewissen Folge geknüpft. Tritt ἄν hinzu, so ist dem ὑπ' ἐμοῦ ἐτεθνήκει ausdrücklich seine Objectivität entzogen durch das subjective Element der Setzung, das in ἄν liegt; es wird also nicht mehr einfach an eine Objectivität als Voraussetzung eine andere Objectivität als Folge geknüpft, sondern die letztere, die durch die Voraussetzung bedingte Objectivität vermittelst ihrer blossen Setzung aufgehoben, und so zunächst dem Hauptsatz der Schein einer Nichtwirklichkeit geliehen, dieser Schein aber von der Folge auch rückwärts auf die Voraussetzung ausgedehnt. Plato Phaedo p. 107, c.

Εἰ μὲν γὰρ ἦν ὁ θάνατος τοῦ παντὸς ἀπαλλαγή, ἕρμαιον ἂν ἦν τοῖς κακοῖς ἀποθανοῦσι τοῦ τε σώματος ἅμα ἀπηλλάχθαι καὶ τῆς αὐτῶν κακίας μετὰ τῆς ψυχῆς. Ohne ἂν hätten wir einfach die Formel: „wenn Jenes, so Dieses," der Voraussetzung eines Objectiven entspricht dann im Nachsatz eine objective Behauptung. Tritt ἄν, die Partikel der Setzung einer Handlung als wirklicher hinzu, so verwandelt sich die objective Behauptung in die subjective: „dann war, ist anzunehmen" u. s. w. oder: „dann war wohl." Also weder der Indic. des histor. Tempus ohne ἄν, noch ἄν ohne den Indic. eines histor. Tempus würde den Schein einer Nichtwirklichkeit gegeben haben; aber selbst beide in ihrer Verbindung können erst im Zusammenhang der Rede diesen Schein gewinnen, da er keinem von beiden an und für sich anhaftet, wie denn selbst im Deutschen je nach dem Zusammenhang die Bedeutung der Formel: „wenn ich etwas hatte, so ist anzunehmen, dass ich dir es gab," oder: „wenn ich es wusste, so sagte ich dir es wohl" kaum einem Missverständniss unterworfen sein dürfte. Es ist aber auch klar, wie das in der Vorstellung gesetzte Factum, insofern die Setzung gern und natürlich unter gewissen Voraussetzungen stattfindet, leicht erscheinen kann als von gewissen Bedingungen abhängig.

Beispiele dieser Construction sind bei Homer, und zwar mit κέ Il. III, 56 f.

ἀλλὰ μάλα Τρῶες δειδήμονες· ἦ τέ κεν ἤδη
λάϊνον ἕσσο χιτῶνα, κακῶν ἕνεχ᾽ ὅσσα ἔοργας.

„Wahrlich bereits warst du, ist anzunehmen (wenn die Troer nicht so furchtsam waren) in ein steinernes Gewand gehüllt;" ferner

Il. V, 22. οὐδὲ γὰρ οὐδέ κεν αὐτὸς ὑπέκφυγε Κῆρα μέλαιναν,
ἀλλ᾽ Ἥφαιστος ἔρυτο, σάωσε δὲ νυκτὶ καλύψας,

„Auch er selber, ist anzunehmen (denn objectiv kann diess nicht behauptet werden), entrann nicht der schwarzen Todesgöttin, doch Hephästos rettete ihn;" ferner ebd. 885 f.

Od. XI, 416 ff. ἤδη μὲν πολέων φόνῳ ἀνδρῶν ἀντεβόλησας

μουνὰξ κτεινομένων καὶ ἐνὶ κρατερῇ ὑσμίνῃ,
ἀλλά κε κεῖνα μάλιστα ἰδὼν ὀλοφύραο θυμῷ,

Es kann nicht geradehin und objectiv behauptet werden: ὀλοφύραο, sondern das Factum wird nur gesetzt: „wenn du jenes sahst, da jammerte es dich, ist anzunehmen."
Od. XIII, 204 ff.
αἴθ᾽ ὄφελον μεῖναι παρὰ Φαιήκεσσιν
αὐτοῦ· ἐγὼ δέ κεν ἄλλον ὑπερμενέων βασιλήων
ἐξικόμην, ὅς κέν μ᾽ ἐφίλει, καὶ ἔπεμπε νέεσθαι.

„O dass ich dort bei den Phäaken geblieben wäre; ich kam dann, ist anzunehmen, zu einem andern der übergewaltigen Könige, der wohl mich freundlich aufnahm." Ferner Beispiele von
καί κε Od. IV, 174. 178. XIV, 38. XIX, 283. XX, 222; und nach einem Bedingungssatz Il. V, 898, vor einem Bedingungssatz Il. XIV, 258. XV, 459 f. XVII, 610 f.
καί νυ κε mit folgendem εἰ μή und Indic. des histor. Tempus: Il. V, 679. VIII, 90. 130. 217. XI, 310. 750 ff. XVIII, 165. 454 f. Od. IV, 363. 502. XVI, 220. XXI, 226. XXIII, 241. XXIV, 50; mit folgendem ἀλλά Od. IX, 79. XI, 316. 630. XII, 71. XXI, 128. 226.
τῷ κε mit vorangehender oder folgender Bedingung: Od. IV, 734. XIV, 67. XXIII, 23. XXIV, 285; mit vorangehendem Wunsch eines Nichtwirklichen Od. XVIII, 402. XXIV, 381. Ausserdem Od. XIV, 369. XX, 273.
ἔνθα κε mit folgendem εἰ μή: Il. VI, 73. XX, 288 ff. Od. V, 426. 435; mit folgendem ἀλλά Od. VII, 278. XI, 565. XIV, 32 f.
Andere Beispiele ausser den eben genannten Verbindungen sind: Od. V, 735. IX, 303 ff. 497 f. XIII, 333.

Ist nun auch bei Homer der Gebrauch von κέ für diese Construction häufiger, so fehlt es doch keineswegs an Beispielen von ἄν. Man vgl. Il. V, 201. VIII, 369. 455. XI, 504. XII, 290. XIII, 676. XVI, 638 f. 687. XVIII, 397. XIX, 271. XXII, 103. Od. IX, 211. 228. 334. Beispiele bei den Attikern sind: Antiph. de caede Herod. §. 32. εἰ γὰρ ἐγὼ ἐκέλευον αὐτὸν στρεβλοῦν ὡς οὐ τἀληθῆ λέγοντα, ἴσως ἂν ἐν αὐτῷ τούτῳ ἀπετρέπετο μηδὲν κατ᾽ ἐμοῦ καταψεύδεσθαι — „wenn ich ihn als einen, der die Wahrheit nicht aussage, foltern liess, da liess er sich wohl (ist anzunehmen) bestimmen, nichts Falsches wider mich auszusagen." Vgl. §. 26. Ferner ebd. §. 35. ζῶν μὲν γὰρ ὁ ἀνὴρ διὰ τῆς αὐτῆς βασάνου ἰὼν ὑπ᾽ ἐμοῦ κατήγορος ἂν ἐγίγνετο τῆς τούτων ἐπιβουλῆς nicht bestimmte, objective Behauptung:

„er ward dann ihr Ankläger," sondern Setzung des Factums, subjective Behauptung: „er ward wohl, es ist anzunehmen, dass er ward." Lys. de caede Erat. §. 38. εἰ μὲν γὰρ λόγων εἰρημένων ἔργου δὲ μηδενὸς γεγενημένου μετελθεῖν ἐκέλευον ἐκεῖνον, ἠδίκουν ἄν, εἰ δὲ ἤδη πάντων διαπεπραγμένων καὶ πολλάκις εἰςεληλυθότος εἰς τὴν οἰκίαν τὴν ἐμὴν ᾡτινιοῦν τρόπῳ ἐλάμβανον αὐτόν, σωφρονεῖν ἐμαυτὸν ἡγούμην. Die letztere hypothetische Periode könnte an und für sich zwar nur Ausdruck der Formel: „wenn Jenes, so Dieses" zu sein scheinen; wenn indessen schon ἡγούμην an sich nicht leicht an jenes rein-hypothetische Urtheil denken lässt, so weist noch mehr der Zusammenhang darauf hin, σωφρονεῖν ἐμαυτὸν ἡγούμην als bestimmte, objective Behauptung zu fassen. Gegen dieses ἡγούμην verliert ἠδίκουν, indem es die Partikel der Setzung zu sich nimmt, seinen objectiven Charakter und tritt in das Gebiet der Subjectivität über, eigentlich als Setzung eines Factums, als subjective Behauptung über Vergangenes; da aber das Vergangene an und für sich, und häufig auch für die Kenntniss der Sprechenden entschieden ist, so kann die subjective Behauptung über Vergangenes, abhängig gemacht von einer Hypothesis, den Schein der Nichtwirklichkeit annehmen. §. 40. Οὕτω γὰρ ἂν ἧττον ἐτόλμησεν ἐκεῖνος εἰςελθεῖν εἰς τὴν οἰκίαν. „In diesem Fall nämlich wagte jener es wohl weniger in das Haus zu gehen." Das Factum ist nur gesetzt (unter einer Voraussetzung) nicht objectiv. Ferner Lys. adv. Sim. §. 38. τί δ᾽ ἂν ποτε ἔπαθον, εἰ τἀναντία τῶν νῦν γεγενημένων ἦν; „was ist anzunehmen, dass ich erfuhr? pro Call. §. 1. purg. sacril. in olea sacra incusati §. 15. 16. 17. 20. 22. 23. 28. 32. 36. 37. in Erat. §. 47. 98. Plato Apol. p. 17, d. ὥσπερ οὖν ἄν, εἰ τῷ ὄντι ξένος ἐτύγχανον ὤν, ξυνεγιγνώσκετε δήπου ἄν μοι, εἰ ἐν ἐκείνῃ τῇ φωνῇ τε καὶ τῷ τρόπῳ ἔλεγον, ἐν οἷςπερ ἐτεθράμμην „ihr verzicht mir wohl in solchem Fall, ich darf annehmen, dass ihr mir verzichet." Ferner p. 20, a. c. 31, b. d. 32, d. 36, a. 37, a. 38, a. c. 40, c. Symp. 175, d. 180, c. d. 193, e. 195, c. 196, a. 199, d. 206, b. 215, d. 217, e. 222, c. Gorg. p. 447, d. 448, b. 453, c. d. 465, c. 471, a. 481, c. d. 487, e. 506, b. 514, a. b. c. d. e. 516, a. e. 517, a. 518, b. c. 527, a. Dem. Phil. I, §. 1. 2. 5. 42. 51.

Als eine Modification des Behauptungssatzes kann aber diese Construction auch in allen denjenigen abhängigen Sätzen eintreten, welche ihrer Natur nach eine subjective Behauptung aufzunehmen fähig sind. So erscheint κέν oder ἄν mit dem Indicativ der histor. Zeiten in Relativsätzen: ὅς κεν Od. XIII, 206. XIV, 62. XIX, 25. ‚ὅς ἄν Herod. I, 86. Antiph. de chor. §. 10. 23. 28. Plato Apol. p. 38, d. Dem. ad Aph. de falso testim. §. 15. Phil. III, §. 13 in Mid. §. 69. ad Phorm. §. 25. ὅςτις ἄν Dem. in Steph. I, §. 33. de falsa leg. §. 309. ὅσ' ἄν Od. XIII, 137. ὅποι ἄν Dem. ad Phaenipp. §. 1. ὅπως ἄν Dem. de falsa leg. §. 308. Herod. VIII, 118. Dem. ad Apat. §. 28. Γενέσθω τοίνυν καὶ τοῦτο ὑμῖν τεκμήριον τοῦ ψεύδεσθαι Ἀπατούριον· εἰ γὰρ ἐνεγυησάμην ἐγὼ τούτῳ τὸν Παρμένοντα, οὐκ ἔστιν ὅπως τούτῳ μὲν ὑπὲρ ἐκείνου ἀπηχθόμην, πρόνοιαν ποιούμενος ὅπως μὴ ἀπολεῖ ἃ δι' ἐμοῦ τούτῳ συνέβαλεν, αὐτὸς δ' ἐμαυτὸν περιεῖδον ἂν ὑπ' ἐκείνου πρὸς τοῦτον ἐν ἐγγύῃ καταλειπόμενον. „Es ist nicht möglich, dass ich mich zwar um jenes (des Parmenon) willen mit diesem (dem Apaturios) verfeindete, nicht aber beachtet hätte, dass ich als Bürge blieb." Es musste jedenfalls ἀπηχθόμην heissen, weil er sich wirklich verfeindete (vgl. §. 11); es konnte auch nach οὐκ ἔστι mit folgendem Relativ blos περιεῖδον stehen ohne ἄν vgl. §. 26 (s. S. 91), indessen da αὐτὸς δ' ἐμαυτὸν περιεῖδον von οὐκ ἔστιν ὅπως weiter entfernt, zumal nach vorausgegangenem, objectiv zu nehmenden ἀπηχθόμην ebenfalls als wirklich genommen werden konnte, so ist, um die objective Wirklichkeit zu beseitigen, und περιεῖδον in das rechte Verhältniss zu ἀπηχθόμην zu bringen, ersterem ἄν beigegeben. Nach ὥσπερ findet sich das histor. Tempus mit ἄν Antiphon de chor. §. 11. Nach ὅτι Antiph. de chor. §. 24. Lys. de caede Erat. §. 31. Dem. in Steph. I, §. 7. ad Apat. §. 29. Aristoph. Ach. 555. Av. 1221 f. Xen. Oec. II, 15. Plato Phaedr. p. 233, d. Nach ἡνίκα Dem. de falso test. ad Aph. §. 16. Nach ὥστε Thuc. V, 6. Isocr. Evag. §. 65. de permut. §. 19. Dem. pro cor. §. 30. ad Apatur. §. 29.

Auffallender mag der Gebrauch dieser Construction bei εἰ erscheinen, doch hat er, sobald man dieselbe als eine eigenthümliche Modification des Ind. betrachtet, nichts Befremdendes. Wir finden εἴ κεν oder εἰ ἄν mit dem Ind. eines hist. Tempus einmal nach Verben der Affecte, der Billigung und Missbilligung, und zwar in dem ersten Gliede einer doppelgliedrigen Voraussetzung, wo von dem Statthaben des Einen auf das Statthaben eines Andern geschlossen wird. Antiph. de chor. §. 29: Καίτοι δεινὸν εἰ οἱ αὐτοὶ μὲν μάρτυρες τούτοις ἂν μαρτυροῦντες πιστοὶ ἦσαν, ἐμοὶ δὲ μαρτυροῦντες ἄπιστοι ἔσονται. καὶ εἰ μὲν πάνυ μὴ παρεγένοντο μάρτυρες, ἐγὼ δὲ παρειχόμην (hier hat Bekker nach den besten Hdss. Cripps. und Laur. ἄν mit Recht getilgt) ἢ τοὺς παραγενομένοις μὴ παρειχόμην, ἑτέρους δέ τινας, εἰκότως ἂν οἱ τούτων λόγοι πιστότεροι ἦσαν τῶν ἐμῶν μαρτύρων· ὅπου δὲ μάρτυράς τε ὁμολογοῦσι παραγενέσθαι, καὶ ἐγὼ τοὺς παραγενομένους παρέχομαι εὐθὺς ἀπὸ τῆς πρώτης ἡμέρας, καὶ αὐτὸς ἐγὼ καὶ οἱ μάρτυρες πάντες φανεροί ἐσμεν λέγοντες ἅπερ νυνὶ πρὸς ὑμᾶς, πόθεν χρή, ὦ ἄνδρες, ἢ τἀληθῆ πιστὰ ἢ τὰ μὴ ἀληθῆ ἄπιστα ποιεῖν ἄλλοθεν ἢ ἐκ τῶν τοιούτων; der letzte Satz ὅπου δὲ tritt aus der Abhängigkeit von δεινὸν εἰ anakoluthisch heraus. Din. in Dem. §. 53. Εἶτ᾽ οὐ δεινόν, εἰ ὅτι μὲν εἶς ἀνὴρ ἔφησε Πιστίας Ἀρεοπαγίτης ὢν ἀδικεῖν με καταψευδόμενος κἀμοῦ καὶ τῆς βουλῆς, ἴσχυσεν ἂν τὸ ψεῦδος τῆς ἀληθείας μᾶλλον — ἐπειδὴ δὲ τἀληθὲς παρὰ πάσης τῆς ἐξ Ἀρείου πάγου βουλῆς ὁμολογεῖται Δημοσθένην εἰληφέναι εἴκοσι τάλαντα χρυσίου καθ᾽ ὑμῶν — νῦν τὰ νόμιμα τἀκεῖθεν καὶ τὰ δίκαια καὶ τἀληθῆ ἀσθενέστερα γενήσεται. Aesch. c. Tim. §. 85. Οὐκοῦν ἄτοπον ἂν εἴη, εἰ μηδὲν μὲν ἐμοῦ λέγοντος αὐτοὶ βοᾶτε τὴν ἐπωνυμίαν τῶν ἔργων ὧν σύνιστε τούτῳ, ἐμοῦ δὲ λέγοντος ἐπιλέλησθε, καὶ μὴ γενομένης μὲν κρίσεως περὶ τοῦ πράγματος ἥλω ἄν, γεγονότος δὲ ἐλέγχου ἀποφεύξεται. In diesen drei Beispielen haben wir wesentlich die gleiche Construction der Periode: δεινόν (ἄτοπον), εἰ — μὲν — hist. Tempus mit ἄν, dann (das eigentliche Subject zu δεινόν) δέ mit Futur. Aus diesen Beispielen rechtfertigt sich auch ἄν bei Xen. Cyrop. IV, 3, 3. Ὁ δὲ Κῦρος θεωρῶν τὰ τῶν Μήδων ἔργα καὶ Ὑρκανίων ὥσπερ κατεμέμφετο καὶ ἑαυτὸν καὶ τοὺς σὺν αὐτῷ, εἰ οἱ ἄλλοι ἂν (Poppo und L. Dindorf tilgen ἄν) τοῦτον τὸν χρόνον ἀκμάζειν τε μᾶλλον ἑαυτῶν ἐδόκουν καὶ προςκτᾶσθαί τι, αὐτοὶ δ᾽ ἐν ἀργοτέρᾳ χώρᾳ ὑπομένειν. In dergleichen Sätzen ist, wie wir das auch bei manchen mit Opt. und ἄν nach εἰ finden werden, ein Satz, der zunächst als Behauptung galt, in einen Bedingungssatz aufgenommen, und so Object eines Urtheils des Sprechenden geworden. Also in der Stelle bei Antiphon hätten wir zunächst den Satz: οἱ αὐτοὶ μὲν μάρτυρες τούτοις ἂν μαρτυροῦντες πιστοὶ ἦσαν, ἐμοὶ δὲ μαρτυροῦντες ἄπιστοι ἔσονται (wie denn dem Sinn nach ein solcher Satz §. 28 allerdings vorhergeht). Dieser aber wäre in einen Bedingungssatz aufgenommen Gegenstand des Urtheils für den Sprechenden. Es bestätigt sich diese Auffassung namentlich dadurch, dass εἰ mit ἄν und dem Ind. des histor. Tempus in der indirecten Frage steht: Dem. pro Rhodiis §. 16. εὖ μὲν γὰρ πράττοντες οὐκ οἶδ᾽ εἴ ποτ᾽ ἂν εὖ φρονῆσαι ἠθέλησαν. Ebenso läge bei Dinarch der Satz zu Grunde: „weil Ein Mann aussagte, ich habe mich vergangen, wäre die Lüge mächtiger gewesen als die Wahrheit, dagegen nun, da die Wahrheit von dem ganzen Rathe des Areopag anerkannt wird, soll Recht und Wahrheit unterliegen." Dieser Gedanke aber wird als Gegenstand des Unwillens für den Sprechenden in einen Bedingungssatz aufgenommen. Ein ähnlicher Schluss von dem Einen auf das Andere ist Dem. ad Tim. §. 58. εἰ τοίνυν τοῦτο ἰσχυρὸν ἦν ἂν τούτῳ πρὸς ὑμᾶς τεκμήριον, ὅτι ἐξεδίδου τὸν Αἰσχρίωνα, ὃν πεμφθῆναί φημι ὑπὸ τούτου καὶ λαβεῖν τὰς φιάλας παρὰ τοῦ πατρὸς τοῦ ἐμοῦ καὶ τὴν μνᾶν τοῦ ἀργυρίου δανείσασθαι, κἀμοὶ γενέσθω τεκμήριον πρὸς ὑμᾶς ὅτι συνειδώς με ἀληθῆ ἐγκαλοῦντα οὐ τολμᾷ τὸν Αἰσχρίωνα παραδοῦναι, „wenn ihm das, wofern es nach seinem Willen ginge, ein genügender Beweis wäre, so soll auch mir das ein Beweis sein." Ohne ἄν würde in dem Bedingungssatze keine Andeutung der blos subjectiven Setzung, der Nichtwirklichkeit liegen. — Es finden sich indessen noch andere Fälle von ἄν mit dem Indic. eines histor. Tempus im Bedingungssatze. Dem. de cor. trier. §. 6. οὗτοι δ᾽ εἰ μὲν εἶχον χείρον᾽ ἂν ἡμῶν, οὐδὲν ἂν ἦν δεινόν scheint ἄν nach cod. Marc. 416. (F) und Par. reg. 2936. (r.) etwa darum gebraucht, um χείρονα als besonderen, erst in die Bedingung aufgenommenen Bestandtheil des Satzes hervorzuheben, gleich als wollte der Redner andeuten εἴπερ εἶχον, χείρον᾽ ἂν εἶχον. Dem. fals. leg. §. 172. εἰ προςλαβών γ᾽ ἂν ἀργύριον πάνυ πολὺ μετὰ τούτων ἐπρέσβευσα, ist dem προςλαβών ἄν beigegeben, um innerhalb der Bedingung das προςλαβών nicht als objectives, sondern als gesetztes Factum zu bezeichnen. So ist auch etwa Dem. pro cor. §. 101. καὶ τίς οὐκ ἂν ἀπέκτεινέ με δικαίως, εἴ τι τῶν ὑπαρχόντων τῇ πόλει καλῶν λόγῳ μόνον καταισχύνειν ἐπεχείρησ᾽ ἄν, was namentlich durch den cod. Par. reg. 2934. (Σ) Marc. 416 und Marc. 418 (Φ) geschützt wird, ἄν darum gewählt, um die Nichtwirklichkeit des ἐπεχείρησα unmittelbar bei diesem Worte selber anzudeuten, ähnlich, wie den Begriffen, die zunächst unter dem Einflusse von ἄν stehen, diese Partikel besonders beigegeben wird. Sicher ist eine spätere Tilgung eines ursprünglichen ἄν, das als der gewöhnlichen Regel widersprechend zum Anstoss gereichte, eher anzunehmen, als die Einschiebung, wenn die Partikel ursprünglich fehlte.

In analoger Weise finden wir auch κέ dem εἰ, αἰ mit histor. Tempus beigegeben. Aber als tonlose und enklitische Partikel konnte es noch leichter verwendet werden, die Andeutung der Nichtwirklichkeit zu verstärken. So bei Homer
Il. XXIII, 526. εἰ δέ κ' ἔτι προτέρω γένετο δρόμος ἀμφοτέροισιν.
Indessen mag man hier κ' für καί nehmen, vgl. Rost's Gramm. 6te Aufl. S. 636. u. Od. VI, 282 hat man jedenfalls eine Elision oder Krasis von καί anzuerkennen. Ferner bei Herodot I, 174. in dem Orakel:

ἰσθμὸν δὲ μὴ πυργοῦτε μηδ' ὀρύσσετε
Ζεὺς γὰρ κ' ἔθηκε νῆσον, εἴ κ' ἐβούλετο.

(Vgl. Bähr z. d. St. Schäfer Melett. crit. p. 51), wofür Bekker εἴ γ' ἐβούλετο liest.

Erinnae epigr. 3. ταύταν γοῦν ἐτύμως τὰν παρθένον ὅστις ἔγραψεν,
αἴ κ' αὐδὰν ποτέθηκ', ἦς κ' Ἀγαθαρχὶς ὅλα.

Arist. Lysistr. 1098. ὦ πολυχαρίδα δεινὰ τὰν ἐπεπόνθεμες,
αἴ κ' εἶδον ἀμὲ τὦνδρες ἀναπεφλασμένως.

Bei Gale. Opusc. myth. phys. et eth. p. 722. αὐτίκα κατηγορεῖς ἱεροσυλίαν τευ, αἴ κ' ἐγένετο τὦργον, ἀληθὴς ὁ λόγος.

Wir müssen hier aber auf die oben (S. 86) berührten Fälle zurückkommen, in welchen vom Standpunkt entweder der objectiven Wahrheit oder der deutschen Sprache aus bei dem Indic. der histor. Zeiten ἄν erwartet wird.

Es kann nämlich eine Handlung, obwohl ihr keine Wirklichkeit zukommt, doch von dem Sprechenden aus irgend welchem Grund als wirklich behandelt werden. Es gehört dahin die schon oben, bei Prüfung der Frage, ob ein wesentlicher Unterschied zwischen κέν und ἄν bestehe, erörterte Stelle:
Il. VI, 345 ff. ὥς μ' ὄφελ' ἤματι τῷ, ὅτε με πρῶτον τέκε μήτηρ,
οἴχεσθαι προφέρουσα κακὴ ἀνέμοιο θύελλα
εἰς ὄρος, ἢ εἰς κῦμα πολυφλοίσβοιο θαλάσσης·
ἔνθα με κῦμ' ἀπόερσε, πάρος τάδε ἔργα γενέσθαι.

Dann die ganz ähnliche Soph. El. 1021 f.
εἴθ' ὤφελες τοιάδε τὴν γνώμην πατρὸς
θνῄσκοντος εἶναι· πάντα γὰρ κατειργάσω.

Die Vorstellung der Sprechenden vergegenwärtigt sich so lebhaft das eben nur noch Gewünschte und als unerfüllbar

Bezeichnete, dass sie es als ein Wirkliches behandelt. Gleiches gilt von Andoc. de myst. §. 57—59. φέρε δὴ (χρὴ γὰρ, ὦ ἄνδρες, ἀνθρωπίνως περὶ τῶν πραγμάτων ἐκλογίζεσθαι, ὥσπερ ἂν αὐτὸν ὄντα ἐν τῇ συμφορᾷ) τί ἂν ὑμῶν ἕκαστος ἐποίησεν; εἰ μὲν γὰρ ἦν δυοῖν τὸ ἕτερον ἑλέσθαι, ἢ καλῶς ἀπολέσθαι, ἢ αἰσχρῶς σωθῆναι, ἔχοι ἄν τις εἰπεῖν κακίαν εἶναι τὰ λεγόμενα· καίτοι πολλοὶ ἂν καὶ τοῦτο εἵλοντο, τὸ ζῆν περὶ πλείονος ποιησάμενοι τοῦ καλῶς ἀποθανεῖν· ὅπου δὲ τούτων τὸ ἐναντιώτατον ἦν, σιωπήσαντι μὲν αὐτῷ τε αἴσχιστα ἀπολέσθαι μηδὲν ἀσεβήσαντι, ἔτι δὲ τὸν πατέρα περιιδεῖν ἀπολόμενον καὶ τὸν κηδεστὴν καὶ τοὺς συγγενεῖς καὶ ἀνεψιοὺς τοσούτους, οὓς οὐδεὶς ἀπώλλυεν ἢ ἐγὼ μὴ εἰπὼν ὡς ἕτεροι ἥμαρτον. Διοκλείδης μὲν γὰρ ψευσάμενος ἔδησεν αὐτούς, σωτηρία δὲ αὐτῶν ἄλλη οὐδεμία ἦν ἢ πυθέσθαι Ἀθηναίους πάντα τὰ πραχθέντα· φονεὺς οὖν αὐτῶν ἐγινόμην ἐγὼ μὴ εἰπὼν ὑμῖν ἃ ἤκουσα. ἔτι δὲ τριακοσίους Ἀθηναίων ἀπώλλυον, καὶ ἡ πόλις ἐν κακοῖς τοῖς μεγίστοις ἐγίνετο. ταῦτα μὲν οὖν ἦν ἐμοῦ μὴ εἰπόντος· εἰπὼν δὲ τὰ ὄντα αὐτός τε ἐσωζόμην καὶ τὸν πατέρα ἔσωζον καὶ τοὺς ἄλλους συγγενεῖς, καὶ τὴν πόλιν ἐκ φόβου καὶ κακῶν τῶν μεγίστων ἀπήλλαττον. φυγάδες δὲ δι' ἐμὲ τέτταρες ἄνδρες ἐγίνοντο, οἵπερ καὶ ἥμαρτον· τῶν δ' ἄλλων οἱ λοιποὶ πρότερον ὑπὸ Τεύκρου ἐμηνύθησαν. οὔτε δήπου οἱ τεθνεῶτες δι' ἐμὲ μᾶλλον ἐτέθνασαν, οὔτε οἱ φεύγοντες μᾶλλον ἔφευγον. Ferner Soph. El. 914. οὔτε δρῶσ' ἐλάνθανεν, wo Brunck mit Billigung Schäfers (Mell. critt. p. 55) ἐλάνθαν' ἄν schrieb. Troad. 395. Bacch. 1309 ff.

τὸν γέροντα δὲ
οὐδεὶς ὑβρίζειν ἤθελ', εἰσορῶν τὸ σὸν
κάρα· δίκην γὰρ ἀξίαν ἐλάμβανεν.

Der Sprechende vergegenwärtigt sich die Voraussetzung als wirklich. Herod. I, 187. Τῇσι δὲ πύλῃσι ταύτῃσι οὐδὲν ἐχρᾶτο τοῦδε εἵνεκα, ὅτι ὑπὲρ κεφαλῆς οἱ ἐγένετο ὁ νεκρὸς διεξελαύνοντι. Es heisst ἐγένετο, weil Dareios als durch das Thor ziehend vorgestellt wird. Aehnlich Lys. in Erat. §. 27. Οὐ γὰρ δὴ που ἐν τοῖς μετοίκοις πίστιν παρ' αὐτοῦ ἐλάμβανον. Dem. ad Apat. §. 28. τίνα γὰρ ἐλπίδα ἔσχον τοῦτον ἀποσχήσεσθαί μου; Was zuvor in περιεῖδον ἄν als Factum nur gesetzt war, wird nun bereits als bestehend angenommen, und unter dieser Voraussetzung gefragt: τίνα ἐλπίδα ἔσχον; Ebenso Plato Symp. p. 190, c. αἱ τιμαὶ γὰρ αὐτοῖς καὶ τὰ ἱερὰ τὰ παρὰ τῶν ἀνθρώπων ἠφανίζετο. In andern Stellen ist der Gebrauch des Indic. auf die

Formel: „wenn Jenes, so Dieses" zurückzuführen. So Eur. Hec. 1111 ff.

εἰ δὲ μὴ Φρυγῶν
πύργους πεσόντας ἦσμεν Ἑλλήνων δορί,
φόβον παρέσχεν οὐ μέσως ὅδε κτύπος.

wo Porson mit einigen Hdss. παρέσχ' ἄν liest, Elmsley zur Medea p. 150, p) unter der Bemerkung: „Nihil apud Atticos poëtas rarius vocali ε ante particulam ἄν elisa" (vgl. Reisig de vi et usu ἄν part. p. 138) vorschlägt: φόβον παρέσχεν οὐ μέσως ὅδ' ἄν κτύπος. Eur. Troad. 394 ff.

τὰ δ' Ἕκτορός σοι λύπρ' ἄκουσον, ὡς ἔχει,
δόξας ἀνὴρ ἄριστος, οἴχεται θανών.
καὶ τοῦτ' Ἀχαιῶν ἶξις ἐξεργάζεται,
εἰ δ' ἦσαν οἴκοι, χρηστὸς ὢν ἐλάνθανεν.
Πάρις δ' ἔγημε τὴν Διός· γήμας δὲ μὴ
σιγώμενον τὸ κῆδος εἶχεν ἐν δόμοις.

wofür Schäfer Melett. critt. p. 56. ἐλάνθαν' ἄν und εἶχ' ἄν vorschlägt. Matthiä liest χρηστὸς ἔλαθεν ἄν γεγώς, Elmsley εἶχεν ἄν δόμοις. Diphilus bei Athen l. IV, c. 18, p. 165.

Εἰ μὴ συνήθης φαιδίμῳ τ' ἐτύγχανεν
ὁ Χαβρίου Κτήσιππος, εἰσηγησάμην
νόμον τιν' οὐκ ἄχρηστον, ὡς ἐμοὶ δοκεῖ·

Thuc. III, 74 ὥστε καὶ χρήματα — κατεκαύθη, εἰ ἄνεμος ἐπεγένετο τῇ φλογί. Aesch. de falsa leg. §. 66. τί δὲ καὶ βουλόμενος εἴπερ ταὐτὰ Φιλοκράτει προειλόμην κατηγόρουν μὲν (wie Demosthenes behauptet) πρὸς τοὺς αὐτοὺς ἀκροατὰς τῇ προτεραίᾳ, μίαν δὲ νύκτα διαλιπὼν συνηγόρουν; Dieses κατηγόρουν, συνηγόρουν ist ebenso natürlich, wie jede Behauptung oder Einwendung, die man im Namen des Gegners macht. Dem. ad Apat. §. 25. Dagegen finden wir ebd. §. 29 ἠρνούμην ἄν, wo je nachdem der Schriftsteller die Sache auffassen und darstellen wollte, ebensowohl ἄν fehlen konnte. Eine wahrhaft rhetorische Auslassung des ἄν ist Eur. Suppl. 707.

καὶ μὴν τὰ Θησέως γ' οὐκ ὄκνῳ διεφθάρη·
ἀλλ' ἵετ' εὐθὺς λαμπρ' ἀναρπάσας ὅπλα.

Auch aus Ironie wird statt des Indic. mit ἄν der blosse Indic. gebraucht. So Arist. Nub. 1338 ff.

ἐδιδαξάμην μέντοι σε νὴ Δί', ὦ μέλε,
τοῖσιν δικαίοις ἀντιλέγειν, εἰ ταῦτά γε

μέλλεις ἀναπείσειν, ὡς δίκαιον καὶ καλὸν
τὸν πατέρα τύπτεσθ᾽ ἐστὶν ὑπὸ τῶν υἱέων.
Auffallend ist Arist. Eccl. 772. Da aber der Text unverdächtig ist, und das Imperf. ἐπειθόμην in keiner Weise so erklärt werden kann, wie der sogenannte Aor. tragicus (Hermann zu Viger p. 745. Arist. Eccl. 255) auch nicht geradehin für das Präsens steht, so bleibt nur übrig, mit Hermann es als ironischen Ausdruck zu nehmen: „ich sah's und glaubt' es."
Noch seien einige Stellen aus den Rednern Isäos, Lykurgos, Aeschines berührt, welche Meutzner in seiner Rec. der Oratores Attici edd. Baiter et Sauppe fasc. III. Zeitschr. f. d. Alterthumswiss. 1844. Nro. 21. ausgehoben hat. Is. de Pyrrh. her. §. 45. haben die Hdss. ABLZ. den blossen Indic. ἐπέτρεψας. Will man sich streng an die hds. Autorität halten, so wäre der Gebrauch des blossen Indic. in einem Fall, in welchem der gewöhnliche Sprachgebrauch unzweifelhaft ἄν erfordert hätte, als eine Besonderheit dieses Redners zu erklären. Da indessen gerade bei diesen Rednern den Hdss. nicht so viel Gewicht beigelegt werden dürfte, und da auch sonst bei ihnen (vgl. unten beim Opt.) ἄν ausgefallen zu sein scheint, wo der gewöhnliche Sprachgebrauch die Partikel verlangte, so thaten vielleicht Bekker, Baiter und Sauppe nicht Unrecht, wenn sie hier ἄν einschoben, was auch von Meutzner gebilligt wird. Auch Ἀποσπ. §. 8 scheinen Baiter und Sauppe dem Sinn gemäss mit Recht ἠξίουν ἄν aufgenommen zu haben. Minder nöthig scheint Is. de Ph. §. 75. die Aufnahme von ταῦτ᾽ ἄν διεπράξατο gegen die Hdss. ABLZ. und Lyc. §. 23. ἐκεῖνον ἄν αὐτὸν παρειχόμην. In der einen wie in der andern Stelle lässt sich der blosse Indic. aus der Formel: „wenn Jenes, so Dieses" erklären.

Ehe wir diesen Gebrauch des Indic. ohne ἄν verlassen, haben wir noch zu erwähnen, dass nach οὐκ ἔστι mit folgendem Relativ der blosse Indic. des histor. Tempus stehen kann, obwohl die damit ausgedrückte Handlung nicht als wirklich zu betrachten ist. Antiph. de caede Herod. §. 15. εὖ γὰρ ᾔδεις, ὅτι οὐδεὶς ἄν ἦν σοι, ὃς ἐκεῖνον τὸν ὅρκον διομοσάμενος ἐμοῦ κατεμαρτύρησεν. Dem. ad Apat. §. 26. Οὐκ ἔστι τοίνυν ὅστις μαρτυρήσει παραγενέσθαι, ὅπου οὗτος ἢ πέρυσιν ἢ προπέρυσιν ἐδικάσατό μοι ἢ λόγον ὁντινοῦν ἐποιήσατο πρὸς ἐμὲ περὶ ὧν νυνί μοι δικάζεται. Es ist dieser Gebrauch ganz im Einklang mit dem nach οὐκ ἔστιν, ὅστις u. dgl. Ausdrücken gebrauchten Indicativ. So konnte Plato

Apol. p. 36, c. statt ἔμελλον ὄφελος εἶναι auch blos gesagt werden ὄφελος ἦν, doch auch ὄφελος ἂν ἦν. Es findet sich nämlich in solchem Fall auch der Indic. mit ἄν, wie Dem. ad Apat. §. 28. περιεῖδον ἄν und §. 34. τίς οὕτως ὠμός ἐστιν ἀντίδικος ἢ διαιτητής, ὃς οὐκ ἂν ἀνεβάλετο εἰς τὸ ἐπιδημῆσαι τὸν ἄνθρωπον; wo indessen die beiden codd. Marc. 416 und 418 (F u. Φ), so wie Par. reg. 2936 (r) ἄν weglassen.

Zu der zweiten Gattung von Fällen, in welchen nur von dem deutschen Sprachgebrauch aus die Beifügung von ἄν zu dem Indic. des hist. Tempus erwartet wird, gehören vornehmlich die Ausdrücke der Möglichkeit und der Schuldigkeit, der Pflicht. Die griech. wie die latein. Sprache gebraucht da den reinen Indic., wo objectiv behauptet werden sollte, dass etwas möglich oder Pflicht war. Die Unregelmässigkeit liegt ganz auf Seiten der deutschen Sprache. Während diese nämlich gleich der latein. das Imperf. und Plusquamperf. Conj. in der Regel gebraucht, um die Nichtwirklichkeit eben der Handlung anzudeuten, die mit dem Imperf. und Plusquamperf. ausgedrückt ist, wendet sie bei den Ausdrücken können, sollen u. dgl. das Imperf. und Plusquamperf. Conj. auch dann an, wo nur die von diesen Ausdrücken abhängige Handlung, nicht jene Ausdrücke selbst als nicht wirklich erscheinen sollen, während die griech. wie die latein. Sprache hier alle Andeutung der Nichtwirklichkeit unterlässt. Denn man darf nicht etwa aus dem Grunde, weil auch dem Infin. ἄν zu Andeutung der Nichtwirklichkeit beigegeben werden kann, und weil in der That hier die in dem abhängigen Infin. ausgedrückte Handlung nicht wirklich geworden ist, erwarten, es werde nun eben dem Infin. die Partikel beigegeben sein, vielmehr die griech. wie die latein. Sprache gebraucht in diesem Falle, in dem sie nichts weiter behaupten will, als: es war möglich, es war Pflicht, es war besser etc., diess zu thun, die Form der objectiven Behauptung, wie sie auch im Deutschen in obiger Fassung statt: du hättest können, sollen etc. eintreten kann. — Wenn man nun aber auch im Allgemeinen (nach Hermann de part. ἄν l. l. c. 12.) die Regel so fassen kann, dass man sagt, es entspreche den deutschen Ausdrücken: ich hätte können, sollen, es wäre besser gewesen u. dgl. im Griech. der Indic. der histor. Zeiten mit ἄν, wenn der Sprechende in jene Ausdrücke die Andeutung der Nichtwirklichkeit (dass es in der That nicht möglich, nicht Pflicht war u. s. w.) legen wolle, in welchem Falle aus ἔδει ἄν eine von dem Sprechenden beabsichtigte Folgerung *νῦν δ' οὐ δεῖ* sich ableiten lasse; und es entspreche ihnen der reine Indic., so dass alle Andeutung der Nichtwirklichkeit wegfalle, wenn diese nur der abhängigen Handlung anhafte, so ist doch diese Fassung nicht genügend zur Erklärung aller Fälle, vielmehr müssen wir auch hier auf die Bemerkung zurückgehen, dass *ἄν* bei dem Indic. eines histor. Tempus nicht ursprünglich und überhaupt die Bestimmung hat, die Nichtwirklichkeit anzudeuten, sondern nur die reine Objectivität der Behauptung durch Zufügung des subjectiven Elementes der Setzung zu beseitigen, hinzuweisen, dass das Factum zunächst nur in der Vorstellung existire, die objective Behauptung in eine subjective zu verwandeln. Es wird sich diess durch Betrachtung einzelner Stellen bestätigen. Dem. in Timocr. §. 146 f. οὔτε γὰρ ἄν, ὦ ἄνδρες δικασταί, ἐξῆν ὑμῖν τιμᾶν ὅ τι χρὴ παθεῖν ἢ ἀποτῖσαι (ἐν γὰρ τῷ παθεῖν καὶ ὁ δεσμὸς ἔνι· οὐκ ἂν οὖν ἐξῆν δεσμοῦ ἀποτῖσαι) οὐθ' ὅσων ἔνδειξίς ἐστιν ἡ ἀπαγωγή, προςεγέγραπτο ἂν ἐν τοῖς νόμοις „τὸν δ' ἐνδειχθέντα ἢ ἀπαχθέντα δησάντων οἱ ἕνδεκα ἐν τῷ ξύλῳ" εἴπερ μὴ ἐξῆν ἄλλους ἢ τοὺς ἐπὶ προδοσίᾳ τῆς πόλεως ἢ ἐπὶ καταλύσει τοῦ δήμου συνιόντας ἢ τοὺς τὰ τέλη ὠνουμένους καὶ μὴ καταβάλλοντας δῆσαι. νῦν δὲ ταῦθ' ὑμῖν τεκμήρια ἔστω ὅτι ἔξεστι δῆσαι· παντελῶς γὰρ ἤδη ἄκυρ' ἂν ἦν τὰ τιμήματα. Hier ist der dem οὐκ ἂν ἐξῆν zu Grund liegende Gedanke in νῦν δὲ — ἔξεστι ausdrücklich ausgesprochen. Dem. in Mid. §. 35. Εἰ τοίνυν ἀπέχρη τοὺς τοῖς Διονυσίοις τι ποιοῦντας τούτων κατὰ τούτους τοὺς νόμους δίκην διδόναι, οὐδὲν ἂν προςέδει τοῦδε τοῦ νόμου. ἀλλ' οὐκ ἀπέχρη. Also ist auch die Folgerung beabsichtigt, welche die Zuhörer ziehen sollen: προςδεῖ τοῦδε τοῦ νόμου. Die Zuhörer sollen οὐδὲν προςέδει nicht in objectiver Wirklichkeit nehmen, sondern nur als in der Vorstellung als wirklich gesetzt, und um die Zuhörer nicht im Zweifel zu lassen, wie das οὐδὲν προςέδει gemeint sei, ist *ἄν* beigegeben. Dem. Phil. I, §. 1. εἰ γὰρ ἐκ τοῦ παρεληλυθότος χρόνου τὰ δέοντα οὗτοι συνεβούλευσαν, οὐδὲν ἂν ὑμᾶς νῦν ἔδει βουλεύεσθαι. Es soll angedeutet werden: ἀλλὰ δεῖ νῦν ὑμᾶς βουλεύεσθαι. Xen. Anab. V, I, 10. Εἰ μὲν ἠπιστάμεθα σαφῶς, ὅτι ἥξει πλοῖα Χειρίσοφος ἄγων ἱκανά, οὐδὲν ἂν ἔδει ὧν μέλλω λέγειν. Dass diesem οὐδὲν ἂν ἔδει der Gedanke zu Grunde liegt: νῦν δὲ δεῖ, zeigt das unmittelbar Folgende: νῦν δ' ἐπεὶ τοῦτ' ἄδηλον, δοκεῖ μοι πειρᾶσθαι πλοῖα παρασκευάζειν καὶ αὐτόθεν. So liegt Isocr. Archid. §. 4, wie aus πῶς οὐκ ἀμφοτέρων χρὴ τῶν ἡλικιῶν πεῖραν λαμβάνειν hervorgeht, zu Grunde: νῦν δ' οὐ καλῶς ἔχει ἀπείργειν. Ebenso bei Plato Phaedo p. 108, a. οὐδὲ γὰρ ἂν ἡγεμόνων ἔδει die Behauptung: νῦν δὲ δεῖ. Soph. El. 1480.

χρῆν δ' εὐθὺς εἶναι τήνδε τοῖς πᾶσιν δίκην,
ὅςτις πέρα πράσσειν τι τῶν νόμων θέλοι,
κτείνειν. τὸ γὰρ πανοῦργον οὐκ ἂν ἦν πολύ.

Wozu Hermann bemerkt: „χρῆν dicit, quia oportere indicat sine conditione; nec potest opponi, ἀλλ' οὐ χρή: nam si oportet, quomodo potest non oportere? At non omnia fiunt, quae oportebat. Itaque quod opponere potes, aliud est: ἀλλ' οὐκ ἔστι. Contra non dicit, τὸ γὰρ πανοῦργον οὐκ ἦν πολύ, sed addit particulam. Nam illa tantum conditione non forent multi nefarii. Atque quia non exstat lex illa, sunt multi. Itaque oppositum est, ἀλλ' ἔστι πολύ."· Plato Gorg. p. 514, a u. b. Εἰ οὖν παρεκαλοῦμεν ἀλλήλους, ὦ Καλλίκλεις, δημοσίᾳ πράξαντες τῶν πολιτικῶν πραγμάτων, ἐπὶ τὰ οἰκοδομικά, ἢ τειχῶν ἢ νεωρίων ἢ ἱερῶν ἐπὶ τὰ μέγιστα οἰκοδομήματα, πότερον ἔδει ἂν ἡμᾶς σκέψασθαι ἡμᾶς αὐτοὺς καὶ ἐξετάσαι, πρῶτον μὲν εἰ ἐπιστάμεθα τὴν τέχνην, ἢ οὐκ ἐπιστάμεθα, τὴν οἰκοδομικήν, καὶ παρὰ τοῦ ἐμάθομεν; ἔδει ἄν, ἢ οὔ; Man denke nicht, dass hier ἄν nur darum stehe, weil ἔδει ἄν von der vorausgeschickten Bedingung abhängig gemacht sei. Denn wir werden nachher sehen, wie auch bei ausdrücklich gesetzter und vorausgeschickter Bedingung doch der blosse Indic. stehen kann. Vielmehr ἔδει soll nicht schlechthin objectiv behauptet werden; es ist, da sich die Rede überhaupt nur auf dem Gebiete des Setzens (vgl. unmittelbar zuvor: θῶμεν οὕτως ἔχειν;) bewegt, nur eine Setzung der Nothwendigkeit. Dem. in Timocr. §. 125. Ἀλλὰ νὴ Δία, αἰσχρὸν ἴσως ἂν ἦν Ἀνδροτίωνα δεθῆναι ἢ Γλαυκέτην, ἢ Μελάνωπον; οὐ μὰ τὸν Δί', ὦ ἄνδρες δικασταί, ἀλλὰ πολὺ αἴσχιον etc. Hermann meint, ἄν stehe wegen des beigefügten Gegensatzes. Das müssten wir indessen sicher unpassend finden, wenn der Redner in die Einwendung, die er im Namen Anderer sich macht, eine Andeutung seiner eigenen Meinung aufnähme. Auch ist das sonst nicht seine Art. Vgl. ebd. §. 126. ad Apat. §. 25. 37. ad Lept. §. 20. Eine andere Stelle, die uns den Beweis liefert, dass jener von Hermann angegebene Unterschied nicht überall ausreicht, ist Lys. in Erat. §. 48. Καίτοι εἴπερ ἦν ἀνὴρ ἀγαθός, ἐχρῆν ἂν πρῶτον μὲν μὴ παρανόμως ἄρχειν, ἔπειτα τῇ βουλῇ μηνυτὴν γενέσθαι περὶ τῶν εἰςαγγελιῶν ἁπασῶν, ὅτι ψευδεῖς εἶεν. Unstreitig würde hier nach der von Hermann aufgestellten Regel der einfache Indic. ἐχρῆν erwartet werden, da offenbar nicht der Gegensatz: ἀλλ' οὐκ ἐχρῆν daraus gebildet werden soll und kann. Es bleibt uns darum nur übrig, ἐχρῆν ἂν als subjective Behauptung über Vergangenes aufzufassen. So sagt schon Homer Il. III, 41 f.

καί κε τὸ βουλοίμην, καί κεν πολὺ κέρδιον ἦεν,
ἢ οὕτω λώβην τ' ἔμεναι καὶ ὑπόψιον ἄλλων.

oder Od. IX, 228. ἦ τ' ἂν πόλυ κέρδιον ἦεν
wo man keineswegs den Gegensatz erwarten kann: νῦν δ' οὐ κέρδιόν ἐστι, vielmehr haben wir eine subjektive Behauptung: es war wohl besser, wie denn Il. III, 41 eine subjective Behauptung καί κε τὸ βουλοίμην vorausgeht. Wie uns die letzten Beispiele den Indicativ mit ἄν in einem Fall zeigen, wo wir vom Hermann'schen Standpunkt aus unläugbar den reinen Indicativ erwartet hätten, so finden wir hinwiederum den Ind. ohne ἄν da, wo allerdings in jenen Ausdrücken die Andeutung eines in der Wirklichkeit entgegengesetzten Verhältnisses gefunden werden kann. Dem. Phil. III, 6. Εἰ μὲν οὖν ἅπαντες ὡμολογοῦμεν, Φίλιππον τῇ πόλει πολεμεῖν καὶ τὴν εἰρήνην παραβαίνειν, οὐδὲν ἄλλο ἔδει τὸν παριόντα λέγειν καὶ συμβουλεύειν, ἢ ὅπως ἀσφαλέστατα καὶ ῥᾷστα αὐτὸν ἀμυνούμεθα· ἐπειδὴ δὲ οὕτως ἀτόπως ἔνιοι διάκεινται, ὥστε πόλεις καταλαμβάνοντος ἐκείνου καὶ πολλὰ τῶν ὑμετέρων ἔχοντος καὶ πάντας ἀνθρώπους ἀδικοῦντος ἀνέχεσθαί τινων ἐν ταῖς ἐκκλησίαις λεγόντων πολλάκις, ὡς ἡμῶν τινές εἰσιν οἱ ποιοῦντες τὸν πόλεμον, ἀνάγκη φυλάττεσθαι καὶ διορθοῦσθαι περὶ τούτου. Hier hat Demosthenes allerdings, wie ἐπειδὴ δέ — ἀνάγκη διορθοῦσθαι περὶ τούτου und die folgende Erörterung der Frage: εἰ ἐφ' ἡμῖν ἐστι τὸ βουλεύεσθαι περὶ τοῦ πότερον εἰρήνην ἄγειν ἢ πολεμεῖν δεῖ zeigt, den Gedanken im Sinn: νῦν δὲ καὶ ἄλλο τι δεῖ λέγειν, und man müsste demnach gemäss der von Hermann aufgestellten Regel erwarten: οὐδὲν ἂν ἄλλο ἔδει, denn ungegründet ist dessen Erinnerung: „Videri potest hic addendum fuisse ἄν, quia opponi potest ἀλλ' οὐ δεῖ οὐδέν ἄλλο λέγειν. Nihilo minus recte omissa est particula. Neque enim sic intelligi haec voluit Demosthenes, sed quum velit Philippum ab omnibus hostem judicari, vehementerque improbet eos, qui aliter sentiant, in hanc sententiam loquitur: *si nemo nostrum dubitaret, illum hostem esse, de eo tantum me dicere opus erat, quomodo repellendus esset, sed quoniam sunt, qui*

aliter sentiant, his occurrendum est. Ita apparet jam non quid opus sit, et quid non sit opus, inter se opponi, sed quid ipse facturus sit." Klar ist, dass wie der Annahme εἰ μὲν ὡμολογοῦμεν die Wirklichkeit ἐπειδή — διάκεινται entgegensteht, so dem οὐδὲν ἄλλο ἔδει der Satz ἀνάγκη φυλάττεσθαι καὶ διορθοῦσθαι περὶ τούτου, worin ja jedenfalls der Gedanke liegt, ἀνάγκη καὶ περὶ ἄλλου του λέγειν. Dass nun Demosthenes sagen konnte: οὐδὲν ἂν ἄλλο ἔδει ist unzweifelhaft; wenn er aber dennoch einfach sagte οὐδὲν ἄλλο ἔδει, so können wir diess nur daraus erklären, dass er vorerst von einer Andeutung des Gegensatzes absehen und nur aussprechen wollte: wenn Jenes, so Dieses. Deutlich tritt diess als Grund der Weglassung der Partikel Xen. Mem. II, 7, 10 hervor. Εἰ μὲν τοίνυν αἰσχρόν τι ἔμελλον ἐργάσασθαι, θάνατον ἀντ' αὐτοῦ προαιρετέον ἦν, wie ebd. I, 3, 3. οὔτε γὰρ τοῖς θεοῖς ἔφη καλῶς ἔχειν εἰ ταῖς μεγάλαις θυσίαις μᾶλλον ἢ ταῖς μικραῖς ἔχαιρον der Inf. ohne ἂν steht, obwohl nachher folgt οὔτ' ἂν τοῖς ἀνθρώποις ἄξιον εἶναι ζῆν, zum Beweis, wie der Gebrauch oder Nichtgebrauch der Partikel weniger nach objectiven Verhältnissen sich regelt, als nach der Auffassung und Absicht des Sprechenden, ob er schlechthin und objectiv behaupten, oder andeuten will, dass die Handlung nicht als objectiv zu nehmen ist. Diess bestätigt sich auch aus Herod. I, 39. εἰ μὲν γὰρ ὑπ' ὀδόντος τοι εἶπε τελευτήσειν με — χρῆν δή σε ποιέειν τὰ ποιέεις, νῦν δὲ ὑπ' αἰχμῆς. Die Angemessenheit der objectiven Behauptung „wenn ich durch einen Zahn den Tod finden sollte, dann war es offenbar (δή) nöthig, so zu handeln, wie du handeltest" liegt am Tag. Offenbar will der Jüngling des Vaters Benehmen einerseits rechtfertigen (συγγνώμη μέν ὦ πάτερ τοι ἰδόντι γε ὄψιν τοιαύτην), andrerseits doch als auf falscher Auslegung des Traumes beruhend darstellen. Daher denn auch unter gewisser Voraussetzung die entschiedene Behauptung: χρῆν δή σε ποιέειν τὰ ποιέεις. Auf andere Stellen liesse sich zwar die von Hermann aufgestellte Norm anwenden, indessen da sich, wie wir sahen, ihre Anwendbarkeit nicht durchaus bewährt, so sind auch diese wohl einfach auf die Regel zurückzuführen, dass mit dem Indicativ objectiv behauptet, mit dem Indicativ und ἂν aber ein Factum nur gesetzt, darum aber eben seiner reinen Objectivität beraubt werde. Diess kann man z. B. von χρῆν Soph. El. 1480 geltend machen; ferner von Soph. Oed. R. 250.

οὐδ' εἰ γὰρ ἦν τὸ πρᾶγμα μὴ Θεήλατον,
ἀκάθαρτον ἡμᾶς εἰκὸς ἦν οὕτως ἐᾶν.
Es war nicht angemessen den Mord ungesühnt zu lassen.
Dem. in Aristocr. §. 107. εἰ γὰρ μηδὲν εἴχετε τῶν ἄλλων λογίσασθαι, μηδ' ἐφ' ὑμῶν αὐτῶν οἷοί τε ἦτε ταῦτα συνεῖναι, ἦν ἰδεῖν παράδειγμα Ὀλυνθίους, ihr konntet an den Ol. ein Beispiel nehmen, statt: ihr hättet können. Weitere Beispiele des reinen Indicativs sind für: ἐξῆν Antiph. de caede Her. §. 13. ἔδει Antiph. de chor. §. 42. Dem. pro cor. §. 191. Phil. I. §. 38. ἐχρῆν Ant. de acc. venef. §. 1. 4. 6. 21. 22. de caede Her. §. 36. Dem. Phil. I, §. 27. de cor. trier. §. 3. in Mid. §. 68. Eur. Her. 450. προσῆκε Dem. ad Apat. §. 25. 38. δίκαιον ἦν Dem. pro cor. §. 16. αἰσχρὸν ἦν Xen. Anab. VII, 7, 40. εἰκὸς ἦν Ant. de caede Her. §. 27. 28. Lys. in Erat. §. 27. Dem. de falsa leg. §. 44. ad Boeot. de dote §. 27. 30. ἄξιον ἦν Lys. epit. §. 78. ἄρειον ἔπλετο Il. XIX, 56 f. ἀσφαλέστερον ἦν Lys. de ol. §. 24. Ὤφελον dürfte wohl nicht anders, als im reinen Indicativ gefunden werden, sowohl wo es den unerfüllbaren Wunsch ausdrückt, als wo es im Behauptungssatze steht. Il. I, 353. X, 117. XVIII, 367. XXIII, 546. XIX, 59. Aesch. Prom. 48. Eur. Iph. A. 1303. Heracl. 248. Xen. Anab. I, 2, 4. Ἔμελλον findet sich meist ohne ἄν, da es eine zu erwartende Handlung ausdrückend vermöge seines Begriffs dem ἄν nahe steht; ἔμελλον ἄν steht Andoc. de myst. §. 21. Φέρε δὴ τοίνυν, εἰ καὶ ὁ πατὴρ ἐβούλετο ὑπομένειν, τοῖς φίλοις ἂν οἴεσθε ἢ ἐπιτρέπειν αὐτῷ μένειν ἢ ἐγγυήσασθαι, ἀλλ' οὐκ ἂν παραιτεῖσθαι καὶ δεῖσθαι ἀπιέναι ὅπου ἂν ἔμελλεν αὐτὸς σωθήσεσθαι ἐμέ τε οὐκ ἀπολεῖν; wo ἄν allerdings zu ἔμελλεν gehört, wo etwa zu erwarten war, dass er selber gerettet werden konnte.

Wir schliessen diese Erörterung mit einer Bemerkung über den Unterschied von ἐβουλόμην und ἐβουλόμην ἄν. Es wird nämlich ἐβουλόμην ἄν gebraucht, wo allerdings in der Seele des Sprechenden ein Wunsch vorhanden, und nur das Gewünschte selbst (die von ἐβουλόμην abhängige Handlung) als nicht wirklich anzusehen ist. Es hat diess Hermann de part. ἄν l. c. 12. p. 67 zu der Behauptung veranlasst „ἐβουλόμην ἄν potestate idem est, quod *bene esset,* cui recte opponitur, *at non bene est.* Quare etiam Latini *vellem* dicunt." Das hiesse aber doch gewaltsam verfahren, wenn man, um eine für den ersten Anblick auffallende Redeweise zu erklären, einem Worte seine einfache, sonst überall geltende Bedeutung, wie hier dem βούλομαι die des Wollens absprechen wollte. Auch berechtigt uns keine Stelle von dieser Bedeutung abzugehen. Vielmehr wenn man im Griech. ἐβουλόμην ἄν, im Lat. vellem, nollem, im Deutschen *ich wollte, wünschte* (als Imperf. Conj.) sagt, so liegt allem dem ursprünglich der Gedanke zu Grunde: ich würde wollen, wünschen, wenn es mir unter diesen Umständen, in meiner Stellung verstattet wäre, zu wünschen, und man bedient sich demgemäss dieser Formel auch blos zu bescheidenem Ausdruck seines Wunsches. Xen. Cyr. VII, 2, 15 f. Τάδε δέ μοι πάντως, ἔφη, ὦ Κροῖσε, λέξον, πῶς ἀποβέβηκέ τὰ ἐκ τοῦ ἐν Δελφοῖς χρηστηρίου· σοὶ γὰρ δὴ λέγεται πάνυ γε τεθεραπεῦσθαι ὁ Ἀπόλλων, καί σε πάντα ἐκείνῳ πειθόμενον πράττειν. Ἐβουλόμην ἄν, ὦ Κῦρε, οὕτως ἔχειν· νῦν δὲ πάντα τἀναντία εὐθὺς ἐξ ἀρχῆς πράττων προσηνέχθην τῷ Ἀπόλλωνι. Offenbar liegt in der Formel, dass der Wunsch unstatthaft sei, weil er unerfüllbar sei. Dem. Phil. I, §. 51. ἐβουλόμην δ᾽ ἄν, ὥσπερ ὅτι ὑμῖν συμφέρει τὰ βέλτιστα ἀκούειν οἶδα, οὕτως εἰδέναι συνοῖσον καὶ τῷ τὰ βέλτιστα εἰπόντι· πολλῷ γὰρ ἂν ἥδιον εἶπον. νῦν δ᾽ ἐπ᾽ ἀδήλοις οὖσι τοῖς ἀπὸ τούτων ἐμαυτῷ γενησομένοις, ὅμως ἐπὶ τῷ συνοίσειν ὑμῖν, ἐὰν πράξητε, ταῦτα πεπεῖσθαι λέγειν αἱροῦμαι. Auch hier soll nicht objectiv behauptet werden, dass der Wunsch bestimmt vorhanden sei, sondern indem der Redner die Besorgniss hegt, sein Wunsch möchte nicht erfüllt werden, so hat er auch kaum den Muth, zu wünschen. Arist. Eccl. 151. Vesp. 960. Antiph. de chor. §. 14. Lys. in Erat. §. 22. Aesch. in Ctes. §. 115 ὃν ἐβουλόμην ἂν πολλῶν ἕνεκα ζῆν. Plato Phaedr. p. 228, a. Man vergleiche damit ἐβουλόμην in folgenden Stellen: Ant. de caede Her. §. 1. ἐβουλόμην μέν, ὦ ἄνδρες, τὴν δύναμιν τοῦ λέγειν καὶ τὴν ἐμπειρίαν τῶν πραγμάτων ἐξ ἴσου μοι καθεστάναι τῇ τε συμφορᾷ καὶ τοῖς κακοῖς τοῖς γεγενημένοις, νῦν δὲ τοῦ μὲν πεπείραμαι πέρα τοῦ προσήκοντος, τοῦ δὲ ἐνδεής εἰμι μᾶλλον τοῦ συμφέροντος. Aesch. in Ctes. §. 2. Ἐβουλόμην μὲν οὖν, ὦ ἄνδρες Ἀθηναῖοι καὶ τὴν βουλὴν τοὺς πεντακοσίους καὶ τὰς ἐκκλησίας ὑπὸ τῶν ἐφεστηκότων ὀρθῶς διοικεῖσθαι καὶ τοὺς νόμους, οὓς ἐνομοθέτησεν ὁ Σόλων περὶ τῆς τῶν ῥητόρων εὐκοσμίας ἰσχύειν, worauf §. 3 mit ἐπειδὴ δὲ πάντα τὰ πρότερον ὡμολογημένα καλῶς ἔχειν als Gegensatz die Schilderung der Wirklichkeit beginnt. Arist. Run. 866. sagt Aeschylos:

ἐβουλόμην μὲν οὐκ ἐρίζειν ἐνθάδε,

worauf V. 870 der Gegensatz folgt:
ὅμως δ᾽ ἐπειδὴ σοὶ δοκεῖ, δρᾶν ταῦτα χρή.

Hermann bemerkt zu den beiden letzten Stellen: „significat illud ἐβουλόμην cupiebam, cui quoniam non est oppositum at non cupio, recte abest ἄν. Itaque apud Aeschinem sensum verborum etiam ita licet exprimere, debebat servari antiquus mos judiciorum. Apud Aristophanem autem qui loquitur, Aeschylus, quum cupiebam non certare dicit, manere se alienum a certandi cupiditate indicat, etiamsi, quum detrectare nequeat, certaturus est." Achten wir blos auf die wirklichen Verhältnisse, so ist nicht zu läugnen, dass in den letzten Stellen so gut, wie in den früher erwähnten ἐβουλόμην ἄν gesagt sein könnte. Denn auch in ἐβουλόμην μέν, in der Wahl des Imperf. und der Partikel μέν „ich hatte zwar den Wunsch oder ich war zwar gesonnen," liegt in Wahrheit die Andeutung, dass man den Wunsch, die Absicht als unangemessen aufgebe (es ist aber auch das oft nur fingirt); der Unterschied kann vielmehr nur darin bestehen, dass in ἐβουλόμην bestimmt und objectiv behauptet ist: „ich hatte den Wunsch," in ἐβουλόμην ἄν dagegen durch die Partikel der Setzung einer Handlung als wirklicher die Objectivität beseitigt, und dass man wünschte, nur als subjective Behauptung ausgesprochen ist.

Wir gehen zu der andern Hauptgattung der histor. Tempp. mit ἄν über, wo durch diese Construction eine Wiederholung der Handlung ausgedrückt sein soll. Den Unterschied von der erstern Gattung hätten wir nach Hermann darein zu setzen, dass bei jener die Bedingung nicht erfüllt, bei dieser zweiten erfüllt ist; ἔλεγεν ἄν wäre nach ihm „dicebat, si dicebat (si dicebat hic; si hoc; si huic; si hoc tempore; si hoc loco; si hoc modo)," nach Rost (6te Aufl. S. 605) = „ἔλεγον, εἰ ἐξῆν λέγειν, ich sagte, wenn sich die Umstände zum Sagen fanden, ich sagte bisweilen." Diesen Bestimmungen liegt jedenfalls die richtige Wahrnehmung zu Grunde, die auch Kühner Ausf. Gr. §. 454. b. β. ausdrücklich ausspricht, dass hier durch ἄν „die Thätigkeit als eine solche dargestellt werde, die nicht ohne Unterbrechung fortdauerte, sondern sich nur unter gewissen Fällen, Umständen und Verhältnissen wiederholte." Mit diesen Bestimmungen ist aber die Bedeutung dieser Verbindung weder erschöpft, noch in ihrem Wesen getroffen. Einmal finden sich Stellen, in welchen die Zufügung einer Bedingung, welche nach obiger Voraussetzung durch ἄν im Allgemeinen vertreten wäre,

nicht blos geschmacklos und anstössig, sondern geradehin unpassend und unmöglich wäre. Arist. Ran. 1022.
ὁ θεασάμενος πᾶς ἄν τις ἀνὴρ ἠράσθη δάϊος εἶναι.
Was für einen Bedingungssatz könnten wir hier ergänzen, der angemessen und erträglich wäre? Oder können wir etwa übersetzen: er ward bisweilen von Verlangen beseelt? können wir überhaupt in der Stelle eine bestimmte, nämlich an eine erfüllte Bedingung geknüpfte Behauptung finden? Denn von Nichterfüllung der Bedingung kann freilich in keinem Fall die Rede sein. Gleiches gilt von Xen. hist. p. III, 4, 18. Ἐπερρώσθη δ' ἄν τις καὶ ἐκεῖνο ἰδών, Ἀγησίλαον μὲν πρῶτον, ἔπειτα δὲ καὶ τοὺς ἄλλοις στρατιώτας ἐστεφανωμένους ἀπὸ τῶν γυμνασίων ἀπιόντας καὶ ἀνατιθέντας τοὺς στεφάνους τῇ Ἀρτέμιδι. Plato Apol. p. 18, c. ἔτι δὲ καὶ ταύτῃ τῇ ἡλικίᾳ λέγοντες πρὸς ὑμᾶς, ἐν ᾗ ἂν μάλιστα ἐπιστεύσατε. Auch hier ist aus dem Zusammenhange deutlich, dass an eine Andeutung der Nichtwirklichkeit nicht zu denken ist. Welche als erfüllt zu denkende Bedingung wollen wir nun wohl suppliren? etwa: εἴ που ἄλλοτε? Damit aber wäre die Anwendung von ἄν noch nicht gerechtfertigt, sofern in der Formel: „wenn je diess geschah, so in diesem Fall," der Nachsatz eben so wohl den reinen Indic. haben kann, als den Indic. mit ἄν. Aehnlich ist die Stelle Dem. in Steph. I, §. 19. Οἵδὶ δὲ τῇ προκλήσει χρησάμενοι παραπετάσματι διαθήκας ἐμαρτύρησαν, ὡς ἂν μάλισθ' οἱ δικασταὶ ταύτην τὴν διαθήκην ἐπίστευσαν τοῦ πατρὸς εἶναι. Namentlich ist hier an keine Wiederholung zu denken. Xen. hist. gr. IV, 4, 12. Οἱ δὲ Λακεδαιμόνιοι οὐκ ἠπόρουν, τίνα ἀποκτείνοιεν· ἔδωκε γὰρ τότε γε ὁ θεὸς αὐτοῖς ἔργον, οἷον οὐδ' εὔξαντό ποτ' ἄν. Man kann nicht übersetzen: „wie sie es nicht einmal gewünscht haben würden;" eben so wenig: „wie sie es sich nicht einmal zu wünschen pflegten," überhaupt ist der Begriff einer Wiederholung hier völlig unanwendbar. Will man die Partikel als Stellvertreterin eines Bedingungssatzes erklären, so fühlt wohl Jeder, wie wenig die verschiedenen von Hermann vorgeschlagenen Bedingungen oder die von Rost versuchten Erklärungen passen würden. Andrerseits ist wiederholt zu erinnern, dass wie der Bedingungssatz an und für sich, was nun wohl hinlänglich ins Klare gesetzt ist, durchaus kein ἄν in dem entsprechenden Hauptsatze nothwendig macht, so namentlich auch in den Formeln *dicebat, si dicebat hic* u. s. w. ἄν keineswegs nothwendig ist.

Schlagend ist auch die Stelle Antiph. de caede Her. §. 26. δῆλον γὰρ ὅτι ἐγγύς που τοῦ λιμένος εἰκὸς ἦν τοῦτο γενέσθαι, τοῦτο μὲν μεθύοντος τοῦ ἀνδρός, τοῦτο δὲ νύκτωρ ἐκβάντος ἐκ τοῦ πλοίου· οὔτε γὰρ αὐτοῦ κρατεῖν ἴσως ἂν ἐδύνατο, οὔτε τῷ ἀπάγοντι νύκτωρ μακρὰν ὁδὸν ἡ πρόφασις ἂν εἰκότως ἐγίνετο. Es ist so wenig an eine Nichtwirklichkeit als an eine Wiederholung zu denken. Auch die Ergänzung irgend eines Bedingungssatzes ist schlechthin unpassend; vielmehr haben wir in dieser Stelle einen in die Augen fallenden Beleg für die Richtigkeit der für die Verbindung von ἄν mit dem Indic. der histor. Zeiten festgestellten Bedeutung: οὔτε γὰρ αὐτοῦ κρατεῖν ἴσως ἂν ἐδύνατο — οὔτε — ἡ πρόφασις ἂν εἰκότως ἐγίνετο ist Setzung eines Factums, zu welcher Setzung die angegebenen Umstände berechtigen: „denn weder war er wohl, wie sich denken lässt, vermögend sich selber zu halten, noch war, wie man annehmen muss, ein schicklicher Vorwand vorhanden." Es soll nicht objectiv behauptet werden: er war nicht vermögend, denn wie konnte der Sprechende diess mit Bestimmtheit wissen und behaupten? aber aus dem Zustande, in welchem Herodes sich befand, liess sich mit Wahrscheinlichkeit annehmen, dass er unvermögend gewesen war, sich selbst zu bemeistern. Es zeigt sich aber auch hier, wie diese Verbindung von ἄν mit dem Indic. der histor. Tempp. als subjective Behauptung über Vergangenes dienen konnte, so dass wir zu dem Opt. mit ἄν, als der auf Gegenwart und Zukunft beschränkten subjectiven Behauptung eine entsprechende Ergänzung in dem Indic. des Imperf., Aor. und Plusquamperf. mit ἄν erhalten. Man wende nun diesen Begriff der Partikel bei den übrigen vorhin angeführten Stellen an, und man wird sich überzeugen, wie klar und passend sich ihr Sinn ergibt. Arist. Ran. 1022. Jeder, der zuschaute, ward da, ist (bei der Beschaffenheit meiner Tragödie) anzunehmen, von Verlangen nach kriegerischen Thaten beseelt. Xen. h. gr. III, 4, 18. Da ward auch einer, wie man annehmen darf, ermuthigt (da konnte, musste einer ermuthigt werden). Plato Apol. p. 18, c. In dem Alter, in welchem ihr, wie sich denken lässt, am ersten glaubtet, Dem. in Steph. I, §. 19. in der Weise, in welcher, wie sich denken lässt, die Richter am ersten glaubten. Xen. h. gr. IV, 4, 12. Eine That, wie sie sich wohl nicht einmal gewünscht hatten (eine That, so herrlich, dass sich nicht annehmen lässt, sie hätten dieselbe zu wünschen gewagt). Auch diess ist subjective Behauptung über Vergangenes. Man erkennt aber zugleich, wie leicht man hier veranlasst werden mochte, in solchen Verbindungen den Ausdruck der Möglichkeit zu finden. Denn so pflegen wir im Deutschen häufig in objectiver Auffassung die Möglichkeit eines Factums zu behaupten, wo der Grieche dasselbe subjectiv als wirklich setzt, in Gedanken annimmt, dass es geschah, also die auf gewissen Verhältnissen beruhende Denkbarkeit ausdrückt. Daher liessen sich obige Stellen auch übersetzen: „da konnte jeder Zuschauer von kriegerischem Muthe beseelt werden" u. s. w. Man vergleiche noch weiter folgende Stellen:

Od. IV, 546 ff. ἢ γάρ μιν ζωόν γε κιχήσεαι, ἤ κεν Ὀρέστης
κτεῖνεν ὑποφθάμενος —

oder es hat ihn, wie sich denken lässt, Orestes bereits getödtet. Deutlich subjective Behauptung über Vergangenes; daher wird fortgefahren mit der subjectiven Behauptung über Gegenwärtiges: σὺ δέ κεν τάφου ἀντιβολήσαις.

Od. X, 184. ἔνθα κ' ἄϋπνος ἀνὴρ δοιοὺς ἐξήρατο μισθούς.
„Da gewann wohl (lässt sich annehmen) ein schlafloser Mann doppelten Lohn," oder: „da konnte er gewinnen." Eben diess gilt von Il. IV, 421. ὑπό κεν ταλασίφρονά περ δέος εἷλεν, „auch den Unerschrockenen fasste da wohl Furcht;" Setzung dass es geschah.

Od. XVIII, 261 ff. καὶ γὰρ Τρῶάς φασι μαχητὰς ἔμμεναι ἄνδρας,
ἠμὲν ἀκοντιστάς, ἠδὲ ῥυτῆρας ὀϊστῶν
ἵππων τ' ὠκυπόδων ἐπιβήτορας, οἵ κε τάχιστα
ἔκριναν μέγα νεῖκος ὁμοιΐου πολέμοιο.

Die wohl am schnellsten entschieden, subjective Behauptung über Vergangenes. Arist. Ran. 959 ff.

οἰκεῖα πράγματ' εἰςάγων, οἷς χρώμεθ', οἷς ξύνεσμεν,
ἐξ ὧν γ' ἂν ἐξηλεγχόμην· ξυνειδότες γὰρ οὗτοι
ἤλεγχον ἄν μου τὴν τέχνην.

welche Handlungen, wie sich (aus ihrer Beschaffenheit) annehmen lässt, dazu dienen konnten, mich zu überweisen. Denn ἤλεγχον, ἐξηλεγχόμην ist werdende, nicht vollendete Handlung. Eur. Andr. 942. Plato Phaedr. p. 256, b. c. Xen. Ages. I, 27. Dem. Phil. III, §. 13. 30.

Es gehören hieher ferner die Ausdrücke: εἶδες ἄν, ἔγνω ἄν τις und ähnliche:

Il. XVI, 638. οὐδ' ἂν ἔτι φράδμων περ ἀνὴρ Σαρπηδόνα δῖον ἔγνω.

Od. XXIV, 60 f. ἔνθα κεν οὔτιν' ἀδάκριτόν γ' ἐνόησας Ἀργείων. Vgl. auch Od. XI, 418 und XXIV, 90.

Eur. Andr. 1136 f. δεινὰς δ' ἂν εἶδες πυρρίχας φροιρουμένου βέλεμνα παιδός.

Eur. Iph. A. 1590. θαῦμα δ' ἦν αἴφνης ὁρᾶν· πληγῆς κτύπον γὰρ πᾶς τις ᾔσθετ' ἂν σαφῶς, wo Hermann sicherlich ohne Noth und unpassend εὖ σαφῶς in den Text aufnahm.

Ebd. 432. τῶν δ' ἂν ἤκουσας τάδε.

Xen. Cyrop. VII, 1, 38. Ἔνθα δὴ ἔγνω ἄν τις ὅσου ἄξιον εἴη τὸ φιλεῖσθαι ἄρχοντα ὑπὸ τῶν περὶ αὐτόν. hist. gr. VI, 4, 16. Τῇ δὲ ὑστεραίᾳ ἦν ὁρᾶν, ὧν μὲν ἐτέθνασαν οἱ προςήκοντες λιπαροὺς καὶ φαιδροὺς ἐν τῷ φανερῷ ἀναστρεφομένοις· ὧν δὲ ζῶντες ἠγγελμένοι ἦσαν, ὀλίγους ἂν εἶδες, τούτοις δὲ σκυθρωποὺς καί ταπεινοὺς περιιόντας. Hier ist εἶδες ἂν offenbar dem ἦν ὁρᾶν parallel; „man konnte sehen," eigentlich: „du sahst, nehm' ich an." Ages. 1, 26. ὥστε τὴν πόλιν ὄντως ἡγήσω ἂν πολέμου ἐργαστήριον εἶναι. VIII, 1.

Während in diesen Fällen grossentheils der Ausdruck einer Wiederholung eben so unangemessen wäre, wie der einer Nichtwirklichkeit, finden sich allerdings Stellen genug, in welchen man den Indic. mit ἄν geradehin als Ausdruck einer in verschiedenen, unterbrochenen Momenten wiederholten Handlung nehmen kann. Achtet man indessen genauer auf diese Stellen, so findet man zunächst, dass dem griechischen Ausdruck im Deutschen meistens die Umschreibung mit „konnte," oder die Beifügung von „wohl" am nächsten käme; man überzeugt sich ferner, dass auch hier nicht eine bestimmte, objective Behauptung vorliegt, sondern dass wir in Wahrheit die Setzung eines Factums, eine subjective Behauptung vor uns haben, die ebenso, wie der Opt. in Nebensätzen, aus dem Zusammenhang den Schein der Wiederholung annehmen kann. Denn nur das Individuelle erschien als ein wahrhaft Wirkliches; eine Gattung gleichartiger Fälle verlor als Gattung den Charakter concreter Wirklichkeit, und ward als ein Vorgestelltes behandelt.

In Il. XIII, 734. καί τε πολέας ἐσάωσε, μάλιστα δέ κ' αὐτὸς ἀνέγνω steht κ' für καί (vgl. unten über die Verbindung von κέ mit dem Präsens des Indicativ). Auch

Od. II, 104. ἔνθα κεν ἠματίῃ μὲν ὑφαίνεσκεν μέγαν ἱστόν,
νύκτας δ' ἀλλύεσκεν, ἐπὴν δαΐδας παραθεῖτο.

ist nicht sicher, da für ἔνθα κεν auch ἔνθα καὶ gelesen wird.
Deutlicher sind folgende Fälle:
Soph. Phil. 289 ff.
πρὸς δὲ τοῦθ᾽, ὅ μοι βάλοι
νευροσπαδὴς ἄτρακτος, αὐτὸς ἂν τάλας
εἰλυόμην δύστηνος ἐξέλκων πόδα
πρὸς τοῦτ᾽ ἄν· εἴ τ᾽ ἔδει τι καὶ ποτὸν λαβεῖν,
καί που πάγου χυθέντος, οἷα χείματι
ξύλον τι θραῦσαι, ταῦτ᾽ ἂν ἐξέρπων τάλας
ἐμηχανώμην· εἶτα πῦρ ἂν οὐ παρῆν.

Offenbar würden wir den Sinn dieser Stelle verfehlen, wollten wir geradehin übersetzen: „da pflegte ich selber mich hinzuschleppen" u. s. w., vielmehr würden wir denselben am ersten durch die Uebersetzung: „da schleppt' ich selber wohl mich hin (da konnt' ich mich selber hinschleppen), da war wohl kein Feuer da" u. dgl., erreichen, d. h. wir haben hier nicht eine objective, schlechthin ausgesprochene Behauptung, sondern die auf die Lage und die Verhältnisse gegründete Setzung, dass es so geschah, oder eine subjective Behauptung. So auch:
'Arist. Nub. 55 f. ἐγὼ δ᾽ ἂν αὐτῇ θοἰμάτιον δεικνὺς τοδὶ
πρόφασιν ἔφασκον
„ich konnt' ihr wohl sagen, sagt' ihr wohl." Vorgestelltes, gesetztes Factum.
Ebd. 853 f.
ἀλλ᾽ ὅτι μάθοιμ᾽ ἑκάστοτε,
ἐπελανθανόμην ἂν εὐθὺς ὑπὸ πλήθους ἐτῶν.
Man bemerke auch hier, wie ἄν dazu dient, auf den Grund gewisser Verhältnisse, der Natur einer Person oder einer Sache, eine Handlung als geschehen zu setzen. Ebd. 977—981.
Ferner 1382. εἰ μέν γε βρῦν εἴποις, ἐγὼ γνοὺς ἂν πιεῖν ἐπέσχον·
μαμμᾶν δ᾽ ἂν αἰτήσαντος ἧκόν σοι φέρων ἂν ἄρτον,
κακκᾶν δ᾽ ἂν οὐκ ἔφθης φράσαι, κἀγὼ λαβὼν θύραζε
ἐξέφερον ἄν καὶ προὐσχόμην σε.
Alles Schilderung väterlicher Art, in welcher es lag, so und so zu handeln, und aus welcher diese und jene Handlung als geschehen gesetzt wird. „Hört' ich dich Bryn sagen, da konnt' ich dir zu trinken hinhalten," oder: „da hielt ich wohl hin." Man vgl. ferner Arist. Ran. 914 f. 920. 924. 927. 948. Av. 506. 520. 1288. Pax 212—217. 641—643. Plut. 982—986. 1009 f. 1141 f. 1179—1181. Herod. I, 196. Ὅσοι δὲ τοῦ δήμου ἔσχον ἐπίγαμοι, οὗτοι δὲ εἴδεος μὲν οὐδὲν ἐδέοντο χρηστοῦ, οἱ δ᾽ ἂν χρήματά τε καὶ αἰσχίονας παρθένους ἐλάμβανον. ὡς γὰρ δὴ

διεξέλθοι ὁ κῆρυξ πωλέων τὰς εὐειδεστάτας τῶν παρθένων, ἀνίστη ἂν τὴν ἀμορφεστάτην ἢ εἴ τις αὐτέων ἔμπηρος ἦν, καὶ ταύτην ἀνεκήρυσσε, ὅςτις θέλοι ἐλάχιστον χρυσίον λαβὼν συνοικέειν αὐτῇ, ἐς ὃ τῷ τὸ ἐλάχιστον ὑπισταμένῳ προςεκέετο. τὸ δὲ ἂν χρυσίον ἐγίνετο ἀπὸ τῶν εὐειδέων παρθένων καὶ οὕτω αἱ εὔμορφοι τὰς ἀμόρφοις καὶ ἐμπήροις ἐξεδίδοσαν. „Die gemeinen Leute nahmen wohl Geld und die hässlicheren Jungfrauen" etc. Die Wiederholung der Handlung wird hier eigentlich durch das Imperf. ausgedrückt; ἄν dient dazu, die reine Objectivität und Bestimmtheit des Indic. zu mässigen; denn es sollte und konnte in solchem Fall nicht behauptet werden, dass es jedesmal genau so hergegangen sei, sondern aus dem bestehenden Herkommen nimmt der Erzählende diesen Hergang als den gewöhnlichen an; er stellt sich vor, dass es so geschehen sei. Herod. II, 109. III, 51. 148. Oder es liegt die Wiederholung in der Iterativform II, 174 ὅκως δέ μιν ἐπιλείποι πίνοντά τε καὶ εὐπαθέοντα τὰ ἐπιτήδεα, κλέπτεσκε ἂν περιιών. οἱ δ᾽ ἂν μιν φάμενοι ἔχειν τὰ σφέτερα χρήματα ἀρνεύμενον ἄγεσκον ἐπὶ μαντήϊον ὅκου ἑκάστοισι εἴη. III, 119. ἡ δὲ γυνὴ τοῦ Ἰνταφέρνεος φοιτέουσα ἐπὶ τὰς θύρας τοῦ βασιλέος κλαίεσκε ἂν καὶ ὀδύρεσκετο. Der Erzählende nimmt unter den gegebenen Verhältnissen an, dass es so zu geschehen pflegte. Daher gränzt diese Ausdrucksweise zuweilen nahe ἔοικε, ὥσπερ εἰκός, οἶμαι, nur dass ἔοικε bestimmt die Folgerung aus einem Andern, ὥσπερ εἰκός die objective Behauptung zugleich auch als den Verhältnissen ganz angemessen, οἶμαι die Zuversicht bezeichnet, womit man etwas annimmt und behauptet. IV, 42. 78. Plato Apol. p. 22, b. διηρώτων ἂν αὐτούς, „da konnt' ich sie fragen." Xen. Cyrop. VIII, 1, 10 τοτὲ μὲν εἶπεν ἂν — τοτὲ δ᾽ αὖ ἐν ἄλλοις ἂν ἔλεξεν „da konnt' er sprechen." ebd. §. 14, VIII, 1, 17. hist. gr. VI, 2, 28. VI, 4, 11. Gorg. pro Palam. p. 188, ed. Steph. Bekker V, p. 685, l. 31 bis p. 686, l. 13. Beispiele dieser Construction im Relativsatz hatten wir schon oben: Plato Ap. p. 18, c. Dem. in Steph. 1, §. 19. Weitere sind: Od. XVIII, 263 f. Xen. Ages. II, 24. διεφύλαξε τὴν πόλιν καὶ ταῦτα ἀτείχιστον οὖσαν, ὅπου μὲν παντὶ πλεῖον ἂν εἶχον οἱ πολέμιοι, οὐκ ἐξάγων ἐνταῦθα, ὅπου δὲ οἱ πολῖται πλεῖον ἕξειν ἔμελλον, εὐρώστως παρατεταγμένος, wo das parallele ἔμελλον ἕξειν = „es liess sich erwarten, dass sie im Vortheil sein würden," die obige Auffassung des histor. Tempus mit ἄν bestätigt.

b) Indicativ der Haupttempora mit ἄν.

Ehe wir über den Canon der alten Grammatiker „ἐνεστῶτι καὶ παρακειμένῳ καὶ μέλλοντι οὐ συντάσσεται (τὸ ἄν)" Bekk. An. I, p. 126 ein sicheres Urtheil fällen können, müssen wir im Einzelnen prüfen, ob und wie weit die Verbindung der Partikel mit dem Futur, mit dem Präsens, dem Perfect, wenn wir die Glaubwürdigkeit der verschiedenen Lesarten sorgfältig abwägen, als statthaft betrachtet werden kann.

a) Ἄν mit dem Indicativ des Futurs.

Was erstlich die Verbindung mit dem Fut. Indic. betrifft, so ist dieselbe für Homer ausser Zweifel. Man vergleiche folgende Stellen, welche κέ mit Futur haben: Il. I, 139. 523. III, 138. IV, 176. VIII, 404 f. IX, 61 f. 262. XIV, 102. 239. 267 f. XV, 211. XVII, 515. XX, 311. XXI, 226. XXIII, 559. Od. III, 80. IV, 80. XII, 347. XIV, 99. XVI, 297 f. XVII, 540. XIX, 558. Ferner in relativen Sätzen: Il. I, 175. II, 229. IX, 155. 297. X, 44. 282. XII, 226 f. XVII, 241. XXII, 70. XXIII, 675. Od. V, 36. X, 432 f. XVI, 438. Eine Absicht scheint der Relativsatz in folgenden Stellen in sich zu schliessen: Il. II, 229. X, 44. XXIII, 675.

Es findet sich das Fut. mit κέ sodann bei Zeitpartikeln: ὅτε Il. XX, 335. ὁπότε Od. XVI, 282. εἰςόκε Od. VIII, 317. Il. III, 409, wo ποιήσεται auch als Conj. betrachtet werden kann. Nach εἰ und αἰ Il. II, 258. XV, 213 ff. XVII, 556 ff., wo die Hdss. zwischen ἐλκύσουσιν und ἐλκύσωσι schwanken. Od. V, 417. In indirecter Frage: Od. XV, 523 f. XVI, 238 f. 260 f. XVIII, 265.

Mit ἄν findet sich das Futur des Indic. Il. IX, 167. XXII, 49 f. 66 f. Od. VI, 221. Il. XXI, 341 f., wenn nicht φθέγξομ' als Conjunctiv zu betrachten ist.

Vergleichen wir nun diese Stellen unter einander, und prüfen aus dem Zusammenhang, welchen Einfluss die Partikel auf den Indic. des Futurs übt, und welche Form der Aussage dann am natürlichsten angenommen wird, so werden wir uns leicht überzeugen, wie ungezwungen der oben (S. 83) aufgestellte Begriff der Partikel hier seine Anwendung findet. Das Futur mit κέν oder ἄν kann nach demselben nichts Anderes bezeichnen, als die Setzung, dass etwas geschehen, eintreten werde. Klar ist diess vornehmlich, wo die Rede durch verschiedene Sätze sich fortsetzt, und man aus den andern auf die Modalität des fraglichen schliessen kann. Il. IV, 172 ff.

αὐτίκα γὰρ μνήσονται Ἀχαιοὶ πατρίδος αἴης.
κἀδ δέ κεν εὐχωλὴν Πριάμῳ καὶ Τρωσὶ λίποιμεν
Ἀργείην Ἑλένην· σέο δ᾽ ὀστέα πύσει ἄρουρα
κειμένου ἐν Τροίῃ, ἀτελευτήτῳ ἐπὶ ἔργῳ.
καί κέ τις ὧδ᾽ ἐρέει Τρώων ὑπερηνορεόντων κ. τ. λ.

Offenbar dient κε, ähnlich wie ἄν bei εἶδεν, ἔγνω u. s. w., um dem ἐρέει seine reine Objectivität dadurch zu nehmen, dass die Handlung als künftig nur in der Vorstellung gesetzt wird. „Da wird, denk' ich (da wird wohl) unter den Troern einer sprechen." Vgl. Pindar. Nem. VII, 100 μαθὼν δέ τις ἂν ἐρεῖ, bei Homer selbst Il. VI, 459. 479 καί ποτέ τις εἴπῃσιν, wo der Conj. (= μέλλει εἰπεῖν) doch schwerlich wohl die volle, objective Bedeutung des Futurs hat, obwohl nachher 462 bestimmter dafür steht: ὥς ποτέ τις ἐρέει —

Od. XII, 345 ff. εἰ δέ κεν εἰς Ἰθάκην ἀφικοίμεθα, πατρίδα γαῖαν,
αἶψά κεν Ἡελίῳ Ὑπερίονι πίονα νηὸν
τεύξομεν, ἐν δέ κε θεῖμεν ἀγάλματα πολλὰ καὶ
ἐσθλά.

Hier lässt der vorangehende Bedingungssatz „wenn wir etwa nach Ithaka gelangen sollten" und die folgende subjective Behauptung ἐν δέ κε θεῖμεν wohl kaum zweifeln, dass auch in dem mittleren Satze eine subjectiv gemilderte Behauptung ausgesprochen werden soll. Aehnlich steht Od. XVI, 297 zuerst Opt. mit ἄν, dann Fut. mit κέν. Od. XVII, 540 folgt Fut. mit κέν als Nachsatz von εἰ mit Opt.

Il. XXII, 41 f. σχέτλιος, αἴθε θεοῖσι φίλος τοσσόνδε γένοιτο
ὅσσον ἐμοί· τάχα κέν ἑ κύνες καὶ γῦπες ἔδονται
κείμενον· ἦ κέ μοι αἰνὸν ἀπὸ πραπίδων ἄχος ἔλθοι.

Wenn wir hier den überwiegenden Zeugnissen, die für ἔδονται sprechen, Glauben schenken dürfen, so können wir das Fut. mit κέν als Nachsatz des subjectiven Wunsches allerdings nicht wohl in anderem Sinn fassen, als wenn der Opt. stünde. Weiterhin, V. 66 f. ist ἐρύουσιν ἄν, V. 70 f. οἵ κε πιόντες κείσονται Ausdruck der Ahnung dessen, was geschehen wird. Auch Il. IX, 385 f.

οὐδ᾽ εἴ μοι τόσα δοίη, ὅσα ψάμαθός τε κόνις τε,
οὐδέ κεν ὣς ἔτι θυμὸν ἐμὸν πείσει Ἀγαμέμνων

ist es (ähnlich wie XXII, 41) zweifelhaft, ob πείσει oder πείσει' zu lesen ist. Klar ist es, dass Il. IX, 297

οἵ κέ σε δωτίνῃσι θεὸν ὣς τιμήσουσιν

die Partikel den Zweck hat, die Objectivität des Indic. zu schwächen; „welche dich, denk' ich, wie einen Gott mit Geschenken ehren werden." Aehnlich Il. XVII, 241. — Es kann ferner das Nächstliegende zuversichtlicher mit dem reinen Futur, das Weitere gemildert durch Fut. mit κέν oder ἄν ausgedrückt werden. Il. III, 138. XII, 226. XIV, 102; oder die Aussage erscheint aus Ironie gemildert Il. I, 139. VIII, 404. IX, 61. „Keiner, denk' ich, soll mein Wort verachten;" Od. XIX, 558 „Keiner, denk' ich, wird dem Tod entrinnen." So wird man in allen Stellen, die κέν oder ἄν mit dem Futur, es sei in unabhängigen oder in relativen Sätzen, haben, eine Schwächung der objectiven Behauptung durch Hinzufügung des Elementes der subjectiven Setzung eines Wirklichen angemessen finden; oder sollte ein Satz an und für sich diese und jene Auffassung zulassen, so wird man doch nirgends den Gebrauch eines Opt. mit ἄν, welchem dieses Futur mit κέν oder ἄν so ganz nahe kommt, für unpassend erklären können. Wie nahe aber der Begriff der Setzung, dass etwas geschehen werde, liegt, ersehen wir aus den Stellen, welche ὅτε, ὁπότε, εἰ mit κέν und dem Futur haben. So steht Il. XX, 335.

ἀλλ' ἀναχωρῆσαι, ὅτε κεν συμβλήσεαι αὐτῷ.

Od. XVI, 282 ὁππότε κεν πολύβουλος ἐνὶ φρεσὶ θήσει Ἀθήνη,
νεύσω μέν τοι ἐγὼ κεφαλῇ.

Od. VIII, 318 εἰςόκε ἀποδώσει. Il. II, 258 εἴ κε κιχήσομαι, Il. XV, 213 f. αἴ κεν πεφιδήσεται, Od. V, 417 εἴ κε παρανήξομαι offenbar ganz in ähnlicher Weise, wie sonst der Conjunctiv mit ἄν, d. h. wie in dem Conj. mit ἄν eine Handlung als sich verwirklichend, eintretend gesetzt wird, so setzt κέ mit Fut., dass etwas geschehen werde; und dass diess der Sinn der obigen Stellen sei, nur dass in Verbindung mit Zeit und Bedingungspartikel die Setzung zur Voraussetzung wird, kann keinem Zweifel unterliegen. Auch in den Stellen, in welchen der Relativsatz mit κέν und dem Futur eine Absicht in sich zu schliessen scheint, Il. II, 229. X, 44. XXIII, 675 ist doch im Grunde nur Setzung, dass etwas (als Folge einer andern Handlung) geschehen werde, eine subjectiv ausgedrückte Behauptung über künftig Geschehendes.

Steht somit der Gebrauch des Futurs mit κέν oder ἄν für Homer fest, und erklärt sich derselbe auf ungezwungene Weise aus dem sonst festgestellten Begriff der Partikel, so werden wir jedenfalls diese Construction nicht als unmöglich, oder dem Begriff des Futurs widersprechend betrachten dürfen, wir werden den Ausspruch der griech. Grammatiker, dass die Partikel mit

dem Präsens, dem Fut., dem Perf. nicht verbunden zu werden pflege, auf das Gebiet, das jene Grammatiker zunächst im Auge hatten, das der attischen Sprache, beschränken müssen, wir werden aber auch kein Interesse haben, der attischen Sprache diese Construction, wofern anders hinlänglich beglaubigte Belege sich finden, völlig abzusprechen. Es ist nun einerseits wohl zuzugeben, dass in vielen Stellen, die man sonst als Belege für diese Construction anführte, dieselbe entweder offenbar unächt, oder doch verdächtig ist, wie denn mehrere dieser Stellen von Hermann, wo er von dieser Construction handelt, lib. I. c. 8 und von Klotz Adnott. ad Devarium Vol. I. sect. I. p. 119 ff. namentlich durch Umänderung von ἄν in αὖ mit glücklichem Scharfsinn beseitigt werden, z. B. Aesch. adv. Ctes. §. 155 verbessert Klotz passend: τί ποτ' ἂν ἐρεῖ in τί ποτ' αὖ ἐρεῖ; Lucian. de injuria non temere cred. §. 6. οὕτω γὰρ αὖ γενήσεται statt des hds. οὕτω γὰρ ἂν γένηται. Pind. Isthm. V, 59 (VI, 86) hat Bergk glücklich εἰρήσεται πᾶν ἐν βραχίστοις verbessert statt εἰρήσεταί πά.κ' ἐν βρ. Denn abgesehen von der dem κε beizulegenden Bedeutung will auch πα zu dem entschiedenen εἰρήσεται d. i. „es soll gesagt sein, soll damit sein Bewenden haben," nicht recht passen. Es ist ferner zuzugeben, dass in manchen Stellen zwar ἄν mit dem Futur vorkommt, aber ohne dass es mit demselben wirklich construirt würde, indem etwa ein entsprechender Modus, der Optativ zu ἄν zu suppliren, oder auch durch ein Anakoluth in das Futur verwandelt ist. Solcher Art könnten etwa sein:
Eur. El. 485. κἂν ἔτ', ἔτι φοίνιον ὑπὸ δέραν
ὄψομαι αἷμα χυθὲν σιδάρῳ.
An und für sich würde der Uebergang von der zuerst begonnenen gemilderten Behauptung mit ἄν und Opt. zu der entschiedenen mit Futur hier passend erscheinen, wenn nicht dem κἄν das Futur πέμψουσι vorausgienge, wo· sich denn nicht wohl annehmen lässt, dass der Dichter, zwischen den beiden Futuren πέμψουσι und ὄψομαι zu κἄν sich einen Optativ hinzudachte.
Theocr. XXVII, 38. Πατρὶ δὲ γηραλέῳ τίνα κεν, τίνα μῦθον ἐνίψω; Auch hier muss in der so rasch sich drängenden Frage ein Wechsel des Modus auffallen. Man sollte vielmehr erwarten, dass schon bei der ersten Frage das unmittelbar folgende Futur dem Sprechenden im Sinn war. Dinarch. adv. Dem. §. 68. Τί δὲ ἂν (τιθῶμεν γὰρ ταῦτα) ἐὰν κατὰ τὸ ψήφισμα τὸ Δημοσθένους

ἀπαιτῇ πέμψας ἡμᾶς Ἀλέξανδρος τὸ χρυσίον — πρὸς θεῶν, ὦ ἄνδρες, τί ἐροῦμεν; Baiter schlägt vor: τί δ' ἐὰν κ. τ. λ. Eur. Iph. T. 894. τίς ἂν οὖν τάδ' ἂν ἢ θεὸς ἢ βροτὸς ἢ
τί τῶν ἀδοκήτων
πόρον εὔπορον (nach Hermann) ἐξανύσας
δυοῖν τοῖν μόνοιν Ἀτρείδαιν φανεῖ
κακῶν ἔκλυσιν;

Thuc. II, 80 ist nach Hermann's Bemerkung ῥᾳδίως ἂν Ἀκαρνανίαν σχόντες καὶ τῆς Ζακύνθου καὶ Κεφαλληνίας κρατήσουσι so viel als ῥᾳδίως ἂν σχοῖεν καὶ κρατήσουσι. Mit Unrecht vertheidigt Hermann in Isocr. ad Dem. §. 25 die sonstige Vulgate: Οὕτω δ' ἂν ἄριστα χρήσει τοῖς φίλοις. Weder ist die Partikel δέ am Orte, da Isokrates in jener Schrift, wie es auch den Gesetzen der griech. Rede gemäss ist, δέ nur bei Fortsetzung des Vorangegangenen gebraucht, wo aber ein Neues anhebt, jede mit dem Vorhergehenden verbindende Partikel weglässt, noch liesse sich ἄν dadurch rechtfertigen, dass man χρώμενος zu οὕτω δ' ἂν supplirte. Eine solche Ergänzung ist eben so leicht, als überflüssig. Nur in dem Fall kann man berechtigt sein, ἄν durch Zuziehung eines ihm angemessenen Modus zu erklären, wo das Wort, welchem sich ἄν anschliesst, in Wahrheit eine eingeschobene, von dem Futur ablösbare Nebenbestimmung ausdrückt. Wo aber jenes Wort unmittelbar als adverbiale Bestimmung oder als Object zum Verbum gehört, da ist kein Grund, zu jener Erklärung seine Zuflucht zu nehmen. Dazu kommt, dass ἄριστα χρήσει zum Bedingungssatz erfordern würde ἢν οὕτω χρῇ, ein solcher aber nicht in οὕτως ἂν χρώμενος verkürzt wäre.

Wir haben indessen mehrere Stellen, in welchen, wenn wir anders auf die handschriftlichen Zeugnisse achten wollen (was doch jedenfalls da rathsam ist, wo die Möglichkeit oder Unmöglichkeit einer Ausdrucksweise erst noch ermittelt werden soll und nur ermittelt werden kann durch Beachtung der Handschriften) kein Grund ist, ἄν oder das Futur zu verdächtigen, und wo andererseits das Hülfsmittel der Zuziehung eines andern Modus zu ἄν sich als unanwendbar darstellt. So ist Dinarch. in Dem. §. 109 μὴ οὖν ἄχθεσθε αὐτοῦ κλαίοντος καὶ ὀδυρομένου· πολὺ γὰρ ἂν δικαιότερον ἐλεήσετε τὴν χώραν ἣν οὗτος καθίστησιν εἰς τοὺς κινδύνους τοιαῦτα πράττων der Indic. des Futurs, wenn wir uns an die Hdss. halten, keinem Zweifel unterworfen. Da der Sinn ist: „weit mehr Grund habt ihr zum Mitleid mit dem Land," so kann ἐλεήσετε nicht für sich genommen, und πολὺ ἂν δικαιότερον (mit zu supplirendem ἐλεήσαιτε) als Nebenbestimmung betrachtet werden. Erscheint aber hier die Autorität der Hdss. nicht genügend, so haben wir Isocr. Trapez. §. 58. ὥστ᾽ οὐκ ἂν εἰκότως περὶ ὀλίγου ποιήσεσθε τὰς ἐκείνων ἐπιστολὰς das Futur als einstimmige Lesart der Hdss., darunter der Urb., deren Güte und Correctheit anerkannt ist. Ebensowenig ist aber hier an eine eingeschobene Nebenbestimmung zu denken. Xen. Cyrop. VII, 5, 21. ὅταν δὲ καὶ αἴσθωνται ἡμᾶς ἔνδον ὄντας, πολὺ ἂν ἔτι μᾶλλον ἢ νῦν ἀχρεῖοι ἔσονται ὑπὸ τοῦ ἐκπεπλῆχθαι. Es ist nicht abzusehen, wie Klotz a. a. O. S. 122 von dieser Stelle sagen kann: „videtur Xenophon hoc loco per quandam attractionem ἔσονται posuisse, ut non ad antecedentia: πολὺ ἂν ἔτι μᾶλλον, ad quae debebat, respexerit, sed ad proximum ἢ νῦν — ut appareat sic fere Xenophontis animo obversatam hanc esse verborum structuram: πολὺ ἂν ἔτι μᾶλλον (εἶεν ἀχρεῖοι) ἢ νῦν ἀχρεῖοι ἔσονται, ὑπὸ τοῦ ἐκπεπλῆχθαι." Zu ἢ νῦν, das keines Prädicats bedarf, und wenn es eines bedürfte, durch εἰσί d. h. „als sie ohnehin sind," ergänzt werden müsste, kann ἔσονται nicht bezogen werden; vielmehr gehört das Futur zu dem Anfange ὅταν αἴσθωνται. Es bliebe demnach nur übrig, ἀχρεῖοι ἔσονται als selbständige, zunächst beabsichtigte Behauptung, πολὺ δ᾽ ἂν ἔτι μᾶλλον als eingeschobene Nebenbestimmung, die durch den Optativ zu ergänzen wäre, zu betrachten. Freilich möchte dann auffallen, warum nach ὅταν αἴσθωνται zur Form der subjectiven Behauptung, und von dieser wiederum zu dem bestimmten Indic. des Futurs übergegangen wäre. Indessen wenn hier die Möglichkeit, dass ἂν nicht zunächst zu dem Futur gehört, zugegeben werden muss, so könnten wir doch Anab. II, 5, 13. Αἰγυπτίους δέ, οἷς μάλιστα ὑμᾶς νῦν γιγνώσκω τεθυμωμένους, οὐχ ὁρῶ ποίᾳ δυνάμει συμμάχῳ χρησάμενοι μᾶλλον ἂν κολάσεσθε τῆς νῦν ἐμοὶ οὔσης, das Futur κολάσεσθε unmöglich für sich nehmen, so dass μᾶλλον ἂν nur näher bestimmend hinzuträte, vielmehr besteht das Prädicat gleich aus dem zusammengesetzten Begriffe: μᾶλλον ἂν κολάσεσθε. Plato Apol. p. 29, c. haben Bekker und Stallbaum nach überwiegenden hdss. Zeugnissen geschrieben: λέγων πρὸς ὑμᾶς ὡς εἰ διαφευξοίμην, ἤδη ἂν ὑμῶν οἱ υἱεῖς ἐπιτηδεύοντες ἃ Σωκράτης διδάσκει, πάντες παντάπασιν διαφθαρήσονται. De rep. X, p. 615, d hat Stallbaum nach überwiegender hds. Autorität hergestellt: ἔφη οὖν τὸν ἐρωτώμενον εἰπεῖν· Οὐχ ἥκει, φάναι, οὐδ' ἂν ἥξει δεῦρο. In gleicher Weise dürfte Xen. Cyrop. III, 3, 30. IV, 5, 49 ἄν mit dem Indic. Fut. als die am meisten beglaubigte Lesart zu betrachten sein. In der ersteren Stelle: Οὕτω γὰρ, ἔφη, ἐὰν μὴ ἀντεπεξίωσιν ἐκεῖνοι, οἱ μὲν ἡμέτεροι μᾶλλον θαρρήσαντες ἂν ἀπίασιν· οἱ πολέμιοι δὲ τὴν τόλμαν ἰδόντες ἡμῶν μᾶλλον φοβηθήσονται setzt nicht blos die Lesart älterer Ausgaben θαρρήσουσιν ἂν ἐπιᾶσιν oder schlechterer Hdss. θαρρήσουσιν ἂν ἀπιόντες, sondern auch die des cod. Bodl. θαρρήσουσιν ἐν ἅπασιν, des Altorf. θαρρήσαντες ἐν ἅπασιν das Vorhandensein der Partikel voraus. In der letzten Hds. haben wir die reinen Schreibfehler ἐν für ἄν, ἅπασιν für ἀπίασιν ohne alle Verbesserungsversuche, der cod. Bodl. gibt die Verbesserung θαρρήσουσι statt θαρρήσαντες; die Lesart θαρρήσουσιν ἂν ἀπιᾶσιν endlich verräth eine Mischung aus dem überlieferten ἀπίασιν und dem eingedrungenen θαρρήσουσιν. Wie aber ἄν (denn ἐν ἅπασιν verräth sich als offenbares Verderbniss) eingedrungen sein sollte, da es weder den Sinn noch die Construction erleichtern konnte, wäre nicht zu begreifen. Es lässt sich freilich geltend machen, dass ἄν dem Sinn nach zunächst zu μᾶλλον θαρρήσαντες gehöre, da dieses als subjective Vermuthung ausgedrückt sein könne, nicht aber das sichere ἀπίασιν; indessen haben wir doch hier wesentlich nur eine aus θαρρήσαντες ἀπίασι gebildete Aussage, da ja ἀπίασιν für sich nicht als das Prädicat des Satzes betrachtet werden kann. Eben so scheint IV, 5, 49 οὐδὲν ἂν ἐλλείψομεν wie mit Poppo auch Bornemann aufgenommen hat, das Richtige zu sein, und die andern Lesarten, der Wolf. und der Par. Hdss. οὐδὲν ἂν λείψωμεν und einer Randbemerkung bei Villoison οὐδὲν ἂν ἐλλείποιμεν sowie die Vulgate οὐδὲν ἐλλείψομεν scheinen nur Correcturen, aus der ersten hervorgegangen. Auch VI, 1, 45 ὑβριστὴν οὖν νομίζων αὐτὸν εὖ οἶδ' ὅτι ἄσμενος ἂν πρὸς ἄνδρα οἵος σὺ εἰ ἀπαλλαγήσεται (so Poppo nach der Wolf. und Par. Hdss. desgl. Bornemann) macht sich die Lesart ἀπαλλαγείη als Correctur verdächtig. Gleiches gilt von der Lesart einiger Hdss. Arist. Av. 1313 f.

   ταχὺ δ' ἂν πολυάνορα τὰν πόλιν
   καλοῖ τις ἀνθρώπων

statt des Indic. Fut. καλεῖ. Doch ist freilich in der Schreibung dieser Diphthongen in den Hdss. grosse Unsicherheit. Arist. Nub. 1157 ist

   οὐδὲν γὰρ ἄν με φλαῦρον ἐργάσεσθ' ἔτι.

durch den cod. Rav. und wie es scheint auch Ven. unterstützt. Vgl. Hermann z. d. St. Wie wir aber κέ mit Futur auch in abhängigen Sätzen gefunden haben, so in gleicher Weise ἄν, wenn auch begreiflich seltener. Plato de legg. XII, p. 947. c. οὓς ἂν οἱ προςήκοντες τοῦ τελευτήσαντος ἐπόψονται, wofür Par. reg. 1807 (A) und Vat. 796 (Ω) letzterer als Correctur ἐπόψωνται haben, was auch die Ficinische Uebersetzung „quos delegerint" vorauszusetzen scheint. Es ist aber gewiss bedenklich, wenn man, um der Construction von ἄν mit Ind. Fut. auszuweichen, die freilich nicht zu den gewöhnlichen gehört, doch aber selbst bei Plato kaum in Abrede gezogen werden kann, eine so singuläre Form, wie ἐπόψωμαι wäre, vorziehen wollte. Vgl. Lobeck zu Phrynichus p. 734. Genau genommen gehören hieher auch die oben angeführten Stellen Plato Apol. p. 29, c. und Xen. Anab. II, 5, 13, da das eine, wie das andere Mal in den relativen Satz oder in die Frage die Form des unabhängigen Satzes aufgenommen ist. — In andern Stellen ist die Construction zweifelhaft, so Plato Euthyd. p. 290, d. wo bessere Hdss., darunter die Bodl. ἄν nach ἥτις weglassen. Herod. I, 93, wo für ἐς ὃ ἂν συνοικήσουσι nun geschrieben wird: συνοικήσωσι vgl. Bähr z. d. St. Ebd. III, 104 ist in ὅκως ἂν — ἔσονται die Partikel zu tilgen.

Ausser den angeführten Stellen finden sich noch manche andere, in welchen wenigstens die eine oder andere Hds. ἄν mit dem Futur hat, ohne dass jedoch die Construction hinlänglich beglaubigt erscheint. Unwahrscheinlich ist es indessen nicht, dass die Satzung der Grammatiker, durch welche jene Construction als fehlerhaft bezeichnet ward, zuweilen eine Correctur veranlasste, wenn wir gleich dem von Matthiä Ausf. Gramm. §. 599, d. und Hermann de part. ἄν p. 30 gegen die Urb. Hds. des Isokrates (vgl. Paneg. §. 182. Areop. §. 78) ausgesprochenen Verdacht nicht beitreten können.

Fragen wir nun nach der Bedeutung, welche dem ἄν mit Indic. Fut. in den Stellen, in welchen diese Construction anzuerkennen ist, beigelegt werden muss, so bietet sich uns keine andere dar, als die wir oben für κέ mit dem Futur festgestellt haben. Die Aussage wird durch Beifügung der Partikel zur subjectiven Behauptung, und kommt im Wesentlichen derjenigen gleich, welche durch den Opt. mit ἄν ausgedrückt wird. So hat man jene Construction wenigstens in den Stellen verstanden, in welchen

Hdss. oder Herausgeber für das Fut. Indic. den Optativ setzten, wie z. B. Plato de rep. X, p. 615, d. Apol. p. 29, c. Xen. Cyrop. VI, 1, 45. Arist. Nub. 1160. Av. 1313. Dinarch. in Dem. §. 109. Isocr. Trapez. §. 58 u. a. Somit können wir der Theorie Reisig's, welcher in Uebereinstimmung mit dem von ihm angenommenen Grundbegriff der Partikel p. 100 sagt: „quum futuro tempore non esse aliquid, sed verisimile duntaxat esse indicetur, ἄν particula rei probabilitatem non deprimit, sed extollit" das allgemeine Gefühl entgegenstellen, welches in dieser Construction vielmehr eine Milderung der Aussage erkennt. Es folgt aber diese Bedeutung des Indic. Fut. mit ἄν aus dem oben aufgestellten Begriff der Partikel, denn die Setzung, dass etwas geschehen werde, ist eine Art subjectiver Behauptung, und der objective Gehalt des Indic. wird durch das subjective Element der Setzung gemildert. Plato de rep. p. 615, d. οὐχ ἥκει, οὐδ' ἄν ἥξει, „er ist nicht gekommen, und wird auch, denk' ich, nicht kommen." Die zweite Behauptung erscheint im Verhältniss zur ersten οὐχ ἥκει ganz natürlich subjectiv gemildert. Wie wir κέν mit dem Indic. Fut. nach εἰ mit Opt. hatten, so auch ἄν. Plato Apol. p. 29, c.

β) Ἄν mit dem Indicativ des Präsens.

Gehen wir zu der Verbindung der Partikel mit dem Präsens des Indic. über, so sind bei Homer der Stellen, in welchen dieselbe sicher anzuerkennen ist, nur wenige.

Für's Erste beseitigen wir diejenigen Stellen, in welchen das apostrophirte κ' und χ' wahrscheinlich als καί aufzufassen ist. Zwar wird die Möglichkeit einer Elision des Diphthongs in καί neuerdings geläugnet, so besonders von Spitzner in dem XIIIten Excurs seiner Iliade; indessen hängt die Entscheidung doch immer vornehmlich von der Frage ab, ob in den einzelnen Stellen eher κέν oder καί anzunehmen ist.

Il. II, 237 f.   ὄφρα ἴδηται
ἤ ῥά τί οἱ χ' ἡμεῖς προςαμύνομεν, ἠὲ καὶ οὐκί
„ob etwa auch wir ihn vertheidigen." Spitzner macht zwar hier geltend: „Jam si καὶ ἡμεῖς dixisset, de aliis, qui praeter Achivorum exercitum Agamemnonem a Troum vi et impetu defenderent, esset cogitandum. Nulli vero alii ejus sunt socii, ergo importunum est Wolfii καὶ ἡμεῖς." Nachdem jedoch Odysseus V. 200 ff. den Demos voll königlichen Selbstgefühls in seine Schranken zurückgewiesen und zur Unterthänigkeit unter die Könige ermahnt hatte,

wirft sich Thersites offenbar zum Vertreter des Demos auf, und seine Rede wird als Opposition gegen die Könige überhaupt betrachtet V. 214. 246. 250. Daher ist denn καὶ ἡμεῖς „auch wir, das gemeine Volk." Selbst auch die Stellung, welche dem χ' gegeben ist, macht es nicht wahrscheinlich, dass es für κέ zu nehmen sei. Sollte es dafür gelten, so würde es nicht so weit nachstehen, sondern am ersten sich unmittelbar an ἤ anschliessen. Man vergl. Od. I, 268.

ἤ κεν νοστήσας ἀποτίσεται, ἠὲ καὶ οὐκί

IV, 80. 733 f. XIV, 183 f. XV, 300. XXI, 197.

Od. III, 255. ἤτοι μὲν τόδε κ' αὐτὸς ὀίεαι, ὥσπερ ἐτύχθη.

Wie wir gegen Hermann, der ὥσπερ ἐτύχθη mit dem Folgenden: εἰ ζώοντ᾽ ἔτετμεν Ἀτρείδης verbindet, an der von Wolf befolgten Interpunction festhalten, so scheint uns auch die Aenderung τόδε γ' αὐτὸς unpassend, indem sich in dem Zusammenhang kein Grund zur Hervorhebung von τόδε oder τάδε und dessen Entgegensetzung gegen ein Anderes findet. Dass aber καί ganz vorzüglich passt, wenn man anders eine Elision oder Krasis bei demselben annehmen darf, bedarf keiner Erinnerung. Es liefern aber allerdings auch folgende Stellen den Beweis, dass die Elision oder die Krasis bei καί statthaft ist.

Il. VI, 260. ἔπειτα δὲ κ' αὐτὸς ὀνήσεαι, αἴ κε πίῃσθα

Die Berufung auf Il. X, 346 kann nicht beweisen, dass auch hier κ' für κέ stehe, denn während dort καὶ αὐτὸν sinnlos wäre, da sonst Niemand zu fangen ist, als Dolon, bildet VI, 260 καὶ αὐτὸς offenbar den Gegensatz zu Διὶ πατρὶ καὶ ἄλλοις ἀθανάτοισιν. Der gleiche Fall tritt Il. XIII, 734 ein; denn καὶ αὐτός, was die Venet. Scholien anerkennen, hat seine natürliche Beziehung auf πολέας. Od. VI, 282 βέλτερον, εἰ κ' αὐτή περ ἐποιχομένη πόσιν εὕρεν ist καί steigernd. In den beiden letzten Stellen wäre κέ sogar störend. Der Gedanke ist Od. VI: „besser noch, wenn sie selber sogar aufsuchte," nicht: „wenn sie aufgesucht hätte," was in den Zusammenhang nicht passt. Ebenso würde Il. XIII κέ bei dem Aorist der Erfahrungswahrheit auffallen, wie ja auch das erste Glied die Partikel entbehrt.

Ausserdem ist wahrscheinlich zu beseitigen: Od. XXIV, 87 ff.

ἤδη μὲν πολέων τάφῳ ἀνδρῶν ἀντεβόλησας
ἡρώων, ὅτε κέν ποτ᾽ ἀποφθιμένου βασιλῆος
ζώννυνταί τε νέοι καὶ ἐπεντύνονται ἄεθλα

denn da ζώννυνται als Conjunctivform angesehen werden kann

(vgl. διασκεδάννυται Plato Phaedo p. 77, b. διασκεδάννυσι ebd. d. und die ähnliche Formation des Opt. δαίνυτο Il. XXIV, 665 πήγνυτο Phaedo p. 118, a. Buttmann Ausf. Gramm. §. 107. A. 36. Rost §. 79. Bem. 5.) und sich leicht begreift, wie diese seltene Form, als Indicativ angesehen, die Indicativform ἐπεντύνονται st. ἐπεντύνωνται nach sich ziehen konnte, so haben wir nicht nöthig, eine so auffallende Construction als ὅτε κε mit dem Indic. des Präsens wäre, bei Homer anzunehmen. Hermann nimmt zwar ebenfalls an der Verbindung von ὅτε κε mit Indic. Präs. Anstoss, will aber entweder κέ tilgen, oder hier und Od. XI, 415 ἀντιβολήσας schreiben. Es ist indessen kein Grund zu finden, wesshalb der Conj. hier unmöglich sein sollte: „du bist schon bei vieler Helden Bestattung gewesen, wann (bei den Leichenspielen) eines dahingegangenen Fürsten Jünglinge sich gürten. Der Conj. mit ὅτε κε stünde ganz dem herrschenden Sprachgebrauch gemäss, um eine Handlung überhaupt (nicht etwa nur in der Vergangenheit, sondern auch jetzt und künftig) eine Gattung von Fällen als sich verwirklichend zu setzen, und auch das vorangegangene Präteritum kann dem nicht im Wege stehen. Aehnlich haben wir Arist. Equitt. 1129 f.

τοῦτον δ᾽ ὅταν ᾖ πλέως
ἄρας ἐπάταξα.

Zweifelhaft wird die Construction durch das Schwanken der Lesart: Od. XIV, 161 ff. τοῦδ᾽ αὐτοῦ λυκάβαντος ἐλεύσεται ἐνθάδ᾽ Ὀδυσσεύς·
τοῦ μὲν φθίνοντος μηνός, τοῦ δ᾽ ἱσταμένοιο,
οἴκαδε νοστήσει καὶ τίσεται, ὅς κεν ἐκείνου
ἐνθάδ᾽ ἀτιμάζει ἄλοχον καὶ φαίδιμον υἱόν.

Für ὅς κεν nahm Wolf nach Hdss. ὅστις auf.

Dagegen erscheint Il. XIV, 484. τῷ καί κέ τις εὔχεται ἀνὴρ wofür Hermann nach cod. Vrat. d. καί τε lesen will, die Verbindung καί κε und Od. I, 316.

δῶρον δ᾽, ὅττι κέ μοι δοῦναι φίλον ἦτορ ἀνώγει
der Indicativ hinlänglich beglaubigt, und II, 86 ἐθέλεις δέ κε μῶμον ἀνάψαι macht sich der Opt. ἐθέλοις als Correctur verdächtig.

Ist demnach die Construction von κέν mit dem Präs. Indic. (für ἄν könnte man etwa Il. XXII, 67 anführen, indem man ἐρύουσιν, das seiner Bedeutung nach jedenfalls Futur ist, als Präsensform nimmt) bei Homer auch nicht über jeden Zweifel erhaben, so wird man doch, wenn man ohne vorgefasstes Urtheil an die Untersuchung geht, anerkennen müssen, dass sie dem Dichter wahrscheinlich nicht fremd war. Die Bedeutung aber konnte, wie beim Futur, keine andere sein, als einer Milderung der objectiven Behauptung.

Was sodann den sonstigen griech. Sprachgebrauch, namentlich den der Attiker betrifft, so ist vor Allem eine Argumentation zu beseitigen, deren sich Klotz bedient hat, um die Unmöglichkeit jener Construction zu deduciren. Derselbe sagt Adnott. ad Devar. I, p. 108 „Nam quom ille modus hoc diceret, aliquid revera esse, per ἄν particulam autem significaretur illud quo particula pertineret revera non esse, sed esse tantum, si esset, mihi videntur haec tam diversa conjungi non potuisse. Quod enim esse dicitur, una non poterit dici non esse." Mit dem gleichen Grunde könnte man auch die Verbindung der histor. Tempora, namentlich des Aorists mit ἄν, man könnte die Verbindung des Indicativs mit einer Negation, die Abhängigkeit eines Indic. Präs. und Fut. von einem Bedingungssatz in Abrede ziehen, wenn es nicht klar wäre, dass die griech. Sprache gleich andern zwar den Indicativ an und für sich (in jedem Tempus) gebraucht, um etwas objectiv als wirklich hinzustellen, dass sie aber, um verschiedene Modificationen der Behauptung zu erzielen, die Objectivität entweder zu beschränken, oder ganz aufzuheben, demselben verschiedene Partikeln und Nebenbestimmungen beigibt.

Was wir aber bei dem Fut. Indic. mit ἄν bemerkten, ist auch hier zu erinnern, dass nicht sofort eine wirkliche Construction der Partikel mit dem Präs. Indic. anzunehmen ist, wo etwa beide neben einander erscheinen. So erklärt sich Plato de legg. I, p. 647, a. Ἆρ' οὖν οὐκ ἂν νομοθέτης καὶ πᾶς οὗ καὶ σμικρὸν ὄφελος, τοῦτον τὸν φόβον ἐν τιμῇ μεγίστῃ σέβει, wie Bekker ohne Angabe einer Variante hat (Ast vermuthet mit Billigung Hermanns ἆρ' οὖν οὐ καί), als Anakoluth, indem die anfänglich beabsichtigte Construction οὐκ ἂν σέβοι geändert ward. Xen. Symp. IV, 37. ἐγὼ δὲ οὕτω μὲν πολλὰ ἔχω, ὡς μόλις αὐτὰ καὶ ἐγὼ ἂν αὐτὸς εὑρίσκω haben wir die Worte καὶ ἐγὼ ἂν αὐτός offenbar von der Hauptaussage ὡς μόλις αὐτὰ εὑρίσκω zunächst abzutrennen, und durch μόλις εὑρίσκοιμι zu ergänzen. In gleicher Weise ist Thuc. IV, 63 φίλοι μὲν ἂν τοῖς ἐχθίστοις, διάφοροι δὲ οἷς οὐ χρή, κατ' ἀνάγκην γιγνόμεθα (wie die meisten und besten Hdss. haben, vgl. Poppo z. d. St.) zu φίλοι μὲν ἂν zu suppliren γιγνοίμεθα. Es hiesse den Sinn der Stelle verkennen, wenn man, ohne hiezu irgend einen Grund zu haben, als den man in seinen grammat. Ansichten findet, γιγνοίμεθα corrigiren wollte. Man würde dann übersehen, dass die subjective Behauptung: ἄγαν, εἰ τύχοιμεν, φίλοι μὲν ἂν γιγνοίμεθα u. s. w. „im höchsten Fall dürften wir etwa Freunde unserer bittersten Feinde werden," und die objective Behauptung κατ' ἀνάγκην γιγνόμεθα absichtlich entgegengesetzt sind. Vielmehr haben wir eine Art Zeugma, indem das Verbum zu beiden Gliedern in verschiedenem Modus gehört. In der Stelle Dem. Ol. I, §. 21 haben gewiss mit Recht Schäfer (App. II, p. 268) und Vömel (Dem. Phil. oratt. 1829. p. 135) aus Aug. 3 den Indicativ ἔχει hergestellt. Ἄξιον δὲ ἐνθυμηθῆναι καὶ λογίσασθαι τὰ πράγματα ἐν ᾧ καθέστηκε νυνὶ τα Φιλίππου. οὔτε γάρ, ὡς δοκεῖ καὶ φήσειέ τις ἂν μὴ σκοπῶν ἀκριβῶς, εὐτρεπιῶς, οὐδ' ὡς ἂν κάλλιστ' αὐτῷ τὰ παρόντ' ἔχει. Behalten wir den Conjunctiv, der allerdings in der Mehrheit der Hdss. eine Stütze hat, so kann ὡς ἂν κάλλιστ' ἔχῃ (wie immer es am besten steht) nur das Allgemeine, die Gattung sein, worunter die besondere, gegenwärtige Lage Philipps zu begreifen wäre. Nun enthalten aber eben die zwischen ὡς ἂν κάλλιστ' ἔχῃ eingeschobenen Worte αὐτῷ τὰ παρόντα, welche die vorangegangene Bestimmung: τὰ πράγματα, ἐν ᾧ καθέστηκε νυνί wieder aufnehmen, das Besondere, das in wunderlicher Weise mit dem Allgemeinen vermengt wäre. Auch erwarten wir, wenn nun mit οὔτε γὰρ κ. τ. λ. der Gedanke: λογίσασθαι τὰ πράγματα, ἐν ᾧ καθέστηκε νυνί ausgeführt werden soll, dass die Behauptung vollständig in dem wieder aufgenommenen Subject und Prädicat ausgesprochen werde, und nothwendig müsste auch im Griech. ein Satz, wie folgender, auffallen: „denn weder, wie man etwa bei oberflächlicher Betrachtung behaupten möchte, geschickt, oder wie immer auf's Trefflichste seine gegenwärtige Lage steht, noch hätte er je diesen Krieg unternommen" u. s. w. Daraus geht, denk' ich, die Unhaltbarkeit des Conj. hinlänglich hervor. Der Opt. würde nichts besser machen; denn auch bei diesem hätten wir nur einen Nebensatz ὡς ἂν κάλλιστ' ἔχοι, die zu οὔτε γάρ gehörige Behauptung würde vermisst. So anstössig nun Opt. und Conj. erscheinen müssen, so geläufig ist andererseits dem Griechen der Gebrauch von ὡς ἄν ohne besonderes Prädicat. — Arist. Equitt. 1131 findet sich χοὔτω μὲν ἂν εὖ ποιεῖς in einigen Hdss., unter andern dem cod. Rav. Da wir hier nur einen einfachen Satz vor uns haben, keine in die Hauptaussage eingeschobene

Nebenbestimmung und demnach nicht berechtigt sind, ἄν auf einen andern, zu ergänzenden Modus zu beziehen, so scheint die von Hermann vorgeschlagene Auskunft οὕτω μὲν ἄν ποιῶν εὖ ποιεῖς nicht annehmbar: um so weniger, als kein Grund vorhanden wäre, dem schlechthin ausgesprochenen εὖ ποιεῖς eine subjectiv gefasste Bedingung beizugeben, noch abgesehen von der Frage, ob ἄν, ohne sich an ein Verb. fin. anzuschliessen, dem Particip beigegeben wird, um es in eine subjective Bedingung zu verwandeln.
Arist. Ach. 873. (Δικ.) τί φέρεις; B. ὅσ᾽ ἔστ᾽ ἄν ἀγαθὰ Βοιωτοῖς
ἁπλῶς
Passender schiene: ἄρ᾽, was es eben in Böotien Gutes gibt. Doch kann man sich mit der von guten Hdss. dargebotenen Lesart: ὅσ᾽ ἔστιν beruhigen. So würde sich in dem Fragment aus Menander Stob. Serm. XXI, 5. κατὰ πολλ᾽ ἄν ἐστὶν οὐ καλῶς εἰρημένον
τὸ γνῶθι σαυτόν· χρησιμώτερον γὰρ ἦν
τὸ γνῶθι τοὺς ἄλλους
Porson's Conjectur κατὰ πολλ᾽ ἄρ᾽ ἔστιν empfehlen, fände sich nicht in der Sammlung des Antonius Melissa dafür κατὰ πολλῶν. Bemerkenswerther ist, dass bei Plato Apol. p. 41, b. Καὶ δὴ καὶ τὸ μέγιστον, τοὺς ἐκεῖ ἐξετάζοντα καὶ ἐρευνῶντα ὥσπερ τοὺς ἐνταῦθα διάγειν, τίς αὐτῶν σοφύς ἐστι (nach Bekker und Stallbaum) unter den 16 Hdss. Bekkers fünf der besseren, darunter der cod. Bodl. und eben so mehrere von Stallbaum verglichene Hdss. τίς ἄν αὐτῶν σοφός ἐστι haben. Ferner Andoc. de myst. §. 117. Φέρε δὴ τοίνυν, ὦ ἄνδρες (τάχα γὰρ ἄν αὐτὸ βούλεσθε πυθέσθαι), ὁ δὲ Καλλίας τί βουλόμενος ἐτίθη τὴν ἱκετηρίαν; So Bekker, nach drei von ihm verglichenen Hdss. Cripps. Laur. Marc., nur Vrat. hat ἄν nicht. De pace c. Laced. §. 24. Τί οὖν ἐστὶν ὑπόλοιπον περὶ ὅτου δεῖ βουλεύεσθαι καὶ περὶ ὧν ἄν ἡμᾶς Ἀργεῖοι προςκαλοῦνται. So die Hdss. Reiske wollte ἄν in νῦν, Hermann in αὖ ändern.

Indem wir andre Stellen übergehen, die sonst etwa diese Construction enthielten, neuerdings aber mit gutem Grund verbessert sind, werden wir als das Wahrscheinlichste wohl diess annehmen dürfen, dass die Construction von κέν oder ἄν mit dem Präs. Ind. nicht durchaus ausser Gebrauch war, dass sie demnach auch nicht geradehin als unnatürlich und den Gesetzen der griechischen Sprache widerstreitend angesehen werden darf.

γ) *Ἄν mit dem Indicativ des Perfects.*

Anders ist es beim Perfect. Hermann bringt aus Stob. Serm. II, 14 den Vers von Hesiod bei:
ἔμμορέ τοι τιμῆς, ὅς κ' ἔμμορε γείτονος ἐσθλοῦ.
Da aber, wie Hermann selbst erinnert, Opp. et dies 345 einstimmig gelesen wird: ὅς τ' ἔμμορε, so kann auch jene Stelle keinen Beleg für die Verbindung von κέ mit dem Perfect abgeben. Die zweite von Hermann angeführte Stelle findet sich Dion. Hal. ep. ad Pompejum de praecipuis historicis gegen das Ende: εἰ δ' ὑπερεῖδεν (Theopomp) ἐν τούτοις, ἐφ' οἷς μάλιστ' ἄν ἐσπούδακε, τῆς τε συμπλοκῆς τῶν ϛωιγέντων γραμμάτων καὶ τῆς κυκλικῆς εὐρυθμίας τῶν περιόδων καὶ τῆς ὁμοειδείας τῶν σχηματισμῶν, πολὺ ἀμείνων ἄν ἦν αὐτὸς ἑαυτοῦ κατὰ τὴν φράσιν. Hier ist ἄν entschieden fehlerhaft, da ja Dionysius geradehin behaupten will: er hat darauf den meisten Fleiss gewandt.

Halten wir nun die in Betreff der Verbindung der Haupttempora mit κέν und ἄν gewonnenen Resultate zusammen mit dem Grundbegriff, den wir S. 83 dieser Partikel beilegten, so wird sich uns aus letzterem der Sprachgebrauch, wie wir ihn mit völliger Unbefangenheit zu ermitteln suchten, ungezwungen erklären. In dem Begriff der Partikel selbst, der Setzung eines Wirklichen, liegt kein Moment, das die Verbindung mit dem Präsens und Futur des Indicativs verhinderte. Vornehmlich aber konnte das Futur, sofern an und für sich jede Aussage über Künftiges mehr subjectiver Art ist, leicht dieselbe zu sich nehmen, um eine geahnte, vermuthete Zukunft zu bezeichnen, überhaupt um auszudrücken, dass man sich vorstelle, es werde etwas geschehen. Da indessen für die subjective Behauptung vorzugsweise der Optativ mit ἄν im Gebrauch war, und zwar für die Zukunft ebensowohl, als für die Gegenwart, und man überhaupt in der Manichfaltigkeit Homerischer Ausdrucksweisen später eine weise Beschränkung eintreten liess, so kam jene Construction als überflüssig ausser Gebrauch, ohne doch ganz aufgegeben zu werden. Ueberflüssig musste sie scheinen, da es genügte, für die subjective, wie für die objective Behauptung je Eine Hauptform zu haben, die sich dann durch Beifügung affirmirender und limitirender Partikeln auf die manichfachste Weise modificiren liess. Was aber den Unterschied des Futurs von der Gegenwart betrifft, der etwa die Beibehaltung der Construction von ἄν mit dem

Futur des Indic. wünschenswerth machen konnte, so muss man gestehen, dass in den meisten Fällen durch den Gebrauch der einen Form (Präs. oder Aor. des Optat. mit ἄν) für beide Zeiten so wenig eine Zweideutigkeit entsteht, als im Deutschen durch den Futuralgebrauch des Präsens. Sodann stund ja auch der Opt. Fut. zum Gebrauch frei, wie wir denn überzeugt sind, dass sich die Griechen auch dieser Form bedient haben. Endlich aber hatte die griechische Sprache auf die Verbindung des Fut. Ind. mit ἄν keineswegs völlig verzichtet, und in manchen Fällen mochte diess die dem Gedanken adäquateste Form scheinen. So Plato de rep. X. p. 615, d. Οὐχ ἥκει, οὐδ' ἂν ἥξει. Man sieht leicht, dass weder ἥκοι noch ἥξοι so passend seyn würde, das Erste nicht, denn die Verschiedenheit des Tempus soll hervortreten; aber nicht einmal ἥξοι, denn eben um den Gegensatz der Zeiten hervorzuheben, ist es angemessen, wenn die Formen im Uebrigen gleich sind. Was endlich das Perfect betrifft, so konnte es in seiner vom Aorist unterschiedenen Bedeutung als nachdrückliche Bezeichnung einer vollendeten, fertigen Handlung nicht wohl mit der Setzung eines Wirklichen sich verbinden. Sobald nämlich diese hinzutrat in dem Sinn von: „ich setze, dass es geschehen ist, es ist wohl geschehen," so ward jene charakteristische Bedeutung des Perfects, die Handlung als fertig zu bezeichnen, geschwächt, und es bot sich dann der Aorist mit ἄν dar, der auch, wie wir oben sahen, in diesem Sinn gebraucht ward.

II. Vom Imperativ (ἔγκλισις προςτακτική).

Wir haben oben (S. 35) nach Beseitigung der auf den Imperativ übergetragenen Kategorie der Nothwendigkeit den Imperativ den unmittelbaren Ausdruck der an Andre gestellten Forderung nach ihren verschiedenen, stärkeren oder milderen Graden genannt. Hier müssen wir zuerst auf den Unterschied eingehen, der zwischen dem Imperativ des Präsens und dem des Aorists stattfindet. Die Ansicht, die Hermann in den Anmerkungen zu Viger 4te Ausg. S. 807 ausspricht „*Mή* cum imperativo praesentis proprie de omittendo eo, quod quis jam facit, intelligitur Od. π, 168. ἤδη νῦν σῷ παιδὶ ἔπος φάο, μηδ' ἐπίκευθε: *desine celare.* Sed saepe tamen etiam de non incipiendo imperativus praesentis usurpatur, cui rei proprius est aoristi imperativus" ist mit Recht völlig aufzugeben, und auch für diesen Modus der allgemeine Unterschied des Präsens und des Aorists festzuhalten, den auch Hermann selbst durch die Bemerkung zugibt: „Praeterea praesens de re continuata usurpatur, ut μὴ βάλλετε *ne tela conjicite*, aoristus de re cito praetereunte, ut μὴ βάλῃς *ne telum conjice*, quum sermo est de una teli emissione." Oder S. 747 „Praesens et aoristus in ceteris praeter indicativum modis eo maxime differunt, quod praesens rem durantem vel saepius repetitam, aoristus rem absolutam aut semel factam indicat." Nur dass H., wie aus der folgenden Erörterung erhellen wird, sicher zu weit geht, wenn er hinzufügt: „Inepte dicas, γράψον βίβλον, si non scriptum esse, sed scribi vis, quia hoc longi temporis opus est." Die Unrichtigkeit jenes ersteren von Hermann aufgestellten Unterschiedes ergibt sich einerseits aus dem Gebrauch des Imper. Präs. in den Paränesen des Isocrates an Demonikos §. 13 ff., an Nikokles §. 12 ff. im Nikokles §. 48 ff., womit man noch vergleichen kann: Eur. Hec. 227 γίγνωσκε, 238 ἐρώτα, 321 ἀντάκουε, 325 τόλμα τάδ', 339 πρόςπιπτε, 340 πεῖθ', 345 θάρσει, 373 συμβούλου, 385 μὴ κτείνετε, 386 f. ἡμᾶς κεντεῖτε, μὴ φείδεσθ', in welchen Stellen von Ausführung oder Unterlassung einer bereits begonnenen Handlung durchaus nicht die Rede ist, andrerseits aus dem Gebrauch des Aorists in Stellen, in welchen ebenfalls eine Fortsetzung oder Unterbrechung einer bereits begonnenen Handlung angenommen werden kann. Eur. Andr. 88 μηδὲν τοῦτ' ὀνειδίσῃς ἐμοὶ nachdem bereits 87 dieser Vorwurf gemacht war, Hel. 551 κτείνατ'. Vielmehr steht, sofern zwischen beiden Formen ein Unterschied ist, das **Präsens zunächst von der im Werden begriffenen, daher sich fort erstreckenden, dauernden Handlung, insbesondre, wo eine Forderung allgemein gestellt, nicht auf einen bestimmten Zeitpunkt, auf einen einzelnen Fall beschränkt wird.** Daher man denn namentlich in Lebensregeln den Imper. des Präsens gebraucht findet. Man vgl. die oben angeführten Abschnitte aus Isokrates, ferner: Plato Phaedr. p. 230, e. ἀναγίγνωσκε, ἄκουε δή von der ganzen Vorlesung p. 261, a. ἐξέταζε, ἀποκρινέσθω — ἐρωτᾶτε, minder sicher p. 227, c. πρόαγε δή, p. 228, d. διανοοῦ, 230, d. συγγίγνωσκε, 270, d. σκόπει, Apol. p. 20, c. λέγε, d. ἀκούετε. Der Aorist des Imper. (beziehungsweise des Conjunctivs) steht, wo die Forderung auf einen einzelnen Fall beschränkt wird. Plato Phaedr. p. 228, c. σὺ οὖν αὐτοῦ

δεήθητι, 229, b. εἰπέ von einer einzelnen Mittheilung, desgl. c. 261, c. 263, a. d. 268, a. 276, b. (εἰπέτω 273, a.) Apol. p. 24, c. d. ἴθι εἰπὲ καὶ μήνυσον, nachher ἀλλ' εἰπέ Symp. 172, b. 214, e u. s. w. Andere Beispiele sind Plato Phaedr. p. 262, d. δήλωσον, ἀνάγνωθι von dem Vorlesen einer Stelle, ebd. e. παῦσαι, p. 268, a. ἰδέ, p. 277, b. ὑπόμνησον. Soph. Phil. 473. 475. 481. 484. 485. 488. 501; dann 748 f. 932. 950. 967. 981. 1003. 1041. 1203. 1205. 1262. 1267. 1301.
Wenn wir nun aber den Unterschied von Präsens und Aorist beim Imperativ, wie bei dem Conj., Opt., Inf., Particip, in wie weit ein solcher besteht, in den der werdenden, dauernden und der geschlossenen, momentanen Handlung setzen, so dürfen wir doch nicht verkennen, dass beide Tempora auf einem gemeinsamen Gebiete zusammentreffen, auf welchem Präsens und Aorist mit gleichem Rechte stehen. Wo nämlich eine Handlung weder als eine werdende und dauernde, noch als eine abgeschlossene und momentane bezeichnet werden soll, wo es nur darauf ankommt, die Handlung zu nennen, da kann ebensowohl der Aorist, als das Präsens gebraucht werden. So haben wir Soph. Phil. 1287 δέχου = δέξαι, ähnlich 1292 πρότεινε, κράτει Plato Phaedr. p. 228, c. 268, a. δείκνυε, p. 263, e. 271, c. 274, e. λέγε p. 278, b. e. φράζε ferner λέγε, λέγετε Plato Ap. p. 26, b. Symp. p. 202, c. 212, d. 213, a. 214, d. oder Ap. p. 27, b. ἀποκρινέσθω, ohne dass an eine Dauer der Handlung zu denken wäre, σκέψαι p. 264, c. ist vielleicht nicht anders aufzufassen als σκόπει p. 270, c. ebenso σκέψασθε Apol. p. 21, b. vgl. Isocr. Phil. §. 58. 68. 132 und auch sonst gewöhnlich σκέψασθε. Wie wir Phaedr. p. 228, d. οὑτωσὶ διανοοῦ περὶ ἐμοῦ haben, so Apol. p. 18, d. ἀξιώσατε, e. οἰήθητε, ohne dass wir in der Sache selbst einen Grund fänden, warum das Denken dort dauernd, hier momentan aufgefasst werden musste. Apol. p. 30, c. haben wir μὴ θορυβεῖτε, und darauf ohne Verschiedenheit des Sinnes: ἀλλ' ἐμμείνατέ μοι οἷς ἐδεήθην ὑμῶν μὴ θορυβεῖν. Ebd. p. 32, a. ἀκούσατε, wo ebenso gut ἀκούετε stehen konnte, um die Dauer des Anhörens zu bezeichnen. Ebd. p. 34, a. παρασχέσθω καὶ λεγέτω, beides für die einzelne, in sich geschlossene Handlung. Symp. p. 172, b. διήγησαι, p. 173, e. μὴ ἄλλως ποιήσῃς, ἀλλὰ διήγησαι bei der Forderung eines ausführlichen Berichts. Ebd. p. 173, a. μὴ σκῶπτ' von einer einzelnen Aeusserung, wie ἀλλ' εἰπέ μοι. Ebd. p. 174, b. ἕπου, p. 214, d. ἀλλ' οὕτω ποίει, εἰ βούλει Σωκράτη ἐπαινέσον.

Da das ποιεῖ eben durch ἐπαίνεσον näher bestimmt wird, so kann unmöglich jenes als dauernd, dieses als momentan betrachtet sein. Ebd. p. 213, b. ὑπολύετε, e. φερέτω, φέρε p. 214, b. ἐπίταττε, οὖν ὅτι βούλει — ἄκουσον δή. Wenn jenes als Ausdruck der Dauer aufgefasst würde, so sollte man auch für ἄκουσον, das dem ἐπίταττε parallel ist, den Imperativ des Präsens erwarten. Ebd. p. 214, e. οὑτωσὶ ποίησον· ἐάν τι μὴ ἀληθὲς λέγω, μεταξὺ ἐπιλαβοῦ ἂν βούλῃ καὶ εἰπέ, ὅτι τοῦτο ψεύδομαι· ἑκὼν γὰρ εἶναι οὐδὲν ψεύδομαι. Offenbar ist hier nicht von einer einzelnen Unwahrheit, die Alkibiades etwa unwissentlich spricht, die Rede, sondern von den Unwahrheiten überhaupt, die in seiner Schilderung des Sokrates vorkommen könnten.

Dazu kommt, dass bei gewissen Verben gar kein Imperativ des Aorists im Gebrauch ist. So heisst es nothwendig ἔστω, ἔστωσαν, ἴθι, ἄγε (welches nicht nur mit dem Imp. des Präsens Il. X, 479. Od. V, 162, sondern auch mit dem des Aorists verbunden vorkommt Il. X, 384. 405. Od. XXI, 134 f. XXIII, 261. XXIV, 256. 287. und mit beiden zusammen: Od. XXIII, 20), φέρε, χαῖρε, ἴσθι, ὅρα in der Bedeutung „sieh dich vor," ἔῤῥε, ἐῤῥέτω.

Somit bleibt nichts übrig, als die Regel über den Gebrauch des Präsens und des Aorists im Imp. dahin zu bestimmen, dass, wenn die Forderung **ausdrücklich** als eine allgemeine, für die Dauer geltende, in einer längeren Zeit zu erfüllende ausgesprochen werden soll, das Präsens, wenn sie *ausdrücklich* auf einen speziellen Fall beschränkt werden soll, der Aorist des Imperativs gebraucht wird, dass aber, wo diese Absicht nicht stattfindet, und ohne Rücksicht auf die Zeit, die eine Handlung erfüllt und erfüllen soll, nur der Begriff der Handlung anzugeben ist, das eine, wie das andere Tempus gewählt werden kann.

In Beziehung auf den negativen Imperativ ist besonders zu erinnern, dass allerdings auch hier, wo ein Verbot für die Dauer gegeben wird, der Imp. Präs. steht, vgl. Isocr. ad Dem. §. 15. μήτε γέλωτα προπετῆ στέργε, μήτε λόγον μετὰ θράσους ἀποδέχου, §. 16 μηδέποτε μηδὲν αἰσχρὸν ποιήσας ἔλπιζε λήσειν §. 19 μὴ κατόκνει, §. 20 τὰς ἐντεύξεις μὴ ποιοῦ πυκνὰς τοῖς αὐτοῖς und ferner §. 22. 24. 26. 28. 37. 39. ad Nic. §. 12. 13. 23. 25. 26. 27. 28. 29. 30. 31. 39. 54, und dass der Conj. Aor. häufig bei der auf einen speziellen Fall sich beziehenden

Forderung gebraucht wird, Soph. Phil. 470. μὴ λίπῃς 486 μή μ' ἀφῇς (wozu kommt, dass in diesem ganzen Abschnitt consequent und der Regel gemäss nur der Aorist gebraucht ist) 749. 789. 809. 933. 967. 1054. 1275. 1286. 1300. Xen. Anab. VI, 6, 18. Καὶ ὑμεῖς μὲν μὴ ἐκδῶτε· ἐγὼ δ' ἐμαυτόν, ὥσπερ Ξενοφῶν λέγει, παρασχήσω κρίναντι Κλεάνδρῳ, ὅ τι ἂν βούληται ποιῆσαι, τούτου ἕνεκα μήτε πολεμεῖτε Λακεδαιμονίοις, σῴζεσθέ τε ἀσφαλῶς ὅποι θέλοι ἕκαστος· συμπέμψατε μέντοι μοι ὑμῶν αὐτῶν ἑλόμενοι πρὸς Κλέανδρον, οἵτινες ἐάν τι ἐγὼ παραλείπω, καὶ λέξουσιν ὑπὲρ ἐμοῦ καὶ πράξουσιν. So lässt sich an vielen Stellen die gebräuchliche Formel μὴ θαυμάσῃς aus der Beschränkung der Handlung auf einen einzelnen Moment erklären: Isocr. ad Dem. §. 44. Phil. §. 1. 81. 116. Busir. §. 50. Plato Phaedr. p. 274, a. und Symp. p. 215, a. μηδὲν θαυμάσῃς. Isocr. Phil. §. 93. μηδεὶς ὑπολάβῃ desgl. Paneg. §. 129. Plato Protag. p. 320, c. μὴ φθονήσῃς, Gorg. p. 449, b. ὅπερ ὑπισχνεῖ μὴ ψεύσῃ, ἀλλὰ ἐθέλησον κατὰ βραχὺ τὸ ἐρωτώμενον ἀποκρίνεσθαι, p. 470, c. μὴ κάμῃς, p. 488, a. μὴ ἀποστῇς — μηκέτι νουθετήσῃς. Dem. Lept. §. 50. ὃ μὴ πάθητε νῦν ὑμεῖς, μηδ' οἴεσθε νόμον τοιοῦτον θέσθαι δεῖν κ. τ. λ. μὴ τρέσῃς Eur. Her. 249. 501. 558. μὴ λέξῃς Eur. Her. 549 μὴ ἐλπίσῃς ebd. 1051.

Indessen findet sich der Conjunctiv des Aorists auch da, wo ein Verbot für die Dauer und für alle Zeit gegeben wird. Isocr. ad Dem. §. 23. ἕνεκα δὲ χρημάτων μηδένα θεῶν ὀμόσῃς. §. 29. μηδενὶ συμφορὰν ὀνειδίσῃς. Plato Ap. p. 20, e. μὴ θορυβήσητε. Dagegen p. 21, a und 30, c. μὴ θορυβεῖτε, obwohl Jenes jedenfalls so gut wie Letzteres von einer Dauer verstanden werden kann. Das Natürlichste ist wohl, anzuerkennen, dass hier zwischen dem Conj. Aor. und dem Imp. Präs. kein Unterschied ist, wie denn auch die obigen Beispiele des Conj. nicht nothwendig von einer momentanen Handlung verstanden werden müssen. Vgl. Bernhardy wiss. Syntax S. 393.

Dass übrigens auch der Imperativ des Aorists, namentlich in der dritten Person, seltener in der zweiten, beim Verbot gebraucht werde, und selbst der Conj. des Präsens vorkomme, ist bereits von Andern erinnert worden. Man vergl. die grösstentheils schon von Matthiä und Hartung namhaft gemachten Stellen: Il. IV, 410. μὴ ἔνθεο, desgl. Od. XXIV, 248. Soph. Peleus (nach dem Rav. Schol. zu der folg. Stelle) und Arist. Thesmoph. 870 (s. Fritzsche z. d. St.) μὴ ψεῦσον; ferner Thugenides (wie statt

Thagenides zu lesen ist) bei Suid. s. v. μὴ νόμισον, vgl. auch den Ἀντιαττικιστής bei Bekk. Anecd. I, p. 107, wo vielleicht zu lesen ist: μὴ νόμισον· ἀντὶ τοῦ μὴ νομίσῃς. καὶ Σοφοκλῆς Πηλεῖ· μὴ ψεῦσον. Beispiele für die 3. Person sind: Od. XVI, 301. μήτις ἀκουσάτω. Aesch. Prom. 332. μηδέ σοι μελησάτω. VII. c. Th. 1036. μὴ δοκησάτω τινί. Soph. Aj. 1180 f. μηδέ σε κινησάτω τις. 1334. μηδ' ἡ βία σε μηδαμῶς νικησάτω. Oed. R. 1449. μήποτ' ἀξιωθήτω. Plato Apol. p. 17, c. μηδεὶς προςδοκησάτω. Xen. Cyrop. VII, 5, 73 und Ven. II, 2. μηδεὶς νομισάτω. Ages. X, 3. μὴ νομισάτω. Xen. Cyrop. VIII, 8, 26. μηδεὶς ἰδέτω. Aesch. in Tim. §. 193. μὴ ἀποσκήψατε. — Der Conj. des Präsens findet sich: Plato legg. IX, p. 861, e. μὴ οἴηται. Epin. p. 989, b. μηδεὶς ἡμᾶς ποτε πείθῃ.

Ausser dem Imperativ des Präsens und des Aorists finde sich noch der des Perfects im Pass. und Medium (selbst auch im Activ mit intransitivem Sinn), und zwar in der Bedeutung, die dem Perfect überhaupt zukommt, um nachdrücklicher, als der Aorist, die Vollendung und Geschlossenheit einer Handlung zu bezeichnen. So in dem öfteren εἰρήσθω. Herod. VI, 55. Καὶ ταῦτα μὲν νυν περὶ τουτέων εἰρήσθω. Isocr. Paneg. §. 14. περὶ μὲν οὖν τῶν ἰδίων ταῦτά μοι προειρήσθω. §. 51. ταῦτα μὲν εἰρήσθω μοι πρὸς τοὺς ἐπὶ τοῖς τοιούτοις φιλοτιμουμένους. Plato Menes. p. 247, c. Τοῖς μὲν οὖν παισὶ ταῦτ' εἰρήσθω. De legg. p. 655, b. ταῦθ' ἡμῖν οὕτως ἔχειν ἀποκεκρίσθω τὰ νῦν. De rep. VIII, p. 553, a. Ἀπειργάσθω δὴ ἡμῖν καὶ αὕτη ἡ πολιτεία ἣν ὀλιγαρχίαν καλοῦσιν. „Damit sei diese Staatsverfassung abgemacht;" so auch Euthyd. p. 278, d. Ταῦτα μὲν οὖν πεπαίσθω τε ὑμῖν καὶ ἴσως ἱκανῶς ἔχει. Phaedr. p. 278, c. Οὐκοῦν ἤδη πεπαίσθω μετρίως ἡμῖν τὰ περὶ λόγων. „Nun mag es mit unsern spielenden Aeusserungen sein Bewenden haben." Ebd. p. 250, c. de legg. IV, 712, a. IX, p. 874, d. Thuc. I, 71. Μέχρι μὲν οὖν τοῦδε ὡρίσθω ὑμῶν ἡ βραδύτης. „Damit habe eure Langsamkeit ihr Ziel erreicht."

Hiemit hängt der Gebrauch des Perf. Pass. zum Ausdruck der entschlossenen Handlung, des entschiedenen Befehls zusammen: Plato de rep. l. VI, p. 503, b. Ὤκνουν — ἐγὼ εἰπεῖν τὰ νῦν ἀποτετολμημένα, νῦν δὲ τοῦτο μὲν τετολμήσθω εἰπεῖν, ὅτι τοὺς ἀκριβεστάτους φύλακας φιλοσόφους δεῖ καθεστάναι. Εἰρήσθω γάρ, ἔφη. De legg. X, p. 893, b. Xen. Mem. IV, 2, 19. οὐκ ἔτι μὲν ἔγωγε πιστεύω οἷς ἀποκρίνομαι, ὅμως δὲ εἰρήσθω μοι ἀδικώτερον τὸν ἑκόντα ψευδόμενον τοῦ ἄκοντος. Daher denn auch, wo etwas gleichsam als ein Fertiges, Entschiedenes gesetzt, zugegeben wird. Plato de rep. l. VIII, p. 562, a. *Τί οὖν; τετάχθω ἡμῖν κατὰ δημοκρατίαν ὁ τοιοῦτος ἀνήρ, ὡς δημοκρατικὸς ὀρθῶς ἂν προςαγορευόμενος; Τετάχθω ἔφη.* Phaedr. p. 246, a. *Ἐοικέτω δὴ (ἡ ψυχὴ) ξυμφύτῳ δυνάμει ὑποπτέρου ζεύγους τε καὶ ἡνιόχου.* Wie endlich in den übrigen Moden das Perfect öfter den aus der geschlossenen Handlung resultirenden bleibenden Zustand bezeichnet, so auch im Imperativ. Lucian. diall. mort. X, 10. *τὸ ἀγκύριον ἀνεσπάσθω.* XXX, 1. *Ὁ μὲν λῃστὴς οὑτοσὶ Σώστρατος εἰς τὸν Πυριφλεγέθοντα ἐμβεβλήσθω.* Ueber die Aufnahme des Imperativs in einen Relativsatz, sowie über die Ausdrucksweisen *οἶσθ' ὡς ποίησον* u. dgl. war schon oben S. 11 f. die Rede.

Imperativ mit ἄν?

Was dann die Frage betrifft, ob der Imperativ mit ἄν construirt werden könne, so ist diese bekanntlich von den alten griech. Grammatikern verneinend beantwortet worden. So heisst es in der Schrift *περὶ συντάξεως* Bekker Anecd. I, p. 126: „*Πέντε τοίνυν ἐγκλίσεων οὐσῶν μετὰ προςτακτικοῦ ῥήματος οὐ συντάσσεται· οὐδεὶς γὰρ λέγει ἀνάγνωθι ἄν.*" In Uebereinstimmung hiemit, und da es jedenfalls nur wenige isolirte Stellen sind, in welchen ἄν mit dem Imperativ vorzukommen scheint, haben auch Hermann l. IV, 1, p. 176, Matthiä S. 1201, Bernhardy wiss. Syntax S. 392, Kühner Ausf. Gramm. §. 454, A. 2, Klotz Adnott. ad Devar. I, p. 100, sich gegen eine solche Construction erklärt, so dass die Partikel ἄν, wo sie sich beim Imperativ findet, entweder als unächt ausgeworfen, oder mit einem andern Worte als dem Imperativ verbunden wird. Die Möglichkeit der Verbindung des Imp. mit ἄν behaupten, allerdings, wenn einmal letztere Partikel die Bedingtheit bezeichnen soll, mit grösserer Consequenz Hartung II, S. 312 und Rost 6. Aufl., §. 120, 6, d. S. 608 f. Von den Stellen nun, welche für diese Construction angeführt werden, ist erstens
Od. XII, 81. *ἧπερ ἂν ὑμεῖς νῆα παρὰ γλαφυρὴν ἰθύνετε, φαίδιμ' Ὀδυσσεῦ* auszuscheiden, da *ἰθύνετε* ein verkürzter Conj. ist (vgl. Reisig de ἄν part. p. 116; Thiersch Gramm. §. 345, 3, a); ferner Plato Alcib. l. p. 122, d., da die Lesart *μηδὲ τοῦτο ἂν ἡμῖν ἄρρητον ἔστω* lediglich ein Druckfehler ist, welcher, wie Buttmann Vorrede

zu Plat. diall. IV. ed. 4ta, 1822, p. IV, und nach ihm Matthiä S. 1201 und Hermann erinnert haben, aus der edit. Laemar. 1590 sich fortgepflanzt hat. Es ist darum nicht zu begreifen, wie nach solcher ausdrücklicher Warnung nicht blos von Hartung, sondern auch von Rost dieser Druckfehler als ein Zeugniss für jene Construction angeführt werden konnte. Ferner Arist. Acharn. 1200 f.

φιλήσατόν με μαλθακῶς, ὦ χρυσίω,
τὸ περιπεταστὸν κἀπιμανδαλωτόν

fehlt ἄν sowohl in dem cod. Rav. als in den Brunck'schen Hdss. Xen. Anab. I, 4, 8. ἀλλὰ ἰόντων ἂν εἰδότες ὅτι κακίους εἰσὶ περὶ ἡμᾶς ἢ ἡμεῖς περὶ ἐκείνους, ist zwar ἄν nicht mit εἰδότες zu verbinden, da es dann nothwendig εἰδότες ἄν heissen müsste, wohl aber führt uns die Lesart ἰέτωσαν (st. ἴτωσαν) in den Par. Hdss. 1640, 1641 und der Wolf. auf die Entstehung jener Lesart. Bei der Aenderung von ἴτωσαν in ἰόντων konnte, wie Klotz a. a. O. S. 100 nachweist, als ein Rest von jener Lesart ἄν sich erhalten. Eben so wenig ist Eur. Rhes. 685 παῖε, παῖε πᾶς τις ἄν ein sicherer Beleg, da τις ἄν in einigen Hdss. fehlt, überhaupt die Feststellung und Anordnung des Textes hier sehr zweifelhaft ist. Hermann verbessert τίς εἶ; und dieser Aenderung stimmt auch Klotz bei. Hartung findet hier keinen Grund zum Gebrauch des ἄν. Arist. Equitt. 725 ff. statt ἔξελθε δῆτ' ἄν hat Dindorf mit Recht aufgenommen: A. νὴ Δί', ὦ πάτερ, ἔξελθε δῆτ'. — K. Ὦ δῃμίδιον, ὦ φίλτατον ἔξελθ', da zu der bestätigenden und dringenden (νὴ Δία, δῆτα) ausgesprochenen Bitte des Wurstverkäufers ein milderndes oder einschränkendes ἄν nicht gut passen würde. Auch Phal. ep. 107 ist ἄν in den Hdss. nicht ganz gesichert, übrigens hat Hermann durch Einschaltung von ὡς der Stelle recht glücklich geholfen: σώματος μὲν γὰρ ἀῤῥωστίαν θεραπεύει τέχνη· ψυχῆς δὲ νόσον ἰᾶται θάνατος, ὃν ὡς ἂν ἐπαχθέστατον (= ὡς ἂν ἐπαχθέστατος εἴη) ἀντὶ πολλῶν καὶ μεγάλων ἀδικημάτων, οὐκ ἀκουσίων ὧν ἐμοὶ προςτρέπεις, ἀλλ' ἑκουσίων ὧν αὐτὸς εἴργασαι, προςδέχου. Wie man aber von dieser Verbesserung denken mag, so könnten diese Briefe, das Erzeugniss eines späteren, christlichen Jahrhunderts, nichts für den klassischen Sprachgebrauch beweisen. Was endlich das bei dem Imperativ sich findende κἄν betrifft, so ist es klar, dass κἄν seinen eigenen Modus verlangt, und mit dem Imperativ nicht unmittelbar construirt werden darf. Es ist dieses κἄν ohne Zweifel aus καὶ ἐάν hervorgegangen und durch ein ausgelassenes ἦ zu erklären, da gewöhnlich ein zu dem Imperativ hinzutretender Bedingungssatz durch ἐάν mit Conj. ausgedrückt wird. So ist Theocr. Id. XXIII, 35. Ἀλλὰ τύ, παῖ, κἂν τοῦτο πανύστατον ἀδύ τι ῥέξον so viel als ἀδύ τι ῥέξον, κἂν τοῦτο πανύστατον ᾖ, „erzeige mir diese Gefälligkeit, und wenn es die letzte ist,“ d. i. „erzeige mir wenigstens diesen letzten Gefallen.“ Desgl. V. 41. κἂν νεκρῷ χάρισαι τὰ σὰ χείλεα s. v. a. κἂν νεκρῷ ᾖ, „und wenn es einem Todten ist.“ Anthol. graeca ed. Jacobs V, 92. κἂν ὑμεῖς πείσατε τὴν Ῥοδόπην s. v. a. κἂν ὑμεῖς ἦτε, „ihr wenigstens.“ Ebenso Soph. El. 1482. ἀλλά μοι πάρες κἂν σμικρὸν εἰπεῖν s. v. a. κἂν σμικρὸν ᾖ, „und wenn es nur ein Weniges ist;“ obwohl hier κἂν zu εἰπεῖν gehört, nicht zu πάρες.

III. Vom Conjunctiv (ἔγκλισις ὑποτακτική).

1) Conjunctiv ohne ἄν.

a) In unabhängigen Sätzen.

Nachdem oben S. 35 als Grundbedeutung des Conjunctivs die Tendenz zur Wirklichkeit festgestellt und nachgewiesen ward, wie sich diese Bedeutung in allen einzelnen Gebrauchsweisen des reinen Conj., in der Aufforderung, der unschlüssigen Frage, dem Futuralconj., dem Conj. des Absichtssatzes deutlich abspiegelt, so bleibt uns hier nur übrig, Beispiele für diese verschiedenen Arten des reinen Conj. zusammenzustellen.

α) Beispiele des Conjunctivus adhortativus sind, und zwar des Plur.:

Il. II, 236 f. οἴκαδέ περ σὺν νηυσὶ νεώμεθα· τόνδε δ' ἐῶμεν αὐτοῦ ἐνὶ Τροίῃ γέρα πεσσέμεν. III, 94. 283. IV, 14. Od. VI, 31. VIII, 31. 100. X, 192. 228. 269. 334. XII, 291 u. a. m. Soph. Phil. 526. 533. 539. Ἐπίσχετον, μάθωμεν. 1469. Eur. El. 962. ἐπίσχες· ἐμβάλωμεν εἰς ἄλλον λόγον. Plato Protag. p. 311, a. Ἀλλὰ τί οὐ βαδίζομεν παρ' αὐτόν, ἵνα ἔνδον καταλάβωμεν; καταλύει δ' ὡς ἐγὼ ἤκουσα, παρὰ Καλλίᾳ τῷ Ἱππονίκου· ἀλλ' ἴωμεν. Καὶ ἐγὼ εἶπον· Μήπω, ὦ 'γαθέ, ἐκεῖσε ἴωμεν, πρῲ γάρ ἐστιν, ἀλλὰ δεῦρο ἐξαναστῶμεν εἰς τὴν αὐλὴν καὶ περιιόντες αὐτοῦ διατρίψωμεν, ἕως ἂν φῶς γένηται, εἶτα ἴωμεν. Phaedr. p. 229, a. 237, d. 238, e. 246, a. d. 260, a. 261, c. 264, e. 265, b. c. 268, a. 279, b. c. Xen. Cyrop. VIII, 1, 5.

παρῶμέν τε οὖν ὥσπερ Κῦρος κελεύει ἐπὶ τόδε τὸ ἀρχεῖον, ἀσκῶμέν τε δι' ὧν μάλιστα δυνησόμεθα κατέχειν ἃ δεῖ, παρεχωμέν τε ἡμᾶς αὐτοὺς χρῆσθαι Κύρῳ ὅ τι ἂν δέῃ.
In Verbindung mit ἄγετε, ἄγε findet sich der Plural:
Il. II, 139 f. u. IX, 26 f.
ἀλλ' ἄγεθ', ὡς ἂν ἐγὼν εἴπω, πειθώμεθα πάντες·
φεύγωμεν σὺν νηυσὶ φίλην ἐς πατρίδα γαῖαν.
(Der 1. Vers Od. XII, 213. XIII, 179.)
Il. III, 441. ἀλλ' ἄγε δὴ φιλότητι τραπείομεν εὐνηθέντε.
IV, 418. VIII, 34. X, 44. 176. XI, 348. XVII, 190. 274. XXI, 134 f.
Mit φέρε Eur. Andr. 333. Μενέλαε, φέρε δὴ διαπεράνωμεν λόγους.
Mit δεῦτε Od. VIII, 133. δεῦτε, φίλοι, τὸν ξεῖνον ἐρώμεθα.
Der Singular findet sich, und zwar ohne eine Partikel der Ermunterung:
Il. VI, 340. ἀλλ' ἄγε νῦν ἐπίμεινον, Ἀρήϊα τεύχεα δύω.
XXII, 450. δεῦτε, δύω μοι ἕπεσθον, ἴδωμ' ὅτιν' ἔργα τέτυκται.
XXIII, 71. θάπτε με ὅττι τάχιστα, πύλας Ἀΐδαο περήσω.
Soph. Phil. 1206 f. Χ. ὡς τίνα ῥέξῃς παλάμαν ποτέ;
Φ. κρᾶτ' ἀπὸ πάντα καὶ ἄρθρα τέμω χερί.
Τέμω kann nicht mehr von ὡς abhängig sein, denn dieses müsste vor dem zweiten Satz wiederholt werden.
Eur. Her. 558 f. σοφῶς κελεύεις· μὴ τρέσῃς μιάσματος
τοὐμοῦ μετασχεῖν, ἀλλ' ἐλευθέρως θάνω.
„Frei will (soll) ich sterben." Der Conj. ist hier für die erste Person dasselbe, was für die zweite und dritte der Imperativ ist.
Eur. Med. 1275. παρέλθω δόμους, was jedoch Musgrave und Elmsley (V. 1242), denen Pflugk gefolgt ist, als Conj. delib. auffassen, wo übrigens Elmsley darin jedenfalls irrt, dass er bei der ersten Person einen Imperativ, wie φέρε u. dgl. für nothwendig hält; denn wenn auch der Singular des adhort. Conjunctivs grossentheils von einem solchen Imperativ begleitet ist, so kann doch letzterer auf den Conj. und dessen Bedeutung keinen Einfluss üben. Zudem zeigen die hier aufzuführenden Stellen zur Genüge, dass der Sing. des adhort. Conj. auch ohne einen solchen Imperativ stehen kann. Eur. Hipp. 567.
ἐπίσχετ' αὐδήν, τῶν ἔσωθεν ἐκμάθω (vgl. Soph. Phil. 539.)
Androm. 845. Herc. fur. 1059. σῖγα· πνοὰς μάθω. Plato de rep. V, p. 457, c. λέγε δή, ἴδω.
Mit einem Imperativ der Ermunterung findet sich der Singular des adhort. Conj., und zwar mit ἄγε, ἄγετε:

Il. IX, 60 f. ἀλλ' ἄγ' ἐγών, ὅς σεῖο γεραίτερος εὔχομαι εἶναι,
ἐξείπω καὶ πάντα διίξομαι.
Od. VI, 126. IX, 37. XIII, 215. XX, 296.
XXII, 139 f. ἀλλ' ἄγεθ', ὑμῖν τεύχε' ἐνείκω θωρηχθῆναι
ἐκ θαλάμου·
Ebd. 428 f. 487. XXIII, 74.
Mit δεῦρο Eur. Bacch. 341. δεῦρό σου στέψω κάρα κισσῷ.
Wozu Elmsley bemerkt: Στέψω quod pro futuro accipiunt interpretes Latini, subjunctivum esse monui ad Med. 1243. Usitatius esset φέρε σου στέψω κάρα, sed δεῦρο usurpavit etiam Theopompus apud Athenaeum p. 470. F.
Χώρει σὺ δεῦρο Θῃρικλέους πιστὸν τέκνον
γενναῖον εἶδος. ὄνομά σοι τί θώμεθα;
ἆρ' εἰ κάτοπτρον φύσεος; ἦν πλῆρες δοθῇς
οὐδέν ποτ' ἄλλο. δεῦρο δὴ γεμίσω σ' ἐγώ.
Nulla ambiguitas est in hoc exemplo. Futurum enim est γεμιῶ."
Mit φέρε Soph. Phil. 1452. φέρε νυν στείχων χώραν καλέσω.
Eur. Or. 1282. Phoen. 279 f. Arist. Nub. 489. Herod. II, 105.
Eine Aufforderung, etwas nicht zu thun, mit μή, finden wir:
Il. II, 435 f. μηκέτι νῦν δήθ' αὖθι λεγώμεθα. μηδ' ἔτι δηρὸν
ἀμβαλλώμεθα ἔργον.
Od. XIII, 296. XVI, 355. 389. Plato Phaedr. p. 245, b. 271, c. Protag. p. 311, a. Xenoph. Cyr. I, 5, 11. Anab. VII, 1, 29.

So findet sich auch der Singular der ersten Person mit μή in ähnlichem Sinn, wie für die 2. und 3. Person der Imperativ, wenn man von sich selbst etwas abwehren will.
Il. I, 26. Μή σε γέρον, κοίλῃσιν ἐγὼ παρὰ νηυσὶ κιχείω.
Soph. Oed. C. 174. ὦ ξεῖνοι, μὴ δῆτ' ἀδικηθῶ.
Trach. 802. μηδ' αὐτοῦ θάνω.
Dass übrigens dem Conj. adhort. die Partikel κέν oder ἄν nicht beigegeben werden könne, hat sich uns S. 83 f. aus dem aufgestellten Begriff dieser Partikel als nothwendig ergeben.

β) Conjunctiv des Befehls.

Nur die Verschiedenheit der Person begründet einen Unterschied zwischen dem Conj. adhort. und dem Conj. des Befehls. Jener bezeichnet eine an sich selbst gerichtete Forderung, mithin Aufforderung; dieser eine Forderung, die an einen Zweiten, Angeredeten oder an einen Dritten gerichtet ist, und je nach den Verhältnissen und dem Ton der Rede für die verschiedenen

Modificationen der Forderung, von der Bitte an bis zum strengeren Befehl stehen kann. Die Grundbedeutung bleibt immer die Tendenz, ein Hinarbeiten auf Verwirklichung. Beispiele sind bereits oben S. 172 gegeben worden, wo auch die gewöhnliche Regel, dass der Conj. Aor. nur von der momentanen Handlung stehe, ihre Beschränkung erfahren hat. Was dann die Frage betrifft, ob auch der Conj. des Präsens gebraucht werde, so scheint Plato Gorg. p. 500, e. Stallbaum richtig geschrieben zu haben: αὐτὸ δέ μοι τοῦτο πρῶτον ἢ σύμφαθι, ἢ μή· σύμφῃς; theils weil sich an diese letztere Frage des Kallikles Antwort: Οὕτω φημί besser anschliesst, theils weil aus der Vergleichung anderer Stellen ebd. p. 475, e. 490, d. de rep. 475, b. hervorgeht, dass σύμφαθι, ἢ μή die natürlichste Ausdrucksweise war. Aber selbst wenn man συμφῇς beibehalten wollte, so würde man diess noch nicht als Beleg für den Conj. des Präs. ansehen können, da nichts im Wege steht, in jener Form einen Aorist anzuerkennen.

Eur. Iph. A. 1143 ist μὴ κάμνῃς λέγων mit Porson Hec. 1166, Elmsley Review of Markland's Iph. in A. und Hermann (V. 1151) als fehlerhaft zu bezeichnen und in μὴ κάμῃς λέγων zu ändern. Dagegen steht Plato de legg. IX, p. 861 ohne Angabe einer Variante: Μὴ τοίνυν τις τὰς βλάβας πάσας ἀδικίας τιθεὶς οὕτως οἴηται καὶ τὰ ἄδικα ἐν αὐταῖσι ταύτῃ γίγνεσθαι διπλᾶ offenbar in dem Sinn: Niemand glaube. Epin. p. 989. μεῖζον μὲν γὰρ ἀρετῆς μηδεὶς ἡμᾶς ποτε πείθῃ τῆς εὐσεβείας εἶναι τῷ θνητῷ γένει, wo jedoch einige codd. bei Bekker das unpassende πεισθῇ, einer, Vat. 1029 πείσῃ hat.

Selbst im Gebot findet sich der Conj. Soph. Phil. 300.
φέρ' ὦ τέκνον, νῦν καὶ τὸ τῆς νήσου μάθῃς.

γ) Conjunctivus deliberativus.

Der deliberative Conjunctiv ist von dem der Aufforderung nur durch die Frage unterschieden. In beiden Satzformen liegt die Tendenz zur Verwirklichung; wenn nun dieser Begriff in Frage tritt, so entsteht ein Ausdruck der Unentschlossenheit, die von andern, oder dem eigenen, überlegenden Subject bestimmt werden will. Hier zeigt sich denn auch gleich der Unterschied dieses deliberativen Conjunctivs von der Frage mit χρή, δεῖ u. dgl. Während nämlich mit τί χρὴ ποιεῖν die objective Regel des Handelns verlangt wird, objective Verhältnisse, Gesetze u. s. w. als das Bestimmende betrachtet werden, will man in der Frage τί ποιῶ; blos von der angeredeten Person, sei nun diese dieselbe mit dem Sprechenden oder eine andere, bestimmt werden, d. h. es liegt in dem Conj. delib. die Rathlosigkeit, Unschlüssigkeit, in welcher die Tendenz zur Verwirklichung, das Werdensollen einer Handlung in Frage gestellt wird.

Es ist klar, dass das eigentliche Gebiet, worin dieser Conjunctiv vorkommt, das der ersten Person ist.

Der **Singular der ersten Person** findet sich, und zwar in unabhängigen Sätzen.

Od. XV, 509 ff. πῇ γὰρ ἐγώ, φίλε τέκνον, ἴω, τεῦ δώμαθ᾽ ἱκάνω ἀνδρῶν, οἳ κραναὴν Ἰθάκην κάτα κοιρανέουσιν; ἦ ἰθὺς σῆς μητρὸς ἴω καὶ σοῖο δόμοιο; XVI, 138. XXI, 194. Soph. Oed. C. 310. τί λέξω, ποῖ φρενῶν ἔλθω; Eur. Hec. 1057. πᾶ βῶ; πᾶ στῶ; πᾶ κέλσω; Ebd. 1071 f. 1099. 1249. Herc. fur. 1109. Aristoph. Ran. 1. Xen. Mem. I, 2, 36. Μηδέ, ἄν τι ὠνῶμαι, ἔφη, ἢν πωλῇ νεώτερος τριάκοντα ἐτῶν, ἐρωμαι ὁπόσου πωλεῖ; — Μηδ᾽ ἀποκρίνωμαι οὖν, ἔφη, ἐάν τις με ἐρωτᾷ νέος; Plato Phaedr. p. 273, d. 276, a. c. Mit βούλει.

Soph. Phil. 761. Βούλει, λάβωμαι δῆτα καὶ θίγω τί σου; Plato Phaedr. p. 272, c. Βούλει οὖν ἐγώ τιν᾽ εἴπω λόγον, ὃν τῶν περὶ ταῦτά τινων ἀκήκοα;

Ferner in abhängigen Sätzen:

Xen. Apol. §. 15. φροντίζω, πότερον θεόν σε εἴπω, ἢ ἄνθρωπον. Cyrop. I, 4, 13. Plato de rep. II, p. 368, b. Charm. p. 158, d.

Beispiele des **Plurals** der ersten Person und zwar in unabhängigen Sätzen sind: Plato de rep. p. 580, b. Μισθωσώμεθα οὖν κήρυκα, ἦν δ᾽ ἐγώ, ἢ αὐτὸς ἀνείπω; Lys. p. 216, a. Isocr. Bus. §. 7.

Mit βούλει, βούλεσθε. Plato Phaedr. p. 229, a. Ἀλλὰ ποῦ δὴ βούλει καθεζόμενοι ἀναγνῶμεν; Ebd. p. 263, e. De rep. l. V, p. 455, a. Ebd. l. VI, p. 489, d. Xen. Mem. III, 5, 1. Eur. Hec. 1042. βούλεσθ᾽ ἐπεσπεύωμεν;

Indessen finden wir den deliberativen Conj. auch in der 2. und 3. Person, so dass derselbe auf den der ersten zurückzuführen, zunächst in dieser zu denken, und von dieser dann auf die 2. und 3. Person übergetragen ist. Xen. Mem. I, 2, 23. Ὁρῶ σε, ὦ Ἡράκλεις, ἀπορροῦντα ποίαν ὁδὸν ἐπὶ τὸν βίον τράπῃ. Ebd. §. 30. διὰ τὸ μηδὲν ἔχειν ὅτι ποιῇς ὕπνου ἐπιθυμεῖς. Es ist das aus der Seele des Andern gesprochen, der bei sich dächte: ποίαν ὁδὸν τράπωμαι; οὐδὲν ἔχω ὅτι ποιῶ. Ein Orakel bei Suidas s. v. Ἀρχίας.

Χώρας καὶ πόλεως οἰκήτορα λαὸν ἔχοντες
ἤλθετ᾽ ἐρησόμενοι Φοῖβον, τίνα γαῖαν ἵκησθε.

Offenbar ist diess aus τίνα γαῖαν ἀφικώμεθα in die zweite Person umgesetzt. In ähnlicher Weise steht der Conj. delib. in der dritten Person. Beispiele sind zahlreich.

Il. I, 150. πῶς τίς τοι πρόφρων ἔπεσιν πείθηται Ἀχαιῶν;
Od. XVI, 73 ff. Μητρὶ δ᾽ ἐμῇ δίχα θυμὸς ἐνὶ φρεσὶ μερμηρίζει,
ἢ αὐτοῦ παρ᾽ ἐμοί τε μένῃ καὶ δῶμα κομίζῃ
εὐνήν τ᾽ αἰδομένη πόσιος δήμοιό τε φῆμιν,
ἢ ἤδη ἅμ᾽ ἕπηται Ἀχαιῶν ὅςτις ἄριστος
μνᾶται ἐνὶ μεγάροισιν ἀνὴρ καὶ πλεῖστα πόρῃσιν.

Klar ist es, dass auch hier die dritte Person auf die Ueberlegung der Penelope ἢ μένω — καὶ κομίζω zurückgeführt werden muss. Soph. Oed. C. 170. Aj. 404 f. Arist. Plut. 438. Plato Phil. p. 15, c. Soph. p. 225, a. Herod. I, 53. ἐνετέλλετο ὁ Κροῖσος ἐπειρωτᾶν τὰ χρηστήρια εἰ στρατεύηται ἐπὶ Πέρσας Κροῖσος. Aus ἢ στρατεύωμαι; Ebd. 206. συμβουλευόμενος ὁκότερα ποιέῃ. II, 52. ἐχρηστηριάζοντο εἰ ἀνέλωνται τὰ οὐνόματα. IV, 9. 156. V, 42. VI, 52. VIII, 101. IX, 98. Thuc. IV, 13. Es ist aus der Seele der Athener gesprochen, welche unentschlossen sich fragten: πῇ καθορμισώμεθα. Ferner VI, 25. So auch Xen. Mem. II, 1, 21. Isocr. Ev. §. 55. Vgl. oben S. 109 ff. In ähnlicher Weise lässt sich Dem. pro cor. §. 124. πότερόν σέ τις, Αἰσχίνη, τῆς πόλεως ἐχθρὸν ἢ ἐμὸν εἶναι φῇ; auf die unentschlossene Frage irgend eines Subjects πότερον φῶ; zurückführen, und in Androt. §. 64 wird im Namen Anderer gefragt: εἶτα ταῦθ᾽ οὗτοι πεισθῶσιν ὑπὲρ αὐτῶν σε ποιεῖν καὶ τὰ τῆς σῆς ἀναισθησίας καὶ πονηρίας ἔργα ἐφ᾽ ἑαυτοὺς ἀναδέξωνται; wo die Frage πεισθῶμεν, ἀναδεξώμεθα in die dritte Person umgesetzt ist.

Dagegen kann ich den Begriff eines Conj. delib., welcher Identität des unschlüssigen, überlegenden und des handelnden Subjects voraussetzt, nicht wieder finden in
Il. XVI, 644 ff.   οὐδέ ποτε Ζεὺς
τρέψεν ἀπὸ κρατερῆς ὑσμίνης ὄσσε φαεινώ,
ἀλλὰ κατ᾽ αὐτοὺς αἰὲν ὅρα, καὶ φράζετο θυμῷ
πολλὰ μάλ᾽ ἀμφὶ φόνῳ Πατρόκλου, μερμηρίζων,
ἢ ἤδη καὶ κεῖνον ἐπὶ κρατερῇ ὑσμίνῃ

αὐτοῦ ἐπ᾿ ἀντιθέῳ Σαρπηδόνι φαίδιμος Ἕκτωρ
χαλκῷ δῃώσῃ ἀπό τ᾿ ὤμων τεύχε᾿ ἕληται,
ἢ ἔτι καὶ πλεόνεσσιν ὀφέλλειεν πόνον αἰπύν.

Hier ist δῃώσῃ, ἕληται nicht aus δῃώσω, ἕλωμαι hervorgegangen; es ist keine Ueberlegung des Zeus oder des Hektor, ob er tödten, die Rüstung nehmen soll; sondern die Ueberlegung ist Sache des Zeus, das Handeln Sache des Hektor. Man könnte darum einen Conj. delib. hier nur so rechtfertigen, dass man eine Vermengung des handelnden und des überlegenden Subjects annähme, die Unentschlossenheit dessen, der die Handlung veranlassen will, auf den übertrüge, der sie ausführen soll. Indessen finden wir auch sonst bei Homer den Conj. nach φράζομαι so gebraucht, dass an einen Conj. delib. nicht zu denken ist.
Od. XIII, 365. αὐτοὶ δὲ φραζώμεθ᾿ ὅπως ὄχ᾿ ἄριστα γένηται.
Desgl. XXIII, 117. Da wir nun auch den Conj. mit κέν und das Futur nach φράζομαι finden, Od. XXIII, 140. XVII, 274 u. a., so haben wir in jenem Conjunctiv ohne Zweifel den Futuralconjunctiv Homers anzuerkennen, von welchem nachher zu sprechen sein wird.

Besondere Betrachtung verdienen noch folgende Stellen:
Od. V, 465. ὤ μοι ἐγώ, τί πάθω; τί νύ μοι μήκιστα γένηται;
vgl. Il. XI, 404.
Aesch. VII, c. Th. 1057. τί πάθω, τί δὲ δρῶ; τί δὲ μήσωμαι;
Pers. 912. Soph. Trach. 973. τί πάθω; τί δὲ μήσομαι; οἴμοι.
Ferner Oed. Col. 216.
Eur. Andr. 514 f. ὤμοι μοι, τί πάθω τάλας
δῆτ᾿ ἐγὼ σύ τε, μᾶτερ;
Hec. 614. Phoen. 899. Suppl. 257. Troad. 787. Arist. Plut. 603. Theocr. III, 24. Herod. IV, 118. τί γὰρ πάθωμεν μὴ βουλομένων ὑμέων τιμωρέειν; Plato Euthyd. p. 302, d. Mit Recht erinnert Passow, s. v. πάσχειν, dass die für τί πάθω angenommene Bedeutung: „was soll ich thun?" sich weder aus dem sonstigen Gebrauch von πάσχειν, noch aus den Stellen selbst, welche jene Frage haben, rechtfertigen lasse. Zum Ueberfluss führen uns auch die Stellen Od. V, 299. 465 durch den Zusatz τί νύ μοι μήκιστα γένηται; und das analoge Futur Aesch. Suppl. 777. τί πεισόμεσθα; auf die richtige Auffassung. Obwohl nun aber dieses τί πάθω; sobald wir nicht etwa dem πάσχειν eine ungehörige Bedeutung unterschieben, nicht unter den Begriff eines Conj. delib. fallen kann, weil das πάσχειν etwas von aussen Kommendes, nichts ist, womit das Subject umgeht, so scheint doch diesen

Conj., der bei Homer einfach als Futuralconjunctiv anerkannt werden kann, im späteren, regelmässigen Sprachgebrauch, dem der Gebrauch des Conj. im Futuralsinn fremd ist, nur die Analogie des Conj. delib. geschützt zu haben.

Auch mit dem Conj. delib. kann die Partikel ἄν nicht verbunden werden. Die Stellen, die etwa für die Verbindung namhaft gemacht werden könnten, sind auf die eine oder andere Weise zu beseitigen. Plato Phileb. p. 15, c. Εἶεν. πόθεν οὖν ἄν τις ταύτης ἄρξηται πολλῆς οὔσης καὶ παντοίας περὶ τὰ ἀμφισβητούμενα μάχης haben Bekker und Stallbaum mit dreien der besten Hdss. der Bodl. Vat. Ven. Π ἄν weggelassen. Noch entschiedener ist Phaedr. p. 231, d. ὥστε πῶς ἂν εὖ φρονήσαντες ταῦτα καλῶς ἔχειν ἡγήσωνται, wie man vor Bekker und Stallbaum las, nach hdss. Zeugnissen als unächt zu bezeichnen. Hier haben nämlich cod. Bodl. Coisl. Vat. Ven. Π. und Σ. Vindob. Φ, Par. D. G. T. den Optativ ἡγήσαιντο. De legg. II, p. 655, c. τί ποτ' ἂν οὖν λέγωμεν τὸ πεπλανηκὸς ἡμᾶς εἶναι gehört, wie Hermann richtig erinnert, ἄν zu εἶναι; es liegt die Frage zu Grunde: τί ποτ' ἂν οὖν εἴη τὸ πεπλανηκὸς ἡμᾶς, welche von λέγωμεν abhängig gemacht ward. Auf ähnliche Weise erklärt sich ἄν bei Dem. Erot. §. 10. ᾧ τίν' ἂν ἁρμόττουσαν εἰκόνα ἐνέγκω σκοπῶν οὐχ ὁρῶ, denn es liegt die Frage zu Grunde: τίς ἂν ἁρμόττοι εἰκών; welche Frage von dem deliberativen Conj. abhängig gemacht worden ist. Mehr Schwierigkeit bietet dar Soph. Trach. 949, wo die hds. Lesart, die sich auch in der ältesten Hds. der Laur. Bibl. zu Florenz findet, ist: πότερ' ἂν πρότερα ἐπιστένω. Es hat aber dieser Vers offenbar ein Verderbniss erfahren, das man auf verschiedene Weise zu heben suchte, Hermann, indem er den hds. Text in Πότερ' ἄρα πρότερ' ἐπιστένω; umändert, Wunder, indem er schreibt: Πότερα πρότερον ἐπιστένω. Dagegen finden wir Plato Protag. p. 319, b. an der von den Hdss. einstimmig dargebotenen Lesart: σοὶ δὲ λέγοντι οὐκ ἔχω ὅπως ἂν ἀπιστῶ durchaus nichts zu ändern. Stallbaum nimmt darum an ὅπως ἄν Anstoss, weil der Sinn nicht sei: „eo consilio ut." Wir werden uns aber unten überzeugen, dass in dem Absichtssatze nur darum ὡς ἄν, ὅπως ἄν mit Conj. stehen kann, weil ὅπως und ὡς noch als Relativa gelten, und wenn wir in denjenigen Relativsätzen, welche die Bedeutung von Absichtssätzen annehmen, den Conj. mit ἄν und das Futur neben einander gebraucht finden, andrerseits (vgl. S. 109) nach οὐκ ἔχω ein Relativsatz mit Futur folgt, so wird es uns nicht befremden dürfen, auch ὅπως ἄν mit Conj. nach οὐκ ἔχω zu finden. Xen. Anab. II, 4, 20. οὐχ ἕξουσιν ἐκεῖνοι, ὅπου ἂν φύγωσιν. — Wenn nun aber in dem abhängigen Satze, sofern an die Stelle der indirecten Frage ein Relativsatz tritt (wie das häufiger der Fall ist als man bisher anerkannte, vgl. Isocr. Dem. §. 4, 5. Nic. §. 57. ad Nic. §. 3. Paneg. §. 53. Areop. §. 42. 81) ἄν mit dem Conj. statt haben kann, so folgt daraus natürlich nichts für die unabhängige Frage, eben weil sich diese nicht mit einem Relativsatz vertauschen lässt.

Giengen wir nun von dem gewöhnlich angenommenen Begriff der Partikel ἄν als dem Zeichen der Bedingtheit aus, so liesse sich nicht begreifen, warum die Frage der Unschlüssigkeit diese Partikel entschieden verschmäht, da jene Frage allerdings auch von einer Bedingung abhängig sein kann (vgl. S. 56). Hermanns Erklärung, wesshalb in dem deliberativen, wie in dem adhortativen Conj. ἄν unmöglich sei, können wir in keiner Weise billigen. Er sagt de part. ἄν II, 5, p. 93: „Quodsi vel deliberandi vel adhortandi caussa diceres λέγωμεν ἄν, nihil id aliud foret, quam λέγωμεν, εἰ λέγωμεν. Vide vero, quid hoc sit. Nihil profecto aliud, quam *debeamus dicere*, si *debeamus*, vel brevius *debeam forte dicere*. At ita rem fortuitam habes, quae fieri debeat, si fors ita ferat, ut in Homerico illo,

εἰ δέ κε μὴ δώωσιν, ἐγὼ δέ κεν αὐτὸς ἕλωμαι.

At ubi deliberas, non quid forte debeas, i. e. quid debeas, si debeas, sed debeasne, quaeris." Weder könnte λέγωμεν ἄν mit debeamus forte dicere ausgedrückt werden, denn diesem entspräche vielmehr als subjective Behauptung über eine objective Verpflichtung: τάχ' ἂν ἡμᾶς δέοι λέγειν, noch wäre dasselbe, wenn anders ἄν oder κέ die Bedingung bezeichnete, geradezu gleich debeamus dicere, si debeamus; vielmehr müsste ἄν irgend welche Bedingung repräsentiren, überhaupt auf die Verhältnisse hinweisen, unter welchen, als ihrer Bedingung, die Handlung einträte. Anders ist es, wenn wir den oben aufgestellten Begriff der Partikel voraussetzen. Denn das ist klar, dass weder mit der Aufforderung, noch mit der Frage der Unschlüssigkeit, ob und was man thun soll, die Setzung der Handlung als einer wirklichen sich vertragen würde. Diese beiden Gedankenformen schliessen sich gegenseitig aus; sie lassen sich nicht zu Einem Gedanken verbinden.

δ) Futuralconjunctiv.

Wir gehen zum Gebrauch des Conjunctivs im Sinne eines Futurs über, ein Gebrauch, der der älteren, dann wieder der späteren Gräcität eigenthümlich, der klassischen Sprache fremd ist. Beispiele bei Homer sind:
Il. I, 262. οὐ γάρ πω τοίους ἴδον ἀνέρας, οὐδὲ ἴδωμαι.
VI, 459. καὶ ποτέ τις εἴπῃσιν, ferner VI, 479. VII, 87. Od. VII, 275, sonst καὶ ποτέ τις ἐρέει. Il. VI, 462.
Il. VII, 197. οὐ γάρ τίς με βίῃ γε ἑκὼν ἀέκοντα δίηται.
XV, 349 ff. οὐδέ νυ τόνγε
γνωτοί τε γνωταί τε πυρὸς λελάχωσι θανόντα,
ἀλλὰ κύνες ἐρύουσι πρὸ ἄστεος ἡμετέροιο.
Od. VI, 201 ff. οὐκ ἔσθ' οὗτος ἀνὴρ διερὸς βροτός, οὐδὲ γένηται,
ὅς κεν Φαιήκων ἀνδρῶν ἐς γαῖαν ἵκηται
δηϊοτῆτα φέρων.
XVI, 437. οὐκ ἔσθ' οὗτος ἀνήρ, οὐδ' ἔσσεται, οὐδὲ γένηται,
ὅς κεν Τηλεμάχῳ σῷ υἱέϊ χεῖρας ἐποίσει.
XII, 382 f. εἰ δέ μοι οὐ τίσουσι βοῶν ἐπιεικέ ἀμοιβήν,
δύσομαι εἰς Ἀΐδαο, καὶ ἐν νεκύεσσι φαείνω.

Hatten wir oben gesehen, dass das Futur vielfach für den Conj. eintritt, und in die diesem zukommende Bedeutung übergeht, so sehen wir umgekehrt den Conj. an die Stelle des Futurs treten. Dass nämlich der Conj. als Form der Behauptung steht, zeigt nicht nur der Zusammenhang der Stellen, sondern auch die beigegebene Negation οὐ. Läge hier in dem Conj. die dem Imperativ verwandte Bedeutung, das Verlangen, dass etwas geschehen solle, also im negativen Satz die Tendenz etwas abzuwehren, so stünde μή. Indem οὐ gebraucht ist, zeigt sich die Negation und die Handlung als von dem Willen des Subjects unabhängig. Sodann sehen wir Il. XV, 351. Od. XII, 383. XVI, 437. den Conj. in unmittelbarer Verknüpfung mit dem Futur, und vergleichen wir Od. VI, 201 f., so ist klar, dass dem Gedanken die Doppeltheilung in Gegenwart und Zukunft zu Grunde liegt, dass Od. VI, 201 f. mit οὐδὲ γένηται kürzer ausgedrückt ist, was XVI, 437 in οὐδ' ἔσσεται οὐδὲ γένηται ausführlicher und nachdrücklicher gesagt wird. Schon durch diese Vergleichung erweist sich Hermanns Uebersetzung de part. ἄν I. II, c. 2: „neque fuisse reperiatur, noch soll wohl einer gewesen sein," als unpassend; noch entschiedener erhellt aber das Unrichtige dieser Auffassung, wenn man sich erinnert, dass der Conj. Aor. wohl das **Künftige** als vollendet und abgeschlossen bezeichnet, nie aber geradehin für die Vergangenheit steht, wie es denn auch Niemanden beifallen wird: καὶ ποτέ τις εἴπῃσι mit „und es soll wohl einer gesagt haben" zu übersetzen, wie man doch thun müsste, wenn οὐδὲ γένηται wirklich die Bedeutung hätte, die Hermann ihm beilegt. Diesem καὶ ποτέ τις εἴπῃσι steht aber als ähnlicher, verwandter Ausdruck zur Seite Il. IV, 176. καί κέ τις ὧδ' ἐρέει, und Il. VI, 459 und 462 wechseln offenbar als gleichbedeutend καὶ ποτέ τις εἴπῃσιν und ὥς ποτέ τις ἐρέει. Obwohl wir nun aber glauben, dass in manchen Fällen Conj. und Futur als synonyme Formen gebraucht werden, so ist doch damit keineswegs gesagt, dass beide Formen an und für sich gleichbedeutend seien. Vielmehr kann der Conj., auch wenn er in der Behauptung gebraucht wird, doch nicht so bestimmt und objectiv behaupten, wie der Indicativ. Da in ihm nur ein Hinstreben zur Wirklichkeit, ein Werden der Handlung liegt, so ist zwar, namentlich wenn wir auf das deutsche Futur achten, das die künftige Handlung zunächst auch nur als werdende auffasst, erklärlich, wie er in Futuralsinn gebraucht werden konnte, doch aber liegt in dem Begriff des Conj., in der Tendenz zur Verwirklichung noch kein Zustandekommen der Handlung, nicht das, was der Sprachgebrauch mit dem Ind. Fut. verband. Wir haben schon oben erinnert, dass dem Begriff des Conj. nichts so nahe stehe, als μέλλειν. So liesse sich οὐδὲ ἴδωμαι erschöpfend wiedergeben mit οὐδὲ μέλλω ἰδέσθαι, und καὶ ποτέ τις εἴπῃσιν ist offenbar dasselbe, wie μέλλει τις εἰπεῖν. Auch in μέλλειν nämlich erscheint die Handlung als eine sich entwickelnde, werdende, und wie es das Werden, Wollen und Sollen (nach der Ordnung der Dinge), dann die Wahrscheinlichkeit einer Handlung ausdrückt, so auch der Conj.; es bezeichnet auch dieser, wo er für das Futur steht, nur die wahrscheinliche Zukunft, die Handlung, deren Eintreten man erwartet.

Dass unter diesem Conj. auch die Homerischen Beispiele von τί πάθω begriffen werden können, die attischen dagegen jedenfalls aus der Analogie des Conj. delib. zu erklären sind, ist oben erinnert worden. Es gehört hieher aber auch der Conj. nach φράζομαι, λεύσσω (= σκοπῶ), πειρῶ, Od. I, 76. XIII, 365. XXIII, 117. Il. III, 110. Denn an der Stelle des Conj. finden wir sonst das Fut. Il. IV, 14, Od. XVII, 274, oder den Conj. mit κέν Od. I, 205. 270. 294 ff. II, 168. 316. 367 f.

In späterer Zeit kam der Gebrauch des Conjunctivus für

das Futur aufs Neue auf. Bemerkenswerth ist hierüber die Aeusserung des Grammatikers Lesbonax: περὶ σχημάτων (Ammonius de adfin. vocabb. differentia ed. Valckenaer p. 186 f.). Τῶν δὲ Ἀττικῶν τὸ συντάσσειν τὸ μὴ μετὰ μέλλοντος χρόνου· μὴ πείσομαι. ἐστὶ δὲ τὸ σχῆμα τῶν περὶ Ἀντιφῶντα. σπανίως δὲ καὶ Ὅμηρος κέχρηται. ἡμεῖς δὲ τὰς ἐξ ἀμφοτέρων φωνάς, τήν τε μὴ ἀπαγόρευσιν καὶ τὴν οὐ ἄρνησιν ὑποτακτικοῖς ῥήμασι συντάσσομεν· οἷον· οὐ μὴ διαλεχθῶ σήμερον, οὐ μὴ εἴπω. Ἀνακύπτει δ᾽ ἐκ τούτου τοῦ σχήματος καὶ ἕτερον Δώριον, ὃ γίνεται τῆς αὐτῆς συντάξεως χρεοκοπουμένης. οἷον· οὐκ εἴπω σοι, ἀντὶ τοῦ· οὐκ ἐρῶ σοι, καὶ σήμερον οὐκ ἴδης ἀντὶ τοῦ μὴ ἴδῃς (es ist ohne Zweifel zu lesen: ἀντὶ τοῦ οὐ μὴ ἴδῃς) καὶ τό. Οὐ γάρ πω τοίους ἴδον ἀνέρας, οὐδὲ ἴδωμαι.
Vgl. über diesen Gebrauch der Späteren Lobeck zu Phrynichus p. 722 f., Bernhardy wissensch. Syntax S. 365.

b) Conjunctiv ohne ἄν in abhängigen Sätzen.

Von den abhängigen Sätzen nimmt, den delib. Conj. abgerechnet, nach dem klassischen Sprachgebrauch nur der Absichtssatz den blossen Conj. an, und zwar in dem Fall, wo es sich von dem Standpunkt des Sprechenden aus um eine Verwirklichung handelt. Es liegt diess ebenso sehr in der Natur dieses Modus, wie wir sie oben aufgefasst haben, als es in dem Sprachgebrauch seine Bestätigung findet. Kommt ihm überhaupt eine Tendenz zur Verwirklichung zu, so muss natürlich diejenige Absicht, die nicht als etwas blos Subjectives und rein Innerliches erscheint, bei der es sich vielmehr noch für den Standpunkt des Sprechenden um eine Verwirklichung handelt, so dass für jenen Standpunkt eine Handlung (Wille und Entschluss mit eingerechnet) im Werden ist, in dem Conj. ausgedrückt werden.

Indem wir den Gebrauch des Conj. im Absichtssatze auf die angegebene Weise bestimmen, erklärt sich uns fürs Erste sein gewöhnliches Vorkommen nach Haupttempp., an die sich Imp. und Conj. anschliessen, weil es sich da gemeiniglich um eine Verwirklichung, um die objective Erreichung des subjectiv Gewollten handelt. Il. I, 118 f. αὐτὰρ ἐμοὶ γέρας αὐτίχ᾽ ἑτοιμάσατ᾽, ὄφρα μὴ οἶος
Ἀργείων ἀγέραστος ἔω.
Es ist nicht blosser Wunsch Agamemnon's, nicht allein ohne Ehrengeschenk zu sein, sondern es ist die auf die Verwirklichung des Wunsches gerichtete Absicht.

Ebd. 184 ff.   ἐγὼ δέ κ' ἄγω Βρισηΐδα καλλιπάρηον
   αὐτὸς ἰὼν κλισίηνδε, τὸ σὸν γέρας, ὄφρ' εὖ εἰδῇς,
   ὅσσον φέρτερός εἰμι σέθεν.
Achill soll es wissen, wie sehr er dem Agamemnon nachstehe.
Ebd. 203. Τίπτ' αὖτ', αἰγιόχοιο Διὸς τέκος, εἰλήλουθας;
   ἦ ἵνα ὕβριν ἴδῃ Ἀγαμέμνονος Ἀτρείδαο;
Xen. Cyrop. I, 2, 12. Τοῦτο δὲ ποιοῦσι τοῦ ἐθίζεσθαι ἕνεκεν, ἵν', ἐάν τι καὶ ἐν πολέμῳ δεήσῃ, δύνωνται τοῦτο ποιεῖν. Beide Male ist die Absicht auf die Erreichung eines Zwecks gerichtet; es ist nicht eine blosse „Vorstellung von etwas, was in der Zukunft eintreten kann," wie Rost §. 122. 11. sagt, d. h. nichts blos Innerliches, sondern ein aus dem Innern heraustretendes, auf eine Verwirklichung gerichtetes Streben. Und diese Bedeutung des Conj. wird man in allen nachher anzuführenden Beispielen bestätigt finden. Andererseits erklärt sich aus obiger Bestimmung, wiefern auch nach Haupttemporibus der Conj. zuweilen nicht steht, da nämlich, wo ein solches auf die Verwirklichung gerichtetes Streben nicht stattfindet. Hievon kann indessen erst beim Opt. gesprochen werden. Ferner fallen auch die Beispiele eines Conj. oder Futurs nach Nebentempp. mit unserer Regel zusammen.
Il. I, 442 ff. Ὦ Χρύση, πρό μ' ἔπεμψεν ἄναξ ἀνδρῶν Ἀγαμέμνων,
   παῖδά τε σοὶ ἀγέμεν, Φοίβῳ θ' ἱερὴν ἑκατόμβην
   ῥέξαι ὑπὲρ Δαναῶν, ὄφρ' ἱλασόμεσθα ἄνακτα,
Odysseus sieht der Verwirklichung der Sühnung noch entgegen.
Il. V, 127 f. ἀχλὺν δ' αὖ τοι ἀπ' ὀφθαλμῶν ἕλον, ἣ πρὶν ἐπῆεν,
   ὄφρ' εὖ γιγνώσκῃς ἠμὲν θεὸν ἠδὲ καὶ ἄνδρα.
Der Conj. steht, weil es sich noch immer um die Verwirklichung des γιγνώσκειν handelt.
Od. VI, 172 f.   νῦν δ' ἐνθάδε κάββαλε δαίμων
   ὄφρ' ἔτι που καὶ τῇδε πάθω κακόν.
Od. III, 176 ff. Plato de legg. II, p. 653, d. θεοὶ δὲ οἰκτείραντες τὸ τῶν ἀνθρώπων ἐπίπονον πεφυκὸς γένος ἀναπαύλας τε αὐτοῖς τῶν πόνων ἐτάξαντο τὰς τῶν ἑορτῶν ἀμοιβὰς τοῖς θεοῖς, καὶ Μούσας Ἀπόλλωνά τε μουσηγέτην καὶ Διόνυσον ξυνεορταστὰς ἔδοσαν, ἵν' ἐπανορθῶνται τὰς τροφὰς γενομένας ἐν τοῖς ἑορταῖς μετὰ θεῶν.
Eur. Med. 214 f. Κορίνθιαι γυναῖκες, ἐξῆλθον δόμων,
      μή μοί τι μέμψησθ'.
Thuc. I, 73. παρήλθομεν — ὅπως μὴ ῥᾳδίως — βουλεύσησθε.

Isocr. §. 156. διὸ καὶ τοὺς Ἴωνας ἄξιον ἐπαινεῖν, ὅτι τῶν ἐμπρησθέντων ἱερῶν ἐπηράσαντο, εἴ τινες κινήσειαν ἢ πάλιν εἰς τἀρχαῖα καταστῆσαι βουληθεῖεν — ἵν᾽ ὑπόμνημα τοῖς ἐπιγιγνομένοις ᾖ τῆς τῶν βαρβάρων ἀσεβείας. Die Tendenz zur Verwirklichung besteht noch. Derselbe Fall ist ebd. §. 159. Isocr. de permut. §. 143. Dem. Phil. III, §. 26. — Wenn aber in diesen Stellen der Aorist allerdings die Bedeutung eines Perfects annimmt (vgl. Soph. Phil. 620 mit 389. Eur. Med. 546. Thuc. I, 1. ξυνέγραψε, 97. ἔγραψα, ἐποιησάμην, 74. ἔσωσε) und demnach Fälle dieser Art noch mit der empirischen Regel, welche den Modus rein äusserlich nach dem vorhergehenden Haupt- oder Nebentempus bestimmt sein lässt, vereinigt werden könnten, so würde sich doch das Imperfect nicht aus ihr begreifen lassen. Dieses finden wir Plato Crito p. 43, b. ἐπίτηδές σε οὐκ ἤγειρον, ἵνα ὡς ἥδιστα διάγῃς. De rep. p. 472, c. Παραδείγματος ἄρα ἕνεκα — ἐζητοῦμεν αὐτό τε δικαιοσύνην, οἷόν ἐστι, καὶ ἄνδρα τὸν τελέως δίκαιον — καὶ ἀδικίαν αὖ καὶ τὸν ἀδικώτατον, ἵνα εἰς ἐκείνους ἀποβλέποντες — ἀναγκαζώμεθα καὶ περὶ ἡμῶν αὐτῶν ὁμολογεῖν, ὃς ἂν ἐκείνοις ὅ τι ὁμοιότατος ᾖ, τὴν ἐκείνοις μοῖραν ὁμοιοτάτην ἕξειν, ἀλλ᾽ οὐ τούτου ἕνεκα, ἵν᾽ ἀποδείξωμεν, ὡς δυνατὰ ταῦτα γενέσθαι. Es sind diese Fälle nicht, wie Kühner gethan hat, mit dem statt des Opt. eintretenden Conj. zu vermengen, indem hier der Conj. nicht darum steht, weil der Sprechende seinen Standpunkt in der Vergangenheit nimmt, sondern es handelt sich in der einen, wie in der andern Stelle um die Verwirklichung von dem wahren Standpunkte des Sprechenden aus. Wenn nun Rost solche Fälle richtig daraus erklärt, dass „die beabsichtigte Wirkung als in der Gegenwart und Zukunft noch fortdauernd dargestellt werden soll," oder wenn Kühner für Plato Crito p. 43, b. sich auf die Erklärung Stallbaums bezieht: „ubi id quod propositum fuit, nondum perfectum et transactum est, sed adhuc durare cogitatur," warum ist nicht lieber diese dem Wesen des Conj. angemessene Erklärungsweise zur allgemeinen Regel erhoben und jener Dawesische Canon mit seiner empirischen Einseitigkeit aufgegeben worden? Dann konnte die besondere Erwähnung von Ausnahmen, die doch gerade recht eigentlich aus dem Begriff des Conj. hervorgehen, wegfallen, und durch Vereinfachung das praktische wie das wissenschaftliche Interesse befriedigt werden, das wissenschaftliche um so mehr, als es den Charakter der griech. Sprache misskennen heisst, wenn man glaubt, die Form des abhängigen Satzes sei nicht durch die in ihm selber liegende Form des Gedankens, sondern durch die Gestalt des regierenden Satzes bedingt. Gerne erkenne ich zwar an, dass für eine solche Bedingtheit des Absichtssatzes durch den regierenden Satz von Rost §. 122. 11. „Erläuterungen" auch innere, in dem logischen Verhältnisse beider liegende Gründe angeführt werden. „Die Erreichung der Absicht ist bedingt durch die Handlung des Hauptsatzes, indem diese als das Mittel zu Erreichung der Absicht erscheint. Wird nun die Ergreifung dieses Mittels als ein Act der Gegenwart oder Zukunft erwähnt, so wird das Beabsichtigte als eine Vorstellung von etwas, was in der Zukunft eintreten kann, dargestellt, und demgemäss durch den Conj. bezeichnet; wird dagegen die Ergreifung des Mittels entweder als ein Ereigniss der Vergangenheit, oder als eine Vorstellung, die der Gegenwart entrückt ist, angeführt, so erscheint das Beabsichtigte ebenfalls als eine der Gegenwart des Redenden fern liegende Vorstellung und wird demgemäss durch den Opt. bezeichnet;" aber es drängt sich, wie schon früher erinnert ward, vor Allem der Zweifel auf, ob es sich psychologisch rechtfertigen lässt, die Absicht geradehin in eine Vorstellung aufgehen zu lassen. Ich kann die Vorstellung haben, dass durch eine Handlung, die ich vollbringe, ein gewisser Erfolg bewirkt werde, ohne dass dieser Erfolg von mir beabsichtigt ist; er ist etwa mit der Handlung als Wirkung einer Ursache verknüpft, liegt aber nicht in meinem Willen; ich kann mich dagegen gleichgiltig verhalten, ich kann ihn selbst, wenn es möglich wäre, zu vermeiden suchen. So hat sich uns auch oben bei der Prüfung der einzelnen Stellen ergeben, dass wo der Absichtssatz den Conj. hat, nicht etwa nur „eine Vorstellung von etwas, was in der Zukunft eintreten kann," ausgedrückt ist. Würde aber diese für den Conj. gegebene Bestimmung nicht ebensowohl auf die Fälle des Optativs passen? z. B.

Od. XVII, 249 f. τόν ποτ' ἐγὼν ἐπὶ νηὸς ἐϋσσέλμοιο μελαίνης
ἄξω τῆλ' Ἰθάκης, ἵνα μοι βίοτον πολὺν ἄλφοι.

Ist es nicht möglich, auch hier eine Vorstellung von etwas, was in der Zukunft eintreten kann, anzunehmen? Oder Xen. Cyrop. I, 6, 34. ὥσπερ γε καὶ περὶ ἀφροδισίων οὐ διαλεγόμεθα πρὸς τοὺς ἄγαν νέους, ἵνα μή, πρὸς τὴν ἰσχυρὰν ἐπιθυμίαν αὐτοῖς ῥᾳδιουργίας προςγενομένης ἀμέτρως αὐτῇ χρῷντο οἱ νέοι.

Halten wir dagegen an der oben angegebenen Bestimmung

fest, so erklärt sich, wie der Conj. nicht stehen kann, wo eine Tendenz zur Verwirklichung nicht vorhanden, wo der Erfolg zweifelhaft, nicht unmittelbar erstrebt, nicht unmittelbar mit der ursächlichen Handlung verknüpft und gegeben ist.

Dass aber für die Absicht, der eine Tendenz zur Verwirklichung zu Grunde liegt, der herrschende Sprachgebrauch den Conjunctiv ohne ἄν bestimmt habe, davon kann eigene Beobachtung leicht überzeugen. Um das numerische Verhältniss, in welchem der reine Conj. zu dem mit ἄν oder zu dem Futur steht, zu ermitteln, wollen wir das Resultat einer Durchsicht der vier ersten Gesänge der Iliade sowohl als der Odyssee, ferner des Prometheus und der Eumeniden von Aeschylus, des Philoktet von Sophokles, des ersten Buchs von Xenophons Cyropädie, des Panegyrikus von Isokrates und des Phaedrus von Plato darlegen.

Der blosse Conjunctiv findet sich nach:

Ὄφρα Il. I, 118. 146. 158. 185. 444. 515. 523 f. 578. II, 237. 299. 359. III, 105. 163. 353. IV, 195. 205. 249. 269. 486. (Erzählung) Od. I, 85 f. 88 f. 174. 311. 329. III, 15. 333 f. 419 ff. 426. IV, 294 f. 645. 670. 713. 737 f.

Ἵνα Il. I, 203. 363. 410 f. II, 381. III, 130. 252. Od. I, 95. 302. 373. II, 111. 307. III, 200. 327. 361. 476. IV, 591. 710. Aesch. Prom. 61. Soph. Phil. 880 f. 989. Xen. Cyrop. I, 2, 11. 15. cap. 3, 6. 9. c. 4, 13. c. 5, 9. Isocr. Paneg. §. 19. 20. 51. 73. 96 (in der Erzählung). 129. 156. 159. 164. 167. Plato Phaedr. p. 237, a. b. 241, b. 243, e. 257, b. 263, e. 264, c. 265, d. 266, b. 272, c.

Ὅπως Od. I, 77 (nach φράζεσθαι). III, 19. Phil. 238. Xen. Cyrop. I, 2, 5. cap. 3, 18. c. 4, 10. c. 5, 14. c. 6, 2. 16. (nach ἐπιμελεῖσθαι, wie denn Xenophon auch sonst öfter nach ἐπιμελεῖσθαι u. dgl. Begriffen den Conj. hat, vgl. Oec. VII, 34. 36. 37. IX, 14. XI, 8. 9. XV, 1. XX, 8. 10. 16.) Im Panegyrikus und Phaedrus findet sich von ὅπως mit Conj. kein Beispiel.

Ὡς. In den vier Gesängen der Iliade und der Odyssee kein Beispiel mit Conj. Prom. 53. 273. Eum. 638. 771. 882. Phil. 24. 492. 534. 559. 653. 1206. Im Panegyrikus und Phaedrus kein Beispiel.

Μή im Absichtssatze Il. I, 587. III, 107. 414 ff. 436. Od. II, 67. 98. 101. 169. 404. III, 315 f. IV, 396. 775. Eum. 172. Phil. 13. 46. 124. 156. 506. 772. 1119 (nach μέλει).

Δέδοικα, φοβοῦμαι, ὀκνῶ, δυσωποῦμαι mit μή Il. I, 555. Od. IV, 820. Phil. 494. Cyrop. I, 4, 2. (Erz.) 12. cap. 6, 10. 24. Paneg. §. 91. Phaedr. p. 231, e. 232, c. 233, a. 242, c—d. 257, c. d.
Dagegen finden wir den Conj. mit κέν oder ἄν in folgenden Stellen. Bei
Ὄφρα Il. II, 440. Od. III, 359. (Von ὄφρ' ἄν in diesen Gesängen kein Beispiel, obwohl in andern.)
Von ἵνα κεν oder ἵν' ἄν kein Beispiel, weder in den 4 ersten Gesängen der Iliade und Odyssee noch in den andern Büchern, ausser Od. XII, 156.
Ὅπως κε nach φράζεσθαι, πειρᾶν Od. I, 270. 295. IV, 545. ὅπως ἄν nach μηχανᾶσθαι Phaedr. p. 239, b. sonst Prom. 823. Eum. 573. 1030.
Ὥς κε nach φράζεσθαι u. dgl. Od. I, 205. 295. II, 168. 316. 367. Il. IV, 71 (πειρᾶν). Wie nahe dieser Conj. mit κέ dem Futur stehe, zeigt die Vergleichung von Il. IX, 619. XIII, 741 ff. Od. XVII, 274. Ausserdem Il. I, 32. II, 385. Od. I, 87. Ὡς ἄν Od. II, 376. IV, 672. 749. Prom. 10. 655. 705. Phil. 129. 826. Mit dem Futur findet sich
Ὄφρα Od. IV, 163.
Ὅπως Od. I, 57. Phil. 1069. nach ἐπιμέλεσθαι Cyrop. I, 2, 3. σοφίζεσθαι Phil. 78. προστατεύειν Cyr. I, 6, 7. σκοπεῖν Paneg. §. 78. 172. 181. 188. προσκοπεῖν Cyr. I, 6, 42, περὶ παντὸς ποιεῖν Paneg. §. 174. πᾶν ποιεῖν Phaedr. p. 252, e.
Als Modification des Futurs findet sich der Opt. mit ἄν nach ἐπιμέλεσθαι bei ὅπως Cyr. I, 2, 10. und c. 6, 7. bei ὡς Cyr. I, 2, 6. und c. 6, 23.

Es ergibt sich aus dieser Vergleichung erstlich, dass bei Homer, wie in der attischen Prosa zum Ausdruck der noch auf Verwirklichung gerichteten Absicht der reine Conj. das Regelmässige ist, dass dagegen der Conj. mit κέν oder ἄν, gleich dem Futur vornehmlich, wie das längst bemerkt worden ist, nach denjenigen Verben, die ein Erwägen einer Sache, ein Umgehen mit etwas bezeichnen, gebräuchlich, ursprünglich sich als relativen Satz darstellt, ja dass die von φράζεσθαι abhängigen Sätze aus ihrer relativen Natur gar nicht herauszutreten scheinen.

Damit hängt zusammen, dass es eben vornehmlich die Partikeln ὡς und ὅπως sind, welche diese Construction mit dem Futur, oder mit dem Conj. und ἄν zu sich nehmen. Diese sind nicht nur von Anfang an relative Partikeln gewesen, sondern sie sind diess auch durch die ganze Entwicklung der griech. Sprache hin vorzugsweise geblieben, und bei ihrem Gebrauche lag immer vornehmlich die Bedeutung wie zu Grunde. Die Partikel ἵνα in der gewöhnlichen attischen Sprache, wie sowohl aus der voranstehenden Zusammenstellung, als aus sonstiger Beobachtung hervorgeht, am häufigsten zum Ausdruck der Absicht gebraucht, nimmt, einzelne Fälle abgerechnet, weder den Conj. mit κέν oder ἄν noch das Futur zu sich.

Es sind folgende Stellen, in welchen sich ἵνα mit κέν oder ἄν und dem Conj. verbunden findet:

Od. XII, 156 f. ἀλλ' ἐρέω μὲν ἐγώ, ἵνα εἰδότες ἤ κε θάνωμεν,
ἤ κεν ἀλευάμενοι θάνατον καὶ Κῆρα φύγοιμεν.

In dieser Stelle scheint κέ durch ἤ - ἤ herbeigeführt zu sein, dem auch sonst gerne die Partikel κέ sich anschliesst, Il. IX, 619. 701. XIII, 742. XVIII, 308. Od. IV, 692. 733 f. XIV, 183, etwa weil bei solcher Entgegenstellung zweier Möglichkeiten am natürlichsten beide nur als entweder wirklich werdend, oder wirklich geworden gesetzt werden.

Soph. Oed. C. 188 ff. ἄγε νυν σύ με παῖ,
ἵν' ἄν εὐσεβίας ἐπιβαίνοντες
τὸ μὲν εἴποιμεν, τὸ δ' ἀκούσαιμεν
καὶ μὴ χρείᾳ πολεμῶμεν.

So haben nach La und Lb Elmsley und Wunder (Brunck und Hermann εἴπωμεν, ἀκούσωμεν), nehmen aber beide mit Recht ἵνα als Ortsadverbium. Xen. Cyr. VII, 5, 25. Οὐκ ἂν ἀμελεῖν δέοι, ἔφη ὁ Κῦρος, ἀλλ' ἰέναι, ἵνα ἀπαρασκεύους ὡς μάλιστα ἂν λάβωμεν τοὺς ἄνδρας. So Poppo nach cod. Guelf. und Par. ohne Anstoss, denn ὡς μάλιστα ἂν sc. δυναίμεθα (oder ἀπαράσκευοι εἴησαν) bildet einen von ἵνα λάβωμεν ablösbaren Zwischensatz. Dem. in Aristag. I, 33 hat Reiske nach zwei Augsb. Hdss., zu denen die Par. Hds. 2998 (κ bei Bekker) kommt: τίς δ' οὐκ ἂν εἰς ὅσον δυνατὸν φεύγοι, καὶ τὸν ἔχοντα ταύτην ἐκποδὼν ποιήσαιτο, ἵνα μηδ' ἂν ἄκων αὐτῇ ποτε περιπέσῃ; Bekker hat mit den meisten und besten Hdss. ἄν weggelassen.

Wir müssen uns indessen hier begnügen, einfach den Sprachgebrauch festgestellt zu haben, wonach für die vom Standpunkt des Sprechenden aus auf eine Verwirklichung gerichtete Absicht der reine Conjunctiv bei weitem überwiegt, dagegen der Conj. mit κέν und ἄν so wie das Futur nur bei ὡς und ὅπως und episch bei ὄφρα sich findet; in die Erklärung dieses Sprachgebrauchs und die Erörterung der Bedeutung, die der Conj. mit ἄν im Absichtssatze hat, kann erst dann eingegangen werden, wenn die Bedeutung, die überhaupt dem Conj. mit ἄν zukommt, festgestellt sein wird.

Im Zusammenhange hiemit sind zunächst die Relativsätze zu erwähnen, welche mit dem Conj. construirt, eine Absicht in sich schliessen. Isocr. Paneg. §. 44. ἑκατέρους ἔχειν, ἐφ' οἷς φιλοτιμηθῶσιν. Da hier der Conj. gesichert, durch keine Variante im Mindesten zweifelhaft gemacht ist, so werden wir auch Thuc. VII, 25. καὶ αὐτῶν (τῶν νεῶν) μία μὲν ἐς Πελοπόννησον ᾤχετο πρέσβεις ἄγουσα, οἵπερ τὰ σφέτερα φράσωσιν, ὅτι ἐν ἐλπίσιν εἰσί, καὶ τὸν ἐκεῖ πόλεμον ἔτι μᾶλλον ἐποτρύνωσι γίγνεσθαι keinen Grund finden, die am besten beglaubigte Lesart οἵπερ φράσωσι entweder mit Hermann nach Vat. und Par. H. in ὅπως φρ. oder mit Dobree und Poppo im Commentar nach Aug. und Mon. m. corr. in οἵπερ φράσουσι zu ändern. Gegen letzteres spricht, wie Poppo in der adnot. crit. richtig bemerkt, schon ἐποτρύνωσι. Eben so wenig kann die Partikel περ als unpassend erscheinen; οἵπερ φράσωσι ist: „die nämlich (die natürlich) sagen sollen."

An die Absichtssätze glauben wir mit gutem Recht auch die von Verben des Befürchtens abhängigen Sätze mit μή und dem Conj. anschliessen zu dürfen.

Man hat sich neuerdings gewöhnt, diese Sätze als indirecte Fragen zu behandeln. Hartung hatte in seiner Partikellehre II, 137 ff. diese Ueberzeugung ausgesprochen, indem er auch die Verba des Besorgens und Fürchtens auf den Begriff des blossen Ueberlegens zurückführt, „weil sonst die Negation überflüssig wäre." Dieser Ansicht blieb er auch in seiner Schulgrammatik (Halle 1840. S. 351) treu. Rost, der noch in der vierten Aufl. seiner griech. Gramm. S. 625 die frühere, von Hermann, Matthiä, Thiersch ausgesprochene Ansicht, dass nach den Verben des Befürchtens μή mit Conj. als Absichtssatz zu betrachten sei, festgehalten hatte, trat seit der 5ten Aufl. §. 122. 5. zu Hartungs Ansicht über. Während aber Rost die Partikel μή durch *ob nicht* übersetzt wissen will, also ihr einen unerweislichen, affirmativen Sinn beilegt, halten sich Hartung und Kühner enger an die erweisbare Bedeutung des fragenden μή, indem sie ihm das deutsche *doch nicht* zur Seite stellen. Gehen wir aber in die Prüfung dieser Ansicht ein, und erwägen zuerst, ob wirklich der Begriff des Befürchtens, Besorgens, wie Hartung meint, in dem des Ueberlegens aufgeht, und ob das Fürchten nichts sei als ein sorgendes Ueberlegen (S. 139), so befürchten wir in der That, Hartung habe hier verschiedene geistige Thätigkeiten mit einander vermengt, d. h. aus unserer Erwägung, ob jene Ansicht statthaben könne, geht als Resultat eine im fingirten Interesse, dass der Gegner Recht haben möge, begründete Furcht hervor, seine Behauptung werde sich nicht bewähren. Was wir hiemit klar machen wollten, ist, dass die beiden Momente des Erwägens und der Furcht an sich auseinanderfallen, dass die Furcht erst die Folge einer Vorstellung, einer Erwägung ist, wenn sich diese bereits mehr oder minder entschieden zu einer (unerfreulichen) Ansicht oder Vermuthung hingeneigt oder fixirt hat. Geben wir demnach auch zu, dass bei der Berührung, die zwischen beiden Momenten stattfindet, und da dem Griechischen prägnante Ausdrucksweisen nicht fremd sind, ein Moment zuweilen auch das andere in sich schliessen, und so ein σκοπεῖν u. s. w. den Begriff der Besorgniss, ein δεδιέναι den Begriff des Erwägens zu seinem eigenthümlichen noch enthalten kann, so können wir doch weder zugeben, dass diese Begriffe geradehin zusammenfallen, noch dass in dieser Construction namentlich δεδιέναι, φοβεῖσθαι durchaus und überall das Moment des Erwägens noch in sich schliessen, und zwar so überwiegend über die Bedeutung der Furcht, dass dadurch die indirecte Frage herbeigeführt wird. Wenn es z. B. in dem λόγος ἐρωτικός Plato Phaedr. p. 231, e. heisst: Εἰ τοίνυν τὸν νόμον τὸν καθεστηκότα δέδοικας, μὴ πυθομένων τῶν ἀνθρώπων ὄνειδός σοι γένηται, εἰκός ἐστι τοὺς μὲν ἐρῶντας — ἐπαρθῆναί τε λέγειν, so erscheint der Angeredete keineswegs noch erwägend, ob ihn, im Fall er die Bitte gewähre, übler Ruf treffen werde, vielmehr den übeln Ruf in solchem Falle bestimmt fürchtend, denn eine solche Besorgniss, sofern sie seinen Wünschen entgegenstünde, will der Bittende eben beseitigen. Oder p. 232, c. διόπερ καὶ τὰς πρὸς τοὺς ἄλλους τῶν ἐρωμένων συνουσίας ἀποτρέπουσι, φοβούμενοι τοὺς μὲν οὐσίαν κεκτημένους, μὴ χρήμασιν αὐτοὺς ὑπερβάλωνται, τοὺς δὲ πεπαιδευμένους, μὴ συνέσει κρείττους γένωνται. Es soll hier keineswegs gesagt werden, dass die Liebhaber in einer auf Entscheidung harrenden Erwägung begriffen sind, ob die Vermöglicheren durch Geschenke, die Gebildeten durch Einsicht sie bei den Geliebten verdrängen, sondern

sie erscheinen ausdrücklich als diess befürchtend. Das Prädicat des Hauptsatzes: τὰς πρὸς τοῖς ἄλλοις τῶν ἐρωμένων συνουσίας ἀποτρέπουσι ist Folge nicht einer noch unentschiedenen Erwägung, vielmehr einer bestimmten Ansicht (πάντ᾽ ἐπὶ τῇ αὐτῶν βλάβῃ νομίζουσι γίγνεσθαι) und einer damit zusammenhängenden Furcht; wie denn auch schon das dem φοβούμενοι beigegebene Object τοὺς οὐσίαν κεκτημένους, τοῖς πεπαιδευμένους an eine zu Grunde liegende Bedeutung erwägen nicht denken lässt. Auch p. 233, a. ἐκεῖνοι μὲν γὰρ (οἱ ἐρασταὶ) καὶ παρὰ τὸ βέλτιστον τά τε λεγόμενα καὶ τὰ πραττόμενα ἐπαινοῦσι, τὰ μὲν δεδιότες μὴ ἀπέχθωνται κ. τ. λ. haben wir keine Spur mehr von einer Erwägung, die höchstens ein vorausgegangenes Moment sein kann, sondern nichts mehr und nichts weniger als den Ausdruck der Furcht. Die Liebhaber sind nicht ungewiss, ob sie sich verhasst machen werden, sondern sie hegen diese Besorgniss, und diess eben bestimmt sie überall zu loben. Ferner p. 242, c—d. ἐμὲ γὰρ ἔθραξε μέν τι καὶ πάλαι λέγοντα τὸν λόγον καί πως ἐδυσωπούμην κατ᾽ Ἴβυκον, μή τι παρὰ θεοῖς ἀμπλακὼν τιμὰν πρὸς ἀνθρώπων ἀμείψω. In δυσωπεῖσθαι kann nicht die Ueberlegung, sondern nur die Vermuthung eines Schlimmen, die Furcht liegen. Vgl. Phryn. ed. Lobeck p. 190. σημαίνει ἡ δυσωπία παρὰ τοῖς ἀρχαίοις τὴν ὑφόρασιν καὶ τὸ ὑποπτεύειν. Vgl. Lobeck z. d. St. Veteres illi tantum de praesensione instantis periculi vel molestiae usurparunt." So wird man auch p. 257, c. τὸν λόγον δέ σου πάλαι θαυμάσας ἔχω, ὅσῳ καλλίω τοῦ προτέρου ἀπειργάσω. ὥστε ὀκνῶ, μή μοι ὁ Λυσίας ταπεινὸς φανῇ, ἐὰν ἄρα καὶ ἐθελήσῃ πρὸς αὐτὸν ἄλλον ἀντιπαρατεῖναι der Begriff eines sorgenden Ueberlegens völlig unpassend; Phädros hat die bestimmte Vermuthung und Besorgniss, die Reden des Lysias werden ihm neben der zweiten Rede des Sokrates als dürftig erscheinen. Oder vergleichen wir die andern oben angeführten Stellen, so erschiene es
Il. I, 555 f. νῦν δ᾽ αἰνῶς δείδοικα κατὰ φρένα μή σε παρείπῃ ἀργυρόπεζα Θέτις,
und Od. IV, 820. τοῦ δ᾽ ἀμφιτρομέω καὶ δείδια, μή τι πάθῃσιν lächerlich, in dem αἰνῶς δείδοικα oder ἀμφιτρομέω καὶ δείδια das Moment der Ueberlegung als das vorherrschende und darum die Construction Bestimmende auffassen zu wollen. Eben so unangemessen wird man den Begriff der Ueberlegung, ob etwas

nicht geschehe, Xen. Cyr. I, 4, 2. 12. cap. 6, 10. 24. Isocr. Paneg. §. 91 finden. Wie nun einerseits der logische Gehalt dieser Stellen durchaus der Annahme widerspricht, dass nach den Verben der Besorgniss μή mit Conj. die ungewisse, auf Entscheidung harrende Erwägung bezeichne, so lässt sich auch die sprachliche Ausdrucksweise damit nicht vereinigen. — Um die Ansicht, dass μή hier als Fragpartikel stehe, zu rechtfertigen, verweist Rost auf die Wahrnehmung, dass nach denselben Verben auch das indirect fragende εἰ gebraucht werde. Allein diese Erscheinung kann nur zu der Anerkennung führen, dass die griechische Sprache auch objective Sätze auf die Verben der Besorgniss folgen lässt, was ohnehin nicht geläugnet werden kann, da in gleicher Weise, wie ein Accusativ als einfaches Object bei diesen Verben sich findet, ebenso auch ein Infinitiv oder ein Objectivsatz mit ὅτι oder ὡς zuweilen folgt. Indessen, sowie diese Verba einen objectiven Satz mit ὅτι oder ὡς so zu sich nehmen, dass damit einfach der Gegenstand der Furcht genannt, oder eine indirecte Frage mit εἰ, so dass blos die Ungewissheit ausgedrückt wird, ob etwas so ist, oder seyn wird, so findet sich hier die Form des Behauptungssatzes, namentlich der Indicativ. Man vergleiche die von Matthiä §. 520 Anm. und von Rost aufgeführten Beispiele mit ὡς Xen. Cyr. V, 2, 12. VI, 2, 30. Lys. Epit. §. 34. Soph. El. 1309. 1426 f., (ὅτι Xen. Cyr. III, 1, 1 und hist. gr. III, 5, 10 gibt nicht das Object der Furcht an, sondern, wie Rost es richtig auffasst, die Ursache) mit ὅπως Eur. Heracl. 249. Dagegen steht der Conj. Eur. Iph. T. 1002 τὴν θεὸν δ' ὅπως λάθω δέδοικα, weil δέδοικα hier ein ἀπορῶ, οὐκ ἔχω in sich schliesst, und die Unentschiedenheit, was man thun soll, ausgedrückt wird. Namentlich findet sich der Indicativ als Form des Behauptungssatzes bei εἰ. Soph. Trach. 175. ὥσθ' ἡδέως εὕδουσαν ἐκπηδᾶν ἐμὲ

φόβῳ, φίλαι, ταρβοῦσαν, εἴ με χρὴ μένειν
πάντων ἀρίστου φωτὸς ἐστερημένην.

Ebd. 666. οὐκ οἶδ', ἀθυμῶ δ', εἰ φανήσομαι τάχα
κακὸν μέγ' ἐκπράξασ' ἀπ' ἐλπίδος καλῆς.

Eur. Heracl. 791. φόβος γάρ, εἴ μοι ζῶσιν, οὓς ἐγὼ θέλω.

Andr. 60 f. καὶ νῦν φέρουσά σοι νέους ἥκω λόγους
φόβῳ μέν, εἴ τις δεσποτῶν αἰσθήσεται,

Med. 184. φόβος, εἰ πείσω δέσποιναν ἐμάν·

Xen. Cyrop. VI, 1, 17. Ὁ δὲ ἴσως ἄν τινες ὑμῶν φοβηθεῖεν, εἰ δεήσει πόῤῥω τῆς ἑαυτῶν φρουρεῖν, μηδὲ τοῦτο ὀκνήσητε. Und es liegt in der Natur der Sache, dass, wo eine Ungewissheit, wie etwas ist oder seyn wird, ausgedrückt werden soll, der Indicativ, oder überhaupt eine Form des Behauptungssatzes statthaben muss, was bekanntlich die Construction des indirect fragenden εἰ ist. Denn wo die Ungewissheit nur in der Erkenntniss liegt, ist der griechischen Sprache der Conjunctiv in der indirecten, wie in der directen Frage durchaus fremd, indem der Conj. in der Frage (vgl. die oben angeführten Beispiele des Conj. delib.) lediglich bei einer Ungewissheit oder Unentschiedenheit in Bezug auf das Handeln steht. Vergeblich bemerkt Hartung S. 139: „es ist andrerseits eben so leicht begreiflich, dass, wenn man sorgend überlegt, d. h. fürchtet (wo also die Sache noch zu keiner Entscheidung gekommen ist) der Conj. stattfinden müsse. Der Conj. zeigt das Harren auf Entscheidung an, also, wenn auch keine Gewissheit, doch gegründete Aussicht auf baldige Lösung der Zweifel." Denn liesse sich, wenn man den Begriff des Conj. so schwankend stellt, nicht nach jedem σκοπεῖν oder ἐρωτᾶν u. dgl. ein Conj. erwarten? Sieht man doch als σκοπῶν immer der Entscheidung einer noch nicht gelösten Frage entgegen. Man prüfe die oben für εἰ mit Ind. angeführten Beispiele, und man wird sich überzeugen, dass bei dem von Hartung postulirten Begriff des Conj. dieser in allen den genannten Stellen erwartet werden sollte. Oder wollte man den Unterschied geltend machen, dass der Ind. stehen müsse, wo die Sache an sich entschieden, und nur die Erkenntniss davon eine noch ungewisse sei, so würde man jedenfalls überall, wo in der indirecten Frage εἰ mit Futur stünde, den Conj. erwarten müssen. Somit müsste man annehmen, Thuc. I, 118 πέμψαντες δὲ ἐς Δελφοὺς ἐπηρώτων τὸν θεόν, εἰ πολεμοῦσιν ἄμεινον ἔσται oder II, 53 καὶ τὸ μὲν προςταλαιπωρεῖν τῷ δόξαντι καλῷ οὐδεὶς πρόθυμος ἦν, ἄδηλον νομίζων εἰ πρὶν ἐπ' αὐτὸ ἐλθεῖν διαφθαρήσεται sei der Conjunctiv nothwendig, oder doch statthaft, eine Annahme, zu der sich sicherlich Niemand versteht, der des Griechischen kundig ist. Allerdings zwar mussten wir oben S. 108 zugestehen, dass das Fut. Ind. öfter in dem Sinn eines Conj. delib. stehe, und S. 183 Fälle anführen, wo der Conj. in dem Sinn des Futurs zu stehen scheint, aber diese letzteren Fälle beschränken sich doch auf einen besondern Sprachgebrauch, und es wird Niemanden ernstlich einfallen, den Conj. geradehin da für statthaft zu erklären, wo eine sorgende Ueberlegung auf Entscheidung harrend sich mit der Frage beschäftigt, wie etwas sein wird. Denn nicht bei einer Unentschiedenheit der Erkenntniss, sondern nur bei einer Unentschiedenheit des Handelns steht der Conjunctiv. Von diesem sichern Satze aus lässt sich auch Kühners Versuch (§. 779. 1), den Conj. in dieser Construction als einen Conj. delib. zu erklären, beurtheilen, was um so mehr befremdet, als derselbe §. 464 richtig gesagt hatte: „Der Conj. durch alle Personen wird in zweifelnden Fragen gebraucht, wenn der Sprechende bei sich überlegt, was er nach der gegenwärtigen Lage der Dinge thun soll." Lässt sich denn aus diesem Begriff in den von Kühner angeführten Stellen Od. V, 473. Xen. Cyr. I, 1, 3. Mem. IV, 2, 39. Plato Phaedo p. 70, a. Eur. Med. 118, in welchen doch nirgends eine Ueberlegung vorliegt, was der Sprechende thun soll, der Conj. als deliberativer Conj. erklären?

Vielleicht aber kann man sich darauf berufen, dass ja auch ἐάν mit Conj. nach Verben der Erwägung steht, und da für letzteres auch εἰ mit Conj. sich findet, so könnte etwa auch εἰ mit Conj. nach Ausdrücken der Ueberlegung nicht blos die Unentschiedenheit, was man thun soll, sondern nach Hartung überhaupt das Harren auf Entscheidung hinsichtlich einer zu lösenden Frage bezeichnen, und so die Auffassung von μή mit Conj. nach den Verben des Befürchtens als Conj. delib. gerechtfertigt erscheinen. Indessen jene Vermuthung müsste vorerst durch den Sprachgebrauch bestätigt, es müsste nachgewiesen werden, dass εἰ mit Conj. nach jenen Verben nicht blos steht, um die Unentschiedenheit, ob man etwas thun soll, auszudrücken, eine Nachweisung, die ich nicht für möglich halte. Sodann möchte eben die Vergleichung von μή und dem Conj. nach jenen Verben mit εἰ und ἐάν bei genauerer Prüfung dahin führen, diese vorschnell aufgefasste und verbreitete Vermuthung, μή sei hier lediglich Fragpartikel, in ihrer völligen Unhaltbarkeit zu zeigen. Denn wie es klar ist (vgl. die unten folgende ausführlichere Erörterung), dass ἐάν mit Conj. nach σκέπτεσθαι, σκοπεῖν und ähnlichen Ausdrücken nichts ist, als Bedingungssatz, dass der Conj. allein aus dieser besondern Form des Bedingungssatzes zu erklären ist, wie es keinem Zweifel unterliegen kann, dass εἰ, ἐάν zunächst Bedingungspartikeln sind, und erst von da aus zu Fragpartikeln werden, indem ja der spätere (z. B. neutestamentliche) Sprachgebrauch weiter gehend εἰ sogar in der directen Frage gebraucht, so ist doch gewiss alle Analogie dafür, dass μή in seiner Verbindung mit dem Conj. keinenfalls ursprünglich als indirecte Frage betrachtet werden darf. So wenig εἰ und ἐάν, so wenig ἦ, ἆρα, οὐ zunächst und eigentlich Fragpartikeln sind, so wenig kann es μή sein. *Μή* ist ursprünglich prohibitive Partikel. In dieser prohibitiven Bedeutung steht es auch nach den Verben der Besorgniss, Ueberlegung, und zwar mit dem Conj., wo von dem Standpunct des Sprechenden aus etwas abgewehrt werden soll. Ganz deutlich tritt diese prohibitive Bedeutung hervor bei den Ausdrücken *verhüten*, die doch von denen des Vorsehens, Zusehens u. dgl. nicht zu trennen sind, und von den genannten Grammatikern auch nicht davon getrennt werden.

Arist. Eccl. 481 f.

φύλαττε σαυτὴν ἀσφαλῶς, πολλοὶ γὰρ οἱ πανοῦργοι,
μή πού τις ἐκ τοὔπισθεν ὢν τὸ σχῆμα καταφυλάξῃ.

Hier lässt es sich gar nicht verkennen, dass μή — καταφυλάξῃ ein Absichtssatz ist. Ebenso Plat. Crat. p. 393, c. φύλαττε γάρ με, μή πῃ παρακρούσωμαί σε (so die bessern Hdss., andere: παρακρούσομαι) Xen. Cyr. III, 1, 30. φύλαξαι, μὴ ἡμᾶς ἀποβαλὼν σαυτὸν ζημιώσῃς πλείω, ἢ ὁ πατὴρ ἠδυνήθη σε βλάψαι. Auch hier ist es ebenso klar, dass μή — ζημιώσῃς als Absichtssatz in prohibitiver Bedeutung steht, als andrerseits ohne Veränderung des Gedankens φύλαξαι durch σκόπει oder ὅρα ersetzt werden könnte. Vgl. ferner Xen. Mem. IV, 2, 3. Dem. περὶ συμμορ. §. 37. Deutlich aber sehen wir den Unterschied von εἰ mit Ind. und μή mit Conj. bei Plato Symp. p. 213, c. Καὶ τὸν Σωκράτη, Ὦ Ἀγάθων, φάναι, ὅρα εἴ μοι ἐπαμυνεῖς, ὡς ἐμοὶ ὁ τούτου ἔρως τοῦ ἀνθρώπου οὐ φαῦλον πρᾶγμα γέγονεν. ἀπ' ἐκείνου γὰρ τοῦ χρόνου, ἀφ' οὗ τούτου ἠράσθην, οὐκέτι ἔξεστί μοι οὔτε προσβλέψαι, οὔτε διαλεχθῆναι καλῷ οὐδενὶ ἢ οὑτοσὶ ζηλοτυπῶν με καὶ φθονῶν θαυμαστὰ ἐργάζεται καὶ λοιδορεῖταί τε καὶ τὼ χεῖρε μόγις ἀπέχεται. ὅρα οὖν μή τι καὶ νῦν ἐργάσηται, ἀλλὰ διάλλαξον ἡμᾶς, ἢ ἐὰν ἐπιχειρῇ βιάζεσθαι, ἐπάμυνε, ὡς ἐγὼ τὴν τούτου μανίαν τε καὶ φιλεραστίαν πάνυ ὀρρωδῶ. Während ὅρα εἰ ἐπαμυνεῖς ist: „erwäge, ob du mich vertheidigen wirst oder kannst," liegt in ὅρα μὴ ἐργάσηται offenbar die Verhütung: „siehe zu (triff Vorsorge), dass er nicht auch jetzt etwas der Art thut". Auch wo μή oder ὅπως μή elliptisch steht, mit Conj. oder mit Futur, tritt der Begriff der Abwehr, des Verhütens hervor. Vgl. die S. 117 angeführten Stellen. So sind auch von jenen Verben Sätze abhängig, die sich in ihrer ganzen grammatischen Form deutlich als Absichtssätze darstellen; nicht nur ὅπως μή mit Conj. nach φυλάττεσθαι, φυλάττειν Plato Gorg. p. 480, a. Xen. Mem. 1, 2, 37. III, 6, 16. δέδοικα Soph. Oed. R. 1074 f. Eur. Hipp. 520. Arist. Equitt. 112. Dem. Phil. I. §. 75. φοβεῖσθαι, φόβος Plato Phaedo p. 84, b. Euthyphro p. 4, e. Symp. 193, a. Xen. Mem. II, 9, 2., sondern auch ἵνα μή Plato Phaedr. p. 236, c. ἵνα δὲ μὴ τὸ τῶν κωμῳδῶν φορτικὸν πρᾶγμα ἀναγκαζώμεθα ποιεῖν ἀνταποδιδόντες ἀλλήλοις εὐλαβήθητι.

Während also die deutsche Sprache nach den Ausdrücken der Furcht einfach das Object derselben angibt, zieht es die griechische Sprache, obwohl auch sie diesen Ausdrücken ein Object beigeben kann (zunächst den Acc., dann den Infinitiv, ferner einen Objectivsatz mit ὅτι und ὡς und den als indirecte Frage gebrauchten Bedingungssatz), dennoch gewöhnlich vor, das Gefürchtete als etwas, das man von sich fern zu halten sucht, das nicht geschehen soll, zu bezeichnen. Das begreift sich einerseits aus der Beobachtung, wie namentlich die griechische Sprache gerne den abhängigen Satz so gestaltet, dass er für sich, und ohne die Einwirkung des regierenden Satzes hinzunehmen, die Bedeutung erhält, in welcher er aufgefasst werden soll, andrerseits aus der Vergleichung mit dem Lateinischen. Es ist kaum zu begreifen, wie man geradehin behaupten mochte, das lat. *ne* sei ursprünglich nichts anders gewesen als ein Fragewort. Abgesehen davon, dass es unwahrscheinlich ist, dass eine Partikel, die auch als Fragpartikel gebraucht wird, ursprünglich und eigentlich Fragpartikel war, so dürfte es dem Grammatiker, der jene Behauptung aufstellte, schwer werden, nachzuweisen, wie aus der fragenden Bedeutung die prohibitive entstehen konnte, während der umgekehrte Fall ohne Schwierigkeit nachzuweisen ist; ebenso schwer, zu erklären, woher es komme, dass dem *nē* hier *ut* oder *ne non* gegenübersteht, und warum dann, wo sich das eigentlich fragende *quemadmodum* bei solchen Verben findet, dieses nicht in dem Sinne von *ut* steht, sondern vielmehr zu dem negativen Sinn von *nē* hinneigt. Cic. epp. fam. XI, 10. Haec quemadmodum explicari possint, timeo.

Von dem in der Erzählung statt des Optativs eintretenden Conjunctiv wird unten bei ersterem Modus die Rede seyn.

2) Conjunctiv mit ἄν.

Wir haben S. 85 aus dem Begriff des Conjunctivs und der Partikel ἄν als Grundbedeutung aufgestellt die Setzung (Sumtion) eines wirklich Werdenden, und haben nun diese Grundbedeutung durch die einzelnen Gebrauchsweisen durchzuführen.

a) In unabhängigen Sätzen.

Es ist zuerst der Homerische Gebrauch der Partikel κέν oder ἄν in selbständigen Sätzen zu erwähnen. Il. I, 137 (ähnl. 324) εἰ δέ κε μὴ δώωσιν, ἐγὼ δέ κεν αὐτὸς ἕλωμαι. Hermann suchte in der Schrift de emend. rat. Graecae gramm. p. 207 diese wie andere Constructionen des Conj. als elliptische zu erklären durch ἔχοιμ' ἄν, ὅπως ἕλωμαι und ihm ist Reisig in seiner commentatio de vi et usu ἄν part. p. 117 nur mit dem Unterschiede beigetreten, dass er als regierenden Satz nicht sowohl den Opt. mit ἄν als ἐγὼ δέ κεν αὐτὸς ἕξω betrachtet. Sollte noch Jemand geneigt seyn, dieser Erklärungsweise beizupflichten, so müsste man dem zu bedenken geben, wie unnatürlich eine Ellipse seyn würde, bei welcher das Subject und die den Modus modificirende Partikel stehen geblieben, das Prädikat aber, zu welchem κέ gehörte, und die Partikel, die eben den Satz als abhängigen zu bezeichnen hätte, ὅπως, ausgelassen wäre. Man beachte, wie in den Fällen, wo die Ellipse eines ὅρα, σκόπει u. dgl. anzunehmen ist, ὅπως nicht fehlt, ausser wo für ὅπως μή (ut ne) das einfache μή gebraucht ist, welches (S. 192) ebenfalls als Absichtspartikel dient. Hermann selbst hat jene frühere Ansicht aufgegeben; er sagt de part. ἄν l. II, c. 3. „Hae particulae quum aliquam fortuiti notionem verbo addant, ubicumque ei notioni locus esset, adjicere eas epici non dubitarunt. Est autem conjunctivus is modus, qui natura facillime eam adjectionem admittat, ut qui ad id referatur, quod experientia cognoscendum sit: id autem eo ipso fortuitum est." Wenn aber dem Conj. an und für sich der Begriff des Zufälligen, der in ἄν liegen soll, anhaftet, so lässt sich schwer begreifen, warum nicht jeder Conj. die Partikel annehmen, oder wiefern zum Ausdruck der Deliberation der Conj. stehen kann, wenn dieser Modus das durch die Erfahrung zu Erprobende, demnach ein Zufälliges bezeichnet, und es andrerseits wahr sein soll, was Hermann p. 93 sagt: „ubi deliberas, non quid forte debeas, i. e. quid debeas si debeas, sed debeasne quaeris." Mit Beseitigung dieser Erklärungsversuche halten wir uns zunächst an die Anerkennung, zu welcher der Sinn der Stelle uns drängt, dass in dem Conj. mit κέν ein Futur ausgedrückt ist. Es bestätigt sich diess auch dadurch, dass unmittelbar fortgefahren wird

ἢ τεὸν ἢ Αἴαντος ἰὼν γέρας ἢ Ὀδυσῆος
ἄξω ἑλών· ὁ δέ κεν κεχολώσεται, ὅν κεν ἵκωμαι.

Ebenso wechseln Futur und Conj. mit κέν unter einander ebd. 183 f. τὴν μὲν ἐγὼ σὺν νηΐ τ' ἐμῇ καὶ ἐμοῖς ἑτάροισιν πέμψω, ἐγὼ δέ κ' ἄγω Βρισηΐδα καλλιπάρῃον,

So ist auch in folgenden Stellen der Futuralsinn nicht zu verkennen: Il. III, 417. XI, 433. vgl. mit 431 (wo in parallelem Satze das Futur steht), XIV, 235 (worauf 238 das Futur, und dann Futur mit κέ folgt), XVI, 129. XXIII, 558 ff. Od. I, 396 (in dem parallelen Satze folgt das Futur), IV, 389, wenn ὅς als Demonstr. betrachtet wird, Nachsatz von εἰ mit Opt. Ebd. 391. X, 507. XVII, 418. Ganz das Gleiche gilt von der Verbindung des Conj. mit ἄν. Il. I, 204 f. ἀλλ' ἔκ τοι ἐρέω, τὸ δὲ καὶ τελέεσθαι ὀΐω·

ἧς ὑπεροπλίῃσι τάχ' ἄν ποτε θυμὸν ὀλέσσῃ.

II, 488. πληθὺν δ' οὐκ ἄν ἐγὼ μυθήσομαι, οὐδ' ὀνομήνω· (vgl. Od. IV, 240. XI, 328. 517), Il. III, 54 und XI, 387, wo die Construction als Nachsatz von εἰ mit dem Opt. steht; XXII, 505. Od. IX, 17 f.

Haben wir dieser Construction im Allgemeinen Futuralbedeutung zugewiesen, so ist jedoch damit nicht gesagt, dass ihre Bedeutung geradehin und durchaus der des Ind. Fut. entspreche, vielmehr muss schon die Wahrnehmung, dass in parallelen Sätzen nicht blos das einfache Fut. Ind., sondern auch das Futur mit κέ Il. I, 139. XIV, 238 sich findet, dass ferner diese Construction als Nachsatz von εἰ mit Opt., also von einer rein gedachten Annahme vorkommt (Il. XI, 387), zu der Annahme geneigt machen, auf die uns auch die nähere Betrachtung der betreffenden Stellen, sowie die Natur der beiden Elemente, aus welchen diese Construction besteht, hinführt, dass nämlich in ihr zunächst nicht eine objective Behauptung (über eine künftig eintretende Handlung) gegeben werden sollte, sondern dass die Behauptung auf irgend eine Weise limitirt erscheint, subjectiv gemildert ausgesprochen wird. Wir erkennen das z. B. ziemlich deutlich Il. I, 183 f. Die Freigebung der Chryseis ist fester, schon zuvor V. 115 ausgesprochener Entschluss; der Gedanke, dafür die Briseis zu nehmen, gestaltet sich erst in der Hitze des Streites, und wird darum, wo er zuerst hervortritt, nicht sofort mit der Entschiedenheit, wie der erstere, ausgesprochen. Diese subjective Milderung des Futurs wird aber eben durch die Verbindung des Modus, der die Tendenz zur Verwirklichung, das wirklich Werden, mit der Partikel, welche die Setzung eines Wirklichen ausdrückt, erreicht. Indem eine Handlung als wirklich werdend, eintretend gesetzt wird, erhalten wir einerseits eine Form von Futur, und gerade die Partikel κέν oder ἄν d. h. das Element der Setzung der Handlung als einer wirklichen rückt diese Construction dem Ind. des Futurs näher, während der Conj. für sich, wie er in der Aufforderung, dem Befehl, der Absicht erscheint, nur eben die Tendenz zur Wirklichkeit ausdrückt, aber keine Andeutung enthält, dass auch das wirklich Werden der Handlung angenommen werde, wesshalb denn auch bei Homer die Fälle, wo der reine Conj. im Futuralsinn steht, gegen die zurücktreten, wo er die Partikel bei sich hat. Andrerseits sehen wir diese Formel als Setzung, dass eine Handlung wirklich werde, noch von dem Fut. Ind., der objectiven Behauptung einer künftigen Handlung verschieden, und in subjectivem Sinn gebraucht. So entspricht Il. I, 205:

ἧς ὑπεροπλίῃσι τάχ᾽ ἄν ποτε θυμὸν ὀλέσσῃ.

„er wird wohl noch (denk' ich, ist anzunehmen) sein Leben einbüssen", genau dem vorhergehenden τὸ δὲ καὶ τελέεσθαι ὀίω, „ich denke, dass es vollendet werden wird". Es erklärt sich Il. XI, 387 οὐκ ἄν τοι χραίσμῃσι βιός, Od. IV, 389 ὅς κέν τοι εἴπῃσι, sofern es subjective Behauptung ist, als Nachsatz einer rein subjectiven Bedingung. Indem wir aber diese Construction dem Opt. mit ἄν nahe stellen, können wir uns doch andrerseits nicht verhehlen, dass sie mit letzterem nicht ganz zusammenfalle. Wenn es nämlich Il. XVIII, 308 heisst:

ἤ κε φέρῃσι μέγα κράτος, ἤ κε φεροίμην,

so ist der Wechsel des Conj. und Opt. hier so wenig bedeutungslos, als in andern Stellen Homers, und es kann nicht verkannt werden, dass der Opt. mit κέν eine noch subjectivere Form der Behauptung ist, als der Conj. mit κέν. Man wird es aber nicht unnatürlich nennen, dass die Erwartung des eigenen Sieges subjectiver, bescheidener ausgedrückt ist, als die entgegengesetzte. Eine ähnliche Abstufung der Behauptung findet sich Il. XI, 431—433, wo in gleicher Weise die doppelte Möglichkeit mit ἤ-ἤ sich entgegengestellt, und die des fremden Sieges mit dem Futur, des eigenen mit dem Conj. und κέν ausgedrückt ist. Wie Il. XVIII, 308, so finden wir Od. IV, 692

ἄλλον κ᾽ ἐχθαίρῃσι βροτῶν, ἄλλον κε φιλοίη.

Hier zeigt es sich deutlich, dass der zweite Satz mit Opt. und κέ gegen den ersten subjectiver, problematischer ist. Denn da Penelope vorher gesagt hatte, Odysseus habe nie etwas Ungebührliches gethan und gesprochen, wie es die Weise der Könige sei, so tritt offenbar nun das ἐχθαίρειν vornehmlich als die Weise der Könige hervor, und sie wird darum mit dem dem objectiven Futur Ind. näher stehenden Conj. und κέν ausgedrückt; subjectiver, problematischer ist das zweite, als Nebensache erscheinende φιλεῖν, das je nach königlicher Laune vielleicht auch statthat. Uebrigens kann die letzte Stelle zugleich als Beleg dienen, dass der Conj. mit κέν (ἄν) auch für die Gegenwart, oder in allgemeinen Behauptungen steht, und dass demnach auch hier ein Unterschied zwischen Zukunft und Gegenwart nicht bestand. — Wenn endlich in manchen Stellen ein Unterschied dieser Construction vom Futur kaum zu erkennen ist, so haben wir darin wohl, unter der Voraussetzung, dass sich das Fut. Ind. erst aus andern Formen entwickelte, einen Versuch anzuerkennen, den Sinn eines Futurs dadurch zu erreichen, dass man die Verwirklichung, das Eintreten der Handlung setzt.

b) Conjunctiv mit ἄν in abhängigen Sätzen.

a) *In der indirecten Frage.*

An den so eben erörterten Gebrauch der Partikel mit dem Conj. in unabhängigen Sätzen schliesst sich zunächst ihr Gebrauch in der abhängigen Frage, sofern diese, von der directen Frage in Beziehung auf Modalität durchaus nicht verschieden, die Form des unabhängigen Satzes zu Grunde legt. Hieher gehören die Stellen: Il. 9, 619. φράσσομεθ᾽, ἤ κε νεώμεθ᾽ ἐφ᾽ ἡμέτερ᾽, ἤ κε μένωμεν. XIII, 741 ff. ἔνθεν δ᾽ ἄν μάλα πᾶσαν ἐπιφρασσαίμεθα βουλήν,

ἤ κεν ἐνὶ νήεσσι πολυκληΐσι πέσωμεν,
αἴ κ᾽ ἐθέλῃσι θεὸς δόμεναι κράτος, ἤ κεν ἔπειτα
πὰρ νηῶν ἐλθοιμεν ἀπήμονες (nach Spitzner).

Der Conj. mit κέν unterscheidet sich hier in nichts von den Fällen Il. IX, 701. XVIII, 308., das eine, wie das andre Mal entspricht ἤ — ἤ dem später gebräuchlichen ἐάν τε — ἐάν τε. Von diesem, sowie von αἴ κε in indirecter Frage muss indess erst später gesprochen werden, da sich der Gebrauch dieser Construction in der indirecten Frage nicht von dem des Bedingungssatzes trennen lässt.

Nach dem späteren, klassischen Sprachgebrauch hat der Conj. mit ἄν seine Stelle nur in Relativsätzen, worauf auch der Gebrauch in Absichtssätzen zurückzuführen ist, ferner in Bedingungs- und in Zeitbestimmungssätzen. Stellen, wie Lycurg §. 63 sind ohne Zweifel verderbt. Ἴσως οὖν τῶν συνηγόρων αὐτῷ τολμήσει τις εἰπεῖν, μικρὸν τὸ πρᾶγμα ποιῶν, ὡς οὐδὲν ἂν παρ' ἕνα ἄνθρωπον ἐγένετο τούτων· καὶ οὐκ αἰσχύνονται τοιαύτην ἀπολογίαν ποιούμενοι πρὸς ἡμᾶς, ἐφ' ᾗ δικαίως ἂν ἀποθάνοιεν. εἰ μὲν γὰρ ὁμολογοῦσι τὴν πατρίδα αὐτὸν ἐκλιπεῖν, τοῦτο συγχωρήσαντες ὑμᾶς ἐάτωσαν διαγνῶναι περὶ τοῦ μεγέθους· εἰ δ' ὅλως μηδὲν τούτων πεποίηκεν, οὐ μανία δή που τοῦτο λέγειν, ὡς οὐδὲν ἂν γένηται παρὰ τοῦτον; ἡγοῦμαι δ' ἔγωγε, ὦ ἄνδρες, τοὐναντίον τούτοις παρὰ τοῦτον εἶναι τῇ πόλει τὴν σωτηρίαν. Bekker schlägt vor, statt γένηται entweder ἐγένετο zu lesen, oder, mit Auslassung von ἄν, γεγένηται. Meutzner in der Rec. der Oratores Attici von Baiter und Sauppe Fasc. III. Zeitschr. f. d. Alterth.Wiss. 1844 S. 172 will aus Gründen, die wir hier nicht wiederholen können, ὡς οὐδὲν ἂν παρ' ἕνα ἄνθρωπον ἐγένετο τοῦτον und: οὐ μανία δή που τοῦτο λέγειν ὡς οὐδὲν ἂν ἐγένετο παρὰ τοῦτον lesen. Mir scheint τούτων ohne Anstoss; am Schluss, glaube ich, ist ὡς οὐδὲν γεγένηται παρὰ τοῦτον zu lesen. Vielleicht nun wird einer seiner Vertheidiger, indem er die Sache als unbedeutend darstellt, sich erdreisten, zu äussern, dass von wegen eines einzigen Menschen wohl nichts der Art geschehen ist (d. h. dass, wenn Ein Mensch die Stadt verlässt, diese dadurch noch nicht ἀνάστατος wird — οὐδὲν ἂν ἐγένετο ist ironische Milderung für die objective Behauptung: οὐδὲν ἐγένετο). Dieser Satz indessen, als allgemeine Wahrheit ausgesprochen, schliesst in seiner speciellen Anwendung die Behauptung in sich, die Lykurg nachher als Behauptung der Vertheidiger darstellt, dass durch den Einen Leokrates nichts der Art geschehen ist, eine Vertheidigung, die nach Lykurgs Ansicht den Tod verdient, und zwar desshalb, weil sie das Zugeständniss enthült, das Vaterland verlassen zu haben, die Beurtheilung aber, wie wichtig oder unwichtig diese Handlung ist, nur dem Staate zusteht, der, weil darauf seine Existenz beruht, keinem einzigen Bürger gestatten kann, das Vaterland (im Augenblick der Gefahr) zu verlassen (§. 64). Hat dagegen Leokrates überhaupt nichts davon gethan d. h. hat er überhaupt die Stadt nicht verlassen, und soll in jener Aeusserung: ὡς οὐδὲν ἂν κ. τ. λ. ein solches Zugeständniss nicht liegen, so ist es Wahnsinn zu sagen, seinetwegen (eigentlich in Vergleichung, im Verhältniss zu ihm) sei nichts geschehen, da diess doch wohl nichts anderes heissen könnte, als seine Handlung habe diese Folgen nicht gehabt.

Was nun die eben erwähnten Sätze betrifft, in welchen der klassische Sprachgebrauch ἄν mit dem Conj. zulässt, so ist die Bedeutung dieser Construction in allen diesen Satzarten dieselbe, die wir auch in dem unabhängigen Satz ihr zuweisen mussten, und die sich aus dem Begriff des Conj. und der Partikel ἄν natürlich ergeben hat, nämlich Setzung einer Handlung als einer sich verwirklichenden, eintretenden. Man wird nämlich überall, wo im Relativ-, Zeitbestimmungs-, Bedingungssatz der Conj. mit ἄν angewendet wird, finden, dass es sich dann nicht etwa nur um eine vorgestellte Sache handelt, sondern um eine in Wirklichkeit tretende, und zwar nicht um etwas, auf dessen Verwirklichung blos eine Tendenz gerichtet ist, sondern um etwas, dessen Verwirklichung gesetzt und (sofern es als Bedingung auf eine andere Handlung sich bezieht) vorausgesetzt wird. Wir können aber in diesen drei Satzarten zwei Fälle unterscheiden: Setzung eines einzelnen Falles als eines eintretenden, oder Setzung einer Gattung von Fällen als in Wirklichkeit tretenden, obwohl diese Unterscheidung weder den Begriff der Construction selbst berührt, noch sich überall bestimmt durchführen lässt.

β) Conjunctiv mit ἄν in Relativsätzen.

Was erstlich die Relativsätze anlangt, so sind vor Allem die Fälle zu erwähnen, in welchen die unabhängige Behauptung in einen Relativsatz aufgenommen erscheint. Solche Relativsätze können natürlich alle die Satzformen annehmen, welche in der unabhängigen Behauptung stattfinden, demnach bei Homer auch den Conj. mit κέ, so dass auch im Relativsatze diese Construction als ein nur subjectiver ausgedrücktes Futur aufgefasst werden mag, und nicht die Natur einer Voraussetzung, sondern die einer Nebenbestimmung hat.

Die Futuralbedeutung, und zwar ohne dass eine subjective

Milderung bemerklich wäre, erkennen wir in den Formeln: ὅττι κεν εἴπω und ὡς ἂν ἐγὼν εἴπω. Man vergleiche über das Erstere Il. II, 361. V, 429. Od. I, 158. 389. II, 25. 161. 229. XIX, 378. 406. XX, 115. XXIV, 454. und man wird zugeben, dass diese Formel in keinem Fall so viel ist als: „was ich immer sagen werde," so dass es von einer Gattung von Fällen verstanden werden müsste, dass es auch nicht einmal Voraussetzung einer einzelnen Handlung als einer eintretenden, sondern einfach relative (adjectivische), ein substantivisches Object vertretende Umschreibung ist, und geradehin in dem Sinn eines Futurs genommen werden kann. So Od. I, 158.

Ξεῖνε φίλ', ἦ καί μοι νεμεσήσεαι, ὅττι κεν εἴπω;

„wirst du mir auch verargen, was ich sagen will?" Telemach ist keineswegs unschlüssig, ob und was er sprechen soll; ὅττι κεν εἴπω hat durchaus nicht die Natur einer Voraussetzung und Bedingung, „im Fall ich sagen werde," sondern ist einfach Object zu νεμεσήσεαι. Und ganz in derselben Weise wird ὅττι κεν εἴπω in den übrigen oben angeführten Stellen gebraucht.

So hat auch die ganz ähnliche Formel ὡς ἂν ἐγὼν εἴπω, ein Adverbium vertretend, nicht den Sinn: „wie immer ich sagen werde," sondern sie wird gebraucht, wo das, was man sagen will, bereits fest bestimmt ist, und es dient auch hier die Setzung einer sich verwirklichenden Handlung für das Futur.

Il. II, 139 f. und IX, 26 f.

ἀλλ' ἄγεθ', ὡς ἂν ἐγὼν εἴπω, πειθώμεθα πάντες,
φεύγωμεν σὺν νηυσὶ φίλην ἐς πατρίδα γαῖαν!

Der erste Vers, mit der gleichen Beziehung auf einen bestimmten, unmittelbar mitzutheilenden Vorschlag steht noch Il. IX, 704. XII, 75. XIV, 370. Od. XII, 213. XIII, 179.

Aehnlicher Art sind noch folgende Stellen, in denen ebenfalls der Conj. mit κέν als das Futur vertretend betrachtet werden kann.

Il. IV, 190 f. ἕλκος δ' ἰητὴρ ἐπιμάσσεται, ἠδ' ἐπιθήσει
φάρμαχ', ἅ κεν παύσῃσι μελαινάων ὀδυνάων.

XXII, 129 f. ὅττι τάχιστα
εἴδομεν, ὁπποτέρῳ κεν Ὀλύμπιος εὖχος ὀρέξῃ.

Ferner Od. II, 192. IV, 756. VIII, 549. X, 287 f. 539. XI, 135. XII, 81. XIII, 400. In mehreren dieser Fälle, wie Il. IV, 191. Od. II, 192. IV, 756, lässt sich der Conj. mit κέν als gemilderte

Behauptung, als Vermuthung über das, was geschehen wird, auffassen.

Hieher gehören endlich auch die von negativen Sätzen abhängigen Relativsätze mit dem Conj. und κέν oder ἄν. Od. II, 42 f. οὔτε τιν᾽ ἀγγελίην στρατοῦ ἔκλυον ἐρχομένοιο, ἥν χ᾽ ὑμῖν σάφα εἴπω. Od. VI, 201 ff. οὐκ ἔσθ᾽ οὗτος ἀνὴρ διερὸς βροτός, οὐδὲ γένηται, ὅς κεν Φαιήκων ἀνδρῶν ἐς γαῖαν ἵκηται δηϊοτῆτα φέρων· μάλα γὰρ φίλοι ἀθανάτοισιν. In dieser Stelle construirt Nitzsch (Erklärende Anmerkk. II, S. 117) mit Reisig (comment. de ἄν part. p. 113) gewiss unrichtig also: ὅς κεν — ἵκηται, οὗτος οὐκ ἔστι διερός, oder: οὗτος ἀνὴρ, ὅς κεν ἵκηται φέρων, οὐκ ἔστι διερὸς βροτός, οὐδὲ γένηται. Das Prädicat liegt für die nächste, unbefangenste Auffassung (vgl. Od. XVI, 437) in ἔστι, γένηται; als durch Attribute erweitertes Subject ist zu betrachten οὗτος ἀνὴρ διερὸς βροτός: „nicht lebt der furchtbare (mit Recht leitet Lehrs de Aristarchi stud. p. 56 διερός von δίεμαι ab) Sterbliche, der Krieg bringend zu den Phäaken käme." Gewiss will Nausikaa, bei der Absicht, ihre Dienerinnen zu beruhigen, nicht sagen: „wer Krieg bringend (der Beisatz δηϊοτῆτα φέρων ist mit ἵκηται zu verbinden, nicht, wie Reisig thut, von letzterem zu trennen) in der Phäaken Land komme, sei nicht zu fürchten;" denn sobald Odysseus als Feind zu betrachten war, hatten jene immerhin Grund zur Furcht; sondern: „es komme überhaupt kein Feind nach Scheria." Also: ὅς κεν — ἵκηται δηϊοτῆτα φέρων kann nicht Subject sein, weil es sonst allerdings als Bedingung stünde, und etwas als eintretend voraussetzte, was doch Nausikaa läugnen will; sondern ὅς κεν ἵκηται δηϊοτῆτα φέρων ist adjectivischer Zusatz zu διερὸς βροτός, es ist, wie Reisig über Il. XXI, 103 erinnert, beschreibend, wie wir ja auch Od. II, 43 den Relativsatz nehmen müssen, und findet seine Erklärung in dem ganz analogen Gebrauch des Futurs (vgl. namentlich Soph. Phil. 303. Xen. Cyrop. III, 3, 50). Auch ist gar nicht einzusehen, warum nach negativen Sätzen zwar der Opt. mit ἄν (Od. IV, 167. 560. V, 17. 142. IX, 126) stehen könnte, der doch eine Behauptung, wenn auch subjectiv gemildert, enthält, nicht aber der Conj. mit dieser Partikel. Erwägt man, dass die Griechen solche rein beschreibende Zusätze zu einem an sich nur vorgestellten oder negirten Begriff vielmals nur als äusserlich hinzutretende Zugaben behandeln, und daher alle Formen des unabhängigen Behauptungssatzes hier anwenden (vgl. S. 91 ff.), so kann es, nachdem für Homer der Gebrauch des Conj. mit κέν und ἄν im unabhängigen Behauptungssatze erwiesen ist, nicht auffallen, auch den Conj. mit ἄν dafür angewendet zu sehen.

Dass indessen auch bei Homer schon jener Gebrauch des Conj. mit κέν oder ἄν, wonach eine **Gattung** von Fällen als eintretend gesetzt wird, und das Relativum durch die beigegebene Partikel verallgemeinert erscheint, sehr häufig ist, zeigen folgende Stellen mit ὅς κε.

Il. I, 139. ὁ δέ κεν κεχολώσεται, ὅν κεν ἵκωμαι.
ebd. 218. II, 231. 346. 366. 391. III, 354. IV, 306. VI, 228 f. Od. II, 128. IV, 29. 196. VI, 28. 159. 202. VIII, 586. X, 22. 328. 434. 442.

Mit ὅστις κε Il. I, 294. 527. III, 279. Od. III, 355. VIII, 549. XI, 147. XIV, 445.

Mit ἄν finden wir so das Rel. u. a. Il. XV, 348 f. Od. XIX, 332. XXI, 294. Bei Attikern, z. B. Xen. Cyrop. I, 1, 2. ὧν ἄν — ᾗ ἄν — ὁποῖα ἄν — ὧν ἄν — ὅπως ἄν — οὕς ἄν. 5. ὅποι ἄν. cap. 2, 5. οἳ ἄν. 6. οὕς δ᾽ ἄν. 7. οὕς ἄν — ὅν ἄν. 11. ὅτι ἄν. 13. ἐν ᾗ δ᾽ ἄν. 15. οἳ δ᾽ ἄν. cap. 3, 14. ὅσῳ ἄν — ὁπόσους ἄν — οὕς ἄν — ὁποίαν ἄν — ὁπόσα ἄν. — Hieraus ist auch Isaeus de hered. Men. §. 44. ἀπέφηνα δ᾽ ὑμῖν πρῶτον μὲν ποιηθέντα ἐμαυτὸν ὑπὸ τοῦ Μενεκλέους, ὡς ἄν τις δικαιότατα ποιηθῇ zu erklären: „wie immer einer am gerechtesten (zum Sohne) gemacht wird."

An sich nun gehörte die Partikel zum Modus. Da sie aber hier (wie im Bedingungs- und Zeitbestimmungssatz mit Conj.) so unmittelbar an die relative Partikel sich anschliesst, so kann man wohl zugeben, dass sie auch auf diese die Wirkung äusserte, dass das Relativum verallgemeinert ward. Denn indem zu demselben die Setzung der Wirklichkeit hinzutritt, ὅς ἄν ποιῇ, von wem ich setze, dass er thut, so verliert das Relativum seine individuelle Bedeutung, und wird Ausdruck der Gattung: wer immer.

Endlich scheint der Relativsatz mit κέν und dem Conj. auch die Andeutung einer Absicht in sich zu schliessen.
Il. I, 62 ff. ἀλλ᾽ ἄγε δή τινα μάντιν ἐρείομεν, ἢ ἱερῆα
 ἢ καὶ ὀνειροπόλον — καὶ γάρ τ᾽ ὄναρ ἐκ Διός ἐστιν —
 ὅς κ᾽ εἴπῃ, ὅτι τόσσον ἐχώσατο Φοῖβος Ἀπόλλων.
Man kann diess zwar übersetzen: „damit er uns sage," im Grunde ist aber der Relativsatz keineswegs so völlig dem regierenden

Satz untergeordnet, sondern er schliesst sich noch selbständiger, wie bei dem hebräischen אֲשֶׁר, und äusserlich als eine weitere Folge an = der dann, ist anzunehmen, sagen soll.
Od. VI, 36 ff. ἀλλ' ἄγ', ἐπότρυνον πατέρα κλυτὸν ἠῶθι πρό,
ἡμιόνους καὶ ἄμαξαν ἐφοπλίσαι, ἥ κεν ἄγῃσιν
ζῶστρά τε καὶ πέπλοις καὶ ῥήγεα σιγαλόεντα.
„Der führen wird (führen soll), statt damit er führe."
Od. II, 212 f. IV, 29. IX, 356. XV, 310. 518. XIX, 403.

Wir müssen zum Schluss in die durch Hermann angeregte Frage eingehen, ob diejenigen Relativsätze, welche den blossen Conj. ohne ἄν haben, in ihrer Bedeutung wesentlich von denen verschieden seien, in welchen die Partikel steht. Hermann spricht nämlich de part. ἄν p. 113 die Ansicht aus, dass ἄν dem Relativ gewöhnlich dann beigegeben werde, wo dieses eine Allgemeinheit von Personen u. s. w. bezeichnen solle; bei der Beziehung auf bestimmte einzelne Fälle müsse dagegen ἄν fehlen. Wir ziehen nun nicht in Abrede, dass allerdings das Relativ mit ἄν und dem Conj. insgemein eine Gattung von Personen, Sachen oder Fällen andeutet, aber einerseits können wir im Hinblick auf die offenbar ganz parallelen Sätze mit ἐάν, ὅταν, ἐπειδάν u. dgl., welche doch entschieden auch die Verwirklichung eines einzelnen Falles setzen können, im Hinblick ferner auf den eben erörterten Homerischen Sprachgebrauch, die Verallgemeinerung nicht als die ursprüngliche Bestimmung der mit dem Relativum verbundenen Partikel ἄν anerkennen, andrerseits müssen wir bezweifeln, ob sichere Beispiele vorgefunden werden dürften, in welchen das einfache Relativ mit Conj. auf bestimmte Personen zu beziehen ist. Hermann bezieht sich auf die Stellen Soph. El. 771. οὐδὲ γὰρ κακῶς
πάσχοντι μῖσος ὧν τέκῃ προσγίγνεται,
und 1061 ff. τί τοὺς ἄνωθεν φρονιμωτάτους οἰωνοὺς
ἐσορώμενοι τροφᾶς κη-
δομένους, ἀφ' ὧν τε βλάστω-
σιν, ἀφ' ὧν τ' ὄνασιν εὕρω-
σι, τάδ' οὐκ ἐπ' ἴσας τελοῦμεν;
und bemerkt hiezu: „Qui ut in priore loco dicere potuerit ὧν ἄν, quia incertum est, quos quis et quales et quam multos procreet liberos, tamen quia non illud, sed hos, qui sunt prognati, spectari voluit, recte omisit particulam. In altero autem loco plane inepta foret, quia hic definite dicuntur ii, a quibus quis genitus atque educatus sit, non quicumque, a quibus potuerit originem ducere."

Was indessen die erste Stelle betrifft, so ist zwar sicher, dass in jedem bestimmten Verhältnisse auch die Zahl u. s. w. der Kinder bestimmt ist; da aber der Ausspruch der Klytaemnestra ganz allgemein ist, ohne sich auf irgend bestimmte Verhältnisse zu beziehen, so haftet auch dem ὧν τέκῃ nothwendig diese unbestimmte Allgemeinheit an. Nicht verschieden ist die zweite Stelle. So allgemein die Reflexion ist, so allgemein sind die in ἀφ' ὧν bezeichneten Subjecte. Wäre, auch nur in der Vorstellung, der Fall bestimmt, concret genommen, so müsste es heissen: ἀφ' ὧν τε ἔβλαστον — εὗρον. Denn wie würde der Gedanke: „sorgend für die (bestimmten Geschöpfe), von welchen sie geboren sein werden," sich eignen? Läge nicht ein Widerspruch darin, dass einerseits ein Verhältniss als bestimmt vorausgesetzt, andrerseits dasselbe durch den Conjunctiv als erst noch bevorstehend bezeichnet wird? Wo die entsprechende Construction mit ἐάν, ἐπειδάν oder auch εἰ, ἐπειδή mit Conj. auf einen bestimmten Fall sich bezieht, erscheint derselbe immer als ein von dem angenommenen Standpunkte aus noch bevorstehender. Auch Soph. Trach. 251.

τοῦ λόγου δ' οὐ χρὴ φϑόνον
γύναι, προςεῖναι, Ζεὺς ὅτου πράκτωρ φανῇ.

haben wir eine allgemein ausgesprochene Wahrheit, unter welcher der specielle Fall nur begriffen werden soll. Wäre blos Rücksicht auf den gegebenen, factischen Fall des Herakles genommen, so würde statt des Conj. ἐφάνη stehen.

Weitere Belege, dass auch der blosse Conj. beim Relativ mit Bezug auf ein Allgemeines, auf eine Gattung von Fällen stehe, sind:

Il. I, 229. ἦ πολὺ λώϊόν ἐστι, κατὰ στρατὸν εὐρὺν Ἀχαιῶν
δῶρ' ἀποαίρεσϑαι, ὅςτις σέϑεν ἀντίον εἴπῃ.

Bei ὅς τις ist ohnehin die Beziehung auf ein Individuelles nur dann üblich, wenn auch dieses Individuelle nur als Beispiel einer Gattung, nach den in ihm liegenden allgemeinen Eigenschaften genommen wird. Il. XX, 363. XXII, 73.

Od. I, 351. τὴν γὰρ ἀοιδὴν μᾶλλον ἐπικλείουσ' ἄνϑρωποι,
ἥτις ἀκουόντεσσι νεωτάτη ἀμφιπέληται.

Desgl. Od. XX, 188. Aesch. Eum. 211 f.

τί γάρ; γυναικός, ἥτις ἄνδρα νοσφίσῃ,
οὐκ ἂν γένοιϑ' ὅμαιμος αὐϑέντης φόνος;

Jacul. νέας γυναικὸς οὗ με μὴ λάϑῃ φλέγων
ὀφϑαλμός, ἥ τις ἀνδρὸς ᾖ γεγευμένη·

wo Hermann glaubt, dass weder quaecunque, noch quae forte (wie er an manchen Stellen das Relativ mit ἄν auffassen will) schicklich sei. Und doch bemerkt er selbst de part. ἄν p. 113 und Iph. A. 1202, gegen Porson's Conjectur ὅτων ἂν κτάνῃς, dass schon ὅτων für ὧν unrichtig sei, da es von bestimmten Personen nicht gebraucht werde. Eur. Iph. T. 1064.

καλόν τοι γλῶσσ' ὅτῳ πίστις παρῇ.

Die πίστις, an welcher sich Hermann z. d. St. stosst, bezieht sich nicht auf die Wahrhaftigkeit, sondern auf das treue Zusammenhalten der Frauen; vgl. 1061 f. Hipp. 429. Alc. 76, 978. Soph. Tyr. fr. XV, wo mir nicht begreiflich ist, wie Hermann sagen kann: „Apertum est, non potuisse hic recte addi ἄν, quum haec ut de certa equa referantur." Isaeus de Men. her. §. 8. ὅτι γὰρ ἐκείνη πεισθῇ, τοῦτ' ἔφαμεν ποιήσειν. So Bekker nach den Hdss., Baiter und Sauppe; nach Dobree: ὅτι γὰρ ἄν. Aber auch für das einfache Relativ mit dem Conj. lässt sich die Beziehung auf ein Allgemeines nicht bestreiten. Il. XIII, 229.

ὀτρύνεις δὲ καὶ ἄλλον, ὅθι μεθιέντα ἴδηαι.

Il. XVI, 590. XVIII, 319. XXII, 23. Od. IV, 164.

πολλὰ γὰρ ἄλγε' ἔχει πατρὸς παῖς οἰχομένοιο
ἐν μεγάροις, ᾧ μὴ ἄλλοι ἀοσσητῆρες ἔωσιν.

Ebd. 357. VIII, 547. Aesch. Eum. 661. οἷσι μὴ βλάψῃ θεός. VII c. Th. 257. ὧν ἁλῷ πόλις. Ebd. 818. Soph. Aj. 1160. ᾧ βιάζεσθαι παρῇ. Phil. 1360 f. Oed. R. 1230 f. Oed. C. 395. Fragm. inc. 58. ὡς τρισόλβιοι

κεῖνοι βροτῶν, οἳ ταῦτα δερχθέντες τέλη
μόλωσ' ἐς Ἅιδου.

Phaedr. fr. 5, 8. Eur. Med. 516. χρυσοῦ ὃς κίβδηλος ᾖ. 1270. ᾧ ἐφορμάσῃ. El. 972. ὅπου δ' Ἀπόλλων σκαιὸς ᾖ, τίνες σοφοί; Thuc. IV, 17. οὐ μὲν βραχεῖς ἀρκῶσι ganz parallel dem folgenden: ἐν ᾧ ἂν καιρὸς ᾖ. VII, 77. ἐν ᾧ ἀναγκασθῇ nach Poppo (wofür Bekker und Göller ἐν ᾧ ἄν haben). Herod. IV, 46. 66. Mag man hier ὅσοις δὴ ἄνδρες πολέμιοι ἀραιρημένοι ἔωσι oder τοῖσι ἂν ἄνδρες κ. τ. λ. lesen, so ist doch jedenfalls kein Unterschied von dem folgenden: τοῖσι δ' ἂν μὴ κατεργασμένον ᾖ τοῦτο zu erkennen; denn offenbar wird der eine wie der andre Fall als wirklich eintretend gesetzt; es kann also der zweite mit ἄν ausgedrückte Satz nicht etwa durch ein beigegebenes forte als noch zweifelhaft hingestellt werden. Eben so wenig lässt sich in der von Hermann angeführten Gesetzesstelle Dem. p. 1055 (ad Mac.

§. 16. ᾧ ἡ προθεσμία μήπω ἐξήκῃ die Allgemeinheit und Unbestimmtheit der Person verkennen. Man vgl. p. 1067. §. 51. ὅςτις μὴ διαθέμενος ἀποθάνῃ. Isaeus de Arist. her. §. 22. ἐγὼ δὲ καὶ αὐτός, ὦ ἄνδρες, οἶμαι δεῖν κυρίας εἶναι τὰς διαθήκας ἃς ἂν ἕκαστος διαθῆται περὶ τῶν ἑαυτοῦ, περὶ μέντοι τῶν ἀλλοτρίων οὐ κυρίας εἶναι τὰς διαθήκας, ὥσπερ ἃς ἕκαστος περὶ τῶν αὐτοῦ διαθῆται (Z.: ὥσπερ ἄν. Baiter und Sauppe nach Dobree: ὥσπερ ἃς ἄν). Ist die von Bekker beibehaltene Lesart der Hdss. ächt, so ist klar, wie ἃς ἕκαστος διαθῆται nicht in anderem Sinn gesagt sein kann, als ἃς ἄν — διαθῆται. Dass der von Hermann angenommene Unterschied zwischen den Relativsätzen mit dem Conj. und ἄν einer- und mit dem blossen Conj. andrerseits unhaltbar sei, zeigt sich auch bei den relativen Partikeln, die in die Bedeutung von Absichtspartikeln übergehen. „Si deest ἄν, sagt derselbe II, 11. p. 120, simpliciter enunciatur consilium; si adjicitur, aliquid fortuiti accedit, quasi dicas *ut sit, si sit.*" Unpassend erscheint dieser Ausdruck unsicherer Erwartung:

Aesch. Prom. 653 ff.   ἀλλ᾿ ἔξελθε πρὸς Λέρνης βαθὺν
λειμῶνα, ποίμνας βουστάσεις τε πρὸς πατρός,
ὡς ἂν τὸ Δῖον ὄμμα λωφήσῃ πόθου,

wo ein hypothetisches „wenn es sich erholt" oder: „damit es etwa sich erhole" dem Zusammenhang gewiss nicht entspräche. Eben so wenig ist eine solche Form des Gedankens Arist. Ran. 871 f. schicklich:

ἴθι νυν λιβανωτὸν δεῦρό τις καὶ πῦρ δότω,
ὅπως ἂν εὔξωμαι πρὸ τῶν σοφισμάτων.

Ferner 1339 f. 1363. Namentlich sprechen gegen eine solche Auffassung: „ut sit, si sit" diejenigen Stellen, in welchen nach einem Befehle durch ὡς ἄν und ὅπως ἄν mit Conj. eine Absicht ausgedrückt wird, deren Erreichung mit der Erfüllung des Befehls unmittelbar gegeben ist.

Soph. Oed. C. 575. τοῦτ᾿ αὐτὸ νῦν δίδασχ᾿, ὅπως ἂν ἐκμάθω.
Eur. Hel. 1410.   ὅστις δὲ δώσει ναῦν, ἐν ᾗ τάδ᾿ ἄξομεν,
πρόςταξον, ὡς ἂν τὴν χάριν πλήρη λάβω.

Herc. fur. 837. Bacch. 509 f. Cycl. 155. Dahin gehört auch die Formel ὡς ἂν εἰδῇς (wofür auch sonst ὡς εἰδῇς steht: Aesch. Prom. 273. Choeph. 433. Soph. Phil. 534) und ähnliche, wo entweder die Sache auf der Stelle mitgetheilt wird, oder wo sie bereits mitgetheilt ist. Zur erstern Classe gehören:

Prom. 704 ff. σὺ δ' Ἰνάχειον σπέρμα, τοὺς ἐμοὺς λόγους
θυμῷ βάλ', ὡς ἂν τέρματ' ἐκμάθῃς ὁδοῦ.
Suppl. 930. Eur. Or. 534. Phoen. 997. Andr. 1254. Iph. A. 1426.
Arist. Plut. 112, mit ὅπως ἂν Aesch. Prom. 823.
Zur zweiten Classe, wo die Sache bereits mitgetheilt ist, gehören:
Eur. Hel. 1519. Θ. τίς δέ νιν ναυκληρία
ἐκ τῆςδ' ἀπῆρε χθονός; ἄπιστα γὰρ λέγεις.
Ἀγγ. ἥν γε ξένῳ δίδως σύ, τούς τε σοὺς ἔχων
ναύτας βέβηκεν, ὡς ἂν ἐν βραχεῖ μάθῃς.
Auch in andern Stellen, welche ὡς ἄν, ὅπως ἄν mit Conj. haben, erscheint die Erreichung der Absicht mit der vorhergehenden Handlung nothwendig verknüpft. Herod. I, 5. ἐπεὶ δὲ ἔμαθεν ἔγκυος οὖσα αἰδεομένη τοὺς τοκέας οὕτω δὴ ἐθελοντὴν αὐτὴν τοῖσι Φοίνιξι συνεκπλῶσαι, ὡς ἂν μὴ κατάδηλος γένηται. Cap. 11. ἢ γὰρ Κανδαύλεα ἀποκτείνας ἐμέ τε καὶ τὴν βασιληΐην ἔχε τὴν Λυδῶν, ἢ αὐτόν σε αὐτίκα οὕτω ἀποθνήσκειν δεῖ, ὡς ἂν μὴ πάντα πειθόμενος Κανδαύλῃ τοῦ λοιποῦ ἴδῃς τὰ μή σε δεῖ.

Lässt sich demnach der von Hermann angenommene Unterschied zwischen den Conjunctivsätzen mit und ohne ἄν nicht halten, und erweist sich so auch in dieser speziellen Classe von Spracherscheinungen der Grundbegriff, von welchem jener Unterschied abgeleitet ist, als unhaltbar, so fragt sich, wie wir aus dem in gegenwärtigen Untersuchungen angenommenen Begriff der Partikeln κέν und ἄν die Erscheinung erklären, dass in Sätzen von jedenfalls verwandter Bedeutung bald der Conj. allein, bald mit diesen Partikeln steht. Was nun die Relativsätze überhaupt, abgesehen von den durch ὅπως ἄν, ὡς ἄν eingeleiteten Absichtssätzen betrifft, so glauben wir, dass die Setzung einer sich verwirklichenden Handlung, die Sumtion eines Eintretens derselben, welche explicite in der Construction mit κέν und ἄν vorliegt, implicite auch in der Construction ohne ἄν gegeben sei. Denn wenn sich nicht verkennen lässt, dass in der einen wie in der andern Construction die Voraussetzung einer noch sich verwirklichenden Handlung liegt, so haben wir eben damit die Setzung einer Verwirklichung, die im Relativ-, Bedingungs-, Zeitbestimmungssatze nothwendig die Natur der Voraussetzung annimmt. Es ist klar, dass Il. I, 230 in ὅς τις σέθεν ἀντίον εἴπῃ das ἀντίον εἰπεῖν als in Wirklichkeit tretend gesetzt wird, eben so gut, als wenn ὅςτις ἄν oder ὅς κεν gebraucht wäre; denn der Gedanke bliebe ganz derselbe, wenn dafür εἴ κέν (ἐάν) τις εἴπῃ stünde. Ebenso wird Od. I, 351, dass ein Gesang den Hörern der neueste sei, natürlich als immer wieder sich verwirklichende Handlung gesetzt; und so ist in allen übrigen Stellen, welche das Relativ mit dem Conj. haben, das Eintreten, wirklich Werden der Handlung angenommen. Denn wäre die Wirklichkeit behauptet, so würde der Indicativ (oder irgend eine Modification des Behauptungssatzes), wäre von einem rein gedachten Fall die Rede, so würde der Optativ stehen. Es ist aber in der Verbindung des Relativs mit dem Conj., namentlich wo durch den Zusammenhang der Begriff des Sollens, und demnach die Andeutung einer Absicht vom Conj. ausgeschlossen ist, und dieser Modus nur überhaupt die zur Wirklichkeit hinstrebende Handlung bezeichnet, das Moment der Setzung eines wirklich Werdens implicite schon enthalten, es resultirt aus der Verknüpfung des Conjunctivs als des Ausdrucks für das wirklich Werden mit dem Relativum, als der Sphäre, innerhalb deren das Prädicat stattfindet. Da also das Moment der Setzung einer Handlung als einer wirklichen im Relativ- wie im Bedingungs- und Zeitbestimmungssatze aus der Verbindung der beiden andern Momente sich ergab, so erklärt sich daraus, wie der ältere und der dichterische Sprachgebrauch die Partikel, welche eben die Setzung der Handlung, als einer wirklichen bezeichnete, entbehren konnte, wie dagegen der regelmässigere, prosaische Sprachgebrauch diesen bestimmteren Exponenten jenes modalen Begriffs nothwendig machte. Wir haben nämlich hier dieselbe Erscheinung, wie wenn in älterer und poëtischer Sprache, weil das bestimmtere Verhältniss aus dem Zusammenhange sich ergab, der blosse Casus auch da gebraucht ward, wo der prosaische Sprachgebrauch die bestimmtere Exposition des Verhältnisses durch Beifügung der angemessenen Präposition verlangte.

Noch müssen wir hier die Frage wieder aufnehmen, die wir oben S. 194 vorläufig zurückgestellt hatten, wie der Conj. mit κέν oder ἄν im Absichtssatze zu erklären sei, und woher es komme, dass zwar die Partikeln ὅπως und ὡς diese Construction annehmen, nicht aber ἵνα. Erinnern wir uns nun aber, dass die eigentliche Bedeutung dieser Construction Setzung einer wirklich werdenden, eintretenden Handlung ist, dass sie darum im unabhängigen Satze im Sinne eines (zunächst durch das subjective Element der Setzung gemilderten) Futurs steht, beachten wir, dass sich diese Construction namentlich in Abhängigkeit von solchen Verben findet, nach welchen auch, vornehmlich im Attischen, das Futur gebräuchlich ist (vgl. S. 193, ferner Xen. Cyr. VIII, 3, 6. Plato Protag. p. 326, a. Xen. Anab. VI, 1, 17. Eur. Iph. A. 538 f. Arist. Eq. 917. Plato Gorg. p. 481, a. de rep. p. 494, c. Xen. Cyr. V, 3, 9. Plato Phaedo p. 59, c. Gorg. p. 523, d), ferner dass (insbesondere bei Xenophon vgl. S. 193. Poppo zu Cyrop. I, 2, 10. Bornemann zu Memor. II, 2, 6. mit Recht Poppo's zu einseitige Ansicht beschränkend, Breitenbach zum Oecon. 2, 9) der Optativ mit $\ddot{\alpha}\nu$ nach $\ddot{o}\pi\omega\varsigma$ sich findet, so ist uns unstreitig die Vermuthung nahe gelegt, dass auch die Construction von $\ddot{o}\pi\omega\varsigma$ und $\dot{\omega}\varsigma$ mit dem Conj. und $\ddot{\alpha}\nu$, wie die mit Futur und mit Opt. und $\ddot{\alpha}\nu$ ursprünglich relativen Sinn hatte, wie wir ja schon oben S. 211 Beispiele eines Uebergangs aus der Bedeutung eines relativen Bestimmungssatzes in die eines Absichtssatzes hatten. Somit wäre Xen. Cyr. V, 3, 9. $\varkappa\alpha\grave{\iota}\ \pi\varrho\tilde{\omega}\tau o\nu\ \mu\grave{\epsilon}\nu$ $o\ddot{\upsilon}\tau\omega\ \pi o\iota\epsilon\iota,\ \ddot{o}\pi\omega\varsigma\ \ddot{\alpha}\nu\ \alpha\dot{\upsilon}\tau o\iota,\ \ddot{o}\tau\iota\ \ddot{\alpha}\nu\ \lambda\acute{\epsilon}\gamma\eta,\ \epsilon\grave{\iota}\delta\tilde{\eta}\tau\epsilon$, eigentlich: „suche es auf die Art einzurichten, wie sich's annehmen lässt, dass ihr allein seine Aeusserungen erfahrt." Indem also in dem Relativsatz die Construction von $\ddot{\alpha}\nu$ mit Conj. herrschend blieb, wo das wirklich Werden einer Handlung gesetzt werden sollte, ward sie in ähnlichem Sinn auch bei den Partikeln $\ddot{o}\pi\omega\varsigma$ und $\dot{\omega}\varsigma$ beibehalten, die immer vorzugsweise in relativem Sinn gebraucht wurden. Dabei ist aber wohl zuzugeben, dass dieser ursprüngliche, relative Charakter nicht überall mehr hervortritt. Dass aber $\ddot{\iota}\nu\alpha$ eben so wenig mit dem Conj. und $\ddot{\alpha}\nu$ als mit dem Futur verbunden vorkommt, ist wohl am natürlichsten daraus zu erklären, dass $\ddot{\iota}\nu\alpha$ vorzugsweise und recht eigentlich als Absichtspartikel, bei weitem seltener, wenigstens bei Prosaikern (Dichter haben es öfter, offenbar weil es das Gewähltere ist) in der Bedeutung *wo* gebraucht ward, und dass der Zusammenhang zwischen der relativen Bedeutung und der Geltung als Absichtspartikel nicht mehr fühlbar war, während bei $\ddot{o}\pi\omega\varsigma$ und $\dot{\omega}\varsigma$ beide Bedeutungen in lebendigerem Zusammenhang blieben, und unmerklich in einander überflossen.

γ) Conjunctiv mit αν im Bedingungssatze.

Die gleiche Bedeutung, wie in dem Relativsatze, hat die Verbindung von $\varkappa\acute{\epsilon}\nu$ und $\ddot{\alpha}\nu$ mit dem Conjunctiv in den **Bedingungs- und Zeitbestimmungssätzen**; sie findet da statt, wo eine Handlung als sich verwirklichend g e s e t z t w i r d. Die griechische Sprache, wie wir uns noch weiter unten beim Optativ überzeugen werden, scheidet die verschiedenen logischen Formen des Bedingungssatzes viel feiner und schärfer, als die deutsche und lat. Sprache. So hat sie in αἴ κεν, εἴ κεν oder ἐάν mit dem Conj. eine besondere Form für diejenige Bedingung, in welcher eine Handlung als wirklich eintretend vorausgesetzt wird. Mag es nun ein einzelner Fall sein, der nicht mehr blos als rein in Gedanken angenommen erscheint, sondern dessen Verwirklichung erwartet werden kann, worüber die Zukunft entscheiden muss, oder mag es eine Gattung von Fällen sein, deren wirklich Werden von dem Sprechenden angenommen wird; immer ist in dieser Construction die Voraussetzung einer Handlung als einer wirklich eintretenden gegeben. Daher ist es gewöhnlich, dass wenn der Hauptsatz das Fut. Indic. oder den Imperativ hat, der Bedingungssatz ἐάν mit Conj. erhält; denn wenn etwas unter einer gewissen Bedingung geschehen wird, oder geschehen soll, so muss auch das wirkliche Werden dieser Bedingung selbst vorausgesetzt werden. Präsens und Aorist des Conj. unterscheiden sich aber ganz natürlich so, dass bei dem Präsens die bedingende Handlung mit der bedingten als gleichzeitig, bei dem Aorist die bedingende als der bedingten vorhergehend gedacht wird.

Um zuerst Beispiele von αἴ κε zu geben, so ist

Il. I, 127 ff. ἀλλὰ σὺ μὲν νῦν τήνδε θεῷ πρόες· αὐτὰρ Ἀχαιοὶ
τριπλῇ τετραπλῇ τ᾽ ἀποτίσομεν, αἴ κέ ποθι Ζεὺς
δῷσι πόλιν Τροίην εὐτείχεον ἐξαλαπάξαι.

dass Zeus einmal Troja in die Hände der Griechen geben werde, als eine wirklich werdende Handlung gesetzt, und zwar muss die Voraussetzung erfüllt und vollendet sein, damit das unter dieser Voraussetzung Behauptete, das ἀποτίνειν eintreten kann. Dessgl. Il. IV, 97 ff.

τοῦ κεν δὴ πάμπρωτα παρ᾽ ἀγλαὰ δῶρα φέροιο
αἴ κεν ἴδῃ Μενέλαον Ἀρήιον Ἀτρέος υἱὸν
σῷ βέλεϊ δμηθέντα πυρῆς ἐπιβάντ᾽ ἀλεγεινῆς.

Ebd. 169. ἀλλά μοι αἰνὸν ἄχος σέθεν ἔσσεται, ὦ Μενέλαε,
αἴ κε θάνῃς, καὶ μοῖραν ἀναπλήσῃς βιότοιο.

Ferner Il. V, 129 f. 260 ff. VI, 260. 526 f. Od. VIII, 496 f. IX, 502 f. Dagegen erscheint Il. IV, 353 und IX, 359.

ὄψεαι, ἢν ἐθέλῃσθα καὶ αἴ κέν τοι τὰ μεμήλῃ,

die bedingende Handlung als gleichzeitig mit der bedingten.

Ferner: V, 762 f. VI, 281. 442 f. Od. IX, 520. XI, 104 f. 348. XII, 49. 53. 163. XIII, 358.

Beispiele des dorischen αἴ κα mit Präsens oder Aorist des Conj. sind: Thuc. V, 77 (vgl. Ahrens de dial. Dorica p. 480). Arist. Equitt. 200 f. Theocr. Id. I, 4. 5. 9. Oft lässt sich vor einem solchen Bedingungssatz der Begriff πειρᾶσθαι suppliren (vgl. II. XVIII, 601. XIX, 70 f.), indessen wird man bei genauerer Prüfung sich dennoch überzeugen, dass auch hier αἴ κε mit Conj. noch Bedingungssatz ist, und in der Bedeutung *im Fall dass* steht, nicht aber geradehin einer indirecten Frage entspricht. Il. I, 66. 207. 408. 420. II, 72. 83. IV, 249. VI, 94 f. (u. 275 f. 309 f.) XI, 791. Od. XII, 215. XIII, 182. XIV, 118. XV, 312. In allen diesen Beispielen enthielt die Bedingung die Voraussetzung einer einzelnen Handlung als einer wirklich werdenden.

Beispiele von εἴ κεν und zwar zur Voraussetzung des Eintretens einer einzelnen Handlung sind mit Conj. des Aorists Il. I, 139. εἰ δέ κε μὴ δώωσιν, ἐγὼ δέ κεν αὐτὸς ἕλωμαι. Aehnlich ebd. 324; ferner II, 364. III, 281 ff. IV, 415 f. V, 131 f. (820 f.) V, 212. 351. Od. XI, 113. (XII, 140.) XII, 299 ff. XIV, 140. 395. 398. Mit dem Präsens Il. I, 580. II, 364. Od. VI, 313 ff. VIII, 355. XI, 110 (XII, 137. 139.) Mit der Bedeutung *ob* in indirecter Frage findet sich εἴ κε nach φράζομαι Od. XVI, 238.

Aehnlich steht ἤ κε — ἤ κε mit Conj. (oder dafür mildernd Opt.) in einer indirecten Frage.

Il. IX, 619 φρασσόμεσθ᾽ ἤ κε νεώμεθ᾽ ἐφ᾽ ἡμέτερ᾽, ἤ κε μένωμεν.
ebd. 701 f. ἀλλ᾽ ἤτοι κεῖνον μὲν ἐάσομεν, ἤ κεν ἴῃσιν,
   ἤ κε μένῃ·
XIII, 741 ff. ἔνθεν δ᾽ ἄν μάλα πᾶσαν ἐπιφρασσαίμεθα βουλήν,
   ἤ κεν ἐνὶ νήεσσι πολυκλήϊσι πέσωμεν,
   αἴ κ᾽ ἐθέλῃσι θεὸς δόμεναι κράτος, ἤ κεν ἔπειτα
   πὰρ νηῶν ἔλθοιμεν ἀπήμονες.
XVIII, 308. Oder εἴ κεν — ἤ κεν Il. VIII, 532.
   εἴσομαι, εἴ κέ μ᾽ ὁ Τυδείδης κρατερὸς Διομήδης
   πὰρ νηῶν πρὸς τεῖχος ἀπώσεται, ἤ κεν ἐγὼ τὸν
   χαλκῷ δῃώσας ἔναρα βροτόεντα φέρωμαι.
XXII, 244 ff. Od. XVIII, 265.

Endlich Beispiele von ἐάν und zwar in der Voraussetzung einer einzelnen Handlung als einer wirklich werdenden sind für den Aorist:

Il. I, 88 ff. Οὖτις ἐμεῦ ζῶντος καὶ ἐπὶ χθονὶ δερκομένοιο
σοὶ κοίλης παρὰ νηυσὶ βαρείας χεῖρας ἐποίσει
συμπάντων Δαναῶν· οὐδ᾽ ἢν Ἀγαμέμνονα εἴπῃς,
ὃς νῦν πολλὸν ἄριστος Ἀχαιῶν εὔχεται εἶναι.

Ebd. 166. IX, 393. XVIII, 273. Od. XII, 288. Für das Präsens:

Il. III, 288 ff. εἰ δ᾽ ἂν ἐμοὶ τιμὴν Πρίαμος Πριάμοιό τε παῖδες
τίνειν οὐκ ἐθέλωσιν, Ἀλεξάνδροιο πεσόντος,
αὐτὰρ ἐγὼ καὶ ἔπειτα μαχήσομαι εἵνεκα ποινῆς
αὖθι μένων, εἵως κε τέλος πολέμοιο κιχείω.

Il. IX, 393. Od. XI, 159. XII, 121. XVI, 276 f.

Weitere Beispiele von ἐάν in der Voraussetzung einzelner Fälle sind:

Aesch. VII c. Th. 242. μή νυν, ἐὰν θνήσκοντας ἢ τετρωμένους
πύθησθε, κωκυτοῖσιν ἁρπαλίζετε.

1027. ἢν μή τις ἄλλος τόνδε συνθάπτειν θέλῃ,
ἐγώ σφι θάψω.

Prom. 326. Eum. 741. Soph. Phil. 126. 479. 769. 817. 982. 985. 999. 1259. 1298. 1299. 1342. 1405. Xen. Cyr. I, 3, 9. 14. 15. 17. 18. cap. 4, 5. 9. 12. 19. 20.

In der Voraussetzung einer Gattung von Fällen finden wir ἐάν mit Conj. Aesch. Prom. 377 ff.

Ωκ. Οὐκ οὖν, Προμηθεῦ, τοῦτο γιγνώσκεις, ὅτι
ὀργῆς νοσούσης εἰσὶν ἰατροὶ λόγοι;

Πρ. Ἐάν τις ἐν καιρῷ γε μαλθάσσῃ κέαρ
καὶ μὴ σφριγῶντα θυμὸν ἰσχναίνῃ βίᾳ.

Soph. Phil. 1321 ff. σὺ δ᾽ ἠγρίωσαι, κοὔτε σύμβουλον δέχει,
ἐάν τε νουθετῇ τις εὐνοίᾳ λέγων
στυγεῖς, πολέμιον δυσμενῆ θ᾽ ἡγούμενος.

Ebd. 1444. Xen. Cyr. I, 1, 1. 3. cap. 2, 2. 4. 8. 9. 11. 12. 13. 14. cap. 4, 12. 13. Plato Phaedo p. 60, b. 65, a. 66, d. 67, a. 68, a.

Obwohl nun der Unterschied zwischen der Voraussetzung des Eintretens einer Gattung von Fällen und eines einzelnen Falles unwesentlich ist und die Bedeutung dieser Construction nicht ändert, obwohl sich in manchen Fällen ein solcher Unterschied gar nicht durchführen lässt, so ist es doch bemerkenswerth, dass Homer αἴ κεν, εἴ κεν und ἐάν mit Conj. nur bei der Voraussetzung der Verwirklichung einzelner Fälle, nicht aber bei allgemeinen Annahmen zu gebrauchen scheint.

Auch ἐάν tritt in die Stelle einer indirecten Frage. Xen. Mem. IV, 4, 12. σκέψαι, ἐὰν τόδε σοι μᾶλλον ἀρέσκῃ. Plato

Phaedo p. 64, c. σκέψαι δή, ὦ 'γαθέ, ἐὰν ἄρα καὶ σοὶ ξυνδοκῇ, ἅπερ καὶ ἐμοί. Crito p. 48, c. ὅρα δὲ δὴ τῆς σκέψεως τὴν ἀρχὴν, ἐάν σοι ἱκανῶς λέγηται. Gorg. p. 452, c. σκόπει δῆτα, ἐάν σοι πλούτου φανῇ τι μεῖζον ἀγαθὸν ὄν. Ebd. p. 510, b. Eur. Hel. 428.
>μόνος δὲ νοστῶ, τοῖς ἐκεῖ ζητῶν φίλοις
>τὰ πρόσφορ' ἤν πως ἐξερευνήσας λάβω.

Arist. Nub. 535. Vergleicht man aber diesen Gebrauch des ἐάν mit dem ganz verwandten und nicht davon zu trennenden in folgenden Stellen:

Eur. Hel. 1049. ἄκουσον, ἤν τι καὶ γυνὴ λέξῃ σοφόν.
Xen. Cyr. II, 4, 16. ἄκουε τοίνυν, ἄν τί σοι δόξω λέγειν.
II. XVII, 245. ἀλλ' ἄγ' ἀριστῆας Δαναῶν κάλει, ἤν τις ἀκούσῃ.
Arist. Vesp. 270.
>ἀλλά μοι δοκεῖ στάντας ἐνθάδ' ὤνδρες
>ᾄδοντας αὐτὸν ἐκκαλεῖν, ἤν τί πως ἀκούσας.
>τοὐμοῦ μέλους ὑφ' ἡδονῆς ἑρπύσῃ θύραζε.

Ebd. 399. Plato Alc. I, p. 122. d. de rep. p. 455, a. so geht unbestreitbar hervor, dass diese Sätze, wenn ihnen gleich im Deutschen vorzugsweise *ob* entspricht (das übrigens ebenfalls ursprünglich Bedingungspartikel ist, vgl. Grimm Gramm. III, S. 283 ff.), dennoch die Bedeutung von Bedingungssätzen nicht abgelegt haben, und ἐάν auch hier eigentlich ist: *im Fall dass;* d. h. es wird eine Handlung behauptet oder gefordert in der Voraussetzung, dass eine andere Handlung eintrete, und so wie bei den Verben der Affecte statt des Gegenstandes des Affects die Bedingung desselben steht, so haben wir an der Stelle der das Object angebenden indirecten Frage die Bedingung und Voraussetzung, unter welcher eine Erwägung, Untersuchung unternommen oder gefordert wird.

δ) Conjunctiv mit ἄν im Zeitbestimmungssatze.

In den Zeitbestimmungssätzen lässt sich ein dreifaches Verhältniss, in welchem die Haupthandlung zu der Zeitbestimmung als ihrer Voraussetzung steht, unterscheiden.

Sie hat nämlich **erstlich** ihren **Anfang** mit oder nach dem Eintreten einer andern Handlung, d. h. sie findet statt, wann oder nachdem eine andere Handlung eintritt oder eingetreten sein wird: ὅτε κεν, ὁπότε κεν, ἐπεί κεν, ὅταν, ὁπόταν, εὖτ' ἄν, ἡνίκ' ἄν, ὁπηνίκ' ἄν, ἐπεὶ ἄν, ἐπὴν oder ἐπάν, ἐπειδάν. Während nun hier nur überhaupt gesagt wird, dass mit dem Eintreten einer Voraussetzung auch eine andere Handlung eintritt, so wird in einer besondern Modification dieser Satzform das Eintreten der Haupthandlung bestimmt auf das Eintreten einer andern beschränkt, und die letztere erscheint als die conditio sine qua non der ersteren. Hiefür steht πρὶν ἄν (bei Homer blos πρίν).

In der zweiten Form des Zeitbestimmungssatzes hat die Haupthandlung in der vorausgesetzten Handlung ihre nothwendig **mit ihr fortbestehende** Bedingung; sie findet statt, **so lange** die Voraussetzung stattfindet, und hört mit dieser auf. Der sprachliche Ausdruck für diese Form des Zeitbestimmungssatzes fällt im Griech. wie im Lat. mit der dritten zusammen, wie denn in der That der Unterschied ein flüssiger ist.

Drittens hat die Haupthandlung in der als eintretend vorausgesetzten Handlung ihr **Ende und Ziel**; sie findet statt, **bis** eine andere eintritt. — Für die zweite und dritte Gattung dienen ὄφρα κεν oder ὄφρ᾽ ἄν, εἰς ὅ κεν, εἰς ὅ τε κεν, εἵως κεν oder ἕως ἄν, ἔστ᾽ ἄν und ähnliche.

Diese Unterschiede haben indessen begreiflicher Weise **auf die Construction des Conj. mit ἄν nicht den geringsten Einfluss**; vielmehr wo sich dieselbe findet, ist immer die betreffende Handlung, sei es eine einzelne, oder eine sich wiederholende als in Wirklichkeit tretend gesetzt.

Beispiele der ersten Classe sind, und zwar von ὅτε κεν:
Il. I, 565 ff. ἀλλ᾽ ἀκέουσα κάθησο, ἐμῷ δ᾽ ἐπιπείθεο μύθῳ·
μή νύ τοι οὐ χραίσμωσιν, ὅσοι θεοί εἰσ᾽ ἐν Ὀλύμπῳ,
ἆσσον ἰόνθ᾽, ὅτε κέν τοι ἀάπτους χεῖρας ἐφείω.
Die entschiedene Sprache des Zeus setzt den Fall, dass er Hand an Here lege, nicht als blos gedacht und fingirt, sondern als wirklich eintretend. Ferner
Il. VI, 450. ἀλλ᾽ οὔ μοι Τρώων τόσσον μέλει ἄλγος ὀπίσσω,
454. ὅσσον σεῖ᾽, ὅτε κέν τις Ἀχαιῶν χαλκοχιτώνων
δακρυόεσσαν ἄγηται, ἐλεύθερον ἦμαρ ἀπούρας·
vgl. 448. ἔσσεται ἦμαρ, ὅτ᾽ ἄν ποτ᾽ ὀλώλῃ Ἴλιος ἱρή.
Od. IV, 420. XV, 446. XVI, 287.

Eine **Gattung** von Fällen wird als eintretend gesetzt: Il. VI, 225. Od. VIII, 241 ff. XI, 218. ἀλλ᾽ αὕτη δίκη ἐστὶ βροτῶν, ὅτε κέν τε θάνωσιν. XIII, 180.

Ὁπότε κεν von einzelnen Handlungen:
Il. IV, 229 f. τῷ μάλα πόλλ᾽ ἐπέτελλε παρισχέμεν, ὁππότε κέν μιν
γυῖα λάβῃ κάματος, πολέας διὰ κοιρανέοντα.

Od. II, 357 f. X, 293. XI, 106. 127. XIII, 155. 394. XXII, 216.
Von einer Gattung von Fällen: Il. IV, 40. Od. III, 236 ff.

ἀλλ' ἤτοι θάνατον μὲν ὁμοίιον οὐδὲ θεοί περ
καὶ φίλῳ ἀνδρὶ δύνανται ἀλαλκέμεν, ὁππότε κεν δὴ
Μοῖρ' ὀλοὴ καθέλῃσι τανηλεγέος θανάτοιο.

"Ὅτ' ἄν von der einzelnen, als eintretend gesetzten Handlung:
Il. I, 518 f. ἦ δὴ λοίγια ἔργ', ὅτε μ' ἐχθοδοπῆσαι ἐφήσεις
Ἥρῃ, ὅτ' ἄν μ' ἐρέθῃσιν ὀνειδείοις ἐπέεσσιν.

Zeus kann den Zank mit Here voraussehen, und setzt es daher als wirklich werdend, dass sie mit Vorwürfen ihn reizen werde.
IV, 53. 164. VI, 448. VII, 335. 459.
Aesch. Prom. 189 ff. 258. 743. 789.
Soph. Phil. 56 f. ὅταν σ' ἐρωτᾷ, τίς τε καὶ πόθεν πάρει,
λέγειν, Ἀχιλλέως παῖς.
Ebd. 307. Plato Phaedo p. 60, d. Xen. Cyr. I, 3, 14.
Von einer Gattung von Fällen: Il. II, 397. IX, 101 ff.
Od. XI, 15 ff.   οὐδέ ποτ' αὐτοὺς
Ἥλιος φαέθων καταδέρκεται ἀκτίνεσσιν,
οὔθ' ὁπότ' ἂν στείχῃσι πρὸς οὐρανὸν ἀστερόεντα,
οὔθ' ὅτ' ἂν ἂψ ἐπὶ γαῖαν ἀπ' οὐρανόθεν προτρά-
πηται.

Pind. Ol. II, 37. Aesch. VII c. Th. 700. Eum. 356. 556.
Soph. Phil. 111. ὅταν τι δρᾷς ἐς κέρδος, οὐκ ὀκνεῖν πρέπει.
Ebd. 505. Xen. Cyr. I, 2, 8. 9. 10. 11. cap. 3, 5. 15. cap. 4, 28. cap. 6, 8. 10. 16. 19. 21. Plato Phaedo p. 58, b. τοῦτο δ' ἐνίοτε ἐν πολλῷ χρόνῳ γίγνεται, ὅταν τύχωσιν ἄνεμοι ἀπολαβόντες αὐτούς· p. 65, b. c. 66, a.

Ὡς δ' ὅτ' ἄν. Il. X, 5. XI, 269. XII, 41. XV, 80. 170. XVII, 520. Od. V, 394. X, 410. XXII, 468. XXIII, 233.
Πρίν γ' ὅτ' ἄν. Od. II, 373 f. IV, 477.
Ὁπότ' ἄν von einzelnen Handlungen. Il. XVI, 62. Od. VI, 303. VIII, 444 f. X, 508. XIX, 410 f. 489. Soph. Phil. 146.
Von einer Gattung von Fällen: Il. XV, 209. Od. XI, 17. Xen. Cyr. I, 3, 14. cap. 6, 19.

Durch diese Scheidung des einzelnen als eintretend gesetzten Falles von der Gattung von Fällen, deren Verwirklichung vorausgesetzt wird, sollte nur dargelegt werden, wie wenig dem ἄν, wo es sich relativen Wörtern anschliesst, an und für sich eine Verallgemeinerung inwohnen könne, da übrigens diese Scheidung

unwesentlich ist, und sich nicht überall vollziehen lässt, so sehen wir in den weiteren Beispielen von ihr ab.
Εὖτ' ἄν. Il. I, 242. II, 34. 228. XIX, 158. Od. XVII, 320. 323. Pind. Ol. VI, 114.
Ἡνίκ' ἄν, ὁπηνίκ' ἄν. Soph. Phil. 310. 464. 880. Xen. Cyr. I, 2, 4.
Ἐπεί κε. Il. II, 474 f.
ὥστ' αἰπόλια πλατέ' αἰγῶν αἰπόλοι ἄνδρες
ῥεῖα διακρίνωσιν, ἐπεί κε νομῷ μιγέωσιν.
Dass die Ziegen auf der Weide sich unter einander mischen, wird als (öfter) eintretender Fall gesetzt; eben so wird VI, 83 ff. das ἐποτρύνειν φάλαγγας ἁπάσας, das Helenos eben von Hektor und Aeneas verlangt hatte, als in Wirklichkeit tretend angenommen. Il. XVI, 246.
Od. VIII, 552 ff. οὐ μὲν γάρ τις πάμπαν ἀνώνυμός ἐστ' ἀνθρώπων,
οὐ κακός, οὐδὲ μὲν ἐσθλός, ἐπὴν τὰ πρῶτα γένηται,
ἀλλ' ἐπὶ πᾶσι τίθενται, ἐπεί κε τέκωσι, τοκῆες.
XI, 221. XIV, 153. XVII, 23. Mit gleicher Bedeutung steht ἐπήν, wie eben Od. VIII, 553 zeigt, ferner Il. I, 168. IV, 239. VI, 412. (ἐπεὶ ἄν) 489. Od. VI, 262. 297. VIII, 511. X, 411. 526. XI, 119. 192. Thuc. V, 47. vgl. Poppo P. I. Vol. I. p. 231.
Ἐπεάν Herod. IV, 196. VII, 8, 4. cap. 9, 2. c. 10, 1. 5. cap. 85. 129. 146. 209. 226.
Ἐπάν Xen. h. gr. I, 1, 29. Anab. I, 4, 13. IV, 6, 9.
Ἐπειδάν. Aesch. VII c. Th. 734 ff. Eum. 647. Soph. Phil. 639.
οὐκοῦν ἐπειδὰν πνεῦμα τοὐκ πρώρας ἀνῇ,
τότε στελοῦμεν· νῦν γὰρ ἀντιοστατεῖ.
Es wird vorausgesetzt, dass der widrige Wind nachlassen werde. Plato Phaedo p. 58, b. c. 64, a. 115, d. 116, c. 118, a. Xen. Cyr. I, 2, 12. 13. cap. 3, 9. 14. 18. cap. 4, 9. 19. cap. 6, 42.

Das Gebiet, innerhalb dessen πρὶν ἄν mit Conj. gebraucht wird, hatte zuerst Elmsley zu Eur. Med. 215. p. 113 der Leipz. Ausg. empirisch bestimmter abgegränzt. In Bezug auf Porson's Bemerkung: „utraque lectio (ἐκμάθῃ und ἐκμαθεῖν) proba. Saepe enim πρίν cum subjunctivo jungunt tragici omisso ἄν, quod in sermone familiari semper requiritur" erinnerte derselbe „Subjunctivum non usurpant tragici, nisi in priore membro adsit negandi aut prohibendi significatio." Dass er zunächst von dem Sprachgebrauch der Tragiker redete, war durch Porson's Bemerkung, die sich speziell auf die Tragiker bezog, veranlasst, und es konnte um so weniger die Meinung Elmsley's sein, nur eben auf die Tragiker diesen Gebrauch zu beschränken, als er auch aus Aristophanes Belegstellen anführte. Aber hinzufügen musste Elmsley die weitere Bestimmung, dass, um $\pi\rho\grave{\iota}\nu$ $\overset{"}{\alpha}\nu$ mit dem Conj. setzen zu können, der regierende Satz (nicht blos negativen Sinn haben, sondern) zugleich auch ein Haupttempus oder einen Imperativ oder Conjunctiv, als den Haupttempp. gleichstehend, enthalten müsse. Hermann gab in den Anmerkungen zur Medea p. 350 Elmsley's Beobachtung seinen Beifall, und versuchte zugleich diesen Sprachgebrauch unter Zugrundlegung seines Begriffs von der Partikel $\overset{"}{\alpha}\nu$ und vom Conj. rationell zu erklären. Er sagt: „Qnod ($\pi\rho\grave{\iota}\nu$ $\overset{"}{\alpha}\nu$ $\varkappa\epsilon\lambda\epsilon\acute{\upsilon}\sigma\eta\varsigma$) qui dicit, non solum illud, *ante mandatum* dicit, sed primo subindicat, incertum esse, utrum tu sis mandaturus, an non; deinde autem, quoniam apud Graecos in omni conjunctivo (?) significatio quaedam futuri exacti inest, mandatum illud etiam ut jam datum commemorat, hoc modo, *priusquam quo tempore tu mandaveris,* sive Graece, $\pi\rho\grave{\iota}\nu$ $\overset{\eta}{\eta}$ $\overset{\circ}{o}\tau\alpha\nu$ $\varkappa\epsilon\lambda\epsilon\acute{\upsilon}\sigma\eta\varsigma$. Jam $o\overset{\grave{\upsilon}}{\upsilon}$ $\pi o\iota\acute{\eta}\sigma\omega$ $\pi\rho\grave{\iota}\nu$ $\overset{\eta}{\eta}$ $\overset{\circ}{o}\tau\alpha\nu$ $\varkappa\epsilon\lambda\epsilon\acute{\upsilon}\sigma\eta\varsigma$ planum est, nihil aliud significare, quam $\pi o\iota\acute{\eta}\sigma\omega$ $\overset{\circ}{o}\tau\alpha\nu$ $\varkappa\epsilon\lambda\epsilon\acute{\upsilon}\sigma\eta\varsigma$. Vide vero, quid sit $\pi o\iota\acute{\eta}\sigma\omega$ $\pi\rho\grave{\iota}\nu$ $\overset{\eta}{\eta}$ $\overset{\circ}{o}\tau\alpha\nu$ $\varkappa\epsilon\lambda\epsilon\acute{\upsilon}\sigma\eta\varsigma$. Nihil profecto aliud, quam *faciam priusquam quo tempore tu mandaveris, quod nescio an sis unquam mandaturus.* Atqui si facies quid quo tempore id, quod nescis, futurumne sit, an non, nondum factum erit, quando tandem facies? Certum enim esse debet non modo esse futurum, sed etiam quando futurum sit, si ante quam fiat, facere quid vis. Quare nisi infinitivo uti voles, dicere debebis aut $\pi o\iota\acute{\eta}\sigma\omega$ $\pi\rho\grave{\iota}\nu$ $\varkappa\epsilon\lambda\epsilon\acute{\upsilon}\sigma\epsilon\iota\varsigma$ aut $\pi o\iota\acute{\eta}\sigma\omega$ $\pi\rho\grave{\iota}\nu$ $\overset{"}{\alpha}\nu$ $\varkappa\epsilon\lambda\epsilon\acute{\upsilon}\sigma\alpha\iota\varsigma$, i. e. priusquam jubere poteris. Sed $\pi o\iota\acute{\eta}\sigma\omega$ $\pi\rho\grave{\iota}\nu$ $\overset{"}{\alpha}\nu$ $\varkappa\epsilon\lambda\epsilon\acute{\upsilon}\sigma\eta\varsigma$ non magis Graece dicas, quam Latine facies priusquam jusserim." Schon die Unrichtigkeit des Resultates, dass nämlich Hermann seinen Prämissen zufolge da wo sich der regelmässige Sprachgebrauch des Infinitivs mit $\pi\rho\acute{\iota}\nu$ bedient, ein $\pi o\iota\acute{\eta}\sigma\omega$ $\pi\rho\grave{\iota}\nu$ $\varkappa\epsilon\lambda\epsilon\acute{\upsilon}\sigma\epsilon\iota\varsigma$, oder $\pi\rho\grave{\iota}\nu$ $\overset{"}{\alpha}\nu$ $\varkappa\epsilon\lambda\epsilon\acute{\upsilon}\sigma\alpha\iota\varsigma$ für natürlich und für statthaft hält, muss Zweifel gegen die Prämissen selbst erregen. Diese erscheinen denn auch ganz unhaltbar. In keiner Weise lässt sich der Grundsatz rechtfertigen: Certum esse debet non modo esse futurum, sed etiam quando futurum sit, si ante, quam fiat, facere quid vis." Denn möchte immerhin der Zeitpunkt des Eintritts einer andern Handlung noch unbestimmt und mir unbekannt sein, sobald ich nur einerseits wahrnehme, dass sie jetzt eben noch nicht im Werke ist, andererseits selber im Begriff bin, sofort zu handeln, so würde ich mit allem Recht sagen können: ich thue diess, ehe ein Anderes geschieht. Ueberhaupt mag schon die Beobachtung des deutschen Sprachgebrauchs zu der Ueberzeugung führen, dass die Erklärung der Priorität einer noch bevorstehenden Handlung vor einer andern nicht an eine bestimmte Kenntniss von dem Zeitpunkt, in welchen die letztere fällt, sich bindet. Es wäre dann auch gar nicht begreiflich, wie im Griechischen nach dem affirmativen Satz mit Haupttemporibus regelmässig der Infinitiv stehen könnte, der offenbar nicht blos den Zeitpunkt des Eintretens, sondern das Eintreten selbst völlig unbestimmt lässt. So erweist sich uns die von Hermann versuchte Deduction als ungenügend; sie kann, ausgehend von einem falschen Begriff der Partikel ἄν nicht erklären, warum nicht auch nach dem affirmativen Satz der Conj. mit ἄν statthat.

Sobald wir dagegen davon ausgehen, dass ἄν mit dem Conj. die Setzung einer sich verwirklichenden Handlung bezeichne, wird Alles klar. Denn es findet auch hier seine entschiedene Anwendung: **nur wo eine Handlung als eintretend gesetzt wird, kann ἄν mit dem Conj. stehen.** Diess ist offenbar der Fall in dem Verhältniss des Satzes mit πρὶν ἄν zu dem regierenden, negativen Satze. Denn οὐ ποιήσω, πρὶν ἄν κελεύσῃς heisst: „erst musst du es mir befehlen, dann thu' ich's;" jenes als Bedingung muss als erfüllt und eingetreten gesetzt werden, damit dieses geschehe. Man vergleiche

Aesch. Prom. 754 f. νῦν δ' οὐδέν ἐστι τέρμα μοι προκείμενον
μόχθων, πρὶν ἄν Ζεὺς ἐκπέσῃ τυραννίδος.

„Zeus muss zuerst vom Thron gestürzt werden, dann erst erreichen meine Leiden ihr Ende." — Oder

Soph. Oed. C. 1040. οὐχὶ παύσομαι
πρὶν ἄν σε τῶν σῶν κύριον στήσω τέκνων.

„Erst, sagt Theseus zu Oedipus, muss ich dich in den Besitz deiner Kinder gesetzt haben, dann kann ich aufhören." Weit entfernt, dass hierin ein Ausdruck von Unbestimmtheit liegt, so ist es vielmehr klar, dass das ἐκπεσεῖν τυραννίδος, das κύριον στῆσαι τῶν τέκνων als wirklich eintretend vorausgesetzt wird. So versteht auch Io den Prometheus, indem sie fragt:

ἦ γάρ ποτ' ἐστὶν ἐκπεσεῖν ἀρχῆς Δία;

und Oedipus den Theseus, wie aus seiner Antwort erhellt:

ὄναιο, Θησεῦ, τοῦ τε γενναίου χάριν
καὶ τῆς πρὸς ἡμᾶς ἐνδίκου προμηθίας.

Ist es augenscheinlich, dass, sobald erklärt wird, es geschehe etwas nicht eher (oder solle nicht eher geschehen), als bis etwas Anderes geschehe, dieses Andere als in Wirklichkeit tretend oder erfüllt gesetzt werden muss, da es die nothwendige Bedingung für das Werden der ersten Handlung ist, so begreift sich auch, warum eben nach negativen Sätzen die auf dem Standpunkt der Gegenwart stehen, und nur nach ihnen πρὶν ἄν mit Conj. stehen muss; denn nur im Verhältniss zu solchen negativen in der Gegenwart stehenden Sätzen trifft es zu, dass der Satz mit πρίν die Setzung einer eintretenden Handlung erfordert; nach affirmativen Sätzen mit Haupttempp. ist das Eintreten der mit πρίν genannten Handlung gleichgiltig und Nebensache, oft geradehin als nicht geschehend zu denken, wie unten bei der Lehre vom Infinitiv weiter entwickelt werden soll. In der Erzählung aber hat natürlich die Setzung einer eintretenden Handlung keine Stelle, ausser wo in dem Berichte einer fremden Aeusserung und zwar wieder nach vorausgehendem negativem Satze die oblique Rede in die directe verwandelt, also ganz die Bedingung hergestellt wird, unter welcher der Conj. mit ἄν nach πρίν stattfindet.

Da übrigens in den meisten Fällen die nothwendige Bedingung zum Eintritt einer andern Handlung als vor dieser vollendet und geschlossen erscheint, so erklärt sich daraus der gewöhnliche Gebrauch des Conj. Aor. Dadurch wird indessen das Präsens keineswegs ausgeschlossen, da auch der Fall eintreten kann, dass die Bedingung gleichzeitig mit dem Bedingten fortdauert.

Beispiele von dem Conj. des Aorists sind:
Aesch. Prom. 165 ff. οὐδὲ λή-
ξει πρὶν ἂν ἢ κορέσῃ κέαρ, ἢ παλάμᾳ τινὶ
τὰν δυσάλωτον ἕλῃ τις ἀρχάν.
Zeus muss zuerst seine Rache gesättigt, oder ein Anderer sich der Herrschaft bemächtigt haben, ehe er zu grollen aufhört.
Ebd. 172 ff. καί μ' οὔτι μελιγλώσσοις πειθοῦς
ἐπαοιδαῖσιν θέλξει, στερεάς τ'
οὔποτ' ἀπειλὰς πτήξας, τόδ' ἐγὼ
καταμηνύσω, πρὶν ἂν ἐξ ἀγρίων
δεσμῶν χαλάσῃ ποινάς τε τίνειν
τῆσδ' αἰκείας ἐθελήσῃ.
„Erst muss Zeus aus den Fesseln mich lösen, ehe ich ihm den

neuen Rathschlag enthülle; das χαλᾶν ist als eintretend gesetzt, ehe es zu dem καταμηνύειν kommen kann. Ebd. 717 f. 988 f. 1025 ff. Soph. Ant. 175 ff. 308 f. Phil. 332. 1329 ff. 1429. Oed. C. 909 ff. Trach. 415. Aj. 105 ff. Eur. Med. 270 f. 662 ff. Alc. 1144 ff. Iph. A. 324. I. T. 18 ff. 1302. Cycl. 558 f. Arist. Ach. 176. 230. 296. Nub. 268. Equitt. 960 ff. Vesp. 579.
Vesp. 919 f. πρὸς τῶν θεῶν, μὴ προκαταγίγνωσκ', ὦ πάτερ,
πρὶν ἄν γ' ἀκούσῃς ἀμφοτέρων.
Aehnlich ebd. 725 und Eur. Her. 180. Ferner die Solonische Sentenz Herod. I, 32: ἐκεῖνο δὲ τὸ εἴρεό με, οὔκω σε ἐγὼ λέγω πρὶν ἂν τελευτήσαντα καλῶς τὸν αἰῶνα πύθωμαι, und nachher πρὶν δ' ἂν τελευτήσῃ, ἐπισχέειν, μηδὲ καλέειν κω ὄλβιον ἀλλ' εὐτυχέα.
Soph. Trach. 2. ὡς οὐκ ἂν αἰῶν' ἐκμάθοις βροτῶν, πρὶν ἂν θάνῃ τις, οὔτ' εἰ χρηστός, οὔτ' εἴ τῳ κακός.
Oed. R. 1528 ff. Eur. Andr. 101 f. Troad. 509 f. Heracl. 865. Bei Prosaikern u. a. folgende Stellen: Herod. I, 82. Ἀργεῖοι — ἐποιήσαντο νόμον τε καὶ κατάρην μὴ πρότερον θρέψειν κόμην Ἀργείων μηδένα — πρὶν ἂν Θυρέας ἀνασώσωνται. III, 109. IV, 196. Xen. Cyr. I, 2, 8. ὁρῶσι τοὺς πρεσβυτέρους οὐ πρόσθεν ἀπιόντας γαστρὸς ἕνεκα, πρὶν ἂν ἀφῶσιν οἱ ἄρχοντες. Wie hier, so findet man dem negativen Satze bei Prosaikern zur Verstärkung gerne πρόσθεν oder πρότερον beigegeben. Xen. h. gr. VI, 3, 16. Isocr. Panath. §. 152.

Aehnlich steht zur Verstärkung πρίν γ' ἄν Soph. Trach. 415. Eur. Iph. 1302 und πρὶν ἄν γε Arist. Ach. 176. 296. Equitt. 960 f. Vesp. 919 f. Eccl. 769 f.

Dass auch das Präsens Conj. vorkommen könne, und zwar, wie sich begreift, da, wo beide Handlungen gleichzeitig neben einander bestehen, erhellt aus Antiph. acc. venef. §. 29. Οἱ δ' ἐπιβουλευόμενοι οὐδὲν ἴσασι πρὶν ἐν αὐτῷ ὦσι τῷ κακῷ γ' ἤδη καὶ γινώσκωσι τὸν ὄλεθρον ἐν ᾧ εἰσι. Hier liegt recht augenscheinlich die Gleichzeitigkeit beider Handlungen und die Nothwendigkeit des Präsens vor. Xen. Cyr. II, 2, 8. Plato Phaedr. p. 271, c. πρὶν ἂν οὖν τὸν τρόπον τοῦτον λέγωσί τε καὶ γράφωσι, μὴ πειθώμεθ' αὐτοῖς τέχνῃ γράφειν. Das λέγειν καὶ γράφειν wird natürlich als während des πείθεσθαι fortdauernd gedacht. Ebd. p. 277, b. πρὶν ἄν τις εἰδῇ.

Mit Recht erinnert indessen Elmsley, dass nicht der äusserliche Gebrauch einer Negation, sondern der negative Sinn des

Ἕως κε, εἵως κε

Il. III, 290 f. αὐτὰρ ἐγὼ καὶ ἔπειτα μαχήσομαι εἵνεκα ποινῆς
αὖθι μένων, εἵως κε τέλος πολέμοιο κιχείω.
„bis ich erreicht haben werde." Auch hier ist deutlich die Verwirklichung des Ziels vorausgesetzt in Beziehung auf die Handlung, die erst in dem Ende des Kriegs ihr Ziel erreichen soll. XXIV, 183 f. (Aor. bis).

Ἕως ἄν in der Bedeutung *bis* mit Conj. Aor. häufig im Attischen.
Aesch. Prom. 809. τούτου παρ' ὄχθας ἔρφ' ἕως ἂν ἐξίκῃ
καταβασμόν,
„bis du gekommen sein wirst." Plato Phaedo p. 59, e. εἶπε περιμένειν καὶ μὴ πρότερον παριέναι, ἕως ἂν αὐτὸς κελεύσῃ p. 67, a. 77, e.; in der Bedeutung *so lange als* mit dem Praes. verbunden Soph. Phil. 999. οὐδέποτέ γ' οὐδ' ἢν χρῇ με πᾶν παθεῖν κακόν,
ἕως ἂν ᾖ μοι γῆς τόδ' αἰπεινὸν βάθρον.
Plato Phaedo p. 66, b. ἕως ἂν τὸ σῶμα ἔχωμεν — οὐ μή ποτε κτησώμεθα ἱκανῶς οὗ ἐπιθυμοῦμεν. p. 85, b.

Ἔστ' ἄν mit Conj. Aor. in der Bedeutung *bis*
Aesch. Prom. 375 f. ἐγὼ δὲ τὴν παροῦσαν ἀντλήσω τύχην,
ἔστ' ἂν Διὸς φρόνημα λωφήσῃ χόλου.
Ebd. 696. 791. Eum. 449 f. Xen. Cyr. III, 3, 53. V, 4, 32. auch in der Bedeutung *so lange als*. Xen. Mem. III, 5, 6. Τεκμήραιο δ' ἂν τοῦτο καὶ ἀπὸ τῶν ἐν ταῖς ναυσίν· ὅταν μὲν γὰρ δήπου μηδὲν φοβῶνται, μεστοί εἰσιν ἀταξίας, ἔστ' ἂν δὲ ἢ χειμῶνα ἢ πολεμίοις δείσωσιν, οὐ μόνον τὰ κελευόμενα πάντα ποιοῦσιν, ἀλλὰ καὶ σιγῶσι καραδοκοῦντες τὰ προςταχθησόμενα, ὥσπερ χορευταί. Hier ist aber der Aorist durch die Ungewöhnlichkeit der Präsensform δείδωσιν entschuldigt, und überdiess muss man zugestehen, dass die Umstellung ἔστ' ἂν μὲν γὰρ — ὅταν δέ für den Sinn sich sehr empfehlen würde.

Mit dem Präsens verbunden findet es sich in der Bedeutung *so lange als*:
Soph. Phil. 1329 ff. καὶ παῦλαν ἴσθι τῆςδε μήποτ' ἐντυχεῖν
νόσου βαρείας, ἔστ' ἂν οὗτος ἥλιος
ταύτῃ μὲν αἴρῃ, τῇδε δ' αὖ δύῃ πάλιν.
Xen. Oec. I, 23. αἱ δὲ τοιαῦται δέσποιναι αἰκιζόμεναι τὰ σώματα τῶν ἀνθρώπων καὶ τὰς ψυχὰς καὶ τοὺς οἴκοις οὔποτε λήγουσιν, ἔστ' ἂν ἄρχωσιν αὐτῶν. Auch in der Bedeutung *bis* findet sich das Präsens, sobald das Ziel nicht eine geschlossene,

sondern beginnende Handlung ist. Xen. Oec. VII, 33 ἐκείνη τε ἐν τῷ σμήνει μένουσα οὐκ ἐᾷ ἀργοὺς τὰς μελίσσας εἶναι, ἀλλ' ἃς μὲν δεῖ ἔξω ἐργάζεσθαι, ἐκπέμπει ἐπὶ τὸ ἔργον, καὶ ἃ ἂν αὐτῶν ἑκάστη εἰσφέρῃ οἶδέ τε καὶ δέχεται, καὶ σώζει ταῦτα, ἔστ' ἂν δέῃ χρῆσθαι.

Was bisher von ἕως, ἔστε bemerkt ward, gilt natürlich auch von ἄρχι, μέχρι, ἐν ᾧ u. dgl.

Zum Schluss müssen wir noch die Frage erörtern, ob in den Bedingungs- und Zeitbestimmungssätzen ein Unterschied stattfinde zwischen dem Conj. mit und dem ohne ἄν. Hermann nimmt einen solchen an, indem er de part. ἄν II, 6. p. 95 behauptet „Abest (particula ἄν) ubi simpliciter conditio indicatur, qua quid fiat" (dafür stünde aber der Indicativ) „additur autem, ubi eam conditionem incertam esse atque e rebus fortuitis pendere innuimus." Dieses wird dann p. 97 an

Soph. Oed. R. 198. τέλει γὰρ εἴ τι νὺξ ἀφῇ,
τοῦτ' ἐπ' ἦμαρ ἔρχεται·

näher erläutert. Εἴ τι ἀφῇ si quid reliquerit respectum comprehendit experientiae, exspectandumque esse indicat, ut relinquat aut non relinquat. Huic simile, sed minime tamen idem est ἤν τι ἀφῇ si quid forte reliquerit. Nam hoc etsi eodem cum respectu experientiae dicitur, tamen quia per particulam ἄν imminuta est et debilior facta vis particulae conditionalis, illud accedit, ut forsitan nox aliquid relictura, vel non relictura significetur. Id non est in illo εἴ τι νὺξ ἀφῇ, in quo quia non accedit illud forsitan, certior est et fortior conditio: refertur enim ad certam spem atque opinionem futurum quid esse, vel etiam pro rei natura, non esse futurum. Quae quam diversa sint, facillime intelligi potest ex iis, quae in utroque genere adjuncta cogitantur: in illo ἤν τι νὺξ ἀφῇ, si quid forte nox reliquerit; forsitan relinquet aliquid, forsitan non relinquet; in hoc εἴ τι νὺξ ἀφῇ si quid nox reliquerit: vix autem relinquet." Ferner: „εἰ voce erigitur — ἤν non distinguitur a ceteris vocibus." „Interdum quidem non multum interest, εἰ an ἤν dicatur, ut in illo Sophoclis (Oed. R. 873). Sed plerumque tamen ibi potissimum εἰ usurpatur, ubi ἤν non aptum est. Ut in Platonis loco (de legg. XII, p. 958, d.) εἴτε τις ἄρρην, εἴτε τις θῆλυς ᾖ. Nam qui moriuntur necessario aut mares aut feminae sunt, nec quidquam in ea re fortuiti inest."

Wie nun Soph. Oed. R. 198 und anderwärts dem εἰ mit Conj. die Voraussetzung, dass etwas nicht geschehen wird, zu Grunde

liegen soll, so Il. I, 340 ff. εἴποτε δ' αὖτε χρειὼ ἐμεῖο γένηται ἀεικέα λοιγὸν ἀμῦναι τοῖς ἄλλοις.
die Voraussetzung, dass etwas geschehen werde „Si quando me opus fuerit. Nempe erit aliquando opus. Quodsi ἤν dixisset, multo hoc foret debilius, si forte aliquando me opus fuerit." Hier muss nun schon das ein bedeutendes Bedenken gegen Hermanns Ansicht erwecken, dass εἰ mit Conj. bald zur Negation, bald zur Affirmation hinneigen soll. An und für sich ist ein solcher Doppelsinn unwahrscheinlich. Auch kann das betonte *wenn* wohl zuweilen zum Zweifel und zur Verneinung hinneigen, aber nicht zur Affirmation. Man würde letztere Annahme nicht etwa durch Berufung auf solche Stellen stützen können, in welchen durch εἴγε, εἴπερ eine Annahme eingeleitet wird, auf welche man fortbauen und eine Forderung gründen will (Il. I, 393. Od. XVI, 300. Soph. Oed. R. 1060). Denn auch hier liegt in dem betonten εἰ so wenig eine Affirmation, als in unserem *wenn anders*. Vielmehr schliesst das eine wie das andre den Gedanken in sich: es müsste denn nicht, man müsste nur etwa auch daran zweifeln. Dann sollte man erwarten, ein betontes εἰ durch γέ oder πέρ hervorgehoben zu sehen. Das ist nun aber öfter nicht der Fall. Od. V, 221. XII, 348. Soph. Oed. R. 198. Eur. Iph. A. 1240. Plato de legg. p. 958 u. a. Ferner sollte man denken, dass, wo durch τε — τε zwei Fälle einander so gegenüber gestellt werden, dass man den einen oder den andern als eintretend annimmt, eben darum keiner von beiden mit zuversichtlicher Erwartung weder angenommen werden könne, noch nicht angenommen, dass hier jedenfalls jene Unentschiedenheit zwischen einer doppelten Möglichkeit stattfinde, für welche Hermann ἐάν postulirt. So müsste in der angeführten Platonischen Stelle, weil ja der Gestorbene sowohl Weib als Mann sein kann, und weder das Eine noch das Andre sich vorzugsweise erwarten lässt, nach Hermanns Ansicht εἴτε — εἴτε als unstatthaft erscheinen. Wollte man aber, obwohl wir genau genommen nach Hermann durch ein doppeltes εἴτε — εἴτε mit Conj. zwei sichere (und zwar einander ausschliessende) Erwartungen erhielten, die Sicherheit der Erwartung darauf beziehen, dass entweder das Eine oder das Andre stattfinden müsse, so ist weiter zu erwiedern, dass diess vollkommen auch von ἐάν τε — ἐάν τε sich sagen lässt. Mit demselben Recht, wie

Hermann über die Plat. Stelle bemerkt: nam qui moriuntur, necessario aut mares aut feminae sunt, kann man bei
Soph. Phil. 1296 f. καὶ πέλας γ' ὁρᾷς,
ὅς σ' ἐς τὰ Τροίας πεδί' ἀποστελῶ βίᾳ,
ἐάν τ' Ἀχιλλέως παῖς, ἐάν τε μὴ θέλῃ.
geltend machen, dass Neoptolemos nothwendig entweder zustimmen musste, oder nicht. Dem. Phil. III, §. 16. τὸ δ' εὐσεβὲς καὶ τὸ δίκαιον ἄν τ' ἐπὶ μικροῦ τις ἄν τ' ἐπὶ μείζονος παραβαίνῃ, τὴν αὐτὴν ἔχει δύναμιν. Wo ein Vergehen stattfindet, ist es nothwendig entweder bedeutender oder minder bedeutend. Desgl. ebd. §. 69. ἕως ἂν σώζηται τὸ σκάφος, ἄν τε μεῖζον, ἄν τ' ἔλαττον ᾖ, τότε χρὴ καὶ ναύτην καὶ κυβερνήτην καὶ πάντ' ἄνδρα ἑξῆς προθύμους εἶναι. Das Fahrzeug ist nothwendig eines von beiden, entweder gross oder klein. Herod. VII, 102.

Auch findet sich ἐάν in Stellen, wo man mit dem gleichen Rechte, wie etwa bei εἰ mit Conj. eine sichere Erwartung, dass etwas geschehen, oder dass es nicht geschehen werde, annehmen kann.
Aesch. VII, c. Th. 242. μή νυν, ἐὰν θνῄσκοντας ἢ τετρωμένους
πύθησθε, κωκυτοῖσιν ἁρπαλίζετε.
Dass die Kunde von Gestorbenen und Verwundeten kommen werde, war mit Sicherheit vorauszusetzen. Xen. Cyr. I, 3, 15. ἢν δέ με καταλίπῃς ἐνθάδε. Nach der vorhergegangenen Aeusserung seiner Mutter konnte Kyros als gewiss annehmen, dass er in Medien bleiben dürfe. Soph. Phil. 1299 ἢν τόδ' ὀρθωθῇ βέλος setzt Philoktet, bereits, wie aus Neoptolems Rede hervorgeht, zum Schuss gefasst, unstreitig voraus, dass sein Pfeil treffe; ein *forte* kann unmöglich in der Rede liegen.
Hinwiederum kann ebd. 1341 ἢ δίδωσ' ἑκὼν
κτείνειν ἑαυτόν, ἢν τάδε ψευσθῇ λέγων.
die Voraussetzung unterlegt werden: er lügt aber gewiss nicht. Plato Phaedo p. 201, c. ἐάνπερ γε λάβητέ με καὶ μὴ ἐκφύγω ὑμᾶς hat Sokrates doch sicherlich die Ueberzeugung, dass seine Freunde ihn selber nicht bekommen werden.

Gehen wir endlich auf die Stellen ein, die Hermann als Belege seiner Ansicht aufgeführt hat, so ist bei mehreren die Voraussetzung einer sicheren Erwartung völlig unpassend.
Il. XXI, 573. ἠΰτε πόρδαλις εἶσι βαθείης ἐκ ξυλόχοιο
ἀνδρὸς θηρητῆρος ἐναντίον, οὐδέ τι θυμῷ
ταρβεῖ, οὐδὲ φοβεῖται, ἐπεί κεν ὑλαγμὸν ἀκούσῃ·

εἴπερ γὰρ φϑάμενός μιν ἢ οὐτάσῃ, ἠὲ βάλῃσιν,
ἀλλά τε καὶ περὶ δουρὶ πεπαρμένη οὐκ ἀπολήγει
ἀλκῆς, πρίν γ' ἠὲ ξυμβλήμεναι, ἠὲ δαμῆναι.

Hier kann ebensowenig geradehin angenommen werden, dass der Jäger den Panther zuvor verwunde, ehe dieser auf ihn losstürzt, als dass diess nicht geschehe; vielmehr kann bald dieses bald jenes stattfinden.
Od. VII, 204 f. εἰ δ' ἄρα τις καὶ μοῦνος ἰὼν ξύμβληται ὁδίτης,
οὔτι κατακρύπτουσιν.
Hermann erklärt: „Si vel unus obvius sit. Nempe raro fit." Ebenso gut konnte gesagt werden: Nempe fit nonnunquam. Wo aber die Handlung das eine Mal eintritt, ein anderes Mal nicht, da, denke ich, wäre gerade das forte (d. h. nach Hermann ἄν) am Platz. So Soph. Oed. R. 873.
ὕβρις εἰ πολλῶν ὑπερπλησϑῇ μάταν,
von welcher Stelle auch Hermann zugibt, dass ἐάν für εἰ stehen könne.
Soph. Ant. 710. ἀλλ' ἄνδρα, κεἴ τις ᾖ σοφός, τὸ μανϑάνειν
πόλλ' αἰσχρὸν οὐδὲν καὶ τὸ μὴ τείνειν ἄγαν.
Da nicht jeder Mann auch ein Weiser ist, und auch hier angewendet werden könnte, was Hermann bei Oed. R. 198 bemerkt: „illud accedit, ut forsitan aliquis sapiens esse vel non esse significetur, so würde nach dem aufgestellten Kanon ἤν zu erwarten sein. Auch Xen. Cyr. III, 3, 50 würde sich εἰ μὴ πρόσϑεν ἠσκηκότες ὦσι nicht rechtfertigen lassen, da diess ja nicht immer und nothwendig stattfindet, also ein forte, oder nach Hermann ein ἄν an der Stelle wäre. Dieses haben allerdings Poppo und Bornemann in ihren Text aufgenommen, aber wohl mit Unrecht. Auch der Verf. der Schrift περὶ συντάξεως Bekk. Anecdd. I, p. 144 erkennt hier und bei Plato de legg. p. 958, d. εἰ an, und es lässt sich, da der Stellen, wo selbst bei Prosaikern die Bedingungs-, die Zeit-Partikeln, die Relativa mit dem Conj. ohne ἄν stehen, mehrere sind, weit eher erwarten, dass ἤν für εἰ, als umgekehrt εἰ für ἤν in den Text sich eingeschlichen hätte. Auch Eur. Iph. A. 1238 ff. βλέψον πρὸς ἡμᾶς, ὄμμα δὸς φίλημά τε,
ἵν' ἀλλὰ τοῦτο κατϑανοῦσ' ἔχω σέϑεν
μνημεῖον, εἰ μὴ τοῖς ἐμοῖς πεισϑῇς λόγοις.
scheint Iphigenia, wie aus dem Folgenden erhellt, noch nicht alle Hoffnung aufgegeben zu haben, den Vater zur Schonung zu bewegen; vielmehr ist auch hier zwar, wie überall bei ἐάν, der

Fall als eintretend gesetzt, aber mit einem Ausdruck von Unentschiedenheit.

Dorisch steht αἲ mit Conj. (Ahrens de dial. Dor. p. 480). Thuc. V, 77. *Καὶ αἴ τινα τοὶ Λακεδαιμόνιοι παῖδα ἔχωντι, ἀποδόμεν ταῖς πολίεσσι πάσαις.* Ferner Thuc. V, 79 (ebd. p. 482) *αἰ δέ ποι στρατείας δέῃ κοινᾶς — αἰ δέ τινι τᾶν πολίων ᾖ ἀμφίλογα.* — Bei Thukydides selbst VI, 21 *εἰ ξυστῶσιν*, wo einige schlechtere Hdss. *ἢν ξυστῶσιν* haben. Vgl. Poppo Prol. vol. I. p. 140.

Ebensowenig finden wir bei den Zeitbestimmungssätzen den Unterschied begründet, den nach Hermann das den Zeitpartikeln beigegebene oder fehlende ἄν begründen soll. Herod. VIII, 22. *Θεμιστοκλέης δὲ ταῦτα ἔγραψε, δοκέειν ἐμοί, ἐπ᾽ ἀμφότερα νοέων, ἵνα ἢ λαθόντα τὰ γράμματα βασιλέα Ἴωνας ποιήσῃ μεταβαλέειν καὶ γενέσθαι πρὸς ἑαυτῶν· ἢ ἐπείτε ἀνενειχθῇ καὶ διαβληθῇ πρὸς Ξέρξεα ἀπίστους ποιήσῃ τοὺς Ἴωνας καὶ τῶν ναυμαχιέων αὐτοὺς ἀπόσχῃ.* „Si ἐπεάν, sagt H., dixisset, nihil nisi incertum esse indicasset, futurumne illud esset, an non: nunc, quum ἐπεί dixit, fortius urget conditionem, ut ex opposito patet: si, quod tamen si fieri posset, evitare cupiebat, *cognovisset Xerxes.*" Wohl mag man sich denken, dass der Uebertritt der Jonier dem Themistokles das Erwünschteste gewesen sein würde, aber Herodots Erzählung wenigstens enthält darüber keine Andeutung. Es wird von vorn herein dem Th. eine doppelte Absicht zugeschrieben, ohne dass die eine vor der andern hervorgehoben wäre, denn *ἵνα ἢ — ἢ ἐπεί τε* stellt beide Absichten einander völlig gleich, und *ἐπεί* erscheint durch nichts hervorgehoben. Besonders sucht Hermann an mehreren Beispielen von *πρίν* mit Conj. ohne ἄν den Unterschied beider Constructionen klar zu machen. Z. B. Soph. Aj. 964 f.

*οἱ γὰρ κακοὶ γνώμαισι τἀγαθὸν χεροῖν
ἔχοντες οὐκ ἴσασι, πρίν τις ἐμβάλῃ.*

„Noluit dicere *πρὶν ἄν*, quod esset *priusquam forte amiserit*, sed omisit ἄν, ut diceret, *tum demum, quum amisit.*" Wäre indessen die zuvor angewandte Erklärungsweise consequent beibehalten, so müsste auch hier der oben aufgestellte und in einigen Beispielen, wie Eur. Or. 1218. Alc. 851. Arist. Ran. 1281 in Anwendung gebrachte Satz anwendbar sein: „refertur ad certam spem atque opinionem, futurum quid esse, vel etiam pro rei natura non esse futurum" oder, wie Hermann p. 106 sich ausdrückt, „in illis exemplis quae supra dedimus, certum instat factum, quod eo ipso non debuit per ἄν incertum reddi," so dass in πρὶν ἐκβάλῃ entweder läge: καὶ δὴ ἐκβαλεῖ, oder: ἀλλ' οὐ γὰρ ἐκβαλεῖ. Aber weder das Eine noch das Andere lässt sich geradehin sagen. Eben so wenig kann Antiph. acc. venef. §. 29. Οἱ δ' ἐπιβουλευόμενοι οὐδὲν ἴσασι, πρὶν ἐν αὐτῷ ὦσι τῷ κακῷ γ' ἤδη, καὶ γινώσκωσι τὸν ὄλεθρον, ἐν ᾧ εἰσι eine zuversichtliche Erwartung angedeutet sein, dass die Sache geschehen werde oder nicht. Gleiches ist zu sagen von Soph. Trach. 947 f.

οὐ γάρ ἐσθ' ἥ γ' αὔριον,
πρὶν εὖ πάθῃ τις τὴν παροῦσαν ἡμέραν.

Hinwiederum finden sich Beispiele von πρὶν ἄν, auf welche sich dasselbe anwenden liesse, was Hermann theilweise für die Construction ohne ἄν geltend macht. Was für Eur. Alc. 848 f.

οὐκ ἔστιν ὅςτις αὐτὸν ἐξαιρήσεται
μογοῦντα πλευρά, πρὶν γυναῖκ' ἐμοὶ μεθῇ.

bemerkt wird: „Cogitur enim reddere," lässt sich auf Soph. Ant. 308 f. anwenden:

οὐχ ὑμὶν Ἅιδης μοῦνος ἀρκέσει, πρὶν ἂν
ζῶντες κρεμαστοὶ τήνδε δηλώσηθ' ὕβριν.

coguntur scelus aperire. So kann auch Eur. Med. 270 f.

κοὐκ ἄπειμι πρὸς δόμους πάλιν
πρὶν ἄν σε γαίας τερμόνων ἔξω βάλω.

Kreon durchaus keinen Zweifel ausdrücken wollen, ob etwa Medea seinem Befehl nachkommen werde.

Fassen wir aber die andere Erklärungsweise des einfachen πρίν mit Conj. ins Auge, dass es nämlich durch stärkeren Ton hervorgehoben soviel sei, als „tum demum, quum," so ist doch wohl klar, dass diese Auffassung besonders da anwendbar sein muss, wo der vorangegangene negative Satz durch πρόσθεν, πρότερον u. dgl. verstärkt ist. Aber gerade auch in dieser bei Prosaikern üblichen Ausdrucksweise findet man πρὶν ἄν. Herod. I, 82, 140. Xen. Cyrop. I, 2, 8. h. gr. VI, 3, 16. Isocr. Panath. §. 152. Aesch. in Ctes. §. 235. — Ueberhaupt aber ist die Formel nicht eher als, es mag nun πρίν oder πρὶν ἄν gebraucht sein, an und für sich gleichbedeutend mit: dann erst wann. Man vgl. Soph. Phil. 1329 ff.

καὶ παῦλαν ἴσθι τῆςδε μήποτ' ἐντυχεῖν
νόσου βαρείας, ἔστ' ἂν οὗτος ἥλιος
ταύτῃ μὲν αἴρῃ, τῇδε δ' αὖ δύνῃ πάλιν,
πρὶν ἂν τὰ Τροίας πεδί' ἑκὼν αὐτὸς μόλῃς,

καὶ τῶν παρ' ἡμῖν ἐντυχὼν Ἀσκληπιδῶν
νόσου μαλαχθῆς τῆςδε, καὶ τὰ πέργαμα
ξὺν τοῖςδε τόξοις ξύν τ' ἐμοὶ πέρσας φανῆς.

Offenbar: „du wirst erst dann Ruhe von deiner Krankheit finden, wenn du freiwillig nach Troja kommst." Ant. 175 ff. Aesch. Prom. 780 f. Eur. Her. 180. Med. 679 f. Warum aber Herod. I, 32. πρὶν δ' ἂν τελευτήσῃ (vorher: πρὶν ἂν τελευτήσαντα — πύθωμαι) nicht sollte übersetzt werden können: „quamdiu non obierit," sondern nur: „nisi quum obierit," ist durchaus nicht einzusehen.

Suchen wir indessen diese auf verschiedenen Uebersetzungen beruhenden Unterschiede auf einen wesentlichen, logischen Unterschied zurückzuführen, dass nämlich bei πρὶν ἄν das Hauptgewicht der Aussage auf den vorangehenden negativen Satz, dagegen bei fehlendem ἄν auf den Satz mit πρίν selbst fiele, wie Hermann p. 106. in Vergleichung von Arist. Ran. 1281.

μή, πρὶν γ' ἀκούσῃς χατέραν στάσιν μελῶν

oder Eccl. 752. πρὶν ἐκπύθωμαι mit Vesp. 919.

πρὸς τῶν θεῶν, μὴ προκαταγίγνωσκ', ὦ πάτερ,
πρὶν ἄν γ' ἀκούσῃς ἀμφοτέρων.

Equ. 960 anzudeuten scheint: „qui vetat judicare, priusquam alteram partem quis audiverit, cohiberi vult judicium, usque dum contrariae sententiae argumenta sint exposita: quo tantum abest ut significet, cogniturum ea quem esse, ut nihil aliud velit, quam non esse judicandum, si non cognoverit. Et in hanc sententiam dictum est illud, quod ex Vespis est allatum," so dürfte auch diese Annahme sich aus den Stellen selbst nicht rechtfertigen. Warum sollte nicht eben Arist. Vesp. 919. oder Equitt. 960 f. das Gewicht auf πρὶν ἄν γ' ἀκούσῃς liegen, d. h. „höre zuerst beide Theile (meine Orakel)?" Ganz entschieden muss Soph. Trach. 415.

οὔ, πρὶν γ' ἄν εἴπῃς ἱστορούμενος βραχύ.

das ganze Gewicht der Rede auf πρὶν ἄν εἴπῃς liegen, d. h. „erst sage mir." Aehnlich Eur. Iph. A. 324.

οὔ, πρὶν ἄν δείξω γε Δαναοῖς πᾶσι τἀγγεγραμμένα.

„erst muss ich zeigen." Ferner Iph. T. 1302. Cycl. 558 f. Soph. Aj. 106 f. Αἴας.   θανεῖν γὰρ αὐτὸν οὔ τι πω θέλω
ΑΘ. πρὶν ἄν τι δράσῃς, ἢ τί κερδάνῃς πλέον;
Α. πρὶν ἄν δεθεὶς πρὸς κίον' ἑρκείου στέγης
ΑΘ. τί δῆτα τὸν δύστηνον ἐργάσει κακόν;
Α. μάστιγι πρῶτον νῶτα φοινιχθεὶς θάνῃ.

Es ist klar, dass alles Gewicht in der Frage der Athene, wie in der Antwort des Aias auf den Satz mit πρὶν ἄν fällt. „Was willst du denn noch weiter thun?" fragt Athene, und Aias erwiedert: „erst will ich ihn noch geisseln." Herod. I, 82. So wenig sich also der angebliche Unterschied zwischen εἰ und ἐάν mit Conj. bewährte, so wenig erscheint der für πρίν und πρὶν ἄν angenommene Unterschied, von welcher der verschiedenen Uebersetzungsarten wir auch ausgehen mögen, irgend begründet. Dazu kommt denn, dass Homer die Construction mit κέν oder ἄν gar nicht kennt, vielmehr das einfache πρίν so gebraucht, wie Spätere πρὶν ἄν.

Il. XVIII, 134. ἀλλὰ σὺ μὲν μήπω καταδύσεο μῶλον Ἄρηος,
πρὶν γ' ἐμὲ δεῦρ' ἐλθοῦσαν ἐν ὀφθαλμοῖσιν ἴδηαι.
vgl. 189 f. XXIV, 551. 781. Od. X, 174 f. XIII, 335 f. XVII, 7 ff. Weitere Beispiele von πρίν mit Conj. sind: Herod. IV, 157. (in orat. obl. statt des Opt.) VI, 82. (desgl.) Thuc. VI, 10. 29. (in orat. obl.) 38. VIII, 9. (in orat. obl.) Dagegen hat Poppo sein früheres Urtheil über II, 53. Proleg. vol. I. p. 141. „non spernenda scriptura πρὶν ἐπ' αὐτὸ ἔλθῃ" in seiner neuesten Ausgabe (Goth.) mit Recht darum zurückgenommen, weil der regierende Satz nicht negativ ist. Plato Phaedo p. 62, c. Tim. p. 57, b. de legg. l. IX. p. 873, a. Aesch. in Ctes. §. 60. Ant. acc. venef. §. 29.

Erwähnung verdient noch, dass Herodot auch πρὶν ἤ (ohne ἄν) mit Conj. gebraucht I, 19. τοῖσι δὲ ἡ Πυθίη ἀπικομένοισι ἐς Δελφοὺς οὐκ ἔφη χρήσειν, πρὶν ἢ τὸν νηὸν τῆς Ἀθηναίης ἀνορθώσωσι, τὸν ἐνέπρησαν χώρης τῆς Μιλησίης ἐν Ἀσσησῷ. VII, 8, 2. ἐγὼ δὲ — οὐ πρότερον παύσομαι, πρὶν ἢ ἕλω τε καὶ πυρώσω τὰς Ἀθήνας κ. τ. λ. VII, 197. IX, 93. Auch πρότερον ἤ mit Conj. findet sich bei ihm. IV, 196. οὔτε γὰρ αὐτοὺς τοῦ χρυσοῦ ἅπτεσθαι πρὶν ἄν σφι ἀπισωθῇ τῇ ἀξίῃ τῶν φορτίων, οὔτ' ἐκείνους τῶν φορτίων ἅπτεσθαι πρότερον ἢ αὐτοὶ τὸ χρυσίον λάβωσι. VII, 54. ἥ μιν παύσει καταστρέψασθαι τὴν Εὐρώπην πρότερον ἢ ἐπὶ τέρμασι τοῖσι ἐκείνης γένηται. IX, 87.

Mit Wenigem noch seien die übrigen Zeitpartikeln berührt. In Beziehung auf ἕως und ähnliche Partikeln fasst Hermann in Uebereinstimmung mit dem Früheren den Unterschied p. 109 ff. so auf: „Jam moribundus quis recte diceret adstantibus amicis μίμνετε ἕως θάνω, non item ἕως ἂν θάνω, quod potius ei conveniret, qui non ita propinquam sibi putaret mortem esse.

Soph. Aj. 554. ἐν τῷ φρονεῖν γὰρ μηδὲν ἥδιστος βίος,
ἕως τὸ χαίρειν καὶ τὸ λυπεῖσθαι μάθῃς.

Omisit particulam, quia haec inevitabilis est hominum sors, ut discant, quid gaudere sit et dolere. In eadem fabula v. 1182.

ὑμεῖς τε μὴ γυναῖκες ἀντ' ἀνδρῶν πέλας
προςέστατ', ἀλλ' ἀρήγετ', ἔστ' ἐγὼ μόλω
τάφου μεληθεὶς τῷδε, κἂν μηδεὶς ἐᾷ.

Dicit enim hoc Teucer asseverans se rediturum esse." Freilich erklärt H. p. 111: „Sed nemo non videt, etsi omittitur ἄν in re certa designanda, tamen multa esse ita comparata, ut non sint necessario pro certis vel incertis afferenda. Itaque non mirum est, si aliquando etiam incerta ut certa, saepe autem certa ut incerta proferuntur." Soll hiemit nur das behauptet werden, dass objective Wahrheit nicht immer massgebend sei für die Form des Ausdrucks, so ist diess zwar unbestritten, allein es kann sich hier überhaupt nur darum handeln, welche Ausdrucksweise als **der Absicht des Redenden angemessen** erscheinen muss, und wenn man hier behaupten will: „aliquando etiam incerta ut certa, saepe autem certa ut incerta proferuntur," so heisst das alle Unterschiede verwirren. Denn wenn die Partikel ἄν = *forte* die Bedingtheit, Ungewissheit ausdrücken soll, wie kann sie auch im Widerspruch mit einer solchen Bedeutung, oder völlig bedeutungslos, als particula expletiva stehen? Und worauf lässt sich überhaupt jener Unterschied begründen, wenn man zugibt, dass in vielen Stellen ἕως ἄν bei sicherer, ἕως bei unbestimmter Erwartung stehe? oder andrerseits blos der aufgestellten Regel zu lieb sich zu Aenderungen des Textes veranlasst sieht, wie Hermann Eur. Rhes. 613 statt ἕως ἂν νὺξ ἀμείψηται φάος lesen will ἕως αὖ. So ist nicht zu begreifen, wie in den Stellen, welche den Gedanken „so lange ich lebe" variiren, ein Unterschied sein soll zwischen den Sätzen mit ἄν, Soph. El. 103 ff. Eur. Alc. 337, und den Sätzen ohne ἄν, Il. XXIII, 46. Soph. El. 223 ff. Die Dauer des Lebens erscheint das eine wie das andre Mal unbestimmt. — Man vergleiche noch folgende Stellen mit κέν oder ἄν, in welchen allen die sichere Erwartung, dass die Sache geschehe, vorausgesetzt werden kann.

Ὅτε κεν, ὁπότε κεν.

Od. XV, 446 f. ἀλλ' ὅτε κεν δὴ νηῦς πλείη βιότοιο γένηται,
ἀγγελίη μοι ἔπειτα θοῶς ἐς δώμαθ' ἱκέσθω·

Dass das Schiff seine volle Ladung erhalten werde, war mit Sicherheit vorauszusehen. XVI, 287. Od. II, 357. X, 293. Ὅταν, ὁπόταν Il. I, 578 f. IV, 163 ff.

εὖ γὰρ ἐγὼ τόδε οἶδα κατὰ φρένα καὶ κατὰ θυμόν·
ἔσσεται ἦμαρ ὅτ᾽ ἄν ποτ᾽ ὀλώλῃ Ἴλιος ἱρή.
VI, 448. Od. XI, 15 ff.   οὐδέ ποτ᾽ αὐτοὺς
Ἥλιος φαέθων καταδέρκεται ἀκτίνεσσιν,
οὔθ᾽ ὁπότ᾽ ἂν στείχῃσι πρὸς οὐρανὸν ἀστερόεντα,
οὔθ᾽ ὅτ᾽ ἂν ἂψ ἐπὶ γαῖαν ἀπ᾽ οὐρανόθεν προτράπηται·
„Auf- und Untergang der Sonne ist so sicher, als irgend etwas zu erwarten;" lächerlich wäre es, ἄν hier = forte aufzufassen.
Il. II, 34.   μηδέ σε λήθη
αἱρείτω, εὖτ᾽ ἄν σε μελίφρων ὕπνος ἀνήῃ.
Das hier Vorausgesetzte wird sicher und unmittelbar erwartet. Plato Phaedo p. 60, d. ὅταν με αὖθις ἔρηται, εὖ οἶδα γάρ, ὅτι ἐρήσεται, εἰπὲ τί χρή με λέγειν.
Ἐπεί κε. Od. XIV, 151 ff.
ἀλλ᾽ ἐγὼ οὐκ αὔτως μυθήσομαι, ἀλλὰ σὺν ὅρκῳ,
ὡς νεῖται Ὀδυσεύς· εὐαγγέλιον δέ μοι ἔστω
αὐτίκ᾽ ἐπεί κεν κεῖνος ἰὼν τὰ ἃ δώμαθ᾽ ἵκηται.
Wie kann hier in ἐπεί κεν irgend eine Unsicherheit der Erwartung liegen? XVII, 23. Ἐπήν, ἐπειδάν. Od. VI, 262. Plato Phaedo p. 115, d. p. 118, a.

Ὄφρα κε. Il. VI, 258. Od. II, 123. Penelope hat diesen Sinn und wird ihn haben. Ebenso 203 ff. sie schiebt noch immer die Hochzeit auf. Ὄφρ᾽ ἄν. Il. VII, 194. Ajas will es doch wohl nicht als unsicher darstellen, ob er die Rüstung anlegen werde; vielmehr ist diess unmittelbar und mit aller Sicherheit zu erwarten. Aehnlich Od. VI, 259. 303 f. ὁπότ᾽ ἄν und ὄφρ᾽ ἄν. Aesch. Eum. 338.

Εἵως κε. Il. XXIV, 183. ἕως ἄν. Plato Phaedo p. 59, e. 66, b. 67, a.

Ἔστ᾽ ἄν. Aesch. Prom. 696.

Vergleichen wir andrerseits solche Stellen, in welchen κέν oder ἄν fehlt, so werden wir zwar ebenfalls viele finden, in denen eine sichere Erwartung angedeutet scheinen kann, ebenso aber auch viele, die auf ein unbestimmtes Eintreten der Handlung sich beziehen. Il. II, 782. XV, 207.

ἐσθλὸν καὶ τὸ τέτυκται, ὅτ᾽ ἄγγελος αἴσιμα εἰδῇ.

Der Satz ist allgemein ausgesprochen, keineswegs blos auf Iris bezogen. XXI, 199. XXIV, 368, f. So in Vergleichungen: Il. XV, 382. So bei ὡς δ᾽ ὅτε Il. IV, 141. VIII, 338 f. XV, 263. XVI, 297 f. XVII, 61 f. XXII, 189. — ὡς ὅτε Il. XV, 605 f.

Geht aus diesen Zusammenstellungen, und gewiss um so klarer, je sorgfältiger und unbefangener man den Sinn der Stellen erwägt, hervor, dass in Bedingungs- und Zeitbestimmungs-, ebenso wie in Relativsätzen, der Construction mit blossem Conj. die mit κέν oder ἄν durchaus zur Seite steht, in der gleichen Form des Gedankens bald die eine, bald die andre gebraucht wird, so werden wir alles Recht haben, den Unterschied zwischen beiderlei Constructionen als einen fingirten, in der Sprache nicht begründeten zu betrachten, und zur Erklärung der doppelten Construction für wesentlich eine Gedankenform geltend zu machen, dass der Begriff, den wir in diesen Untersuchungen den Partikeln κέν und ἄν beigelegt haben, nämlich der Setzung einer Handlung als wirklicher, hervorgeht aus der Verknüpfung der Bedingungs- und Zeitpartikeln mit dem Conjunctiv. Da nämlich der Conj. die Tendenz zur Verwirklichung, ein in Wirklichkeit Uebergehenwollen bezeichnet, so kann, wo derselbe mit εἰ, ὅτε, ἐπειδή, πρίν u. dgl. verbunden wird, diess nicht anders verstanden werden, als dass eine in Wirklichkeit übergehende, wirklich werdende Handlung angenommen, im Verhältniss zu einem andern Satze vorausgesetzt wird als sich verwirklichend. Liegt in der Bedingungs- und Zeitpartikel in Bezug auf eine andre Handlung das Element der Voraussetzung, welche aber ebensowohl rein objectiv und factisch (Indic.), als rein subjectiv oder fingirt (Optativ), als ferner Voraussetzung eines wirklich Werdenden sein kann; liegt in dem Conjunctiv das Element der Verwirklichung, so muss aus der Verknüpfung beider die Bedeutung resultiren, deren bestimmter, ausdrücklicher Exponent die Partikel κέν oder ἄν ist. So klärt sich uns auch viel richtiger die Erscheinung auf, die bei der Annahme eines logischen Unterschiedes beider Constructionen räthselhaft bleiben müsste, dass nämlich in Prosa die Partikel ἄν in verhältnissmässig sehr seltenen Beispielen fehlt. Denn das ist das Verhältniss der prosaischen zur poëtischen Ausdrucksweise, dass jene die bestimmtere Bezeichnung der logischen Verhältnisse, wo nämlich die Sprache dafür eigens ausgeprägte Wörter besitzt, sich zur Regel macht, die poëtische Rede sie öfter unterlässt.

Um endlich einen Ueberblick über das numerische Verhältniss zu geben, in welchem die Sätze mit κέν und ἄν zu denjenigen stehen, in welchen diese Partikeln fehlen, wollen wir hier noch alle Stellen namhaft machen, in welchen die vier ersten Rhapsodieen der Ilias und der Odyssee, ferner der Prometheus und die

Sieben gegen Theben von Aeschylos, der Philoktet von Sophokles und die Medea von Euripides die eine oder die andere Construction haben.

Conjunctiv mit κέν oder ἄν.	Conjunctiv ohne κέν oder ἄν.
1) In Relativsätzen.	
Mit κέν. Il. I, 64. 139. 218. 294. 527. II, 231. 346 f. 366. 391. III, 66. 71. 92. 279. 354. IV, 191. 306. Od. I, 158. 389. II, 25. 43. 128. 161. 192. 213. 229. III, 355. IV, 29. 196. 421. 756. Mit ἄν. Aesch. Prom. 35. Soph. Phil. 64 f. 86. 574. 659. 844. 1072. 1276. 1431. Eur. Med. 331. 788.	Il. I, 230. 554. II, 293 f. 474. III, 109. 287. Od. I, 349. 415 f. III, 320. IV, 165. 357. Aesch. VII c. Th. 257. 818. Eur. Med. 516.

Die Absichtspartikeln blieben hiebei ausgeschlossen.

2) In Bedingungssätzen.	
αἴκε. Il. I, 66 f. 128. 207. 408. 420. II, 72. 83. IV, 98. 170. 249. Od. I, 279. 379. II, 102. 133. 144. 186. 188. III, 92. IV, 34 f. 322. 391.	
εἴκε. Il. I, 137. 324. 580. II, 364. III, 281. 284. IV, 415 f. Od. I, 287. 289. II, 218. 220. 332 f. III, 216.	εἰ. Il. I, 81. 340 f. Od. I, 188. 204.
εἰ-ἄν, ἐάν, ἤν. Il. I, 90. 166. III, 25 f. 288. IV, 353. Od. I, 94. 282. II, 216, 360. III, 83. Aesch. Prom. 326. 379. 1013. VII c. Th. 242. 1027. Soph. Phil. 126. 479. 769. 817. 982. 985. 999. 1259. 1298. 1299. 1321. 1342. 1405. Eur. Med. 30. 241 f. 260. 390. 392. 571. 727. 750. 787. 1362.	
3) In Zeitbestimmungssätzen.	
ὅτε κεν. Il. I, 567. Od. IV, 420. ὅταν. Il. I, 519. II, 397. IV, 53. 164. Od. II, 374. IV, 477. Aesch. Prom. 189. 258. 743. 789. VII c. Th. 700. Soph. Phil. 56. 111. 307. 451 f. 505. 520. 641. 644. 767. 993. 1080. 1440. Eur. Med. 15. 129. 188. 244. 265. 521.	ὅτε. Il. II, 782. IV, 259 f.

ὁπότε κεν. Il. IV, 40. 229. Od. II, 357 f.
III, 237 f.

ὁπόταν. Od. IV, 41. Soph. Phil. 146.
εὖτ' ἄν. Il. I, 242. II, 34. 228. Od. I, 192.

ἡνίκ' ἄν, ὁπηνίκ' ἄν. Soph. Phil. 310.
464. 880.
ἐπείκε. Il. II, 474.
ἐπήν. Il. I, 168. IV, 239. Od. I, 293. III, 45.
IV, 412. 414. 494.
ἐπειδάν. Aesch. VII c. Th. 734. Soph.
Phil. 639.
πρὶν ἄν. Aesch. Prom. 165 f. 175. 717 f.
754 f. 769. 988 f. 1025 ff. Soph. Phil. 332.
1332. 1409. Eur. Med. 275 f. 680. 681.
ὄφρα κε. Od. II, 124. 204. IV, 588.

ὄφρ' ἄν. Il. I, 509 f. Od. III, 353.
εἰς ὅ κεν. Il. II, 331 f. 409. Od. II, 97.
εἰς ὅτε κεν. Od. II, 99 f.
ἕως κε. Il. III, 291.
ἕως ἄν. Aesch. Prom. 809. Soph. Phil. 1000.
ἔστ' ἄν. Aesch. Prom. 376. 696. 791. Soph.
Phil. 1330 f.

ὁπότε. Il. I, 163. IV, 351 f. Od. IV, 335 ff. 650 f. IV, 792.

εὖτε. Aesch. VII c. Th. 338.

πρίν. Soph. Phil. 917.

ὄφρα. Il. I, 82. 133. IV, 346.

ἕως. Soph. Phil. 764.

IV. Vom Optativ (ἔγκλισις εὐκτική).

In dem vorangegangenen allg. Theile ist S. 41 ff. der Opt. als **Ausdruck der reinen Subjectivität** bezeichnet und bemerkt worden, er stehe, wo eine Handlung blos als geistige, aus dem Innern des Subjects nicht heraustretende, noch auf die Wirklichkeit sich beziehende Thätigkeit erscheinen solle. Zugleich ist es als wahrscheinlich betrachtet worden, dass sich diese seine Bedeutung aus der des subjectiven, reinen Wunsches entwickelt habe. Jedenfalls haben wir, indem wir zunächst von dem Optativ ohne ἄν sprechen, von dem Gebrauche dieses Modus zum Ausdruck des reinen Wunsches auszugehen, da derselbe im unabhängigen Satze bei weitem der vorwiegende ist.

1) **Optativ ohne** ἄν.

a. **In unabhängigen Sätzen.**

α) *Optativ des Wunsches.*

Wie unpassend es sei, den Wunsch auf die Vorstellung zu reduciren, indem einerseits psychologisch betrachtet der Wunsch keineswegs in die Vorstellung aufgeht, andrerseits es als ganz unwahrscheinlich sich darstellt, dass in der Sprache eine dem Bedürfnisse so nahe liegende Ausdrucksweise, wie die des Wunsches ist, aus einer reinen Abstraction, nämlich der ausserhalb der Gegenwart des Redenden liegenden Vorstellung (wie Kühner und Rost diesen Modus bestimmen) sich entwickelt hätte, ist bereits oben S. 27 ff. erinnert worden. Es ist auch gar nicht einzusehen, wodurch es gerechtfertigt werden könnte, den Wunsch, zu dessen Ausdruck der Optativ dient, als eine aus der Gegenwart des Redenden entrückte Vorstellung zu betrachten. Diese Auffassung, blos der Theorie zu lieb gebildet, hat weder in der inneren Natur des Wunsches, noch in der Sprache irgend eine Stütze.

Dass aber der Optativ als Ausdruck des reinen, subjectiven Wunsches steht, dem eben so sehr die Tendenz zur Verwirklichung, d. h. das Streben, in die objective Welt einzugreifen, um den Wunsch zu realisiren, als die Rücksicht auf die Wirklichkeit, oder das Bewusstsein, ob der Wunsch erfüllbar ist, oder nicht, fremd bleibt, wird sich aus den folgenden Beispielen ergeben. Ich führe zuerst solche Stellen auf, welche den Optativ ohne Beigabe einer besonderen Wunschpartikel enthalten. Chryses wünscht

Il. I, 18 f. ὑμῖν μὲν θεοὶ δοῖεν Ὀλύμπια δώματ' ἔχοντες
ἐκπέρσαι Πριάμοιο πόλιν, εὖ δ' οἴκαδ' ἱκέσθαι.

Jeder Gedanke und jede Andeutung, ob Troja's Eroberung den Atriden gelingen werde oder nicht, erscheint dem ὑμῖν δοῖεν völlig fremd; es ist einfacher Ausdruck des Wunsches, als eine rein im Innern des Subjects beschlossene geistige Regung. Ebenso

I, 42. τίσειαν Δαναοὶ ἐμὰ δάκρυα σοῖσι βέλεσσιν.

Andere Beispiele sind: Il. III, 300 f. VI, 164. 464. 480 f. XVIII, 98. Od. VI, 180 f. VII, 148 f. 224. VIII, 409. 411. 413 f. 465. IX, 534 f. XIII, 41 ff. XIV, 53. 172. 503. XV, 112. 128. 180. XVI, 102. XVIII, 112. 122. 142. 147. XX, 117. 199. XXII, 77. Aesch. Prom. 971 f. 1045—1050. Auch Agam. 217. εὖ γὰρ εἴη. „Möge es gut gehen"

(Bene res vertat. Klausen). Es ist der Wunsch, mit dem sich Agamemnon, die harte Wahl erwägend, in die Nothwendigkeit fügt, sein Kind zu opfern. Soph. Phil. 133. 316. 324. 390. 463. 528. 627. 779. 828. 962. 1019. 1035. 1113. 1285. Eur. Hec. 977. 1291 f. Andr. 901. Herod. VII, 5. τὸ μέν νυν ταῦτα πρήσσοις, τάπερ ἐν χερσὶ ἔχεις. Ebd. 47. 104. Plato Phaedr. p. 279, b. c. Ὦ φίλε Πάν τε καὶ ἄλλοι ὅσοι τῇδε θεοί, δοίητέ μοι καλῷ γενέσθαι τἄνδοθεν· ἔξωθεν δὲ ὅσα ἔχω τοῖς ἐντὸς εἶναί μοι φίλια. πλούσιον δὲ νομίζοιμι τὸν σοφόν· τὸ δὲ χρυσοῦ πλῆθος εἴη μοι ὅσον μήτε φέρειν μήτε ἄγειν δύναιτ' ἄλλος ἢ ὁ σώφρων.

Dieser Ausdruck eines blos subjectiven Wunsches kann auch in einen relativen Satz aufgenommen werden.

Soph. Phil. 315 f. οἷς Ὀλύμπιοι θεοὶ
δοῖέν ποτ' αὐτοῖς ἀντίποιν' ἐμοῦ παθεῖν.

Eur. Med. 163.

Dass der subjective Wunsch die Partikeln κέν und ἄν nicht zu sich nimmt, begreift sich aus der Bedeutung der letzteren. Das eine Beispiel, in welchem κέ bei dem Optativ des Wunsches erscheint, Il. VI, 281 (ein zweites ist mir wenigstens nicht bekannt, denn Od. IV, 644. δύναιτό κε καὶ τὸ τελέσσαι! ist Urtheil, nicht Wunsch), neben einer Masse von Stellen, welche den blossen Opt. haben, berechtigt sicherlich nicht zu sagen: „der Opt. wird gebraucht zum Ausdruck eines Wunsches, und hat in diesem Falle ἄν nicht bei sich, wohl aber gesellt sich demselben das epische κέ bei, um zu bezeichnen, dass der Wunsch mit gutem Grunde ausgesprochen werde." (Rost S. 600.)

Es kann aber der Wunsch auch in der Form eines Bedingungssatzes mit Beifügung der Partikeln γάρ und δέ ausgedrückt werden, so dass ein Nachsatz supplirt wird, welcher um so mehr unterdrückt werden konnte, je leichter sich der durch eine Partikel objectiver Gewissheit γάρ, δέ verstärkte Bedingungssatz als Wunschsatz verständlich machte, und je mehr die Apodosis eines solchen Bedingungssatzes überall dieselbe allgemeine Formel wie: καὶ καλῶς ἂν ἔχοι u. dgl. sein müsste.

Beispiele von αἲ γάρ sind:

Il. II, 371. αἲ γὰρ Ζεῦ τε πάτερ καὶ Ἀθηναίη καὶ Ἄπολλον
τοιοῦτοι δέκα μοι συμφράδμονες εἶεν Ἀχαιῶν!

IV, 288 f. αἲ γὰρ Ζεῦ τε πάτερ καὶ Ἀθηναίη καὶ Ἄπολλον,
τοῖος πᾶσιν θυμὸς ἐνὶ στήθεσσι γένοιτο!

Od. III, 205. VI, 244. VIII, 339 ff. XV, 536. XVII, 132—136. 251.

XVIII, 235 ff. XX, 236. XXI, 200. Herod. I, 27. Αἲ γὰρ τοῦτο θεοὶ ποιήσειαν ἐπὶ νόον νησιώτῃσι, ἐλθεῖν ἐπὶ Λυδῶν παῖδας σὺν ἵπποισι.

Mit αἲ γὰρ δή findet sich der Wunsch ausgedrückt: Il. IV, 189. αἲ γὰρ δὴ οὕτως εἴη. Od. IV, 697. IX, 523. XIX, 22. XX, 169.

Mit αἴθε:

Il. IV, 178. αἴθ' οὕτως ἐπὶ πᾶσι χόλον τελέσει' Ἀγαμέμνων!
Od. VII, 331. XIV, 440. XV, 341. XVII, 494. XVIII, 202. XX, 61.

Mit εἰ γάρ:

Il. XIII, 825 ff. εἰ γὰρ ἐγὼν οὕτω γε Διὸς παῖς αἰγιόχοιο
εἴην ἤματα πάντα, τέκοι δέ με πότνια Ἥρη,
τιοίμην δ' ὡς τίετ' Ἀθηναίη καὶ Ἀπόλλων,
ὡς νῦν ἡμέρη ἥδε κακὸν φέρει Ἀργείοισιν
πᾶσι μάλ'.

Od. XVII, 496. 512. Pind. Pyth. I, 87 ff. Nem. VII, 145 ff. Soph. Oed. R. 80 f. Eur. Alc. 91. Suppl. 369. Xen. Cyrop. VI, 1, 38. εἰ γὰρ γένοιτο!

Mit εἴθε:

Il. IV, 313 f. ὦ γέρον, εἴθ' ὡς θυμὸς ἐνὶ στήθεσσι φίλοισιν
ὥς τοι γούνατ' ἕποιτο, βίη δέ τοι ἔμπεδος εἴη!

Il. VII, 157. XI, 670. XXIII, 629. Hymn. in Merc. 309. Soph. Phil. 791 f. Trach. 955 ff.

εἴθ' ἀνεμόεσσά τις
γένοιτ' ἔπουρος ἑστιῶτις αὔρα,
ἥτις μ' ἀποικίσειεν ἐκ τόπων, ὅπως
τὸν Ζηνὸς ἄλκιμον γόνον
μὴ ταρβαλέα θάνοιμι μοῦνον εἰσιδοῦσ' ἄφαρ.

Eur. Hec. 1066 f. Plato Phaedr. p. 227, c. Xen. h. gr. IV, 1, 38. εἴθ' ὦ λῷστε, σὺ τοιοῦτος ὢν φίλος ἡμῖν γένοιο!

Selbst das einfache εἰ findet sich, obwohl nur in seltenen Fällen:

Il. XXIV, 74. ἀλλ' εἴ τις καλέσειε θεῶν Θέτιν ἆσσον ἐμεῖο, Aesch. VII c. Th. 260. αἰτουμένῳ μοι κοῦφον εἰ δοίης τέλος! wenn anders diese beiden Sätze nicht als unvollendete hypothetische Perioden zu betrachten sind.

Soph. Oed. R. 863. εἴ μοι ξυνείη φέροντι
μοῖρα τὰν εὔσεπτον ἁγνείαν λόγων ἔργων τε πάντων,

Eur. Hec. 836. εἴ μοι γένοιτο φθόγγος ἐν βραχίοσι!

Hel. 1478. δι' ἀέρος εἰ ποτανοὶ γενοίμεσθα! Suppl. 620. ποτανὰν εἴ μέ τις θεῶν κτίσαι!

Es wird aber, wer unbefangen die hier aufgeführten Stellen prüft, sich überzeugen, wie sowohl der Unterschied, den Hermann in den Anmerkungen zu Viger, 4te Aufl. S. 756, als derjenige, den Nitzsch Erklär. Anmerkungen zur Odyssee Bd. I, S. 48 aufstellt, unbegründet ist. Hermann meint: „notabile est, optativum solum, sine aliqua particula in iis tantum rebus poni, quas vere optamus fieri, quia fieri eas posse credimus. Eadem vis est optativi additas habentis particulas εἰ γάρ vel εἰ simplex. Verum ubicunque εἴθε vel αἴθε additur optativo, significatur optari ut sit aliquid nunc, quod non est, aut ut futurum sit, quod non est futurum." In dem Optativ an und für sich kann kein Glaube an die Möglichkeit einer Sache liegen; eben so wenig kann das zutretende γάρ die Wirkung haben, dass dadurch die Möglichkeit der gewünschten Sache bezeichnet wird. Jener drückt vielmehr den Wunsch als solchen, ohne alle Rücksicht auf Möglichkeit oder Unmöglichkeit aus, γάρ mit εἰ verbunden, kann nur andeuten, wie man wünsche, dass etwas ganz gewiss geschehe; das unbestrittene, ganz sichere Sein einer Sache wird als Gegenstand eines Wunsches bezeichnet.

Was erstlich den blossen Optativ ohne Wunschpartikel betrifft, so ist es freilich in den meisten Stellen eben so schwer nachzuweisen, dass der Wünschende dabei an die Erfüllung habe glauben, als dass er an ihr habe zweifeln können, wie denn der Optativ in Wahrheit von aller Erfüllung absieht. Man vergleiche indessen

Od. XIV, 171. ἀλλ' ἤτοι ὅρκον μὲν ἐάσομεν· αὐτὰρ Ὀδυσσεὺς
ἔλθοι, ὅπως μιν ἔγωγ' ἐθέλω καὶ Πηνελόπεια
Λαέρτης θ' ὁ γέρων καὶ Τηλέμαχος θεοειδής.
mit dem Vorangehenden, namentlich V. 133 ff. und 166 f.
ὦ γέρον, οὔτ' ἄρ' ἐγὼν εὐαγγέλιον τόδε τίσω
οὔτ' Ὀδυσεὺς ἔτι οἶκον ἐλεύσεται·
und man wird finden, dass wenn in jenem Wunsche auf dessen Erfüllbarkeit Rücksicht genommen sein sollte, er nur im entschiedenen Zweifel an der Erfüllung ausgesprochen sein konnte. So kann auch Od. XIV, 503 in
ὣς νῦν ἡβώοιμι, βίη τέ μοι ἔμπεδος εἴη·
durchaus kein Glaube an die Erfüllbarkeit des Wunsches liegen, der Sinn dieser Stelle ist vielmehr gar nicht verschieden von den oben angeführten Stellen gleichen Inhalts mit εἴθε, Il. VII, 157. XI, 670. XXIII, 629. IV, 313 f., und es kann von jenem, wie

von diesem gesagt werden: „significatur optari, ut sit aliquid nunc, quod non est, aut ut futurum sit, quod non est futurum." Auch wo ein Wunsch durch εἰ μή bedingt erscheint, kann sicher nicht gesagt werden: „vere optamus fieri, quia fieri posse credimus," denn indem das mit εἰ μή Ausgedrückte als ganz sicher angedeutet wird, kann kein Glaube an die Erfüllung des Wunsches stattfinden. Od. XVI, 102 f. So liegt auch ferner Od. XVI, 99.

αἲ γὰρ ἐγὼν οὕτω νέος εἴην τῷδ' ἐπὶ θυμῷ,

gewiss kein Glaube an die Erfüllung zu Grunde; eben so wenig, wie schon Nitzsch gegen Hermann erinnert hat, Od. III, 205, wenn wir 208 berücksichtigen. Ferner Il. II, 371. IV, 288 f. Od. VIII, 339.

Hinwiederum ist nicht einzusehen, warum nicht auch in manchen Stellen mit αἴθε oder εἴθε ein Glaube an die Erfüllung angenommen werden könnte Il. IV, 178.
Od. XIV, 440 f. Αἴθ' οὕτως, Εὔμαιε, φίλος Διῒ πατρὶ γένοιο,
    ὡς ἐμοί,

vgl. XV, 340 f. Ferner Od. XVII, 494 (welchem 496 εἰ γάρ entspricht). XVIII, 202. XX, 61. Plato Phaedr. p. 227, c. Xen. h. gr. IV, 1, 38. Nitzsch meint: „αἲ γάρ, *wenn nur*, wird gesagt, wenn der Wünschende mit seinem Wunsche einen Vorsatz verbindet, der durch das Gewünschte bedingt wird, oder einen Erfolg heischt, dem das Gewünschte vorausgehen muss, Od. IV, 341 und 45. III, 205. XV, 535. Wie der Vorsatz dabei bisweilen nicht bestimmt ausgesprochen wird, Od. XVII, 251, so folgt bisweilen αἲ γάρ XVIII, 234. XIX, 22, oder bestimmter αἲ γὰρ δή, *wenn nur denn*, XX, 169. Il. IV, 189, so, dass man nach Erwähnung eines Schlimmen das Correctionsmittel wünscht, oder zu einem Guten das Bessere. Εἴθε oder αἴθε *wenn doch* drückt das an sich, um seiner selbst willen Gewünschte aus: Od. II, 33. VII, 331. XVII, 494." Wir wollen nicht in Abrede ziehen, dass in den genannten Stellen zufällig die angegebene Auffassungsweise möglich ist, aber doch sollte man nicht vorschnell nach dem Anschein einiger Stellen eine Regel bestimmen, die in der Natur des sprachlichen Ausdrucks nicht begründet erscheint. Widerstrebende Stellen sind:
Od. VI, 244 f., wo Nausikaa mit dem Wunsche:

αἲ γὰρ ἐμοὶ τοιόσδε πόσις κεκλημένος εἴη,

weder einen Vorsatz noch einen Erfolg verknüpft, der durch das Gewünschte bedingt ist. Eben so wenig wünscht sich Nausikaa einen solchen Gemahl als Correctionsmittel für ein vorher erwähntes Schlimmeres, oder auch nur als Verbesserung eines Guten, als wollte sie sagen, sie würde sich etwas Anderes schon gefallen lassen, wenn sie nur dann auch einen solchen Gemahl hätte; es ist vielmehr einfach ein reiner, subjectiver Wunsch. Dasselbe gilt von dem ähnlichen Wunsche des Alkinoos VII, 311 ff., der zwar den Infin. statt des Optat. hat, indessen ohne dass diess einen Unterschied machen könnte. Vgl. auch Herod. I, 27. Eben so wenig zeigt sich die von Nitzsch gegebene Bestimmung überall bei εἰ γάρ anwendbar. In Il. XIII, 825 ff. ist weder von einem durch Erfüllung des Wunsches bedingten Vorsatz oder Erfolg, noch von dem Wunsch einer Vergütung für ein Uebel, oder einer Verbesserung eines Guten die Rede, der Sinn ist vielmehr einfach: „wenn doch das Eine 825—827 eben so gewiss wäre, wie das Andere. 828—830. Auch Pind. Pyth. 87 ff. Nem. VII, 145 f. Soph. Oed. R. 60 f. Xen. Cyr. VI, 1, 38 ist die von Nitzsch dem αἲ γάρ und εἰ γάρ beigelegte Bedeutung unanwendbar. Hinwiederum liesse sich, was für αἲ γάρ angenommen wird, zuweilen auch für αἴθε und εἴθε geltend machen, dass der Wünschende einen Erfolg heische, dem das Gewünschte vorausgehen muss.

Il. VII, 157. εἴθ᾽ ὡς ἡβώοιμι, βίη δέ μοι ἔμπεδος εἴη·
τῷ κε τάχ᾽ ἀντήσειε μάχης κορυθαίολος Ἕκτωρ.
Od. VII, 331. Ζεῦ πάτερ, αἴθ᾽ ὅσα εἶπε, τελευτήσειεν ἅπαντα
Ἀλκίνοος! τοῦ μέν κεν, ἐπὶ ζείδωρον ἄρουραν
ἄσβεστον κλέος εἴη, ἐγὼ δέ κε πατρίδ᾽ ἱκοίμην.

Der Grund aber, warum diese Wunschsätze leicht noch als Bedingung für ein Anderes, einen Erfolg oder einen Vorsatz erscheinen, liegt darin, dass sie die logische Natur von Bedingungssätzen nicht ablegen, so dass sich darum leicht an sie eine Folge anschliesst.

Weit seltener findet sich der subjective Wunsch durch die Partikel ὡς eingeleitet.

Il. XVIII, 107. ὡς ἔρις ἔκ τε θεῶν, ἔκ τ᾽ ἀνθρώπων ἀπόλοιτο
καὶ χόλος, ὅστ᾽ ἐφέηκε πολύφρονά περ χαλεπῆναι.
Od. I, 45. ὡς ἀπόλοιτο καὶ ἄλλος, ὅτις τοιαῦτά γε ῥέζοι.
Soph. El. 126. ὡς ὁ τάδε πορὼν
ὄλοιτ᾽, εἴ μοι θέμις τάδ᾽ αὐδᾶν.
Ebd. 1228. ὡς τὰ λοίπ᾽ ἔχοις ἀεί! Eur. Hipp. 409.
Ferner mit ὡς δή:
Il. XXII, 285 f. νῦν αὖτ᾽ ἐμὸν ἔγχος ἄλευαι
χάλκεον, ὡς δή μιν σῷ ἐν χροῒ πᾶν κομίσαιο.

Einen negativen, mit μή ausgedrückten Wunsch finden wir
Il. II, 258 ff. εἴ κ' ἔτι σ' ἀφραίνοντα κιχήσομαι, ὥς νύ περ ὧδε,
μηκέτ' ἔπειτ' Ὀδυσῆϊ κάρη ὤμοισιν ἐπείη,
μηδ' ἔτι Τηλεμάχοιο πατὴρ κεκλημένος εἴην.
III, 160. 407. VI, 57 ff. Od. VII, 316. μὴ τοῦτο φίλον Διὶ πατρὶ γένοιτο! XV, 359. XVIII, 79. 141. 147. XX, 344. Aesch.
Prom. 526 ff. 893 ff. Soph. Phil. 961. Oed. R. 644. Col. 864.
Auch dieser negative Wunsch erscheint zuweilen in einem Relativsatz Od. IV, 697 ff. Aesch. VII c. Th. 5. 549. Soph. Phil. 509.
Eur. Jon. 731. Heracl. 512.

Bemerkenswerth ist es, wie leicht und unmerklich der mit dem blossen Opt. ohne Partikel ausgedrückte, subjective Wunsch in eine Concession übergehen kann.
Il. II, 340 f. ἐν πυρὶ δὴ βουλαί τε γενοίατο, μήδεά τ' ἀνδρῶν
σπονδαί τ' ἄκρητοι καὶ δεξιαί, ἧς ἐπέπιθμεν!
III, 101 f. ἡμέων δ' ὁπποτέρῳ θάνατος καὶ μοῖρα τέτυκται,
τεθναίη· ἄλλοι δὲ διακρινθεῖτε τάχιστα. Ebd. 300.
IV, 17 ff. εἰ δ' αὔτως τόδε πᾶσι φίλον καὶ ἡδὺ γένοιτο,
ἤτοι μὲν οἰκέοιτο πόλις Πριάμοιο ἄνακτος,
αὖτις δ' Ἀργείην Ἑλένην Μενέλαος ἄγοιτο.
Il. XXI, 274. ἔπειτα δὲ καί τι πάθοιμι! „Dann, wenn ich aus dem Strom gerettet bin, möge ich immerhin etwas erdulden!" Diese Bedeutung muss der Stelle nothwendig um des Folgenden willen V. 279 ff. zugewiesen werden.
Il. XXIV, 139. τῇδ' εἴη· ὃς ἄποινα φέροι καὶ νεκρὸν ἄγοιτο.
Ebd. 149 ff. und 178 ff.
Od. VII, 224 f. ἰδόντα με καὶ λίποι αἰὼν
κτῆσιν ἐμὴν δμῶάς τε καὶ ὑψερεφὲς μέγα δῶμα!
Od. VIII, 339 ff. wird von dem subjectiven Wunsche ausgegangen, dann folgt in ἔχοιεν, εἰςορόῳτε eine Concession, und hierauf mit εὕδοιμι abermals ein subjectiver Wunsch. Wenn aber diese Optative logisch unterschieden werden können, so ist doch klar, dass die Sprache selbst diesen Unterschied nicht machte. Ebenso gehen auch negative Wünsche in eine Concession über. Il. II, 258 ff.

Hieher gehört denn auch das einräumende, und durch Zugeben abschliessende εἶεν: es mag sein, gut. Das Etymol. Magnum p. 296. 47. enthält über dieses partikelartige Wort folgende Bestimmung: Εἶεν· ἄγε δή, συγκατάθεσις μὲν τῶν εἰρημένων, συναφὴ δὲ πρὸς τὰ μέλλοντα. γίνεται δὲ ἀπὸ τοῦ εἶα τοῦ παρακειμένου ἐπίρρημα εἶεν ἀντὶ τοῦ· ταῦτα μὲν δὴ οὕτως·

ἔστι γὰρ ἐπίρρημα ἀφοριστικόν· ἐπὶ γὰρ τοῖς ἤδη εἰρημένοις ἐπιλεγόμενον ἀφορίζει αὐτά· τὸ αὐτὸ δὲ καλεῖται ἀπόθεσις λόγου. In der traditionellen grammatischen Festsetzung der Bedeutung: συγκατάθεσις μὲν τῶν εἰρημένων, συναφὴ δὲ πρὸς τὰ μέλλοντα stimmen das Etym. Gudianum und Suidas überein, es finden sich ferner die Worte ταῦτα μὲν δὴ οὕτως — ἀφορίζει αὐτά wörtlich auch in den Lexicis Seguerianis ed. Imm. Bekker. p. 243. 24 ff.; das Etym. Gudianum gibt dann noch folgende Etymologie: ὥσπερ ἀπὸ τοῦ ῥέω γέγονε ῥέα καὶ ῥεῖα, ῥεία κατὰ πλεονασμὸν τοῦ ι, οὕτω καὶ ἀπὸ τοῦ ἔω τοῦ σημαίνοντος τὸ ἐκπέμπω γέγονε ἔα καὶ πλεονασμῷ τοῦ ι εἴα καὶ ἐκ τούτου εἶεν. So richtig nun mit den Worten: συγκατάθεσις μὲν τῶν εἰρημένων, συναφὴ δὲ πρὸς τὰ μέλλοντα der Gebrauch des Wortes aufgefasst ist, vgl. auch Reisig commentt. zu Soph. Oed. C. 1303 und Stallbaum zu Plato Euthyphro 1823. p. 88, wo namentlich erklärt wird, warum nach εἶεν eine folgende Frage gerne δὲ δή oder ἀλλὰ — δή habe), so offenbar unrichtig ist die Etymologie, in der sich jene Grammatiker ergehen. Es kann keinem Zweifel unterliegen, dass εἶεν gleich dem ähnlich gebrauchten ἔστω (Il. VII, 34. ὧδ' ἔστω! Plato Legg. VII, p. 813, b. ἔστω δὴ ταύτῃ. de rep. X, p. 597, b.) zu εἰμί gehört und eine Form des Opt. ist, ob aber Sing. oder Plur., kann zweifelhaft scheinen. Ist die Form an und für sich am natürlichsten als Verkürzung von εἴησαν zu begreifen, so bliebe doch, wie Buttmann ausf. Gramm. S. 549 und Matthiä ausf. Gr. §. 216. 3. erinnern, unbegreiflich, wie hier der Plural stattfinden konnte, da, man mochte nun ταῦτα oder τοῦτο ergänzen, der Singular erforderlich war. Daher dürfte mit Matthiä anzunehmen sein, dass „in der Sprache des gemeinen Lebens aus der alten Schreibart εἶε statt εἴη und mit dem ν ἐφελκ. übrig blieb." Beispiele finden sich zahlreich, und bei verschiedenen griechischen Schriftstellern. Soph. Oed. C. 1308. Plato Apol. p. 19, a. b. 34, b. 36, b. Phaedo p. 95, a. 117, a. Symp. 204, c. 208, b. Euthyd. p. 290, c. Euthyphro p. 13, d. Gorg. p. 472, d. 508, a. Protag. p. 312, e. Crito p. 47, b. 50, e. Men. p. 75, c. 78, d. Crat. p. 410, c. Alc. I. p. 106, a. De rep. p. 341, a. p. 424, e. Lys. p. 219, b. Phil. p. 15, c. Xen. Cyr. III, 1, 13. 35. IV, 3, 8. Dem. Phil. I, §. 22.

Concessiv ist vielleicht auch aufzufassen Arist. Av. 180. Ἐ. πόλος; τίνα τρόπον; Π. ὥσπερ εἴποι τις τόπος,

„wie man sagen mag;" wofern nicht ὥσπερ = ὡσπερεί genommen ist.

β) *Optativ als Ausdruck des rein Gedachten.*

An diesen einräumenden Optativ schliesst sich nun unmittelbar, und so, dass er nur für die Theorie davon getrennt werden kann, in Wirklichkeit aber mit ihm zusammenfällt, jener Gebrauch an, vermöge dessen der Optativ als Ausdruck des rein in der Vorstellung Gesetzten steht.
Od. XIV, 191 ff.

Τὸν δ' ἀπαμειβόμενος προςέφη πολύμητις Ὀδυσσεύς·
τοιγὰρ ἐγώ τοι ταῦτα μάλ' ἀτρεκέως ἀγορεύσω.
εἴη μὲν νῦν νῶϊν ἐπὶ χρόνον ἠμὲν ἐδωδὴ
ἠδὲ μέθυ γλυκερὸν κλισίης ἔντοσθεν ἐοῦσιν
δαίνυσθαι ἀκέοντ', ἄλλοι δ' ἐπὶ ἔργον ἕποιεν,
ῥηϊδίως κεν ἔπειτα καὶ εἰς ἐνιαυτὸν ἅπαντα
οὔτι διαπρήξαιμι, λέγων ἐμὰ κήδεα θυμοῦ,
ὅσσα γε δὴ ξύμπαντα θεῶν ἰότητι μόγησα.

Es ist bei εἴη und ἕποιεν für's Erste klar, dass an deren Stelle ohne alle Aenderung des logischen Verhältnisses εἰ mit Opt. treten könnte; und in der That ist dieser Optativ im unabhängigen Satze nichts Anderes, als εἰ mit Opt. im abhängigen Satze wäre. Wie dieses die **rein gedachte Voraussetzung** ist, so ist der **Opt. im unabhängigen Satze die rein gedachte Setzung.** Der Fall εἴη — ἐφέποιεν wird rein subjectiv, in der Vorstellung gesetzt; „es sei uns beiden Speise und Wein auf längere Zeit u. s. w., leicht wohl möcht' ich in Jahresfrist nicht alles vollenden." Es erhellt aber auch, wie dieser Gebrauch des Optativs zusammenhängt mit dem kurz zuvor erwähnten, wie unmittelbar an den subjectiven Wunsch die Einräumung: *es mag sein*, und an diese wieder die rein subjective, von aller Wirklichkeit absehende Setzung, zu der schon εἶεν zuweilen hinneigt, sich anschliesst. Aehnlich ist wohl auch Od. I, 265.

τοῖος ἐὼν μνηστῆρσιν ὁμιλήσειεν Ὀδυσσεύς,

aufzufassen, da es dem εἰ γὰρ νῦν ἐλθὼν — σταίη V. 255 f. entspricht, und seinen Nachsatz hat in πάντες κ' ὠκύμοροί τε γενοίατο πικρόγαμοί τε V. 266. Plato de rep. VII, p. 515, c. πάντα δὲ ταῦτα ποιῶν ἀλγοῖ τε καὶ διὰ τὰς μαρμαρυγὰς ἀδυνατοῖ καθορᾶν ἐκεῖνα und p. 517, a. οὗτος δ' ὁ·χρόνος μὴ πάνυ ὀλίγος εἴη betrachtet Stallbaum als von den vorhergehenden Conjunctionen ὁπότε, εἰ unabhängig und als Parenthesen. Dennoch möchten wir uns hier auf diese Stellen nicht bestimmt beziehen, da es nicht unmöglich ist, sie als Fortsetzungen von ὁπότε, εἰ anzusehen. Entschieden gehört aber hieher die Stelle VIII, p. 548, e. Αὐθαδέστερόν τε δεῖ αὐτόν, ἦν δ' ἐγώ, εἶναι καὶ ὑπαμουσότερον, φιλόμουσον δὲ καὶ φιλήκοον μὲν ῥητορικὸν δ' οὐδαμῶς. καὶ δούλοις μέν τισιν ἄγριος εἴη ὁ τοιοῦτος κ. τ. λ. Mit Recht erinnert Stallbaum z. d. St.: „Monui, ne quis nudum optativum miretur, qui recte nunc ponitur sine ἄν, quia Socrates sola cogitatione hominem talem fingit esse, qualis describitur." So wenig es sich nämlich in Abrede ziehen lässt, dass sich Plato auch des Opt. mit ἄν, d. h. der Form der subjectiven Behauptung bedienen konnte, wie er es nachher thut, den fingirten Fall nun als wirklichen behandelnd, so ist doch kein Grund, an dem Opt. Anstoss zu nehmen, den wir wohl als Concession (= „ein solcher mag zwar gegen Sklaven rauh sein") oder als rein gedachte Setzung auffassen können.

γ) Optativ aus dem deliberativen Conjunctiv.

Sofern der Optativ überhaupt die auf das Innere des Subjects beschränkte, nicht auf eine Wirklichkeit oder Verwirklichung gerichtete geistige Thätigkeit bezeichnet, erscheint er auch wohl als Modification des Conj. deliberativus, im Fall nämlich das Subject nicht sowohl mit einer Handlung und deren Ausführung umgeht, so dass es nur über das Was oder Wie, Wann u. dgl. rathlos wäre, als vielmehr blos in sich den Gedanken bewegt, was es thun sollte? Wir würden also hier einem ähnlichen Unterschied begegnen, wie im Absichtssatze, wo auch der Conj. nur da stehen kann, wo das Subject mit der Ausführung einer Handlung umgeht, seine Absicht auf die Verwirklichung gerichtet ist, dagegen wo diese Tendenz wegfällt, und die Absicht als etwas blos Subjectives erscheint, der Opt. gebraucht wird. Hieher sind etwa folgende Stellen zu rechnen:

Aesch. Suppl. 20. τίνα γοῦν χώραν εὔφρονα μᾶλλον
τῆσδ' ἀφικοίμεθα
σὺν τοῖσδ' ἱκετῶν ἐγχειριδίοις
ἐριοστέπτοισι κλάδοισιν;

Wäre es eine mit der Tendenz zum Handeln verbundene Ueberlegung, gingen die Danaiden mit dem Plan um, den Schutz eines andern, wohlwollenderen Landes aufzusuchen, so stünde ἀφικώμεθα. So aber haben wir nur die rein subjective Ueberlegung: wohin sollten wir gehen? ohne alle Tendenz zum Handeln; eine rein gedachte Ueberlegung gleichsam für den gedachten Fall εἴπερ Ἄργος γε μὴ εὐφρόνως ἡμᾶς δέξαιτο. Uebrigens ist nicht in Abrede zu ziehen, dass die Frage durch ἄν mit dem Opt. ausgedrückt werden könnte, obwohl mit etwas verschiedenem Sinn: τίν' ἄν χώραν ἀφικοίμεθα, ἥτις μᾶλλον εὔφρων εἴη τῆςδε; in welches Land könnten wir uns wenden, das uns wohlwollender wäre, als dieses?

Agam. 1374 ff. Πῶς γάρ τις ἐχθροῖς ἐχθρὰ πορσύνων φίλοις
δοκοῦσιν εἶναι πημονὴν ἀρκύστατον
φράξειεν, ὕψος κρεῖσσον ἐκπηδήματος;

Ohne Zweifel könnte die Frage auch mit dem Opt. und ἄν ausgedrückt werden: wie möchte wohl einer Feinde mit des Unheils Netzen umgarnen? Indessen lässt sich der Opt. auch ohne jene Partikel erklären als eine aller unmittelbaren Tendenz zur Verwirklichung fremde Ueberlegung, wie es geschehen sollte.

Soph. Oed. C. 1418 ἀλλ' οὐχ οἷόν τε. πῶς γάρ αὖθις αὖ πάλιν
στράτευμ' ἄγοιμι ταὐτὸν εἰσάπαξ τρέσας;

Hätte Polyneikes die Absicht, das Heer wirklich nach Argos zurückzuführen, ginge er mit einer Handlung um, so stünde πῶς ἄγω. Durch den Opt. dagegen ist die reine Ueberlegung, wie es geschehen sollte, ohne Tendenz zur Verwirklichung ausgedrückt. Daraus erklärt sich auch der Wechsel des Conj. delib. mit dem Opt. Dem. in Mid. §. 35. εἴ τις οὖν κἀκείνοις τοῖς προϋπάρχουσι νόμοις καὶ τούτῳ τῷ μετ' ἐκείνους τεθέντι καὶ πᾶσι τοῖς λοιποῖς ἔστ' ἔνοχος, ὁ τοιοῦτος πότερα μὴ δῷ διὰ τοῦτο δίκην, ἢ μείζω δοίη δικαίως; ἐγὼ μὲν οἶμαι μείζω· über welche Stelle Hermann de part. ἄν p. 91 mit Recht bemerkt: „Accurate distinxit modos, ut non debuerit Bekkerus Spaldingio assentiri, ἄν optativo adjiciendum censenti. Nam quum id agat orator, ut ostendat poena dignum esse Midiam, refutat eos, qui illum forte absoluturi sint. Itaque πότερα μὴ δῷ δίκην dicit: *utrumne ille non debet poenas dare?* Debet vero. Deinde autem affert aliquid, quod non vult fieri, sed quod eo tantum fine adjicit, ut illam priorem sententiam exaggerando corroboret: *an censebitis majore potius poena dignum esse?* Hoc vero per optativum debuit dicere, quia non est illud, quod nunc oportere ait, sed quod oporteret, si in ipsius potestate esset illum punire. Itaque censendum quidem ita putat, majore illum poena dignum esse, sed non contendit debere etiam

affici poena majore." Das μὴ δοῦναι δίκην wird subjectiv durch die Frage negirt. Da es aber zunächst darauf abgesehen sein muss, dass Midias nicht ungestraft bleibe, und es sich um diese Frage zunächst handelt, so steht diese im Conj. Das weiter hinaus Liegende, nicht unmittelbar Erstrebte tritt in den Optativ. Ein besonders deutliches Beispiel dieses Gebrauchs haben wir Theocr. XXVII, 24. καὶ τί, φίλος, ῥέξαιμι; Dass hier der Optativ nicht gleich ῥέξαιμι ἄν aufgefasst werden darf, ist klar; denn die Frage kann ja nicht den Sinn haben: was werde ich wohl thun? als sollte Daphnis errathen, was die Jungfrau etwa zu thun vorhabe. Vielmehr liegt offenbar in dieser Frage nach der vorherigen entschiedenen Weigerung bereits ein schwankendes Ueberlegen; aber diese Ueberlegung ist vorerst eine rein innerliche Bewegung, ohne eine ausgesprochene Tendenz zum Handeln, d. i. ohne eine eigentliche Unschlüssigkeit, was sie thun solle. Man erkennt hier ebensowohl die Verwandtschaft des Opt. mit dem deliberativen Conjunctiv, als seine Verschiedenheit. Dagegen ist Il. XIX, 90. ἀλλὰ τί κε ῥέξαιμι; aufzufassen: „was thu' ich wohl? d. h. was kann ich thun?" In der Stelle
Arist. Plut. 374. ὦ Ἡράκλεις! φέρε, ποῖ τις οὖν
τράποιτο; τἀληθὲς γὰρ οὐκ ἐθέλεις φράσαι.
wäre der Opt. in gleicher Weise als eine Milderung des deliberativen Conjunctivs aufzufassen, wenn nicht mit Brunck, Bothe, W. Dindorf nach dem cod. Borg. zu lesen ist: ποῖ τις ἂν τράποιτο; Ebd. 438 scheint mit Dindorf gelesen werden zu müssen: ἄναξ Ἄπολλον καὶ θεοί, ποῖ τις φύγῃ; denn aus den folgenden Fragen des Chremylos: οὐ παραμενεῖς; — οὐ μενεῖς; ἀλλ' ἄνδρε δύο γυναῖκα φεύγομεν μίαν; geht deutlich hervor, dass wir hier nicht eine rein subjective, von aller Tendenz zu handeln sich fern haltende Ueberlegung vor uns haben. Auch könnte man nicht mit Reisig de ἄν part. p. 133 die Frage so verstehen, als wolle Blepsidemos des Chremylos Meinung erforschen = „wohin meinst du, dass ich fliehen solle?" vielmehr ist der Conjunctiv rein Ausdruck der Unschlüssigkeit; Bl. will fliehen; nur wohin er fliehen soll, weiss er nicht. Darum ist, wie auch Hermann anerkannt, der Conj. delib. hier wohl begründet. Ebenso ist Dem. ad Lept. §. 117 jetzt mit Recht nach dem cod. Σ und andern καταδειχθῇ aufgenommen statt καταδειχθείη. Die Stelle ad Phorm. §. 48 gehört nicht hieher, da ὑπολάβοιτε offenbar noch Fortsetzung des §. 47 begonnenen Bedingungssatzes ist. Die Stelle Andoc. in

Alcib. §. 36 liest Hermann so: καί τοι οὐ δήπου, ὦ Ἀθηναῖοι, ὀστρακισθῆναι μὲν ἐπιτήδειός εἰμι, τεθνάναι δὲ οὐκ ἄξιος, οὐδὲ κρινόμενος μὲν ἀποφυγεῖν, ἄκριτος δὲ φεύγειν· ὁ δὲ τοσαυτάκις ἀγωνιζόμενος δικαίως καὶ νικήσας πάλιν δόξαιμι δι᾽ ἐκεῖνα ἐκπεσεῖν; Man müsste dann δόξαιμι als eine Modification des deliberativen Conjunctivs betrachten („Mich, der ich so oft vor Gericht gestanden bin, und den Process gewonnen habe, sollte man abermals für gut finden um jener Beschuldigung willen zu verbannen?"). Aber abgesehen davon, dass, wie hier zu dem deliberativen Conj. kein Ort wäre, indem der Sprechende nicht zu überlegen hat, was er thun soll, so auch der Optativ nicht in derselben Bedeutung stehen könnte, wie in den vorhin angeführten Stellen, so wird es wohl den Meisten auffallend sein, den Redner von καί τοι — φεύγειν zu einer Frage übergehen und zwar diese mit ὁ δέ beginnen zu sehen. Vielmehr scheinen Reiske und Bekker Recht daran gethan zu haben, dass sie οὐδέ statt der hds. Lesart ὁ δέ, welches ein neues Subject einführen würde, in den Text aufnahmen; nur sollte auch δόξαιμι entweder ganz getilgt, oder in δόξαι umgeändert werden. Denn dreierlei Ungereimtheiten sind es, die nach der Darstellung des Redners mit seiner Verbannung verbunden sein würden; erstlich, dass den von der Todesstrafe Freigesprochenen der Ostrakismos träfe, dann, dass er bei gerichtlicher Untersuchung freigesprochen, dann ohne Untersuchung flüchtig werden müsste, endlich, dass nach mehrmaligem, förmlichem Rechtsverfahren und günstigem Entscheid seine Sache nochmals vorgenommen werden sollte (vgl. §. 8. ἐπειδὴ δὲ τετράκις ἀγωνιζόμενος ἀπέφυγον, οὐκέτι δίκαιον ἡγοῦμαι λόγον οὐδένα περὶ τούτων γίνεσθαι κ. τ. λ.). Dieses parallele Verhältniss jener drei Glieder würde offenbar durch ὁ δέ u. s. w. und δόξαιμι gestört. Denn sollte auf καί τοι — φεύγειν eine Frage folgen, so würde diese wohl im Gegensatz zu dem Vorhergehenden das positiv ausdrücken, was die vorangehenden Sätze negativ ausdrückten, nicht aber, logisch betrachtet, nur ein drittes paralleles Glied zu den vorausgehenden negativen Gliedern sein; fahren wir aber statt mit ὁ δέ mit οὐδέ fort, so muss wegen der Gleichförmigkeit der Construction ἄξιος supplirt werden, und davon, den vorhergehenden Infinitiven entsprechend, ein Infinitiv abhängen. — In Beziehung auf die Stelle in dem Erot. des Pseudo-Demosthenes §. 10 ist schon S. 184 bemerkt worden, dass ἄν zu ἁρμόττουσαν gehöre. Wir haben aber auch §. 11 τῷ γὰρ εἰκάσειέ τις θνητῶν, ὃ ἀθάνατον τοῖς ἰδοῦσιν ἐργάζεται πόθον, nicht nöthig, ἄν zu suppliren, wie Bekker meint „post γὰρ deest, quae supra 10, 3 abundabat, particula ἄν." Hatte nämlich der Redner zuerst richtig den Conj. delib. ἐνέγκω gebraucht, da er wirklich die Tendenz hatte, ein angemessenes Bild vorzubringen, und nur rathlos war, welches, so fällt nun, nachdem er gesagt hat: ἵνα συγγνώμης τύχω μηδὲν ὅμοιον ἔχων εἰπεῖν jene auf die Verwirklichung gerichtete Tendenz weg, der Wille erscheint als etwas rein Subjectives; die Ueberlegung, was geschehen sollte, ist eine rein innerliche Thätigkeit.

Andere Beispiele des blossen Optativs im unabhängigen Satze, die man sonst unter einer der beiden letzten Classen begriffen hat, werden nach der Erörterung über den Optativ mit ἄν ihre Erledigung finden.

b. Optativ ohne ἄν in abhängigen Sätzen.

α) In obliquer Rede.

Indem wir zu dem Gebrauch des reinen Optativs in abhängigen Sätzen übergehen, begegnet uns an der Gränze dieses Gebietes ein Optativ der obliquen Rede, welcher seiner logischen Natur nach offenbar als abhängig zu betrachten ist, wenn er auch durch seine grammatische Form nicht als abhängig charakterisirt ist. Wir finden nämlich statt des Acc. c. Inf. zuweilen den Nominativ mit Optativ, besonders in Sätzen mit γάρ, und wo aus dem vorangegangenen Satze ὅτι oder ὡς supplirt werden könnte, ohne dass jedoch der Opt. von diesen vorhergehenden Partikeln abhängig wäre.

Beispiele mit vorausgehendem ὅτι und Opt. mit γάρ sind: Thuc. II, 72. Οἱ δὲ Πλαταιέων πρέσβεις ἀκούσαντες ταῦτα ἐσῆλθον ἐς τὴν πόλιν, καὶ τῷ πλήθει τὰ ῥηθέντα κοινώσαντες ἀπεκρίναντο αὐτῷ ὅτι ἀδύνατα σφίσιν εἴη ποιεῖν ἃ προκαλεῖται, ἄνευ Ἀθηναίων· παῖδες γὰρ σφῶν καὶ γυναῖκες παρ᾽ ἐκείνοις εἶησαν. Xen. hist. gr. III, 2, 23. Ἀποκριναμένων δὲ τῶν Ἠλείων ὅτι οὐ ποιήσειαν ταῦτα· ἐπιληΐδας γὰρ ἔχοιεν τὰς πόλεις κ. τ. λ. Anab. VII, 3, 13. καὶ ἔλεγον πολλοὶ κατὰ ταὐτά, ὅτι παντὸς ἄξια λέγει Σεύθης· χειμὼν γὰρ εἴη καὶ οὔτε οἴκαδε ἀποπλεῖν τῷ βουλομένῳ δυνατὸν εἴη, διαγενέσθαι τε ἐν φιλίᾳ οὐχ οἷόν τ᾽ εἴη, εἰ δέοι ὠνουμένους ζῆν. Weitere Beispiele sind: Plato Symp. p. 201, a. De rep. p. 420, c. Theaet. p. 201, e.

Beispiele mit vorausgehendem ὡς und folgendem γάρ beim Opt. sind: Plato Phileb. p. 58, a. Ἤκουον μὲν ἔγωγε, ὦ Σώκρατες, ἑκάστοτε Γοργίου πολλάκις, ὡς ἡ τοῦ πείθειν πολὺ διαφέροι πασῶν τεχνῶν· πάντα γὰρ ὑφ᾽ αὑτῇ δοῦλα δι᾽ ἑκόντων, ἀλλ᾽ οὐ διὰ βίας ποιοῖτο καὶ μακρῷ ἀρίστη πασῶν εἴη τῶν τεχνῶν. And. de myst. §. 40. λέγειν — ὡς ἴδοι ἡμᾶς ἐν ἐκείνῃ τῇ νυκτί· οὔκουν δέοιτο παρὰ τῆς πόλεως χρήματα λαβεῖν μᾶλλον ἢ παρ᾽ ἡμῶν, ὥσθ᾽ ἡμᾶς ἔχειν φίλους. Dem. Ol. I, §. 22. In anderen Stellen finden wir den Optativ ohne γάρ, doch auch hier, ohne dass dieser Modus von dem vorausgehenden ὅτι abhängig sein könnte. Plato de rep. VI, p. 490, a — b. Ἆρ᾽ οὖν δὴ οὐ μετρίως ἀπολογησόμεθα, ὅτι πρὸς τὸ ὂν πεφυκὼς εἴη ἁμιλλᾶσθαι ὅ γε ὄντως φιλομαθής, καὶ οὐκ ἐπιμένοι ἐπὶ τοῖς δοξαζομένοις εἶναι πολλοῖς ἑκάστοις, ἀλλ᾽ ἴοι καὶ οὐκ ἀμβλύνοιτο οὐδ᾽ ἀπολήγοι τοῦ ἔρωτος, πρὶν αὐτοῦ ὃ ἔστιν ἑκάστου τῆς φύσεως ἅψασθαι ᾧ προςήκει ψυχῆς ἐφάπτεσθαι τοῦ τοιούτου; προςήκει δὲ ξυγγενεῖ· ᾧ πλησιάσας καὶ μιγεὶς τῷ ὄντι ὄντως γεννήσας νοῦν καὶ ἀλήθειαν, γνοίη τε καὶ ἀληθῶς ζῴη καὶ τρέφοιτο καὶ οὕτω λήγοι ὠδῖνος, πρὶν δ᾽ οὔ. X, p. 614, d. ἑαυτοῦ δὲ προςελθόντος εἰπεῖν, ὅτι δέοι αὐτὸν ἄγγελον ἀνθρώποις γενέσθαι τῶν ἐκεῖ, καὶ διακελεύοιντο οἱ ἀκούειν τε καὶ θεᾶσθαι πάντα τὰ ἐν τῷ τόπῳ.

Mit γάρ findet sich der Optativ, ohne dass ὅτι oder ὡς vorherginge. Plato epp. p. 328. (ed. Bekker p. 435. 10 ff.) Ὅθεν μοι σκοπουμένῳ καὶ διστάζοντι πότερον εἴη πορευτέον, ἢ πῶς, ὅμως ἔρρεψε δεῖν, εἴ ποτέ τις τὰ διανοηθέντα περὶ νόμων τε καὶ πολιτείας ἀποτελεῖν ἐγχειρήσοι, καὶ νῦν πειρατέον εἶναι· πείσας γὰρ ἕνα μόνον ἱκανῶς πάντα ἐξειργασμένος ἐσοίμην ἀγαθά.

In folgenden Stellen endlich haben wir den reinen Optativ mit dem Nominativ, ohne γάρ und ohne vorausgehendes ὅτι oder ὡς. Aesch. Ag. 604 ff. ταῦτ᾽ ἀπάγγειλον πόσει·
ἥκειν ὅπως τάχιστ᾽ ἐράσμιον πόλει·
γυναῖκα πιστὴν δ᾽ ἐν δόμοις εὕροι μολὼν
οἵανπερ οὖν ἔλειπε.

Blomfield, Wellauer, Klausen erklären zwar εὕροι als Wunsch; utinam inveniat; dem Zusammenhang aber dürfte es angemessen sein, auch diesen Satz als oblique Aussage zu betrachten.
Soph. Phil. 615. εὐθέως ὑπέσχετο
τὸν ἄνδρ᾽ Ἀχαιοῖς τόνδε δηλώσειν ἄγων·
οἴοιτο μὲν μάλισθ᾽ ἑκούσιον λαβών.

Herod. VII, 3. (Δημάρητος) Ξέρξη συνεβούλευε λέγειν — ὡς αὐτὸς μὲν γένοιτο Δαρείῳ ἤδη βασιλεύοντι καὶ ἔχοντι τὸ Περσέων κράτος, Ἀρτοβαζάνης δὲ ἔτι ἰδιώτῃ ἐόντι Δαρείῳ· οὐκ ὦν οὔτ᾽ οἰκὸς εἴη οὔτε δίκαιον ἄλλον τινὰ τὸ γέρας ἔχειν πρὸ ἑωυτοῦ. Plato Phaedo p. 95, d. epp. II, p. 313, b. οὐ μὴν ἄλλῳ γέ ποτ᾽ ἔφην ἐντετυχηκέναι τοῦθ᾽ εὐρηκότι, ἀλλὰ ἡ πολλή μοι πραγματεία περὶ τοῦθ᾽ εἴη. Sicher ist bei dieser Construction nicht mit Matthiä §. 529, 3 und Hermann de part. ἄν p. 139 an ein ausgelassenes ὅτι oder ὡς zu denken, da auch, wo diese Partikeln vorausgehen, doch der Opt. nicht wohl von denselben abhängig sein kann. Wir müssen vielmehr in dieser Erscheinung der griechischen Sprache eine der deutschen obliquen Rede verwandte Form anerkennen. Auch die deutsche Sprache bedient sich ja ausser den mit dass eingeleiteten Sätzen, in Fällen, wo die griech. und lat. Sprache den Acc. c. Inf. in Anwendung bringen kann, des Conj. mit dem Nominativ; wie z. B. dem οἴοιτο μέν genau entspricht: „er glaube zwar."

Der Optativ dient hier, wie überhaupt in der obliquen Rede, um eine Ansicht, sie sei die eigene, oder die eines Andern, lediglich zu referiren, ohne dass der Sprechende mit dieser Relation irgend ein Urtheil, ob die Ansicht auch der Wirklichkeit entspreche, verbindet; ganz wie wir auch im Deutschen den Conjunctiv (richtiger vielleicht Optativ, vgl. Grimm deutsche Gramm. Bd. 4. S. 72 ff.) der Haupttempora gebrauchen. Es ist aber dieser Gebrauch des Optativs unmittelbar mit dem oben aufgestellten Begriff desselben gegeben. Denn wo etwas rein als Ansicht, als blosse Vorstellung hingestellt oder referirt wird, ohne alles Urtheil, ob es auch wirklich so sei, da haben wir eine rein subjective, geistige Thätigkeit ohne alle Beziehung auf die Objectivität.

Während aber die erst besprochene Construction, obwohl logisch abhängig, doch in grammatisch unabhängiger Form erscheint, so tragen die übrigen Formen der obliquen Rede den Charakter grammatischer Abhängigkeit deutlich an sich, indem sie durch Partikeln eingeleitet werden. Hier sind zuerst die Objectivsätze mit ὅτι und ὡς zu erwähnen. Herod. VII, 2. ἐόντες δὲ μητρὸς οὐ τῆς αὐτῆς ἐστασίαζον, ὁ μὲν Ἀρτοβαζάνης κατ᾽ ὅτι πρεσβύτατός τε εἴη παντὸς τοῦ γόνου καὶ ὅτι νομιζόμενα εἴη πρὸς πάντων ἀνθρώπων τὸν πρεσβύτατον τὴν ἀρχὴν ἔχειν, Ξέρξης δέ, ὡς Ἀτόσσης τε παῖς εἴη τῆς Κύρου θυγατρός, καὶ ὅτι Κῦρος εἴη ὁ κτησάμενος τοῖσι Πέρσῃσι τὴν ἐλευθερίην.

Weitere Beispiele von ὅτι mit Optativ finden sich u. a. Herod. VII, 239. Thuc. I, 67. 87. Xen. Cyr. I, 3, 13. 15. 17. cap. 4, 7. 10. 25. cap. 6, 14. Ages. I, 18. 31. 38. cap. VI, 7. VII, 6. VIII, 3. Ferner von ὡς Herod. VII, 2. 3. 6. 16. 18. 46. 168. (wo vielleicht ἀλλὰ τιμωρητέον εἴη von dem vorhergehenden ὡς unabhängig ist, und unter die kurz vorhin erwähnten Fälle der obliquen Rede gehört) 194. 203. 206. 226. Thuc. I, 72. 133. Xen. Cyr. I, 1, 3. cap. 5, 1, 3. cap. 6, 6. 7. 31. Ages. I, 13. 28. cap. II, 8. VII, 5. VIII, 3. XI, 2.

In gleicher Weise treten Relativsätze in obliquer Rede in den Optativ, welchem jedoch hier, wie bei den Zeit- und Bedingungssätzen, in der directen Rede nicht blos der Indicativ, als Ausdruck eines bestimmten Urtheils, sondern auch der Conj. mit ἄν, nämlich die Setzung einer eintretenden, bevorstehenden Handlung entspricht. Herod. VII, 2. Thuc. I, 72. καὶ ἅμα τὴν σφετέραν πόλιν ἐβούλοντο σημῆναι, ὅση εἴη δύναμιν. Cap. 95. 136. Xen. Cyr. I, 4, 8. Ferner c. 4, 14. Ὁ δὲ Κῦρος οὐκ εἴα κωλύειν, ἀλλ', εἰ βούλει, ἔφη, ὦ πάππε, ἡδέως με θηρᾶν, ἄφες τοὺς κατ' ἐμὲ πάντας διώκειν καὶ ἀγωνίζεσθαι ὅπως ἕκαστος κράτιστα δύναιτο. Dieser Optativ, an dem man verschiedentlich Anstoss genommen hat, ist ohne Zweifel als Ausdruck der obliquen Rede zu erklären. Da nämlich ἄφες in der Bedeutung von κέλευε steht, so ist das Folgende als Gedanke des Astyages ausgesprochen. Ages. I, 18. 24. 25. II, 13. VI, 6. VII, 7. VIII, 4. XI, 4.

Entsprach in den angeführten Stellen der Optativ einem Indicativ der directen Rede, so ist dagegen Od. IX, 331 ff.

αὐτὰρ τοῖς ἄλλοις κλήρῳ πεπαλάχθαι ἄνωγον,
ὅςτις τολμήσειεν ἐμοὶ σὺν μοχλὸν ἀείρας
τρῖψαι ἐν ὀφθαλμῷ, ὅτε τὸν γλυκὺν ὕπνος ἱκάνοι.

Xen. Cyr. I, 4, 17. ἐκέλευε περιβαλλομένοις, ὅπως τις ἐπιτυγχάνοι, ἐλαύνειν πρὸς ἑαυτόν der Optativ aus dem Conj. mit ἄν hervorgegangen.

Diess tritt besonders häufig bei den Zeitbestimmungs- und Bedingungssätzen ein. Beispiele der erstern sind:
Il. IV, 333 ff.   οἱ δὲ μένοντες
ἕστασαν, ὁππότε πύργος Ἀχαιῶν ἄλλος ἐπελθὼν
Τρώων ὁρμήσειε, καὶ ἄρξειαν πολέμοιο.

Was in directer Rede hiesse: ἱστάμεθα (ἵστανται) μένοντες, ὁπόταν — ὁρμήσῃ, weil der Verwirklichung des Falles entgegengesehen würde, das muss in der Erzählung, indem dann nur ein

Gedanke aus fremder Seele berichtet würde, in den Optativ treten. Thuc. I, 91. Xen. Cyr. I, 3, 17. Ἐν τούτῳ αὖ με ἔπαισεν ὁ διδάσκαλος, λέγων, ὅτι ὁπότε μὲν κατασταθείην τοῦ ἁρμόζοντος κριτής, οὕτω δέοι ποιεῖν· ὁπότε δὲ κρίνειν δέοι, ὁποτέρου ὁ χιτὼν εἴη, τοῦτ' ἔφη σκεπτέον εἴη, τίς κτῆσις δικαία ἐστί. I, 4, 21. Οἱ δὲ πολέμιοι, ὡς ἑώρων πονοῦντας τοὺς σφετέρους, προὐκίνησαν τὸ στῖφος, ὡς παυσομένους τοῦ διωγμοῦ, ἐπεὶ σφᾶς ἴδοιεν προορμήσαντας. Ebd. c. 6, 34. Ag. I, 10. Τισσαφέρνης μὲν ὤμοσεν Ἀγησιλάῳ, εἰ σπείσαιτο, ἕως ἔλθοιεν, οὓς πέμψειε πρὸς βασιλέα ἀγγέλους, διαπράξεσθαι αὐτῷ ἀφεθῆναι αὐτονόμοις τὰς ἐν τῇ Ἀσίᾳ πόλεις Ἑλληνίδας. Plato Phaedo p. 59, d.
    Namentlich ist in Beziehung auf πρίν mit Opt. zu erinnern, dass es, aus dem Conj. mit ἄν hervorgehend, auch wie dieser nach negativen Sätzen, welche in der directen Rede ein Haupttempus oder Conj. oder Imperativ haben würden, steht. Soph. Phil. 196 ff. οὐκ ἔσθ' ὡς οὐ θεῶν του μελέτῃ,
τοῦ μὴ πρότερον τόνδ' ἐπὶ Τροίᾳ
τεῖναι τὰ θεῶν ἀμάχητα βέλη,
πρὶν ὅδ' ἐξήκοι χρόνος, ᾧ λέγεται
χρῆναί σφ' ὑπὸ τῶνδε δαμῆναι.
Ebd. 551. ἔδοξέ μοι μὴ σῖγα, πρὶν φράσαιμί σοι
τὸν πλοῦν ποιεῖσθαι.
Xen. Cyr. I, 4, 14. Καὶ βασιλικῶς δὴ παρὼν αὐτὸς ἀπηγόρευε μηδένα βάλλειν, πρὶν Κῦρος ἐμπλησθείη θηρῶν. Hist. gr. VI, 5, 19. Isocr. Evag. §. 63. de big. §. 5. Plato Apol. p. 36, c. Dass hier zuweilen ἄν beibehalten wird, zeigen die Stellen Antiphon de caede Herod. §. 34. οὗτοι δὲ θάνατον τῷ μηνυτῇ τὴν δωρεὰν ἀπέδοσαν, ἀπαγορευόντων τῶν φίλων τῶν ἐμῶν μὴ ἀποκτείνειν τὸν ἄνδρα, πρὶν ἄν ἐγὼ ἔλθοιμι. Xen. hist. gr. II, 3, 48. II, 4, 18. Wenn gewöhnlich der Aorist steht, so erklärt sich diess, wie bei dem Conj. mit ἄν daraus, dass insgemein hier der Ausdruck einer im Verhältniss zu einer andern vollendeten Handlung erfordert wird. Beispiele des Bedingungssatzes in obliquer Rede, und zwar indem der Optativ aus dem Indicativ hervorgegangen ist, sind folgende: Thuc. I, 27. Κορίνθιοι δ' ὡς αὐτοῖς ἐκ τῆς Ἐπιδάμνου ἦλθον ἄγγελοι, ὅτι πολιορκοῦνται, παρεσκευάζοντο στρατιάν, καὶ ἅμα ἀποικίαν ἐς τὴν Ἐπίδαμνον ἐκήρυσσον, ἐπὶ τῇ ἴσῃ καὶ ὁμοίᾳ τὸν βουλόμενον ἰέναι· εἰ δέ τις τὸ παραυτίκα μὲν μὴ ἐθέλοι ξυμπλεῖν, μετέχειν δὲ βούλεται

τῆς ἀποικίας, πεντήκοντα δραχμὰς καταθέντα Κορινθίας μένειν. Aus dem Indic. βούλεται erhellt, dass auch dem ἐθέλοι ein Indicativ, d. h. diejenige Form der hypothetischen Periode zu Grunde liegt, die rein objectiv, ohne alle Erwartung einer Entscheidung, die Bedingung hinstellt, unter welcher etwas stattfindet. So ist vielleicht auch Herod. VII, 134. εἴ τις βούλοιτο aus εἰ βούλεται zu erklären. Xen. Cyr. I, 6, 7. Ἐκείνων δέ, ὦ παῖ, ἐπελάθου, ἅ ποτε ἐγὼ καὶ σὺ ἐλογιζόμεθα, ὡς ἱκανὸν εἴη καὶ καλὸν ἀνδρὶ ἔργον, εἴ τις δύναιτο ἐπιμεληθῆναι, ὅπως ἂν αὐτός τε καλὸς κἀγαθὸς δοκίμως γένοιτο, καὶ τὰ ἐπιτήδεια αὐτός τε καὶ οἱ οἰκέται ἱκανῶς ἔχοιεν.

Dagegen liegt dem εἰ mit Optativ in folgenden Stellen ἐάν mit Conj. zu Grunde.

Il. XXIII, 49. αὐτίκα κηρύκεσσι λιγυφθόγγοισι κέλευσαν
ἀμφὶ πυρὶ στῆσαι τρίποδα μέγαν, εἰ πεπίθοιεν
Πηλείδην λούσασθαι ἄπο βρότον αἱματόεντα.

Aehnlich mit etwa zu supplirendem Begriffe πειρώμενος Od. IV, 317 ff. Herod. VII, 145. Thuc. I, 27. ἐδεήθησαν δὲ καὶ τῶν Μεγαρέων ναυσὶ σφᾶς ξυμπροπέμψειν εἰ ἄρα κωλύοιντο ὑπὸ Κερκυραίων πλεῖν. Ebd. 49. 58. 72. Xen. Cyr. I, 4, 7. cap. 5, 3. 4. cap. 6, 33. Ages. I, 13. 28. 31. cap. II, 8. 22. 25. 31. III, 5. IV, 6. VI, 1. 7. IX, 4.

Zuweilen ist auch diejenige Form der hypothetischen Periode, welche im Vordersatze εἰ mit Opt., im Nachsatze ἄν mit Opt. hat, in die oblique Rede übergegangen. Thuc. I, 57. νομίζων, εἰ ξύμμαχα ταῦτα ἔχοι ὅμορα ὄντα τὰ χωρία, ῥᾷον ἂν τὸν πόλεμον μετ' αὐτῶν ποιεῖσθαι. Aehnlich nach νομίζω Xen. Cyr. I, 5, 2. Mem. I, 2, 15. Ausserdem Thuc. I, 136. ἐκεῖνον δ' ἄν, εἰ ἐκδοίη αὐτόν — σωτηρίας ἂν τῆς ψυχῆς ἀποστερῆσαι. Xen. Ag. IX, 7.

Hieran schliesst sich bequem die indirecte Frage, die in dem gleichen Fall, wie die vorangehenden Satzarten, den Optativ haben muss, nämlich wenn eine Aeusserung ausdrücklich nur als fremde Vorstellung referirt werden soll. Auch diesem Opt. entspricht in directer Rede bald der Indic., bald der Conj. Zu der ersten Classe sind alle Sätze zu zählen, welche fragen, was, oder ob, wie u. s. w. etwas geschehen sei, zur zweiten diejenigen, welche fragen, was u. s. w. sein solle.

Beispiele der ersten Classe, und zwar mit εἰ, sind:
Herod. VII, 151. Ἀργείους δὲ τὸν αὐτὸν τοῦτον χρόνον

πέμψαντας καὶ τούτους ἐς Σοῦσα ἀγγέλους εἰρωτᾶν Ἀρταξέρξεα τὸν Ξέρξεω, εἴ σφι ἔτι ἐμμένει τὴν πρὸς Ξέρξεα φιλίην συνεκεράσαντο, ἢ νομιζοίατο πρὸς αὐτοῦ εἶναι πολέμιοι. Xen. Cyr. I, 4, 6. οὐ γὰρ προςήει, εἰ μὴ ἴδοι, εἰ καιρὸς εἴη. cap. 6, 13. 14.
Mit relativen Partikeln und Fragewörtern: Herod. VII, 37. 147. Ὁ δὲ Ξέρξης εἴρετο αὐτοὺς ὅκοι πλέοιεν. 218. εἴρετο ποδαπὸς εἴη ὁ στρατός. Xen. Cyr. I, 3, 15. ἡ μήτηρ διηρώτα τὸν Κῦρον, πότερον βούλοιτο μένειν ἢ ἀπιέναι. Achnlich §. 17. ποτέρου ὁ χιτὼν εἴη. cap. 6, 18. ὁ Ἀστυάγης ἐθαύμασε, τίνος κελεύσαντος ἥκοι. C. 6, 14. τέλος δή με ἐπήρου, ὅ τι ποτὲ διδάσκων στρατηγίαν φαίη με διδάσκειν. II, 1, 2. c. 2, 22.

Auf einen Conj. delib. ist der Optativ zurückzuführen: Il. I, 189. μερμήριξεν,
ἢ ὅγε φάσγανον ὀξὺ ἐρυσσάμενος παρὰ μηροῦ
τοὺς μὲν ἀναστήσειεν, ὁ δ' Ἀτρείδην ἐναρίζοι,
ἠὲ χόλον παύσειεν, ἐρητύσειέ τε θυμόν.
So nach μερμήριξε ἢ — ἢ mit Optativ Od. IV, 117 ff. VI, 141 ff. Ferner Herod. V, 67. ἐχρηστηριάζετο, εἰ ἐκβάλοι τὸν Ἄδρηστον. VI, 35. VIII, 67. ἀποπειρώμενος ἑκάστου, εἰ ναυμαχίην ποιέοιτο. Thuc. I, 25. Γνόντες δὲ οἱ Ἐπιδάμνιοι οὐδεμίαν σφίσιν ἀπὸ Κερκύρας τιμωρίαν οὖσαν, ἐν ἀπόρῳ εἴχοντο θέσθαι τὸ παρόν, καὶ πέμψαντες ἐς Δελφοὺς τὸν θεὸν ἐπήροντο, εἰ παραδοῖεν Κορινθίοις τὴν πόλιν ὡς οἰκισταῖς καὶ τιμωρίαν τινὰ πειρῷντο ἀπ' αὐτῶν ποιεῖσθαι. Lys. in Diogeit. §. 20.

Obwohl nun der Optativ gewählt werden muss, sobald man etwas ausdrücklich ohne eigenes Urtheil rein als Gedanken (sei es als eigenen, oder als den eines Andern) hinstellen will, sofern sich hiefür dem Sprechenden keine andere grammatische Form darbietet, als eben der Ausdruck des rein Subjectiven, so ist es doch in unzähligen Fällen nicht nöthig, den referirten Gedanken förmlich auch als solchen zu bezeichnen, indem der Zusammenhang von selbst darauf führt, dass der Satz so aufzufassen sei. In solchem Fall konnten demnach auch die Modi der directen Rede statt des Opt. eintreten. Dazu kommt die freie und leichte Beweglichkeit des griechischen Geistes, der in der Structur der Rede nur auf anschauliche Verständlichkeit, nicht auf strenge und pünktliche Consequenz bedacht, ohne Anstand verschiedene Formen, wenn nur anders jede derselben an sich möglich ist, vereinigt, und so denn auch von der Form der obliquen Rede zu der der directen oder umgekehrt übergeht, und zwar nicht etwa nur so, dass nach anfänglicher Relation der fremden Rede mit den eigenen Worten der betreffenden Person fortgefahren wird, sondern so, dass die Modalformen von der directen, die Personen von der obliquen Rede genommen werden, oder der auch beide Formen mit einander vermischt.

Als Beispiel des Indicativs für den Optativ der obliquen Rede mag folgende Stelle dienen: Thuc. I, 137. Καὶ (ἦν γὰρ ἀγνὼς τοῖς ἐν τῇ νηΐ) δείσας φράζει τῷ ναυκλήρῳ ὅστις ἐστὶ καὶ δι' ἃ φεύγει, καὶ εἰ μὴ σώσει αὐτόν, ἔφη ἐρεῖν, ὅτι χρήμασι πεισθεὶς αὐτὸν ἄγει· τὴν δὲ ἀσφάλειαν εἶναι μηδένα ἐκβῆναι ἐκ τῆς νεώς, μέχρι πλοῦς γένηται· πειθομένῳ δ' αὐτῷ χάριν ἀπομνήσεσθαι ἀξίαν. Wenn man hier ἐστί, φεύγει als auf die Wirklichkeit bezogen ganz natürlich findet, so würde man doch, eben weil ihnen keine Wirklichkeit zu Grunde liegt, σώσοι, ἄγοι erwarten. Da indessen auch hier der Indic. keinem Missverständniss unterworfen ist, so kann er auch nicht den mindesten Anstoss erregen. Vgl. ferner Thuc. I, 28. εἰ δέ τι ἀντιποιοῦνται, δίκας ἤθελον δοῦναι. 91. Xen. Ag. I, 33.

Beispiele vom Uebergang aus der einen Form in die andere, oder der Mischung beider sind: Herod. VII, 168. φράζοντες, ὡς οὔ σφι περιοπτέη ἐστὶ ἡ Ἑλλὰς ἀπολλυμένη· ἢν γὰρ σφαλῇ, σφεῖς γε οὐδὲν ἄλλο ἢ δουλεύσουσι τῇ πρώτῃ τῶν ἡμερέων, ἀλλὰ τιμωρητέον εἴη ἐς τὸ δυνατώτατον. 208. Ταῦτα βουλευομένων σφέων ἔπεμπε Ξέρξης κατάσκοπον ἱππέα ἰδέσθαι, ὁκόσοι τέ εἰσι καὶ ὅ τι ποιέοιεν. Thuc. I, 27.

Auch der Conj. mit ἄν bleibt oft in obliquer Rede, in Relativ-, Zeitbestimmungs- und Bedingungssätzen, z. B. Herod. VII, 146. Ξέρξης δὲ ὡς ἐπύθετο ταῦτα — πέμπει τῶν τινας δορυφόρων ἐντειλάμενος ἢν καταλάβωσι τοὺς κατασκόπους ζώοντας, ἄγειν παρ' ἑωυτόν. ὡς δὲ ἔτι περιεόντας αὐτοὺς κατέλαβον καὶ ἦγον ἐς ὄψιν τὴν βασιλέος, τὸ ἐνθεῦτεν πυθόμενος, ἐπ' οἷσι ἦλθον, ἐκέλευσέ σφεας τοὺς δορυφόρους περιάγοντας ἐπιδείκνυσθαι πάντα τε τὸν πεζὸν στρατὸν καὶ τὴν ἵππον, ἐπεὰν δὲ ταῦτα θηεύμενοι ἔωσι πλήρεες, ἀποπέμπειν ἐς τὴν ἂν αὐτοὶ ἐθέλωσι χώρην ἀσινέας. Im Relativsatz ferner Thuc. I, 126. 135. — Ein Beispiel von Mischung directer und obliquer Form ist Xen. Ag. II, 31. ἐνταῦθα δὲ Ἀγησίλαος γνοὺς ὅτι εἰ μὲν μηδετέρῳ συλλήψοιτο, μισθὸν οὐδέτερος λύσει τοῖς Ἕλλησιν, ἀγορὰν δὲ οὐδέτερος παρέξει, ὁπότερός τ' ἂν κρατήσῃ, οὗτος ἐχθρὸς ἔσται. εἰ δὲ τῷ ἑτέρῳ συλλήψοιτο, οὗτός γε εὖ παθών, ὡς τὸ εἰκός, φίλος ἔσοιτο, οὕτω δὲ κρίνας, ὁπότερος φιλέλλην μᾶλλον ἐδόκει εἶναι, στρατευσάμενος μετὰ τούτου τὸν μὲν μισέλληνα μάχῃ νικήσας χειροῦται, τὸν δ' ἕτερον σιγκαθίστησι. VIII, 3. Ἐκεῖνος γὰρ ὅτ' ἦλθεν αὐτῷ ἐπιστολὴ παρὰ βασιλέως, ἣν ὁ μετὰ Καλλέα τοῦ Λακεδαιμονίου Πέρσης ἤνεγκε, περὶ ξενίας τε καὶ φιλίας αὐτοῦ, ταύτην μὲν οὐκ ἐδέξατο, τῷ δὲ φέροντι εἶπεν ἀπαγγεῖλαι βασιλεῖ ὡς ἰδίᾳ μὲν πρὸς αὐτὸν οὐδὲν δέοι ἐπιστολὰς πέμπειν, ἢν δὲ φίλος τῇ Λακεδαίμονι καὶ τῇ Ἑλλάδι εὔνους ὢν φαίνηται, ὅτι καὶ αὐτὸς φίλος ἀνὰ κράτος αὐτῷ ἔσοιτο· ἢν μέντοι, ἔφη, ἐπιβουλεύων ἁλίσκηται, μηδ' ἂν πάνυ πολλὰς ἐπιστολὰς δέχωμαι, φίλον ἕξειν με οἰέσθω.

Beispiele in Zeitbestimmungssätzen sind ferner: Thuc. I, 30. 58. 62. 90. 137. (μέχρι ohne ἄν), namentlich πρὶν ἄν Thuc. I, 91. Xen. Cyr. II, 2, 8, und in Bedingungssätzen Herod. VII, 3. 163. 168. 206. Thuc. I, 28. 44. 45. 58. 62. 65. 87. 93. 95. 102. 103. 105. 118. 126. 129. 132, während das auf ἤν mit Conj. zurückzuführende εἰ mit Opt. in demselben ersten Buche des Thukydides nur in folgenden Capiteln sich findet: 27. 49. 58. 72.

Ebenso bleibt der Conj. delib. häufig in der obliquen Rede. Herod. VII, 213. Ἀπορέοντος δὲ βασιλέος ὅ τι χρήσηται τῷ παρεόντι πρήγματι, Ἐπιάλτης ὁ Εὐρυδήμου ἀνὴρ Μηλιεὺς ἦλθέ οἱ ἐς λόγους. Thuc. I, 63. ἠπόρησε μὲν ὁποτέρωσε διακινδυνεύσῃ χωρίσας, 107. Xen. Mem. II, 1, 21. 23. III, 7, 6. Weitere Beispiele kamen oben beim Conj. delib. S. 182 vor.

Bemerkenswerth ist jedoch, dass zuweilen Conj. und Optativ in der Art wechseln, dass dadurch ein bestimmter Unterschied der Modalität beabsichtigt scheint. Fände sich dieser Wechsel blos in der Erzählung, so könnte man, wie es jedenfalls Od. III, 76 ff. geschehen muss (wenn anders dieser Vers ächt, und nicht aus I, 95 fälschlich hieher übergetragen ist), auf jene Freiheit der griechischen Sprache in der Gestaltung der obliquen Rede sich beziehen; da wir aber diesen Wechsel auch ausser der Erzählung finden, so müssen wir zur Erklärung des Opt. in seinem Verhältniss zum Conj. tiefer auf das Wesen beider Modi eingehen. Il. XVI, 646 ff. ἀλλὰ κατ' αὐτοὺς αἰὲν ὅρα, καὶ φράζετο θυμῷ
πολλὰ μάλ' ἀμφὶ φόνῳ Πατρόκλου μερμηρίζων,
ἢ ἤδη καὶ κεῖνον ἐπὶ κρατερῇ ὑσμίνῃ
αὐτοῦ ἐπ' ἀντιθέῳ Σαρπηδόνι φαίδιμος Ἕκτωρ
χαλκῷ δῃώσῃ, ἀπό τ' ὤμων τεύχε' ἕληται
ἢ ἔτι καὶ πλεόνεσσιν ὀφέλλειεν πόνον αἰπύν.

Bei flüchtiger Betrachtung der Stelle könnte man gerade den umgekehrten Gebrauch der Modi erwarten, δηώσαι und ὀφέλλῃ, sofern das, wofür sich Zeus nachher entscheidet, als das, womit er eigentlich umgeht, erscheinen kann. Anders wird man indessen bei genauerer Erwägung des Zusammenhangs urtheilen. Zeus nimmt an dem Loose Sarpedon's, wie billig, nahen Antheil; er möchte ihn gerne, soweit die ewige Schickung — die in dieser Stelle wenigstens als über Zeus stehend erscheint, sie sei nun der gemeinsame Götterbeschluss oder eine unbekannte geahnte Macht über den olympischen Göttern — es gestattet, schützen, und überlegt 435 ff., ob er nicht etwa den Lebenden seinem Sieger entreissen soll, und nur Here's Warnung bringt ihn von diesem Vorhaben ab; ja, um den Sohn zu ehren, breitet er schwarze Nacht über den Kampfplatz aus, damit der Streit um jenen noch verderblicher werde. Demgemäss neigt er sich vornehmlich dem Entschlusse zu, hier gerade über dem geliebten Todten auch Patroklos durch Hektor's Hand fallen zu lassen. Damit eigentlich geht er um, wie schon das φράζετο θυμῷ ἀμφὶ φόνῳ Πατρόκλου zu verstehen gibt. Neben diesen Gedanken, den individuelle Theilnahme eingibt, tritt aber eine andere von dem höheren Bewusstsein der Leitung des Ganzen dargebotene Erwägung, und diese letztere siegt ob. So wird man denn bei reiflicher Erwägung das Verhältniss der Modi hier vollkommen angemessen finden, δηώσῃ, weil diess zunächst es ist, womit Zeus umgeht, und ὀφέλλειν, weil diess blos als reine Erwägung hinzutritt, ohne Tendenz so zu handeln (vgl. S. 257 über Theocr. XXVII, 24). Herod. I, 53. Τοῖσι δὲ ἄγειν μέλλουσι τῶν Λυδῶν ταῦτα τὰ δῶρα ἐς τὰ ἱρὰ ἐνετέλλετο ὁ Κροῖσος ἐπειρωτᾶν τὰ χρηστήρια εἰ στρατεύηται ἐπὶ Πέρσας Κροῖσος καὶ εἴ τινα στρατὸν ἀνδρῶν προσθέοιτο φίλον. Dass hier Conj. und Opt. nicht etwa zufällig wechseln, oder blos die Erzählung diesen Wechsel mit sich bringt, erhellt daraus, dass nachher in directer Rede genau στρατεύηται und προσθέοιτο wiederholt wird. Es steht aber εἰ στρατεύηται, weil es um dieses zunächst sich handelt, und Krösos mit diesem Plane umgeht, εἰ προσθέοιτο, weil Letzteres nur unter Voraussetzung der Bejahung des Ersteren in Frage kommen kann.

β) Optativ ohne ἄν im Absichtssatze.

Was wir oben S. 246 für den Optativ im Wunschsatze geltend machten, dass in ihm das Begehren als ein rein subjectives erscheine, ohne dass es sich um die Verwirklichung des Wunsches handelte, oder dass darin das Bewusstsein, wie sich die Wirklichkeit dazu verhält, aufgenommen wäre, ist in gleicher Weise von dem Optativ im Absichtssatze zu bemerken. Die mit dem Optativ ausgedrückte Absicht erscheint als ein blos Subjectives, dem die Tendenz zur Verwirklichung, sowie die Vergleichung mit der Wirklichkeit fern bleibt.

Demgemäss steht der Optativ vornehmlich, wo eine Absicht erzählt wird, sofern es sich gewöhnlich bei einer der Vergangenheit angehörenden Absicht nicht mehr um die Verwirklichung handelt, und bei dem Wegfall einer solchen Tendenz die Absicht als etwas rein Subjectives sich darstellt. So finden wir den Optativ in der Erzählung bei

Ὄφρα. Il. IV, 299 f.   κακοὺς δ' ἐς μέσσον ἔλασσεν,
                    ὄφρα καὶ οὐκ ἐθέλων τις ἀναγκαίῃ πολεμίζοι.
Ebd. 465 f. Od. I, 261. III, 175. IV, 463. 473 f.
Bei ἵνα. Od. I, 132 ff.
    πὰρ δ' αὐτὸς κλισμὸν θέτο ποικίλον, ἔκτοθεν ἄλλων
    μνηστήρων· μὴ ξεῖνος ἀνιηθεὶς ὀρυμαγδῷ
    δείπνῳ ἁδδήσειεν, ὑπερφιάλοισι μετελθών,
    ἠδ' ἵνα μιν περὶ πατρὸς ἀποιχομένοιο ἔροιτο.
Ebd. 157. III, 2. 77. 438. IV, 70. (ἵνα μή) 584. Aesch. VII c. Th. 215. Andoc. in Alc. §. 15. 29. Xen. Cyr. I, 3, 4. cap. 6, 29. Οὐδὲ γὰρ τοξεύειν, οἶμαι, ἔφη, οὐδ' ἀκοντίζειν ἄνθρωπον ἐπετρέπομεν ὑμῖν, ἀλλ' ἐπὶ σκοπὸν βάλλειν ἐδιδάσκομεν, ἵνα γε νῦν μὲν μὴ κακουργοίητε τοὺς φίλους, εἰ δέ ποτε πόλεμος γένοιτο, δύναισθε καὶ ἀνθρώπων στοχάζεσθαι. Καὶ ἐξαπατᾶν καὶ πλεονεκτεῖν οὐκ ἐν ἀνθρώποις ἐπαιδεύομεν ὑμᾶς, ἀλλ' ἐν θηρίοις, ἵνα μηδ' ἐν τούτοις τοὺς φίλους βλάπτοιτε, εἰ δέ ποτε πόλεμος γένοιτο, μηδὲ τούτων ἀγύμναστοι εἶτε. Mit dem Opt. wird hier blos berichtet, welche Absicht die Perser hatten, als sie die genannten Einrichtungen trafen; wäre auf deren fortwährende Erreichung Rücksicht genommen, so würde statt des Opt. der Conj. gewählt sein. Ebd. §. 34. ἵνα μή. Isocr. Paneg. §. 84. (ἵνα μή) 104. Plato Phaedr. p. 228, b. Mit dem histor. Präsens: Eur. Hec. 10 ff. πολὺν δὲ σὺν ἐμοὶ χρυσὸν ἐκπέμπει λάθρα
        πατήρ, ἵν' εἴ ποτ' Ἰλίου τείχη πέσοι,
        τοῖς ζῶσιν εἴη παισὶ μὴ σπάνις βίου.
Bei ὡς. Il. II, 280 ff.
                    σιωπᾶν λαὸν ἀνώγει

ὡς ἅμα θ᾽ οἱ πρῶτοί τε καὶ ὕστατοι υἷες Ἀχαιῶν
μῦθον ἀκούσειαν, καὶ ἐπιφρασσαίατο βουλήν.
Od. III, 145. Aesch. Prom. 200. 203. 660. VII c. Th. 55. Xen. Cyr. I, 4. 17 (ὡς μή).
Ferner bei ὅπως. Aesch. Prom. 463. Eum. 669 ff. Soph. Phil. 351. Herod. I, 63 bei histor. Präsens: φευγόντων δὲ τούτων βουλὴν ἐνθαῦτα σοφωτάτην Πεισίστρατος ἐπιτεχνᾶται, ὅκως μήτε ἁλισθεῖεν ἔτι οἱ Ἀθηναῖοι διεσκεδασμένοι τε εἶεν. Xen. Anab. IV, 7, 19. ἐκ ταύτης τῆς χώρας ὁ ἄρχων τοῖς Ἕλλησιν ἡγεμόνα πέμπει, ὅπως διὰ τῆς ἑαυτῶν πολεμίας χώρας ἐπάγοι αὐτοῖς. Desgl. bei histor. Präsens Cyrop. I, 4, 7. Ausserdem §. 16. 25. cap. 6, 2. 12. 28. 33. Plato Phaedr. p. 277, a.
Endlich bei μή. Od. I, 134. IV, 527. Xen. Cyr. I, 4, 25. Καὶ ὁ Κῦρος δὲ ἐνταῦθα λέγεται εἰπεῖν, ὅτι ἀπιέναι βούλοιτο, μὴ ὁ πατήρ τι ἄχθοιτο, καὶ ἡ πόλις μέμφοιτο αὐτῷ. Andoc. in Alc. §. 15 (von φοβούμενος abhängig).

Wie wir aber kurz vorhin bei der obliquen Rede bemerkten, dass statt des ihr eigenthümlichen Optativs häufig (und zwar bei dem einen Schriftsteller häufiger als bei einem andern) die Formen der directen Rede eintreten, indem der Sprechende in die Gedanken und Aeusserungen, die er genauer als fremde referiren sollte, sich selber so versetzt, dass er den fremden Standpunkt zu seinem eigenen macht, so findet sich auch der Conj. unzählige Male, wo man als Ausdruck einer blos referirten Absicht, um deren Verwirklichung es sich auf dem wahren Standpunkt des Erzählenden nicht mehr handelt, den Opt. erwarten sollte. Der Grund dieser Erscheinung ist kein anderer, als dass der Erzählende seinen eigentlichen Standpunkt mit dem der Vergangenheit vertauscht, und indem er sich und seine Leser in die Ereignisse selber versetzt, auch die die Handlung begleitende Absicht als noch auf eine Verwirklichung gerichtet auffassen muss. In welchem Umfang aber die Geschichtschreiber den Conj. statt des Opt. in der Erzählung gebrauchen, kann schon aus folgender Zusammenstellung hervorgehen. Im siebenten Buche Herodot's finden wir, die Fälle von μή nach Verben des Befürchtens eingerechnet, bei der erzählten Absicht den Optativ in folgenden Stellen: c. 25 zweimal, c. 87. 176. 239. Den Conj. dagegen c. 5. 8 zu Anfang und §. 2. cap. 36 dreimal, c. 37. 38. 131. 149. 150. 168. 206. 218. 220. 221. 236; in dem ersten Buche des Thukydides findet sich der Opt. c. 55. 58. 109. 134. Der Conj.

cap. 31. 44. 50. 51. 52. 56. 57. 62. 64. 65. 87. 88. 91. 95. 99. 102. 119. 132. Vgl. Thuc. ed. Poppo p. I. de elocut. Thuc. c. XII, p. 141. Ein anderes Verhältniss ergibt sich bei Xenophon. Die beiden ersten Bücher der Kyropädie haben den Opt. für die erzählte Absicht in folgenden Stellen: I, 3, 4. cap. 4, 7. 16. 17. 25. c. 6, 2. 12. 28. 29 zweimal, 33. 34. II, 1, 11. 29 zweimal, 31. c. 4, 4. 17. 20. Den Conj. nirgends, obwohl, wenn ich nicht zufällig weitere Stellen übersehen habe, einmal nach ἐπιμέλεσθαι das Futur: II, 2, 1. Im Agesilaos findet sich für die erzählte Absicht der Opt.: I, 19. 21. 22. (in diesen drei Stellen nach ἐπιμέλεσθαι) 23. 28. II, 1, 8. (nach ἐπιμ. und ausserdem noch zweimal) 31. III, 4 (nach φοβεῖσθαι). V, 1. Der Conj. und das Futur nach ἐπιμελεῖσθαι VII, 7.

Wenn wir anerkennen mussten, dass am häufigsten diejenigen Absichtssätze den Opt. annehmen, in welchen die bei einer vergangenen Handlung stattfindende Absicht angegeben wird, so ist doch der Gebrauch des Optativs keineswegs auf diese Fälle beschränkt, wie wir ja auch nach historischen Zeiten den Conj. als regelmässig bezeichnen mussten, sobald es sich (von dem Standpunkt des Sprechenden aus) noch um die Verwirklichung der Absicht handelte. Es hat nämlich der Opt. auch ausser der Erzählung seine Stelle ganz natürlich da, wo bei der Absicht der dem Conj. eigenthümlich zukommende Begriff des Uebergehens in Wirklichkeit wegfällt, und somit die Absicht als etwas blos Subjectives, rein Gewünschtes oder rein Vorgestelltes, ohne eine Erwartung der Verwirklichung erscheint (vgl. Hermann zu Viger p. 906). Das bestätigt sich vor Allem an denjenigen Absichtssätzen, die von einem reinen, subjectiven Wunsche abhängig sind:

Aesch. Eum. 297. ἔλθοι — κλύει δὲ καὶ πρόσωθεν ὢν θεός —
ὅπως γένοιτο τῶνδ' ἐμοὶ λυτήριος.
Soph. Phil. 324. θυμὸν γένοιτο χειρὶ πληρῶσαί ποτε,
ἵν' αἱ Μυκῆναι γνοῖεν, ἡ Σπάρτη θ', ὅτι
χἠ Σκῦρος ἀνδρῶν ἀλκίμων μήτηρ ἔφυ.
Aj. 1218 ff. γενοίμαν, ἵν' ὑλᾶεν ἔπεστι πόν-
του πρόβλημ' ἁλίκλυστον, ἄ-
κραν ὑπὸ πλάκα Σουνίου
τὰς ἱερὰς ὅπως
προςείποιμεν Ἀθάνας.
Soph. Trach. 953 ff. Eur. Hec. 836 ff.
εἴ μοι γένοιτο φθόγγος ἐν βραχίοσι

καὶ χερσὶ καὶ κόμαισι καὶ ποδῶν βάσει
ἢ Δαιδάλου τέχναισιν ἢ θεῶν τινος,
ὡς πάνθ' ὁμαρτῆ σῶν ἔχοιτο γουνάτων
κλαίοντ' ἐπισκήπτοντα παντοίους λόγους.

Es ist klar, wesshalb in diesen Fällen der Optativ gebraucht wird. Wo sich an einen subjectiven, von aller Wirklichkeit absehenden Wunsch eine Absicht knüpft, kann auch diese nur rein subjectiv sein, und aller Wirklichkeit oder Verwirklichung fern liegen. Ferner finden wir den Absichtssatz im Optativ ausgedrückt, wenn er untergeordnet ist einer von aller Wirklichkeit oder Verwirklichung absehenden subjectiven Bedingung. Xen. Cyr. I, 6, 22. Καὶ εἰ δὴ πείσαις ἐπαινεῖν τέ σε πολλούς, ὅπως δόξαν λάβοις, καὶ κατασκευὰς καλὰς ἐφ' ἑκάστῳ αὐτῶν κτήσαιο, ἄρτι τε ἐξηπατηκὼς εἴης ἄν, καὶ ὀλίγῳ ὕστερον, ὅπου ἂν πεῖραν δοίης, ἐξεληλεγμένος ἂν καὶ προςέτι καὶ ἀλαζὼν φαίνοιο, oder auch wenn er durch eine solche Bedingung beschränkt ist. Cyr. IV, 2, 45. Οἶμαι δ', ἔφη, καὶ οἴκοι ἡμᾶς τούτου ἕνεκεν ἀσκεῖν καὶ γαστρὸς κρείσσους εἶναι καὶ κερδέων ἀφαίρων, ἵν', εἴ ποτε δέοι, δυναίμεθα αὐτοῖς συμφόρως χρῆσθαι. In beiden Fällen erscheint die Absicht rein als subjectiv, von der Verwirklichung absehend. In der ersten Stelle nämlich kann die Absicht, die eine subjective, rein in der Vorstellung beschlossene Annahme begleitet, selber nur rein subjectiv sein, in der zweiten kann die durch eine rein subjective Annahme bedingte Absicht selbst nur rein vorgestellt und subjectiv gefasst werden.

Aehnlich ist die von einer subjectiven Behauptung abhängige Absicht. Xen. Cyr. II, 4, 17. Ὁπότε δὲ σὺ προεληλυθοίης σὺν ᾗ ἔχοις δυνάμει, καὶ θηρῴης καὶ δὴ δύο ἡμέρας, πέμψαιμι ἄν σοι ἱκανοὺς ἱππέας καὶ πεζοὺς τῶν παρ' ἐμοὶ ἠθροισμένων, οὓς σὺ λαβὼν εὐθὺς ἀνίοις· καὶ αὐτὸς δὲ ἔχων τὴν ἄλλην δύναμιν πειρῴμην μὴ πρόσω ὑμῶν εἶναι, ἵνα εἴ που καιρὸς εἴη, ἐπιφανείην. Der ganze Plan gegen die Armenier von §. 14. εἰ θέλοις an wird zunächst nur als Gedanke, wie sich die Sache etwa gestalten könnte, behandelt, somit kann auch der subjectiven Behauptung, dass Kyaxares etwa noch weitere Truppen nachsenden wolle, nur eine subjective Absicht untergeordnet sein. In ähnlicher Weise ist Xen. Anab. III, 2, 36. Ἴσως οὖν ἀσφαλέστερον ἡμῖν πορεύεσθαι πλαίσιον ποιησαμένους τῶν ὅπλων, ἵνα τὰ σκευοφόρα καὶ ὁ πολὺς ὄχλος ἐν ἀσφαλεστέρῳ εἴη, der subjectiven Meinung, von der es noch zweifelhaft ist, ob sie Beifall findet, und vollzogen wird, eine rein subjective Absicht beigegeben, sofern von einer Verwirklichung noch nicht die Rede sein kann. Auch Xen. Ag. IX, 3. ὅπως γε μὴν καταδάρθοι, οὐδ' ἂν εἴποι τις ὅσα πραγματεύονται ist die subjective Fassung des Absichtssatzes durch den subjectiven Charakter des Hauptgedankens herbeigeführt.

Von dieser Wahrnehmung aus, dass wir als Glied eines subjectiven Vorstellungskreises die Absicht mit dem Optativ ausgedrückt finden, können wir nun auch über die Bedeutung des Optativs in anderen Fällen, nach Haupttemporibus nicht zweifelhaft sein, und man wird sich nicht für berechtigt halten können, da wo hds. Autorität für den Opt. entscheidet, und jene dem Opt. zukommende Beschränkung der Handlung auf eine subjective Sphäre, die des reinen Wunsches oder der reinen Vorstellung nicht unmöglich ist, blos der seit Dawes beobachteten Regel zu Gefallen, dass nämlich nach den Haupttempp. gewöhnlich der Conj. steht, und der Optativ meistens nach histor. Zeiten gebraucht wird, den Opt. in den Conj. zu ändern. Ein solcher Gebrauch des Opt., um die Absicht als etwas blos Subjectives zu bezeichnen, die unmittelbare Tendenz zur Verwirklichung, das zuversichtlichere Erwarten einer Erfüllung fern zu halten, und die Absicht in bescheidenerer Weise, mehr in der Form eines Wunsches auszudrücken, findet sich in folgenden Stellen:

Od. XVII, 249 f. τόν ποτ᾽ ἐγὼν ἐπὶ νηὸς ἐϋσσέλμοιο μελαίνης
ἄξω τῆλ᾽ Ἰθάκης, ἵνα μοι βίοτον πολὺν ἄλφοι.

Indem schon durch ποτέ die Handlung des regierenden Satzes in eine unbestimmte Zeit hinausgerückt, überhaupt dadurch die Behauptung gemildert wird, konnte natürlich auch nicht von einer unmittelbaren Tendenz zur Verwirklichung die Rede sein, und die Absicht erscheint somit als rein subjectiv.

Soph. Oed. C. 11. στῆσόν με κἀξίδρυσον, ὡς πυθοίμεθα,
ὅπου ποτ᾽ ἐσμέν.

Ohne Noth hat man πυθοίμεθα, die übereinstimmende Lesart der Hdss. aufgegeben. Der Zusammenhang rechtfertigt diesen Modus als den Umständen ganz angemessen. Oedipus weiss (aus Angaben von Wanderern V. 25) nur so viel, dass er in der Nähe von Athen ist, was es aber genau für ein Ort sei, an dem er sich jetzt eben befindet, ist ihm unbekannt; er bittet die Tochter, darüber Erkundigung einzuziehen; indessen erscheint es ihm zweifelhaft, ob diess auch möglich sein werde. Denn als Antigone V. 26 fragt:

ἀλλ' ὅστις ὁ τόπος, ἢ μάθω μολοῦσά ποι;

gibt er zur Antwort:

ναί, τέκνον, εἴπερ ἐστί γ' ἐξοικήσιμος.

So kann denn auch anfänglich jene Absicht mehr nur als Wunsch ausgesprochen sein, und der Conj., sofern er entschieden und zuversichtlich zu einem Ziele hinstrebt, erschiene minder passend. Wir müssen vielmehr anerkennen, dass auch dieser gemässigtere, gehaltenere Ausdruck ein von Sophokles beabsichtigter Zug zu dem Charakter ist, in welchem Oedipus gleich bei seinem ersten Auftreten sich ankündigt. — Ein ähnlicher Grund schützt den von den meisten und besten Hdss. (namentlich Laur. a und b) dargebotenen Optativ in Soph. El. 757.

καί νιν πυρᾷ κήαντες εὐθὺς ἐν βραχεῖ
χαλκῷ μέγιστον σῶμα δειλαίας σποδοῦ
φέρουσιν ἄνδρες Φωκέων τεταγμένοι,
ὅπως πατρῴας τύμβον ἐκλάχοι χθονός.

Der bescheidenere Ausdruck ist der angemessenere, sofern in ihm die Anerkennung liegt, dass die Gewährung von dem argivischen Fürsten abhängt. Auffallender ist der Opt.

Ebd. V. 53.   εἶτ' ἄψορρον ἥξομεν πάλιν
τύπωμα χαλκόπλευρον ἠρμένοι χεροῖν,
ὃ καὶ σὺ θάμνοις οἶσθά μοι κεκρυμμένον,
ὅπως λόγῳ κλέπτοντες ἡδεῖαν φάτιν
φέροιμεν αὐτοῖς,

Denn mit Monk und Neue den Optativ auf κεκρυμμένον zu beziehen, widerspricht offenbar dem Sinn des Zusammenhangs, demgemäss der Absichtssatz zu ἥξομεν gehört. Besser scheint Matthiä §. 518. 4. den Opt. durch die Bemerkung zu rechtfertigen, dass es doch immer zweifelhaft bleibe, ob das λόγοις κλέπτειν gelingen werde. Dagegen ist Eur. Iph. T. 1210.

Ἰφ. ἐν δόμοις μίμνειν ἅπαντας. Θ. μὴ ξυναντῴεν φόνῳ;

leicht klar, wesshalb der Optativ steht. Der Conjunctiv müsste so verstanden werden, dass Thoas, indem er das ἐν δόμοις μίμνειν ἅπαντας zu seiner eigenen Forderung macht, selbst dabei den Zweck gehabt hätte, dass die Bürger dem Mord fern bleiben. So aber forscht er vielmehr nach der Absicht, die Iphigenia bei diesem Begehren hatte, und der Opt. dient, um aus der Seele eines Andern eine Absicht anzuführen. So dürfte auch 1216 nach

Par. B. μόλις und Ald. μόλις der Optativ ὡς μόλοις vorzuziehen sein, wiewohl anerkannt werden muss, dass V. 1218 der Conj. μὴ παλαμναῖον λάβω gesichert ist, und dass die ganze Stelle ein Verderbniss erfahren hat, das uns durch G. Hermanns Aenderungen und Umstellungen noch nicht befriedigend beseitigt scheint. Bei Arist. Ran. 21 ff.

εἶτ᾽ οὐχ ὕβρις ταῦτ᾽ ἐστὶ καὶ πολλὴ τρυφὴ
ὅτ᾽ ἐγὼ μὲν ὢν Διόνυσος, υἱὸς Σταμνίου,
αὐτὸς βαδίζω καὶ πονῶ, τοῦτον δ᾽ ὀχῶ,
ἵνα μὴ ταλαιπωροῖτο μηδ᾽ ἄχθος φέροι;

erklärt Matthiä den Opt. daraus, dass die Absicht in die vergangene Zeit zurückverlegt werde. Da indessen selbst dann der Conj. statthaben könnte, sofern es sich jetzt noch um die Verwirklichung dieser Absicht handelte, so hat der Opt. vielmehr wohl darin seinen Grund, dass die Absicht, wie die Reden des Xanthias zeigen, nicht erreicht scheint. Plato de rep. III, p. 410, c. καὶ οἱ καθιστάντες μουσικῇ καὶ γυμναστικῇ παιδεύειν οὐχ οὗ ἕνεκά τινες οἴονται, καθιστᾶσιν, ἵνα τῇ μὲν τὸ σῶμα θεραπεύοιτο, τῇ δὲ τὴν ψυχήν; Stallbaum bemerkt richtig: „optativus ideo adhibetur, quia Socrates non e sua ipsius sententia rem affert, sed consilium, quod gymnastices conditores seculi sint, ex ipsorum mente indicat." Isocr. Phil. §. 154. Λοιπὸν οὖν ἐστι τὰ προειρημένα συναγαγεῖν, ἵν᾽ ὡς ἐν ἐλαχίστοις κατίδοις τὸ κεφάλαιον τῶν συμβεβουλευμένων. Leicht fühlt man auch hier den Unterschied des Optativs vom Conjunctiv. Während dieser die zuversichtlichere Tendenz und Erwartung, den Zweck zu erreichen, ausdrücken würde, ist mit dem Opt. der bescheidenere Ausdruck der Absicht, mehr in der Form eines Wunsches gewählt. Xen. Cyr. I, 6, 34. ὥσπερ γε καὶ περὶ ἀφροδισίων οὐ διαλεγόμεθα πρὸς τοὺς ἄγαν νέους, ἵνα μὴ πρὸς τὴν ἰσχυρὰν ἐπιθυμίαν αὐτοῖς ῥᾳδιουργίας προσγενομένης ἀμέτρως αὐτῇ χρῶντο οἱ νέοι. Der Gedanke ist: „damit nicht leichtfertige Grundsätze in ihnen aufkommen, und eine unmässige Befriedigung des Triebes herbeiführen. Das διαλέγεσθαι περὶ ἀφροδισίων würde nicht unmittelbar und nothwendig ein ἀμέτρως χρῆσθαι τῇ ἐπιθυμίᾳ, sondern zunächst vielleicht die ῥᾳδιουργία zur Folge haben, und aus dieser etwa die unmässige Befriedigung hervorgehen. Da also, wenn wir den zu Grunde liegenden affirmativen Satz erwägen, die Verwirklichung weiter hinaus läge, von andern zuvor vielleicht eintretenden Bedingungen abhienge, so steht ganz passend der Optativ. Aehnlich ebd. III, 1, 11. Καὶ γὰρ ἔστιν, ἔφη ὁ Κῦρος, καλὸν μάχεσθαι, ὅπως μή ποτέ τις δοῦλος μέλλοι γενήσεσθαι. Der Hauptgedanke selbst ist ein allgemeiner Satz ohne Beziehung auf einen vorliegenden oder eintretenden Fall; mit der Haupthandlung aber ist die Verwirklichung der Absicht nicht unmittelbar verknüpft, sondern man kann wohl kämpfen mit dem Wunsche, dadurch die Freiheit zu behaupten, aber zuversichtlich lässt sich dieser Erfolg nicht erwarten. Kann demgemäss nicht in Zweifel gezogen werden, dass die in der Natur des Conjunctivs und Optativs begründete Verschiedenheit ihrer Bedeutung auch im Absichtssatze, wenn gleich nicht überall, hervortritt, so wird es auch nicht befremden, beide Modi in solcher Verschiedenheit neben einander gestellt zu finden, denn es würde uns nur dieselbe Erscheinung wieder begegnen, deren wir S. 256 f. und 267 ff. erwähnten. Als ein solcher Fall lässt sich Eur. Hec. 1138 ff. betrachten:

ἔδεισα, μὴ σοὶ πολέμιος λειφθεὶς ὁ παῖς
Τροίαν ἀθροίσῃ καὶ ξυνοικίσῃ πάλιν,
γνόντες δ᾽ Ἀχαιοὶ ζῶντα Πριαμιδῶν τινα
Φρυγῶν ἐς αἶαν αὖθις ἄρειαν στόλον,
κἄπειτα Θρῄκης πεδία τρίβοιεν τάδε
ληλατοῦντες, γείτοσιν δ᾽ εἴη κακὸν
Τρώων, ἐν ᾧπερ νῦν, ἄναξ, ἐκάμνομεν.

Der Conj. scheint gewählt, um das zunächst Bevorstehende und Befürchtete auszudrücken, der Optativ für das, was erst nach dem Eintreten des Letzteren erwartet werden kann.

γ) Optativ ohne ἄν als Ausdruck des rein Gedachten.

Die völlig subjective Natur des Optativs zeigt sich ferner auf's Klarste in den Fällen, wo er in der Bedingung, im Relativ- und Zeitbestimmungssatze als Ausdruck des abstracten, von aller Wirklichkeit absehenden Denkens, des subjectiven Setzens und Fingirens steht.

Beispiele von εἰ mit dem Optativ, und zwar erstlich zugleich mit dem Opt. und ἄν im Nachsatz liefern unter andern folgende Stellen:

Il. I, 255 ff. ἦ κεν γηθήσαι Πρίαμος, Πριάμοιό τε παῖδες,
ἄλλοι τε Τρῶες μέγα κεν κεχαροίατο θυμῷ,
εἰ σφῶϊν τάδε πάντα πυθοίατο μαρναμένοιϊν,

Herod. VII, 9, 3. ferner 16. 49. 50. 104. 135. 152. 214. 237.

Thuc. I, 70, 120. 140. Xen. Cyr. I, 1, 4. c. 3. 9. c. 4, 11. c. 6. 22. 26. II, 4, 11. Ages. I, 9. IX, 7. X, 1. Plato Lys. p. 219, d—e.
Beispiele **ohne bestimmte Apodosis** sind Herod. VII, 162. Xen. Cyr. I, 6, 41. cap. 6, 43. Ages. IV, 1. V, 5.
Beispiele des **Indicativs** in der Apodosis sind: Herod. VII, 4. 101. Thuc. I, 121. Cyr. I, 6, 41. cap. 6, 43.
Mit **Infinitiv und** ἄν Thuc. I, 120. 140. Cyr. I, 5, 10. c. 6, 39. Ages. II, 7.
Mit **Particip und** ἄν Herod. VII, 15.

In diesen, wie in allen andern Stellen wird man εἰ mit Opt. von der rein gedachten Annahme gebraucht finden, der alle Rücksicht auf Wirklichkeit und Verwirklichung fremd ist. Man prüfe z. B. Plato Lys. p. 219, d—e. ἐάν τίς τι περὶ πολλοῦ ποιῆται, οἱόνπερ ἐνίοτε πατὴρ υἱὸν ἀντὶ πάντων τῶν ἄλλων χρημάτων προτιμᾷ — ὁ δὴ τοιοῦτος ἕνεκα τοῦ τὸν υἱὸν περὶ παντὸς ἡγεῖσθαι ἆρα καὶ ἄλλο τι ἂν περὶ πολλοῦ ποιοῖτο; οἷον εἰ αἰσθάνοιτο αὐτὸν κώνειον πεπωκότα, ἆρα περὶ πολλοῦ ποιοῖτ᾽ ἂν οἶνον, εἴπερ τοῦτο ἡγοῖτο τὸν υἱὸν σώσειν; Τί μήν; ἔφη. Οὐκοῦν καὶ τὸ ἀγγεῖον, ἐν ᾧ ὁ οἶνος ἐνείη; Dass jemand etwas hochschätzt, musste als fortwährend in Wirklichkeit tretend angenommen, also mit ἐάν und Conj. ausgedrückt werden; dagegen erscheint die Voraussetzung, dass ein Vater bemerke, sein von ihm über alles geliebter Sohn habe Schierling getrunken, als eine rein subjective, gedachte, die in keiner Weise als wiederholt sich verwirklichend angenommen werden kann. Zugleich müssen dann alle weiteren Voraussetzungen, die dieser ersten untergeordnet sind, εἰ ἡγοῖτο, ἐν ᾧ ἐνείη ebenfalls als rein gedachte erscheinen. Ferner Xen. Cyr. I, 3, 9. Οἱ δ᾽ ἄρα τῶν βασιλέων οἰνοχόοι, ἐπειδὰν διδῶσι τὴν φιάλην, ἀρύσαντες ἀπ᾽ αὐτῆς τῷ κυάθῳ εἰς τὴν ἀριστερὰν χεῖρα ἐγχεάμενοι καταρροφοῦσι, τοῦ δή, εἰ φάρμακα ἐγχέοιεν, μὴ λυσιτελεῖν αὐτοῖς. Man setze an die Stelle von εἰ ἐγχέοιεν einen andern Modus, und man wird sofort das Unpassende erkennen. Weder würde sich der Indic. der Haupttempora eignen, da in Verbindung mit der Absicht die allgemeine Formel: „wenn Diess, so Jenes" unanwendbar wäre, noch könnte der Conj. mit ἄν stehen, da durch diesen der Fall — und zwar in einem allgemeinen Satz als wiederholt — eintretend gesetzt und die Vorstellung erweckt würde, als käme die Sache öfter vor; ein Urtheil, das Xenophon gewiss nicht fällen wollte, noch wäre hinwiederum der Ind. der hist. Zeiten so angemessen, da mit diesem die Nichtwirklichkeit vorausgesetzt wäre. Vielmehr ist es ein blos denkbarer und gedachter Fall. Man vergleiche damit zu Anfang desselben §: Κέλευσον δή, φάναι, ὦ πάππε, τὸν Σάκαν καὶ ἐμοὶ δοῦναι τὸ ἔκπωμα, ἵνα κἀγὼ καλῶς σοι πιεῖν ἐγχέας ἀνακτήσωμαί σε, ἢν δύνωμαι. Hier wird die Tendenz, den Grossvater zu gewinnen, von Kyros ausgesprochen und bethätigt; es handelt sich darum, ob ihm diess gelingen werde, oder nicht; aber die Möglichkeit muss natürlich, zur Erreichung der Absicht, als eintretend gesetzt werden. So steht auch ἐπειδὰν διδῶσι τὴν φιάλην, weil diese Handlung als eine (öfter) sich verwirklichende vorausgesetzt wird. So steht Herod. VII, 104. εἰ δὲ ἀναγκαίη εἴη, ἢ μέγας τις ὁ ἐποτρύνων ἀγών, μαχοίμην ἂν πάντων ἥδιστα ἑνὶ τουτέων τῶν ἀνδρῶν, οἳ Ἑλλήνων ἕκαστός φησι τριῶν ἄξιος εἶναι, denn der Fall liegt ausser aller Erwartung und ist rein vorgestellt. Ebd. 135. οὕτω δὴ καὶ ὑμεῖς εἰ δοίητε ὑμέας αὐτοὺς βασιλέϊ — ἕκαστος ἂν ὑμέων ἄρχοι γῆς Ἑλλάδος δόντος βασιλέος. Läge eine eigentliche Aufforderung an die Lakedämonier zu Grunde, sich dem König zu ergeben, so stünde nothwendig ἐὰν δῶτε. Von einer solchen Aufforderung kann aber natürlich hier nicht die Rede sein; der Fall wird vielmehr ganz allgemein und abstract aufgestellt. Ebenso ist auch am Schluss desselben Cap. εἰ γὰρ αὐτῆς (τῆς ἐλευθερίης) πειρήσαιο, οὐκ ἂν δόρασι συμβουλεύοις ἡμῖν περὶ αὐτῆς μάχεσθαι, ἀλλὰ καὶ πελέκεσι, an eine Verwirklichung der Voraussetzung nicht zu denken; dagegen könnte εἰ — ἐπειρήθης stehen, obwohl es angemessener erscheint, den Fall als rein gedacht, somit gleichsam in der Mitte stehend zwischen ἐάν mit Conj. und εἰ mit dem Ind. des hist. Tempus zu bezeichnen. — Die ganz abstracte Natur dieser Form der Bedingung tritt auch in den zum Behuf einer Vergleichung gemachten Annahmen hervor. Xen. Cyr. I, 4, 11. Ὦ παῖδες, ὡς ἄρα ἐφλυαροῦμεν, ὅτε τὰ ἐν τῷ παραδείσῳ θηρία ἐθηρῶμεν· ὅμοιον ἔμοιγε δοκεῖ εἶναι οἷόνπερ εἴ τις δεδεμένα ζῶα θηρῴη. Es ist eine rein gedachte Annahme, wobei an eine Wirklichkeit nicht gedacht wird. Aehnlich I, 5, 10. I, 6, 19. τοῦτό γε (τὸ ἐλπίδας ἐμποιεῖν ἀνθρώποις) τοιοῦτόν ἐστιν, οἷόν περ εἴ τις κύνας ἐν θήρᾳ ἀνακαλοῖτο ἀεὶ τῇ κλήσει, ἥπερ, ὅταν τὸ θηρίον ὁρᾷ. Es darf nicht befremden, dass nachher mit ἢν ψεύδηται fortgefahren, also der anfänglich rein subjectiv gesetzte Fall nachher als ein wirklich eintretender behandelt wird. Denn es ist diess der griechischen Sprache durchaus angemessen, wovon uns schon die bei Homer übliche Behandlung der Gleichnisse überzeugen kann. Ein ganz ähnlicher Uebergang aber von der subjectiven Voraussetzung zu der Voraussetzung eines eintretenden Falles findet sich Plato Crito p. 50, a. εἰ μέλλουσιν ἡμῖν ἐνθένδε εἴτε ἀποδιδράσκειν, εἴθ᾽ ὅπως δεῖ ὀνομάσαι τοῦτο, ἐλθόντες οἱ νόμοι καὶ τὸ κοινὸν τῆς πόλεως ἐπιστάντες ἔροιντο· worauf c. folgt: τί οὖν; ἂν εἴπωσιν οἱ νόμοι. In gleicher Weise Dem. de reb. Chers. §. 34. εἰ λόγον ἡμᾶς ἀπαιτήσειαν οἱ Ἕλληνες und §. 37. ἂν ταῦτα λέγωσι. Weitere Beispiele der rein subjectiven Voraussetzung zum Behuf einer Vergleichung sind Xen. Cyr. I, 6, 46. Οὕτω ἥ γε ἀνθρωπίνη σοφία οὐδὲν μᾶλλον οἶδε τὸ ἄριστον αἱρεῖσθαι, ἢ εἰ κληρούμενος, ὅ τι λάχοι, τοῦτο πράσσοι. Ages. X, 1. Ταῦτα γάρ, οὐχ ὥσπερ, εἰ θησαυρῷ τις ἐντύχοι, πλουσιώτερος ἂν εἴη, οἰκονομικώτερος δὲ οὐδὲν ἄν, καὶ εἰ νόσου δὲ πολεμίοις ἐμπεσούσης κρατήσειεν, εὐτυχέστερος μὲν ἂν εἴη, στρατηγικώτερος δὲ οὐδὲν ἄν.

Ganz in der gleichen Bedeutung stehen die **Relativ- und die Zeitpartikeln** mit dem Opt. Man vergleiche z. B.
Il. III, 299 f. ὁππότεροι πρότεροι ὑπὲρ ὅρκια πημήνειαν,
ὧδέ σφ᾽ ἐγκέφαλος χαμάδις ῥέοι, ὡς ὅδε οἶνος.
Es durfte der Fall blos als ein denkbarer angenommen, nicht aber (mit dem Conj.) sein Eintreten vorausgesetzt werden.
Il. XXIII, 494. καὶ δ᾽ ἄλλῳ νεμεσᾶτον, ὅτις τοιαῦτά γε ῥέζοι, vgl. Od. VI, 286. Ferner Il. XII, 228 f. XIII, 117 f. 322 f. 343 f. Od. I, 228 f. IV, 222 ff. XIV, 402 ff. Herod. VII, 49. ὦ βασιλεῦ, οὔτε στρατὸν τοῦτον, ὅστις γε σύνεσιν ἔχοι, μέμφοιτ᾽ ἄν, wo ὅστις auch ohne Anstand mit εἴ τις vertauscht werden könnte. Xen. Cyr. I, 6, 3. Μέμνημαι γάρ, ἔφη, ἀκούσας ποτέ σου, ὅτι εἰκότως ἂν καὶ παρὰ θεῶν πρακτικώτερος εἴη ὥσπερ καὶ παρὰ ἀνθρώπων, ὅστις μὴ ὁπότε ἐν ἀπόροις εἴη, τότε κολακεύοι, ἀλλ᾽ ὅτε τὰ ἄριστα πράσσοι, τότε μάλιστα τῶν θεῶν μεμνῇτο. Sicherlich könnte der Gedanke auch in folgender Form erscheinen: ὅτι πρακτικώτερος ἔσται, ἂν μή, ὁπόταν ἐν ἀπόροις ᾖ, τότε κολακεύῃ u. s. w., aber nicht ohne eine merkliche Veränderung der Art des Ausdrucks. Mit dem Futur nämlich und dem Conj. mit ἄν würde der Fall als ein wirklicher behandelt; durch das Fut. Ind. würde objectiv behauptet: „der wird eher auswirken;" mit dem Conj. und ἄν würde, dass Manche nur in den Zeiten der Noth den Göttern schmeicheln, als ein (wiederholt) eintretender

Fall gesetzt; dagegen ist in der Fassung, welche der Gedanke wirklich hat, der Fall nur subjectiv in der Vorstellung gesetzt, und unter dieser Voraussetzung ein subjectives Urtheil gefällt; das Ganze mithin ausser dem Bereich der Wirklichkeit gehalten. Obwohl man also zugeben muss, dass in einer Menge von Stellen der Sprechende die eine wie die andre Fassung des Gedankens wählen konnte, so ist doch damit nicht zugegeben, dass die Form des Gedankens bei den verschiedenen Fassungen sich gleich bleibe oder die eine Form der Intention des Schriftstellers ebenso entspreche, wie die andre. Man vergleiche noch die folgenden ähnlichen Beispiele des Relativsatzes mit dem Opt. Cyrop. I, 6, 19. τοῦ μὲν αὐτὸν λέγειν, ἃ μὴ σαφῶς εἰδείη ϛείδεσθαι δεῖ. II, 4, 10. 23. Ages. I, 27. ὅπου γὰρ ἄνδρες θεοὺς μὲν σέβοιεν, πολεμικὰ δὲ ἀσκοῖεν, πειθαρχίαν δὲ μελετῷεν, πῶς οὐκ εἰκὸς ἐνταῦθα πάντα μεστὰ ἐλπίδων ἀγαθῶν εἶναι; IV, 2, ὃς δὲ δὴ καὶ χάριτας ἀποστερεῖν μὴ ἐθέλοι — πῶς, ἅ γε καὶ νόμος κωλύει, ἐθέλοι ἂν ἀποστερεῖν; Plato de rep. V. p. 455, b. ἆρα οὕτως ἔλεγες, τὸν μὲν εὐφυῆ πρός τι εἶναι, τὸν δὲ ἀφυῆ, ἐν ᾧ ὁ μὲν ῥᾳδίως τι μανθάνοι, ὁ δὲ χαλεπῶς; indessen lässt sich das letztere Beispiel, sowie Cyrop. I, 6, 19. auch als innere Bestimmung eines abstracten Begriffs auffassen, von welchem Gebrauche des Opt. nachher die Rede sein wird.

Ebenso klar ist der Gebrauch der Zeitpartikeln mit dem Opt. zum Ausdruck einer rein subjectiven Voraussetzung.
Il. IV, 261 ff. εἴπερ γάρ τ' ἄλλοι γε καρηκομόωντες Ἀχαιοὶ
δαιτρὸν πίνωσιν, σὸν δὲ πλεῖον δέπας αἰεὶ
ἕστηχ' ὥσπερ ἐμοί, πιέειν, ὅτε θυμὸς ἀνώγοι.
„wann du etwa Lust haben solltest."
XIII, 317 ff. αἰπύ οἱ ἐσσεῖται μάλα περ μεμαῶτι μάχεσθαι,
κείνων νικήσαντι μένος καὶ χεῖρας ἀάπτους
νῆας ἐνιπρῆσαι, ὅτε μὴ αὐτός γε Κρονίων
ἐμβάλοι αἰθόμενον δαλὸν νήεσσι θοῇσιν.
wenn nicht Kronion selber den Feuerbrand in die Schiffe werfen sollte. Dieser Fall kann weder als in Wirklichkeit tretend, noch auch als unmöglich vorausgesetzt werden, sondern nur als rein vorgestellt. Od. V, 188 f. XI, 375 f. XII, 114. XXI, 116. XXIII, 184 ff. Xen. Cyr. I, 3. 11. Στὰς ἄν, ὥσπερ οὗτος, ἐπὶ τῇ εἰσόδῳ, ἔπειτα, ὁπότε βούλοιτο παριέναι ἐπ' ἄριστον, λέγοιμ' ἄν, ὅτι οὔπω δυνατὸν τῷ ἀρίστῳ ἐντυχεῖν. Es ist deutlich, dass der Fall ganz als gedachter bezeichnet werden musste, mit ὁπόταν —

βούληται würde Kyros die unpassende Voraussetzung ausdrücken, dass Astyages ihm seine sonderbare Bitte gewähren wolle. I, 5, 10 Εἰ δέ τινες ταῦτα ἐκπονήσαντες πρίν τινα καρπὸν ἀπ᾽ αὐτῶν κομίσασθαι περιεῖδον αὐτοὺς γήρᾳ ἀδυνάτους γενομένοις, ὅμοιον ἔμοιγε δοκοῦσι πεπονθέναι, οἷον εἴ τις γεωργὸς ἀγαθὸς προθυμηθεὶς γενέσθαι καὶ εὖ σπείρων καὶ εὖ φυτεύων, ὁπότε καρποῖσθαι ταῦτα δέοι, ἐῴη τὸν καρπὸν ἀσυγκόμιστον εἰς τὴν γῆν πάλιν καταρρεῖν. Von ὁπότε δέοι muss natürlich dasselbe gelten, was von εἰ ἐῴη (vgl. oben). In gleicher Weise ist I, 6, 3, ὁπότε ἐν ἀπόροις εἴη dem ὅςτις μὴ τότε κολακεύοι untergeordnet, und fällt daher auch in dieselbe Sphäre der rein subjectiven Setzung. I, 6, 18 tritt zu ὁπότε δέοι eine Apodosis mit Inf. und ἄν. Ebd. §. 26. Es ist klar, dass man in ὁπότε σοι ἤδη ἔχοιεν das σοί nicht so verstehen darf, als komme der Vater gerade in den Fall; dagegen spräche der Nachsatz οὐκ ἂν τηνικαῦτα σωφρονεῖν ἄν τίς σοι δοκοίη, es ist jenes σοί vielmehr der in familiärer Rede so häufig vorkommende Dat. comm. II, 4, 11. Πρὸς μὲν οὖν σὲ πάντα ὁρᾶν, ὃν αἰσθάνομαι πολλὰ δαπανῶντα, ἄτοπόν μοι δοκεῖ εἶναι· σκοπεῖν δ᾽ ἀξιῶ κοινῇ καὶ σὲ καὶ ἐμέ, ὅπως σε μὴ ἐπιλείψει χρήματα. Ἐὰν γὰρ σὺ ἄφθονα ἔχῃς, οἶδ᾽ ὅτι καὶ ἐμοὶ ἂν εἴη λαμβάνειν, ὁπότε δεοίμην, ἄλλως τε καὶ εἰ εἰς τοιοῦτόν τι λάβοιμι, ὃ μέλλοι καὶ σοὶ δαπανηθὲν βέλτιον εἶναι. Es ist keinem Zweifel unterworfen, dass an und für sich dem Kyros auch die bestimmtere Sprache: οἶδ᾽ ὅτι καὶ ἐμοὶ ἔσται λαμβάνειν, ὁπόταν δέωμαι beigelegt werden konnte; aber man wird auch nicht verkennen, dass die bescheidenere Sprache, die in der Form der subjectiven Behauptung, und der dadurch herbeigeführten subjectiven Voraussetzung liegt, die angemessenere ist. Von II, 4, 17 ist bereits S. 272 erinnert worden, dass der Plan wider die Armenier zunächst blos als Gedanke, wie etwa die Sache sich ausführen lasse, behandelt werde.

Es bestätigt sich der rein subjective Charakter des mit dem Optativ ausgedrückten Bedingungs-, Relativ-, Zeitbestimmungssatzes ferner durch die Beobachtung, dass diese Sätze, wenn sie Nebenbestimmungen eines subjectiven Wunsches, einer subjectiven Behauptung sind, ebenfalls in den Optativ treten, sofern die Nebenbestimmung in dieselbe Sphäre fällt, welcher der Hauptgedanke angehört. Man vergleiche folgende Nebenbestimmungen eines subjectiven Wunsches oder einer Concession.

Il. V, 212 ff. εἰ δέ κε νοστήσω, καὶ ἐσόψομαι ὀφθαλμοῖσιν
πατρίδ᾽ ἐμὴν ἄλοχόν τε καὶ ὑψερεφὲς μέγα δῶμα,
αὐτίκ᾽ ἔπειτ᾽ ἀπ᾽ ἐμεῖο κάρη τάμοι ἀλλότριος φώς,
εἰ μὴ ἐγὼ τάδε τόξα φαεινῷ ἐν πυρὶ θείην
χερσὶ διακλάσσας· ἀνεμώλια γάρ μοι ὀπηδεῖ.
VI, 57 ff. τῶν μήτις ὑπεκφύγοι αἰπὺν ὄλεθρον,
χεῖράς θ᾽ ἡμετέρας· μηδ᾽ ὄντινα γαστέρι μήτηρ
κοῦρον ἐόντα φέροι, μηδ᾽ ὃς φύγοι.
Il. XXI, 428 f. Τοιοῦτοι νῦν πάντες, ὅσοι Τρώεσσιν ἀρωγοὶ
εἶεν, ὅτ᾽ Ἀργείοισι μαχοίατο θωρηκτῇσιν,
Od. I, 47. XII, 106. XV, 359. XVIII, 141 ff. 146 ff. Auch Il. III, 299 ff. konnte hieher gezogen werden. Mimn. I, 2.
Soph. Phil. 528 f. μόνον θεοὶ σώζοιεν ἔκ γε τῆςδε γῆς
ἡμᾶς, ὅποι τ᾽ ἐνθένδε βουλοίμεσθα πλεῖν.
Trach. 953 ff. Arist. Pax 1072. Equitt. 694.

Von einer bloss subjectiven Absicht erscheint der Relativsatz oder Zeitbestimmungssatz abhängig Xen. Ag. II, 8. ἐνέπλησε δὲ καὶ φρονήματος τὰς ψυχὰς αὐτῶν, ὡς ἱκανοὶ εἶεν πρὸς οὕς τινας δέοι μάχεσθαι, von einer subjectiven Behauptung
Od. VIII, 239 f. ὡς ἂν σὴν ἀρετὴν βροτὸς οὔτις ὄνοιτο,
ὅστις ἐπίσταιτο ᾗσι φρεσὶν ἄρτια βάζειν.
Il. VI, 521. Xen. Cyr. I, 3, 11 Ἐπειδὰν δὲ πάνυ σπουδάζοι φαγεῖν, εἴποιμ᾽ ἄν, ὅτι παρὰ ταῖς γυναιξίν ἐστιν· ἕως παρατείναιμι τοῦτον, ὥσπερ οὗτος ἐμὲ παρατείνει ἀπὸ σοῦ κωλύων.

Namentlich ist auch in Beziehung auf πρίν zu bemerken, dass es mit dem Optativ construirt erscheint in Abhängigkeit von einem subjectiven Wunsche
Soph. Phil. 961. ὄλοιο μήπω πρὶν μάθοιμ᾽, εἰ καὶ πάλιν
γνώμην μετοίσεις.
Trach. 657. Oder von einer subjectiven Behauptung:
Theogn. 125 f. οὐ γὰρ ἂν εἰδείης ἀνδρὸς νόον οὔτε γυναικός,
πρὶν πειρηθείης, ὥσπερ ὑποζυγίου.
Soph. Oed. R. 505.

Endlich steht auch der Relativsatz im Optativ, wo er Nebenbestimmung eines Abstractums ist. Wir haben zwar oben S. 91 ff. gesehen, dass die griechische Sprache in solchem Fall vorzugsweise den Indicativ, besonders wo die Handlung in die Zukunft fällt, den Ind. Fut. gebraucht; indessen wie wir, sobald der Relativsatz negativer Art ist, μή gebraucht sehen, aus keinem andern Grunde, als weil der Relativsatz Bestimmung eines abstracten Begriffs ist, also auch unter dem Einfluss der Abstraction, der Subjectivität steht, so kann es nicht befremden, solche Sätze, auch wo sie affirmativ sind, ganz als Abstractionen, als etwas rein Vorgestelltes durch den Optativ ausgedrückt zu sehen. Dass in andern Stellen der Opt. mit ἄν steht, darf uns nicht mit Matthiä §. 528 Anm. bestimmen, hier ἄν ausgelassen zu denken. Denn sowie in solchen Relativsätzen, wenn sie sich selbständiger und mehr als äusserliche Zusätze von dem regierenden Satz ablösen, der Indicativ steht so gut kann auch als Milderung der objectiven Behauptung überall der Opt. mit ἄν eintreten. Dagegen ist der im Optativ ausgedrückte Relativsatz recht eigentlich als innere Bestimmung eines Abstractums zu betrachten. Man vgl.

Il. XXII, 348. ὥς οὐκ ἔσθ᾽, ὅς σῆς γε κύνας κεφαλῆς ἀπαλάλκοι. Das Relativ bezieht sich hier auf eine rein gedachte Person, einen abstracten Begriff, wie denn die lat. Sprache hier entschieden den Conj. erfordern würde. Ganz derselbe Fall ist in folgenden Stellen: Od. V, 237 ff. ἦρχε δ᾽ ὁδοῖο

νήσου ἐπ᾽ ἐσχατιῆς, ὅθι δένδρεα μακρὰ πεφύκει,
κλήθρη τ᾽ αἴγειρός τ᾽ ἐλάτη τ᾽ ἦν οὐρανομήκης,
αὖα πάλαι, περίκηλα, τά οἱ πλώοιεν ἐλαφρῶς.

Offenbar sollen die Bäume nach ihrer Beschaffenheit beschrieben, und unter einer gemeinsamen Eigenschaft zusammengefasst werden. Diese Zusammenfassung ist eine rein subjective Auffassung mit Rücksicht auf den vorliegenden Zweck. Darum mag man auch diesen Relativsatz, wie so oft im Lat., in einen Absichtssatz auflösen. Aus diesem Gebrauch des Opt. erklärt sich vielleicht auch (obwohl dann οὐ abweichen würde)

Il. V, 302. ὁ δὲ χερμάδιον λάβε χειρὶ
Τυδείδης, μέγα ἔργον, ὃ οὐ δύο γ᾽ ἄνδρε φέροιεν,
οἷοι νῦν βροτοί εἰσ᾽·

„einen solchen Stein, dass ihn nicht einmal zwei Männer trügen." Vgl. XX, 285 f. Ganz ähnlich ist Xen. Anab. V, 4, 25. δόρατα — παχέα, μακρά, ὅσα ἀνὴρ φέροι μόλις. Auch lassen sich mehrere der oben angeführten Stellen hieher ziehen: Il. VI, 521. XIII, 321. XIV, 90 f. Od. VIII, 239, indem man zweifelhaft sein kann, ob sie schicklicher in hypothetischem Sinne, oder als innere wesentliche Bestimmung eines vorangegangenen abstracten Begriffs aufgefasst werden, und vielleicht wird in letzterer Weise die eigentliche Beschaffenheit dieser Sätze richtiger bezeichnet.

Aesch. Prom. 291 f. οὐκ ἔστιν, ὅτῳ μείζονα μοῖραν
νείμαιμ᾽ ἢ σοί.
Choëph. 172. οὐκ ἔστιν, ὅστις πλὴν ἐμοῦ κείραιτό νιν.
Soph. Oed. R. 979. εἰκῇ κράτιστον ζῆν, ὅπως δύναιτό τις.
Offenbar bezieht sich ὅπως auf den ausgelassenen Begriff: *so, in der Weise.*
Oed. Col. 1172. καὶ τίς ποτ᾽ ἐστίν, ὅν γ᾽ ἐγὼ ψέξαιμί τι;
„wer ist wohl der Mann, den ich verwerfen soll?"
Antig. 666. ἀλλ᾽ ὃν πόλις στήσειε, τοῦδε χρὴ κλύειν.
Eur. Alc. 52. ἔστ᾽ οὖν ὅπως Ἄλκηστις ἐς γῆρας μόλοι;
Iph. T. 592. Arist. Ran. 96 f., welche Stelle auch der kurz vorher erwähnten Classe beigezählt werden könnte.

γόνιμον δὲ ποιητὴν ἂν οὐχ εὕροις ἔτι
ζητῶν ἄν, ὅςτις ῥῆμα γενναῖον λάκοι.

Thesm. 871 ff. τίς τῶνδ᾽ ἐρυμνῶν δωμάτων ἔχει κράτος,
ὅςτις ξένους δέξαιτο ποντίῳ σάλῳ
κάμνοντας ἐν χειμῶνι καὶ ναυαγίαις;

wozu Fritzsche unpassend bemerkt: „opinio et conjectura expromitur ut de homine plane incerto."
Xen. Mem. I, 5, 4. ἐν συνουσίᾳ δὲ τίς ἂν ἡσθείη τῷ τοιούτῳ, ὃν εἰδείη τῷ ὄψῳ τε καὶ τῷ οἴνῳ χαίροντα μᾶλλον ἢ τοῖς φίλοις; Unstreitig steht der Optativ, weil die Person oder der Fall rein fingirt, abstract ist. Plato Euthyd. p. 292, c. ὅπερ ἔλεγον, τοῦ ἴσου ἡμῖν ἐνδεῖ ἢ ἔτι πλέονος πρὸς τὸ εἰδέναι, τίς ποτ᾽ ἐστὶν ἡ ἐπιστήμη ἐκείνη, ἢ ἡμᾶς εὐδαίμονας ποιήσειε; Andoc. de pace §. 1. Ὅτι μὲν εἰρήνην ποιεῖσθαι δικαίαν ἄμεινόν ἐστιν, ἢ πολεμεῖν, δοκεῖτέ μοι, ὦ Ἀθηναῖοι, πάντες γινώσκειν· ὅτι δὲ οἱ ῥήτορες τῷ μὲν ὀνόματι τῆς εἰρήνης συγχωροῦσι, τοῖς δ᾽ ἔργοις, ἀφ᾽ ὧν ἡ εἰρήνη γένοιτο, ἐναντιοῦνται, τοῦτο δὲ οὐ πάντες αἰσθάνεσθε. De red. §. 19. ὑμῖν δὲ οὐκ εἰσὶν ἕτεροι, ὑφ᾽ ὧν αἰτίαν ἔχοιτε. Isocr. Areop. §. 29. οὐδὲ τὰς μὲν ἐπιθέτοις ἑορτάς, αἷς ἑστίασίς τις προςείη, μεγαλοπρεπῶς ἦγον, ἐν δὲ τοῖς ἁγιωτάτοις τῶν ἱερῶν ἀπὸ μισθωμάτων ἔθυον. Dem. ad Pol. §. 23. ἐξ ὧν τίνα οὐκ οἴεσθε, ὦ ἄνδρες δικασταί, τοῖς στρατιώταις ἀθυμίαν ἐμπεσεῖν; πόσην δέ μοι μετὰ ταῦτα ἀπόλειψιν γενέσθαι πάλιν τῶν ἀρχαίων ναυτῶν, ταλαιπωρουμένων μὲν πολλά, ὠφελουμένων δὲ βραχέα, ὅσα ἐγὼ δυναίμην ἑκάστῳ δανειζόμενος ἐπαρκέσαι πρὸς ᾧ πρότερον εἶχον παρ᾽ ἐμοῦ.

Als einen besondern Gebrauch des **reinen Optativs** pflegt man wohl endlich auch den zum Ausdruck einer Wiederholung in Zeitbestimmungs-, Relativ- und Bedingungssätzen auszuscheiden. Dass indessen dem Optativ nicht der Begriff der Wiederholung anhaften könne, und dass auch diese Art des Gebrauchs auf den sonstigen Begriff des Modus zurückgeführt werden müsse, ist von Hermann zu Viger p. 907 f. und de part. ἄν p. 141 und andern bemerkt worden. Immerhin nämlich mag man die verschiedenen Gebrauchsarten der griech. Modi verfolgend beobachten und hervorheben, in welche verschiedene Sphären sein Begriff für unsere Betrachtungsweise fällt, klar ist es aber, dass sowie man die Sprache in ihrem eigenthümlichen Leben und Weben begreifen will, man sich auf den Standpunkt der Sprache selber stellen und sich erinnern muss, dass wir mit jenen von der eigenen Anschauungsweise entlehnten Schemen nur den Schein haben, nicht die Wahrheit. Freilich muss man denn auch suchen, den lebendigen, organischen Zusammenhang der einzelnen äusseren Erscheinungsweise mit dem Wesen und dem Begriffe deutlich zu machen. Was nun die Erklärung Hermann's zu Viger VIII. De modorum constructione apud Homerum p. 907 betrifft, „hic modus, quoniam ad cogitata tantum refertur, ibi, ubi de pluribus factis sermo est, non certum aliquod factum designat, sed quodcunque ex illis pluribus intelligere quis velit" oder de part. ἄν p. 141 „Non enim alia in hoc genere vis est optativi, quam ut, quum indicativus ad certum factum spectet, id per optativum reddatur incertum, ita ut quodcunque de pluribus factis cogitare velis, indicet" so scheint hiedurch der Zusammenhang der vorliegenden Gebrauchsweise des Opt. mit seinem Grundbegriffe doch nicht klar und bestimmt genug dargelegt. Vielleicht gelingt es in den folgenden Bemerkungen diesen Zusammenhang deutlicher nachzuweisen. Wir haben in dem Optativ als dem Ausdruck der reinen Subjectivität, der bloss im Innern beschlossenen Geistesthätigkeit eine doppelte Sphäre, die des subjectiven Wunsches und die des reinen, subjectiven Denkens erkannt; wir haben demgemäss den Optativ als Bezeichnung des rein durch die Vorstellung geschaffenen, fingirten, abstracten Begriffs gefunden und müssen nun hieher auch den bei wiederholten, vergangenen Handlungen in Nebensätzen gebrauchten Optativ rechnen. Da aber die Wiederholung, sofern die Handlungen als individuelle, concrete aufgefasst werden, im Nebensatze sowohl als im Hauptsatze mit dem Indicativ ausgedrückt wird, wie denn namentlich bei ὁσάκις, inwiefern es nicht eine Gattung von Fällen zusammenfasst, sondern alle die einzelnen Fälle als solche voraussetzt (= jedesmal, da) der Indicativ sich findet (Xen. Cyr. II, 3, 30. Mem. III, 4, 3. Plato Charm. p. 158, a. vgl. auch Herod. VI, 110. ὡς ἑκάστου αὐτέων ἐγίνετο πρυτανηίη τῆς ἡμέρης), so bleibt der Optativ auf die Gattung gleicher Handlungen beschränkt. Und so sollte denn eigentlich auch die Regel bestimmt werden, dass eine Gattung von vergangenen Handlungen und Fällen im Zeitbestimmungs-, Relativ- und Bedingungssatze mit dem Optativ ausgedrückt werde. Die Gattung aber behandelt die griech. Sprache als etwas rein Gedachtes und Subjectives. Wir erkennen diess aus dem Gebrauch der Partikel μή, die ebenfalls dem Gebiete der Subjectivität, wenn auch nicht bloss, wie der Optativ, der reinen Subjectivität angehört. Ueberall nämlich, wo, es sei in einem Relativsatze (ὅςτις, ὅσοι, ὃς ἄν, ὅςτις ἄν) oder durch das Particip mit Artikel eine Gattung von Personen, Sachen, Fällen angegeben wird, finden wir die subjective Negation μή. Darum also, weil in den Fällen, wo man den Optativ als Bezeichnung einer wiederholten Handlung betrachtet, in Wahrheit eine Gattung von Handlungen angegeben wird, und weil die Gattung, von den Individualitäten abstrahirt, als Abstractum, als etwas rein Gedachtes, rein Subjectives aufgefasst wird, gebraucht die griech. Sprache hier den Optativ, und zwar im negativen Satze mit μή.

Beispiele und zwar zuerst mit Zeitpartikeln sind:

Il. I, 609 f. Ζεὺς δὲ πρὸς ὃν λέχος ἤϊ' Ὀλύμπιος ἀστεροπητής,
ἔνθα πάρος κοιμᾶθ', ὅτε μιν γλυκὺς ὕπνος ἱκάνοι.

III, 216 ff. X, 11—16. 77 ff. XVII, 732 f. XVIII, 565 f. XIX, 132 f. XX, 226 f. XXII, 502 ff. mit ὁπότε Il. III, 232 f. IV, 344 (ἀκουάζεσθον ist nach Thiersch als Imperf. zu nehmen). X, 188 ff. Thuc. I, 90. 99. II, 13. 15. 18. 34. 49. 79. Xen. Cyr. I, 4, 3. 4. 6. 15. 23. Ages. I, 19. 21. VI, 7. IX, 2. XI, 2. 4. ἡνίκα Soph. Phil. 705. ἐπεί Il. XXIV, 14 f. Cyrop. I, 3, 10. cap. 6, 40. ἐπειδή Thuc. I, 49. II, 10. Plato Phaedo p. 59, d.

Mit Relativen finden wir diesen Optativ verbunden, und zwar mit ὅς Il. II, 198. Thuc. I, 50. 99. 138. Cyrop. I, 3, 1. 8. 12. cap. 4, 5. II, 30. Ag. IX, 2. XI, 4. ὅςτις Il. II, 188. X, 487 ff. Od. IX, 94. Xen. Cyr. I, 4, 2. Ag. VIII, 2. ὅσος und ὁπόσος Thuc. II, 49. Cyr. I, 4, 3. Ag. I, 22. ὁσάκις Il. XXI, 265. XXII, 194. Od. XI, 585. Plato Theact. p. 143, a. ὡς und ὅκως Herod. VII, 119. 128. ὅπου Ag. I, 27. VI, 5.

ὅθεν Soph. Phil. 704. Diese Stelle verdient hier besonders hervorgehoben zu werden, sofern sich in ihr gerade zeigt, wie die beiden Bedeutungen, die wir der Betrachtung zu lieb auseinander gehalten haben, wonach der Optativ erstlich das rein Gedachte, dann eine Gattung von Fällen bezeichnet, wesentlich zusammenfallen.

V. 690. ἵν' αὐτὸς ἦν πρόςουρος, οὐκ ἔχων βάσιν,
οὐδέ τιν' ἐγχώρων, κακογείτονα
παρ' ᾧ στόνον ἀντίτυπον βαρυβρῶτ' ἀποκλαύσειεν αἱματηρόν,
οὐδ' ὃς *) θερμοτάταν αἱμάδα κηκιομέναν ἑλκέων
ἐνθήρου ποδὸς ἠπίοισι φύλλοις
κατευνάσειεν, εἴ τις ἐμπέσοι,
φορβάδος ἔκ τε γᾶς ἑλεῖν·
εἷρπε δ' ἄλλον ἄλλοτε
τότ' ἂν εἰλυόμενος
παῖς ἄτερ ὡς φίλας τιθήνας, ὅθεν εὐμάρει' ὑπάρχοι, πόρον, ἀνίκ' ἐξανείη δακέθυμος ἄτα.

Während die Relativsätze παρ' ᾧ ἀποκλαύσειεν, ὃς κατευνάσειεν natürlich nicht von einer Wiederholung verstanden werden können, da sie ja durch den regierenden Satz negirt sind, so würde man schon das unmittelbar folgende εἰ ἐμπέσοι, entschiedener wohl noch ὅθεν — ὑπάρχοι und ἀνίκ' ἐξανείη auf wiederholte Fälle zu beziehen geneigt sein. Indessen ist es wohl klar, dass der Optativ durch die ganze Strophe wesentlich in der gleichen Bedeutung genommen werden muss, die wir auch durch die obige Auffassung gewinnen.

Auch mit εἰ findet sich der Optativ in dieser Weise gebraucht.
Eur. Hec. 1164 ff.   παισὶ δ' ἀρκέσαι χρῄζων ἐμοῖς
εἰ μὲν πρόςωπον ἐξανισταίην ἐμόν,
κόμης κατεῖχον, εἰ δὲ κινοίην χέρας,
πλήθει γυναικῶν οὐδὲν ἤνυον τάλας.

Herod. VII, 6. Thuc. I, 118. II, 49. Cyr. I, 3, 3. 12. cap. 4, 1. 2. 6. c. 5, 1. c. 6, 40. II, 3, 10. 20. Ag. I, 12. 21. V, 2. VII, 3. Plato Apol. p. 40, a. Dem. Phil. III, 11.

---

*) So ist wohl, mit Tilgung von τάν, zu lesen.

2) Optativ mit ἄν.

a) In unabhängigen Sätzen.

Ob wir dem Optativ einer-, den Partikeln κέν und ἄν andererseits die richtige Bedeutung beigelegt haben, muss sich zumeist an der der griechischen Sprache so geläufigen Verbindung dieser beiden Elemente bewähren. Werfen wir einen Blick auf die Theorie, die mit seltener Einmüthigkeit von den griechischen Grammatikern festgehalten, in jenen Partikeln ein Zeichen der Bedingtheit erkennt, so führt die nothwendige Consequenz darauf, den Optativ mit ἄν in noch ungewisserem, problematischerem Sinn zu nehmen, als den reinen Optativ. Denn wenn ich das rein Gedachte (als dessen Ausdruck ja die Hermann'sche Schule den Optativ vorzugsweise betrachtet) erst noch von Bedingungen abhängig mache, wenn die willkürlich gesetzte Vorstellung nur unter gewissen Voraussetzungen zu Stande kommt, so haben wir damit offenbar noch einen höheren Grad von Ungewissheit, einen noch problematischeren Ausdruck, als wenn mit dem blossen Optativ eine Handlung in Gedanken, nach blossem Belieben gesetzt wird. Diese Consequenz wird denn auch von Hermann anerkannt. Er sagt de part. ἄν p. 164 „ex iis, quae hactenus dicta sunt, satis planum esse putamus, propriam hujus constructionis vim esse eam, ut opinio cum conditione conjuncta significetur. Vix ullum huic rationi declarandae aptius exemplum inveniri poterit, quam illud Aeschyli in Ag. 1057.

ἐντὸς δ' ἂν οὖσα μορσίμων ἀγρευμάτων
πείθοι' ἄν, εἰ πείθοι'· ἀπειθοίης δ' ἴσως.

Dubitanter enim dictum πείθοι' ἄν, quia ex eo pendet, ut placeat Cassandrae obedire: sine conditione autem ἀπειθοίης, quod id putat futurum esse chorus." Ebenso p. 156 zu Il. XV, 45 „Quod non est ita dubitanter dictum ut si ἄν esset additum, qua particula conditio aliqua significaretur." Die Beweiskraft der Aeschylischen Stelle wird indessen schon dadurch beseitigt, dass durchaus nichts im Wege steht, den Mangel der Partikel im zweiten Gliede nach einem ganz gewöhnlichen Gebrauch der Griechen aus ihrem Vorkommen im ersten Gliede zu erklären, wie Hermann selber früher (Adnott. zu Elmsley's Medea p. 358) gethan hatte. Stünden aber beide Satzarten hinsichtlich ihrer Modalität wirklich in dem Verhältnisse zu einander, wie Hermann nun es auffasst, so müsste sich dasselbe in dem ganzen weiten Gebiete beider bewähren, es müsste überall der reine Optativ durch Beifügung der Partikel κέν oder ἄν noch problematischer, dem Gebiete der Objectivität, obwohl diess an sich nicht möglich ist, noch weiter entrückt werden. Ist diess aber der Eindruck, den beide Ausdrucksweisen auf das unmittelbare, mit der griech. Sprache auch nur einigermassen vertraute Gefühl machen? Man gebe dem reinen Wunsche ἄν bei, und prüfe wie sich die Bedeutung des Satzes dadurch ändert. Wenn man z. B.

Il. I, 18 f. ὑμῖν μὲν θεοὶ δοῖεν Ὀλύμπια δώματ' ἔχοντες
ἐκπέρσαι Πριάμοιο πόλιν,

in ὑμῖν ἄν θεοὶ δοῖεν verändern wollte, wäre dadurch etwa der Wunsch von Bedingungen abhängig gemacht, würde er problematischer, ungewisser, noch weiter in das Gebiet der Subjectivität gerückt werden, oder nicht vielmehr dem Gebiete des Objectiven um ein Ziemliches näher kommen? Der Wunsch würde sich in eine Behauptung, in ein subjectives Urtheil über das, was geschehen wird, verwandeln, d. h. aus der rein subjectiven Sphäre in eine andere hinübertreten, die zwischen dieser und der schlichten, objectiven Behauptung in der Mitte läge. Oder — um von dem Wunschsatze abzusehen — wird etwa der concessive Optativ oder der Optativ der rein subjectiven Setzung durch die Partikeln κέν und ἄν so modificirt, dass diese Concession oder die willkührliche Setzung in der Vorstellung durch hinzuzudenkende Bedingungen beschränkt und problematischer wird? Sicherlich nicht. Εἴη, εἶεν ist: *es mag sein*, durchaus kein eigenes Urtheil darüber enthaltend; εἴη ἄν ist: *es mag wohl so sein*, das subjectiv gemilderte Urtheil, dass es so ist, in sich begreifend. Od. XIV, 193.

εἴη μὲν νῦν νῶϊν ἐπὶ χρόνον ἠμὲν ἐδωδὴ
ἠδὲ μέθυ γλυκερόν,

ist freie, subjective Setzung in Gedanken, Fiction, dass es etwa wirklich so sei, mit nichts andeutend; εἴη ἄν würde das subjective Urtheil enthalten, dass wohl so viel Vorrath vorhanden sein dürfte. Das ist auch das Verhältniss des Bedingungssatzes mit Opt. zu dem Hauptsatz mit Opt. und ἄν. Hier haben wir ein subjectives Urtheil, dort subjective Voraussetzung.

Und so, glaube ich, ist in directer Rede der Unterschied zwischen dem reinen Opt. (soweit derselbe in das Gebiet des rein Gedachten fällt) und dem Optativ mit ἄν logisch genau und dem Sprachgebrauch angemessen festzustellen: **Der reine Optativ** bezeichnet die subjective Setzung (welche als auf der Willkühr des Denkens beruhend über die eigene Meinung durchaus nichts aussagt), der Optativ mit ἄν (κέν) bezeichnet das subjective Urtheil, welches die eigene Ansicht ausspricht und zwar ausdrücklich als eigene Ansicht mit der Anerkennung, dass die Wirklichkeit von der Vorstellung, das Sein von dem Denken verschieden sein kann.

Betrachten wir nun, wie diese Bedeutung durch die Verbindung des Optativs mit ἄν gewonnen wird. Hatten wir den Optativ als Ausdruck des Subjectiven, also auch des rein Gedachten, aufgefasst, den Partikeln κέν und ἄν die Bestimmung zugewiesen, etwas als wirklich zu setzen, so ergibt sich aus der Verbindung beider Elemente (S. 85) nothwendig, dass dadurch das an sich Subjective, rein Gedachte auch als wirklich gesetzt werde. Das ist aber eben der Begriff eines subjectiven Urtheils, einer subjectiven Behauptung. Betrachten wir die von Hermann angeführte Stelle Ag. 1057 (1049), so haben wir in πείθοι᾽ ἄν, wie in ἀπειθοίης ein subjectives Urtheil; der Widerspruch beider Urtheile aber zeigt, dass der Chor in seiner Ansicht, wie Kassandra sich benehmen werde, schwankt, ein Schwanken, das bei dem subjectiven Urtheil überhaupt natürlich ist. Ob aber in diesem Schwanken eines der beiden Urtheile das Uebergewicht habe, und welches, liesse sich, auch angenommen, dass der Mangel der Partikel in dem zweiten Gliede nicht einfach aus dem Vorkommen in dem ersten zu erklären wäre, nur entweder aus der sonst hinlänglich festgestellten Bedeutung beider Ausdrucksweisen, oder aus dem Zusammenhang bestimmen. Offenbar spricht der Chor in πείθοι᾽ ἄν zunächst sein Vertrauen aus, es werde Kassandra in ihr Schicksal sich fügen; dieser Ausdruck des Vertrauens ist aber in Wahrheit ein wohlgemeinter Rath, wie schon die Motivirung durch ἐντὸς δ᾽ ἂν οὖσα μορσίμων ἀγρευμάτων andeutet. An diesen Ausdruck des Vertrauens schliesst sich aber natürlich, da der Chor Kassandra nicht kennt, ein Zweifel an: εἰ πείθοι᾽ d. h. „du gehorchst wohl — wenn du magst;" und von dem Zweifel ist dann der Uebergang zu der andern Möglichkeit gebahnt, welche so gut, wie die erste in Form eines Urtheils ausgesprochen wird, und nach dem herrschenden Sprachgebrauch ebenfalls durch den Opt. mit ἄν ausgedrückt werden musste, wäre nicht bei zwei parallelen Gliedern, überhaupt bei aufeinanderfolgenden Sätzen der Ausfall der Partikel in dem zweiten Satze gewöhnlich. Ganz ähnlich ist ebd. 1394. χαίροιτ' ἄν, εἰ χαίροιτ', ihr freut euch — wenn ihr mögt. Denn Klytaemnestra spricht zunächst die Meinung aus, dass die Argiver, überzeugt, Agamemnon habe nur für alte Verschuldung gebüsst, sich ihrer That freuen werden; beschränkt aber sofort diese Erwartung durch die beigefügte Bedingung, die ganz wie unser deutsches: *wenn ihr mögt*, ebensowohl Zweifel als Gleichgiltigkeit über das Benehmen, das die Argiver befolgen werden, ausdrücken soll. Dass aber εἰ χαίροιτε, εἰ πείθοιο unbestimmter, problematischer ist, als χαίροιτ' ἄν, πείθοι' ἄν, dass in ersterem nur ein frei hingestellter, willkührlich gesetzter Gedanke, in letzterem zugleich die eigene Ansicht, das subjective Urtheil des Sprechenden liegt, das dürfte als ganz unbestreitbar betrachtet werden. Belege aus Homer, die zugleich zeigen mögen, wie häufig schon das Epos sich dieser Form der subjectiven Behauptung bedient, sind oben S. 71 gegeben, und S. 73 mehrere Stellen aufgeführt worden, in welchen κέν und ἄν mit Opt. unter einander wechseln. Vergleichen wir einige der letzteren, so wird sich uns in der Verbindung des Optativs mit der einen wie mit der andern Partikel der Begriff bestätigen, den wir dieser Construction beilegten. Il. III, 216—223.

ἀλλ' ὅτε δὴ πολύμητις ἀναΐξειεν Ὀδυσσεύς,
φαίης κε ζάκοτόν τέ τιν' ἔμμεναι, ἄφρονά τ' αὔτως·
ἀλλ' ὅτε δὴ ῥ' ὄπα τε μεγάλην ἐκ στήθεος ἵει,
οὐκ ἄν ἔπειτ' Ὀδυσῆϊ γ' ἐρίσσειε βροτὸς ἄλλος·

φαίης κε und οὐκ ἄν ἐρίσσειε sind beides subjective Urtheile, nicht wie Od. XIV, 193 ff. εἴη und ἐφέποιεν oder Plato de rep. VIII, p. 548, e. oder das gewöhnliche εἶεν frei setzend, fingirend oder einräumend, oder, wie εἰ (ὅτε und die relativen Wörter) mit Optativ nach freier Willkühr des Denkens voraussetzend in Beziehung auf ein Anderes, sondern eine Ansicht aussprechend, aber auch nur als subjective Ansicht. Während aber 220 die subjective Behauptung nothwendig ist, indem nicht objectiv behauptet werden konnte ἔφησθα, so hätte 223 an sich je nach dem Belieben des Sprechenden der Indic. als Form der objectiven Behauptung stehen können. So sind Il. VIII, 21. 24—26. εἰ κάμοιτε — ὅτε ἐθέλοιμι willkührlich fingirte Voraussetzungen, ohne irgend welche Andeutung, dass es dazu kommen dürfte; οὐκ ἄν ἐρύσαιτε, αὐτῇ κεν γαίῃ ἐρύσαιμι, σειρήν κεν δησαίμην, τὰ δέ κε μετήορα γένοιτο dagegen sind subjective Behauptungen, für die an sich die objective Behauptung eintreten könnte, die aber darum in subjectiver Form ausgesprochen sind, um durch die scheinbare Unsicherheit der Ueberzeugung die Behauptung ironisch zu schärfen. Aus der attischen Prosa wollen wir zur Vergleichung die Stellen aus Plato Apol. und Crito, ferner aus Xenophon's Agesilaos verzeichnen, in welchen sich diese Construction findet.

Apol. p. 17, b. c. 18, a. 19, a. 20, c. d—e. 22, e. 23, d. 24, a. 27, d. e. 28. b. c. d. 29, a. d. 30, b. c. d. 31, a. c. 32, a. 33, b. e. 34, b. c. 35, a. c. d. 36, d. 37, c. (Fut.) d. e. 39, a. e. 40, a. d. 41, a. b. c. Crito p. 43, b. c. 44, c. 45, b. 46, c. 47, a. 48, a. b. 50, b. c. d. e. 51, c. 52, a. d. 53, a. c. d. Xen. Ag. I, 1. 2. 3. 20. 24. II, 12. 23. 25. IV, 1. 2. 3. 5. V, 4. VI, 4. VI, 7. VII, 1. VIII, 6. 7. IX, 3. 7. X, 1. 4.

Dass wir diese Construction vornehmlich als Nachsatz zu einer reingedachten Annahme finden, ist bereits erwähnt; indessen wie wir es als das Natürlichste anerkennen müssen, dass subjective Voraussetzung und subjective Behauptung sich entsprechen, so ist andrerseits keine logische Nothwendigkeit vorhanden, dass an das Eine stets das Andere geknüpft sein müsste; es kann die bescheidene subjective Behauptung auch auf die objective Aufstellung der Bedingung, auf die eine Nichtwirklichkeit andeutende Bedingung, sowie auf die Voraussetzung einer in Wirklichkeit tretenden Handlung folgen. Beispiele der ersten Art sind (εἰ mit Futur): Il. I, 293 f. Herod. VII, 161. Thuc. I, 121. 142 (εἰ mit Präsens). Plato Crat. p. 421, d. 431, b (mit Präsens und Imperf.). Isocr. de permut. §. 96. Der zweiten: Il. II, 80 f. V, 311. Eur. Suppl. 774. φαίης ἄν, εἰ παρῆσθ᾽, ὅτ᾽ ἠγάπα νεκρούς. Isocr. Paneg. §. 102. εἰ μὲν ἄλλοι τινὲς τῶν αὐτῶν πραγμάτων πραότερον ἐπεμελήθησαν, εἰκότως ἂν ἡμῖν ἐπιτιμῷεν, „sie möchten mit Recht uns tadeln, wenn sie milder verfahren wären." Unter der Voraussetzung eines Unwirklichen möchte wohl etwas stattfinden. De permut. §. 97. Der dritte Fall, αἴκε, εἴκε, ἐάν im Bedingungssatze findet sich: Il. IV, 97 ff. Soph. El. 554. Arist. Eccl. 415 ff. Isocr. de perm. §. 95.

Wenn man beobachtet hat, dass durch die Verbindung des Opt. mit ἄν auch ein milder ausgesprochener Befehl oder ein Wunsch ausgedrückt werde, so erscheint doch auch in diesen Fällen die Bedeutung unserer Construction nicht im Mindesten verändert. Denn man kann nicht sowohl sagen, dass dieselbe geradehin für den Befehl und den Wunsch stehe, als dass die Form des Befehls oder des Wunsches durch eine Behauptung vertreten werde. Es findet sich nämlich der Opt. mit ἄν nicht blos in negativen Fragen, durch welche ein Befehl angedeutet wird, wie Il. III, 52.

οὐκ ἂν δὴ μείνειας Ἀρηΐφιλον Μενέλαον;

V, 456. XXIV, 263. Od. VI, 57. VII, 22., sondern auch ausser der Frage, um in milderer Weise die Erwartung auszudrücken, dass etwas geschehen werde. Daher versteht sich, dass als Negation auch nur οὐ gebraucht werden kann. Il. II, 250. τῷ οὐκ ἂν βασιλῆας ἀνὰ στόμ' ἔχων ἀγορεύοις,

Soph. Ant. 444. σὺ μὲν κομίζοις ἂν σεαυτὸν ᾗ θέλεις.

Phil. 674. Χωρεῖς ἂν εἴσω.

Arist. Vesp. 725.   πρὶν ἂν ἀμφοῖν μῦθον ἀκούσῃς,
οὐκ ἂν δικάσαις.

Plato Phaedr. p. 227, c. λέγοις ἄν. p. 229, b. προάγοις ἄν.

Dass aber die mildere Form aus Ironie auch für einen geschärften Befehl gebraucht wird, zeigt

Soph. El. 1491. χωροῖς ἂν εἴσω σὺν τάχει.

Bemerkenswerth ist, dass in dem Bündnisse der Eleer und Heräer Böckh corpus Inscr. XI. Ahrens de dial. gr. I, p. 280 ff. Συνμαχία κ ἔα (= εἴη) ἕκατον Fέτεα, ἄρχοι δέ κα τοῖ (= τῷ). αἰ δέ τι δέοι αἴτε Fέπος αἴτε Fάργον, συνεῖαν (= συνεῖεν) κ' ἀλάλοις κ. τ. λ. die Form der subjectiven Behauptung selbst für die Feststellung der Grundsätze gebraucht wird, die in dem Bunde gelten sollen.

Als Ausdruck des Wunsches finden wir den Opt. mit ἄν nur in der Frage, so dass nicht sowohl durch diese Verbindung der Partikel mit dem Optativ, als vielmehr durch den Inhalt der Frage an und für sich, auch wenn sie in dem Indicativ stünde, der Wunsch angedeutet wird.

Soph. Oed. C. 1100. τίς ἂν θεῶν σοι τόνδ' ἄριστον ἄνδρ' ἰδεῖν
δοίη, τὸν ἡμᾶς δεῦρο προσπέμψαντά σοι;

ähnlich dem hebräischen Ausdruck des Wunsches מי יתן

Aesch. Ag. 1448 ff.

φεῦ, τίς ἂν ἐν τάχει μὴ περιώδυνος, μηδὲ δεμνιοτήρης,
μόλοι τὸν αἰεὶ φέρουσ' ἐν ἡμῖν
μοῖρ' ἀτέλευτον ὕπνον,

Ferner mit πῶς ἄν:

Soph. Phil. 794.   πῶς ἂν ἀντ' ἐμοῦ
τὸν ἴσον χρόνον τρέφοιτε τὴν νόσον;

Ebd. 1214. Aj. 388. El. 660.

Oed. R. 765. πῶς ἂν μόλοι δῆθ᾽ ἡμῖν ἐν τάχει πάλιν;
Eur. Alc. 864. πῶς ἂν ὀλοίμαν; dasselbe Suppl. 806. Med. 98.
Ferner Eur. Hipp. 208. 345. Iph. T. 627. Or. 1057. Suppl. 628.

Was endlich die **temporelle** Bedeutung dieser Construction betrifft, so steht dieselbe regelmässig und in der weit überwiegenden Mehrzahl von Stellen von **gegenwärtigen und zukünftigen Handlungen**; ausnahmsweise auch von **vergangenen**. Beispiele des letzteren Gebrauchs finden sich namentlich bei Homer. II. III, 220 würde für den Optativ mit κέν oder ἄν nach sonstigem Sprachgebrauch der Indicativ eines histor. Tempus mit ἄν stehen. Ebenso

Il. IV, 429 f. οἱ δ᾽ ἄλλοι ἀκὴν ἴσαν, οὐδέ κε φαίης
τόσσον λαὸν ἕπεσθαι ἔχοντ᾽ ἐν στήθεσιν αὐδήν,
Ferner ebd. 223. Ἔνθ᾽ οὐκ ἂν βρίζοντα ἴδοις Ἀγαμέμνονα δῖον,
und 539 ff. Ἔνθα κεν οὐκέτι ἔργον ἀνὴρ ὀνόσαιτο μετελθών,
ὅςτις ἔτ᾽ ἄβλητος καὶ ἀνούτατος ὀξέϊ χαλκῷ
δινεύοι κατὰ μέσσον, ἄγοι δέ ἑ Παλλὰς Ἀθήνη
χειρὸς ἑλοῦσ᾽, αὐτὰρ βελέων ἀπερύκοι ἐρωήν.
Aehnlich Il. XVII, 398. Ferner:
Il. V, 311 f. Καὶ νύ κεν ἔνθ᾽ ἀπόλοιτο ἄναξ ἀνδρῶν Αἰνείας,
εἰ μὴ ἄρ᾽ ὀξὺ νόησε Διὸς θυγάτηρ Ἀφροδίτη,
und ähnlich ebd. 388 ff.

καὶ νύ κεν ἔνθ᾽ ἀπόλοιτο Ἄρης ἆτος πολέμοιο,
εἰ μὴ μητρυιὴ περικαλλὴς Ἠερίβοια
Ἑρμέᾳ ἐξήγγειλεν.
Mit der gleichen Form des Nachsatzes Il. XVII, 70 f. Ausserdem Il. XII, 58 f. Herod. VII, 180. 214. εἰδείη μὲν γὰρ ἂν καὶ ἐὼν μὴ Μηλιεὺς ταύτην τὴν ἀτραπὸν Ὀνήτης, εἰ τῇ χώρῃ πολλὰ ὡμιληκὼς εἴη. IX, 71. ἀλλὰ ταῦτα μὲν καὶ φθόνῳ ἂν εἴποιεν, und so ganz wie Homer Il. III, 220 auch Eur. Suppl. 774. φαίης ἄν. Diese Stellen scheinen aber nicht mit Hermann de part. ἄν p. 167 f. daraus erklärt werden zu können, dass der Aorist auch hier als Ausdruck des Vergangenen stehe, indem wir es als entschieden betrachten, dass bei dem Imperativ, Conj., Optativ des Präsens und des Aorists der Begriff des bestimmten Tempus verschwindet, und nur zunächst der Gegensatz der werdenden und der geschlossenen, oder der sich forterstreckenden und der momentanen Handlung hervortritt, dann aber auch in einer Menge von Stellen mit dem Präsens wie mit dem Aorist jener Modi nur überhaupt die Handlung angegeben wird, so dass jeder Unterschied

zwischen beiden aufhört. Der natürlichste Eindruck, den jene Stellen machen, scheint vielmehr der zu sein, dass an die Stelle der Vergangenheit der Ausdruck der Gegenwart trat, eine Vertauschung des Standpunktes, aus der sich ja auch das historische Präsens erklärt. In welchem Verhältnisse übrigens dieser anscheinende Gebrauch des Optativs mit ἄν für die subjective Behauptung über vergangene zu dem über gegenwärtige und künftige Handlungen steht, kann man aus der Bemerkung ersehen, dass von den S. 71 aus den vier ersten Büchern der Iliade namhaft gemachten 39 Fällen des Opt. mit ἄν nur vier sich auf Vergangenes beziehen, im dritten Gesang unter zehn Stellen eine, im vierten unter eilf drei. Unter den aus Plato's Apologie und Krito und aus Xenophon's Agesilaos aufgeführten Stellen hat keine einzige den Opt. mit ἄν in diesem Sinn.

Der regelmässige Gebrauch der attischen Sprache bestimmt den Opt. mit ἄν für die subjective Behauptung über Gegenwärtiges und Künftiges, wie die auf Vergangenes bezogene subjective Behauptung durch den Indicativ der histor. Zeiten mit ἄν ausgedrückt wird. Man kann nun allerdings weiter unterscheidend sagen, es stehe diese Construction bald in dem Sinn eines Präsens, bald in dem eines Futurs, wie denn unter den genannten Homerischen Stellen folgende in futuralem Sinn verstanden werden können: Il. I, 100. 255 f. 293. 301. II, 160. 176. III, 255. IV, 171 ff., wohin noch III, 52 f. gerechnet werden kann, da der befehlsweise gebrauchten Frage οὐκ ἂν δὴ μείνειας sonst οὐ μενεῖς entspräche. Der Unterschied besteht aber auch hier nur für unsere Anschauungsweise, nicht für die Sprache selbst. Gegenwart und Zukunft, von der älteren Anschauung im Griechischen und im Deutschen (vgl. S. 36—41) nicht unterschieden, fallen hier noch in Einer Ausdrucksweise zusammen.

Darum aber eben scheint es zweifelhaft, ob wohl auch der Opt. des Futurs mit ἄν gebraucht ward. Hermann (de part. ἄν p. 166) und Klotz (Devar. vol. II, sect. I, p. 147) scheinen es zu bezweifeln. Und in der That muss man ebensowohl gestehen, dass die Belege für diese Construction selten, und zum grossen Theil unsicher sind, als dass dieselbe, eben weil schon der Opt. des Präsens und des Aorists mit ἄν in futuralem Sinn gebraucht ward, nicht gerade Bedürfniss war. Zwar finden wir schon bei Homer κέ mit dem Opt. des Futurs:

Od. XVII, 547. οὐδὲ κέ τις θάνατον καὶ Κῆρας ἀλύξοι. Doch weiss ich nicht, ob sich bei Homer ein zweites Beispiel dieser Verbindung findet, und bei den Attikern sind nur etwa ein paar Belege unbedenklich. Mit Recht wird Arist. Vesp. 1097 nach den codd. Rav. und Ven., welche ὅςτις ἄν haben, geschrieben: ὅςτις ἐρέτης ἔσοιτ᾽ ἄριστος statt der früheren Vulg. ὅς ἄν, auch οὐκ ἄν δέξοισθε bei Thuc. V, 94 ist handschriftlich sehr schwach unterstützt; Lyc. in Leocr. §. 14 hat Bekker wohl mit Recht, wenn auch nur aus einer Hds. gegen viere, das angemessenere ὅτι ἄν βουλεύσησθε statt βουλεύσοισθε aufgenommen; ebd. §. 76 hat Bekker bei dem Schwanken der Hdss. zwischen τιμωρήσεσθε (A), τιμωρήσησθε (vulg.), τιμωρήσοισθε (BLPZ) Grund gehabt, ἀνθ᾽ ὧν δικαίως ἄν αὐτὸν καὶ ὑπὲρ ὑμῶν καὶ ὑπὲρ τῶν θεῶν τιμωρήσαισθε aufzunehmen. Anderwärts schwankt die Lesart zwischen dem Indic. und dem Opt. Fut., wie Isaeus de her. Cleon. §. 32. ὅτι δηλώσοι (oder δηλώσει) ποτ᾽ ἄν. Plato Apol. p. 29, c. διαφθαρήσοιντο oder διαφθαρήσονται, de rep. p. 615, d. ἥξοι oder ἥξει. Dagegen ist Xen. Cyr. VII, 3, 10. αὐτός τε οἶδ᾽ ὅτι οὗτος οὐ τοῦτο ἐνενόει, ὅτι πείσοιτο, ἀλλὰ τί ἄν ποιήσας σοι χαρίσοιτο durch die codd. Guelf. Par., die Junt. und Zonaras hinlänglich beglaubigt, wie auch das parallele πείσοιτο am natürlichsten zu dem Opt. Fut. führt. Doch kann man eben dieses Parallelismus wegen ἄν näher mit ποιήσας verbinden: „was er wohl thun müsste, um sich dir gefällig zu machen." Lyc. in Leocr. §. 15 haben die Hdss. ohne Variante: εὖ γὰρ ἴστε, ὦ Ἀθηναῖοι, ὅτι ᾧ πλεῖστον διαφέρετε τῶν ἄλλων ἀνθρώπων, τῷ πρός τε τοὺς θεοὺς εὐσεβῶς καὶ πρὸς τοὺς γονεῖς ὁσίως καὶ πρὸς τὴν πατρίδα φιλοτίμως ἔχειν, τούτου πλεῖστον ἀμελεῖν δόξοιτ᾽ ἄν, εἰ τὴν παρ᾽ ὑμῶν οὗτος διαφύγοι τιμωρίαν, und so haben auch Bekker und Mätzner, letzterer mit der Bemerkung: „fut. non est mutandum, quanquam opt. fut. perraro cum part. ἄν copulatur." Lys. de caede Erat. §. 22 lautet der hds. Text: εἰδὼς δ᾽ ἐγὼ ὅτι τηνικαῦτα ἀφιγμένος οὐδὲν ἄν καταλήψοιτο οἴκοι τῶν ἐπιτηδείων, ἐκέλευον συνδειπνεῖν. Bekker liest: οὐδένα καταλήψοιτο, Klotz, obwohl er bemerkt, dass man an die Hdss. genau sich anschliessend lesen könne: οὐδέν᾽ ἄν καταλήψοιτο, billigt demungeachtet Bekker's Aenderung.

Indessen warum sollte man nicht in dem Wunsche, die Handlung bestimmter als zukünftig zu bezeichnen, diese an sich untadelhafte Construction hie und da versucht haben? Zeigt doch die griechische Sprache ihrer freien Bewegung gemäss auch im Syntaktischen so mancherlei Versuche, welche isolirt dastehen, und welche läugnen zu wollen, eben so unangemessen wäre, als sie auf gleiche Stufe mit dem herrschenden Sprachgebrauch zu stellen.

Jetzt erst, nachdem aus sprachlichen Erscheinungen von unzweifelhafter Bedeutung das regelmässige Verhältniss des reinen Optativs zu dem Opt. mit ἄν dahin festgestellt ist, dass jener das rein Subjective, den reinen Wunsch und den reinen Gedanken als solchen hinstellt, ohne Beimischung eines eigenen Urtheils über dessen Verhältniss zur Realität, der Opt. mit κέν oder ἄν dagegen ein Urtheil über die Realität, die Setzung derselben mit aufnimmt, können wir an die Betrachtung einer Reihe von Beispielen gehen, welche den reinen Opt. darbieten, während man den Opt. mit ἄν entweder erwarten, oder doch angemessen finden würde. Mehrere Stellen, die hieher gezogen wurden, haben unter den bisher erklärten Gebrauchsweisen des reinen Optativs, namentlich dem Opt. der überlegenden Frage und dem Opt. in Relativsätzen, welche zur inneren Bestimmung eines Abstractums dienen, ihre Erklärung gefunden. Nichts desto weniger bleiben manche übrig, in denen wir uns der Anerkennung, dass der regelmässige Sprachgebrauch ἄν mit Opt. erfordern würde, kaum entziehen können. So sehr ich nämlich das Bestreben achte, in den sprachlichen Erscheinungen nirgends etwas Irrationales, oder von den regelmässigen Gesetzen Abweichendes übrig zu lassen, sondern auch die befremdenden Fälle auf die Gesetzmässigkeit zurückzuführen, so gern ich den Scharfsinn anerkenne, den gerade auf Erklärung solcher Fälle Reisig comment. de vi et usu ἄν part. p. 123 ff., Hermann de part. ἄν p. 140 ff., 157 ff. verwendet haben, so gilt mir doch die unbefangene und natürliche Auffassung höher, und selbst auf die Gefahr hin, dadurch mir den Vorwurf zuzuziehen, dass aus der von mir aufgestellten Theorie sich denn doch nicht alle Erscheinungen erklären lassen, würde ich es vorziehen, unbefangen und wahr dem Eindruck zu folgen, den die einzelnen Stellen auf mich machen, als durch künstliche und gezwungene Erklärung, sollte sie auch für scharfsinnig gelten können, die einzelnen Erscheinungen unter die voraus aufgestellten Sätze zu begreifen. Wir müssen indessen hier ein Doppeltes wohl unterscheiden, das Streben, alles Einzelne streng auf die Regel zurückzuführen, und den Versuch, auch das als unregelmässig sich Darstellende dennoch aus dem Charakter der Sprache als möglich zu begreifen und zu rechtfertigen. Das erste Streben, sofern es wenigstens bei den klassischen Schriftstellern nichts von der Regel Abweichendes anerkennen wollte, würde unstreitig zu weit gehen; denn selbst klassische Schriftsteller können von einzelnen Unregelmässigkeiten nicht freigesprochen werden; wohl aber darf man an eine grammatische Theorie die Forderung stellen, dass sich aus ihr die einzelnen Erscheinungen, wenn auch nicht durchaus als der Regel entsprechend, so doch als möglich und natürlich erklären lassen; und dieser Forderung werden sich auch die gegenwärtigen Untersuchungen nicht entziehen.

Wir würden also den Opt. mit ἄν erwarten:
Il. IV, 93. VII, 98. ἦ ῥά νύ μοί τι πίθοιο;
Hier wird offenbar eine subjective Behauptung (du folgst mir wohl) in Frage gestellt. Ferner:
Il. XIX, 321. οὐ μὲν γάρ τι κακώτερον ἄλλο πάθοιμι·
Denn es ist nicht ein rein hingestellter Gedanke, sondern das eigene Urtheil Achills. Reisig, ausgehend von der Annahme, es stehe der reine Opt. unter andern dann, „quum aliquid hypotheticum ita ponitur, ut ab ipso, qui loquitur, non certa ratione, sed quodam cogitandi arbitrio sit sumptum," so namentlich: „ubi optativus ejusdem Verbi etiam per conditionem est additus: ut κακῶς μαχέσαιτο, εἰ μαχέσαιτο," erklärt unsere Stelle durch: εἴ τι πάθοιμι ἄλλο, οὐ κακώτερον πάθοιμι. In diesen Erörterungen über die Bedeutung des reinen Optativs ist nun zwar das als richtig anzuerkennen, dass derselbe als Ausdruck der freien, willkührlichen Fiction oder Setzung aufgefasst wird, dennoch aber scheint Reisig diesen Begriff nicht scharf und bestimmt genug erfasst, namentlich nicht zwischen der freien Setzung und dem eigenen Urtheil unterschieden zu haben. In ersterer, wie sie etwa aus dem subjectiven Wunsch zunächst als Opt. concessivus, dann als Ausdruck der Fiction sich entwickelt hat, kann an und für sich kein Urtheil, keine Behauptung liegen; eben weil das Urtheil, die Behauptung immer innerhalb der (subjectiv geschaffenen oder objectiv vorhandenen) Wirklichkeit sich bewegen muss, der Opt. aber nach dem regelmässigen Sprachgebrauch das Gebiet des blos Subjectiven nicht verlässt. Erst die Beifügung eines weiteren Elementes, durch welches die Wirklichkeit des Gedachten gesetzt wird, d. h. der Partikel κέν oder ἄν, erhebt den frei hingestellten Gedanken zur subjectiven Behauptung. Ob man

aber zu dieser eine certa ratio hat, ist völlig gleichgiltig; der Optativ mit ἄν kann mit und ohne certa ratio stehen. Die Ansicht ferner, dass die im Bedingungssatz fingirte, frei gesetzte Handlung nicht ἄν zu sich nehmen könne, wenn sie im Nachsatz erscheine, dass es darum z. B. Soph. Aj. 903 (921) nicht heissen könne: ἀκμαῖος, εἰ βαίη, μόλοι ἄν, wäre nur dann begründet, wenn wir nicht sonst beobachteten, dass der einmal fingirte Fall im Griechischen sofort als ein wirklicher behandelt werden kann. Nicht also in dem Vorhandensein oder dem Mangel einer certa ratio ist der Unterschied des Opt. mit ἄν von dem reinen Opt. zu suchen, sondern in der logischen Verschiedenheit der freien, willkührlichen Setzung und des Urtheils oder der Behauptung, und die durch εἰ mit Opt. und den Opt. mit ἄν ausgedrückte hypothetische Periode geht überall von der rein gedachten Voraussetzung zu einem subjectiven Urtheil, einer Behauptung fort, in welcher das Fingirte als wirklich angenommen wird, weil sonst ein Urtheil nicht zu Stande käme. In den Fällen nun, in denen Reisig den reinen Opt. auf die vorhin angegebene Weise zu erklären sucht, haben wir ein Urtheil, nicht eine reine Setzung. Man stelle die Beispiele, welche von der letzteren S. 254 ff. angeführt worden sind, zusammen mit Il. XIX, 321. Soph. Aj. 921 oder den andern noch anzuführenden Stellen, und man wird den logischen Unterschied beider nicht verkennen. Auch das κακῶς μαχέσαιτο als Apodosis von εἰ μαχέσαιτο wäre ein Urtheil unter Voraussetzung des Kämpfens, nicht aber reine Setzung des Letzteren. Wir wollen gegen diese Theorie nicht auf Aesch. Ag. 1058. πείθοι' ἄν, εἰ πείθοι' oder 1394. χαίροιτ' ἄν, εἰ χαίροιτ' uns berufen, da man in beiden Stellen den Bedingungssatz als nachträglich hinzutretend sich denken muss, nicht als die Voraussetzung, unter welcher das Urtheil πείθοι' ἄν, χαίροιτ' ἄν ausgesprochen wird, aber, wie Hermann richtig erinnert hat, Reisig kann dem Vorwurf der Willkührlichkeit nicht ganz entgehen, wenn er p. 130 in den Stellen Il. V, 303 und XX, 286 ὃ οὐ δύο γ' ἄνδρε φέροιεν den Mangel der Partikel durch Hinzudenken der Bedingung erklärt: εἴ τινες φέροιεν, δύο γε οὐ φέροιεν, und in Bezug auf Il. I, 271 f. κείνοισι δ' ἄν οὔτις
τῶν οἳ νῦν βροτοί εἰσιν ἐπιχθόνιοι μαχέοιτο.
bemerkt: „quodsi abesset ἄν, aut hoc cogitaretur, εἴ τις μάχοιτο, οὔ τις μάχοιτο ἐκείνοις, ubi inepta est conditio *si quis bellum gerat* in re et usitata et eo tempore cum maxime agitata, aut

aliquid absurdum prorsus exoriretur, εἴ τις μάχοιτο ἐκείνοις, οὔ τις μάχοιτο ἐκείνοις, re sumpta pariter atque negata." Hermann hat vollkommen Recht, wenn er dagegen p. 160 erinnert: „nemo non videt, ita disputatum esse, ut prouti quis velit, aut ex priore loco demonstrare possit, in altero delendam esse particulam, aut ex secundo loco ostendere, addendam fuisse in priore. Nam si eodem modo, quo de hoc posteriore loco statuit, priorem interpretari volemus, duas habebimus perversas sententias, aut εἴ τινες φέροιεν, οὔ τινες φέροιεν, aut εἰ δύο γε φέροιεν, οὐ δύο γε φέροιεν, sin posteriorem locum eo modo, quo de priore sentit, explicabimus, recte ille se habebit, evanescetque quam omissione particulae nasci putat perversitatem: εἴ τις μάχοιτο ἐκείνοις, οὔ τις τῶν νῦν μάχοιτο. Cur enim quum in altero loco urgeat additum praedicatum δύο γε, hic ubi additum est etiam significantius, τῶν οἳ νῦν βροτοί εἰσιν ἐπιχθόνιοι, pro non addito habet?" Dazu kommt, dass auch Reisig von seiner Theorie aus nicht alle Stellen zu erklären weiss, sondern in manchen seine Zuflucht zu Aenderungen nehmen muss. Il. XX, 426 f. Eur. Hipp. 469. Iph. A. 1210. Taur. 1025. Theocr. VIII, 88. 90. XXII, 162.

Den entgegengesetzten Weg schlägt in Uebereinstimmung mit seiner Ansicht über die Partikel ἄν Hermann ein; hatte Reisig den reinen Opt. durch Hinzunahme einer im Opt. ausgedrückten Bedingung zu erklären versucht, so sagt Hermann p. 160: „Itaque sic potius existimandum est, nudo optativo opinionem sine conditione, optativo cum part. ἄν autem suspensum ex conditione aliqua opinionem significari." Dass aber hiemit das wirkliche Verhältniss beider Formen zu einander nicht in Uebereinstimmung sei, haben wir S. 288 ff. gesehen. Der wesentliche Unterschied beider Formen, wonach, wie aus dem Bisherigen mit Sicherheit hervorgeht, in dem regelmässigen Sprachgebrauch die eine Form Ausdruck des rein hingestellten Gedankens (ohne alles eigene Urtheil), der blossen Setzung, die andre des auf die Wirklichkeit bezogenen Gedankens, des eigenen Urtheils ist, kommt auch in dieser Bestimmung nicht zur Anerkennung. Endlich macht man es sich mit der Angabe, dass ἄν beim Opt. auf irgend eine Bedingung hinweise, doch etwas zu leicht. Glaubt man, es sei hinreichend, wenn sich nur irgend welche Bedingung suppliren lasse, abgesehen ob sie dem Zusammenhang der Rede, der Absicht des Sprechenden angemessen sei, so ist es freilich in der Regel nicht schwer, das subjective Urtheil durch irgend eine beigegebene Bedingung zu erweitern. Auch Reisig wusste zu den reinen Optativsätzen allerlei Bedingungen zu suppliren. Es sollte aber zum Mindesten an einer grösseren Reihe von Stellen die Angemessenheit oder vielmehr die Nothwendigkeit einer solchen Ergänzung erwiesen sein, ehe man die Behauptung aufstellt, dass ἄν beim Opt. jederzeit auf eine Bedingung hindeute. Geben wir auch zu, dass gerade das subjective Urtheil die Ergänzung durch eine Bedingung leichter erträgt, so ist doch damit nicht zugegeben, dass die logische Natur eines solchen Urtheils diese Ergänzung nothwendig mache. Und diesen Beweis zu führen, dürfte nicht möglich sein. Denn wo liesse sich ein Grund denken, warum das subjective oder problematische Urtheil (als dessen Ausdruck wir nur nicht das assertorische „es kann" und „es kann nicht" betrachten dürfen) nicht auch schlechthin und ohne Bedingung aufgestellt werden könnte? An unserer eigenen Sprache mögen wir es uns zum Bewusstsein bringen, wie wenig die Natur des subjectiven Urtheils eine Bedingung nothwendig macht. Wer wird z. B. bei den Sätzen: es dürfte diess wahr sein, er wird wohl heute kommen u. dgl. eine Bedingung suppliren wollen? Liegt aber in der logischen Natur dieser Urtheilsform keine Nothwendigkeit der Ergänzung durch einen Bedingungssatz, so müsste man sich nur auf die Behauptung beschränken, dass die griech. Sprache zum Ausdruck derselben nun einmal das Zeichen der Bedingtheit in Verbindung mit dem Ausdruck des rein Gedachten gewählt habe. Aber dagegen erhebt sich einerseits die Einwendung, dass der rein hingestellte Gedanke (die freie Setzung) weder an sich, noch wenn er an eine Bedingung geknüpft ist, dem problematischen Urtheil gleichkommt; andrerseits ist zu erinnern, dass die Fälle, in welchen der Opt. mit ἄν eine Bedingung bei sich hat, keineswegs so vorherrschen, dass der für sich stehende Opt. mit ἄν als Ausnahme anzusehen wäre, wie denn unter den 39 Fällen des Opt. mit κέν oder ἄν in den vier ersten Gesängen der Iliade sich 19 finden, in welchen keine Bedingung beigegeben ist. I, 232. 271 f. II, 12. 29. 66. 160. 176. 242. 250. III, 41. 52. 235. 255. 392. 410. IV, 94. 95. 223. 318; einige, in welchen sie auf andere Weise vertreten sein, oder aus dem Zusammenhang supplirt werden könnte, I, 100 (τότε), 301, wo man aus dem Zusammenhang suppliren kann: εἴπερ ἐθέλοις ἀνελεῖν, III, 66 (ἑκών), IV, 171. Unter den aus Xen. Agesilaos angeführten 22 Stellen sind etwa 17 ohne wirklich ausgedrückte oder zu supplirende Bedingung. I, 2. 3. 20. 24. II, 12. 23. 25. IV, 1. 2. 3. 5 (die beigegebenen Relativsätze sind nicht in Bedingungs-, sondern in Causalsätze aufzulösen). VI, 7. VII, 1. VIII, 6. 7. IX, 3. X, 4 (auch hier muss der Relativsatz in einen Causalsatz aufgelöst werden).

Auch finden wir den blossen Optativ selbst wo die Bedingung beigegeben ist:

Il. X, 246 f. τούτου γ᾽ ἑσπομένοιο καὶ ἐκ πυρὸς αἰθομένοιο
ἄμφω νοστήσαιμεν, ἐπεὶ περίοιδε νοῆσαι.

Wir müssen aber bei unbefangener Betrachtung in dieser, wie in den folgenden Stellen ein subjectives Urtheil anerkennen, d. h. eingestehen, dass der regelmässige Sprachgebrauch hier die Beifügung von κέν oder ἄν erfordern würde. Einen vollständigen Bedingungssatz sehen wir beigegeben:

Od. VII, 314 f. οἶκον δέ τ᾽ ἐγὼ καὶ κτήματα δοίην,
εἴ κ᾽ ἐθέλων γε μένοις.

Il. XIX, 321 f. Doch will Hermann lesen: οἶκον δέ κ᾽ ἐγώ.

Il. X, 556 f. ῥεῖα θεός γ᾽ ἐθέλων καὶ ἀμείνονας, ἠέπερ οἵδε,
ἵππους δωρήσαιτ᾽, ἐπειὴ πολὺ φέρτεροί εἰσιν.

Hermann stünde, wenn dem Opt. die Partikel beigegeben wäre, sicherlich nicht an, auf die Bedingung, die in ἐθέλων liege, hinzuweisen.

Od. III, 231. ῥεῖα θεός γ᾽ ἐθέλων καὶ τηλόθεν ἄνδρα σαώσαι.

Od. XIV, 122 f. ὦ γέρον, οὔτις κεῖνον ἀνὴρ ἀλαλήμενος ἐλθὼν
ἀγγέλλων πείσειε γυναῖκά τε καὶ φίλον υἱόν.

wo die Bedingung in ἐλθών, ἀγγέλλων liegen kann. Wie in dieser, so müssen wir auch in den folgenden Stellen ein subjectives Urtheil anerkennen.

Il. XV, 45 f. αὐτάρ τοι καὶ κείνῳ ἐγὼ παραμυθησαίμην,
τῇ ἴμεν, ᾗ κεν δὴ σύ, Κελαινεφές, ἡγεμονεύῃς.

Hermann's Erklärung durch „velim illi suadere," indem er in dem Opt. eine significatio voluntatis erkannt, rechtfertigt den blossen Opt. nicht. Dieser enthält freilich eine Andeutung des Willens, aber nicht in der vermittelten Form der Behauptung, was *velim suadere* (= βουλοίμην ἂν παραμυθεῖσθαι) sein würde. Ebd. 197. XXIV, 213, wenn man nicht mit Apollodor und Kallistratus τότ᾽ ἂν τιτά lesen will.

Il. XX, 426. οὐδ᾽ ἄρ᾽ ἔτι δὴν
ἀλλήλους πτώσσοιμεν ἀνὰ πτολέμοιο γεφύρας.

können wir mit Aristarch lesen οὐδ' ἄν ἔτι, indessen erinnert Spitzner an die constante Verbindung οὐδ' ἄρ' ἔτι δήν Il. VI, 139. VIII, 126. XXIII, 690. Od. II, 36. 397. XVII, 73. und bemerkt richtig: „Optativo vero insequente particula, etiamsi opus est, tamen minus est necessarium." Ferner Od. III, 319. Dagegen gehören Il. II, 340. XXI, 274 und Od. XVI, 386, Beispiele des Opt. concessivus, nicht hieher.

Der Homerische Gebrauch zieht sich aber in einzelnen Beispielen durch alle Dichter bis in die spätere Zeit herab, und gewinnt namentlich bei Theokrit wieder eine grössere Ausdehnung: Hesiod. Theog. 722 ff. ἐννέα γὰρ νύκτας τε καὶ ἤματα χάλκεος ἄκμων
οὐρανόθεν κατιὼν δεκάτῃ ἐς γαῖαν ἵκοιτο·
ἐννέα δ' αὖ νύκτας τε καὶ ἤματα χάλκεος ἄκμων
ἐκ γαίης κατιὼν δεκάτῃ ἐς Τάρταρον ἵκοι.
Aesch. Choëph. 591 f. πτηνά τε καὶ πεδοβάμον' ἀπ' ἀνεμοέντων
αἰγίδων φράσαι κότον.
ἀλλ' ὑπέρτολμον ἀνδρὸς φρόνημα τίς λέγοι;
Aehnlich Soph. Antig. 604.
τεάν, Ζεῦ, δύνασιν τίς ἀνδρῶν
ὑπερβασίᾳ κατάσχοι;

Reisig p. 132 begreift die beiden letzten Stellen unter dem von ihm aufgeführten „alterum genus omissae in liberae enuntiationis optativo ἄν particulae, *quum alius personae cogitatio intelligitur*. Id nimirum in *libera* enuntiatione non potest nisi tentando fere aut percontando fieri, ut optativo cogitatio non loquentis (subjecti) sed aliena subsit." Unstreitig hat die Annahme eines solchen, aus dem Wesen des Optativs natürlich, wie es scheint, sich ergebenden Sprachgebrauchs in sich selbst etwas Empfehlendes; wesshalb denn auch Hermann p. 140 gerade diesem Theile von Reisig's Abhandlung seinen Beifall gibt. Wenn man aber demgemäss den Opt. da erwarten sollte, wo der Gedanke eines Andern fragweise erforscht wird, so kann es befremden, diesen Modus nicht auch da angewendet zu sehen, wo (weil man etwa unsicher ist, ob man auch recht verstanden habe) die Worte eines Andern wiederholt, also seine Gedanken erforscht werden; z. B. Arist. Plut. 369 f. ὡς ἐμοῦ τε κεκλοφότος
ζητεῖς μεταλαβεῖν. Βλ. μεταλαβεῖν ζητῶ;
Equitt. 698. εἰ μή σ' ἐκφάγω — und darauf 700 εἰ μὴ 'κφάγῃς;
Sodann würde man aus demselben Grund, aus welchem Reisig Dem. Lept. §. 97 (ed. Wolf. §. 117. ed. Bekk.) καταδειχθείη

(wofür Bekker mit Recht καταδειχθῇ hergestellt hat) rechtfertigt: „In isto genere optativus nostrum *sollte* valet: ut, *wenn das noch nie geschehen ist, warum sollte das jetzt zuerst eingeführt werden?* — in opinionem tantummodo adversarii qualis sit cunque inquirit" auch anderwärts den Opt. statt des Conj. delib. erwarten, da auch bei diesem die Meinung eines Andern ausgeforscht wird. Od. XV, 509 ff. XVI, 138. Xen. Mem. I, 2, 36, namentlich wo βούλει beigegeben ist, und mit der dritten Person Dem. pro cor. §. 124 in Andr. §. 64. Was nun die Erklärung von Aesch. Choëph. 591 und Soph. Ant. 604 betrifft, so führt in der ersten allerdings etwas dunkeln Stelle der Anfang der Strophe darauf, φράσαι und λέγοι in dem Sinn von φράσαι ἄν, λέγοι ἄν oder deutlicher ἔχοι ἄν φράσαι, λέγειν aufzufassen; in der zweiten kann der Opt. nicht etwa als Ausdruck rein subjectiver Ueberlegung, was geschehen sollte (vgl. S. 255 ff.) aufgefasst werden, denn die Frage ist ja dem Zusammenhang nach gar nichts Anderes, als rhetorische Form für die Behauptung οὐδεὶς ἂν ἀνδρῶν κατάσχοι· und wenn wir auch die Uebersetzung mit *sollte* hier nicht unanwendbar finden, so kann diese doch nur in dem Sinn einer subjectiven Behauptung stehen; wie aber damit gerade etwas als **fremder** Gedanke hingestellt würde, oder wie auf diese Stelle die Bestimmung „ut optativo cogitatio non loquentis, sed aliena subsit" ihre Anwendung finden kann, lässt sich nicht begreifen.
Eur. Iph. A. 523. ὃν μὴ σὺ φράζεις, πῶς ὑπολάβοιμεν λόγον; Wenn nicht hier nach Marklands Conjectur ὑπολάβοιμ᾽ ἄν zu lesen ist, so kann es keinem Zweifel unterliegen, dass ὑπολάβοιμεν soviel ist als ὑπολάβοιμεν ἄν, denn die Frage steht rhetorisch für οὐκ ἂν ὑπολάβοιμεν. Arist. Eccl. 667 ist die Aenderung κλέψει durch das vorhergehende κλέπτης ἔσται wohl begründet.

Ausser der Frage findet sich dieser Gebrauch des blossen Opt. Pind. Ol. III. am Ende τὸ πόρσω δ᾽ ἔστι σοφοῖς ἄβατον
κἀσόφοις. οὔ μιν διώξω· κεινὸς εἴην.
Kaum dürfte noch Reisig's Auffassung: „κεῖνος εἴην utinam sim ille, nempe σοφός" Beifall finden, um so weniger, als noch andere Beispiele eines solchen Optativs bei Pindar sich finden, die sich weder auf die von Reisig vorgeschlagene Weise erklären, noch auch ändern lassen. Der Zusammenhang spricht entschieden dafür, dass es in dem Sinn von κεινὸς ἂν εἴην, εἰ τὸ πόρσω διώξαιμι zu nehmen ist.

Pyth. IV, 210. Αἴσονος γὰρ παῖς ἐπιχώριος οὐ ξείναν ἱκοίμαν
γαῖαν ἄλλων.
Ol. IX, 120 ff. εἴην εὑρησιεπὴς ἀναγεῖσθαι
πρόσφορος ἐν Μοισᾶν δίφρῳ·
τόλμα δὲ καὶ ἀμφιλαφὴς δύναμις
ἕσποιτο.
Ol. X am Ende: τὸ γὰρ
ἐμφυὲς οὔτ' αἴθων ἀλώπηξ
οὔτ' ἐρίβρομοι λέοντες διαλλάξαιντο ἦθος.

Gezwungen ist Reisig's Ergänzung: „vulpes ac leones, si quid mutent, certe non mutaverint naturam."
Aesch. Suppl. 727. ἴσως γὰρ ἢ κῆρυξ τις ἢ πρέσβυς μόλοι.
Soph. Aj. 921. ποῦ Τεῦκρος; ὡς ἀκμαῖος, εἰ βαίη, μόλοι
πεπτῶτ' ἀδελφὸν τόνδε συγκαθαρμόσαι.

Ich kann mich nicht überreden, mit Hermann und Wunder ὡς ἀκμαῖος μόλοι als Wunsch aufzufassen: „utinam opportune, si veniat, adsit." Die beigefügte Bedingung εἰ βαίη, „wenn er kommen sollte," in Verbindung mit dem Attribut ἀκμαῖος führen auf die viel natürlichere Auffassung des Satzes als eines Urtheils: „wie rechtzeitig, wenn er käme, käm' er." Der Zusatz εἰ βαίη muss, wie auch Wunder anerkannt hat, sobald man in ὡς μόλοι einen Wunsch findet, nothwendig als unpassend befremden. Denn der Wunsch könnte nicht wohl der sein, dass er rechtzeitig käme, **wenn er überhaupt kommen sollte**, sondern schlechthin, dass er zur rechten Zeit, d. h. jetzt käme. Reisig stützt seine Erklärung des reinen Opt. durch eine zu supplirende Bedingung, welche die Handlung als „cogitandi quodam arbitrio sumptum" bezeichne, ganz besonders auf unsere Stelle: „prave, vel inleganter, sagt er, diceretur graece: ἀκμαῖος, εἰ βαίη, μόλοι ἄν, nam id ipsum venire voluntaria conditione ante est sumptum." So wenig wir aber in Abrede ziehen, dass ein Wunsch, eine Einräumung, selbst etwa ein reines Setzen, wofern es nur dann noch etwas Weiteres setzt, als in der Bedingung bereits gesetzt ist, an eine rein gedachte Voraussetzung geknüpft sein kann, so ist doch einerseits an dem logischen Unterschiede zwischen dem eigenen subjectiven Urtheil und der reinen Setzung oder Fiction, mit welcher gar keine eigene Ansicht verknüpft ist, festzuhalten, andererseits ist sowohl unsere gegenwärtige Stelle, als die übrigen, die Reisig unter seiner ersten Classe des Optativs im unabhängigen Satze (den Wunsch ausgenommen) begriffen hat, entschieden nicht als blosse Setzung, sondern als eigenes Urtheil, dass er jetzt gerade recht käme, wenn er käme, zu betrachten. Soph. Oed. C. 42 und Arist. Equitt. 1057 fehlt ἄν, weil der vorangehende Satz die Partikel hatte. El. 800 hat Wunder mit Recht nach den codd. Jen. Lc. und Δ ἐπείπερ οὔτ᾽ ἐμοῦ κατάξι᾽ ἂν πράξειας aufgenommen.

Eur. Iph. A. 1209. πιθοῦ· τὸ γάρ τοι τέκνα συσσώζειν καλόν, Ἀγάμεμνον· οὐδεὶς πρὸς τάδ᾽ ἀντείποι βροτῶν. Der Zusammenhang setzt es ausser Zweifel, dass οὐδεὶς ἀντείποι in der Bedeutung einer subjectiven Behauptung, nicht als blos fingirter, frei hingestellter Gedanke steht. „Velit contradicere," wie Hermann erklärt, wäre βούλοιτο ἂν ἀντειπεῖν. Von Hipp. 470. οὐδὲ στέγην γάρ, ἧς κατηρεφεῖς δόμοι, καλῶς ἀκριβώσειαν·
gilt dasselbe, wenn nicht anders diese viel versuchte Stelle einer Aenderung bedarf.

Iph. T. 1055. τὰ δ᾽ ἄλλ᾽ ἴσως ἅπαντα συμβαίη καλῶς. ist als Wunsch aufzufassen.

Andr. 930. πῶς οὖν τάδ᾽, ὡς εἴποι τις, ἐξημάρτανες;

Arist. Av. 180. Επ. πόλος; τίνα τρόπον; Π. ὥσπερ εἴποι τις τόπος.

Auch in den beiden letzteren Stellen ist es wohl am natürlichsten, den blossen Optativ in demselben Sinn, wie den Opt. mit ἄν zu nehmen. — Besonders zahlreich sind die Beispiele eines solchen Gebrauchs bei den Bukolikern Theokrit und Moschos. Der Stelle Theocr. IV, 11 ist kein Gewicht beizulegen, da die in den Worten enthaltene Anspielung nicht ganz deutlich, und somit auch die Auslegung des Opt. selbst unsicher ist. Reisig's Erklärungsversuch ist durch Jacobs (Theocr. rell. recogn. Wüstemann) jedenfalls beseitigt. Es bezieht sich aber diese Aeusserung nur insofern auf das Mitnehmen von zwanzig Schafen, als sie Anlass gibt, den Aegon mit Wölfen zu vergleichen; eigentlich setzt sie den Spott über Aegons plötzliches Auftreten als Athlete fort, und parodirt die an Aegon bewiesene Macht der Ueberredung, die den Hirten in einen dem Herakles gleichen Kämpfer zu verwandeln wusste, welche Macht Milon noch an Wölfen beweisen werde. Milon wird also die Wölfe zu etwas bringen, was ihrer Natur ganz entgegen ist. Da aber das λυσσῆν gerade in der Natur der Wölfe liegt, so scheint an die Stelle desselben ein anderes Verum zu gehören. Würde nicht πείθειν seiner Natur nach den

Infinitiv mit μή erfordern, so könnte man vermuthen: οὐκέτι λυσσῆν, oder man könnte Rumpf's Conjectur παῦσαι τοι Μίλων billigen, wenn nicht einerseits dann λυσσῶντας zu erwarten wäre, andererseits dadurch mehr die Verwunderung ausgedrückt sein würde, dass es dem Milo gelungen sei, einen Hirten von seinem gewohnten, zur andern Natur gewordenen Berufe abzubringen, als ein Spott über die neue Rolle, zu welcher er ihn gebracht hat. Theocr. VIII, 18 ff. Σύριγγ' ἂν ἐποίησα καλὰν ἐγὼ ἐννεάφωνον,
λευκὸν καρὸν ἔχοισαν, ἴσον κάτω, ἴσον ἄνωθεν,
ταύταν κατθείην· τὰ δὲ τῷ πατρὸς οὐ καταθησῶ.

Da der Optativ in demselben Verse mit dem Futur wechselt, wie denn auch V. 13. 14. 15. 17 das Futur vorhergeht, so kann es keinem Zweifel unterliegen, dass wir den Optativ V. 20 als Milderung des Futurs, d. h. als subjective Behauptung zu betrachten haben. Ebd. 87 ff. ὡς μὲν ὁ παῖς ἐχάρη, καὶ ἀνάλατο, καὶ πλατάγησε
νικήσας, οὕτως ἐπὶ ματέρα νεβρὸς ἅλοιτο.
ὡς δὲ κατεσμύχθη καὶ ἀνετράπετο φρένα λύπᾳ
ὥτερος, οὕτω καὶ νύμφα γαμεθεῖσ' ἀκάχοιτο.
Theocr. XXII, 73 f. Εἴτ' οὖν ὀρνίχεσσιν ἐοικότες εἴτε λέουσι
γινόμεθ', οὐκ ἄλλῳ γε μαχεσσαίμεθ' ἐπ' ἀέθλῳ.

Dass hier eine subjective Behauptung vorliegt, ist klar. Dagegen ist nicht einzusehen, wie gerade diese Stelle oder IV, 11. VIII, 18. XXVII, 60. Pind. Pyth. IV, 118. Eur. Iph. A. 1210 und nicht ebenso gut auch viele Stellen, die den Optativ mit ἄν haben, eine „opinio cum voluntatis quadam significatione" enthalten sollten. An und für sich durfte die Verbindung der beiden Elemente der *opinio* und der *voluntas*, wofern man nicht etwa den Opt. concessivus darunter versteht, befremden, in dem Sinne aber, wie Hermann selbst jene Worte nimmt, indem er Theocr. VIII, 18. ταύταν κατθείην durch *hanc oppignerem*, Eur. Iph. A. 1210. οὐδεὶς ἀντείποι durch *nemo contradicat*, i. e. *velit contradicere* übersetzt, erhalten wir doch wieder eben das, was sonst in dem Opt. und ἄν liegen würde, d. h. eine subjective Behauptung, welche, wenn das Moment des Willens ausgedrückt sein sollte, durch βουλοίμην ἄν gegeben wäre.

XXII, 162. ὡς ἀγαθοῖς πολέες βούλοιντό γε πενθεροὶ εἶναι· Es ist kein Grund, γέ in κέ zu ändern. Dem εὐμαρές, ὕμμιν entsprechend wird passend βούλοιντο hervorgehoben; d. h. „an ihrem Willen fehlt es nicht."

XXVII, 60. Φῄς μοι πάντα δόμεν, τάχα δ᾽ ὕστερον οὐδ᾽ ἅλα δοίης.
XXVIII, 12 f. Δὶς γὰρ ματέρες ἀρνῶν μαλακῶς ἐν βοτάνᾳ πόκως
πέξαιντ᾽ αὐτοετεί, Θευγενίδος γ᾽ ἕννεχ᾽ εὐσφύρω·
wo der letztere Beisatz die Stelle einer Bedingung vertritt.
XXIX, 37 ff. νῦν μὲν κἠπὶ τὰ χρύσεα μᾶλ᾽ ἕνεκεν σέθεν
βαίην, καὶ φύλακον νεκύων πεδὰ Κέρβερον·
τόκα δ᾽ οὐδὲ καλεῦντος ἐπ᾽ αὐλείαις θύραις
προμόλοιμί κε, παυσάμενος χαλεπῶ πόθω.
Sicher ist es das Natürlichste, die beiden parallelen Aussagen βαίην und προμόλοιμί κε in gleichem Sinn zu nehmen, sofern auch βαίην nicht anders, denn als Behauptung verstanden werden kann.

Mosch. VI, 6. ἔστι δ᾽ ὁ παῖς περίσαμος, ἐν εἴκοσι πᾶσι μάθοις νιν. Sicherlich ist der Sinn dieser Stelle nicht, wie Reisig erklärt: „inter quosvis viginti noscas, si modo noscas." Denn abgesehen davon, dass es ein gar sonderbarer Gedanke wäre: „du kennst ihn unter zwanzigen, wenn du anders ihn kennst," so steht ja dieser zweifelnde Zusatz, oder die Annahme, dass das μάθοις νιν frei und wirklich gesetzt sei, im klaren Widerspruch mit der vorausgehenden Behauptung περίσαμός ἐστι.

Was nun aber weiter die Stellen bei Prosaikern betrifft, die man als Belege für diesen Gebrauch des blossen Opt. anführen könnte, so ist derselbe in den Platonischen Schriften auf den Grund der besten Handschriften beseitigt. Theaet. p. 165, b. haben Bekker und Stallbaum: Τί δὴ οὖν ἀποκρινοίμεθα, ὦ Θεαίτητε; denn unter allen von Bekker und Stallbaum verglichenen Hdss., worunter die besten Clark. (𝔄.), Vat. (Δ) und Ven. Π, hat nur eine einzige Pariser E ἀποκριναίμεθα. Ebd. p. 166, a. ἐὰν μὲν ὁ ἐρωτηθεὶς οἷάπερ ἂν ἐγὼ ἀποκριναίμην ἀποκρινάμενος σφάλληται, ἐγὼ ἐλέγχομαι ist ἄν nach den codd. 𝔄. Δ Π Vindob. (Π) und Zitt. aufgenommen. Es lässt sich nun aber nicht behaupten, dass jene Hdss. etwa aus einem grammatischen Vorurtheile des Correctors den unregelmässig scheinenden Gebrauch getilgt hätten, denn 𝔄. hat z. B. Apol. p. 41, b. mit einigen andern Hdss. τίς ἂν αὐτῶν σοφός ἐστι Cratyl. p. 391, a. ὧδε ἄν mit Inf. Fut. Polit. p. 281, d. πρὶν αὖ statt πρὶν ἄν mit Conj. — Δ stimmt in den beiden letzten Stellen zu 𝔄. und hat ferner Phaedr. p. 227, b. ποιήσεσθαι ἄν. Der cod. Clark. dagegen scheint, sofern nach Stallbaum's Bemerkung aus dem Schweigen Gaisford's ein Schluss zu ziehen ist, hier ποιήσασθαι zu haben.

Π stimmt in Crat. p. 391, a. Polit. p. 281, d. Phaedr. p. 227, b. zu Δ, und hat ferner Crito p. 53, e. mit mehreren andern Hdss. οὐκ οἴει ἄσχημον ἂν φανεῖσθαι, wo A. die Partikel nicht hat. Υ stimmt in Crat. pag. 391, a. zu AΔΠ und hat Phaedo p. 61, c. mit andern Hdss. οὐδ᾽ ὑπωςτιοῦν ἄν σοι ἑκὼν εἶναι πείσεται, wo AΔΠ die Partikel weglassen; Alc. II, pag. 142, e. κινδυνεύει γ᾽ ἄν, wo AΔΠ u. a. γοῦν haben.

Mit eben so gutem Grunde wird nun mit Einschiebung der Partikel Crat. p. 397, a. gelesen: πάνυ γὰρ ἂν ἡδέως τὰ ἐπίλοιπα περὶ τῶν ὀνομάτων ἀκούσαιμι, nach AΔ, Ven. Π und ΣΥ u. a. Phaedr. pag. 252, b. wird nach AΔΠ, dem cod. Coisl. (Γ) u. a. gelesen: θεοὶ δὲ ὃ καλοῦσιν ἀκούσας εἰκότως διὰ νεότητα γελάσει, womit auch das γελάσῃ anderer Hdss. im Grunde übereinstimmt, der Opt. γελάσειας hat blos in Ven. Ξ eine Stütze. Euthyd. p. 292, e., wo sich nach Uebereinstimmung der Hdss. der Opt. ohne ἄν findet, gehört nicht hieher, und fand S. 284 seine Erklärung.

Auch bei Thukydides findet sich nach dem Zeugnisse Poppo's (in der Abhandlung „de usu part. ἄν" in den Misc. max. part. critica edd. Friedemann et Seebode vol. I. p. 1) keine Stelle, wo das ἄν in modo potentiali weggelassen wäre. „Quod eo majorem vim habet, fährt Poppo fort, quo integriores Thucydidis libri etsi non in vulgatis editionibus, certe in codicibus ad nostra tempora pervenerunt."

In der einzigen Stelle bei Isokrates Panath. §. 100. οὐ γὰρ ἀποκρύψομαι τἀληθές ist gar kein Grund vorhanden, die handschriftlich nicht unterstützte Vulg. ἀποκρύψαιμι in Schutz zu nehmen. Hermann deutet zwar auch hier wieder auf die Vermuthung hin, die Beseitigung unregelmässiger Constructionen in der Urb. Hds. rühre von einem Corrector her, man darf aber wohl mit den neuesten Herausgebern des Isokrates, Baiter und Sauppe, die Ueberzeugung hegen, dass diese Verdächtigung unbegründet ist. Nicht blos möchte dagegen sprechen, was von den Letzteren geltend gemacht ward, dass nämlich gerade in den besseren Lesarten die Ambr., im Demonikos die Schaffh. Hds. mit ihr übereinstimmt, während erstere durch mancherlei Abweichungen ihre Selbständigkeit bewährt; auch der Charakter der Urb. Hds. möchte schwerlich zu der Annahme eines solchen Correctors stimmen. Sie hat nicht nur mancherlei Schreibversehen und offenbare Incorrectheiten, sondern es sind auch die eigenthümlichen

Lesarten derselben von der Art, dass sie wohl schwerlich einen Grammatiker zum Urheber haben dürften. Dagegen haben wir Antiph. acc. venef. §. 25 ohne Angabe einer Variante καὶ γὰρ δικαιότερον καὶ ὁσιώτερον καὶ πρὸς θεῶν καὶ πρὸς ἀνθρώπων γίνοιτο ὑμῖν. Schwerlich ist dieser Opt. als von οἶμαι abhängige oratio obliqua nach dem S. 259 ff. behandelten Sprachgebrauch zu erklären; vielmehr musste das οἶμαι durch einen unabhängigen Causalsatz begründet werden. Und so finden sich bei den Rednern Isäos, Dinarch, Lykurg, Aeschines Fälle, wo der blosse Opt. in dem Sinn eines Opt. mit ἄν erscheint. Isäus de her. Nic. §. 19. πῶς οὐκ ἀνοσιώτατος εἴη, ὃς τῷ τεθνεῶτι μηδὲν τῶν νομιζομένων ποιήσας τῶν χρημάτων αὐτοῦ κληρονομεῖν ἀξιοῖ; wo Bekker und mit ihm Baiter und Sauppe die leichte Aenderung πῶς οὐκ ἄν ἀνοσιώτατος vornehmen. Dass der Frage eine subjective Behauptung zu Grunde liegt, ist jedenfalls unbestreitbar. Ganz derselbe Fall ist de her. Apoll. §. 36. καίτοι εἰ καὶ συγγενὴς καὶ φίλος καὶ εὐεργέτης καὶ φιλότιμος καὶ δεδοκιμασμένος ὑπῆρχον τοιοῦτος εἶναι, τίς ἀμφισβητήσειε μὴ οὐκ ἀνδρὸς εὖ φρονοῦντος εἶναι ταύτην τὴν ποίησιν; Auch hier ergänzen Bekker, Baiter und Sauppe ἄν. De her. Ast. §. 5. οὐδ' αὐτὸς ἔξαρνος γένοιτο. Bekker will οὔτ' ἄν, B. und S. οὐδ' ἄν. De her. Arist. §. 18. Ἴσως οὖν τις, ὦ ἄνδρες, τὸν χρόνον ὑμῶν θαυμάσειε. Baiter und Sauppe ἴσως οὖν ἄν τις. Ebd. §. 23. δεινότατα γὰρ πάντων γένοιτο. B. und S. haben nach Bekker's Vorschlag δεινότατα γὰρ ἄν π. γ. De her. Agn. §. 38. ἐγὼ γάρ, ὦ ἄνδρες, πάντων ὁμολογήσαιμι εἶναι κάκιστος, εἰ Στρατοκλέους ἄπορα τὰ πράγματα καταλιπόντος αὐτὸς εὔπορος ὢν καὶ μηδεμίαν ἐπιμέλειαν ποιούμενος φαινοίμην τῶν ἐκείνου παίδων. Baiter und Sauppe nach Dobree: ἐγὼ γὰρ ἄν. Dinarch. adv. Dem. §. 66. τίσιν ὀφθαλμοῖς ἕκαστος ὑμῶν τὴν πατρῴαν ἑστίαν οἴκαδε ἀπελθὼν ἰδεῖν τολμήσειεν, Bekker und mit ihm B. und S. τολμήσει. Adv. Arist. §. 3. πονηρίαν γὰρ ἀρχομένην μὲν κωλῦσαι τάχα τις κολάζων δυνηθείη, Bekker, Baiter und Sauppe τάχ' ἄν. adv. Phil. §. 18. οὐδενὸς ἄλλου δεόμενος, ὧν ἄνθρωπος μέτριος δεηθείη οὐκ ἀπέσχετο χρημάτων. §. 19. εἰδότες ὅτι — οὐδεμία πόλις σωθείη. Lycurg. §. 50. ὥστε, ὦ ἄνδρες, οὐκ αἰσχυνθείην. B. und S. mit Bekker οὐκ ἄν. Während diese Stellen (die ich der bereits erwähnten Rec. von Meutzner verdanke) unverkennbar eine subjective Behauptung enthalten, kann man Is. de her. Ast. §. 8 (εἰκὸς) ἅπαντα δὲ ταῦτα μάλιστα εἰδέναι ὅτι γένοιντο über die Nothwendigkeit einer Aenderung μάλιστ' ἄν zweifeln, da ὅτι γένοιντο als oratio obl. betrachtet werden kann. Din. adv. Dem. §. 91. εἰ μὲν οὖν ἔτι δεῖ τὴν πόλιν τῆς Δημοσθένους πονηρίας καὶ ἀτυχίας ἀπολαύειν, ἵνα πλέον κακοδαιμονῶμεν (οὐδὲ γὰρ ἔχω τί ἄλλο εἴπω) στερκτέον εἴη τοῖς συμβαίνουσιν kann etwa als Opt. concess. aufgefasst werden. Indessen könnte nach dem vorliegenden hds. Text den genannten Rednern der Gebrauch des reinen Opt. in der subjectiven Behauptung jedenfalls nicht abgesprochen werden. Obwohl ich es nun mit den Kritikern, die in den genannten Stellen eine Aenderung vorgeschlagen oder aufgenommen haben (auch Meutzner tritt auf diese Seite), nicht für unwahrscheinlich halte, dass der Mangel der Partikel mehr den Abschriften als den Rednern selbst zur Last falle, sofern derselbe bei denjenigen Prosaikern, die in guten Hdss. vorliegen, nicht erweisbar ist, so würde ich es doch für gewagt halten, einen solchen freieren Sprachgebrauch den genannten Rednern geradehin absprechen zu wollen.

Nicht hieher zu rechnen ist Dem. in Steph. I, §. 19. Οἱδὶ δὲ τῇ προκλήσει χρησάμενοι παραπετάσματι διαθήκας ἐμαρτύρησαν, ὡς ἂν μάλισθ' οἱ δικασταὶ ταύτην τὴν διαθήκην ἐπίστευσαν τοῦ πατρὸς εἶναι, ἐγὼ δὲ ἀπεκλείσθην τοῦ λόγου τυχεῖν ὑπὲρ ὧν ἀδικοῦμαι, οὗτοι δὲ φωραθεῖεν τὰ ψευδῆ μεμαρτυρηκότες. Hier ist nämlich οὗτοι δὲ φωραθεῖεν noch Fortsetzung von ὡς ἄν, so dass in den beiden ersten Gliedern ὡς ἂν μάλισθ' οἱ δικασταί und ἐγὼ δὲ ἀπεκλείσθην („wie etwa die Richter am ersten glaubten und mir der Rechtsweg am ersten verschlossen ward") die Wirkung des Zeugnisses nach der Vorstellung der Zeugen, im dritten Gliede dagegen („wie vielmehr diese über ihrem falschen Zeugnisse ertappt werden") die Erwartung des Klägers von den Folgen jenes Zeugnisses dargelegt wird. Aesch. adv. Ctes. §. 217. Ἐγὼ δὲ οὔτε τὰς Δημοσθένους διατριβὰς ἐζήλωκα, οὔτ' ἐπὶ ταῖς ἐμαυτοῦ αἰσχύνομαι, οὔτε τοὺς εἰρημένους ἐν ὑμῖν λόγους ἐμαυτῷ ἀρρήτους εἶναι βουλοίμην, οὔτε τὰ αὐτὰ τούτῳ δημηγορήσας ἐδεξάμην ἂν ζῆν. Es ist, wie schon Bremi vermuthete, möglich, dass, da der Redner, indem er das erste Glied aussprach, schon auch das zweite im Sinn hatte, in dem ersten Gliede ἄν fehlt, weil es im zweiten steht. Vgl. Theocr. XXIX, 37 ff.

Bei Xenophon lassen zwar in einzelnen Stellen manche Hdss. ἄν bei dem Optativ der subjectiven Behauptung weg, aber nur eine Stelle findet sich, bei welcher alle Hdss. in dem reinen Optativ zusammenstimmten, und auch in dieser einen Stelle ist eine Aenderung so leicht, dass wir sie nicht als Beleg für das Vorkommen dieser Construction bei Xenophon betrachten dürften. Ersteres ist der Fall Cyrop. IV, 1, 21. *Ἀλλ' εἴ γε μέντοι ἐθέλων τις ἕποιτο, καὶ χάριν ἔγωγέ σοι εἰδείην ἄν.* VI, 2, 20. *πολὺ γὰρ ἐκεῖ ὄντες πλείω ἂν ἡμᾶς ἢ παρόντες ὠφελοῖεν*, in welchen beiden Stellen nach Poppo in der oben angeführten Abhandlung die Wolf. und Par. Hdss. *ἄν* nicht haben. Desgleichen fehlt IV, 2, 39. VI, 2, 18. VII, 2, 11 die Partikel in manchen Hdss. VII, 1, 43. *μισθὸν μὲν ὑμῖν δοίην ἂν πλείονα* ist *ἄν* nur aus der Altd. Hds. und Villois. Randbemerkungen aufgenommen. V, 1, 20 ist *ἄν* aus dem vorangehenden *αἰσχυνοίμην ἄν* zu *νομίζοιμι* zu ziehen, falls nicht hiefür aus den Wolf. und Par. Hdss. und Villoison's Randbem. *νομίζω* herzustellen ist. VI, 1, 17. scheint die einzige Stelle, in welcher alle Hdss. den reinen Optativ als Behauptung haben. *Ἡμεῖς μὲν γάρ, ἐπείπερ καὶ ὡς οἴκοθεν ἀποδημοῦμεν, φρουρήσειν ὑμῖν ἀναδεχοίμεθα τὰ ἐγγύτατα χωρία τῶν πολεμίων.* Schneider hat statt des Opt. *ἀναδεχόμεθα* aufgenommen, leichter noch betrachten wir *ἄν* wegen des folgenden *ἀναδεχοίμεθα* ausgefallen. Wenn Hiero XI, 13. *θησαυρούς γε μὴν ἔχοις πάντας τοὺς παρὰ τοῖς φίλοις πλούτους* ohne *ἄν* der ächte Text ist, so blieb die Partikel ohne Zweifel nur darum weg, weil sie aus dem vorhergegangenen parallelen Hauptsatze dem Leser wie dem Schriftsteller noch gegenwärtig sein konnte.

Ueberschauen wir nun die Reihe von Stellen, in welchen der Opt. für sich allein die Stelle des Opt. mit *ἄν* zu vertreten scheint, so tritt uns für's Erste das sichere Resultat entgegen, dass während die Dichter in einer ziemlichen Anzahl von Stellen unverdächtige Beispiele dieses Gebrauchs darbieten, und dieser Gebrauch in den verschiedensten Dichtungsgattungen sich findet, dagegen von den Prosaikern nur etwa die Redner Antiphon, Isäos, Lykurg, Dinarch handschriftlich gesicherte Beispiele dieses Gebrauchs des reinen Optativs darzubieten scheinen. Bestünde nun nach Hermann's und Reisig's Voraussetzung wirklich ein logischer Unterschied zwischen dem Optativ mit *ἄν* und dem nach dem Anschein seine Stelle vertretenden reinen Opt., so wäre zu erwarten, dass eine gleiche Zahl eben so sicherer Beispiele dieses Gebrauchs bei den Prosaikern sich finde. Denn der Prosa kommt doch wohl vor allen logische Genauigkeit und die bestimmteste Schattirung des Gedankens zu. So aber wäre es eine unerklärliche Erscheinung, wenn bei den Schriftstellern, die einer sorgfältigen Schattirung des Gedankens sich befleissigen, z. B. in den Sokratischen Gesprächen, mit ihrer urbanen, feinen Ausdrucksweise, die allen Schattirungen der subjectiven Behauptung so vielen Raum gibt, die eigenthümliche Modification, welche die Behauptung angeblich im Unterschiede vom Opt. mit ἄν durch den reinen Opt. erhielte, nicht sollte gebraucht worden sein. Vielmehr werden wir zur Erklärung jener Wahrnehmung ganz entschieden auf die Annahme hingeführt, dass nur darum zwar die Dichter zuweilen den Optativ an und für sich auch für die subjective Behauptung gebrauchen, bei den Prosaikern dagegen dieser Gebrauch jedenfalls nur in viel selteneren Fällen anzuerkennen wäre, bei manchen sich gar nicht findet, weil der regelmässige und genaue Sprachgebrauch, an welchen die Prosaiker mehr gebunden waren, als die Dichter, den reinen Optativ als unstatthaft für die subjective Behauptung betrachtete.

Zur bestimmten und genauen Bezeichnung der subjectiven Behauptung musste dem Opt. ἄν beigegeben werden, das rein Gedachte musste auch als ein Wirkliches gesetzt werden, um den Inhalt eines subjectiven Urtheils zu gewinnen; indessen wie wir oben den Mangel der Partikel im Bedingungs-, Zeitbestimmungs-, Relativsätze mit Conj. darum für möglich erklärten, weil aus der Verbindung des Relativs, der Zeit- und Bedingungspartikel mit Conj. leicht das logische Moment, das durch ἄν repräsentirt wird, von selber resultirte, in ähnlicher Weise müssen wir uns den Gebrauch des blossen Opt. für die subjective Behauptung daraus erklären, dass Ton und Zusammenhang der Rede oft keinen Zweifel übrig lassen konnte, wie es gemeint war. Freilich ist zuzugeben, dass hier der Mangel der Partikel nicht in gleicher Weise gerechtfertigt erscheint, wie bei den Relativ-, Bedingungs-, Zeitbestimmungssätzen; denn während in diesen letzteren Fällen die Setzung einer Verwirklichung aus der Verbindung der relativen Wörter, der Bedingungs- und Zeitpartikeln mit dem Conj. hervorgehen kann, wäre in dem gegenwärtigen Fall das Moment, welches ἄν zu der Modalität hinzubringt, durch nichts ersetzt. Indessen, wenn man den lateinischen oder deutschen Sprachgebrauch erwägt, in welchem *sit, es mag sein*, ebensowohl subjective Behauptung als Einräumung oder Wunsch sein kann, ohne dass doch in diesen Sprachen der Mangel einer ähnlichen Partikel so leicht ein Missverständniss herbeiführte, wenn man bedenkt, dass auch die Bedeutung der oben aufgeführten Stellen in der Regel keinem Zweifel unterliegt, indem sie selbst bei Reisig's und Hermann's Auffassung doch immerhin als subjective Behauptungen erscheinen, wenn man endlich der Vermuthung Raum gibt, dass auch im Griechischen ursprünglich, wie im Lateinischen und Deutschen die Form des subjectiven Wunsches oder der Einräumung an und für sich, nicht blos für die rein gedachte Setzung, die Fiction, sondern auch für die subjective Behauptung stehen mochte, und erst allmählig — indessen schon bei Homer in weit überwiegendem Maasse — zur deutlicheren Bezeichnung der letzteren die Beifügung der Partikel Gewohnheit und Gesetz ward, so dürfte es gewiss alles Befremdende verlieren, dass wir bei Dichtern, die ja ältere Ausdrucksweisen beizubehalten überall berechtigt sind, auch noch in der Zeit des klassischen Sprachgebrauchs, obwohl in verhältnissmässig seltenen Stellen, den Optativ an und für sich zum Ausdruck einer subjectiven Behauptung verwendet sehen.

b) Optativ mit ἄν im abhängigen Satze.

Was den Gebrauch des Opt. mit ἄν in abhängigen Sätzen betrifft, so erscheint derselbe bald als Modification des Indicativs oder vielmehr als eine in den abhängigen Satz aufgenommene subjective Behauptung, und ganz in derselben Bedeutung, die diese Construction im unabhängigen Satze hat, bald als hervorgegangen aus der Construction des Conj. mit ἄν. Da aber mehrere Formen des abhängigen Satzes jene Construction in der einen wie in der andern Beziehung aufnehmen, da es sich ferner in gewissen Arten des abhängigen Satzes zuweilen schwer entscheiden lässt, ob man den Optativ mit ἄν mehr aus dem Indicativ, namentlich dem Futur, oder aus dem Conj. mit ἄν hervorgegangen betrachten soll, da wir endlich selbst bei verschiedener Betrachtungsweise als Modification bald des einen, bald des andern Modus doch einen wesentlichen Unterschied in derselben Construction nicht anzuerkennen vermögen, so ziehen wir vor, die verschiedenen Arten des abhängigen Satzes selbst zu Grunde zu legen, und bei jeder derselben zu untersuchen, in welcher Berührung der Opt. mit ἄν es sei mit dem Indicativ oder mit dem Conjunctiv und ἄν steht.

a) In Objectivsätzen.

Die Objectiv- (oder Substantiv-)Sätze, welche eine Behauptung durch ὅτι und ὡς einleiten, können, wie jede andere Form der Behauptung, so natürlich auch die der subjectiven Behauptung aufnehmen. Beispiele von ὅτι sind:
Soph. Oed. C. 941 ff. τοὔργον τόδ᾽ ἐξέπραξα, γιγνώσκων δ᾽ ὅτι
οὐδείς ποτ᾽ αὐτοὺς τῶν ἐμῶν ἂν ἐμπέσοι
ζῆλος ξυναίμων, ὥστ᾽ ἐμοῦ τρέφειν βίᾳ.
Plato Apol. p. 32, a. 39, a. Crito p. 45, b. Xen. Cyr. I, 1, 2. cap. 6, 3. 10. II, 4, 11. Ages. I, 20. IX, 7.
Ein Beispiel von ὡς ist: Dem. de pace §. 14 f. οὐκ ἂν ἡμῖν
οἴομαι τούτων οὐδένα πολεμῆσαι, καὶ πάντων ἥκιστα Θηβαίους,
οὐχ ὡς ἡδέως ἔχουσιν ἡμῖν, οὐδ᾽ ὡς οὐκ ἂν χαρίζοιντο Φι-
λίππῳ κ. τ. λ. Von ὁθούνεκα Soph. Oed. C. 944 f.

Hieran liesse sich unmittelbar der Gebrauch dieser Construction in der **indirecten Frage** anschliessen, wenn es nicht zweckmässiger schiene, diese im Zusammenhang mit dem Bedingungssatze zu erörtern, da ja Bedingung und indirecte Frage oft schwer sich scheiden lassen.

β) In Relativsätzen.

In gleicher Weise nimmt der relative Satz eine subjective Behauptung auf, sei es dass derselbe ein Attributivum vertretend sich unmittelbar an das betreffende Nomen anschliesst, oder dass durch das Relativum mehr in äusserlicher Weise eine neue Aussage angeknüpft wird. Ersteres ist z. B. der Fall
Il. III, 234 ff. νῦν δ᾽ ἄλλους μὲν πάντας ὁρῶ ἑλίκωπας Ἀχαιούς,
οὕς κεν ἐῢ γνοίην καὶ τοὔνομα μυθησαίμην·
δοιὼ δ᾽ οὐ δύναμαι ἰδέειν κοσμήτορε λαῶν,
Ferner Od. V, 188 f. VII, 33 f. IX, 126. 127. XI, 366. XV, 21. 448. XVI, 392. — Das Andere
Il. VI, 450 ff. ἀλλ᾽ οὔ μοι Τρώων τόσσον μέλει ἄλγος ὀπίσσω,
οὔτ᾽ αὐτῆς Ἑκάβης, οὔτε Πριάμοιο ἄνακτος,
οὔτε κασιγνήτων, οἵ κεν πολέες τε καὶ ἐσθλοὶ
ἐν κονίῃσι πέσοιεν ὑπ᾽ ἀνδράσι δυσμενέεσσιν
ὅσσον σεῖ᾽,
Ferner Od. X, 434. XVII, 580. XVIII, 27.
Beispiele aus den Attikern sind:
Soph. Oed. C. 1167 f. ὅρα κατ᾽ Ἄργος εἴ τις ὑμῖν ἐγγενὴς
ἔσθ᾽, ὅστις ἂν σου τοῦτο προσχρῄζοι τυχεῖν.

Xen. Cyr. I, 1, 4. c. 6, 11. 27. 43. II, 4, 13. Ages. I, 24. V, 4. VI, 7. X, 1. Plato Apol. p. 27, c. 30, d. 34, b. c. 36, d. 38, b. 40, a. Crito p. 45, c. d. 52, d. Hieher gehört auch Thuc. VII, 48. ἐξ ὧν ἄν τις εὖ λέγων διαβάλλοι, indem διαβάλλοι ἄν als subjective Behauptung aufzufassen ist.

Vielfach nehmen die Relativsätze mit dem Opt. und ἄν den Sinn von Absichtssätzen an:

Il. XXIV, 149 ff. κῆρυξ τίς οἱ ἕποιτο γεραίτερος, ὅς κ' ἰθύνοι
ἡμιόνους καὶ ἄμαξαν εὔτροχον, ἠδὲ καὶ αὖτις
νεκρὸν ἄγοι προτὶ ἄστυ, τὸν ἔκτανε δῖος Ἀχιλλεύς.
Od. II, 52 ff. οἳ πατρὸς μὲν ἐς οἶκον ἀπεῤῥίγασι νέεσθαι,
Ἰκαρίου, ὥς κ' αὐτὸς ἐεδνώσαιτο θύγατρα,
δοίη δ', ᾧ κ' ἐθέλοι, καί οἱ κεχαρισμένος ἔλθοι.
Ebd. VIII, 20 f. XIII, 401 f. XVI, 295 ff.
νῶϊν δ' οἴοισιν δύο φάσγανα καὶ δύο δοῦρε
καλλιπέειν, καὶ δοιὰ βοάγρια χερσὶν ἑλέσθαι,
ὡς ἂν ἐπιθύσαντες ἑλοίμεθα.
XVII, 145 f. οὐ γάρ οἱ πάρα νῆες ἐπήρετμοι καὶ ἑταῖροι,
οἵ κέν μιν πέμποιεν ἐπ' εὐρέα νῶτα θαλάσσης.
XXIII. 133 ff. XXIV, 80 ff. 531 f. 333 ff.
σὺ δέ με προΐεις καὶ πότνια μήτηρ
ἐς πατέρ' Αὐτόλυκον μητρὸς φίλον, ὄφρ' ἂν ἐλοίμην
δῶρα, τὰ δεῦρο μολών μοι ὑπέσχετο καὶ κατένευσεν.
Aesch. Ag. 362. Δία τοι ξένιον μέγαν αἰδοῦμαι
τὸν τάδε πράξαντ' ἐπ' Ἀλεξάνδρῳ
τείνοντα πάλαι τόξον, ὅπως ἂν
μήτε πρὸ καιροῦ μήθ' ὑπὲρ ἄστρων
βέλος ἠλίθιον σκήψειεν.
Soph. Oen. bei Arist. Av. 1337 ff. Eur. Iph. T. 1024.
Ὀρ. τί δ' εἴ με ναῷ τῷδε κρύψειας λάθρᾳ;
Ἰφ. ὡς δὴ σκότος λαβόντες ἐκσωθεῖμεν ἄν;
Herod. I, 152. ὁ δὲ πορφύρεόν τε εἷμα περιβαλόμενος ὡς ἂν πυνθανόμενοι πλεῖστοι συνέλθοιεν Σπαρτιητέων καὶ καταστὰς ἔλεγε πολλὰ τιμωρέειν ἑωυτοῖσι χρηΐζων. V, 37. IX, 22. 51. Ferner ὅπως ἄν I, 75. 91. 110. II, 126. III, 44. V, 98. VIII, 13. Andoc. in Alc. §. 23. ὡς ἄν. Desgl. Xen. Cyrop. I, 3, 8. cap. 6, 13 (nach διδάσκειν, παιδεύειν). III, 1, 1. VI, 1, 42. οὕτω ἐξάγγελλε, ὡς ἂν αὐτοῖς τὰ παρὰ σοῦ λεγόμενα ἐμποδὼν μάλιστ' ἂν εἴη ὧν βούλονται πράττειν. VII, 5, 37. Und ὅπως ἄν. Cyr. VIII, 3, 33. h. gr. IV, 8, 16 und 30.

Insbesondere finden wir ὡς ἄν, ὅπως ἄν nach Verben des Betreibens, der Sorge, des Erwägens u. dgl.
Od. XVII, 362. ὤτρυν', ὡς ἂν πύρνα κατὰ μνηστῆρας ἀγείροι, Pind. Ol. VII, 71. ἔντειλεν, ὡς ἂν κτίσαιεν. Xen. Cyr. I, 2, 6. ἐπιμέλονται, ὡς ἂν βέλτιστοι εἶεν οἱ πολῖται. Ebd. §. 10. ἐπιμελεῖται, ὅπως ἂν θηρῷεν. c. 4, 13. ἐπιβουλεύσας, ὅπως ἂν ἀλυπότατα εἴποι. c. 6, 7. ἐπιμ. ὅπως ἄν. 23. ἐπιμ. ὡς ἄν. II, 1, 4. βουλεύεσθαι ὅπως ἄν. Dasselbe hist. gr. II, 3, 13 und Antiph. acc. venef. §. 17. Ferner: Xen. Conviv. VII, 2. σκοπῶ ὅπως ἄν. Cyr. V, 2, 2. παρεσκευάσθαι, ὡς ἄν. Dasselbe VII, 5, 81 und Dem. Phil. II, §. 3. Da nach den genannten Verben der Indic. des Futurs besonders häufig vorkommt, so liegt es nahe, den Opt. mit ἄν als Modification desselben zu betrachten.

Daran schliesst sich die Bemerkung, dass der Opt. mit ἄν selbst nach δεδιέναι μή und ähnlichen Ausdrücken in Sätzen vorkommt, die wir mit gutem Grund den Absichtssätzen zuzählen: Soph. Trach. 630 ff. δέδοικα γάρ,
μὴ πρῷ λέγοις ἂν τὸν πόθον τὸν ἐξ ἐμοῦ,
πρὶν εἰδέναι τἀκεῖθεν εἰ ποθούμεθα.
Thuc. II, 93. οὔτε γὰρ ναυτικὸν ἦν προφυλάσσον ἐν αὐτῷ οὐδέν, οὔτε προσδοκία οὐδεμία, μὴ ἄν ποτε οἱ πολέμιοι ἐξαπιναίως οὕτως ἐπιπλεύσειαν. Xen. Anab. VI, 1, 1. Εἰ οὖν ταῦτα ἐγὼ ὁρῶν δοκοίην, ὅπου δυναίμην, ἐνταῦθ᾽ ἄκυρον ποιεῖν τὸ ἐκείνων ἀξίωμα, ἐκεῖνο ἐννοῶ, μὴ λίαν ἂν ταχὺ σωφρονισθείην.

Wenn in den bisher angeführten Stellen der Opt. mit ἄν im Relativsatze als Modification des Indic. aufgefasst werden konnte, so scheint diese Construction in andern Fällen aus dem Conj. mit ἄν hervorgegangen zu sein, oder statt des einfachen Optativs zu stehen. Das findet statt in der obliquen Rede, wo die Partikel, die bei der Verwandlung des Conjunctivs in den Opt. regelmässig wegfallen sollte, zuweilen stehen bleibt. Vgl. Poppo de usu part. ἄν. Misc. max. p. crit. I, 1. p. 49 ff. „Quanquam opt. c. pronn. rell. conjunctus et sine aliqua conditione dictus particula ἄν plerisque in locis caret, inveniuntur tamen etiam hic exempla quaedam, quae ab hac regula recedunt. Eorum pleraque non spectant ad opt. in re praeterito tempore saepius facta positum, sed ad opt. in oratione indirecta, vel re cogitata cum pronn. rell. conjunctum. Et hunc quidem optativi usum non prorsus damnaverimus. Ut enim in re cogitata, seu oratione obliqua pro ὅτε, ἐπειδή, εἰ interdum etiam ὅταν, ἐπειδάν, ἐάν c. opt. legi vidimus, ita ibidem pro ὅς, ὅςτις etiam ὡς ἄν, ὅσος ἄν dicta esse quidni statuatur? In ejusmodi igitur locis ἄν non ad opt. sed ad pronn. illa referendum erit per *quicunque* explicanda, ita ut quodammodo structura per conj. et per opt. confusa sit." Vgl. Od. II, 54. ᾧ κ' ἐθέλοι, wem immer er wollte. Herod. I, 119. τοῦτον ἐκπέμπει, ἰέναι τε κελεύων ἐς Ἀστυάγεω καὶ ποιέειν, ὅτι ἂν ἐκεῖνος κελεύοι. Bähr und Bekker haben κελεύῃ. Dagegen lassen sie den Opt. VI, 44. ἐν νόῳ ἔχοντες ὅσας ἂν πλείστας δύναιντο καταστρέφεσθαι τῶν Ἑλληνίδων πολίων. Thuc. VIII, 54. ἐψηφίσαντο πλεύσαντα τὸν Πείσανδρον καὶ δέκα ἄνδρας μετ' αὐτοῦ πράσσειν, ὅπῃ ἂν αὐτοῖς δοκοίη ἄριστα ἕξειν, wo indessen in zwei Hdss. Par. G. und E. ἄν fehlt. Wenn wir aber nach überwiegenden hdss. Zeugnissen ἄν als ächt betrachten, so ist ὅπῃ ἄν am natürlichsten gleich: *wie immer*. Xen. Mem. I, 2, 6. τοὺς δὲ λαμβάνοντας μισθὸν ἀνδραποδιστὰς ἑαυτῶν ἀπεκάλει διὰ τὸ ἀναγκαῖον αὐτοῖς εἶναι διαλέγεσθαι παρ' ὧν ἂν λάβοιεν τὸν μισθόν. Ein Schwanken der Lesart findet nicht statt, ebensowenig aber können wir in der Auffassung der Stelle schwanken. Kühner z. d. St. übersetzt zwar, gegen Krüger und Sauppe sich darauf berufend, dass der Opt. mit ἄν als Modus potentialis ebensowohl in der obliquen, wie in der directen Rede stehen könne, was gewiss Niemand in Zweifel ziehen wird, „quia necessitas iis imposita esset cum iis colloquendi, a quibus mercedem *accipere possent*." Allein, wie es überhaupt eine entschiedene Verkennung jener Construction verräth, wenn man dieselbe mit *posse* ersetzen zu können glaubt, indem so viele Stellen, die die gewöhnliche Lectüre bietet, dieser Uebersetzung widerstreben, so will auch hier eine solche Auffassung nicht passen. Der Sinn kann sicher nicht sein: sie sind gezwungen, mit denen sich zu unterhalten, von denen sie Lohn erhalten können, als ob die Sophisten überhaupt solchen, die zahlen können, Unterricht ertheilten, und dann erwarten müssten, ob diese auch wirklich sie belohnen, während doch die Schüler gegen ein bestimmtes Honorar förmlich angenommen wurden. Wie τὸν μισθόν einen bestimmten, ausgemachten Lohn voraussetzt, so ἀναγκαῖον einen festen Vertrag. Das Natürlichste ist vielmehr, anzunehmen, dass in solchen Stellen ἄν unmittelbar zum Relativ gehörte, um dieses zu der Bedeutung *wer immer* zu verallgemeinern. Sokrates nannte die, die für ihren Umgang eine Belohnung nahmen, ihre eigenen Seelenverkäufer, weil sie gezwungen seien, sich mit jedem zu unterhalten, von welchem sie Lohn bekämen. Der gleiche Sinn ist in den folgenden Stellen anwendbar: Xen. Anab. I, 5, 9. νομίζων, ὅσῳ μὲν ἂν θᾶττον ἔλθοι, τοσούτῳ ἀπαρασκευαστοτέρῳ βασιλεῖ μαχεῖσθαι = um wie viel immer er früher käme. III, 2, 12. Καὶ εὐξάμενοι τῇ Ἀρτέμιδι, ὁπόσους ἂν κατακάνοιεν τῶν πολεμίων, τοσαύτας χιμαίρας καταθύσειν τῇ θεῷ κ. τ. λ. VII, 2, 6. Καὶ ὁ Ἀναξίβιος τῷ μὲν Ἀριστάρχῳ ἐπιστέλλει ὁπόσους ἂν εὕροι ἐν Βυζαντίῳ τῶν Κύρου στρατιωτῶν ὑπολελειμμένους ἀποδόσθαι. De rep. Lac. I, 8. Εἰ δέ τις αὖ γυναικὶ μὲν συνοικεῖν μὴ βούλοιτο, τέκνων δὲ ἀξιολόγων ἐπιθυμοίη, καὶ τούτῳ νόμον ἐποίησεν, ἥντινα ἂν εὔτεκνον καὶ γενναίαν ὁρῴη πείσαντα τὸν ἔχοντα ἐκ ταύτης τεκνοποιεῖσθαι. Ebd. II, 10. Ὅπως δὲ μηδ' εἰ ὁ παιδονόμος ἀπέλθοι, ἔρημοί ποτε οἱ παῖδες εἶεν ἄρχοντος, ἐποίησε τὸν ἀεὶ παρόντα τῶν πολιτῶν κύριον εἶναι καὶ ἐπιτάττειν τοῖς παισὶν ὅτι ἂν ἀγαθὸν δοκοίη εἶναι. Man vgl. noch Cyrop. V, 5, 1. VII, 5, 49. VIII, 2, 16. VIII, 3, 48. Anab. II, 5, 11., und man wird nicht umhin können, zu gestehen, dass diese Stellen keinen andern Eindruck machen, als dass das Relativum durch die beigegebene Partikel zu der Bedeutung: *wer immer* verallgemeinert werden soll.

Es ward S. 211 zugegeben, dass die Partikel, obwohl an sich zu dem Modus gehörend, doch vermöge ihrer Bedeutung und in ihrem unmittelbaren Anschluss an das Relativum auf dieses selbst die Wirkung zu äussern scheine, dass ὅς ἄν in dem Sinne von *wer immer* gebraucht ward. Hiemit würden denn die eben angeführten Stellen sich aufs Beste vereinigen lassen, sofern in ihnen das Relativum mit κέν oder ἄν selbst ohne Conj. diesen Sinn anzunehmen scheint. Es begreift sich aber, dass nur dann die Bedeutung einer Verallgemeinerung für den Opt. mit ἄν angenommen werden kann, wenn die Partikel, wie diess in den obigen Stellen der Fall ist, unmittelbar an das Relativum sich anschliesst, während da, wo der Opt. mit ἄν als Ausdruck einer subjectiven Behauptung dient, die Partikel bei Homer zwar (vgl. die oben angeführten Stellen) ebenfalls unmittelbar an das relative Wort sich anlehnt, dagegen bei den Attikern seine Stelle beliebig hinter dem Relativum, oder hinter dem Optativ, oder hinter einem andern hervorzuhebenden Wort einnimmt. Wenn in den Zeitbestimmungs- und Bedingungssätzen ἄν in der Construction mit dem Opt. nicht in gleicher Weise eine Verallgemeinerung zu bezeichnen scheint, so erklärt sich diess daraus, dass, während die Bedingungs- und die Zeitpartikeln mit ἄν ebensowohl bei der Setzung eines einzelnen, eintretenden Falles, als bei der Voraussetzung der Verwirklichung einer Gattung von Fällen gebraucht wurden, die Relativa mit ἄν und dem Conjunctiv wenigstens in dem späteren klassischen Sprachgebrauch insgemein nur eine Gattung von Fällen bezeichneten, so dass man sich um so leichter gewöhnen konnte, dem ἄν in der Verbindung mit relativen Wörtern eine solche verallgemeinernde Kraft beizulegen. Auch da, wo sonst der Opt. für sich steht, um eine Gattung von Fällen in der Vergangenheit zu bezeichnen, scheint das den Relativen beigegebene ἄν nur die Wirkung zu haben, das Letztere zu verallgemeinern. Herod. I, 196. *Κατὰ κώμας ἑκάστας ἅπαξ τοῦ ἔτεος ἑκάστου ἐποιέετο τάδε· ὡς ἂν αἱ παρθένοι γινοίατο γάμων ὡραῖαι, ταύτας ὅκως συναγάγοιεν πάσας, ἐς ἓν χωρίον ἐξάγεσκον ἁλέας.* Xen. Cyr. I, 6, 22. *Καὶ εἰ δὴ πείσαις ἐπαινεῖν τέ σε πολλούς, ὅπως δόξαν λάβοις, καὶ κατασκευὰς καλὰς ἐφ' ἑκάστῳ αὐτῶν κτήσαιο, ἄρτι τε ἐξηπατηκὼς εἴης ἂν καὶ ὀλίγῳ ὕστερον, ὅπου ἂν πεῖραν δοίης* (wo immer eine Probe abzulegen wäre), *ἐξεληλεγμένος τ' ἂν εἴης καὶ προςέτι καὶ ἀλαζὼν φαίνοιο.* VIII, 3, 38. *Ὅτι γὰρ ἂν λάβοι σπέρμα καλῶς καὶ δικαίως ἀπεδίδου αὐτό τε καὶ τόκον οὐδέν τι πολύν.* Auch Thuc. VIII, 68. *κράτιστος ἐνθυμηθῆναι γενόμενος καὶ ἃ ἂν γνοίη εἰπεῖν* muss, sofern ἄν ächt ist (mehrere Hdss. haben es nicht, andere geben ihm eine andere Stelle, vgl. Poppo), in dieser Weise erklärt werden.

Dass endlich der relative Satz auch in conditionalem Sinn mit κέν (ἄν) und dem Opt. stehen kann, zeigt Od. XI, 149.
ᾧ δέ κ' ἐπιφθονέοις, ὅδε τοι πάλιν εἰσὶν ὀπίσσω.
Der Opt. trat hier mildernd ein für den Conj. 147. *ὅντινα μέν κεν ἐᾷς.*

γ) In Zeitbestimmungssätzen.

Was drittens die Zeitbestimmungssätze betrifft, so können auch diese erstlich, obwohl selten, eine subjective Behauptung in sich aufnehmen. Diess ist der Fall Xen. Oec. XI, 14. *Ἐγὼ τοίνυν, ἔφη, ὦ Σώκρατες, ὁ Ἰσχόμαχος, ἀνίστασθαι μὲν ἐξ εὐνῆς εἴθισμαι, ἡνίκ' ἂν ἔτι ἔνδον καταλαμβάνοιμι, εἴ τινα δεόμενος ἰδεῖν τυγχάνοιμι.* Die Zeitbestimmung schliesst hier als Nachsatz einer subjectiven Voraussetzung *εἰ τυγχάνοιμι* eine subjective Behauptung in sich: in dem Zeitpunkte, da ich sie noch zu Hause treffen dürfte, und der Opt. mit ἄν erscheint als Milderung des Indicativs. Dem. Phil. I, §. 31. *Δοκεῖτε δέ μοι πολὺ* βέλτιον ἂν περὶ τοῦ πολέμου καὶ ὅλης τῆς παρασκευῆς βουλεύσασθαι, εἰ τὸν τόπον, ὦ ἄνδρες Ἀθηναῖοι, τῆς χώρας, πρὸς ἣν πολεμεῖτε, ἐνθυμηθείητε καὶ λογίσαισθε, ὅτι τοῖς πνεύμασι καὶ ταῖς ὥραις τοῦ ἔτους τὰ πολλὰ προλαμβάνων διαπράττεται Φίλιππος καὶ φυλάξας τοὺς ἐτησίας ἢ τὸν χειμῶνα ἐπιχειρεῖ, ἡνίκ' ἂν ἡμεῖς μὴ δυναίμεθα ἐκεῖσε ἀφικέσθαι. Der letzte Satz scheint eher eine adverbielle Nebenbestimmung zu enthalten: zu Zeiten, da wir nicht wohl dorthin gelangen können, da ja die Fälle, in welchen Philipp seinen Angriff gern unternimmt, wie aus ὅτι τοῖς πνεύμασι καὶ ταῖς ὥραις τοῦ ἔτους τὰ πολλὰ προλαμβάνων διαπράττεται Φίλιππος erhellt, in φυλάξας τοὺς ἐτησίας ἢ τὸν χειμῶνα erschöpft sind, also ein Satz wie: seine Unternehmungen fallen in Zeiten, wann immer wir nicht dorthin kommen können, unpassend erscheint. Aus diesem Grunde dürfte δυναίμεθα, wie Σ und F statt des gewöhnlichen δυνώμεθα haben, den Vorzug verdienen. Freilich erscheint dann μή auffallend, und man könnte diess nur so erklären, dass der Satz selber zwischen einer adverbiellen Nebenbestimmung, welche als beiläufige Behauptung οὐ haben müsste, und einer bedingenden Zeitbestimmung schwankt.

Häufiger, wie natürlich, findet sich diese Construction in der **obliquen Rede**. Dahin gehören:

Il. XIX, 205 ff. ἦ τ' ἂν ἔγωγε
νῦν μὲν ἀνώγοιμι πτολεμίζειν υἷας Ἀχαιῶν
νήστιας, ἀκμήνους· ἅμα δ' ἠελίῳ καταδύντι
τεύξεσθαι μέγα δόρπον, ἐπὴν τισαίμεθα λώβην.

Aesch. Pers. 450 ff. ἐνταῦθα πέμπει τούσδ', ὅπως, ὅταν νεῶν
φθαρέντες ἐχθροὶ νῆσον ἐκσωζοίατο,
κτείνοιεν εὐχείρωτον Ἑλλήνων στρατόν.

Dem. ad Onet. A. §. 6. ὥστ' ἐκ τῶν γιγνομένων οὐκ ἔσθ' ὅστις οὐχ ἡγεῖτο τῶν εἰδότων δίκην με λήψεσθαι παρ' αὐτῶν, ἐπειδὰν τάχιστα ἀνὴρ εἶναι δοκιμασθείην. Antiph. de caede Herod. §. 34. οὗτοι δὲ θάνατον τῷ μηνυτῇ τὴν δωρεὰν ἀπέδοσαν, ἀπαγορευόντων τῶν φίλων τῶν ἐμῶν μὴ ἀποκτείνειν τὸν ἄνδρα πρὶν ἂν ἐγὼ ἔλθοιμι. Xen. hist. gr. II, 3, 48. Ἐγὼ δ', ὦ Κριτία, κείνοις μὲν ἀεί ποτε πολεμῶ τοῖς οὐ πρόσθεν οἰομένοις καλὴν ἂν δημοκρατίαν εἶναι, πρὶν ἂν καὶ οἱ δοῦλοι καὶ οἱ δι' ἀπορίαν δραχμῆς ἂν ἀποδόμενοι τὴν πόλιν δραχμῆς μετέχοιεν. II, 4, 18. ὁ μάντις παρήγγειλεν αὐτοῖς, μὴ πρότερον ἐπιτίθεσθαι, πρὶν ἂν τῶν σφετέρων ἢ πέσοι τις ἢ τρωθείη. Die Beibehaltung der in der Regel nur mit dem Conj. construirten Partikel auch bei dem Optativ scheint in der üblichen Vermischung von Formen der directen Rede mit denen der obliquen ihren Grund zu haben.

Auch da, wo sonst der Opt. steht, um eine **Gattung von Fällen in der Vergangenheit** zu bezeichnen, behalten die Zeitpartikeln κέν oder ἄν zuweilen bei sich.

Il. IX, 524 f. οὕτω καὶ τῶν πρόσθεν ἐπευθόμεθα κλέα ἀνδρῶν
ἡρώων, ὅτε κέν τιν' ἐπιζάφελος χόλος ἵκοι.
Od. II, 105 (XIX, 150). νύκτας δ' ἀλλύεσκεν, ἐπὴν δαΐδας παραθεῖτο.
Hes. opp. et dies 131. ἀλλ' ὅτ' ἂν ἡβήσειε καὶ ἥβης μέτρον ἵκοιτο,
παυρίδιον ζώεσκεν ἐπὶ χρόνον.
Xen. Cyr. V, 3, 47. καὶ ὅταν τιμῆσαι δέ ποτέ τινα βούλοιτο, πρέπον αὐτῷ ἐδόκει εἶναι ὀνομαστὶ προςαγορεύειν. VIII, 1, 44. Καὶ γὰρ ὁπόταν ἐλαύνοιεν τὰ θηρία τοῖς ἱππεῦσιν εἰς τὰ πεδία, φέρεσθαι σῖτον εἰς θήραν τούτοις ἐπέτρεπε, τῶν δὲ ἐλευθέρων οὐδενί. Doch hat die Altd. Hds. ὁπότε.

Wir finden aber endlich ἄν mit Opt. in Zeitbestimmungssätzen auch da, wo diese Construction in keiner Weise aus dem Conj. mit ἄν hervorgegangen sein kann, wo auch die Annahme, dass die Zeitpartikel durch das anschliessende ἄν eine verallgemeinerte Bedeutung erhalte, unstatthaft ist, wo vielmehr eine rein gedachte, fingirte Voraussetzung zu Grunde zu liegen scheint, als deren Ausdruck der blosse Opt. erwartet werden sollte. So namentlich bei ἐπήν, ἐπεί κε.

Il. XXIV, 226 f. αὐτίκα γάρ με κατακτείνειεν Ἀχιλλεύς
ἀγκὰς ἑλόντ' ἐμὸν υἱόν, ἐπὴν γόου ἐξ ἔρον εἴην.
Od. IV, 222 f. ὃς τὸ καταβρόξειεν, ἐπὴν κρητῆρι μιγείη,
οὔ κεν ἐφημέριός γε βάλοι κατὰ δάκρυ παρειῶν.
Arist. Equitt. 1056. καί κε γυνὴ φέροι ἄχθος, ἐπεί κεν ἀνὴρ ἀναθείη.

Bemerkenswerth ist nun aber, dass sich auch sonst bei Homer ἐπήν mit dem Opt. findet, wo man ἐπεί erwarten sollte, in obliquer Rede (Il. XIX, 208 f.) und bei einer Gattung von Fällen in der Vergangenheit (Od. II, 105. XIX, 150), wesshalb es denn ebenso gewagt sein dürfte, überall ἐπήν durch ἐπεί zu ersetzen, als ersterem in dieser Verbindung mit dem Opt. eine besondere, von ἐπεί verschiedene Bedeutung beizulegen. Denn so wenig diess im Allgemeinen bestritten werden kann, so schwierig scheint es doch, hier in den Homerischen, wie in der Aristophanischen Stelle ἐπήν und ἐπεί κε von dem gewöhnlichen ἐπεί zu unterscheiden. Indessen ἐπήν ist nicht die einzige mit ἄν verbundene Zeitpartikel,

bei welcher wir diesen räthselhaften Gebrauch wahrnehmen. Wir
finden ὁπόταν und ἐπειδάν bei Xen. Cyr. I, 3, 11. Στὰς ἄν, ὥσπερ
οὗτος, ἐπὶ τῇ εἰςόδῳ ἔπειτα ὁπότε βούλοιτο παριέναι ἐπ᾽ ἄριστον,
λέγοιμ᾽ ἄν, ὅτι οὔπω δυνατὸν τῷ ἀρίστῳ ἐντυχεῖν. σπουδάζει
γὰρ πρός τινας. Εἶθ᾽ ὁπόταν ἥκοι ἐπὶ τὸ δεῖπνον, λέγοιμ᾽ ἄν,
ὅτι λοῦται. Ἐπειδὰν δὲ πάνυ σπουδάζοι φαγεῖν, εἴποιμ᾽ ἄν,
ὅτι παρὰ ταῖς γυναιξίν ἐστιν. Vgl. Poppo's Anm. z. d. St. und
diss. de usu part. ἄν p. 27 ff., aus dessen Erörterung sich wohl
mit Sicherheit ergibt, dass ὁπόταν, ἐπειδάν mit Opt. als ächte
Lesart anzusehen ist. Einen Unterschied zwischen der Modalität
der Sätze ὁπόταν ἥκοι und ἐπειδὰν σπουδάζοι einer- und ὁπότε
βούλοιτο andrerseits wüsste ich nicht zu entdecken. Wollte man
sich nämlich auch darauf berufen, dass es der griech. Sprache
nicht fremd sei, den zuerst rein in der Vorstellung gesetzten Fall
in Folgenden mehr als einen wirklichen zu behandeln, so widerstrebt dem doch, dass auf obige Stelle folgt ἕως παρατείναιμι
τοῦτον, mithin der Fall immer noch als ein gedachter behandelt
erscheint. Ebd. §. 18. Ὅπως οὖν μὴ ἀπολῇ μαστιγούμενος, ἐπειδὰν οἴκοι εἴης, ἂν παρὰ τούτου μαθὼν ἥκῃς ἀντὶ τοῦ βασιλικοῦ
τὸ τυραννικόν, wo wir gerne mit den neueren Herausgebern ᾖς,
als dem Sinne angemessen (im Fall du nach Hause kommst, was
ja als eintretend angenommen werden musste), vorziehen würden,
doch in einer so schwankenden Frage gegen die Hdss., welche
εἴης schützen, nicht zu ändern wagen. Ἕως ἄν mit Opt. findet
sich bei Plato sicher Phaedo p. 101, d. εἰ δέ τις αὐτῆς τῆς ὑπο-
θέσεως ἔχοιτο, χαίρειν εἴφης ἂν καὶ οὐκ ἀποκρίναιο ἕως ἂν τὰ
ἀπ᾽ ἐκείνης ὁρμηθέντα σκέψαιο, εἴ σοι ἀλλήλοις ξυμφωνεῖ τε ἢ
διαφωνεῖ; Stallbaum will ἄν in αὖ ändern. Dagegen hat Stallbaum
de rep. l. VI, p. 501, c. mit Recht nach den besten Hdss. ἄν getilgt. Ebenso Theaet. p. 155, a. ἕως ἴσον ἄν εἴη, wo jedoch die
Partikel nicht unmittelbar zu ἕως gehören würde. Auch Dem. in
Aph. I, §. 5. ἕως ἄν ἐγὼ ἀνὴρ εἶναι δοκιμασθείην ist nach dem
cod. Σ und andern ἄν mit Recht getilgt. Nachdem wir aber den
Sprachgebrauch festgestellt haben, dürfte es nicht eben so leicht
werden, die Gründe desselben darzulegen, oder den Unterschied
nachzuweisen, welcher auch hier zwischen der Verbindung der
Zeitpartikeln mit dem blossen Opt. und mit dem Opt. und ἄν liegt,
und zwar bestünde diese Schwierigkeit für jede Ansicht, die überhaupt sonst zwischen dem reinen Opt. und dem Opt. mit ἄν in
seiner Construction mit Zeitpartikeln einen Unterschied statuirt, und

jenem, worüber man ja so ziemlich einig ist, vornehmlich die Bestimmung zuweist, den rein gedachten, fingirten Fall zu bezeichnen. Vielleicht dass bei einer grösseren Anzahl von Beispielen dieser Gebrauch der Zeitpartikeln mit ἄν und dem Opt. sich besser erklären liesse.

δ) Im Causalsatz.

Hier steht der Optativ mit ἄν als Form der subjectiven Behauptung. Il. IX, 304.

νῦν γάρ χ' Ἕκτορ' ἕλοις, ἐπεὶ ἂν μάλα τοι σχεδὸν ἔλθοι,
wie Wolf und Spitzner statt ἔλθῃ mit Recht aufgenommen haben. Es ist aber ἐπεὶ ἂν — ἔλθοι nicht etwa aus dem Conj. mit ἄν hervorgegangen, wie es von Hermann l. III, c. 4, p. 147 aufgefasst wird, sondern Causalsatz: „da er dir jetzt wohl ganz nahe kommt." Denn darauf führen die folgenden Sätze, die nur als Begründung der Ansicht, dass Hektor jetzt ganz nahe komme, dienen können.

Od. VIII, 239. ὡς ἂν σὴν ἀρετὴν βροτὸς οὔτις ὄνοιτο,
sofern deine Tugend kein Sterblicher tadeln dürfte. Plato Apol. p. 41, a. ἐγὼ μὲν γὰρ πολλάκις ἐθέλω τεθνάναι, εἰ ταῦτ' ἐστὶν ἀληθῆ, ἐπεὶ ἔμοιγε καὶ αὐτῷ θαυμαστὴ ἂν εἴη ἡ διατριβὴ αὐτόθι κ. τ. λ. Xen. Cyr. II, 2, 15. Ναὶ μὰ Δί', ἀνόητος ἄρα ἐστίν· ἐπεὶ ἔκ γε σοῦ πῦρ, οἶμαι, ῥᾷον ἄν τις ἐκτρίψειεν, ἢ γέλωτα ἐξαγάγοιτο. Isocr. Paneg. §. 139. ἐν γὰρ τοῖς τοιούτοις καιροῖς πολλάκις μικραὶ δυνάμεις μεγάλας τὰς ῥοπὰς ἐποίησαν, ἐπεὶ καὶ περὶ Χίων ἔχοιμ' ἂν τοῦτον τὸν λόγον εἰπεῖν.

ε) Im Folgesatz.

Auch hier kann der Opt. mit ἄν nur als subjective Behauptung stehen, sofern ausser der Behauptung im Folgesatz nur der Infinitiv statthaben könnte.

Soph. El. 333. ἀλγῶ 'πὶ τοῖς παροῦσιν, ὥστ' ἄν, εἰ σθένος
λάβοιμι, δηλώσαιμ' ἄν, οἷ' αὐτοῖς φρονῶ.
Plato Apol. p. 33, e. καὶ ὁ μὲν Θεόδοτος τετελεύτηκεν, ὥστε οὐκ ἂν ἐκεῖνός γε αὐτοῦ καταδεηθείη. Xen. Cyr. I, 1, 4. Καὶ γάρ τοι τοσοῦτον διήνεγκε τῶν ἄλλων βασιλέων καὶ τῶν πατρίους ἀρχὰς παρειληφότων καὶ τῶν δι' ἑαυτῶν κτησαμένων, ὥσθ' ὁ μὲν Σκύθης καίπερ παμπόλλων ὄντων Σκυθῶν, ἄλλου μὲν οὐδενὸς δύναιτ' ἂν ἔθνους ἐπάρξαι, ἀγαπῴη δ' ἄν, εἰ τοῦ ἑαυτοῦ ἔθνους ἄρχων διαγένοιτο κ.τ.λ. II, 4, 15. III, 3, 35. Isocr. de pace §. 45. de permut. §. 212.

ζ) *Im Bedingungssatz.*

In der Construction der Bedingungspartikel mit ἄν und dem Opt. müssen wir vorerst zwei Fälle unterscheiden, den Gebrauch dieser Construction **in der obliquen Rede**, wo, wie in den bisher angeführten Beispielen des Relativ- und Zeitbestimmungssatzes aus der zu Grunde liegenden Construction von αἴ κε, εἴ κε, ἐάν (ἤν, ἄν) mit Conj. auch bei der Verwandlung in die oblique Rede die Partikel stehen blieb, und einen **selbständigen Gebrauch** dieser Construction ausser der obliquen Rede.

Zu der ersten Gattung gehören folgende Stellen:

Il. II, 597. στεῦτο γὰρ εὐχόμενος νικησέμεν, εἴπερ ἂν αὐταὶ
  Μοῦσαι ἀείδοιεν,

Od. XIII, 415. ᾤχετο πευσόμενος μετὰ σὸν κλέος, ἤν που ἔτ᾽ εἴης.

Vielleicht ist auch Od. XVII, 556 in des Eumäos Rede
  εἰ δὲ κέ σε γνοίη νημερτέα πάντ᾽ ἐνέποντα,
  ἔσσει σε χλαῖνάν τε χιτῶνά τε,
der Optativ noch als die Rede der Penelope 549 αἴ κ᾽ αὐτὸν γνώω referirend aufzufassen; indessen müsste man dann mitten in jenem Satze den Uebergang in die directe Rede annehmen.

Thuc. VIII, 27. ὡς τάχιστα δὲ ἐκέλευε — ἀποπλεῖν ἐς Σάμον, κἀκεῖθεν ἤδη ξυναγαγόντας πάσας τὰς ναῦς τοὺς ἐπίπλους, ἤν που καιρὸς εἴη, ποιεῖσθαι. Bekker und Göller haben nach der Vatic. Hds. ᾖ, das auch Poppo und Hermann gemäss dem sonstigen Gebrauche des Thukydides für wahrscheinlicher halten; an sich aber finden sie εἴη nicht verwerflich. Xen. Cyrop. IV, 2, 6. Οἱ δὲ ἀπεκρίναντο, ὅτι κἂν αὔριον ἕωθεν εὔζωνοι πορεύοιντο, καταλήψοιντο. Zwar lässt sich wohl rechtfertigen, was Schneider und Hermann vorgeschlagen haben: κἂν αὔριον εἰ ἕωθεν εὔζωνοι πορ., oder noch besser, wie Bornemann nach der Vatic. Hds. (οἱ εὔζωνοι) aufgenommen hat: κἂν αὔριον ἕωθεν, εἰ εὔζ. πορ. „fore ut vel postridie mane, si expediti iter facerent, illos consequerentur." Indessen, da Kyros nicht fragt: *wann*, sondern *ob* sie die Feinde einholen würden, so erwartet man auch nur Antwort auf das Letztere; eher war wohl die Zeit des Aufbruchs beizufügen: selbst wenn sie erst morgen frühe leicht gerüstet sich auf den Weg machten, würden sie dieselben einholen. Isaeus de Arist. her. §. 13. κελεύει γὰρ ὁ νόμος σὺν ταύταις κύριον εἶναι δοῦναι, ἐάν τῳ βούλοιτο, τὰ ἑαυτοῦ.

Ausgedehnter ist der **selbständige Gebrauch** des Opt. mit κέν und ἄν im Bedingungssatze. Um von dem sichersten und klarsten Punkte auszugehen, betrachten wir zuerst die Fälle, welche den Opt. mit ἄν in der indirecten Frage haben.

Es ist klar, dass die Construction hier durchaus nichts Befremdendes hat. Da nämlich die indirecte Frage alle Formen des Behauptungssatzes zulässt, so würde man sich vielmehr wundern müssen, wenn sich nicht auch die Form der subjectiven Behauptung in ihr fände.

Aus Homer gehören hieher folgende Stellen:

Il. XI, 792. τίς δ' οἶδ', εἴ κέν οἱ σὺν δαίμονι θυμὸν ὀρίναις παρειπών;

Offenbar liegt die subjective Behauptung ὀρίναις κε zu Grunde.

Od. XII, 112 ff. εἰ δ' ἄγε δή μοι τοῦτο θεὰ νημερτὲς ἔνισπε, εἴ πως τὴν ὀλοὴν μὲν ὑπεκπροφύγοιμι Χάρυβδιν, τὴν δέ κ' ἀμυναίμην, ὅτε μοι σίνοιτό γ' ἑταίρους.

Auch hier erkennt man leicht, dass dem zweiten von εἰ abhängigen Satze im Verhältniss zu ὅτε σίνοιτο eine subjective Behauptung zu Grunde liegt.

Od. XIV, 119 f. Ζεὺς γάρ που τόγε οἶδε καὶ ἀθάνατοι θεοὶ ἄλλοι, εἴ κε μιν ἀγγείλαιμι ἰδών.

Aus attischen Schriftstellern sind folgende Beispiele namhaft zu machen:

Arist. Av. 1017. ὡς οὐκ οἶδ' ἄρ' εἰ φθαίης ἄν·

Xen. Cyr. I, 6, 41. εἰ τοιαῦτα ἐθελήσαις καὶ ἐπὶ τοῖς ἀνθρώποις μηχανᾶσθαι, οὐκ οἶδ' ἔγωγε, εἴ τινα λίποις ἂν πολεμίων, d. h. οὐκ ἂν λίποις. Ebd. VIII, 3, 26 nach ἐρέσθαι und wahrscheinlich I, 6, 10. Ἐρωτᾷς, ἔφη, ὦ παῖ, εἴ που ἂν ἀπὸ σοῦ πόρος προσγένοιτο; die subjective Behauptung, die in dem vorangehenden εἰ ἐνορᾷς τινα πόρον καὶ ἀπ' ἐμοῦ ἂν προσγενόμενον lag, wieder aufnehmend. Anab. IV, 8, 7. hist. gr. IV, 7, 2. VII, 4, 6. de vect. VI, 2. Ebd. I, 1. ἐπεχείρησα σκοπεῖν, εἴ πῃ δύναιντ' ἂν οἱ πολῖται διατρέφεσθαι ἐκ τῆς ἑαυτῶν.

Zu beachten ist, dass, während die Attiker gewöhnlich schon durch die Stellung der Partikel andeuten, dass sie nur zu dem Opt. gehöre, und demnach eine subjective Behauptung in eine Frage verwandelt sei, Homer die Partikel, sofern aus den wenigen Stellen etwas gefolgert werden kann, lieber an εἰ anschliesst.

Zuweilen wird, indem die Griechen die Formel οὐκ οἶδ' εἰ, wie die ähnlichen εὖ οἶδ' ὅτι, δῆλον ὅτι, οἶσθ' ὡς mit dem von ihnen abhängigen Satz ganz in Einen Satz zu verschmelzen pflegten,

ἄν unmittelbar an οἶδα oder an οὐκ angeschlossen. Eur. Med. 941. οὐκ οἶδ᾽ ἄν εἰ πείσαιμι. Alc. 48. οὐ γὰρ οἶδ᾽ ἄν εἰ πείσαιμί σε. Plato Tim. p. 26, b. οὐκ ἄν οἶδ᾽ εἰ δυναίμην ἅπαντα ἐν μνήμῃ πάλιν λαβεῖν. Dem. de falsa leg. §. 312. οὐδ᾽ ἄν εἷς εὖ οἶδ᾽ ὅτι φήσειεν.
Sowie nun in den zur indirecten Frage gewordenen Bedingungssatz, so kann auch in den wahren Bedingungssatz der Opt. mit ἄν, d. h. die Form einer subjectiven Behauptung aufgenommen werden, ohne dass der eine oder der andere Fall irgend grammatisch anstössig erscheinen könnte. Betrachte man den Opt. mit ἄν als Modification des Indicativs, d. i. der Form der objectiven Behauptung, so wird man anerkennen müssen, dass mit demselben Rechte, wie εἰ mit dem Indicativ, auch εἰ mit dem Opt. und ἄν stattfinden mag. Man nehme z. B. Plato Meno p. 79, c. δεῖ οὖν σοι πάλιν ἐξ ἀρχῆς, ὡς ἐμοὶ δοκεῖ, τῆς αὐτῆς ἐρωτήσεως, ὦ φίλε Μένων, τί ἐστιν ἀρετή, εἰ μετὰ μορίου ἀρετῆς πᾶσα πρᾶξις ἀρετὴ ἄν εἴη. So hat Bekker, auf Par. F. und die Ficinische Uebersetzung gestützt, aufgenommen, während die übrigen Hdss. auf ἢ μετὰ μορίου führen, wie nun Stallbaum Platonis opp. omnia, Vol. VI, sect. II, 1836, wieder hergestellt hat. Mir scheint εἰ entschieden das Richtige zu sein. Denn der Sinn, den Stallbaum in der Stelle findet: „Repetenda igitur denuo est eadem quaestio, quid sit virtus, *aut* s. *alioquin* virtus fuerit omnis actio cum una aliqua virtutis particula conjuncta" erscheint weder an und für sich, noch für den Zusammenhang passend. Was soll es heissen: Wir müssen die Frage, was die Tugend ist, aufs Neue aufnehmen, oder jede mit einem Theil der Tugend verknüpfte Handlung wäre sonst Tugend; als hielte Sokrates dem Meno eine Consequenz vor, in die sie verfallen müssten, wenn sie nicht den Begriff der Tugend überhaupt bestimmen wollten. Wie nun aber dieser Gedanke: im Fall wir nicht das Wesen der Tugend an sich bestimmen, müsste jede ein Stück der Tugend begreifende Handlung Tugend sein, an sich nicht zu rechtfertigen sein dürfte, so widerstrebt er auch dem Zusammenhang. In diesem setzt Sokrates das aus: ὅτι ἐμοῦ δεηθέντος ὅλην εἰπεῖν τὴν ἀρετὴν αὐτὴν μὲν πολλοῦ δεῖς εἰπεῖν ὅ τι ἔστι, πᾶσαν δὲ φῂς πρᾶξιν ἀρετὴν εἶναι, ἐάνπερ μετὰ μορίου ἀρετῆς πράττηται, ὥσπερ εἰρηκὼς ὅ τι ἀρετή ἐστι τὸ ὅλον καὶ ἤδη γνωσομένου ἐμοῦ καὶ ἐὰν σὺ κατακερματίζῃς αὐτὴν κατὰ μόρια. Wenn also die Behauptung Meno's gilt, dass μετὰ μορίου ἀρετῆς πᾶσα πρᾶξις ἀρετὴ ἄν εἴη, so bleibt uns auch dann wieder der Begriff ἀρετή überhaupt zu bestimmen:

ἢ — οἴει τινὰ εἰδέναι μόριον ἀρετῆς ὅ τι ἐστὶν αὐτὴν μὴ εἰδότα; Es ist also klar, dass der fragliche Satz nur den Sinn haben kann: deine Behauptung, dass mit einem Theile von Tugend jede Handlung Tugend ist, vorausgesetzt, müssen wir aufs Neue fragen: was ist Tugend? Wie demnach der Zusammenhang entschieden den Sinn fordert: wenn es gelten soll, dass etc., so erscheint in den Bedingungssatz eine fremde Behauptung, und zwar in subjectiver Form aufgenommen, wie Plato Ap. p. 25, b. εἰ εἷς μὲν μόνος αὐτοὺς διαφθείρει die Behauptung des Gegners in den Bedingungssatz aufgenommen ist, oder wie Protag. p. 345, b. die vorangegangene subjective Behauptung ἡμεῖς δὲ οἱ ἰατρικῆς ἰδιῶται οὐκ ἄν ποτε γενοίμεθα κακῶς πράξαντες in ὅςτις δὲ μὴ ἰατρὸς ἂν γένοιτο κακῶς πράξας, welcher Satz einem Bedingungssatze gleich gilt, aufgenommen erscheint. In ähnlicher Weise ist wohl auch Xen. Cyr. III, 3, 55. zu erklären: Τοὺς δ' ἀπαιδεύτους παντάπασιν ἀρετῆς θαυμάζοιμ' ἄν, ἔφη, ὦ Χρυσάντα, εἴ τι πλέον ἂν ὠφελήσειε λόγος καλῶς ῥηθεὶς εἰς ἀνδραγαθίαν κ. τ. λ. Dass nämlich eine zweckmässige Anrede die Krieger tapferer machen würde, war §. 49 die Behauptung des Chrysantas, die nun in den Bedingungssatz aufgenommen wird. Ferner Ages. zu Anfang: οὐ γὰρ ἂν καλῶς ἔχοι, εἰ ὅτι τελέως ἀνὴρ ἀγαθὸς ἐγένετο, διὰ τοῦτο οὐδὲ μειόνων ἂν τυγχάνοι ἐπαίνων. Die letztere Behauptung ist in dem Vorhergehenden: οὐ ῥᾴδιον ἄξιον ἔπαινον γράψαι involvirt. Cyrop. IV, 5, 47. Εἰ μὲν οὖν ἄλλους ἔχετε, οἷς τισιν ἂν δοίητε αὐτούς, μεθ' ὧν ἂν καὶ κινδυνεύοιτε ἥδιον, εἴ τι δέοι, ἢ μεθ' ἡμῶν, ἐκείνοις δίδοτε. εἰ μέν τοι ἡμᾶς ἂν βούλοισθε παραστάτας μάλιστα ἔχειν, ἡμῖν αὐτοὺς δότε. Während in dem ersten Gliede einfach gesagt wird: wenn Jenes, so Dieses, liegt in dem zweiten Bedingungssatze zugleich die subjective Ansicht, dass die Meder und Hyrkanier am liebsten die Perser zu Mitkämpfern dürften haben wollen. Denn wie der Hauptgedanke, die eigentliche Forderung des Kyros, in dem zweiten Gliede, in δότε liegt, so auch in der zweiten Bedingung die Voraussetzung des Falles, der in Wirklichkeit treten dürfte. So steht denn εἰ — ἂν βούλοισθε dem ἢν βούλησθε sehr nahe, nur dass Letzteres eine entschiedenere, minder bescheidene Sprache verrathen, und auf eine bestimmte Entscheidung warten würde. Dem. ad Apat. §. 34. εἰ δ' ὁ Παρμένων εἰς λόγον καταστὰς πανταχοῦ δικαιότερ' ἂν φαίνοιτο λέγων τούτου, πῶς ἂν ὀρθῶς ἐμοῦ καταγιγνώσκοιτε κ. τ. λ. Der Bedingung liegt offenbar die eigene, durch das Vorangegangene begründete subjective Behauptung zu Grunde: δικαιότερ᾽ ἂν φαίνοιτο λέγων τούτου. So auch in Mid. §. 212. εἰ δ᾽ οὗτοι χρήματ᾽ ἔχοντες μὴ πρόοιντ᾽ ἄν, πῶς ὑμῖν καλὸν τὸν ὅρκον προέσθαι; die Behauptung οὐκ ἂν πρόοιντο ist in die Bedingung aufgenommen; oder man kann sagen: zu der gedachten Annahme tritt die Setzung der Wirklichkeit des Falls. Ferner in Theocr. §. 46. εἰ μὲν γὰρ μὴ φήσει γράφεσθαι, πῶς χρὴ πιστεύειν αὐτῷ λέγοντι ὡς φυλάττει τοὺς παράνομα γράφοντας; εἰ δὲ γράψαιτ᾽ ἄν, πῶς οὐ δεινόν ἐστιν ἑτέρου μὲν γράψαντος κωλύειν τέλος ἔχειν τὸ ψήφισμα κ. τ. λ. Die Parallele von εἰ μὴ φήσει γράφεσθαι zeigt, dass auch γράψαιτ᾽ ἄν als Behauptung des Gegners aufgeführt ist. In Steph. I, §. 23. εἰ γὰρ ὁ μὲν αὐτὸς ἔχειν τὸ γραμματεῖον μαρτυρῶν οὐκ ἐτόλμησεν ἀντίγραφα εἶναι ἃ παρείχετο Φορμίων τῶν παρ᾽ αὐτῷ μαρτυρῆσαι, οὗτοι δὲ οὔτε ἐξ ἀρχῆς ὡς παρῆσαν ἔχοιεν ἂν εἰπεῖν, wo schon der Gebrauch von οὐ in beiden Gliedern, obwohl sonst μή üblich ist, zum Beweis dienen mag, dass eine Behauptung in den Bedingungssatz aufgenommen ward. So schliesst Dem. ad Polycl. §. 2. εἰ δ᾽ ἐστὶν ἀληθῆ καὶ μηδεὶς ἄν μοι ἀντείποι ἄλλος ἢ οὗτος die Behauptung in sich: οὐδεὶς ἄν μοι ἀντείποι ἄλλος. Ebenso liegt ad Lept. §. 62. οὐκοῦν αἰσχρόν, εἰ μέλλοντες μὲν εὖ πάσχειν συκοφάντην ἂν τὸν ταῦτα λέγοντα ἡγοῖσθε, ἐπὶ τῷ δ᾽ ἀφελέσθαι τὰς τῶν προτέρων εὐεργετῶν δωρεὰς ταῦτα λεγόντων ἀκούσεσθε die Behauptung zu Grunde: συκοφάντην ἂν ἡγοῖσθε. Desgleichen wohl in Timocr. §. 154. οὐδ᾽ εἰ μήπω ἂν ἐκφύοι, mit Rücksicht auf eine etwaige Ansicht οὔ ποτ᾽ ἂν ἐκφύοι, und Phil. I, §. 18. οὐδ᾽ εἰ μὴ ποιήσαιτ᾽ ἂν τοῦτο, mit Rücksicht auf den Gedanken: οὐκ ἂν ποιήσαιμεν τοῦτο. Isocr. Archid. §. 25. Εἰ μὲν οὖν οὕτως ἔχομεν ὥστε μηδὲ περὶ ἑνὸς ἀντιλέγειν, μηδ᾽ ἐὰν αὐτὴν τὴν Σπάρτην ἐκλιπεῖν προςτάττωσιν ἡμῖν, περίεργόν ἐστιν ὑπὲρ Μεσσήνης σπουδάζειν, εἰ δὲ μηδεὶς ἂν ὑμῶν ἀξιώσειε ζῆν ἀποστερούμενος τῆς πατρίδος προςήκει καὶ περὶ ἐκείνης τὴν αὐτὴν ὑμᾶς γνώμην ἔχειν. Offenbar liegt der Bedingung die Behauptung zu Grunde: οὐδεὶς ἂν ὑμῶν ἀξιώσειε. Von diesen Stellen aus, welche als sichere Belege für die angenommene Bedeutung des εἰ mit Opt. und ἄν gelten können, erklären sich nun auch weiter folgende: Hes. opp. et dies 434.

εἴ χ᾽ ἕτερόν γ᾽ ἄξαις, ἕτερόν γ᾽ ἐπὶ βουσὶ βάλοιο.

weil das subjective Urtheil zu Grunde liegt: ἄξαις κεν ἕτερον.

Pind. Pyth. IV, 468 ff. εἰ γάρ τις ὄζους ὀξυτόμῳ πελέκει
ἐξερείψαι κεν μεγάλας δρυός, αἰσχύνοι δέ οἱ
θαητὸν εἶδος·
καὶ φθινόκαρπος ἐοῖσα διδοῖ ψᾶφον περ᾽
αὑτᾶς,
Bergk Poëtae lyrici graeci p. 104 hat nach Hermann's (de part. ἄν p. 173) Vorschlag μέν statt des handschriftlichen κέν aufgenommen. So wenig man aber Anstoss nehmen würde, wenn der Bedingungssatz den Indic. hätte, so wenig kann der Opt. mit κέν anstössig sein. Auch ist nicht ohne Absicht der Indic. mit dem Opt. und ἄν vertauscht. Wir sahen in den bisher angeführten Beispielen dieser Construction immer die subjective Behauptung durchscheinen, war sie nun als fremde Behauptung aufgenommen, oder als eigene angedeutet. Minder deutlich läge diess in εἰ mit dem Indic. Denn da diese Formel gewöhnlich gebraucht wird, um ganz objectiv und ohne alles nähere Interesse nur anzugeben, unter den und den Bedingungen finde das und das statt, so könnte man, wenn nicht der Zusammenhang bestimmter darauf hinführte, den Indic. nicht als Ausdruck einer in die Bedingung aufgenommenen Behauptung auffassen. Der Opt. mit ἄν dagegen war nicht zu verkennen. Zudem musste die in die Bedingung aufgenommene Behauptung meist als subjectiv sich darstellen, sofern sie, als Voraussetzung hingestellt, in ihrem Unterschied vom Causalsatz nicht in objectiver Gültigkeit erschien. Wenden wir das Gesagte auf die Pindarische Stelle an, so wäre εἰ ἐξερείψαι rein gedachte Annahme, ohne alle Rücksicht auf die Wirklichkeit. Wie nun dann der Uebergang zu dem Indic. im Nachsatz auffallender wäre, so dürfte dadurch auch die Absicht des Dichters, auf das wirkliche Verfahren des Arkesilaos anzuspielen, verwischt werden. Er will den Fall nicht als einen rein gedachten behandeln, sondern dem εἰ ἐξερείψαι κεν liegt die subjective Behauptung zu Grunde: es geschieht wohl. Aehnlich verhält es sich mit Nem. VII, 131 ff.

εἰ δ᾽ αὐτὸ καὶ θεὸς ἄν ἔχοι,
ἐν τίν κ᾽ ἐθέλοι, Γίγαντας ὃς ἐδάμασας, εὐτυχῶς
ναίειν πατρὶ Σωγένης ἀταλὸν ἀμφέπων
θυμὸν προγόνων εὐκτήμονα ζαθέαν ἀγυιάν·

Böckh und Bergk schreiben nach dem Vorschlag von Thiersch ἀνέχοι im Sinne von παρέχοι, unter Beziehung auf fragm. encom. 2. πλεῖστα μὲν δῶρ᾽ ἀθανάτοις ἀνέχοντες, wogegen Dissen richtig erinnert, dass dieser Ausdruck, wenn er im Verhältnisse von Menschen zu Göttern passend gebraucht werde, nicht in gleicher Weise für das, was Götter den Menschen gewähren, anwendbar sei. Vielmehr haben wir auch hier keine rein vorgestellte Annahme, sondern es ist auf den wirklichen Fall des Sogenes Bezug genommen, es liegt der Bedingung die Behauptung zu Grunde: θεὸς ἂν ἔχοι αὐτό sc. τὸ (γείτονα) νῷ φιλεῖν ἀτενεῖ. So steht Eur. Andr. 771:

εἴ τι γὰρ ἂν πάσχοι τις ἀμήχανον,
ἀλκᾶς οὐ σπάνις εὐγενέταις·

weil, auf Andromache Rücksicht nehmend, die Behauptung zu Grunde liegt: πάσχοι ἄν τις ἀμήχανόν τι. Eine rein gedachte Annahme εἰ πάσχοι wäre, da der angenommene Fall in der Andromache verwirklicht vorliegt, minder angemessen.

Eur. Hel. 825. εἴ πως ἂν ἀναπείσαιμεν ἱκετεύοντέ νιν. Mit zu Grund liegendem subjectivem Urtheil ἀναπείσαιμεν ἄν, „wenn wir sie etwa überreden könnten." Ganz ähnlich ist Phoen. 724. εἰ νυκτὸς αὐτοῖς προσβάλοιμ᾽ ἂν ἐκ λόχου; wie die meisten Hdss. haben. Beide Male würde sich als natürliche Ergänzung ein Satz: „wie wäre es? was hieltest du davon?" u. dgl. darbieten. Plato de legg. X, p. 905, c. εἰ δ᾽ ἐπιδεὴς ἔτι λόγου τινὸς ἂν εἴης, λεγόντων ἡμῶν πρὸς τὸν τρίτον ἐπάκουε mit zu Grunde liegendem Gedanken: ἐπιδεὴς ἂν ἔτι εἴης, „wenn du — was vielleicht der Fall ist — noch einer weiteren Erörterung bedürftig sein solltest," welche Satzform minder entschieden ist, als ἐὰν ᾖς, wie man mit Rücksicht auf den Imperativ erwarten könnte, und doch auch nicht so rein subjectiv, wie εἰ — εἴης.

Als Milderung des objectiven Indicativs erscheint der Opt. mit ἄν in folgenden Stellen: Xen. Cyr. III, 3, 37. Ὢν γὰρ ἂν ὀψιμαθεῖς ἄνθρωποι γένωνται, οὐδὲν θαυμαστόν, εἴ τινες αὐτῶν καὶ τοῦ ὑπομιμνήσκοντος δέονται, ἀλλ᾽ ἀγαπητόν, εἰ καὶ ἐξ ὑποβολῆς δύναιντ᾽ ἂν ἄνδρες ἀγαθοὶ εἶναι. Das Verhältniss des zweiten Satzes zu dem ersten stellt es ausser Zweifel, dass der Opt. mit ἄν reine Milderung für den Indicativ ist. Der gleiche Fall ist IV, 2, 37. mit εἴ τινες ὑμῶν τὰ μὲν κακὰ μισεῖτε, ἀγαθοῦ δέ τινος παρ᾽ ἡμῶν βούλοισθ᾽ ἂν τυγχάνειν. Vgl. auch Dem. in Theocr. §. 46. ad Lept. §. 62. ad Pol. §. 2, wo Indicativ und Opt. mit ἄν wechseln.

Arist. Nub. 1184 f. Σ. οὐκ ἂν γένοιτο; Φ. πῶς γάρ; εἰ μή πέρ γ᾽ ἅμα
αὐτὴ γένοιτ᾽ ἂν γραῦς τε καὶ νέα γυνή.

„wenn nicht etwa gar Ein Weib zugleich bei Jahren sein mag, und auch jung." So findet sich ἄν mit Opt. bei εἴπερ, um anzugeben, dass etwas stattfinde, wenn anders etwa ein zweiter Fall stattfinden dürfte: Plato Protag. p. 329, b. καὶ ἐγώ, εἴπερ ἄλλῳ τῷ ἀνθρώπων πειθοίμην ἄν, καὶ σοὶ πείθομαι. Meno p. 98, b. Ferner Crat. p. 398, e. οὐδ' εἴ τι οἷός τ' ἂν εἴην εὑρεῖν, οὐ συντείνω. Auch gehört, wenn die Lesart sicher ist, Aesch. Ag. 930 hieher:

εἰ πάντα δ' ὡς πράσσοιμ' ἄν, εὐθαρσὴς ἐγώ.

An dem Gedanken selbst aber dürfte man mit Recht Anstoss nehmen. Was soll nach der Solon'schen Sentenz:

ὀλβίσαι δὲ χρὴ
βίον τελευτήσαντ' ἐν εὐεστοῖ φίλῃ.

der Gedanke: „wenn ich in Allem so glücklich wäre (wie in dem jetzt beendigten Unternehmen), so bin ich getrosten Muthes, da doch nach der vorausgegangenen Sentenz das πάντα alle Schicksale bis zu dem Lebensende umfassen müsste, das εὐθαρσής aber nur auf die Zukunft sich beziehen könnte? Zudem schiene εὐθαρσής mit der ganzen Stimmung und Gesinnung, die Agamemnon nun ausspricht, nicht recht im Einklang. Darum dürfte Blomfield's Aenderung Beifall verdienen: εἰ πάντα δ' ὡς πράσσοιμ' ἄνευ θάρσους ἐγώ, doch nicht in dem von Blomfield angenommenen Sinn: „Utinam sic in omnibus fortuna utar modeste et sine audacia!" sondern als Ahnung über die Zukunft, die sich unmittelbar an den vorhergehenden Gedanken anschliesst: „doch dass ich immer glücklich sei, erwart' ich kaum."

Wenn in allen den angeführten Stellen, die Homerischen ausgenommen, schon die Stellung der Partikel darauf führt, dass unsere Construction aus der Verbindung von ἄν und dem Optativ mit der Bedingung hervorgegangen ist, was sich denn auch durch ein näheres Eingehen in den Sinn der Stellen bestätigte, so liegt nun aber eine Reihe anderer, meist Homerischer Stellen vor, in welchen theils die Stellung der sich unmittelbar an εἰ anschliessenden Partikel, theils auch der Sinn der Stellen dafür zu sprechen scheint, dass zu εἴ κε (εἰ ἄν) der Optativ als Milderung des Conj. hinzutrat. Indem wir aber diese Stellen von den ersteren ausscheiden, und einer besonderen Betrachtung unterwerfen, dürfen wir doch an einen eigentlichen Unterschied beider Arten in keiner Weise denken. Schon darum muss der Unterschied nur als ein fliessender gedacht werden, weil, wie wir oben sahen, bei Homer selbst in der indirecten Frage, wo doch offenbar eine subjective Behauptung zur Frage gestaltet ist, die Partikel also jedenfalls zunächst zu dem Optativ gehört, diese sich unmittelbar an εἰ anschliessen kann, wie sie denn überhaupt, ungeachtet sie nie aufhört, wesentlich die Modalität des Satzes zu bestimmen, mithin zum Modus zu gehören, bei Homer mehr an den Anfang des Satzes sich drängt; wir haben aber auch unter den bisher erörterten Stellen einige gefunden, wo es ganz nahe lag, εἰ mit Opt. und ἄν als Milderung von ἐάν mit Conj. zu betrachten. Plato de legg. X, p. 905, c. Xen. Cyr. IV, 5, 47. Aber dieses Verhältniss zu ἐάν mit Conj. findet, wie man sich leicht überzeugen kann, auch in den andern Stellen statt: Pind. Pyth. IV, 468 ff. Nem. VII, 131 ff. Eur. Andr. 771. Hel. 825 u. s. w., indem auch in diesen, wie es die Bedeutung der Partikel, als die Wirklichkeit einer Handlung setzend, mit sich bringt, die Construction von εἰ mit Opt. und ἄν in der Mitte steht zwischen εἰ mit dem blossen Opt. und ἐάν mit Conjunctiv. Denn wer die ganze Reihe von Stellen, in welchen sich jene Construction findet, durchprüfen, und sich unbefangen dem Eindruck hingeben will, den sie machen, muss unstreitig fühlen, dass sie aus der Sphäre reiner Subjectivität, welcher εἰ mit dem reinen Opt. angehört, heraustreten, und zur Objectivität hinneigen, während nach der Theorie, welche ἄν für das Zeichen der Bedingtheit eines Satzes nimmt, also selbst die blosse Fiction eines gewissen Falls (εἰ mit Optativ) noch von Bedingungen (ἄν) abhängig nennt, εἰ mit Opt. und ἄν noch viel problematischer, subjectiver sein müsste, als das einfache εἰ mit Opt. Aber die Unhaltbarkeit dieser Theorie erweist sich auch bei unserer Construction nicht blos durch ihre Bedeutung, sondern auch dadurch, dass in Fällen, wo Nebenbestimmungen im Sinn von Bedingungen zutreten, wo man also ἄν erwarten sollte, demungeachtet blos εἰ mit Opt. sich findet. So tritt Od. I, 115 ff. 255. ἐλθών, Herod. III, 35. βαλών, VII, 49. βουλευόμενος, 152. ἀλλάξασθαι βουλόμενοι, Xen. Cyr. III, 3, 49. συγκαλέσας, Plato Phaedo p. 67, e. τούτου γιγνομένου zu dem Bedingungssatz hinzu, ohne dass darum dem εἰ mit Opt. noch ἄν beigegeben wäre. Unter den Stellen nun, in welchen der Opt. bei εἴ κεν als Modification von εἴ κε mit Conj. angesehen werden kann, zeigen diejenigen die Bedeutung jener Construction am klarsten, welche in parallelen Sätzen Optativ und Conj. neben einander stellen. Man vergleiche

Il. V, 273, wo Diomed von den Pferden des Aeneas sagt:
Εἰ τούτω κε λάβοιμεν, ἀροίμεθά κε κλέος ἐσθλόν.
nachdem er in Bezug auf Pandaros und Aeneas V. 260 gesagt hatte:
αἴ κέν μοι πολύβουλος Ἀθήνη κῦδος ὀρέξῃ
ἀμφοτέρω κτεῖναι,
Das Nächste, das zur Verwirklichung vorliegt, und worüber Diomedes in muthigem Vertrauen eine günstige Entscheidung erwartet, ist, dass er Pandaros und Aeneas, oder doch einen von beiden tödten werde. Daher der Conjunctiv αἴ κεν ὀρέξῃ. Unter Voraussetzung aber, dass dieses Nächste gelinge, hat Diomedes ein Zweites im Auge, nämlich die Pferde des Aeneas zu bekommen. Da aber das Letztere in jeder Hinsicht unsicherer ist, sofern es sich um Erstrebung dieses zweiten Zieles erst nach Erreichung des ersten handeln kann, so drückt sich Diomedes hierüber zweifelnder aus: „wenn wir etwa diese bekommen könnten." Sowie aber einerseits der Conj. unangemessen wäre, so wäre andererseits der reine Opt. minder passend. Denn es ist keineswegs ein rein gedachter, abstracter Fall, von dem hier gesprochen wird, sondern es ist allerdings auch auf seine Verwirklichung abgesehen, wenn gleich nicht unmittelbar, und mit minderer Zuversicht.

Il. VIII, 191 dürfte mit Spitzner nach Aristarch gelesen werden müssen: ὄφρα λάβωμεν. Wäre indessen εἴ κε λάβωμεν als die richtige Lesart anzusehen, so müsste man bei Vergleichung mit 196 εἰ τούτω κε λάβοιμεν den Wechsel zwischen Conj. und Opt. daraus erklären, dass in der ersten Stelle Hektor in sicherer Siegeshoffnung spricht, dann aber, nachdem die Aufmerksamkeit auf den Schild Nestor's und den Harnisch Diomed's gerichtet ist, gemässigter fortführt: εἰ τούτω κε λάβοιμεν. — Während IX, 135 f. von dem nächsten, unmittelbar erstrebten Ziele, der Eroberung Ilion's, der Conj. gebraucht ist,

εἰ δέ κεν αὖτε
ἄστυ μέγα Πριάμοιο θεοὶ δώωσ᾽ ἀλαπάξαι,
νῆα ἅλις χρυσοῦ καὶ χαλκοῦ νηησάσθω
εἰσελθών, ὅτε κεν δατεώμεθα ληΐδ᾽ Ἀχαιοί.

wird das erst nach Erreichung dieses Zieles zu erstrebende, weiter hinaus liegende, vergleichungsweise noch unsicherere Ziel, die Heimkehr nach Achaja V. 191 angenommen durch
εἰ δέ κεν Ἄργος ἱκοίμεθ᾽ Ἀχαιϊκόν.
Auch in dieser Stelle zeigt sich deutlich, wie εἴ κε mit Optativ

subjectiver ist, als εἴ κε mit Conj., objectiver dagegen als εἰ mit Optativ, denn keine dieser beiden Constructionen wäre so angemessen, als die wirklich gebrauchte. Weder steht das Heimkehren unmittelbar in Aussicht als das, um dessen Verwirklichung es sich zunächst handelt, noch ist es blosse subjective Fiction. So ist Il. IX, 356 ff. das Nächste mit dem Futur (ὄψεαι πλεούσας νῆας 359) ausgedrückt, das weiter hinaus etwa zu Erwartende V. 362 mit εἰ δέ κεν εὐπλοίην δῴη κλυτὸς Ἐννοσίγαιος. Freilich haben manche Ausgaben, namentlich die Spitzner'sche auch hier den Conj. δώῃ, doch verdient bei Vergleichung ähnlicher Stellen sicher die Optativform den Vorzug. Aehnlich ist wohl Od. VIII, 352 f. zu erklären:

πῶς ἂν ἐγώ σε δέοιμι μετ' ἀθανάτοισι θεοῖσιν,
εἴ κεν Ἄρης οἴχοιτο χρέος καὶ δεσμὸν ἀλύξας;

denn diese letztere Annahme findet als ein weiter hinaus Liegendes nur statt unter einer andern Voraussetzung, die sich zunächst verwirklichen müsste: εἴ κε λύσω αὐτόν.

Il. XXII, 348—352. Die Voraussetzung εἴ κεν στήσωσι konnte Achill mit grösserer Zuversicht aussprechen, mit geringerer die gesteigerte Annahme εἰ κέν σ' αὐτὸν χρυσῷ ἐρύσασθαι ἀνώγοι. Wenn auch dieser Fall in Vergleichung mit dem vorhergehenden als das minder Wahrscheinliche bezeichnet werden soll, so doch nicht als rein gedacht. Vielmehr wird der fingirte Fall offenbar zugleich als wirklich eintretend gesetzt, wesshalb denn auch der Nachsatz das Futur hat: οὐδ' ὥς σέ γε πότνια μήτηρ γοήσεται, Il. VI, 49 f. X, 380 f.

τῶν κέν τοι χαρίσαιτο πατὴρ ἀπερείσι' ἄποινα,
εἴ κεν ἐμὲ ζωὸν πεπύθοιτ' ἐπὶ νηυσὶν Ἀχαιῶν.

Entweder betrachten wir εἴ κε πεπύθοιτο als die weiter hinaus liegende Voraussetzung, welcher etwa ein εἴ κεν ἐμὲ ζώειν ἐᾴσῃς vorhergehen müsste; oder man nimmt die eine Voraussetzung als wesentlich identisch mit der andern; so erklärt sich εἴ κε mit Opt. — und das ist wohl das Natürlichste — als gemilderte Ausdrucksweise für εἴ κε mit Conj. die Voraussetzung, dass die Bitte gewährt werde, ist absichtlich in bescheidener Sprache gestellt, während freilich einer Entscheidung entgegengesehen wird, und somit an sich der Conj. möglich wäre. — Wie aber auch sonst, wo den objectiven Verhältnissen und der wahren Intention des Sprechenden ἐάν mit Conj. entsprechen würde, mit Verbergung derselben, und mit Unterdrückung jeder Erwartung auf Entscheidung εἰ mit Opt. stehen kann (vgl. Xen. hist. gr. I, 5, 6), so tritt auch Il. XI, 135 noch eine weitere Milderung ein, indem blos εἰ πεπύθοιτο steht.

Il. XIX, 321 f.
οὐ μὲν γάρ τι κακώτερον ἄλλο πάθοιμι·
οὐδ' εἴ κεν τοῦ πατρὸς ἀποφθιμένοιο πυθοίμην,

Achill könnte εἴ κε πύθωμαι nur dann sagen, wenn er nun gerade einer Nachricht darüber entgegensähe. Andererseits wäre εἰ πυθοίμην zu subjectiv und aller Wirklichkeit fern, da doch nach 334 ff. die Möglichkeit, dass bald einmal eine solche Nachricht eintrifft, anzunehmen ist.

Wie wir schon oben bei Il. XXII, 348 ff. bemerkten, so steht εἴ κε mit Opt. zuweilen, wo das Fingirte und Unwahrscheinliche dennoch als etwa eintretend angenommen wird.

Il. IX, 444 ff. ὡς ἂν ἔπειτ' ἀπὸ σεῖο, φίλον τέκος, οὐκ ἐθέλοιμι
λείπεσθ', οὐδ' εἴ κέν μοι ὑποσταίη θεὸς αὐτὸς
γῆρας ἀποξύσας θήσειν νέον ἡβώοντα,

XXII, 220 ff. XXIII, 346. hymn. in Ven. 152. Es ist auch klar, wie diese Formel in solchem Fall angemessener ist, als entweder der Conj. oder der reine Optativ. Während der erste Modus wahrhaft einer Verwirklichung entgegensähe, der Optativ für sich die Sache als rein vorgestellt bezeichnen, und jeden Gedanken an die Wirklichkeit entfernen würde, ist hier der Opt. mit κέ, wodurch das Gedachte als wirklich gesetzt wird, vollkommen angemessen. Diess findet seine Anwendung auch in folgenden Stellen, wo ebenfalls ein nicht gerade Wahrscheinliches oder Erwartetes als eintretend vorausgesetzt wird.

Il. XIII, 288 f. εἴπερ γάρ κε βλεῖο πονεύμενος, ἠὲ τυπείης,
οὐκ ἂν ἐν αὐχέν' ὄπισθε πέσοι βέλος, οὐδ' ἐνὶ νώτῳ,

und so εἴ περ γάρ κε Od. II, 246. εἰ γάρ κεν Od. XV, 545. Hesiod. opp. et dies 361.

Il. XXIII, 592 ff. εἰ καί νυ κεν οἴκοθεν ἄλλο
μεῖζον ἐπαιτήσειας, ἄφαρ κέ τοι αὐτίκα δοῦναι
βουλοίμην.

Dagegen sehen wir Il. VIII, 205 ff. die Formel gebraucht, um leise und schüchtern einen Vorschlag zu machen.

εἴπερ γάρ κ' ἐθέλοιμεν, ὅσοι Δαναοῖσιν ἀρωγοί,
Τρῶας ἀπώσασθαι καὶ ἐρυκέμεν εὐρύοπα Ζῆν',
αὐτοῦ κ' ἔνθ' ἀκάχοιτο καθήμενος οἷος ἐν Ἴδῃ.

Auch hier wieder berührt der Homerische Gebrauch unmittelbar den attischen, indem εἴ πέρ κεν ἐθέλοιμεν erklärt werden könnte

aus dem zu εἰ hinzutretenden Opt. mit ἄν. Während εἴ κε mit Conj. eine für die Absicht der Here zu entschiedene Sprache wäre, würde hinwiederum εἰ mit reinem Optativ zu sehr nur dem Gebiet des rein Subjectiven angehören, da doch Here allerdings, wie sie auch von Poseidon verstanden wird, einen Vorschlag machen will. Freilich unterliegt es keinem Zweifel, dass die attische Sprache (vgl. Xen. Cyr. II, 3, 4) hiefür meist nur εἰ mit dem Optativ gebrauchte; indessen können die oben aus Euripides angeführten Stellen Hel. 825. Phoen. 724 sowie Xen. Cyr. IV, 5, 47 auch hieher gezogen werden. Als leiser und schüchterner Ausdruck eines Vorschlags lässt sich εἰ mit ἄν und dem Opt. noch in folgenden Stellen auffassen:
Od. VII, 314 f. οἶκον δέ τ' ἐγὼ καὶ κτήματα δοίην,
εἴ κ' ἐθέλων γε μένοις·
Od. XIII, 389.

Endlich wird man auch in folgenden Stellen wohl erkennen, wie εἴ κε mit Opt. entweder als Milderung von εἴ κε mit Conj. aufzufassen ist, oder ein subjectives Urtheil in hypothetischer Form darstellt.

Il. I, 59 f. Ἀτρείδη, νῦν ἄμμε παλιμπλαγχθέντας ὀΐω
ἂψ ἀπονοστήσειν, εἴ κεν θάνατόν γε φύγοιμεν,
Nach sonstigem Gebrauche würde bei ausgelassenem Begriff des Versuchens εἴ κε φύγωμεν stehen können. Wie aber dieses mehr dem Deutschen: „im Fall wir dem Tode entrinnen," entspräche, so wäre εἴ κεν φύγοιμεν „wenn (ob) wir vielleicht dem Tode entrinnen möchten." Offenbar steht dieser Ausdruck in der Mitte zwischen εἴ κε φύγωμεν und εἰ φύγοιμεν. Ebenso steht Od. XII, 345. εἰ δέ κεν εἰς Ἰθάκην ἀφικοίμεθα πατρίδα γαῖαν in der Mitte zwischen εἴ κεν ἀφικώμεθα und εἰ ἀφικοίμεθα. Während jenes in der damaligen Lage eine zu entschiedene Sprache wäre, da die Heimkehr nach Ithaka keineswegs das zunächst zur Entscheidung Vorliegende war, so würde εἰ ἀφικοίμεθα lauten, als wäre das ein rein fingirter Fall, und des Odysseus Gefährten dächten gar an keine mögliche Verwirklichung desselben.

Wenn aber immerhin noch einzelne Homerische Stellen übrig bleiben (Il. II, 123 ff. und Od. II, 76), in welchen wir, von dem sonstigen Sprachgebrauch ausgehend, den reinen Opt. im Bedingungssatze erwarten würden, so dürfen wir doch nicht vergessen, dass Homers Sprache, da sie vor dem später sich fixirenden classischen Sprachgebrauch wie durch Mannichfaltigkeit der syntaktischen

Formen, so durch eine weichere Bildsamkeit sich auszeichnet, auch zartere Modificationen des Gedankens gestattet, welche die spätere, verhältnissmässig zu festeren Formen ausgeprägte Sprache als überflüssig beseitigte, und die für uns kaum fühlbar mehr sein mögen.

V. Vom Infinitiv ($ἀπαρέμφατον$).

Da der Infinitiv nur die Bestimmung hat, die Handlung zu nennen und als Nomen verbale an sich keine Modalität in sich schliessen kann, so würde er in einer Erörterung der Modalitätsverhältnisse ganz bei Seite gelassen werden müssen, wenn er nicht einerseits in manchen Fällen doch in ein gewisses Verhältniss zu den Modis träte, so dass schon zur klareren Darlegung des Sprachgebrauchs die Gränzen der verschiedenen Gebiete des Infinitivs und der Modi gegen einander festzustellen sind, andrerseits durch Annahme der Partikel $κέν$ oder $ἄν$ allerdings auch eine Modalität aufnähme.

1. *Infinitiv ohne* $ἄν$.

Es sind namentlich zwei Fälle, in welchen der Infinitiv das Gebiet der Modi zu berühren scheint, in der Verbindung mit $ὡς$ und $ὥστε$ und in Verbindung mit $πρίν$. In beiden Fällen aber ist durchaus daran festzuhalten, dass in dem Infinitiv keine Art der Aussage liegt, dass in ihm nur der Zielpunkt einer andern Handlung genannt wird, bei $ὡς$, $ὥστε$ als beabsichtigtes Ziel, oder als möglicher Erfolg, bei $πρίν$ als Zielpunkt, vor welchem etwas Anderes eintrat.

a) Infinitiv mit $ὡς$ und $ὥστε$.

Ehe wir indessen in die nähere Erörterung zunächst von $ὡς$ und $ὥστε$ mit Infinitiv eingehen, müssen wir daran erinnern, dass es der griechischen Sprache von der ältesten Zeit her bis in die späteren eigen war, irgend einer Handlung den Infinitiv beizugeben, um überhaupt das Ziel, Bestimmung, Erfolg, Absicht der Handlung zu bezeichnen.

Die älteste Vorstellungsweise nämlich, wie wir nicht nur am Hebräischen, sondern auch an dem lateinischen *ut* mit Conj. für beiderlei Fälle ersehen, hatte den Unterschied zwischen Erfolg

und Absicht noch nicht gezogen. So lagen auch in dem griech. Infinitiv beiderlei Verhältnisse ungeschieden in einander. Daher der Infinitiv bei den Adjectiven der Fähigkeit, Tüchtigkeit, oder bei ἄξιος, ἡδύς und ähnlichen, auch nach vollständigen Sätzen und von diesen sich etwas ablösend, wie
Il. IX, 688.   εἰσὶ καὶ οἵδε τάδ᾽ εἰπέμεν, οἵ μοι ἕποντο,
XXIV, 489.   οὐδέ τίς ἐστιν ἀρὴν καὶ λοιγὸν ἀμῦναι.
Aehnl. Eur. Andr. 49 f. ὁ γὰρ φυτεύσας αὐτὸν οὔτ᾽ ἐμοὶ πάρα
προςωφελῆσαι, παιδί τ᾽ οὐδέν ἐστ᾽,
Ferner als Ausdruck der Bestimmung.
Il. XI, 20. τόν ποτέ οἱ Κινύρης δῶκε ξεινήϊον εἶναι.
und vielfach bei Homer. Xen. Cyr. I, 2, 8. φέρονται δὲ οἴκοθεν σῖτον μὲν ἄρτους, ὄψον δὲ κάρδαμον· πιεῖν δέ, ἤν τις διψῇ, κώθωνα, ὡς ἀπὸ τοῦ ποταμοῦ ἀρύσασθαι. Isocr. Areop. §. 37. ὥστε τὴν ἐξ Ἀρείου πάγου βουλὴν ἐπέστησαν ἐπιμελεῖσθαι τῆς εὐκοσμίας, und bei καθιστάναι Xen. Mem. I, 7, 3, αἱρεῖσθαι und ähnlichen; bei πέφυκα Isocr. Dem. §. 12. Hel. §. 16. Bus. §. 13. Auch lässt sich in manchen Stellen kaum entscheiden, ob der Infinitiv mehr als Ausdruck der Absicht oder des Erfolgs steht; richtiger hält man fest, dass beide Vorstellungsweisen noch in einer allgemeineren zusammengefasst waren. Man vgl. βῆ δ᾽ ἰέναι Il. IV, 199. XXIV, 95. 264. βῆ δ᾽ ἐλάαν Il. XIII, 27.
Il. VII, 409 f. οὐ γάρ τις φειδὼ νεκύων κατατεθνηώτων
γίγνετ᾽, ἐπεί κε θάνωσι, πυρὸς μειλισσέμεν ὦκα.
Von diesem Gebrauch des Infinitivs ist nun der von ὡς und ὥστε mit Inf. nicht wesentlich verschieden; nur dass der mit ὡς oder ὥστε beigegebene Infinitiv von dem regierenden Satze sich mehr ablöst, und selbständiger erscheint.

So steht ὥστε mit Inf. im Allgemeinen, um das Ziel, Zweck, Bestimmung, Absicht einer Handlung auszudrücken.
Eur. Hec. 248. (ἔλεξα) πολλῶν λόγων εὑρήμαθ᾽ ὥστε μὴ θανεῖν. Andr. 737. Isocr. Paneg. §. 83. ποίων δ᾽ ἂν ἔργων ἢ πόνων ἢ κινδύνων ἀπέστησαν ὥστε ζῶντες εὐδοκιμεῖν. Ebd. §. 96. οἵτινες ἐτόλμησαν ἐπιδεῖν ὥστε μὴ τοῖς λοιποῖς αἴτιοι γενέσθαι τῆς δουλείας ἐρήμην μὲν τὴν πόλιν γενομένην, τὴν δὲ χώραν πορθουμένην. §. 111. Hel. enc. §. 50. Plato Symp. p. 207, b. Phaedo p. 114, c. Xen. hist. gr. V, 4, 1. und ὡς Xen. h. gr. V, 2, 38. Cyrop. I, 2, 8., in welcher Stelle der blosse Infinitiv und der Inf. mit ὡς in gleicher Bedeutung neben einander stehen. Namentlich kann man hieher auch die Redensarten ὡς ἔπος εἰπεῖν, ὡς

συνελόντι εἰπεῖν u. dgl. rechnen, wo auch der Inf. ohne ὡς steht. Matthiä §. 545.

Auch wo der Infinitiv mit ὥστε die Folge andeutet, lässt er sich von diesem Sprachgebrauch nicht trennen. Er ist auch da ursprünglich und eigentlich Angabe des Ziels, das eine Handlung hat. Darauf führen schon diejenigen Stellen, in welchen statt des durch ὥστε mit Inf. ausgedrückten Folgesatzes auch der blosse Infinitiv stehen könnte. Il. IX, 42. εἰ δέ τοι αὐτῷ θυμὸς ἐπέσσυται, ὥστε νέεσθαι, Soph. Phil. 656. ἆρ' ἔστιν, ὥστε κἀγγύθεν θέαν λαβεῖν; Plato Phaedo p. 103, e. ἔστιν ἄρ', ὥστε — ἀξιοῦσθαι. Eur. Hipp. 1342. Κύπρις γὰρ ἤθελ', ὥστε γίγνεσθαι τάδε. Vgl. Monk z. d. St. (1323). Theocr. XIV, 58. εἰ δ' οὕτως ἄρα σοι δοκεῖ, ὥστ' ἀποδαμεῖν für das kürzere εἴ σοι δοκεῖ ἀποδημεῖν. Isocr. Archid. §. 4. εἰ μὲν γὰρ ἦν ἀποδεδειγμένον, ὥστε τοὺς μὲν πρεσβυτέρους περὶ ἁπάντων εἰδέναι τὸ βέλτιστον. Soph. Oed. C. 1350. δικαιῶν, ὥστ' ἐμοῦ κλύειν λόγους. Xen. Cyr. III, 2, 29. πειράσεσθαι ποιῆσαι, ὥστε σε νομίζειν καλῶς βεβουλεῦσθαι statt des gewöhnlichen ποιεῖν mit Infinitiv. Desgl. ὥστε nach ποιεῖν Ages. I, 37. Isocr. Soph. §. 1. Ferner ἱκανὸς ὥστε Plato Phaedr. p. 258, b. δύνασθαι ὥστε ebd. p. 269, d. Ferner nach πείθειν Soph. Phil. 901. Thuc. V, 16. Dass man indessen allmählich, wenn auch nicht ursprünglich, in ὡς, ὥστε eine Bedeutung *bis zu, zu hin* vorauszusetzen begann, wozu auch die geläufige Verbindung τοσοῦτον ὥστε Anleitung gab, bestätigt sich aus dem präpositionalen Gebrauch der Partikel. Meistens aber wird, wo die Folge durch ὥστε mit Infinitiv ausgedrückt ist, angedeutet, dass die Ursachen und Bedingungen zum Eintreten der Folge vorhanden, dass die im regierenden Satze ausgedrückten Verhältnisse von der Art sind, dass sie eine gewisse Folge haben können. Eben der Grad, in welchem gewisse Eigenschaften, Zustände, Verhältnisse stattfinden, soll klar gemacht werden durch die Folgen, die in jenen begründet sind. So ist denn der Grad jener Eigenschaften u. s. w. Zweck der Aussage, nicht diese Folgen, die nicht für sich, sondern nur in Beziehung auf jenes Bedeutung haben. Ueber das wirkliche oder das nothwendige Eintreten kann der Infinitiv seiner Natur nach nichts aussagen; er nennt einfach eine Handlung, und zwar mit ὥστε oder auch ὡς als Ziel einer andern. So sind Xen. Cyr. I, 2, 1. Φῦναι δὲ ὁ Κῦρος λέγεται — φιλοτιμότατος, ὥστε πάντα μὲν πόνον ἀνατλῆναι, πάντα δὲ κίνδυνον ὑπομεῖναι τοῦ ἐπαινεῖσθαι ἕνεκα in φιλοτιμότατος die Bedingungen zu dem Eintreten der Folge ὥστε ἀνατλῆναι, ὑπομεῖναι gegeben, die Ehrliebe, deren Stärke geschildert werden soll, geht bis zu dem Uebernehmen jeder Beschwerde und Gefahr. Dieses Letztere aber ist hier nicht Gegenstand und Zweck der Aussage, denn obgleich von dem Standpunkt Xenophons aus factisch, ist es der schriftstellerischen Absicht Xenophons zuwider, an dieser Stelle diess eigentlich zu erzählen und zu behaupten, da hier vielmehr nur das Naturell des Kyros geschildert werden soll. Deutlich tritt auch Xen. Cyr. I, 4, 10 in οὐ μέντοι δέομαί γε τούτων οὐδενός, ὥστε σε κινδυνεύειν hervor, dass der in ὥστε mit Infinitiv enthaltene Gedanke nicht Gegenstand einer Aussage ist, oder Bedeutung für sich hat, sondern als Gradbestimmung für das vorausgegangene Prädicat dient. Plato Apol. p. 37, c. πολλὴ μέντ᾽ ἄν με φιλοψυχία ἔχοι, ὦ ἄνδρες Ἀθηναῖοι, εἰ οὕτως ἀλόγιστός εἰμι, ὥστε μὴ δύνασθαι λογίζεσθαι κ. τ. λ. Man vgl. noch: Isocr. Evag. §. 50. 67. 68. 71. Paneg. §. 42. Xen. Mem. III, 12, 6. Cyneg. I, 12. Hist. gr. VI, 2, 6. Dem. Phil. I, §. 49.

Eine Bestätigung der obigen Angabe, dass der Infinitiv bei ὥστε gebraucht werde, wo ausgedrückt werden sollte, dass durch die in dem regierenden Satz angegebenen Verhältnisse das Eintreten einer gewissen Folge bedingt und möglich war, ohne über das Eintreten selbst etwas auszusagen, finden wir in dem für ὥστε zuweilen eintretenden οἷος und ὅσος, sowie in οἷός τε mit Infinitiv. Xen. Cyr. I, 2, 3. οἱ Περσικοὶ νόμοι ἐπιμέλονται, ὅπως τὴν ἀρχὴν μὴ τοιοῦτοι ἔσονται οἱ πολῖται, οἷοι πονηροῦ τινος ἢ αἰσχροῦ ἔργον ἐφίεσθαι. Der Satz οἷοι ἐφίεσθαι enthält keine eigene Aussage, er dient blos zur Bestimmung des regierenden Satzes. In dem Charakter der Perser soll es liegen, dass sie nichts Schlechtes erstreben. So ist auch Thuc. I, 2, ὅσον ἀποζῆν, Xen. Anab. II, 3, 13. οἷα ἄρδειν, IV, 8, 12. ὅσον ἔξω γενέσθαι lediglich Nebenbestimmung des regierenden Satzes; die Art, der Grad der in diesem enthaltenen Aussage wird durch die in dem Infinitiv ausgedrückte Folge näher beschrieben. In allen diesen Fällen war die Folge nur als Ziel zu nennen. Während bei dem Gebrauch des Indicativs oder irgend einer Form des Behauptungssatzes ein Hauptgewicht der Rede auf diesen fiele, fällt bei dem Infinitiv das Gewicht einzig auf den regierenden

Satz. In Xen. Vect. I, 2. ἡ Ἀττικὴ πέφυκεν οἷα πλείστας προςόδους παρέχεσθαι ist nicht die Behauptung παρέχεται involvirt, sondern die Aussage geht nicht über πέφυκε τοιαύτη, Attika kann gewähren, hinaus; in ἥκιστα ὢν οἷος μεγαληγορεῖν (Ages. VIII, 2) liegt nicht die Behauptung: er prahlte nicht, sondern: sein Charakter war nicht wie zum Prahlen. Plato Crito p. 46, b. dient οἷος πείθεσθαι nur, den Inhalt von τοιοῦτος zu beschreiben; in diesem liegt die Aussage, nicht in dem ersteren.

b) Infinitiv mit πρίν.

Auch bei πρίν kann der Infinitiv nichts Anderes bezeichnen, als den Zielpunkt, vor welchem irgend welche Handlung stattfindet, oder nicht, ohne dass in dem Infinitiv über das Eingetretensein oder das Bevorstehen einer Handlung etwas ausgesagt wäre.

Darum muss sich die griech. Sprache dieser Construction bedienen, sobald die als Zielpunkt angegebene Handlung entweder gar nicht zu Stande kommt, oder wenigstens nur als Nebenbestimmung erwähnt wird, so dass auf ihr Eintreten kein Gewicht gelegt wird. Hierin liegt eben auch der Grund, wesshalb diese Construction regelmässig **nach affirmativen Sätzen mit Haupttempp.** gebraucht wird, denn in solcher Gedankenverknüpfung kann die mit πρίν bezeichnete Handlung nur entweder als gar nicht eintretend oder als blosse Nebenbestimmung erscheinen. Indessen kann der erwähnte doppelte Fall nicht nur auf dem Standpunkt der Gegenwart, sondern auch auf dem der Vergangenheit und in der Erzählung stattfinden.

Vom Standpunkt der Gegenwart aus erscheint das mit πρίν angegebene **Ziel erstlich gar nicht eintretend** in folgenden Stellen:

Il. II, 346 ff. τούσδε δ' ἔα φθινύθειν, ἕνα καὶ δύο, τοί κεν Ἀχαιῶν
   νόσφιν βουλεύωσ' — ἄνυσις δ' οὐκ ἔσσεται αὐτῶν —
   πρὶν Ἄργοσδ' ἰέναι, πρὶν καὶ Διὸς αἰγιόχοιο
   γνώμεναι, εἴτε ψεῦδος ὑπόσχεσις, ἠὲ καὶ οὐκί.

Od. IV, 822. δυσμενέες γὰρ πολλοὶ ἐπ' αὐτῷ μηχανόωνται,
   ἱέμενοι κτεῖναι πρὶν πατρίδα γαῖαν ἱκέσθαι.

Soph. Oed. C. 36. πρὶν νῦν τὰ πλείον' ἱστορεῖν ἐκ τῆσδ' ἕδρας
   ἔξελθ'.

Ant. 280. παῦσαι, πρὶν ὀργῆς κἀμὲ μεστῶσαι λέγων,
Eur. Med. 289. ταῦτ' οὖν πρὶν παθεῖν φυλάξομαι.
Ferner 1024 ff. 1251 f. Andr. 578 f.

Auch wo eine Forderung in Form einer Frage ausgedrückt ist:
Eur. Andr. 1067 ff. οὐχ ὅσον τάχος
χωρήσεταί τις Πυθικὴν πρὸς ἑστίαν,
καὶ τἀνθάδ' ὄντα τοῖς ἐκεῖ λέξει φίλοις,
πρὶν παῖδ' Ἀχιλλέως κατθανεῖν ἐχθρῶν ὕπο;
Jon. 524. Rhes. 684. Arist. Ran. 480. Xen. Cyr. I, 5, 10. II, 2, 10. V, 2, 9. Hist. gr. IV, 8, 38. VI, 3, 15. Isocr. Paneg. §. 141. Archid. §. 70. 86.

So auch nach einem subjectiven Wunsche:
Od. IV, 667 f. ἀλλά οἱ αὐτῷ
Ζεὺς ὀλέσειε βίην, πρὶν ἡμῖν πῆμα φυτεῦσαι.
Aesch. VII. c. Th. 452 ff. ὄλοιθ' ὃς πόλει μεγάλ' ἐπεύχεται,
κεραυνοῦ δέ νιν βέλος ἐπισχέθοι,
πρὶν ἐμὸν ἐςθορεῖν δόμον,
Dass in solchem Falle auch πρίν mit dem Optativ stehen kann, haben wir S. 282 gesehen.

Es wird andrerseits der Zeitpunkt nur als Nebenbestimmung angegeben: Soph. Trach. 4 f.
ἐγὼ δὲ τὸν ἐμὸν (αἰῶνα) καὶ πρὶν εἰς Ἅιδου μολεῖν
ἔξοιδ' ἔχουσα δυστυχῆ τε καὶ βαρύν.
Aj. 1419 f. Eur. Andr. 266 ff. Suppl. 479 ff. Alc. 281.
Eur. Rhes. 222 f. οὐδ' ἀναιμάκτῳ χερὶ
ἥξω πρὸς οἴκους πρὶν φάος μολεῖν χθόνα.
Herod. VIII, 144. πρὶν ὦν παρεῖναι ἐκεῖνον ἐς τὴν Ἀττικήν, ὑμέας καιρός ἐστι προβωθῆσαι ἐς τὴν Βοιωτίην. Antiph. acc. venef. §. 29. τότε δέ, ἐὰν μὲν δύνωνται, καὶ φθάνωσι πρὶν ἀποθανεῖν, καὶ φίλους καὶ ἀναγκαίους τοὺς σφετέρους καλοῦσι κ. τ. λ. Xen. Cyr. I, 5, 39. πρὶν κινεῖσθαι τὰς ὄρνιθας, ἐπεποίηντό σοι αἱ πάγαι αὐταῖς. II, 4, 25. III, 2, 4. IV, 2, 5. 39. cap. 3, 14. 16. cap. 5, 31. V, 3, 40. In V, 2, 36. VII, 5, 77. Hist. gr. VII, 3, 6 steht der Aorist in der Bedeutung eines Präteritums. Isocr. Paneg. §. 157. Nic. §. 10.

Uebrigens ist der hier gezogene Unterschied durchaus nur vom Standpunkt der objectiven Verhältnisse aus gemacht, und berührt an sich die Construction nicht. Daher lässt sich auch oft nicht bestimmt angeben, zu welcher Classe ein Beispiel zu zählen sei.

Es muss ferner auch in der Erzählung πρίν mit Infinitiv stehen, wo das Eintreten des Ziels entweder durch die Handlung des regierenden Satzes vereitelt wird, oder als blosse Neben-

bestimmung erscheint, so dass der Sprechende über das Eintreten nichts behaupten will. Das Erste ist der Fall:
Eur. Rhes. 56 ff. ὦ δαῖμον, ὅς τις μ' εὐτυχοῦντ' ἐνόσφισας
θοίνης λέοντα, πρὶν τὸν Ἀργείων στρατὸν
σύρδην ἅπαντα τῷδ' ἀναλῶσαι δορί,
Xen. Anab. I, 10, 19. Ἦσαν δὲ καὶ ἀνάριστοι· πρὶν γὰρ δὴ καταλῦσαι τὸ στράτευμα πρὸς ἄριστον, βασιλεὺς ἐφάνη. Xen. Cyr. II, 2, 4. ὁ ἄρταμος οἰόμενος αὐτὸν οὐδὲν ἔτι δεῖσθαι ὄψου ᾤχετο παραφέρων πρὶν λαβεῖν αὐτὸν ἕτερον. VII, 5, 39. VIII, 4, 11. Hist. gr. III, 4. 12. V, 1, 33. πρὶν δὲ αὐτὸν ὁρμηθῆναι ἐκ Τεγέας, παρῆσαν οἱ Θηβαῖοι. Der weitere Zug von Tegea aus wird durch die Einwilligung der Thebaner in den Frieden unnöthig. VI, 4, 21. 25. cap. 5, 21. Aesch. adv. Ctes. §. 235.

Der zweite Fall, dass die Wirklichkeit der mit πρίν angegebenen Handlung, wenn auch nicht durch den regierenden Satz aufgehoben, doch nur als Nebensache erscheint, und nicht behauptet werden soll, findet statt in folgenden Beispielen:
Eur. Phoen. 81 f. ἐγὼ δ' ἔριν λύσουσ' ὑπόσπονδον μολεῖν
ἔπεισα παιδὶ παῖδα, πρὶν ψαῦσαι δορός.
Med. 1145 f. (δέσποινα) πρὶν μὲν τέκνων σῶν εἰσιδεῖν ξυνωρίδα,
πρόθυμον εἶχ' ὀφθαλμὸν εἰς Ἰάσονα.
Hier ist das εἰσιδεῖν zwar eingetreten, aber es kann dem ganzen Zweck der Rede nach keine Behauptung in ihm liegen. Ebenso 1157 ff. Or. 1095. Thuc. I, 125. ἐνιαυτὸς μὲν οὖν οὐ διετρίβη, ἔλασσον δέ, πρὶν ἐςβαλεῖν ἐς τὴν Ἀττικὴν καὶ τὸν πόλεμον ἄρασθαι φανερῶς. Der Infinitiv steht, weil, wie der Zusammenhang zeigt, hier noch nicht der Beginn des Kriegs erzählt werden soll. Wäre diess der Fall, so stünde ἐξέβαλον. Isocr. Evag. §. 49. πρὶν μέν γε λαβεῖν Εὐαγόραν τὴν ἀρχὴν οὕτως ἀπροςοίστως καὶ χαλεπῶς εἶχον. Ebd. §. 64. Archid. §. 26. Paneg. §. 37. 87. Xen. Cyr. III, 1, 19. cap. 2, 12. cap. 3, 60. IV, 1, 3. Hist. gr. IV, 2, 21. V, 2, 33. c. 4, 47. 49.

Nach historischen Zeitformen aber findet sich πρίν mit Infin. nicht blos im Zusammenhang mit affirmativen, sondern auch mit negativen Sätzen.
Aesch. VII c. Th. 1047 f. ἤδη τὰ τοῦδ' οὐ διατετίμηται θεοῖς.
οὔ, πρίν γε χώραν τήνδε κινδύνῳ βαλεῖν.
Xen. Cyr. IV, 3, 10. οὐδὲ γὰρ τούτων τῶν ἐπισταμένων νῦν πρὶν μαθεῖν οὐδεὶς ἠπίστατο. V, 4, 30. τί δῆτα οὐχ οὕτως ἐνενοοῦ, πρὶν ἀποστῆναι; Hist. gr. VI, 5, 23. VII, 5, 27.

Weil aber der Infinitiv bei πρίν so häufig gebraucht ward, wo die als Zielpunkt angegebene Handlung gar nicht zu Stande kommt, so sehen wir ihn auch in gleicher Bedeutung im Zusammenhang mit solchen Sätzen, in welchen die Nichtwirklichkeit es sei durch eine Wunschpartikel oder durch ἄν mit einem historischen Tempus angedeutet ist.

Soph. El. 1131. ὡς ὤφελον πάροιθεν ἐκλιπεῖν βίον,
πρὶν ἐς ξένην σε γαῖαν ἐκπέμψαι χεροῖν
κλέψασα τᾶῖνδε κἀνασώσασθαι φόνου,

Eur. Andr. 357 ff. εἰ δ' Ὀρφέως μοι γλῶσσα καὶ μέλος παρῆν,
ὥστ' ἢ κόρην Δήμητρος, ἢ κείνης πόσιν
ὕμνοισι κηλήσαντά σ' ἐξ Ἅιδου λαβεῖν,
κατῆλθον ἄν· καί μ' οὔθ' ὁ Πλούτωνος κύων,
οὔθ' οὑπὶ κώπῃ ψυχοπομπὸς ἂν Χάρων
ἔσχον, πρὶν ἐς φῶς σὸν καταστῆσαι βίον.

Eur. Rhes. 59 ff.

Uebrigens findet sich bei Homer zur Andeutung der Nichtwirklichkeit auch der Indic. eines hist. Tempus. Od. IV, 178 ff. Andrerseits kann auch nach vorausgegangener Andeutung der Nichtwirklichkeit πρίν mit Inf. stehen, ohne dass diese Handlung selbst als nicht wirklich erschiene.

Eur. Andr. 294 ff. εἴθε δ' ὑπὲρ κεφαλὰν ἔβαλεν κακὸν
ἄτις τέκεν ποτὲ Πάριν,
πρὶν Ἰδαῖον κατοικίσαι λέπας,

Isocr. Panath. §. 250. Οὓς εἴ τις ἐπέδειξεν αὐτοῖς πρὶν ἐμὲ διαλεχθῆναι περὶ αὐτῶν. Er sprach wirklich, aber es kann nicht die Absicht sein, diess nun zu behaupten.

Was den vorzugsweise häufig gebrauchten Infinitiv des Aorists betrifft, so erklärt sich derselbe auf ähnliche Weise, wie der Conj. des Aorists bei πρὶν ἄν, er steht nämlich in dem einen wie in dem andern Fall eigentlich als Ausdruck der vollendeten Handlung. So ist Eur. Med. 289 πρὶν παθεῖν „ehe ich etwas erlitten habe (haben werde)" Rhes. 684. πρὶν μολεῖν „ehe durch die Brust gegangen ist (gegangen sein wird)" 57. πρὶν ἀναλῶσαι „bevor ich aufgerieben habe." Xen. Cyr. II, 2, 4. πρὶν λαβεῖν „che er genommen hatte." Darum tritt aber auch das Präsens des Infinitivs ein, sobald die Handlung als dauernd erscheint. Soph. Oed. C. 36. πρὶν ἱστορεῖν „bevor du forschest." Eur. Andr. 578. πρὶν κλαίειν. Med. 1157 f. Xen. Cyr. I, 5, 39. II, 4, 25. III, 2, 12. IV, 3, 14. Hist. gr. VI, 4, 21. 25. Isocr.

Paneg. §. 157. Oder das Perfect in Präsensbedeutung Xen. **Cyr.** II, 2, 10. IV, 2, 39. Indessen scheint der Infin. des Präsens in einzelnen Stellen die Handlung blos zu nennen. Xen. Cyr. III, 3, 60. πρὶν ἐξικνεῖθαι. VIII, 4, 11. πρὶν καλεῖσθαι. Hist. gr. V, 4, 47. πρὶν θύεσθαι. Ich bemerke noch, dass in allen den aufgeführten Stellen nur πρίν, nicht πρὶν ἤ mit Infin. sich findet. Vgl. W. Dindorf praef. ad Isocr. Lips. 1825. p. V. Dagegen hat πρὶν ἤ Herodot II, 2. IV, 167. V, 65. VI, 116. IX, 13. In hohem Grade auffallend ist I, 140. πρὶν ἄν — ἑλκυσθῆναι.

Wenn wir den Infinitiv nach πρίν als einfache Bestimmung des Ziels, vor welchem etwas stattfindet, ohne alle Andeutung über das Eintreten der Handlung auffassen, so erklärt sich auch, wie zuweilen der Infinitiv gebraucht wird, wo die Construction mit Conj. oder Opt. statthaben könnte. Denn es ist natürlich, dass die unbestimmtere Ausdrucksweise, welche nur einfach den Zielpunkt angibt, für die bestimmtere, durch welche das Eintreten der Handlung vorausgesetzt, oder als vorausgesetzt referirt würde, gebraucht werden kann, insoweit man eben auf die bestimmteren Bezeichnungen keinen Werth legt; wie denn auch zwischen Indic. und Infin. der Unterschied sich so zieht, dass jener stehen muss, wo mit dem Satze eine eigene Behauptung beabsichtigt wird, während der Infin. da eintritt, wo diess nicht der Fall ist. Wir finden also den Infin., namentlich bei Homer, auch nach negativen Sätzen, und zwar meistens mit γέ verstärkt, um doch den Satz, dessen Bedeutung ausserdem zu sehr geschwächt erschiene, mehr hervorzuheben.

Il. I, 97 f. οὐδ' ὅγε πρὶν λοιμοῖο βαρείας Κῆρας ἀφέξει,
  πρίν γ' ἀπὸ πατρὶ φίλῳ δόμεναι ἑλικώπιδα κούρην.
Der spätere regelmässige Sprachgebrauch würde erfordern: πρὶν ἂν ἀποδοθῇ, indessen kann die Homerische Ausdrucksweise, die nur sagt: vor dem Zurückgeben lässt die Pest nicht nach, durchaus nicht als unrichtig bezeichnet werden. Ferner πρίν γε noch in folgenden Stellen: Il. V, 218 f. 287 ff. IX, 386. XII, 171 f. XVII, 502 ff. XXII, 265 ff. Od. II, 127 f. IV, 254 f. 747. (wo sich jedoch γέ nicht unmittelbar an πρίν anschliesst) XXIII, 137.

Anderwärts steht blos πρίν:
Il. II, 354 ff. τῷ μήτις πρὶν ἐπειγέσθω οἶκόνδε νέεσθαι,
  πρίν τινα πὰρ Τρώων ἀλόχῳ κατακοιμηθῆναι.

Für den Optativ haben wir den Infinitiv:
IV, 113 f.   πρόσθεν δὲ σάκεα σχέδον ἐσθλοὶ ἑταῖροι,

μὴ πρὶν ἀναΐξειαν Ἀρήϊοι υἷες Ἀχαιῶν,
πρὶν βλῆσθαι Μενέλαον Ἀρήϊον, Ἀτρέος υἱόν.

Ferner Il. XVII, 502 ff.   οὐ γὰρ ἔγωγε
Ἕκτορα Πριαμίδην μένεος σχήσεσθαι ὀΐω,
πρίν γ' ἐπ' Ἀχιλλῆος καλλίτριχε βήμεναι ἵππω,

Wie sonst dem vorangehenden negativen Satze gerne πρόσθεν oder πρότερον beigegeben wird, so bei Homer öfter πρίν: Il. I, 97. II, 354. IV, 114. V, 287. und πάρος: Il. V, 218. Od. II, 127. IV, 254. 747. XXIII, 137 ff.

Auch bei den Attikern finden wir zuweilen den Infinitiv, wo man den Conjunctiv erwarten könnte.

Aesch. Ag. 1066.   χαλινὸν δ' οὐκ ἐπίσταται φέρειν,
πρὶν αἱματηρὸν ἐξαφρίζεσθαι μένος.
Suppl. 771 f. οὕτω γένοιτ' ἂν οὐδ' ἂν ἔκβασις στρατοῦ
καλή, πρὶν ὅρμῳ ναῦν θρασυνθῆναι.

Soph. Trach. 197. οὐκ ἂν μεθεῖτο, πρὶν καθ' ἡδονὴν κλύειν. Ebd. 630 ff. Eur. Med. 93 f. Plato de rep. VI, p. 501, a. ἀλλ' οὖν οἶσθ' ὅτι τούτῳ ἂν εὐθὺς τῶν ἄλλων διενέγκοιεν, τῷ μήτε ἰδιώτου μήτε πόλεως ἐθελῆσαι ἂν ἅψασθαι μηδὲ γράφειν νόμους, πρὶν ἢ παραλαβεῖν καθαρὰν ἢ αὐτοὶ ποιῆσαι. Ohne Zweifel ist darum nicht πρὶν ἂν παραλάβωσι gesagt, weil der Fall ein gedachter ist. Uebrigens darf man, wie Stallbaum erinnert, diese Stelle nicht etwa als Beleg für πρὶν ἤ betrachten, denn es steht sich ἤ — ἤ gegenüber. Dem. de pace §. 15. καί μοι μὴ θορυβήσῃ μηδεὶς πρὶν ἀκοῦσαι.

Für πρίν finden sich auch die gleichbedeutenden Partikeln πάρος und πρότερον. Das erstere, und zwar nach erzählenden Zeitformen:

Il. VI, 348. ἔνθα με κῦμ' ἀπόερσε, πάρος τάδε ἔργα γενέσθαι.
Od. I, 20 f.   ὁ δ' ἀσπερχὲς μενέαινεν
ἀντιθέῳ Ὀδυσῆϊ πάρος ἣν γαῖαν ἱκέσθαι.
Il. XI, 573. XVIII, 245. Od. VIII, 376. XVI, 218.

Πρότερον ἤ findet sich Herod. VII, 2. ἔσαν γὰρ Δαρείῳ πρότερον ἢ βασιλεῦσαι γεγονότες τρεῖς παῖδες.

2. *Infinitiv mit ἄν.*

Ueber die Verbindung der Partikel ἄν mit dem Infinitiv bemerkt der Verfasser der Schrift περὶ συντάξεως bei Bekker Anecd. p. 127. Ἐπεὶ — κατὰ δύο χρόνους εἰσὶ τὰ ἀπαρέμφατα συμπεπλεγμένα πλὴν τοῦ ἀορίστου καὶ μέλλοντος, πᾶσιν ὁ ἂν σύνδεσμος συντάσσεται, τῷ μὲν ἐνεστῶτι διὰ τὸν παρατατικόν, τῷ δὲ παρακειμένῳ διὰ τὸν ὑπερσυντελικόν, τῷ δὲ ἀορίστῳ μονοτάτῳ — Μέλλοντι ὁ μὲν τῶν γραμματικῶν κανὼν οὐκ ἐπιτρέπει, παρὰ τοῖς ἀρχαίοις δὲ οὐκ ὀλίγα παραδείγματα εὑρίσκεται.

Man kann, wie gewöhnlich geschieht, zwei Fälle unterscheiden, in welchen dem Infinitiv ἄν beigegeben wird, wenn nämlich bei der Verwandlung in einen unabhängigen Satz entweder der Indicativ eines historischen Tempus oder der Opt. mit ἄν stehen müsste. Dass kein Infinitiv mit ἄν sich in einen Conjunctiv mit ἄν auflösen, oder umgekehrt die letztere Construction sich nie in einen Infinitiv mit ἄν verwandeln lässt, erklärt sich daraus, dass in dem regelmässigen Sprachgebrauch der Conj. mit ἄν nie als Behauptungssatz oder überhaupt als unabhängiger Satz erscheint.

Wenn wir nun aber im Folgenden die Fälle unterscheiden, in welchen dem Infinitiv mit ἄν in der unabhängigen Behauptung ein Opt. mit ἄν, und in welchen ihm der Indic. eines historischen Tempus mit ἄν entsprechen würde, so wollen wir doch keineswegs damit die etwaige Voraussetzung begünstigen, als ob in dem Infinitiv mit ἄν wahrhaft verschiedene Bedeutungen lägen. Im Gegentheil liegt wohl eben in dem Umstand, dass zwei in unabhängiger Rede aus einander tretende Constructionen hier in dem Infinitiv mit ἄν sich in eine einzige vereinigen, da an und für sich Einer grammatischen Construction auch wesentlich nur Eine Bedeutung zukommen kann, ein Grund, jene beiden Constructionen, wie wir oben gethan haben, in einer Weise aufzufassen, dass sie in Einer Grundbedeutung zusammenkommen. Wir konnten aber oben beide unter dem Begriff der subjectiven Behauptung vereinigen, zu welchem der Indic. mit ἄν dadurch gelangt, dass ein Factum gesetzt, dass angegeben wird, man nehme an, es sei etwas geschehen, der Opt. mit ἄν dadurch, dass ein Gedachtes als wirklich gesetzt wird. Dem entsprechend liegt auch dem Infinitiv mit ἄν überall eine subjective Behauptung zu Grunde, also, dass eine solche nur zu einem Moment eines grösseren Satzes herabgesetzt erscheint, oder umgekehrt der einzelne mit dem Infin. und ἄν ausgedrückte Gedanke bei seiner Erhebung in einen selbständigen Satz zu einer subjectiven Behauptung werden müsste.

Besonders häufig finden wir den Infinitiv (Präs. oder Aor.) mit ἄν nach Verben des subjectiven Dafürhaltens, wie οἴεσθαι, ἡγεῖσθαι, νομίζειν, δοκεῖ, wo derselbe gewöhnlich einem Opt., zuweilen auch dem Indic. eines histor. Tempus mit ἄν entspricht, und zwar der Infin. Präs., welches gewöhnlich als Präsens entweder von einer gegenwärtigen Handlung oder in einer allgemein gültigen Behauptung steht, nach οἴεσθαι. Xen. h. gr. II, 3, 37. ὅςτις μέντοι ὁ ταῦτα πράττων ἐστίν, οἶμαι ἂν ὑμᾶς κάλλιστα κρίνειν. In directer Rede hiesse es: ὑμεῖς ἂν κάλλιστα κρίνοιτε. Ebd. §. 44. πότερον — οἴεσθε — μᾶλλον ἂν ἐνθάδε βούλεσθαι γίγνεσθαι aus μᾶλλον ἂν βούλοιντο. III, 4, 5. οἶμαι ἄν σε ταῦτα διαπραξάμενον ἀποπλεῖν im Sinn eines Futurs. VI, 1, 9. cap. 2, 7. c. 4, 2. im Sinn eines Futurs. Desgl. ebd. §. 23. Cyrop. I, 2, 7. 15. II, 3, 4. V, 4, 42.

Der Infin. des Präsens nach ἡγεῖσθαι: Xen. h. gr. IV, 7, 4. ὁ δὲ Ἀγησίπολις [εἰπὼν ὅτι] εἰ μὲν μέλλοντος αὐτοῦ ἐμβάλλειν σείσειε, κωλύειν ἂν αὐτὸν ἡγεῖτο. Cyr. II, 2, 21. βελτίους γὰρ ἂν καὶ αὐτοὺς ἡγεῖτο τούτους εἶναι, εἰ εἰδεῖεν κ. τ. λ. Isocr. Paneg. §. 10. Dem. Phil. III, §. 1.

Nach νομίζειν: h. gr. II, 4, 30. οὗτοι δ᾽ ἔλεγον μέν, ὅτι οὐ νομίζοιεν εὐορκεῖν ἂν στρατευόμενοι ἐπ᾽ Ἀθηναίους μηδὲν παράσπονδον ποιοῦντας. Man kann diess auflösen in οὐκ ἂν εὐορκοῖμεν εἰ στρατευοίμεθα, oder auch in οὐκ ἂν εὐωρκοῦμεν εἰ ἐστρατευόμεθα. IV, 5, 13 im Sinn eines Futurs, desgl. IV, 7, 1 und IV, 8, 15. 26. 38. V, 1, 6. V, 2, 39 im Sinn eines Futurs. Desgl. VII, 4, 22 und VII, 4, 35. VII, 5, 11. Ag. I, 21 und II, 24 im Sinn eines Fut. Thuc. I, 140. Isocr. de pace §. 41.

Nach δοκεῖν: Xen. Cyr. I, 5, 10. οὐδ᾽ ἂν οὗτός μοι δοκεῖ δικαίως ἀναίτιος εἶναι ἀφροσύνης. I, 6, 18. 26. Ag. II, 7. X, 1. Plato Apol. p. 34, d.

Der Infin. des Aorists mit ἄν steht am häufigsten in Futuralbedeutung, doch auch ausser derselben. Nach οἴεσθαι. Xen. h. gr. II, 3, 34. καλλίστη μὲν γὰρ δήπου δοκεῖ πολιτεία εἶναι ἡ Λακεδαιμονίων· εἰ δὲ ἐκείνη ἐπιχειρήσειέ τις τῶν Ἐφόρων ἀντὶ τοῦ τοῖς πλείοσι πείθεσθαι ψέγειν τε τὴν ἀρχὴν καὶ ἐναντιοῦσθαι τοῖς πραττομένοις, οὐκ ἂν οἴεσθε αὐτὸν καὶ ὑπ᾽ αὐτῶν τῶν Ἐφόρων καὶ ὑπὸ τῆς ἄλλης ἁπάσης πόλεως τῆς μεγίστης τιμωρίας ἀξιωθῆναι; Wie diese Stelle, so können auch folgende im Sinn eines Futurs aufgefasst werden. II, 3, 48. IV, 1, 12. 29. IV, 4, 2. VI, 1, 7. VI, 5, 38. 39. VII, 1, 15. VII, 4, 29. Cyr. I, 6, 39. II, 2, 20. II, 4, 14. Isocr. Panath. §. 33. Dagegen ist Plato Apol. p. 40, d. nicht gerade im Sinn eines Futurs zu nehmen. Ebenso Isocr. Panath. §. 219. οἶμαι γὰρ ἅπαντας ἂν ὁμολογῆσαι und die ähnliche Formel Nic. §. 29 und ad Nic. §. 9. In einen Indic. mit ἂν aufzulösen ist Apol. p. 32, c. Ἆρ' οὖν ἂν με οἴεσθε τοσάδε ἔτη διαγενέσθαι, εἰ ἔπραττον τὰ δημόσια καὶ πράττων ἀξίως ἀνδρὸς ἀγαθοῦ ἐβοήθουν τοῖς δικαίοις καὶ ὥσπερ χρή, τοῦτο περὶ πλείστου ἐποιούμην; Nach ἡγεῖσθαι: Xen. h. gr. VI, 5, 39 im Sinn eines Futurs: Εἰ δὲ οὕτως ἔχει, ἐγὼ μὲν οὐδὲν μᾶλλον Λακεδαιμονίοις ἂν ὑμᾶς ἡγοῦμαι στρατεύσαντας βοηθῆσαι ἢ καὶ ὑμῖν αὐτοῖς. Isocr. Nic. §. 12. Panath. §. 188.

Nach νομίζειν, und zwar im Sinn eines Futurs: Xen. h. gr. III, 1, 17. IV, 5, 13. IV, 8, 12. 25. ὁ δ' ἐκπλεύσας τῆς μὲν ἐς Ῥόδον βοηθείας ἀπέσχε νομίζων οὔτ' ἂν αὐτὸς ῥᾳδίως τιμωρήσασθαι τοὺς φίλους τῶν Λακεδαιμωνίων τεῖχος ἔχοντας. Ebd. 26. V, 3, 10. VI, 1, 10. VI, 5, 7. 15. VII, 4, 20. 22. Ag. II, 23. Cyr. I, 4, 17. I, 6, 34. Isocr. Phil. §. 10. Panath. §. 147.

Nach δοκεῖν: Xen. h. gr. IV, 5, 18, mit Futuralbedeutung, VI, 1, 10. Namentlich ist die Futuralbedeutung unzweifelhaft: VI, 5, 41. Καὶ γὰρ δὴ οὐκ ἐπ' ὀλίγων μοι δοκοῦσι μαρτύρων νῦν ἂν εὖ παθεῖν. Cyrop. I, 6, 34. IV, 2, 5. καὶ δοκεῖτε ἂν ἡμᾶς ἔτι καταλαβεῖν αὐτοὺς πρὶν ἐν τοῖς ἐρύμασιν εἶναι; IV, 2, 38. Dagegen ist Ag. X, 2. καλὸν ἄν μοι δοκεῖ ἡ Ἀγησιλάου ἀρετὴ παράδειγμα γενέσθαι τοῖς ἀνδραγαθίαν ἀσκεῖν βουλομένοις nicht im Sinn eines Futurs zu nehmen. Occ. IV, 18. Κῦρός γε εἰ ἐβίωσεν, ἄριστος ἂν δοκεῖ ἄρχων γενέσθαι aufzulösen in: ἐγένετο ἄν. Dem. Phil. I, §. 31. Aus dem gleichen Grunde haben den Infin. mit ἂν im Sinn eines Futurs nach sich: ὑπολαμβάνω, Dem. Ol. I, §. 1. πιστεύω, Xen. Ag. III, 5. Plato Gorg. p. 521, c. ὀφείλειν, von dem, was sich erwarten lässt, Herod. VII, 203. καταφρονεῖν (meinen), Xen. h. gr. IV, 5, 12. εὑρίσκειν, Herod. VII, 15. ἐλπίζω, Soph. Phil. 629. Herod. III, 151. Thuc. II, 20. Xen. Anab. II, 5, 13. προςδοκᾶν, Arist. Ran. 556 f.

Indessen auch ausser der Abhängigkeit von Verben der subjectiven Ansicht findet sich der Infin. Präs. oder Aor. mit ἂν nicht gar selten. So nach λέγω, φημί, oder wo vor dem Acc. c. Infin. ein solches Verbum zu suppliren ist. Xen. h. gr. IV, 1, 13. τέλος δὲ λέγει Σπιθριδάτης πᾶν ποιεῖν ἂν ἡδέως, ὅτι σοι δοκοίη gleich ὅτι πᾶν ἂν ἡδέως ποιοίη. Plato Protag. p. 341, c. Thuc. VI, 64. τοὺς γὰρ ἂν ψιλοὺς τοὺς σφῶν καὶ τὸν ὄχλον τῶν Συρακοσίων τοὺς ἱππέας πολλοὺς ὄντας σφίσι δ' οὐ παρόντων ἱππέων βλάπτειν ἂν μεγάλα. Xen. Mem. I, 7, 4. III, 9, 8. Ferner, wo der Infin. in den Indic. eines histor. Tempus aufzulösen ist. Xen. Mem. I, 3, 3. οὔτε γὰρ τοῖς θεοῖς ἔφη καλῶς ἔχειν, εἰ ταῖς μεγάλαις θυσίαις μᾶλλον ἢ ταῖς μικραῖς ἔχαιρον· πολλάκις γὰρ ἂν αὐτοῖς τὰ παρὰ τῶν πονηρῶν μᾶλλον ἢ τὰ παρὰ τῶν χρηστῶν εἶναι κεχαρισμένα· οὔτ' ἂν τοῖς ἀνθρώποις ἄξιον εἶναι ζῆν, εἰ τὰ παρὰ τῶν πονηρῶν μᾶλλον ἦν κεχαρισμένα τοῖς θεοῖς ἢ τὰ παρὰ τῶν χρηστῶν. Desgl. Herod. III, 22. Isocr. de permut. §. 90. Es findet sich der Infinitiv mit ἄν ferner auch in Verbindung mit ὥστε, theils dem Indic. eines histor. Tempus mit ἄν entsprechend, wie Thuc. II, 49. τὰ δὲ ἐντὸς οὕτως ἐκάετο, ὥστε μήτε τῶν πάνυ λεπτῶν ἱματίων καὶ σινδόνων τὰς ἐπιβολὰς μηδ' ἄλλο τι ἢ γυμνοὶ ἀνέχεσθαι ἥδιστά τε ἂν ἐς ὕδωρ ψυχρὸν σφᾶς αὐτοὺς ῥίπτειν. Dem. de Chers. §. 35. Dinarch. in Arist. §. 10, theils für den Opt. mit ἄν Cyrop. I, 6, 18. Auch wo dem Infinitiv der Artikel beigegeben ist. Xen. Mem. III, 13, 1. Γελοῖον τὸ εἰ μὲν τὸ σῶμα κάκιον ἔχοντι ἀπήντησάς τῳ, μὴ ἂν ὀργίζεσθαι, ὅτι δὲ τὴν ψυχὴν ἀγροικοτέρως διακειμένῳ περιέτυχες, τοῦτό σε λυπεῖν. Thuc. VI, 18. διὰ τὸ ἀρχθῆναι ἄν. VII, 62. διὰ τὸ βλάπτειν ἄν.

Bei Homer finden sich nur zwei Beispiele dieser Construction, und zwar eines mit κέ, Il. XXII, 108 ff.

ἐμοὶ δὲ τότ' ἂν πολὺ κέρδιον εἴη,
ἄντην ἢ Ἀχιλῆα κατακτείναντα νέεσθαι,
ἠέ κεν αὐτὸν ὀλέσθαι ἐϋκλειῶς πρὸ πόληος.

eines mit ἄν. Il. IX, 684, vgl. mit 417 f.

καὶ δ' ἂν τοῖς ἄλλοισιν ἔφη παραμυθήσασθαι,
οἴκαδ' ἀποπλείειν·

Diejenigen Verba nämlich, nach welchen sonst der Infin. mit ἄν am häufigsten vorkommt, οἴω, ἔλπομαι u. dgl., haben bei Homer gewöhnlich den Infin. des Futurs nach sich.

Ueber die Frage, ob die Verbindung der Partikel ἄν mit dem Infin. Fut. statthaft sei, drückt sich (s. S. 347) bereits die Schrift περὶ συντάξεως dahin aus, dass jene Construction bei den Grammatikern zwar nicht als correct gelte, dennoch aber bei den klassischen Schriftstellern nicht gar selten sei. Er führt dann vier Belege an: Δημοσθένης πέμπτῳ Φιλιππικῶν (wie Klotz Annott. ad Devarii l. de gr. l. partt. p. 150 nachgewiesen hat, de pace §. 14) οὐδὲν ἄν (oder nach der passenden Verbesserung von Klotz οὐδέν' ἄν) τούτων ἡμῖν οἴομαι πολεμήσειν.

Jetzt wird die Stelle bei Bekker also gelesen: οὐκ ἂν ἡμῖν (Σ ὑμῖν) οἴομαι τούτων οὐδένα πολεμῆσαι. Wahrscheinlich bildete sich die Differenz durch mehrmalige Uebertragung des Citats aus einer grammatischen Schrift in die andere. Ferner: ἐν τῷ πρὸς Λεπτίνην (§. 35) οὐκοῦν πρὸς πολλοῖς οἷς βλάψειν ἂν ὑμᾶς ὁ νόμος φαίνεται. Bekker: οἷς ἂν ὁ νόμος βλ. ὑμᾶς φ. Dann: ἐν πρώτῳ τῶν Φιλιππικῶν (?) ὡς μηδ᾽ ὁτιοῦν ἂν δεινὸν πείσεσθαι. Endlich: Ἰσοκράτης ἐν τῷ περὶ τῆς ἀντιδόσεως (§. 69) ἡγούμενος ἐκ τοῦ παραινεῖν τήν τε διάνοιαν τὴν ἐκείνου μάλιστα ἂν ὠφελήσειν καὶ τὸν τρόπον τὸν ἐμαυτοῦ δηλώσειν. Bekker hat nach der Urb. Hds. (Hermann de part. ἄν p. 180. „Omitti ἄν in cod. Urb. ex litteris ejus scio") ἄν weggelassen. So wenig es sich nun verkennen lässt, dass diese Construction verhältnissmässig selten, und sofern schon der Infin. des Aorists und selbst der des Präsens in der Verbindung mit ἄν die Bedeutung eines Futurs annehmen konnte, nicht gerade nothwendig war, so wenig wäre andererseits ein Grund vorhanden, den Infin. Fut. mit ἄν als incorrect zu bezeichnen, besonders da wir gesehen haben, dass selbst der Indic. oder Optativ mit ἄν dem attischen Sprachgebrauch nicht ganz abgesprochen werden kann. Es ist auch nicht einzusehen, warum man, wo es Absicht war, deutlicher hervorzuheben, dass eine Handlung in die Zukunft falle, den Infin. Fut. hätte vermeiden sollen. Und so finden sich denn für die fragliche Construction unzweifelhafte Belege:

Pind. Ol. I, 174 ff. εἰ δὲ μὴ ταχὺ λίποι,
ἔτι γλυκυτέραν κεν ἔλπομαι
σὺν ἅρματι θοῷ κλεΐξειν,

Soph. Oed. C. 1074 ff. ὡς
προμνᾶταί τί μοι
γνώμα τάχ᾽ ἂν δώσειν
τὰν δεινὰ τλᾶσαν,

Ant. 390 f. ist, wie sich aus der Vergleichung mit Phil. 869 ergibt, ἄν wahrscheinlicher mit ἐξηύχουν zu verbinden, als mit ἥξειν. Eur. Hel. 448 hat nun auch Hermann:

πικρῶς ἂν οἶμαί γ᾽ ἀγγελεῖν τοὺς σοὺς λόγους,

während er de part. ἄν p. 180 ἆρ᾽ corrigiren wollte. „Sed quum recte diceretur πικρῶς ἂν ἀγγελοῖμι, nihil est, cur ἀγγελεῖν ἄν rejiciatur." Thuc. II, 80. νομίζοντες, εἰ ταύτην πρώτην λάβοιεν, ῥᾳδίως ἂν σφίσι τἆλλα προςχωρήσειν. Hier hat Poppo nur aus Laur. und Par. E den Mangel von ἄν notirt. VIII, 71. ὁ δὲ νομίζων τὴν πόλιν οὐχ ἡσυχάζειν οὐδὲ εὐθὺς οὕτω τὸν δῆμον τὴν παλαιὰν ἐλευθερίαν παραδώσειν, εἴ τε στρατιὰν πολλὴν ἴδοι σφῶν οὐκ ἂν ἡσυχάσειν, wo bei Poppo nur aus Lugd. (hier mit überschriebenem σ) Mosqu. und Aug. corr. ἡσυχάζειν bemerkt ist. In Xen. Anab. VII, 4, 23. καὶ οὐκ ἂν ἔφη σπείσεσθαι dürfte schon der Umstand, dass theilweise ἂν weggelassen, theilweise σπείσασθαι gelesen wird, den Verdacht begründen, dass beides Correcturen sind. Ebd. II, 3, 18. VII, 6, 34. Cyr. I, 5, 2, obwohl in diesen Stellen die Lesart nicht sicher ist. Ag. VII, 7. Plato Phaedr. p. 227, b. οὐκ ἂν οἴει με κατὰ Πίνδαρον καὶ ἀσχολίας ὑπέρτερον πρᾶγμα ποιήσεσθαι τὸ σήν τε καὶ Λυσίου διατριβὴν ἀκοῦσαι; Bekker führt für ποιήσασθαι nur cod. Par. E an, die übrigen Hdss. würden demgemäss für ποιήσεσθαι zeugen. Doch meint Stallbaum, da Gaisford aus dem cod. Clark. keine Abweichung notirt habe, so müsse seine Uebereinstimmung mit dem Stephanischen Text vorausgesetzt werden. Dass der Sinn ein Futur nicht erfordern würde, lässt sich nicht läugnen. Indessen kann für letzteres angeführt werden, dass auch Pindar in der Stelle, auf welche angespielt ist, Isthm. I. zu Anfang das Futur hat. Crat. p. 391, a. δοκῶ μοι ὧδε ἂν μᾶλλον πεισθήσεσθαί σοι, εἴ μοι δείξειας, ἥντινα φῂς εἶναι τὴν φύσει ὀρθότητα ὀνόματος hat der Infin. Fut., wenn auch nicht die Mehrzahl der Hdss., doch die bedeutendsten, cod. Clark. und Vat. Δ für sich, wesshalb auch Bekker und Stallbaum πεισθήσεσθαι dem in andern Hdss. sich findenden πείθεσθαι vorziehen. Crito p. 53, c ist οὐκ οἴει ἄσχημον ἂν φανεῖσθαι handschriftlich nicht genügend unterstützt; sofern die meisten und besten Hdss. ἂν entbehren. Dem. in Timocr. §. 115. ᾤετο γὰρ δεῖν τόν γε τὰ αἰσχρὰ ἐργαζόμενον μὴ ἃ ὑφείλετο μόνον ἀποδόντα ἀπηλλάχθαι (πολλοὶ γὰρ ἂν αὐτῷ ἐδόκουν οὕτω γ' οἱ κλέπται ἔσεσθαι, εἰ μέλλοιεν λαθόντες μὲν ἕξειν, μὴ λαθόντες δ' αὐτὰ μόνον καταθήσειν). Wenn Klotz meint, es könne ἂν auch zu ἐδόκουν bezogen werden in dem Sinne: „multi enim illi viderentur hac ratione fures fore," so ist dieses *viderentur* entschieden unpassend. Es soll ja nicht seine Ansicht, was unter solchen Umständen eintreten würde, unbestimmt und zweifelhaft ausgedrückt werden, es kann auch zu εἰ μέλλοιεν nicht die Apodosis passen: ἐδόκουν ἄν, sondern wie gewöhnlich liegt die Apodosis der rein subjectiven Annahme in dem von δοκεῖν abhängigen Infin. mit ἄν, so dass der Sinn ist: denn unter solchen Umständen dürfte es, wie er meinte, der Diebe gar viele geben, wenn etc. Dem. in Arist. I, §. 21. τί γὰρ ἂν τοῦτον αὐτὸν οἴεσθε ποιήσειν, wo Bekker aus dem einzigen cod. F ποιεῖν aufgenommen hat, mit der ausdrücklichen Bemerkung, dass die übrigen Hdss. ποιήσειν haben.

VI. Vom Particip (μετοχή) mit ἄν.

In ähnlicher Weise, wie zu dem Infin., tritt ἄν auch zu dem Particip. Es kann die Partikel auch hier keine andere Wirkung haben, als dass sie, die reine Objectivität beseitigend, die Handlung nur als wirklich setzt, so dass dem Particip mit ἄν in unabhängiger Rede eine subjective Behauptung über Vergangenes oder Gegenwärtiges, d. h. der Indic. eines histor. Tempus mit ἄν oder der Opt. mit ἄν entspräche. Beispiele des ersten Falls sind folgende:

Aesch. Choeph. 348 ff. Εἰ γὰρ ὑπ᾿ Ἰλίῳ
πρός τινος Λυκίων, πάτερ,
δορίτμητος κατηναρίσθης,
λιπὼν ἂν εὔκλειαν ἐν δόμοισιν
τέκνων τ᾿ ἐν κελεύθοις ἐπιστρεπτὸν αἰῶ
κτίσσας πολύχωστον ἂν εἶχες
τάφον διαποντίου γᾶς
δώμασιν εὐφόρητον.

Eur. Andr. 935 f. μὰ τὰν ἄνασσαν, οὐκ ἂν ἕν γ᾿ ἐμοῖς δόμοις βλέπουσ᾿ ἂν αὐγὰς τἄμ᾿ ἐκαρποῦτ᾿ ἂν λέχη.

Xen. h. gr. II, 3, 48. Ἐγὼ δ᾿ ὦ Κριτία, κείνοις μὲν ἀεί ποτε πολεμῶ τοῖς οὐ πρόσθεν οἰομένοις καλὴν ἂν δημοκρατίαν εἶναι, πρὶν ἂν καὶ οἱ δοῦλοι καὶ οἱ δι᾿ ἀπορίαν δραχμῆς ἂν ἀποδόμενοι τὴν πόλιν δραχμῆς μετέχοιεν. In unabhängiger Rede hiesse die Behauptung δραχμῆς ἂν ἀπέδοντο. Plato Crito p. 48, c. τῶν ῥᾳδίως ἀποκτιννύντων καὶ ἀναβιωσκομένων γ᾿ ἄν, εἰ οἷοί τε ἦσαν. De legg. VI, p. 781, a. Xen. Mem. IV, 4, 4. ῥᾳδίως ἂν ἀφεθεὶς ὑπὸ τῶν δικαστῶν εἰ καὶ μετρίως τι τούτων ἐποίησε, προείλετο μᾶλλον τοῖς νόμοις ἐμμένων ἀποθανεῖν ἢ παρανομῶν ζῆν. Dem. Phil. I, 1. Εἰ μὲν περὶ καινοῦ τινος πράγματος προυτίθετο, ὦ ἄνδρες Ἀθηναῖοι, λέγειν, ἐπισχὼν ἄν, ἕως οἱ πλεῖστοι τῶν εἰωθότων γνώμην ἀπεφήναντο, εἰ μὲν ἤρεσκέ τί μοι τῶν ὑπὸ τούτων ῥηθέντων, ἡσυχίαν ἂν ἦγον. Phil. III, §. 1. 48. πρῶτον μὲν γὰρ ἀκούω Λακεδαιμονίους τότε καὶ πάντας τοὺς Ἕλληνας τέτταρας μῆνας ἢ πέντε, τὴν ὡραίαν αὐτήν, ἐμβαλόντας ἂν καὶ κακώσαντας τὴν τῶν ἀντιπάλων χώραν. Im unabhängigen Satze entspräche ἐνέβαλον ἄν in scheinbar frequentativer Bedeutung, in der That aber nicht gleich ἐνέβαλλον, sie pflegten einzufallen, sondern die Objectivität der Behauptung aufhebend: sie machten wohl (denk' ich) ihre Einfälle, während vier oder fünf Monaten, wodurch die Sache nicht als das bestimmt und durchaus, sondern als das für gewöhnlich Anzunehmende dargestellt wird.

Einfach in eine subjective Behauptung über Vergangenes ist aufzulösen:
Soph. Oed. R. 523. ἀλλ' ἦλθε μὲν δὴ τοῦτο τοὔνειδος τάχ' ἄν
ὀργῇ βιασθὲν μᾶλλον ἢ γνώμῃ φρενῶν.
Aus τάχ' ἄν ὀργῇ ἐβιάσθη τοῦτο τὸ ὄνειδος, „im Zorn wohl, denk' ich, ward der Schimpf herausgestossen."

Dem Optativ mit ἄν entspricht das Particip mit ἄν in folgenden Stellen:
Soph. Oed. C. 761. ὦ πάντα τολμῶν κἀπὸ παντὸς ἂν φέρων
λόγου δικαίου μηχάνημα ποικίλον,
Eur. Hipp. 521. πάντ' ἂν φοβηθεῖσ' ἴσθι·
„scito te, si de hac re trepida es, nihil non fuisse formidaturam" Musgr. Vgl. Rhes. 80. Herod. VII, 15. εὑρίσκω ὧδ' ἂν γινόμενα ταῦτα, εἰ λάβοις τὴν ἐμὴν σκευὴν πᾶσαν. Thuc. I, 80. εὕροιτε δ' ἂν τόνδε περὶ οὗ νῦν βουλεύεσθε, οὐκ ἂν ἐλάχιστον γενόμενον, εἰ σωφρόνως τις αὐτὸν ἐκλογίζοιτο. III, 37. VI, 38. 64. VII, 42. Xen. Anab. I, 1, 10. ὡς οὕτω περιγενόμενος ἂν gleich νομίζων ὅτι οὕτως ἂν περιγένοιτο. Ebd. V, 2, 8. ὡς ἁλόντος ἂν τοῦ χωρίου gleich νομίζων ὅτι ἁλοίη ἂν τὸ χωρίον und dieses im Sinne eines Futurs. So kann auch Cyr. I, 6, 9. σὺ εἰ ἐνορᾷς τινα πόρον καὶ ἀπ' ἐμοῦ ἂν προςγενόμενον im Sinn eines Futurs aufgefasst werden. Entschieden im Sinne eines Futurs lesen wir Thuc. VI, 24. ὡς ἢ καταστρεψομένους ἐφ' ἃ ἔπλεον ἢ οὐδὲν ἂν σφαλεῖσαν μεγάλην δύναμιν. Plato Euthyphro p. 3, d. Gorg. p. 458, a. p. 521, c. Phaedr. p. 276, b. Euthyd. p. 304, c—d. De rep. I, p. 344, a. III, p. 414, c. VIII, p. 562, a. De legg. l. X, p. 900, a. Isocr. Areop. §. 12. 16. Ὡς ἂν mit Particip Xen. Mem. II, 2, 13.

So kann auch, wo die ganze Aussage bereits durch ἄν modificirt ist, noch das Particip diese Partikel erhalten, um auch diesem insbesondere die Modalität beizulegen, die dem ganzen Satze zukommt.

Arist. Nub. 1383. μαμμᾶν δ' ἂν αἰτήσαντος ἧκόν σοι φέρων ἂν ἄρτον·

Herod. VII, 139. ἢ ταῦτα ἂν ἔπαθον, ἢ πρὸ τοῦ ὁρῶντες ἂν καὶ τοὺς ἄλλους Ἕλληνας μηδίζοντας ὁμολογίῃ ἂν ἐχρήσαντο πρὸς Ξέρξεα. In ὁρῶντες ἂν liegt die Behauptung ἑώρων ἂν Isocr. Panath. §. 64. Ἐγὼ δὲ πρὸς ἅπαντα μὲν τὰ δικαίως ἂν ῥηθέντα κατὰ τῆς πόλεως οὔτ᾽ ἂν δυναίμην ἀντειπεῖν οὔτ᾽ ἂν ἐπιχειρήσαιμι τοῦτο ποιεῖν.

Während in diesen Stellen das Particip mit ἂν in den Indicativ mit ἂν aufzulösen war, liegt ihm in folgenden Stellen ein Opt. mit ἂν zu Grunde. Xen. Cyr. I, 3, 11. Στὰς ἂν — λέγοιμ᾽ ἂν. II, 4, 23. οὗτοι ἄν σοι, εἴ τινι ἐντυγχάνοιεν τῶν Ἀρμενίων, τοὺς μὲν ἂν συλλαμβάνοντες αὐτῶν κωλύοιεν τῶν ἐξαγγελιῶν· οὓς δὲ μὴ δύναιντο λαμβάνειν, ἀποσοβοῦντες ἂν ἐμποδὼν γίγνοιντο τοῦ μὴ ὁρᾶν αὐτοὺς τὸ ὅλον στράτευμά σου, ἀλλ᾽ ὡς περὶ κλωπῶν βουλεύεσθαι. Hier ist zwar durch das an οὗτοι angelehnte ἂν bereits die Modalität des Satzes bestimmt, demungeachtet wird auch dem ἀποσοβοῦντες noch ἂν beigegeben, weil es aus der Behauptung ἀποσοβοῖεν ἂν verkürzt ist.

Hinwiederum steht zwar ἂν nur einfach, doch so unmittelbar an das Particip sich anschliessend, dass dieses zunächst davon betroffen wird.

Arist. Nub. 1382. εἰ μέν γε βρῦν εἴποις, ἐγὼ γνοὺς ἂν πιεῖν
ἐπέσχον·

Herod. VII, 139. εἰ καὶ πολλοὶ τειχέων κιθῶνες ἔσαν εἰλημένοι διὰ τοῦ Ἰσθμοῦ Πελοποννησίοισι, προδοθέντες ἂν Λακεδαιμόνιοι ὑπὸ τῶν συμμάχων — ἐμουνώθησαν, μουνωθέντες δὲ ἂν καὶ ἀποδεξάμενοι ἔργα μεγάλα ἀπέθανον γενναίως. Beiden Participien liegt das subjective Urtheil zu Grunde: προυδόθησαν ἄν, ἐμουνώθησαν ἄν. Xen. Anab. IV, 7, 16. καὶ ἀποτέμνοντες ἂν τὰς κεφαλὰς ἔχοντες ἐπορεύοντο. Hier gehört ἂν recht eigentlich zu dem Particip, das aus ἀπέτεμνον ἂν sie hieben wohl ab (konnten abhauen), verkürzt ist.

Während nun in den bisher aufgeführten Stellen das Particip mit ἂν aus einem subjectiven Urtheil, sei es über Vergangenes oder über Gegenwärtiges und Künftiges, verkürzt ist, hat man zuweilen geglaubt, es sei dem Particip auch dann die Partikel beigegeben, wo es in einen Bedingungssatz mit εἰ und dem Verb. fin. aufzulösen wäre. Gegen eine solche Annahme macht indessen, wie von Hermann de part. ἂν p. 185 erinnert wird, schon der Umstand bedenklich, dass anderwärts eine solche Bedingung mit dem blossen Particip ausgedrückt ist, dann liesse sich auch nicht

begreifen, warum nicht ebensowohl auch ἐάν mit Conj. in ein Particip mit ἄν verkürzt werden könnte. Betrachten wir aber die Stellen näher, welche Matthiä als Belege für seine Behauptung, dass ἄν mit dem Particip auch für εἰ mit dem Verbum finitum stehe, §. 598, b. angeführt hat, so dürfte in keiner derselben eine solche Voraussetzung sich rechtfertigen lassen. Theils erscheint die Partikel wiederholt, theils an das Particip, wie an irgend ein anderes betontes Wort sich anschliessend, theils in regelmässiger Construction zu dem Modus gehörend.
Soph. Oed. R. 445 f. κομιζέτω δῆθ'· ὡς παρὼν σύ γ' ἐμποδὼν
ὀχλεῖς, συθείς τ' ἂν οὐκ ἂν ἀλγύναις πλέον,
So wenig hier jemand die Nothwendigkeit der auf συθείς folgenden Partikel behaupten wird, so wenig lässt sich behaupten, συθεὶς ἂν stehe für εἰ συθείης. Der gleiche Fall ist Plato de rep. l. X, p. 598, c. ἀλλ' ὅμως παῖδάς τε καὶ ἄφρονας ἀνθρώπους εἰ ἀγαθὸς εἴη ζωγράφος γράψας ἂν τέκτονα καὶ πόῤῥωθεν ἐπιδεικνὺς ἐξαπατῴ ἂν τῷ δοκεῖν ὡς ἀληθῶς τέκτονα εἶναι, wo die Wiederholung der Partikel ganz dem sonstigen Gebrauche entspricht, dieselbe auch einzelnen Begriffen, auf denen das Gewicht der Aussage liegt, beizugeben. Nicht darum erhält das Particip ἄν, damit es als subjective Voraussetzung erscheine, sondern weil es ein, und zwar wichtiger, Theil der Aussage ist, welche durch ἄν modificirt wird. Xen. Cyr. I, 6, 23 ist μαθὼν ἄν, διὰ μαντικῆς ἂν παρὰ θεῶν πυνθανόμενος gesagt, weil auch zu dem ersteren schon das folgende φρονιμώτερος ἄλλων εἴης gedacht werden muss.

Sind wir nun in denjenigen Stellen, in welchen die Partikel sich unmittelbar an das Particip anschliesst, durch nichts genöthigt, in dieser Verbindung einen Ersatz für εἰ mit Opt. oder dem Indic. eines hist. Tempus zu finden, so können wir hiezu noch weniger Grund haben, wo das Particip nicht einmal ἄν unmittelbar bei sich hat. Soph. Oed. R. 339.
τίς γὰρ τοιαῦτ' ἂν οὐκ ἂν ὀργίζοιτ' ἔπη
κλύων, ἃ νῦν σὺ τήνδ' ἀτιμάζεις πόλιν;
Schon die Verschlingung von τοιαῦτα ἔπη κλύων mit τίς γὰρ οὐκ ἂν ὀργίζοιτο muss darauf hinweisen, die ganze Rede wesentlich als Einen Satz zu betrachten, ohne das Particip als Zwischensatz auszuscheiden. Thuc. VI, 18. καὶ νομίσατε νεότητα μὲν καὶ γῆρας ἄνευ ἀλλήλων μηδὲν δύνασθαι, ὁμοῦ δὲ τό τε φαῦλον καὶ τὸ μέσον καὶ τὸ πάνυ ἀκριβὲς ἂν ξυγκραθὲν μάλιστ' ἂν ἰσχύειν. Xen. Cyr. I, 6, 18. Plato Hipp. min. p. 367, a.

Auch die Construction des Part. Fut. mit ἄν ist vergeblich bezweifelt worden. Die Schrift περὶ συντάξεως bemerkt (Bekk. Anecd. p. 128), wo sie von der Verbindung der Partikel mit dem Particip spricht: Ἰσοκράτης ἐν τῷ περὶ τῆς ἀντιδόσεως · (§. 100) οὐχ ὡς οὐχ ἡδέως ἄν τινῶν μου καταψευσομένων, wo sich nun bei Bekker ohne Angabe einer Variante καταψευσαμένων findet. So lesen wir, ohne dass abweichende Lesarten bemerkt wären, Plato Apol. p. 30, b. ὡς ἐμοῦ οὐκ ἄν ποιήσοντος ἄλλα, aus οὐκ ἄν ποιήσοιμι hervorgegangen. Ferner Isocr. de pace §. 81. ἀλλὰ τὰ μὲν πικρότατα καὶ μάλιστ᾿ ἄν ὑμᾶς λυπήσοντα παραλείψω. Archid. §. 62. ἐπίσταμαι γὰρ πρῶτον μὲν Ἀθηναίους εἰ καὶ μὴ πάντα μεθ᾿ ἡμῶν εἰσιν, ἀλλ᾿ ὑπέρ γε τῆς σωτηρίας τῆς ἡμετέρας ὁτιοῦν ἄν ποιήσοντας· ἔπειτα τῶν ἄλλων πόλεων ἔστιν ἃς ὁμοίως ἄν ὑπὲρ τῶν ἡμῖν συμφερόντων ὡς περὶ τῶν ἑαυταῖς βουλευσομένας· ἔτι δὲ Διονύσιον τὸν τύραννον καὶ τὸν Αἰγυπτίων βασιλέα καὶ τοὺς ἄλλους τοὺς κατὰ τὴν Ἀσίαν δυνάστας, καθ᾿ ὅσον ἕκαστοι δύνανται, προθύμως ἄν ἡμῖν ἐπικουρήσοντας. Nach einer brieflichen Mittheilung Bekker's an Hermann de part. ἄν p. 184 lässt die Urb. Hds., welche ὁτιοῦν ἄν statt der Vulg. πάντα hat, nach προθύμως die Partikel weg. Auch Dem. Phil. III, §. 70. τί ποιῶμεν; πάλαι τις ἡδέως ἄν ἴσως ἐρωτήσων κάθηται kann weder über die Richtigkeit der Lesart, noch über die Construction ein Zweifel sein. Es liegt die Behauptung zu Grund: ἡδέως ἄν ἴσως ἐρωτήσαι. Thuc. V, 15 haben Bekker und Poppo σφαλέντων δὲ αὐτῶν ἐπὶ τῷ Δηλίῳ παραχρῆμα οἱ Λακεδαιμόνιοι γνόντες νῦν μᾶλλον ἄν ἐνδεξομένους ποιοῦνται τὴν ἐνιαύσιον ἐκεχειρίαν. Hier haben nur Thom. M. und einige schlechtere Hdss. Mon. Chr. und Dan. ἐνδεξαμένοις und δεξαμένους, andere Hdss. von geringerem Werthe Graev. Par. D. Arund. lassen ἄν weg; zum sicheren Beweis, dass die abweichenden Lesarten nur aus dem Bestreben entstanden sind, die seltene Construction zu beseitigen. Eben so liegt Dem. de lib. Rhod. §. 19 und Megal. §. 11 die Vermuthung nahe, dass die Lesarten ἐπάγοντας (Σ) βοηθήσαντας (von der ersten Hand bei F), sowie die Weglassung der Partikel in der zweiten Stelle (bei Σ) nur Verbesserungsversuche sind. Für βοηθήσοντας dürfte auch das sprechen, dass Demosthenes selbst, indem er die Einwürfe beantwortet, §. 13. βοηθήσουσι gebraucht. Dem. pro cor. §. 168. (ὁ Φίλιππος) ἧκεν ἔχων τὴν δύναμιν καὶ τὴν Ἐλάτειαν κατέλαβεν, ὡς οὐδ᾿ ἄν εἴ τι γένοιτο ἔτι συμπνευσόντων ἡμῶν καὶ τῶν Θηβαίων. In

Σks steht συμπνευσόντων ἂν ἡμῶν. Die Stelle darf jedenfalls als Beleg für die fragliche Construction betrachtet werden. Hermann erklärt zwar, indem er seiner sonstigen Theorie gemäss ἂν nicht unmittelbar mit dem Futur verbindet, „ὡς οὐ συμπνευσόντων, οὐδ' ἂν εἴ τι γένοιτο, repetito verbi aoristo, συμπνευσάντων." Indessen wenn der Redner wirklich beim Beginn der Construction συμπνευσόντων im Sinne hatte, so konnte auch zu den etwa eingeschobenen Satztheilen ὡς οὐδ' ἂν εἴ τι γένοιτο nichts Anderes als dieses Part. Fut. supplirt werden, und umgekehrt, hätte er zu οὐδ' ἂν im Sinne gehabt συμπνευσάντων, so würde er nicht nachher das Part. Fut. gebraucht haben. Auch Xen. Cyr. I, 6, 1. Τούτων δὲ φανέντων οὐδὲν ἄλλο ἔτι οἰωνιζόμενοι ἐπορεύοντο ὡς οὐδένα ἂν λήσαντα (Guelf. Brem. ἂν λύσαντα, Bud. und ältere Ausgaben οὐδὲν ἄλλο ἀΰσαντα) τὰ τοῦ μεγίστου θεοῦ σημεῖα scheint mir Hermann's (Viger p. 412) Conjectur λήσοντα die meiste Wahrscheinlichkeit für sich zu haben. Weder den Aorist λήσαντα, noch den seltsamen poëtischen Ausdruck ἀΰσαντα wird Jemand vertheidigen wollen; nur λύσαντα käme in Betracht, das auch Klotz Adnott. ad Dev. I, p. 154 als das Richtige betrachtet: „Propterea alium augurem non adhibuerunt factis his Jovis significationibus, quod non putabant quemquam posse illa summi dei indicia *solvere*, i. e. irrita reddere, ut quidquid jam ex alio augurio acciperent, id deterius indicio Jovis putarent." An Zuziehung eines Augurs, dessen Erklärung etwa in Widerspruch hätte treten können mit dem eben erhaltenen Zeichen, ohne doch im Stande zu sein, dessen Gültigkeit aufzuheben, ist hier wohl nicht zu denken. Denn einmal war diess, wie aus §. 2. καὶ ἐν ἱεροῖς δῆλον erhellt, dem bestehenden Brauche gemäss früher schon geschehen, andererseits wäre jetzt, nachdem sie schon die Reise angetreten hatten, nicht mehr der schickliche Zeitpunkt dazu gewesen. Vielmehr kann der Sinn von οὐδὲν ἄλλο ἔτι οἰωνιζόμενοι ἐπορεύοντο kein anderer sein, als: „sie setzten ihren Weg fort, ohne auf ein weiteres Zeichen zu achten, und hieran würde sich passend anschliessen: „in der Voraussetzung, dass die Bedeutung der bereits erhaltenen für jedermann klar genug seien." Xen. Mem. II, 2, 3. καὶ αἱ πόλεις ἐπὶ τοῖς μεγίστοις ἀδικήμασι ζημίαν θάνατον πεποιήκασιν, ὡς οὐκ ἂν μείζονος κακοῦ φόβῳ τὴν ἀδικίαν παύσοντες. Dem. de falsa leg. §. 342. liest Bekker mit den meisten und besten Hdss. τοὺς ὁτιοῦν ἂν ἐκείνῳ ποιήσοντας, wofür die Par. Hdss. 2936. 2940. 2998 (rsk) ποιήσαντας haben.

VII. Stellung der Partikeln κέν und ἄν.

Könnte über die modale Natur der Partikeln κέν und ἄν noch irgend ein Zweifel obwalten, so müsste er in der Beobachtung, an welche Wortarten vornehmlich diese Partikeln sich anzulehnen pflegen, seine Widerlegung finden.

Sie gehören beide zu der Classe derjenigen Partikeln, auf welchen an sich im Satze nie ein Haupton ruhen kann, die vielmehr nur, es sei mit einem Nebentone versehen (wie ἄν), oder tonlos (wie κέν), an ein anderes Wort sich anlehnen müssen.

Darauf beruht denn für's Erste die Regel, dass κέν und ἄν nie an dem Anfang des Satzes, es sei dieser Neben- und Zwischensatz, oder Hauptsatz, stehen können. Fälle, die für unsere Auffassungsweise dem zu widersprechen scheinen, wo nämlich ἄν am Anfang eines Zwischensatzes zu stehen scheint, sind vom griechischen Standpunkt aus unläugbar anders betrachtet worden. Plato Crito p. 52, d. Ἄλλο τι οὖν ἂν φαῖεν ἢ ξυνθήκας τὰς πρὸς ἡμᾶς αὐτοὺς καὶ ὁμολογίας παραβαίνεις; Phaedo p. 87, a. τί οὖν ἂν φαίη ὁ λόγος ἔτι ἀπιστεῖς; Hipp. maj. p. 299, a. μανθάνω ἂν ἴσως φαίη. Dem. Ol. I, §. 19. τί οὖν ἂν τις εἴποι σὺ γράφεις ταῦτ᾽ εἶναι στρατιωτικά; Dem. Prooemia p. 1445. (Bekker V, p. 621) τί οὖν ἄν τις εἴποι σὺ παραινεῖς; Arist. Pax 137.

ἀλλ᾽ ὦ μέλ᾽ ἄν μοι σιτίων διπλῶν ἔδει·
Dass diese und änliche Sätze nicht als eigentliche Zwischensätze zu betrachten, vielmehr mit dem Satz, in dem sie stehen, zur Einheit verschmolzen sind, zeigen analoge Fälle von Verschmelzung des Haupt- und Nebensatzes, vgl. S. 326, oder wo zwischen ἔφη und sein folgendes Subject andere Worte eingeschoben werden. Plato Phaedo p. 70, b. Ἀληθῆ ἔφη λέγεις ὁ Σωκράτης ὦ Κέβης. p. 71, c. p. 76, c. Ὑπερφυῶς ἔφη ὦ Σώκρατες ὁ Σιμμίας δοκεῖ μοι ἡ αὐτὴ ἀνάγκη εἶναι p. 77, c. 78, c. d. e. 82 d., oder wo sich ἄν unmittelbar an οἶμαι anschliesst, während es zu dem abhängigen Infinitiv gehört. Phaedo p. 64, b. Xen. h. gr. VI, 1, 9. ὧν ἐγὼ καὶ τὰ σώματα καὶ τὴν μεγαλοψυχίαν ὁρῶν οἶμαι ἂν αὐτῶν εἰ καλῶς τις ἐπιμελοῖτο, οὐκ εἶναι ἔθνος ὁποίῳ ἂν ἀξιώσαιεν ὑπήκοοι εἶναι Θετταλοί. Mit Recht erinnert darum Hermann p. 195, dass es unpassend ist, jene mit ihrem Hauptsatz verschmolzenen Zwischensätze durch Interpunction zu trennen.

Das Wort ferner, an welches die Partikeln sich anlehnen, wofern sie sich nicht völlig mit ihm verschmelzen, muss einen Haupton haben, und wird andererseits durch das sich anlehnende minder betonte Wort in seinem Ton stärker hervorgehoben. So bringt es der natürliche Rhythmus der menschlichen Sprache mit sich, der sich regelmässig zwischen Hebung und Senkung, zwischen Arsis und Thesis bewegt. Es kann sich aber κέν und ἄν nicht immer unmittelbar an das Wort, das sein Träger ist, anlehnen, denn da dieses oft für mehrere Partikeln zugleich Träger wird, so tritt eine gewisse Ordnung ein, in welcher die Partikeln dem Worte folgen, von dem sie getragen werden. Da lässt sich nun beobachten, dass κέν und ἄν andern Partikeln gewöhnlich den Vortritt lassen. Entweder nämlich gehören letztere unmittelbarer zu dem vorhergehenden stärker betonten Worte, wie wenn τίς nicht von ὅς abgelöst werden kann, oder πέρ, γέ, oder sie treten, wie μέν, δέ, γάρ, νύ, οὖν, als das Verhältniss des Satzes zu einem anderen anzeigend vor κέν und ἄν, welche doch nur dem Satze für sich angehören, wenn aber beiderlei Partikeln zusammenkommen, so gehen natürlich diejenigen, welche ohne eigene Selbständigkeit unmittelbar zu dem ersten Worte gehören, denen voran, welche das Verhältniss zu einem andern Satze anzeigen, wie z. B. εἴπερ γάρ κε Od. II, 246, oder endlich sie treten als verhältnissmässig tonloser vor das betonte ἄν, z. B. das persönliche Pronomen Il. XXII, 20. Od. XV, 513. XVII, 186.; ferner πώς: z. B. οὐ γάρ πως ἄν Il. XVII, 710. Od. XVI, 196. τίς: πῶς δή τις ἄν Xen. Cyr. I, 6, 22.

Wo diese Ordnung verletzt scheint, wie Od. V, 361. ὄφρ' ἄν μέν κεν, da ist die Partikel, wenn sie auch getrennt geschrieben wird, doch mit der vorhergehenden als eins zu betrachten. Uebrigens steht es mit dem sonstigen Gebrauch der griechischen Sprache im Einklang, wenn bei zusammengehörigen Wörtern, welche erst zusammen den Begriff auch in seinen Verhältnissen vollständig darlegen, die Partikel nach dem ersten dieser zusammengehörigen Wörter stehen kann.

Fragen wir nun nach den Wortarten, an welche sich κέν und ἄν auf die eben beschriebene Weise anlehnen, so sind es erstlich diejenigen Wörter, mit welchen sich jene Partikeln auch ihrem Begriff nach unmittelbar verbinden, nämlich die Bedingungs- und Zeitpartikeln und die relativen

Wörter. Sofern diese Wörter eine Voraussetzung anzeigen, ist es natürlich, dass sich zunächst an sie die Partikel anschliesst, welche den Begriff der Voraussetzung durch Hinzufügung des weiteren Moments der Setzung einer Handlung als wirklicher oder sich verwirklichender wesentlich modificirt, und dieselbe zur Voraussetzung, dass etwas wirklich sei oder werde, erhebt. Diese begriffliche Zusammengehörigkeit beider Elemente thut sich nun darin kund, dass sobald die Voraussetzung einer Verwirklichung der Handlung stattfindet, κέν und ἄν seine unabänderlich feste Stelle hat, ja dass in der weiteren Entwicklung der griechischen Sprache beide Elemente, wo die Wortform es möglich macht, d. h. wo das erste Wort auf einen ε-Laut schloss, mit einander in Ein Wort verschmelzen. So ist durch Elision des ε und η ὅταν, ὁπόταν, ἐπειδάν, durch die Verbindung von εἰ in der verkürzten Form ἐ (vgl. ἐς und εἰς, ἐμὶ und εἰμί) mit ἄν, ἐάν, durch Zusammenziehung sodann ἤν, ἄν entstanden; ähnlich aus ἐπεὶ ἄν ἐπεάν, ἐπήν, ἐπάν. Obwohl nun aber ἐάν, ἐπεάν an sich als die ältere, ἤν, ἐπήν als die jüngere Form sich darstellt, so ist doch bekanntlich bei Homer nur ἤν, ἐπήν, nicht aber ἐάν, ἐπεάν im Gebrauche. Die relativen Wörter dagegen (mit Ausnahme von ὅτε, ὁπότε) wurden ohne Zweifel, weil ihre Form sonst zu unkenntlich geworden wäre, mit der Partikel ἄν nicht in Ein Wort verschmolzen.

Belege von αἴ κε oder εἴ κε, sowie von ἤν, ἐάν, ἄν sind oben gegeben worden. Εἰ μέν κε findet sich Il. III, 281. XVII, 91. Od. XI, 110. XII, 139; εἰ δέ κε Il. I, 137. 324. II, 364. Od. XI, 112. 139. εἴπερ κε Od. XI, 113. XII, 140; εἰ δ' ἄν Il. III, 288. XVIII, 273. εἴπερ ἄν Il. III, 25. mit Opt. II, 597. Auch für die Zeitpartikeln und die Relative bedarf es hier keiner weiteren Nachweisung, wie sich sowohl κέν als ἄν unmittelbar an dieselben anlehnt. Zu den relativen Wörtern haben wir ferner auch die Absichtspartikeln ὡς, ὅπως, ὄφρα zu rechnen, mit welchen sich κέν und ἄν ebenfalls unmittelbar verbinden (vgl. S. 193). Doch lässt sich diess auch daraus erklären, dass jene Partikeln an die Wörter sich anlehnen, welche die Art und Weise, die Verhältnisse und Bedingungen angeben, unter welchen das Prädicat stattfindet.

Erklärte sich uns die feste Verbindung der Bedingungs- und Zeitpartikeln, wie der Relativa mit ἄν aus der inneren Verbindung zwischen der Voraussetzung und der Setzung der Handlung als einer wirklichen, oder in Wirklichkeit tretenden, so ist andererseits aus dem für die Partikeln κέν und ἄν angenommenen Begriff erklärlich, wie dieselben als die Aussage wesentlich bestimmend theils unmittelbar an den Modus, theils und vorzugsweise an diejenigen Wörter sich anschliessen, welche angeben, ob und in wie weit, in welchem Umfang, welchem Grad, unter welchen Verhältnissen das Prädicat stattfindet.

Wir finden also κέν und ἄν 2) nach dem Modus, und zwar:
Κέ Il. III, 220. IV, 94. V, 273. VI, 285. VIII, 196. XXII, 253. XXIV, 56. 418. Od. I, 228. II, 86. IV, 644. IX, 131. XI, 489. Pind. Nem. VII, 129. Pyth. IV, 470.

Ἄν und zwar mit Optat. Soph. Oed. R. 862. Phil. 223. 306. Plato Phaedo p. 62, c. 70, c. 76, b. 79, b. 84, a. Crat. p. 409, a. c. d. e. 410, a. 422, a.; nach dem Indic. eines hist. Tempus: Soph. Oed. R. 1438. Eur. Andr. 942. 1185. Arist. Nub. 977. Plato Phaedo p. 63, b. Isocr. de perm. §. 33. 273. Dem. adv. Steph. II, §. 13. 19.

3) Nach Wörtern, welche die Modalität und die Geltung des Prädicats näher bestimmen, nämlich
a) nach Adverbien, welche das Prädicat affirmiren oder steigern:
α) Κέ nach ἤ Il. I, 255. VII, 125. XVII, 38. XXII, 43. Od. XIX, 569.
ἦ γάρ Il. I, 293. IX, 303.
ἤ τε Il. III, 56. V, 885.
μάλα Il. XIII, 343. Od. IX, 133 f.
μάλιστα Il. XIII, 734.
ῥεῖα δέ Il. XI, 802. XVI, 44.
ὡς (wie sehr) Od. XXIII, 60.
καί (steigernd: allerdings, auch) Il. XIV, 484. Od. I, 390. XI, 111. 358. 375. XII, 102. XIII, 390. XVII, 408. Arist. Equitt. 1056. Theocr. Id. XIX, 16.

β) ἄν nach ἦ γάρ Il. I, 232. II, 242.
ἤ τε Il. XII, 69. XVI, 687. XVII, 236. XVIII, 13. Od. II, 62. 219. IX, 228. XII, 138.
ἤ τοι Arist. Ran. 34.
μέντοι Plato Phaedo p. 73, b. 76, b.

μᾶλλον Soph. Phil. 46. Plato Phaedr. p. 232, c. Thuc. VI, 34.
μάλιστα Thuc. V, 9. VI, 18. 34. Xen. Cyr. I, 6, 18. VI, 1, 42.
πολύ Isocr. de permut. §. 170. 208. 214. 219. 225. 251.
τάχα siehe die Beispiele der Zeitpartikeln.
ῥᾳδίως Plato Phaedo p. 62, c. Isocr. Paneg. §. 114. 166. Panath. §. 158. Xen. Mem. IV, 4, 4.
ἴσως Aesch. VII c. Th. 707. Soph. Phil. 1260. Plato Crat. p. 421, d. Isocr. de perm. §. 98. 149. ἴσως γὰρ ἄν Plato Phaedo p. 78, a. ἴσως δ' ἄν Is. Paneg. §. 169.
εἰκότως Is. Paneg. §. 30. 102. 139. Xen. Cyr. III, 3, 35. Plato Phaedr. p. 232, c.
καί Od. VI, 300.
(κἄν) Arist. Ran. 547. Nub. 1133. Xen. Cyr. III, 3, 35. Plato Phaedo p. 63, c. 79, a. Crat. p. 417, a. 421, d.

b) **Nach Adverbien, welche das Prädicat negiren oder beschränken:**

α) κέ nach οὐ Od. I, 236. II, 249. IV, 64. 223.
οὐδέ Od. II, 185. III, 124. 260. IV, 178. 596.

β) ἄν nach οὐ Od. II, 78. 240. 347. IX, 241. Soph. Phil. 443. Plato Phaedo p. 62, e. 63, c. 73, a. 84, a.
οὐ γάρ Soph. Phil. 412. 947.
οὐδέ Il. XXI, 358. Od. V, 177. IX, 277. X, 342. Pind. Ol. II, 16. Soph. Phil. 536. 948. Arist. Nub. 979. Plato Crat. p. 418, d. p. 439, d.
οὐδέν Soph. Phil. 1058.
μηδέ Plato Crat. p. 414, d. Gorg. p. 521, c.
οὔτε Soph. Phil. 115. Eur. Med. 616. Plato Alc. II, p. 142, c.
οὐδαμοῦ Plato Phaedo p. 72, c. Gorg. p. 456, c.
οὐδαμῶς Isocr. de permut. §. 7.
οὔποτε Soph. Phil. 1037. Eur. Hec. 1199 f.
οὐδέποτε Arist. Nub. 1057. Isocr. de perm. §. 125.
ἥκιστα Soph. Phil. 427. Oed. R. 1053. Thuc. VI, 34.
χαλεπῶς Plato Phaedo p. 84, e.

c) Nach dem Nomen, in welchem der Umfang des Prädicats angegeben ist.
α) κέ nach πάντες Il. XVI, 848. Od. I, 164. 266.
πολλοί Il. II, 128. VII, 130.
ἄλλος Il. VII, 456. XIV, 244. Od. IV, 692.
ἄμφω Il. XVII, 103.
Pronn. perss. Il. I, 184. III, 417. XIV, 235. 267. Od. II, 74. III, 80. IV, 547.
Pronn. dem. Il. VIII, 196. IX, 299. XI, 134. Od. I, 396. IV, 637. XII, 387. XIX, 579.
Fragwörtern: τίς Il. XVII, 260. 586. Od. III, 113. IV, 649. Pind. Ol. I, 82. VI, 6.
ποῖος Od. XXI, 195.
β) ἄν nach πᾶς, πάντες, ἅπαντες Soph. Phil. 407. Plato Phaedo p. 72, c. 79, e. Crat. p. 414, d. Isocr. Paneg. §. 100. 109. de permut. §. 46. 79. 165. 205. 294. 302.
πολλοί Soph. Phil. 1047. Thuc. VI, 31. Plato Crat. p. 437, c. Isocr. Paneg. §. 133. 135. de perm. §. 1.
ἄλλος Plato Phaedo p. 70, d. Xen. Mem. IV, 3, 16. Isocr. de perm. §. 19.
Pronn. perss. Od. IX, 17. XVII, 455. XXI, 329. Soph. Phil. 222. 292. 294. Oed. R. 139. 505. 840. Xen. Cyr. II, 1, 9. Plato Phaedo p. 62, c. Crat. p. 430, a. Is. de perm. §. 84.
Pronn. dem. Od. XIX, 348. Soph. Ant. 468. Phil. 292. 294. 869. Cyr. II, 4, 23. Phaedo p. 65, c. 73, d. 80, e. Crat. 424, a. Alc. I, 122, d.
οὐδείς Isocr. Paneg. §. 2, 10. 30. 114, 143.
Fragpronn.: τίς Il. IX, 77. XXIV, 377. Od. V, 100. X, 573. Pind. Ol. II, 181. Crat. p. 416, a. 421, c. 423, e. 424, a. b.
τίς γὰρ ἄν Phaedo p. 61, c. 63, a. Xen. Ag. VII, 2, 2.
ποῖος Soph. Phil. 572.
d) Nach den Adverbien, in welchen die Verhältnisse, die Bedingungen angegeben werden, unter denen das Prädicat eintritt.

aa) Nach Adverbien des **Orts**.
- α) *κέ* nach *ἔνθα* Od. III, 365. V, 73. X, 84. XII, 282.
  αὐτοῦ Il. VIII, 207. Od. IX, 303.
- β) *ἄν* nach *κεῖσε* Od. XVI, 85.
  ποῖ Phaedo p. 82, a.
  πόθεν Arist. Equitt. 140.

bb) nach Adverbien der **Zeit**.
- α) *κέ* nach *ἔνθα* Il. II, 155. XVII, 70. Od. V, 426. XI, 565.
  τότε Il. IV, 36.
  πρίν Od. III, 117 *πρὶν γάρ* Od. XI, 330. *πρὶν δὲ* Od. XIV, 155.
  αἶψα Il. XVI, 624. XVII, 159 ff. Od. XII, 346. XIII, 147.
  τάχα Il. XVI, 71. 617. XXII, 42.
  ἔπειτα Il. X, 345. *ἔπειτα δέ* Il. XIV, 79.
  ἤδη μέν Il. XVII, 629. Od. XXII, 262.
  ἔτι μέν Od. XI, 104. *ἔτι γάρ* Od. IX, 269.
- β) *ἄν* nach *τότε* Il. XVIII, 397. Od. IX, 211. Soph. Phil. 703. Arist. Nub. 977.
  τόφρα γάρ Od. II, 77.
  αὐτίκα Il. XXIV, 654.
  ταχὺ ἄν Plato Phaedo p. 72, c.
  τάχ' ἄν Od. II, 76. Soph. Phil. 20. 1061. 1078. Plato Phaedr. p. 256, c. 259, b. 273, c. Phaedo p. 62, d. Crat. 430, a. Isocr. Paneg. §. 18. 163. (Die Bedeutungen **schnell, sogleich** und *leicht* lassen sich nicht genau sondern.)
  τάχα δέ Il. XIII, 676. *τάχα γάρ* Phaedo p. 62, a.
  τάχιστα Thuc. VI, 18. Isocr. de perm. §. 258.
  εὐθύς Isocr. Soph. §. 20. Dem. in Euerg. et Mnes. §. 66.
  ἔτι Eur. Suppl. 457.

cc) Nach Adverbien der **Art und Weise**, der **Verhältnisse**, unter welchen das Prädicat eintritt.
- α) *κέ* nach *τῷ* Od. I, 239. III, 224. 258. IV, 733. V, 311.
  ὧδε Il. XII, 228. XXIV, 661.
  οὕτω Od. II, 334.
  πῶς Il. XIV, 333. XVII, 149. Od. IX, 351. XI, 144.
  πῇ Od. XII. 287. XX, 43.

β) ἄν nach ὧδε Eur. Andr. 1186. Plato Crat. p. 391, a.
οὕτω Arist. Eq. 1131. Herod. VII, 139. Phaedr.
p. 232, a. Is. Paneg. §. 10. 26. de perm.
§. 8. 210.
ταύτῃ Crat. p. 407, d. Xen. Ag. I, 3.
πῶς Il. IX, 487. X, 243. XVII, 327. Soph. Phil.
531. Arist. Av. 829. Pax. 68. Phaedo
p. 64, a. Crat. p. 439, e.
πῶς γὰρ Soph. Phil. 41. πῶς δέ Od. XVIII, 31.
πῇ Xen. Ag. IV, 3.
ἄλλως Phaedo p. 76, c. Crat. p. 429, e.
ἑτέρως Phaedr. p. 276, c.
ἡδέως Arist. Ran. 572 f. Phaedo p. 70, a. 77, d.
Crat. p. 411, a. Is. Paneg. §. 121. de
perm. §. 19. 100. 115. 139.
ἡδέως γὰρ Phaedo p. 57, a. ἡδέως δέ Is. de
perm. 224.
ἥδιον Is. de perm. §. 300.
ἥδιστα Ar. Av. 127. Eq. 707.
ὀρθῶς Phaedo p. 75, c.
δικαίως Crat. p. 408, b. 410, b. c. 422, b.
Phaedr. p. 259, a. Is. Paneg. §. 100. 177.
δικαιότατα Crat. p. 409, b.

4) Es schliessen sich ferner die Partikeln κέν und ἄν an dasjenige Wort an, auf welchem das Hauptgewicht des Satzes ruht. Wir können diess theils daraus erklären, dass durch dieses Wort insgemein ebenfalls die Sphäre, innerhalb deren das Prädicat in Anwendung kommt, genauer angegeben wird, theils daraus, dass ein solches Wort überhaupt sich gern zum Träger minder betonter oder tonloser Wörter eignet.
α) κέ Il. II, 81 u. XXIV, 222. IV, 347. IX, 57. 601. X, 212. XVII, 105. XXIV, 664 ff. Od. I, 380. II, 145. IV, 651. XIII, 291. XIV, 406. XVIII, 28. 255.
β) ἄν Od. XVIII, 22. Soph. Phil. 119. 295. 493. Arist. Ran. 914 f. Phaedo p. 59, a. 60, c. 61, d. 62, e. 67, d. e. 68, b. 69, e. 70, a. 71, c. 72, b. 75, c. 76, a. Crat. p. 407, d. 410, c. Phaedr. p. 276, b. Isocr. de perm. §. 240.

5) Endlich finden wir κέν und ἄν, vorzugsweise aber das enklitische κέν an die Conjunctionen angehängt, welche

das Verhältniss des einen Satzes zum andern bezeichnen.

a) κέ nach καί Od. IV, 174. 178. XIV, 38. 184. XV, 315. XVI, 237. 305. XIX, 283. XX, 222.
häufig nach καί νυ Od. IV, 363. 502. IX, 79. XI, 317. 630. XII, 71. XVI, 220. XXI, 128. 226. XXIII, 241. XXIV, 50.
ἤ Od. I, 268. IV, 733 f. XIV, 183 f. XV, 300.
ἀλλά Od. II, 250. XI, 418.

b) ἄν nach καί Arist. Ran. 585. Phaedo p. 72, c. Gorg. p. 514, d.
ἀλλά Soph. Ant. 466.

Dass hier an ein verwandtschaftliches Verhältniss von beiderlei mit einander verbundenen Partikeln nicht zu denken ist, sondern blos eine Partikel Träger für die andre wird, erhellt aus dem Begriff von κέν und ἄν, wie er sich uns bisher durch alle Constructionsarten dieser Partikeln bewährt hat. Auch ist oben diejenige Auffassung der Partikel κέ, wonach dieselbe in begrifflicher Verwandtschaft mit καί (nicht aber mit ἤ und ἀλλά) stünde, mit genügenden Gründen beseitigt worden.

VIII. Wiederholung der Partikeln κέν und ἄν.

Wir müssen hier drei Fälle unterscheiden 1) Verbindung von ἄν und κέ, 2) Wiederholung von κέ, 3) Wiederholung von ἄν. Die erste Klasse erfordert nicht blos um der Stellung willen, welche die Partikeln einnehmen, sondern auch wegen der Bedeutung, die ihnen zukommt, eine abgesonderte Betrachtung. Mit Ausnahme Einer Stelle nämlich (Il. XXIV, 437) nehmen sie regelmässig die Stellung ein: ἄν κεν oder ἄν μέν κεν. Wir finden sie in der subjectiven Behauptung mit dem Ind. der histor. Zeiten:
Od. IX, 334. οἱ δ' ἔλαχον, τοὺς ἄν κε καὶ ἤθελον αὐτὸς ἑλέσθαι,
ferner mit dem Optativ:
Il. XIII, 126 ff. ἀμφὶ δ' ἄρ' Αἴαντας δοιοὺς ἵσταντο φάλαγγες
καρτεραί, ἃς οὔτ' ἄν κεν Ἄρης ὀνόσαιτο μετελθών,
οὔτε κ' Ἀθηναίη λαοσσόος.
mit dem Conjunctiv:
Il. XI, 187 ff. ὄφρ' ἄν μέν κεν ὁρᾷ Ἀγαμέμνονα, ποιμένα λαῶν
θύνοντ' ἐν προμάχοισιν, ἐναίροντα στίχας ἀνδρῶν,
τόφρ' ἀναχωρείτω, dasselbe ebd. 202.
Die Verbindung ὄφρ' ἄν μέν κε mit Conj. findet sich noch Od. V, 361 und VI, 259.

Hier kann nicht davon die Rede sein, dass von den wiederholten Partikeln die eine zu einem einzelnen Theile des Satzes gehöre und auf diesen besondern Einfluss übe, vielmehr können sie so zusammengestellt nur die gleiche Beziehung und ihre einfache modale Bedeutung haben. An und für sich schiene nun zwar die Verdopplung den Begriff zu verstärken, indessen hat die griechische Sprache gar nicht selten denselben Begriff in verschiedenen Wörtern mehrfach ausgedrückt, ohne dass gerade eine Verstärkung desselben fühlbar wäre. So können wir in der Verbindung von μῶν μή, μῶν οὖν, αὖθις πάλιν oft höchstens ein Streben nach Deutlichkeit erkennen, ohne dass jedoch ein solcher Begriff mit besonderem Nachdruck hervorgehoben würde. So lässt sich auch in den erwähnten Beispielen von ἄν κεν eine Verstärkung der in ἄν liegenden Bedeutung durchaus nicht wahrnehmen. Der Sinn würde sicher nichts verlieren, wenn statt der doppelten nur die einfache Partikel stünde.

Anderer Art ist die Stelle Il. XXIV, 437.
σοὶ δ' ἂν ἐγὼ πομπὸς καί κε κλυτὸν Ἄργος ἱκοίμην.
Offenbar ist hier in den Grundgedanken σοὶ δ' ἂν ἐγὼ πομπὸς εἴην (430) der steigernde Nebengedanke καί κε κλυτὸν Ἄργος ἱκοίμην eingeschoben, und so beides in Einen Satz verbunden worden. Dadurch nun wird auch καὶ κλυτὸν Ἄργος noch besonders von der Bedeutung der Partikel betroffen, und erhält darum diese beigefügt.

Von der Verdopplung der Partikel κέν ist mir bei Homer nur ein, bereits von Hermann angeführtes Beispiel aufgestossen: Od. IV, 733 f. τῷ κε μάλ' ἤ κεν ἔμεινε καὶ ἐσσύμενός περ ὁδοῖο,
ἤ κέ με τεθνηκυῖαν ἐνὶ μεγάροισιν ἔλειπεν.
Es ist ganz im Einklang mit dem sonstigen Gebrauch der griech. Sprache, namentlich wie er für die Negationen besteht, dass die Partikel, welche so wesentlich die Art der Verknüpfung zwischen Prädicat und Subject modificirt, nicht nur dem Allgemeinen, sondern auch den besondern Gliedern des Satzes beigegeben wird.

Der dritte Fall ist der der Wiederholung von ἄν. Schon Hermann hat diese richtig mit der Wiederholung der Negationen verglichen. Fürs Erste nämlich findet auch bei ἄν, wie in dem eben erwähnten Beispiele von κέ, der Fall statt, dass, nachdem schon der ganze Satz durch die Partikel charakterisirt ist, auch noch dessen einzelne Glieder ἄν erhalten.

Soph. Oed. R. 857 f. ὥστ' οὐχὶ μαντείας γ' ἂν οὔτε τῇδ' ἐγὼ
βλέψαιμ' ἂν οὕνεκ', οὔτε τῇδ' ἂν ὕστερον.
Xen. Cyr. II, 4, 23. οὗτοι ἄν σοι, εἴ τινι ἐντυγχάνοιεν τῶν Ἀρμενίων τοὺς μὲν ἂν συλλαμβάνοντες αὐτῶν κωλύοιεν τῶν ἐξαγγελιῶν, οὓς δὲ μὴ δύναιντο λαμβάνειν, ἀποσοβοῦντες ἂν ἐμποδὼν γίγνοιντο τοῦ μὴ ὁρᾶν αὐτοὺς τὸ ὅλον στράτευμά σου.

Wie aber Sätze, welche Glieder einer Periode sind, gleich den Negationen noch ἄν zu sich nehmen, wenn schon das Ganze diese Bezeichnung erhalten hat, so wird auch den Gliedern eines einfachen Satzes, nämlich denjenigen Begriffen, welche durch die Bedeutung der Partikel ἄν vorzugsweise betroffen werden, dieselbe noch besonders beigegeben, ganz wie dem allgemeinen οὐ noch ein οὐδείς u. dgl. folgen kann. Es ist begreiflich, dass eine solche Wiederholung vornehmlich nach den Begriffen stattfindet, welchen sich ἄν ohnehin gerne anschliesst. Denn derselbe Grund, welcher diese Anschliessung herbeiführt, veranlasst auch die Wiederholung. Indem jene Wörter, welche angeben, ob, in welchem Grade, unter welchen Verhältnissen die Aussage Geltung habe, welche somit die Sphäre des Prädicats auf ein bestimmtes Gebiet beschränken, in einer natürlichen Beziehung zu der Partikel stehen, welche ebenfalls eine wesentliche Modification der Aussage enthält, indem jene Begriffe vorzugsweise unter dem Einflusse der Partikel stehen, welche die Handlung als wirklich setzt, erklärt sich ebensowohl, wie sie die Partikel noch besonders zu sich nehmen, obwohl schon in den ganzen Satz mit ihr die entsprechende Modalität gelegt war, als wie sie überhaupt dieselbe besonders an sich ziehen konnten. Man vergleiche folgende Stellen, in welchen ἄν noch besonders zu einem das Prädicat affirmirenden oder negirenden Worte hinzutritt:
Arist. Ran. 34. ἦ τἄν σε κωκύειν ἂν ἐκέλευον μακρά.

Die Bedeutung der so zusammengestellten Partikeln lässt sich umschreiben durch: „wahrhaftig, es ist anzunehmen, dass ich dann dich laut jammern machte." Es ist fühlbar, dass ἄν zunächst auf das versichernde ἦ τοι zurückwirkt, und dasselbe mildert. So findet sich denn ἄν wiederholt in κἄν Ar. Nub. 1132 f. (nach Hermann) Xen. Cyr. III, 3, 35. Da nun καί ebensowohl auch als satzverbindende Partikel ἄν so zu sich nimmt, dass die Partikel wiederholt erscheint (Ar. Ran. 585, Plato Gorg. p. 514, d), so darf man auch nicht Anstand nehmen, Arist. Thesmoph. 196. καὶ γὰρ ἂν μαινοίμεθ' ἄν als sicherste Lesart, wie sie sich aus

der Vergleichung von Suidas s. v. ὑφέξειν, dem cod. Aug. und Rav. ergibt, das doppelte ἄν anzuerkennen. Ferner σφόδρ' ἄν Isocr. de permut. §. 33. μᾶλλον ἄν Phaedr. p. 232, c. μάλιστ' ἄν Cyrop. VI, 1, 42. Thuc. V, 9. εἰκότως ἄν Phaedr. p. 232, c. Nach negativen Wörtern: Arist. Ran. 581. οὐκ ἄν γενοίμην Ἡρακλῆς ἄν. Wie in den erstgenannten Fällen die Entschiedenheit der Affirmation, so wird hier die Bestimmtheit der Negation durch die sich anschliessende Partikel der Setzung einer Wirklichkeit gemildert. Vgl. ferner: οὐκ ἄν
Eur. Andr. 76. δοκῶ γὰρ οὐκ ἄν ὧδέ σ' ἄν πράσσειν κακῶς, Arist. Nub. 118. 1250. Lysistr. 361. οὔτ' ἄν Eur. Med. 616. Plato Alc. II. p. 142, c. οὔποτ' ἄν Soph. Phil. 1037. Eur. Hec. 1199 f. οὐδέποτ' ἄν Ar. Nub. 1056. ἥκιστ' ἄν Soph. Oed. R. 1053.

Wiederholt wird die Partikel ferner nach dem Subjecte, in welchem der Umfang des Prädicats angegeben ist, namentlich öfter bei τίς
Soph. Oed. R. 772   τῷ γὰρ ἄν καὶ μείζονι
λέξαιμ' ἄν ἢ σοὶ διὰ τύχης τοιᾶσδ' ἰών;
Ebd. 1053. Phil. 222. 290 f. Eur. Andr. 1185. Arist. Nub. 840. Xen. Cyr. III, 1, 16. VI, 1, 7. Isocr. Panath. §. 214.
Aehnlich bei Zahladverbien Eur. Med. 250.
ὡς τρὶς ἄν παρ' ἀσπίδα
στῆναι θέλοιμ' ἄν μᾶλλον ἢ τεκεῖν ἅπαξ.
Ferner nach Adverbien des Orts, der Zeit, der Art und Weise. Ἔνδον Arist. Lys. 510. ποῦ Xen. Cyr. IV, 2, 45. τότε Ar. Nub. 977. ποτέ Eur. Med. 368. τάχα Soph. Oed. R. 139. τάχιστα Cyr. II, 1, 9. ἔτι Eur. Suppl. 457. ὧδε Eur. Andr. 76. 1186. ὡς Cyr. I, 6, 13. VI, 1, 42. πῶς Ar. Av. 829. Pax 68. Cyr. IV, 1, 10. Dem. in Steph. II. §. 13. ἡδέως Ar. Ran. 572. ἥδιστα Aves 127. δικαίως Cyr. V, 5, 46.

Eine Wiederholung der Partikel wird auch dadurch veranlasst, dass sie das eine Mal an irgend einen Begriff sich anlehnt, auf welchem das hauptsächliche Gewicht der Aussage ruht. Soph. Phil. 116. Oed. R. 505.
οὔποτ' ἔγωγ' ἄν, πρὶν ἴδοιμ' ὀρθὸν ἔπος, μεμφομένων
ἄν καταφαίην.
Arist. Ran. 581. οὐκ ἄν γενοίμην Ἡρακλῆς ἄν.
Nub. 1057. εἰ γὰρ πονηρὸν ἦν, Ὅμηρος οὐδέποτ' ἄν ἐποίει
τὸν Νέστορ' ἀγορητὴν ἄν.
Thuc. VI, 18. Xen. Cyr. III, 1, 17.

In folgenden Stellen schliesst sich ein ἄν zugleich dem Modus an, und zwar dem Indic. eines hist. Tempus Soph. Phil. 1037 ff. Eur. Andr. 936. 1185. Arist. Nub. 977. Dem. in Steph. II, §. 13.; dem Optativ Soph. Oed. R. 772. Phil. 116. 223. Eur. Suppl. 457. Ar. Aves 829. Pax 68. Xen. Cyr. III, 1, 16. III, 3, 35. IV, 1, 10. IV, 5, 46.

Selten tritt der Fall ein, dass bei Wiederholung der Partikel dieselbe einem Wort folgt, auf welches sie durchaus keinen Einfluss übt. Soph. Oed. R. 1438 ἔδρασ' ἄν εὖ τοῦτ' ἴσθ' ἄν, wobei man sich erinnern muss, wie εὖ οἶδ' ὅτι und dergleichen Formeln aufhörten, als selbständige Sätze betrachtet zu werden.

Wenn endlich bei Unterbrechung der Periode durch eingeschobene Zwischensätze die Negation wiederholt wird, damit, wie es der Character der griech. Sprache erfordert, der negative Sinn des Satzes sofort deutlich sei, ohne dass man auf die frühere Negation zurückgehen müsste, so wird vielmals auch die Wiederholung der Partikel durch eine Unterbrechung der Periode veranlasst. Es ist aber natürlich, dass sie auch dann sich an einen der Begriffe anschliesst, von welchen sie vorzugsweise gern angezogen wird. Soph. Oed. R. 505. Ant. 466.

ἀλλ' ἄν, εἰ τὸν ἐξ ἐμῆς
μητρὸς θανόντ' ἄθαπτον ἐσχόμην νέκυν,
κείνοις ἄν ἤλγουν.

Besonders häufig ist dieser Fall bei den längeren Perioden der Prosaiker. Thuc. I, 136. ἐκεῖνον δ' ἄν, εἰ ἐκδοίη αὐτὸν (εἰπὼν ὑφ' ὧν καὶ ἐφ' ᾧ διώκεται) σωτηρίας ἄν τῆς ψυχῆς ἀποστερῆσαι. Cyrop. II, 1, 9. Ἐγὼ μὲν ἄν, ἔφη ὁ Κῦρος, εἰ ἔχοιμι, ὡς τάχιστ' ἄν ὅπλα ἐποιούμην πᾶσι Πέρσαις τοῖς προσιοῦσιν. III, 1, 17. οὐ γὰρ ἄν δήπου, εἴγε φρόνιμον δεῖ γενέσθαι τὸν μέλλοντα σώφρονα ἔσεσθαι, παραχρῆμα ἐξ ἄφρονος σώφρων ἄν τις γένοιτο. Plato Apol. p. 31, a. 35, d. 40, d. Dem. Ol. 1, §. 10. in Euerg. et Mn. §. 66. Bemerkenswerth ist es, dass eine Wiederholung der Partikel nur beim Ind. der hist. Zeiten und beim Opt. sowie bei dem aus diesen Modis entstandenen Inf., nicht aber beim Conj. vorkommt, vgl. Elmsley's Recension von Blomfields Prometheus zu V. 768. Da einerseits die Fälle, in welchen ἄν wiederholt wird, zahlreich genug sind, andrerseits die Construction des Conj. mit ἄν eine so überaus häufige ist, so müssten sich unstreitig nicht wenige Beispiele eines wiederholten ἄν beim Conjunctiv darbieten, wenn anders diess als correct gegolten hätte. Demgemäss ist man wohl genöthigt, die Stelle Arist. Eq. 1107 ff.

ἀνύσατέ νιν, ὅτι περ ποιήσεθ᾽· ὡς ἐγώ,
ὁπότερος ἂν σφῷν εὖ με μᾶλλον ἂν ποιῇ,
τούτῳ παραδώσω τῆς πυκνὸς τὰς ἡνίας.

wenn man nicht einen incorrecten Gebrauch der Partikel zugeben will, zu ändern. Reisig (Conj. I, p. 188) wollte αὖ statt ἂν lesen, und es scheint diese Aenderung, besonders wenn man αὖ wie αὖθις in dem Sinn von *künftig* nimmt, sich mehr zu empfehlen, als Hermanns Correctur (de part. ἄν p. 191) 'ἂν ποιῇ i. e. ὁπότερος ἂν ἃ ἂν ποιῇ, μᾶλλον εὖ ποιῇ με, insofern die Auslassung des zu ὁπότερος ἂν gehörigen Conj. allzusehr auffallen würde. Die von Hermann angeführte Stelle aus Thuc. VII, 7. πρέσβεις τε ἄλλοι τῶν Συρακοσίων καὶ Κορινθίων ἐς Λακεδαίμονα καὶ Κόρινθον ἀπεστάλησαν, ὅπως στρατιὰ ἔτι περαιωθῇ τρόπῳ ᾧ ἂν ἐν ὁλκάσιν ἢ πλοίοις ἢ ἄλλως ὅπως ἂν προχωρῇ würde eine solche Auslassung nicht rechtfertigen; denn während n jener das Prädicat des regierenden Satzes aus dem von ihm abhängigen und erst noch folgenden Nebensatze ergänzt werden müsste, wird in der letzteren Stelle nach der vorangegangenen speziellen Ausführung ἐν ὁλκάσιν ἢ πλοίοις alles weitere Spezielle in dem Allgemeinen ἢ ἄλλως zusammengefasst, und so dann τρόπῳ ᾧ ἂν durch ὅπως ἂν wieder aufgenommen.

Den Grund der Erscheinung aber, dass ἄν in der Construction mit dem Conjunctiv nicht wiederholt wird, haben wir sicherlich nur darin zu suchen, dass die Partikel in dieser Construction ihre feste Stelle hat, und sich nothwendig an jene Wörter anschliesst, mit welchen sich die Setzung einer eintretenden Handlung am natürlichsten verknüpft. Denn so wie die Wiederholung beim Indicativ und Optativ nur daraus sich erklären lässt, dass hier die Stelle der Partikel nicht fixirt war, und darum verschiedene Begriffe mit gleichem Rechte ἄν zu sich ziehen konnten, so musste die feste Stelle, die ἄν in der Construction mit dem Conjunctiv einnahm, da hier kein Wort ein näheres Recht auf die Partikel hatte, als die mit der Setzung eines Eintretens der Handlung verwandte Bedingung, die Zeitbestimmung, das Relativum, die Wiederholung der Partikel ausschliessen. Es ist aber aus dem Bisherigen klar, dass, wenn wir in dieser Construction mit dem Conj. eine innerliche Zusammengehörigkeit der Partikel mit der Bedingungs-, der Zeitpartikel, dem Relativum annehmen, wir diess doch nicht mit Hermann in dem Sinn thun, dass wir ihre Beziehung auf die Modalität des Satzes und die Aussage läugnen.

IX. Auslassung der Partikeln κέν und ἄν.

Die Auslassung der Partikeln κέν und ἄν findet unter derselben Bedingung statt, unter welcher überhaupt die Auslassung irgend eines Wortes möglich ist, nämlich im Fall sich die Ergänzung desselben natürlich ergibt. Das trifft nun theils dann ein, wenn aus dem Zusammenhang der Rede ein gewisser Begriff von selbst resultirt, wie z. B. die genauere Verhältnissbestimmung, die sonst durch eine Präposition bezeichnet werden könnte, oder das Subject, wenn die Handlung regelmässig von einer bestimmten Person vollbracht wird, theils dann, wenn dieses selbe Wort in dem vorangehenden Satze enthalten, somit dem Hörer oder Leser noch in Gedanken gegenwärtig, leicht auch zu dem Folgenden hinzugenommen werden kann. Ersteres ist, wie wir bereits bei den betreffenden Constructionen dargethan haben, der Fall bei Auslassung der Partikel in der Construction der Bedingungs- oder Zeitpartikeln oder der relativen Wörter mit Conjunctiv, sowie wo der blosse Optativ in der Bedeutung einer subjectiven Behauptung für den Optativ mit ἄν steht. Von dem Letzteren, der durch das frühere Vorkommen der Partikel motivirten Auslassung von κέν oder ἄν ist nun aber noch besonders zu sprechen. Es begreift sich aber, dass die Auslassung um so leichter stattfindet, je mehr die verschiedenen Prädicate, zu welchen ἄν zu beziehen ist, zu einer Einheit zusammengehören, dass hinwiederum die Wiederholung der Partikel um so natürlicher ist, je selbständiger das neue Prädicat als ein eigener Satz von dem Vorhergehenden sich ablöst. Demnach fehlt die Partikel nicht nur bei dem Prädicate, das einfach und ohne Erweiterung zu einem eigenen Satze an das vorhergehende Prädicat sich anschliesst, sondern auch, wo Ein Gedanke in mehrere Glieder sich zerlegt, aber noch zu einer Einheit zusammengehalten wird, kann die dem ersten Gliede beigegebene Partikel in den folgenden Gliedern fehlen. Wir werden übrigens selbst Beispiele finden, wo in einem völlig selbständigen Satze ἄν mangelt, weil es in dem unmittelbar vorhergehenden, wenn auch nicht mit dem Folgenden zusammenhängenden Satze enthalten war.

Beispiele des Ausfalls der Partikel bei dem Indic. der histor. Zeiten sind folgende, und zwar erstlich von κέν:

Od. IV, 174. καί κέ οἱ Ἀργεῖ νάσσα πόλιν καὶ δώματ' ἔτευξα, Hier ist δώματ' ἔτευξα nur als ein Zusatz zu dem Vorhergehenden, nicht als ein selbständiger Satz zu betrachten. Dagegen nach der V. 175—177 enthaltenen Ausführung des ersten Gedankens wird, da dem Zuhörer nicht mehr zugemuthet werden konnte, das vorangegangene κέ noch in Gedanken zu haben, V. 178 fortgefahren: καί κε θάμ' ἐνθάδ' ἐόντες ἐμισγόμεθ', ja auch der unmittelbar sich anschliessende Satz:

οὐδέ κεν ἡμέας
ἄλλο διέκρινεν φιλέοντέ τε τερπομένῳ τε,

obwohl er die Partikel entbehren könnte, hat sie, sofern er ein in sich vollständiger, selbständiger Satz ist.

Od. V, 426. ἔνθα κ' ἀπὸ ῥινοὺς δρύφθη, σὺν δ' ὀστέ' ἀράχθη, und XIV, 62. ὅς κεν ἔμ' ἐνδυκέως ἐφίλει καὶ κτῆσιν ὄπασσεν, ist das zweite Prädicat nicht als ein eigener Satz zu betrachten; jedenfalls sind beide Prädicate in gleicher Weise unter dem ἔνθα κεν, ὅς κεν begriffen. Aehnlich:

Il. XXIII, 527. τῷ κέν μιν παρέλασσ', οὐδ' ἀμφήριστον ἔθηκεν.

Vollständiger erscheint der Satz:

Od. III, 258 ff. τῷ κέ οἱ οὐδὲ θανόντι χυτὴν ἐπὶ γαῖαν ἔχευαν,
ἀλλ' ἄρα τόν γε κύνες τε καὶ οἰωνοὶ κατέδαψαν
κείμενον ἐν πεδίῳ ἑκὰς Ἄργεος, οὐδέ κέ τίς μιν
κλαῦσεν Ἀχαιϊάδων·

Unter τῷ κε sind zwei Glieder, ein negatives und ein affirmatives, begriffen; daher war es nicht nöthig, in den einzelnen Gliedern κέ zu wiederholen. Passend wird dagegen dem οὐδέ, sofern es einen neuen Satz einleitet, κέ wieder beigegeben. Aehnlich ist

Od. XXIV, 381.   τῷ κε σφέων γούνατ' ἔλυσα
πολλῶν ἐν μεγάροισι, σὺ δὲ φρένας ἔνδον ἰάνθης.

In gleicher Weise steht, wo zwei Glieder durch ἤ — ἤ einander disjunctiv entgegengestellt, jedoch unter einer gemeinsamen Partikel zusammengefasst werden, κέ nur nach der gemeinsamen Partikel.

Il. XXIII, 382. καί νύ κεν ἢ παρέλασσ', ἢ ἀμφήριστον ἔθηκεν.

Il. XVII, 319 ff. sehen wir in parallelen Sätzen κέ wohl darum wiederholt, weil sie vollständig und von grösserem Umfang sind:

Ἔνθα κεν αὖτε Τρῶες Ἀρηϊφίλων ὑπ' Ἀχαιῶν
Ἴλιον εἰσανέβησαν, ἀναλκείῃσι δαμέντες·
Ἀργεῖοι δέ κε κῦδος ἕλον, καὶ ὑπὲρ Διὸς αἶσαν,
κάρτεϊ καὶ σθένεϊ σφετέρῳ.

Ja es findet die Wiederholung der Partikel selbst da statt, wo zwei Glieder unter τῷ κε zusammengefasst sind:
Il. XXI, 280. τῷ κ᾽ ἀγαθὸς μὲν ἔπεφν᾽, ἀγαθὸν δέ κεν ἐξενάριξεν. Od. XXIV, 32, oder unter ἤ Od. XX, 306 f. ἧτε Il. V, 885 ff. In allen aufgeführten Stellen konnte der Indicativ mit κέν als Andeutung einer Nichtwirklichkeit aufgefasst werden.

Beispiele des bei dem zweiten Satze mangelnden ἄν sind: Andoc. in Alc. §. 8. εἰ μὲν γὰρ ἄκριτος ἦν, εἰκότως ἂν τῶν κατηγορούντων ἠκροᾶσθε καὶ ἐμοὶ ἀναγκαῖον ἦν ἀπολογεῖσθαι περὶ τούτων. Plato Gorg. p. 471, a. εἰ ἐβούλετο τὰ δίκαια ποιεῖν, ἐδούλευεν ἂν Ἀλκέτῃ καὶ ἦν εὐδαίμων κατά γε τὸν σὸν λόγον. Unter den vierzehn von Bekker verglichenen Handschriften hat nur eine (J. Par. 1815) ἦν ἂν εὐδαίμων. Ebd. p. 514, c. εἰ μὲν εὑρίσκομεν σκοπούμενοι διδασκάλοις τε ἡμῶν ἀγαθοὺς καὶ ἐλλογίμους γεγονότας καὶ οἰκοδομήματα πολλὰ μὲν καὶ καλὰ μετὰ τῶν διδασκάλων ᾠκοδομημένα ἡμῖν, πολλὰ δὲ καὶ ἰδίᾳ ὑφ᾽ ἡμῶν, ἐπειδὴ τῶν διδασκάλων ἀπηλλάγημεν, οὕτω μὲν διακειμένων νοῦν ἐχόντων ἦν ἂν ἰέναι ἐπὶ τὰ δημόσια ἔργα· εἰ δὲ μήτε διδάσκαλον εἴχομεν ἡμῶν αὐτῶν ἐπιδεῖξαι οἰκοδομήματά τε ἢ μηδὲν ἢ πολλὰ καὶ μηδενὸς ἄξια, οὕτω δὴ ἀνόητον ἦν δήπου ἐπιχειρεῖν τοῖς δημοσίοις ἔργοις καὶ παρακαλεῖν ἀλλήλους ἐπ᾽ αὐτά. Ich kann mich nicht überreden, dass, wie Matthiä §. 508. A. 2. Thiersch §. 333, 1, c. und Stallbaum z. d. St. annehmen, der Mangel der Partikel bei ἀνόητον ἦν nach der Analogie von ἔδει, ἐχρῆν u. dgl. zu erklären sei. Denn sollte diese Auffassungsweise statthaben, so müsste vor Allem dem νοῦν ἐχόντων ἦν diese Bedeutung zukommen. Da aber hier ἄν beigegeben ist (wie denn schon vorher p. 514, a. und b. ἔδει ἄν steht), also die Folge der einen positiven Voraussetzung, und damit diese selbst ausdrücklich der Wirklichkeit entrückt und nur als gesetztes Factum bezeichnet wird, so wäre es sicher auffallend, wenn der correspondirenden negativen Voraussetzung ein Folgesatz von ganz anderem rein objectivem Charakter zugegeben wäre, da doch auch diese Annahme so gut wie die erste nicht auf einen wirklichen Fall sich bezieht, und der Sinn nicht sein kann: in diesem (concreten) Fall war es unsere Pflicht, diess nicht zu thun. Darum scheint der Mangel der Partikel in dem zweiten Folgesatz vielmehr aus ihrem Vorkommen in dem ersten parallelen Gliede erklärt werden zu müssen.

In gleicher Weise wird ἄν im zweiten Gliede weggelassen,

wo der Indic. des histor. Tempus in Verbindung mit ἄν anzeigt, was so in der Art, Gewohnheit etc. war.

Arist. Ran. 948 ff.
ἔπειτ' ἀπὸ τῶν πρώτων ἐπῶν οὐδὲν παρῆκ' ἂν ἀργόν,
ἀλλ' ἔλεγεν ἡ γυνή τέ μοι χὠ δοῦλος οὐδὲν ἧττον,
χὠ δεσπότης χἡ παρθένος χἡ γραῦς ἄν.

Eq. 571. εἰ δέ που πέσοιεν ἐς τὸν ὦμὸν ἐν μάχῃ τινί,
τοῦτ' ἀπεψήσαντ' ἄν, εἶτ' ἠρνοῦντο μὴ πεπτωκέναι,
ἀλλὰ διεπάλαιον αὖθις.

Nub. 1385. ἐξέφερον ἂν καὶ προὐσχόμην σε·

Ebenso in einem Falle, wo ἄν mit Indic. eines histor. Tempus weder auf die eine noch die andere der genannten Erklärungsweisen zurückgeführt werden kann, aber deutlich Setzung eines Factums ist Dem. in Steph. I, §. 19.

Uebrigens wird wohl in der überwiegenden Mehrzahl von Fällen ἄν beim Indic. eines histor. Tempus wiederholt. Man vgl. Arist. Nub. 977 ff. 1382 ff. Aesch. adv. Ctes. §. 117. Ein besonders deutliches Beispiel Gorg. pro Pal. p. 188. (Bekker oratt. V, p. 685. l. 31. — p. 686. l. 13.)

Wie κέν oder ἄν häufiger mit dem Opt., als mit dem Indic. eines histor. Tempus verbunden vorkommt, so finden sich auch verhältnissmässig mehr Beispiele der Auslassung der Partikel beim Optativ als beim Indicativ.

Folgende Stellen haben bei dem ersten Prädicate κέν, und zwar erstlich mit der einfachsten Erweiterung des Satzes durch Hinzutreten eines neuen Prädicats:

Il. II, 81 und XXIV, 222.
ψεῦδός κεν φαῖμεν καὶ νοσφιζοίμεθα μᾶλλον·

Il. XIX, 81 f. ἀνδρῶν δ' ἐν πολλῷ ὁμάδῳ πῶς κέν τις ἀκούσαι,
ἢ εἴποι;

Ferner Il. XXIV, 37 f. Od. XX, 367 f.

Besonders instructiv ist die Stelle

Il. XXIV, 644 ff. ἐνῆμαρ μέν κ' αὐτὸν ἐνὶ μεγάροις γοάοιμεν,
τῇ δεκάτῃ δέ κε θάπτοιμεν, δαινῦτό τε λαός,
ἑνδεκάτῃ δέ κε τύμβον ἐπ' αὐτῷ ποιήσαιμεν,
τῇ δὲ δυωδεκάτῃ πολεμίξομεν, εἴπερ ἀνάγκη.

Die ganze Trauer um Hektor zerfällt in drei Haupthandlungen: die erste erfüllt neun Tage, die zweite den zehnten, die dritte den eilften Tag. Jede der Haupthandlungen hat den Opt.

mit κέ; jedoch die zweite, in zwei Handlungen sich theilend, hat κέ nur im ersten Gliede, im zweiten ist es zu ergänzen.

Mehr zu einem selbständigen Satz ausgebildet erscheint das zweite Glied:

Il. XIII, 377 ff. καί κέ τοι ἡμεῖς ταῦτά γ᾽ ὑποσχόμενοι τελέσαιμεν,
δοῖμεν δ᾽ Ἀτρείδαο θυγατρῶν εἶδος ἀρίστην
Ἄργεος ἐξαγαγόντες ὀπυιέμεν, εἴ κε σὺν ἄμμιν
Ἰλίου ἐκπέρσῃς εὐναιόμενον πτολίεθρον,

Ja, auch wo sich der zweite Satz als völlig selbständiger an den vollständigen und geschlossenen ersten Satz anreiht, kann der zweite Satz die Partikel entbehren:

Il. III, 255 ff. τῷ δέ κε νικήσαντι γυνὴ καὶ κτήμαθ᾽ ἕποιτο.
οἱ δ᾽ ἄλλοι φιλότητα καὶ ὅρκια πιστὰ ταμόντες
ναίοιμεν Τροίην ἐριβώλακα.

Od. XV, 452 f. τόν κεν ἀγοίμ᾽ ἐπὶ νηός· ὁ δ᾽ ὑμῖν μυρίον ὦνον ἄλφοι,

Vielleicht ist selbst Od. XIV, 407 f. τάχιστά μοι ἔνδον ἑταῖροι εἶεν aus dem freilich nicht unmittelbar vorhergehenden πρόφρων κεν — λιτοίμην zu erklären.

Dass aber auch in Verbindung mit dem Optativ κέν oft bei jedem neuen Gliede, wo es ausgelassen werden könnte, wiederholt wird, zeigen die Stellen:

Il. VIII, 25 f. σειρὴν μέν κεν ἔπειτα περὶ ῥίον Οὐλύμποιο
δησαίμην· τὰ δέ κ᾽ αὖτε μετήορα πάντα γένοιτο.

XII, 324 f. XIII, 127 (XVII, 398 f. mit verschiedenem Subject und verschiedenem Prädicate). XX, 358 f. Od. XX, 316.

Bei disjunctiver Entgegenstellung: Il. XXII, 253. ἑλοιμί κεν, ἤ κεν ἁλοίην. Ferner auch, wo beide Glieder unter τῷ κε zusammengefasst sind: Od. IX, 458 ff.

τῷ κέ οἱ ἐγκέφαλός γε διὰ σπέος ἄλλυδις ἄλλῃ
θεινομένου ῥαίοιτο πρὸς οὐδέϊ· κὰδ δέ κ᾽ ἐμὸν κῆρ
λωφήσειε κακῶν, τά μοι οὐτιδανὸς πόρεν Οὖτις.

Od. XVII, 546 f.

Die gleichen Erscheinungen zeigen sich bei ἄν.

Eine ganz einfache Erweiterung des Prädicats finden wir:

Od. IV, 204.   ἐπεὶ τόσα εἶπες, ὅσ᾽ ἂν πεπνυμένος ἀνὴρ εἴποι καὶ ῥέξειε,

Herod. III, 127. ὑμέων δὴ ὦν τίς ἄν μοι Ὀροίτεα ἢ ζῶντα ἀγάγοι ἢ ἀποκτείνειε; In solchen Fällen erwartet natürlich Niemand die Wiederholung der Partikel.

Selbständiger erscheint der folgende Satz, obwohl noch unter dem vorangehenden τῷ οὐκ ἄν mitbegriffen:
Il. II, 250. τῷ οὐκ ἂν βασιλῆας ἀνὰ στόμ᾽ ἔχων ἀγορεύοις,
καί σφιν ὀνείδεά τε προφέροις, νόστον τε φυλάσσοις!
Andoc. in Alc. §. 10. περὶ μὲν οὖν μοιχείας καὶ γυναικῶν ἀλλοτρίων ἁρπαγῆς καὶ τῆς ἄλλης βιαιότητος καὶ παρανομίας καθ᾽ ἕκαστον εἰ δεήσει λέγειν, οὐκ ἂν ἐξαρκέσειεν ὁ παρὼν χρόνος, ἅμα δὲ καὶ πολλοῖς ἀπεχθοίμην κ. τ. λ.
Ein beachtenswerthes Beispiel ist Soph. Oed. C. 992 ff.
εἴ τίς σε τὸν δίκαιον αὐτίκ᾽ ἐνθάδε
κτείνοι παραστάς, πότερα πυνθάνοι᾽ ἄν, εἰ
πατήρ σ᾽ ὁ καίνων, ἢ τίνοι᾽ ἂν εὐθέως;
δοκῶ μέν, εἴ περ ζῆν φιλεῖς, τὸν αἴτιον
τίνοι᾽ ἄν, οὐδὲ τοὐνδικον περιβλέποις.
Hier ist ἄν in den selbständigen Sätzen wiederholt; dagegen in οὐδὲ τοὐνδικον περιβλέποις nicht, da es mit dem vorhergehenden τὸν αἴτιον τίνοι᾽ ἄν als negativer Ausdruck desselben Gedankens zusammengehört. Mit ähnlicher Unterscheidung der verschiedenen Verhältnisse, in welchen der folgende Satz zu dem vorhergehenden steht, wechselt Xenophon Hiero XI, 11. mit Wiederholung und Unterdrückung der Partikel: πᾶς δὲ ὁ μὲν παρὼν σύμμαχος ἂν εἴη σοι, ὁ δὲ ἀπὼν ἐπιθυμοίη ἂν ἰδεῖν σε. ὥστε οὐ μόνον φιλοῖο ἄν, ἀλλὰ καὶ ἐρῷο ὑπ᾽ ἀνθρώπων καὶ τοὺς καλοὺς οὐ πειρᾶν, ἀλλὰ πειρώμενον ὑπ᾽ αὐτῶν ἀνέχεσθαι ἄν σε δέοι, φόβον δὲ οὐκ ἂν ἔχοις, ἀλλ᾽ ἄλλοις παρέχοις μή τι πάθῃς.

Dass jedoch auch ohne diesen Grund bei mehreren sich gleich stehenden Sätzen ἄν entweder wiederholt, oder weggelassen werden kann, zeigt Arist. Nub. 425 f.
Οὐδ᾽ ἂν διαλεχθείην γ᾽ ἀτεχνῶς τοῖς ἄλλοις, οὐδ᾽ ἂν ἀπαντῶν· οὐδ᾽ ἂν θύσαιμ᾽, οὐδ᾽ ἂν σπείσαιμ᾽ οὐδ᾽ ἐπιθείην λιβανωτόν.
Indessen kann ἄν beim Optativ selbst da wegfallen, wo der folgende Satz nicht mit dem vorhergehenden zusammengehört, sofern nur dem Hörer oder Leser zugemuthet werden kann, dass ihm das vorangegangene ἄν noch gegenwärtig ist. So noch am leichtesten in einfachen sich unmittelbar folgenden Sätzen:
Aesch. Ag. 1049. Πείθοι᾽ ἄν, εἰ πείθοι᾽· ἀπειθοίης δ᾽ ἴσως.
Ar. Eq. 1057. ἀλλ᾽ οὐκ ἂν μαχέσαιτο· χέσαιτο γάρ, εἰ μαχέσαιτο.
Soph. Oed. R. 937. Aehnlich Xen. Cyr. V, 1, 21. νομίζοιμι γάρ, weil αἰσχυνοίμην ἂν vorausging. Selbst in der Entgegnung, wo die vorhergehende Rede den Optativ mit ἄν hatte:

Soph. Oed. C. 41. *Ο. τίνων τὸ σεμνὸν ὄνομ᾽ ἂν εὐξαίμην κλύων;*
Ξ. τὰς πάνθ᾽ ὁρώσας Εὐμενίδας ὅ γ᾽ ἐνθάδ᾽ ὢν εἴποι λεώς νιν·
Aehnlich bei Plato Meno p. 97, c. *Τοσούτῳ γε, ὦ Σώκρατες, ὅτι ὁ μὲν τὴν ἐπιστήμην ἔχων ἀεὶ ἂν ἐπιτυγχάνοι, ὁ δὲ τὴν ὀρθὴν δόξαν τοτὲ μὲν ἂν τιγχάνοι τοτὲ δ᾽ οὔ. Σ. Πῶς λέγεις; ὁ ἀεὶ ἔχων ὀρθὴν δόξαν οὐκ ἀεὶ τιγχάνοι, ἕως περ ὀρθὰ δοξάζοι;* Ja in noch weiterer Entfernung von dem vorausgegangenen *ἂν* finden wir den blossen Optativ so gebraucht, dass jenes vorhergegangene *ἂν* ergänzt werden muss. Plato Lysis p. 211, e. *βουλοίμην ἂν μοι φίλον ἀγαθὸν γενέσθαι μᾶλλον ἢ τὸν ἄριστον ἐν ἀνθρώποις ὄρτυγα ἢ ἀλεκτρυόνα, καὶ ναὶ μὰ Δί᾽ ἔγωγε μᾶλλον ἢ ἵππον τε καὶ κύνα· οἶμαι δέ, νὴ τὸν κύνα, μᾶλλον ἢ τὸ Δαρείου χρυσίον κτήσασθαι δεξαίμην πολὺ πρότερον ἑταῖρον μᾶλλον ἢ αὐτὸν Δαρεῖον.*

Bemerkenswerth ist endlich, dass selbst ein dem Indicativ beigegebenes *ἂν* zu einem nachfolgenden Optativ gezogen wird, Dem. in Steph. I, §. 19. *οἱδὶ δὲ τῇ προκλήσει χρησάμενοι παραπετάσματι διαθήκας ἐμαρτύρησαν, ὡς ἂν μάλισθ᾽ οἱ δικασταὶ ταύτην τὴν διαθήκην ἐπίστευσαν τοῦ πατρὸς εἶναι, ἐγὼ δὲ ἀπεκλείσθην τοῦ λόγου τυχεῖν ὑπὲρ ὧν ἀδικοῦμαι, οὗτοι δὲ φωραθεῖεν τὰ ψευδῆ μεμαρτυρηκότες.*

Auch bei dem Gebrauch des Conjunctivs im unabhängigen Satze scheint *κέν* oder *ἂν* im zweiten Gliede weggelassen zu sein, wo es in dem vorhergegangenen stand.
Il. II, 488. *πληθὺν δ᾽ οὐκ ἂν ἐγὼ μυθήσομαι, οὐδ᾽ ὀνομήνω·* vgl. Od. IV, 240. XI, 328. 517. Da indessen der Conjunctiv schon für sich in ähnlicher Bedeutung, wie das Futur stehen kann, so sind die angeführten Stellen nicht streng beweisend.

X. Auslassung des Modus bei κέν und ἄν.

Wie der Modus stehen kann ohne beigegebenes *κέν* oder *ἂν*, so umgekehrt auch *κέν* und *ἂν* ohne dabeistehenden Modus, und diess unter der gleichen Bedingung, dass nämlich der betreffende Modus aus dem Vorangegangenen sich ohne Schwierigkeit ergänzen lasse.

Der Indicativ ist zu suppliren: Dem. in Mid. §. 199. *τίς γάρ ἐστιν ὅστις καταχειροτονηθὲν αὐτοῦ καὶ ταῦτ᾽ ἀσεβεῖν περὶ τὴν ἑορτήν, εἰ καὶ μηδεὶς ἄλλος ἐπῆν ἀγὼν ἔτι μηδὲ κίνδυνος,* οὐκ ἂν ἐπ' αὐτῷ τούτῳ κατέδυ καὶ μέτριον παρέσχεν ἑαυτὸν τόν γε δὴ μέχρι τῆς κρίσεως χρόνον, εἰ καὶ μὴ πάντα; οὐδεὶς ὅςτις οὐκ ἄν. sc. κατέδυ καὶ μέτριον παρέσχεν ἑαυτόν. Dem. adv. Arist. §. 118.

Der Optativ

Il. VII, 286 f. ἀρχέτω· αὐτὰρ ἐγὼ μάλα πείσομαι, ἧπερ ἂν οὗτος.
Aus ἀρχέτω ist ἄρχοι zu ergänzen.
Soph. Phil. 114 f. Ν. οὐκ ἄρ' ὁ πέρσων γ' ὡς ἐφάσκετ', εἴμ' ἐγώ;
  Ο. οὔτ' ἂν σὺ κείνων χωρὶς, οὔτ' ἐκεῖνα σοῦ.
d. h. πέρσων εἴης.

Ferner der Conjunctiv:
Eur. Med. 1153. φίλους νομίζουσ', οὕςπερ ἂν πόσις σέθεν,
d. h. νομίζῃ.

Ausserdem kann der betreffende Modus von εἶναι leicht ergänzt werden, z. B. der Optativ:
Soph. Phil. 493 f. ὃν δὴ παλαί' ἂν ἐξ ὅτου δέδοικ' ἐγώ,
  μή μοι βεβήκῃ.
Vollständig hiesse es παλαιὰ ἂν εἴη.

Der Conjunctiv:
Eur. Hipp. 659. νῦν δ' ἐκ δόμων μέν, ἔστ' ἂν ἔκδημος χθονὸς
  Θησεὺς (sc. ᾖ), ἄπειμι·
Vgl. Elmsley zu Eur. Med. 1122.

Endlich das Particip.

Eur. Alc. 182. σώφρων μὲν οὐκ ἂν μᾶλλον, εὐτυχὴς δ' ἴσως.
Vgl. die Parodie bei Aristophanes Eq. 1251.

Besonders häufig findet die Auslassung statt bei ὡς ἄν, ὥσπερ ἄν. Es ist das entsprechende Prädicat aus dem Zusammenhang, oder auch ein ganz allgemeiner Begriff, wie εἴη, ποιοίη u. dgl. zu suppliren.

Ὡς ἄν Xen. Cyr. I, 3, 8. καὶ τὸν Κῦρον ἐπερέσθαι προπετῶς, ὡς ἂν παῖς μηδέπω ὑποπτήσσων sc. ἔροιτο. V, 4, 29. παρῆν ὁ Γαδάτας ἄλλα τε δῶρα πολλὰ καὶ παντοῖα φέρων καὶ ἄγων, ὡς ἂν ἐξ οἴκου μεγάλου.

Mem. II, 6, 38. ὡς ἂν στρατηγικῷ. III, 6, 4.

Ὥσπερ ἄν Cyrop. I, 3, 2. ἠσπάζετό τε αὐτόν, ὥσπερ ἂν εἴ τις πάλαι συντεθραμμένος καὶ πάλαι φιλῶν ἀσπάζοιτο. Mem. III, 10, 12. Plato Gorg. p. 479, a. So gehört auch Plato Gorg. p. 451, a. εἴποιμ' ἂν αὐτῷ nicht unmittelbar zu ὥσπερ ἄν, sondern dieses steht ohne bestimmt dazu gedachtes Verbum, und εἴποιμ' ἂν folgt erst als Nachsatz. Vgl. Alc. I, p. 125, d. p. 126, a.

Dem. in Mid. §. 117. χρώμενος ὥσπερ ἂν ἄλλος τις αὐτῷ τὰ πρὸ τούτου sc. ἐχρήσατο. Ebd. §. 225. δεῖ τοίνυν τούτοις βοηθεῖν ὁμοίως ὥσπερ ἂν αὐτῷ τις ἀδικουμένῳ sc. βοηθοίη.

Eben so findet sich, besonders bei Späteren, häufig κἄν für καὶ ἐάν ohne Conjunctiv im Sinne von *und wenn auch, und wenn auch nur*. Vgl. S. 177.